KB111288

<제4판>
로스쿨 노동법

<제 4 판>

로 스 쿨

노 동 법

—개별적 근로관계법 / 집단적 노사관계법—

이철수·김인재·강성태·김홍영·조용만　저

오 래

제4판 머리말

제3판을 낸 지 3년밖에 지나지 않았으나, 노동법(학)을 둘러싼 사회 상황과 교육 환경은 많이 변했다. 새로운 판례가 상당수 등장하였고 입법에서도 근로기준법상 1주 최대 52시간제의 명시 등 큰 변화가 있었다. 사법시험이 폐지됨으로써 법학전문대학원 교육은 우리 사회의 유일한 법조인 선발 및 양성 제도로 자리잡았다.

독자들의 사랑에 힘입어 우리 교재는 계속해서 법학전문대학원 교육과 법조 실무에서 활용도와 중요도를 높이고 있다. 노동법은 모든 법학전문대학원에서 상시 개설되는 전문법률 분야인데, 우리 책은 많은 학교에서 노동법 분야의 기본과목 교재 곧 개별적 근로관계법 과목과 집단적 노사관계법 과목의 교재로 사용되고 있다. 법조 실무에서는 노동사건의 수와 비중이 증가하면서 노동법에 대한 관심이 그 어느 때보다 높은데, 이 책은 노동분쟁의 규율을 개관할 수 있는 입문서로 사용되고 있다.

제3판과 마찬가지로 이번 개정판에서도 노동분쟁의 실태에 조응하는 체제와 내용으로 구성하고자 했다. 새로운 제도와 변경된 판례 그리고 가급적 실무상 많이 사용되는 판례 법리를 우선적으로 싣고자 했다. 더불어 이 교재의 본질적 임무가 법학전문대학원의 교재라는 점을 감안하여 법률가로서 반드시 알아야 할 노동법의 기본 정신과 기초 지식도 함께 담으려고 노력했다. 그 결과 이번 개정판에서는 상당수의 대상판결이 변경되었다.

먼저 개별적 근로관계법 분야에서 새로 대상판결에 포함된 것은 남녀임금 차별사건에 관한 대법원 2003. 3. 14. 선고 2002도3883 판결, 사내하청관계에서 사업주 판단에 관한 대법원 2015. 2. 26. 선고 2010다106436 판결, 회사분할에서 근로관계의 승계에 관한 대법원 2013. 12. 12. 선고 2011두4282 판결, 산업재해에서 회식 사고의 업무재해성에 관한 대법원 2017. 5. 30. 선고 2016두54589 판결, 반도체 사업장의 직업병에 관한 대법원 2017. 8. 29. 선고 2015두3867 판결 등이다.

다음으로 집단적 노사관계법 분야에서 새로이 대상판결로 된 것은 특수형태근로종사자의 노조법상 근로자성에 관한 대법원 2018. 6. 15. 선고 2014두12598, 12604 판결, 산별노조의 기업별 지회에서 기업별 노조로의 조직형태변경에 관한 대법원 2016. 2. 19. 선고 2012다96120 전원합의체 판결, 공정대표의무에 관한 대법원 2018. 8. 30. 선고 2017다218642 판결 등이다.

이번 개정판을 내는 과정에서도 많은 분들의 도움이 있었다. 오자나 탈자에서부터 책의 체계나 구성에 이르기까지 제3판에 대한 유익한 지적과 비판이 많았다. 필자들은 가능한 한 독자들의 조언을 이 책에 담고자 노력했다. 특히 대상판결의 변경에서 동료 교수들과 법조 실무가들의 의견은 결정적인 도움이 되었다. 출판사 임직원의 헌신과 노력에 대한 감사도 빠뜨릴 수 없다. 번거로운 일들을 빠르고 정확하게 처리하여 주었다. 독자들의 사랑이 더해질수록 필자들이 느끼는 책임감도 더해질 수밖에 없다.

2019. 2.

저자들 씀

제3판 머리말

제2판을 낸 지 3년이 되었다. 법학전문대학원은 내·외부적 도전에도 불구하고 우리 사회의 변호사, 판사, 검사 등 전문법조인을 양성하는 중추적인 고등교육기관으로 자리잡아가고 있다. 노동법 역시 법학전문대학원 교육에서 중요한 전문법률 분야로 취급되어 각 학교에서 보통 3-4개의 교과목으로, 많게는 대여섯 개의 교과목으로 편성·운영되고 있다. 개별적 근로관계법과 집단적 노사관계법은 학교마다 부르는 이름은 다르지만, 전문법률과목의 기본과목으로서 개설되고 있다. 이 과정에서 많은 학교에서 우리 책을 노동법 분야의 기본과목 강의교재로 사용하고 있다고 하니 필자들로서는 고마운 마음과 함께 책임감을 느끼지 않을 수 없다.

지난 3년간 이 책의 내용은 물론이고 그 구성과 체계에 관한 유용한 조언과 비판을 많이 들었다. 제2판에서도 노동분쟁 주제들 사이의 균형보다는 실제 분쟁에서의 중요도를 적절하게 반영하는 구성과 체제를 만들려고 노력했었다. 그 결과 해고, 쟁의행위 및 부당노동행위의 분량이 크게 늘어났었다. 제2판은 분명 진일보한 것이긴 했지만, 실제 노동분쟁의 상황을 적절히 반영하려던 본래의 의도를 충분히 달성하기에는 부족한 점들이 있었다. 특히 최근 분쟁의 빈도나 중요도가 크게 증가하고 있는 인사와 징계를 별개로 나눌 필요가 절실했다. 해고분쟁의 구성도 주제별로 정돈해야 했고, 집단적 노사관계법에서는 교섭창구단일화 분쟁을 소개해야 할 필요도 있었다. 제3판의 첫 번째 목적은 이러한 점들을 반영하여 이 책의 구성을 체계화하는 것이었다. 구성을 바꾸는 마당에 종전부터 마음에 걸렸던 몇 개의 강들(근기법의 적용관계와 관련한 제2강과 제3강, 임금에 관한 제6강과 제7강 등)도 조금씩 바꾸었다.

제2판 이후 중요한 대법원 판결들도 상당수 선고되었다. 통상임금 판결로 잘 알려진 대법원 2013. 12. 18. 선고 2012다89399·2012다94643

전원합의체 판결을 비롯하여, 연차휴가와 관련한 대법원 2013. 12. 26. 선고 2011다4629 판결, 경영상의 필요에 의한 대기발령과 휴업수당의 문제를 다룬 대법원 2013. 10. 11. 선고 2012다12870 판결, 회사분할과 근로관계 승계의 문제를 다룬 대법원 2013. 12. 12. 선고 2011두4282 판결, 불법체류 외국인 근로자의 근로삼권 보장과 관련된 대법원 2015. 6. 25. 선고 2007두4995 판결, 노동조합 규약을 통한 노조대표자의 단체협약 체결 권한 행사를 절차적으로 제한할 수 있다고 본 대법원 2014. 4. 24. 선고 2010다24534 판결, 경영해고를 제한하는 단체협약의 효력을 인정한 대법원 2014. 3. 27. 선고 2011두20406 판결 등이 대표적이다. 제3판의 두 번째 목적은 이런 판결들의 소개에 있다. 일부는 완전히 새로운 제목으로 또 다른 일부는 기존의 것을 대체하는 방식으로, 그리고 일부는 본문에서, 또 다른 일부는 심화학습 등에서 소개한다.

초판이나 제2판을 발행할 때와 마찬가지로 제3판을 발간하는 과정에서도 많은 분들이 도와주셨다. 이 책의 체계와 구성 및 내용에 관해 적절한 지적을 주거나 그 밖에 유익한 조언을 해 준 학자, 연구자, 법조실무가, 학생 등의 도움이 있었다. 또한 실무적이고 번거로운 일들을 신속하고 올바르게 처리해 준 출판사 직원들의 헌신적 노력이 있었다. 이런 분들의 도움에 깊이 감사드린다. 그러나 이 책 출간에서 가장 큰 도움은 독자들의 한결같은 관심과 비판이었음을 잊지 않고 있다. 늘 고맙고 또 무거운 책임을 느낀다.

2016. 2.

저자들 씀

제2판 머리말

초판을 낸 지 2년이 지났다. 법학전문대학원 제도는, 아직도 고치고 보완해야 할 것들이 많긴 하지만, 애초의 예상보다는 빠른 속도로 안정되어 가고 있다. 제도의 정착과 함께 법학전문대학원 교육에서 노동법의 필요성과 중요성에 대한 인식도 높아지고 있고, 우리 교재에 대한 사랑 역시 우리의 노력에 비해 과분한 편이다. 다행스럽고 고마운 일이기도 하지만, 책임감도 커질 수밖에 없다.

2년의 기간은 이 교재를 객관적으로 바라볼 수 있는 좋은 기회였다. 애초의 구상과 실제 강의에서의 결과는 조금씩 차이가 있었다. 교재에 꼭 실어야 한다고 생각해서 서술했던 내용이 강의 시간의 보충적인 구두 설명으로 충분한 부분도 있었고, 해당 주제에 가장 적합하다고 생각했던 판결이 그렇지 않았던 적도 있었으며, 애매한 표현이나 어색한 문장 등 기술적인 문제가 있는 부분도 종종 있었다. 제2판의 첫 번째 목적은 이러한 문제점들을 보완하는 데 있다.

초판 이후 중요한 주제들에 관한 좋은 대법원 판결들이 상당수 선고되었다. 해고분쟁에서 전자게시판에의 문서게시행위와 징계의 정당성을 다룬 판결, 해고의 서면통지의무에 관한 판결, 기간제와 파견제에서의 고용분쟁과 차별분쟁 등 비정규직 근로관계 분쟁에 관한 다수의 판결들, 노동조합에의 참가가 금지되는 사용자의 이익대표자에 관해 상세하게 설시한 판결, 쟁의행위에 대한 업무방해죄의 적용을 다룬 전원합의체 판결 등이 있었다. 제2판의 두 번째 목적은 이런 판결들의 소개에 있다. 일부는 완전히 새로운 제목으로, 또 다른 일부는 기존의 것을 대체하는 방식으로 소개한다.

실제 분쟁의 중요도를 적절하게 반영하도록 하는 것도 제2판의 또 다른 목적이다. 초판에서는 중요 주제 사이의 균형성을 강조한 결과, 현실에서 분쟁의 양이나 중요도에서 압도적 우위를 차지하는 주제들, 예를 들면 개별적 근로관계법에서 해고 관련 분쟁과 집단적 노사관계법에서 쟁의행위와 부당노동행위 관련 분쟁들을 다른 주제들과 비슷하거나 약간 많은 정도의 비중으로 다루었다. 그에 비해 제2판에서는 해고 분쟁을 '근로관계의 종료'라고 하여 세 개의 강(제10강부터 제12강까지)에서, 쟁의행위 분쟁(제24강부터 제26강까지)과 부당노동행위 분쟁(제27강부터 제29강까지) 역시 세 개의 강에서 다룬다. 또한 같은 이유에서 최근 개별적 근로관계법 분야에서 가장 중요한 분쟁인 비정규직 분쟁을 제2판에 신설하기로 정하였다(제14강). 비정규직 분쟁이 비록 '특별법적 성격'을 가지기는 하지만, 그 분쟁이 근로자나 사용자와 같은 기본 개념 및 해고 규제 등과 깊숙이 연결되어 있고 더하여 비정규직 규율 법리에 대한 현실적인 수요도 많기 때문이다.

초판 발행 때와 마찬가지로 이 개정판을 내는 과정에서도 많은 분들의 도움이 있었다. 강의와 질문을 통해 초판의 문제점을 적절하게 지적해 준 교수들과 학생들, 새로운 판결들에 대한 조언을 해 준 법조실무가들, 그 밖에 여러 방식으로 교재의 개선에 도움을 준 여러 사람들의 도움을 받았다. 출판사 직원들의 헌신적 노력이 없었다면 이 개정판이 이렇게 번듯하고 빠르게 나올 수 없었을 것이다. 이 교재가 법학전문대학원의 노동법 교육에 일조하기를 바라는 마음이 여전하다는 점과 앞으로도 계속하여 교재의 개선에 노력할 것이라는 점을 약속하는 것으로 이 분들의 도움에 고마움을 대신한다.

2013. 2.

저자들 씀

초 판 머 리 말

이 책은 법학전문대학원의 노동법 강의를 위해 만들어졌다. 법학전문대학원은 법조인이라는 전문 직업인의 양성을 일차적 목적으로 하는 새로운 교육 제도이다. 새로운 제도의 도입으로 교육과 관련된 거의 모든 것들을 새로이 만들어야 하는 상황이지만, 시급성이라는 점에서 보면 강의 교재의 개발이 첫째가 될 수밖에 없다. 스스로 배우고 익히는 것의 장점을 아무리 강조한다 해도 강의는 여전히 가장 공식적이고 대표적인 교육 방식이며 강의 교재는 강의의 필수적인 도구이기 때문이다. 이 교재는 이러한 상황적 필요성에서 급히 만들어졌던 2010년의 [로스쿨 노동법]을 일부 수정, 보완하여 책자화한 것이다.

법학전문대학원의 노동법 교육은 우수한 법조인의 양성이라는 법학전문대학원의 목적에 부합해야 한다. 새로운 교육 제도에서 길러내고자 하는 법조인은 단순히 풍부한 법률지식을 가진 것에 머물지 않고, 다양하고 복잡한 법률분쟁을 적절하고 효율적으로 해결할 수 있어야 한다. 이 점은 노동법 교육에서도 마찬가지이다. 이 교재에서는 학생들로 하여금 노동분쟁의 유형과 특성을 이해하고, 스스로 법적 사고를 거쳐 해결 방안을 찾으며, 나아가 학습한 법률지식을 실무에 적절하게 적용·응용하는 능력을 배양하도록 하는 데 중점을 두었다. 또한 변호사시험에도 효율적으로 대비할 수 있도록 하였다.

이 책의 개발에 참여한 저자들은 다음의 것들을 전제하였다. 첫째, 책에서 다루는 가장 중요한 법률은 근기법과 노조법이다. 그 밖의 노동관계 특별법은 원칙적으로 제외하되, 다만 근기법·노조법과 중대하고 밀접한 관련성을 가지는 특별법 중 실체적 권리의무에 직접 관계되는 내용은 포함한다. 둘째, 이 책은 노동법의 기본과목으로 두 과목이 개설되고, 한 학기에 15-16주의 수업과 매주 3시간의 수업을 전제한 것이다. 셋째, 개별적 근로관계법을 먼저, 집단적 노사관계법을 나중에 수업하는 것을 전제하였다. 만약 집단적 노사관계법을 먼저 수업할 경우에는 첫째 주에 제1강을 다루고 둘째 주에 제16과 제17강을 함께 다루면 될 것이다.

이 교재의 개발 과정에서 많은 교수들과 법조실무가들로부터 도움을 받았다. 이미 법학전문대학원에서 노동법을 교육한 경험이 있는 교수들은 직접 사용한 수업 교재를 흔쾌히 제공하여 주었다. 자신의 수업을 참관할 수 있도록 배려해 준 교수들도 있었다. 전국의 법학전문대학원 노동법 교수들과 몇몇 법조실무가들은 이 교재의 초안에 대해 성실하고 적절한 검토와 지적을 해 주었다. 이런 많은 분들의 도움이 없었다면 이 교재가 지금 정도의 모습조차 갖추기 어려웠을 것이다. 그러므로 만약 이 교재가 법학전문대학원의 노동법 교육에 조금이나마 도움이 된다면 그것은 전적으로 이 분들의 도움 덕이다. 그러나 이 교재의 여러가지 흠은 오직 이 작업에 참여한 연구자들의 탓이다.

2011. 1.

저자들 씀

일러두기

○ 법률 명칭

「근로기준법」은 '근기법'으로, 「노동조합 및 노동관계조정법」은 '노조법'으로 줄여 사용하였다. 다만 판결요지에서는 해당 판결문에서 사용된 법률 명칭을 그대로 사용하였다. 근기법과 노조법을 제외한 다른 법률은 정식 명칭을 사용하거나 해당 부분에서 표시를 한 후 약어를 사용하였다.

○ 교재의 구성과 활용

이 교재는 법학전문대학원에서의 실제 수업을 고려하여, 한 학기당 15개의 강(講)을 각 강의 주제별로 학습하는 순으로 구성하였다. 각 강은 1주에 하나씩 수업하는 것이 좋겠지만, 내용과 분량 등에 따라서는 탄력적으로 운영하여도 무방할 것이다.

주요 노동분쟁에 대한 학습으로, 각 강은 크게 개요 및 2-4개의 소주제별 노동분쟁으로 구성하였다. 〈개요〉는 대주제와 관련된 법령의 주요 내용과 분쟁 유형 등의 소개와 기초 지식의 습득을 위한 질문으로 구성하였다. 〈소주제별 노동분쟁〉은 관련 노동분쟁에 대한 대표적인 판결(대상판결이라 부름)을 [사실관계 → 판결요지 → 해설]순으로 정리한 후 문답식 수업을 위한 질문(판결 내용의 확인(기초) → 관련 분쟁 및 참고 판결의 이해(심화) → 다른 분쟁과의 관계 등(응용)의 순)으로 구성하였다. 질문은 난이도에 차이가 있으므로 학생들의 학습 목표 등에 따라 적절하게 취사선택하거나 변형하여 사용할 수 있겠다. 한편, 보다 심도 있는 학습을 위해서는 대상판결(경우에 따라 참고 판결 포함)의 원문을 그대로 읽도록 하는 것이 도움이 될 것이다.

차 례

제 2 부

집단적 노사관계법

제29강 부당노동행위(3)

제30강 집단적 노사관계법의 과제

로스쿨 노동법

노동법 입문

1. 노동법의 의의

전통적 의미의 노동법학은 '종속노동론'을 패러다임으로 삼고 있다. 즉 노동의 '종속성'은 자본주의 체제 내에서 본질적이고 구조적인 특성이기 때문에 이를 법적 계기로 포착하여 기존의 시민법과 다른 접근방식으로 규율되어야 한다는 것이다. 따라서 '종속노동론'의 관심은 종속노동이 실제로 어떻게 존재하는가를 개별적으로 규명하는 데에 있지 않다. 총노동과 총자본의 관계에서 시민법질서의 특성 또는 '상품'으로서의 노동력의 특성 등으로 인해 노동이 자본에 예속될 개연성이 높기 때문에 불평등을 해소하고 실질적 평등을 구현하기 위해 특별한 보호가 필요하다는 점을 강조한다. 결국 종속노동론은 유형적 접근방식을 선호하고 노동법의 독자성을 강조하기 위한 이데올로기적 기능을 수행하여 왔다.

요컨대 종속노동은 노동법을 독립된 법 영역으로 성립시키는 기본적 범주이며 노동법학을 체계적으로 구성하는 중심적 개념으로 파악된다. 이를 바탕으로 지금까지의 노동법학은 노동법의 독자성을 강조하고 단결권과 집단적 노사관계법의 원리적 우월성을 인정하는 바탕 위에서 법적 실천을 중시하여 왔다는 점에 기본적인 특징을 찾을 수 있을 것이다.

전통적인 노동법학은 노동법의 주체로서의 근로자를 추상적 인격체(Person)가 아닌 일종의 계급적 존재(der Mensch als Klassenwessen)로 파악하고 계급성의 특징을 이른바 '노동의 종속성'에서 구하면서, 노동법의 기본이념을 이러한 근로자의 생존권의 실현에 두고 이를 위해 법질서 내부에서의 노동법의 독자성을 강조한다. 그 결과 기존의 시민법 질서와의 관계에 있어 노동법은 시민법과 대립하면서 이를 수정하는 의미를 지니며, 근로자의 생존권은 재산권 또는 시민적 자유권에 대해 우월적·제약적 의의를 갖는다고 해석하는 경향이 강하다. … (중략) …

근로삼권이 법적인 권리로서 적극적으로 보장받게 됨에 따라 개별근로자와 사용자의 자유로운 계약을 유일한 계기로 파악하려는 고전적 시민법의 원리적 입장은 일정 부분 수정되지 않을 수 없게 되었고 이와 더불어 노동법은 그 나름의 독자적인 영역을 확보할 수 있게 되었다. 그런데 집단적 노동단체법과 개별적 노동자보호법과의 관계에 있어서는, 후자가 전자에 대하여 원리적으로 종속되고 기능적으로는 보충적 역할을 담당하는 것으로 이해하는 것이 일반적인 경향이라 할 수 있다. (이철수, "근로계약법제와 관련한 방법론적 검토", 「노동법의 존재와 당위」(김유성교수 정년기념논문집, 2006년), 5~7면.)

Q 1. 노동법이란 무엇인가?

Q 2. 시민법이 노동관계를 규율할 때 발생한 주요한 노동문제에는 어떤 것들이 있었는가?

Q 3. 시민법과 노동법의 관계는? 특히 노무제공관계에 대한 민법상 규율과 노동법상 규율의 관계는?

2. 노동분쟁과 분쟁해결기구

노동분쟁의 유형을 이해하기 위하여 흔히 이용되는 구분방법에 따르면, i) 분쟁의 당사자가 개인인가 집단인가에 따라 개별적 분쟁과 집단적 분쟁, ii) 이미 설정되어 있는 규범(계약·단체협약·법령)에 따른 권리의무의 존부에 관하여 발생한 것인가 아니면 새로운 규범을 설정하는 과정에서 발생한 것인가에 따라 이익분쟁(노조법 제2조 제5호 소정의 분쟁)과 권리분쟁, iii) 분쟁이 처리되는 절차에 따라 사적인 절차의 대상이 되는 분쟁과 공적인 절차의 대상이 되는 분쟁으로, 그리고 후자는 다시 민사절차의 대상이 되는 분쟁, 형사절차의 대상이 되는 분쟁, 행정절차의 대상이 되는 분쟁으로 나누어진다.

그리고 현재 이러한 노동분쟁에 대해서는 i) 기업 내부의 분쟁해결, ii) 근로감독행정에 의한 분쟁해결, iii) 노동위원회의 개별·집단적 분쟁에 대한 조정·심판적 분쟁해결, iv) 법원에 의한 분쟁해결 등 다양한 해결시스템이 병존하고 있다. (정인섭, "노동분쟁의 특수성과 노동법원의 전문성", 「노동법연구」 제19호(서울대학교노동법연구회, 2005), 3~4면.)

Q 1. 다른 법적 분쟁과 구별되는 노동분쟁의 특징은?
Q 2. 노동분쟁의 주된 형태와 소송 형태는?
Q 3. 노동분쟁에 대한 자주적 분쟁해결 방식과 그 특징은?
Q 4. 노동분쟁의 해결을 위한 공적인 기구와 각 기구의 특징은?

3. 무엇을 공부하는가?

> 노동분야의 기업의 사회적 책임이란 기업의 이해관계자 (stakeholders) 중 '근로자'(종업원) 또는 구직 중인 자 및 노사관계에 대한 '기업의 책임'이라고 할 수 있다. 그 주요 내용은 i) 단결권과 단체교섭권 등 노동기본권 보장 및 근로자대표의 인정, ii) 아동노동의 금지, iii) 강제노동의 금지, iv) 근로자의 교육·훈련 프로그램(인적자원개발), v) 고용유지(정리해고, 배치전환)와 전직지원 프로그램, vi) 재해의 예방(안전과 보건) 및 보상, vii) 차별금지(여성, 비정규직, 아동, 외국인, 장애인), viii) 실업·휴업 급여 및 사회복지·복리후생, ix) 외국인(소수민족) 근로자의 인권보장, x) 법규의 준수 및 보편적인 인권보호 등으로 요약될 수 있다.
>
> 이들 노동분야에 있어서 기업의 사회적 책임, 즉 근로자(종업원) 및 노사관계에 대한 책임의 내용은 대부분 이미 ILO 협약과 국내법으로 정립되거나 편입되어 있다. (김인재, "노동분야의 기업의 사회적 책임과 노동법적 과제," 「노동법연구」 제18호(서울대학교노동법연구회, 2005), 282~283면.)

Q 1. 노동법의 법원(法源)으로는 어떤 것들이 있는가?
Q 2. 노동법에서 공부하는 중요한 주제로는 어떤 것이 있는가?

4. 어떻게 공부하는가?

> 노동법을 공부하면서 항상 머리를 떠나지 않는 것은, "한국의 노동현실에서 과연 한국 노동법의 의의와 기능은 무엇인가?"라는 근본적인 자기 질문이다. '한국 노동법'이라고 하지만 우리의 노동법은 사실 주로 독일과 미국의 노동법 원리를 계수한 모

방적인 법체계이다. 식민지 체험을 한 제3세계의 노동법 생성사가 다 그렇듯이 우리도 구체적인 노동현실을 고려하지 않은 채 외국법 원리를 무비판적으로 도입한 것이었다. 그러므로 제3세계의 노동법 연구는 여러가지로 어려운 문제에 직면하게 된다. 우리의 노동현실에 대한 과학적 인식, 외국 법리에 대한 정확한 이해, 외국 법리를 우리 현실에 어떻게 구체적으로 적용하느냐의 문제, 그리고 우리의 노동현실에 타당한 노동입법 정책의 제시 등의 난제가 있다. 이보다 더욱 근본적인 과제는 "우리의 노동법이 제대로 규범력을 발휘하는가? 그렇지 않다면 그 원인과 대책은 무엇일까?"라는 구조적인 문제이다. (이흥재, "휴고 진쯔하이머의 생애와 학문,"「노동법연구」제1권 제1호(서울대학교노동법연구회, 1992), 11면.)

Q 1. 노동법 연구에서 사용하는 방법론에는 주로 어떤 것들이 있는가?
Q 2. 노동법 연구에서 많이 활용되는 자료와 인터넷 사이트 등은?

1

개별적 근로관계법

제 1 강

기본원칙

1. 개 요

(1) 노동법은 노동 분야에서 근로자가 향유하는 기본적 인권(노동권)을 구체화하고 실현하기 위한 법령의 총체라고 할 수 있다. 노동권은 헌법 제2장에 속하는 대부분의 기본권 보장과 관련되지만, 특히 헌법 제32조와 제33조가 직접적인 근거로서 중요하다. 개별적 근로관계법은 대부분 헌법 제32조를 구체화한 것이다.

(2) 헌법 제32조는 근로권(제1항 제1문) 보장을 기초로 법률로써 최저임금제를 시행하고(제1항 제2문 후단), 근로조건의 기준은 인간의 존엄성을 보장하도록 법률로 정하도록 하고 있다(제3항). 또한 여자와 연소자의 근로는 특별한 보호를 받아야 함과 특히 여자의 근로가 고용·임금 및 근로조건에 있어서 부당한 차별을 받지 아니하여야 함을 천명하고 있다(제4항과 제5항). 근로권은 '일할 자리에 관한 권리'뿐만 아니라 건강한 작업환경, 일에 대한 정당한 보수 등 '일할 환경에 관한 권리'도 포함한다(헌법재판소 2007. 8. 30. 2004헌마670 참고).

헌법 제32조를 구체화하고 있는 개별적 근로관계법에는 「근로기준법」(근기법)을 비롯하여 「근로자퇴직급여 보장법」(퇴직급여법), 「최저임금법」, 「임금채권보장법」, 「근로자의 날 제정에 관한 법률」, 「남녀고용평등과 일·가정 양립 지원에 관한 법률」(남녀고용평등법), 「산업안전보건법」, 「산업재해보상보험법」, 「선원법」, 「기간제 및 단시간근로자 보호 등에 관한 법률」(기간제법), 「파견근로자보호 등에 관한 법률」(파견법), 「건설근로자의 고용개선 등에 관한 법률」, 「외국인근로자의 고용 등에 관한 법률」, 「고용상 연령차별금지 및 고령자고용촉진에 관한 법률」 등이 있다. 이 중에서 기본이 되는 법률은 근기법이다.

(3) 근기법은 근로자를 사용하는 모든 사업 또는 사업장에 적용한다. 상시 5인 이상의 근로자를 사용하는 사업 또는 사업장에는 원칙적으로 근로기준법의 모든 규정을 적용하고(제11조 제1항), 상시 4인 이하의 근로자를 사용하는 사업 또는 사업장에는 대통령령으로 정한 규정만을 적용한다(제11조 제2항). 다만 동거의 친족만을 사용하는 사업 및 가사사용인에 대해서는 근로기준법을 적용하지 않는다(제11조 제1항 단서).

한편, 사업의 목적이나 운영 주체(친족사업은 제외) 혹은 종류 등은 근기법의 적용 여부에 영향을 미치지 않는다. 그러므로 영리를 목적으로 하는 상법상의 회사는 물론이고, 국가나 지방자치단체가 운영하는 사업(대법원 1987. 6. 9. 선고 85다카2473 판결 참고), 공익사업, 사회보장사업, 심지어 노동조합이 운영하는 사업이라고 해도 근로자를 사용하고 있는 한 근기법이 적용된다.

(4) 인간으로서의 존엄과 가치, 평등원칙 등과 같은 헌법상의 기본적 이념은 근로관계에서도 추구·실현되어야 한다. 이에 따라 근기법에서는 근로관계의 전 과정에 적용되어야 할 기본원칙으로서 최저기준을 이유로 하는 근로조건 저하금지(제3조), 근로조건 대등결정(제4조), 균등처우(제6조), 강제근로금지(제7조), 폭행금지(제8조), 중간착취금지(제9조), 공민권행사보장(제10조) 등을 정하고 있다.

근기법상 기본원칙 규정 중 일부는 다른 법률에서 금지하기도 하고(예컨대, 형법상의 폭행금지), 그 구체적인 내용이 다른 법률에 의해 보충되기도 하였다. 균등처우와 관련하여 성별, 고용형태(기간제, 단시간, 파견), 연령, 장애 등을 이유로 하는 고용차별을 금지하는 별도의 법률이 제정·시행된 것이 후자의 대표적인 예이다.

≪참고≫ 비정규직 근로자에 대한 차별적 처우의 금지

기간제법과 파견법은 기간제근로자, 단시간근로자 및 파견근로자(이하 '기간제근로자 등'이라 한다)를 규율하는 각각의 핵심적인 원칙을 규정하는 한편, 차별적 처우의 금지라는 공통적인 원칙을 정하고 있다. '차별적 처우'라 함은 ① 근기법 제2조 제1항 제5호에 따른 임금, ② 정기상여금, 명절상여금 등 정기적으로 지급되는 상여금, ③ 경영성과에 따른 성과금, ④ 그 밖에 근로조건 및 복리후생 등에 관한 사항에 있어서 합리적인 이유 없이 불리하게 처우하는 것을 말한다(기간제법 제2조 제3호, 파견법 제2조 제7호). 기간제근로자 등이 차별적 처우를 받은 경우에는 차별적 처우가 있은 날(계속되는 차별적 처우는 그 종료일)부터 6개월 내에 노동위원회에 그 시정을 신청할 수 있다(기간제법 제9조, 파견법 제21조). 기간제근로자 등이 노동위원회에 차별적 처우에 대한 시정을 신청하지 않더라도 고용노동부장관은 직권으로 사용자에게 차별적 처우의 시정을 요구할 수 있고, 사용자가 그 요구에 응하지 아니할 경우 노동위원회에 통보하여 노동위원회로 하여금 차별적 처우 여부에 대하여 심리하도록 할 수 있다(기간제법 제15조의2, 파견법 제21조의2). 노동위원회가 발하는 시정명령의 내용에는 차별적 행위의 중지, 임금 등 근로조건의 개선(취업규칙, 단체협약 등의 제도개선 명령을 포함한다) 또는 적절한 배상 등이 포함될 수 있고, 사용자의 차별적 처우에 명백한 고의가 인정되거나 차별적 처우가 반복되는 경우에는 차별적 처우로 인하여 기간제근로자 등에게 발생한 손해액을 기준으로 3배를 넘지 아니하는 범위에서 배상을 명령할 수 있다(기간제법 제13조, 파견법 제21조). 한편, 고용노동부장관은 확정된 시정명령을 이행할 의무가 있는 사용자의 사업 또는 사업장에서 해당 시정명령의 효력이 미치는 근로자 이외의 기간제근로자 등에 대하여 차별적 처우가 있는지를 조사하여 차별적 처우가 있는 경우에는 그 시정을 요구할 수 있다(기간제법 제15조의3, 파견법 제21조의3). 위에서 언급한 고용노동부장관의 차별적 처우 시정요구, 노동위원회의 3배 배상명령, 확정된 시정명령의 효력확대 등은 차별시정의 실효성을 제고하기 위한 제도이다.

(5) 근기법상 기본원칙 규정의 다수(제6조~제10조)는 그 위반에 대해 벌칙까지 정하고 있지만(제107조, 제110조, 제114조 참고), 벌칙 적용이 문제된 사례나 민사소송에서 직접적이고 결정적인 쟁점이 되었던 사례는 많지 않다. 그럼에도 불구하고 기본원칙 규정들은 근로관계 당사자인 근로자와 사용자에게는 기본적인 행위규범으로, 그리고 노동분쟁해결 기관인

법원이나 노동위원회에게는 주요한 재판규범으로 기능한다. 따라서 현재 또는 장래의 다양한 개별적 노동분쟁을 해결하고자 하는 경우에는 직접 관련된 규정 외에도 근기법상 기본원칙 규정의 목적과 취지라는 관점에서도 해당 사안을 검토해 볼 필요가 있다.

(6) 최저기준을 이유로 하는 근로조건의 저하 금지: 근기법에서 정하는 근로조건은 최저기준이므로 근로관계 당사자는 이 기준을 이유로 근로조건을 낮출 수 없다(근기법 제3조). 즉 근기법 소정의 기준에 맞추기 위해 기존의 근로조건을 저하시키는 것은 허용되지 않는다. 근기법의 목적은 근로조건의 기준을 정하여 근로자의 기본적 생활을 보장·향상시키는 것이지(제1조), 기존의 보다 나은 근로조건을 동법이 정한 수준으로 떨어뜨리는 데 있지 않기 때문이다. 근기법 제3조에서 말하는 근로조건은 "사용자와 근로자 사이의 근로관계에서 임금·근로시간·후생·해고 기타 근로자의 대우에 관하여 정한 조건"(대법원 1992. 6. 23. 선고 91다19210 판결)을 뜻하며, 이 규정 위반에 대해서는 벌칙이 없다.

(7) 근로조건의 대등한 결정 및 성실한 이행: 근로조건은 근로자와 사용자가 동등한 지위에서 자유의사에 따라 결정하여야 한다(근기법 제4조). 즉 근로자와 사용자가 상호 대등한 입장에서 본인의 자유로운 의사에 근거하여 근로조건을 결정하거나 변경하여야 한다. 만약 사용자가 경제적으로 우월한 지위를 이용하여 근로조건을 일방적으로 결정·변경한다면 계약자유의 원칙 및 본조에 반한다. 근기법 제4조 위반에 대해서는 벌칙이 없다. 근로자와 사용자는 각자가 단체협약, 취업규칙과 근로계약을 지키고 성실하게 이행할 의무가 있다(근기법 제5조). 근로자와 사용자의 성실이행의무에 대해 근로자 또는 사용자는 근기법위반의 책임을 비롯하여 채무불이행책임, 징계책임 등을 질 수 있다. 근기법 제5조 위반에 대해서는 벌칙은 없다.

(8) 강제근로의 금지: 사용자는 폭행, 협박, 감금, 그 밖에 정신상 또는 신체상의 자유를 부당하게 구속하는 수단으로서 근로자의 자유의사에

어긋나는 근로를 강요하지 못한다(근기법 제7조). 강제근로란 근로자의 '자유의사'에 반하는 근로의 강제로서, 형법상 범죄인 폭행 등에 해당하지 않더라도 근로자의 자유의사를 사실상 부당하게 구속할 수 있는 수단에 의한 근로의 강요는 여기에 해당한다. 그러나 근로계약에 근거한 사용자의 업무명령은 근로자의 자유의사에 따른 동의가 전제되어 있기 때문에 근로계약의 내용 자체가 법 위반에 해당하는 특별한 경우를 제외하고는 강제근로에 해당하지 않으며, 외관상 근로자의 자유가 제한되는 상황에서의 근로라고 하더라도 근로자의 명시적 동의에 따른 근로의 경우에도 자유의사에 반하는 것으로 볼 수 없다. 또한 근로자의 자유를 구속하는 수단이 정당한 목적을 달성하기 위90한 불가피한 수단인 경우에는 '부당하게 구속하는 수단'으로 볼 수 없을 것이다. 근기법 제7조 위반에 대해서는 벌칙이 있다(제107조).

(9) 폭행의 금지: 사용자는 사고의 발생이나 그 밖의 어떠한 이유로도 근로자에게 폭행을 하지 못한다(근기법 제8조). 근로관계에서 발생하는 사용자의 폭행은 어떤 이유로든 정당화되지 않는다. 근로자의 고의·과실에 의한 사고 또는 손해의 발생, 정당한 업무명령의 불이행 등이 있는 경우 사용자는 해당 근로자에 대해 민·형사책임이나 징계책임을 물을 수 있을 뿐이다. 여기서 폭행의 의미는 형법상의 그것과 동일한 것으로 보면 되고, 폭행이 발생한 시간이나 장소는 상관없다. 예를 들어 근로시간 외에 사업장 밖에서 발생한 폭행에도 근기법 제8조가 적용될 수 있다. 근기법 제8조 위반에 대해서는 벌칙이 있고(제107조), 사용자가 아닌 근로자가 다른 근로자를 폭행한 경우에도 사업주에게 벌칙이 가해질 수 있다(제115조 양벌규정 참고). 한편, 형법상의 폭행죄는 반의사불벌죄이지만 근기법 제8조 위반에 따른 벌칙은 그렇지 않다.

(10) 공민권 행사의 보장: 사용자는 근로자가 근로시간 중에 선거권, 그 밖의 공민권 행사 또는 공의 직무를 집행하기 위하여 필요한 시간을 청구하면 거부하지 못한다. 다만, 그 권리 행사나 공의 직무를 수행하는 데에 지장이 없으면 청구한 시간을 변경할 수 있다(근기법 제10조). 여기서

'공민권'이란 선거권, 피선거권, 국민투표권 등 공민(주권자)으로서의 권리를 말하고, '공의 직무'란 입법·사법·행정작용 관련 법령에 근거를 두고 있는 공적인 성질을 띠는 직무 내지 의무(예컨대, 국회의원·지방의회의원으로서의 직무, 배심원 또는 증인으로서 법원 출석, 향토예비군 훈련참가 등)를 말한다. 그리고 '필요한 시간'은 공민권의 행사 등을 위해 실제로 필요한 시간이므로 사전준비나 사후정리에 소요되는 시간을 포함하여 공민권 행사 등을 위해 필요로 하는 충분한 시간을 의미한다. '필요한 시간' 동안에는 근로자의 근로제공의무는 면제된다. 사용자는 근로자가 청구한 시간을 거부할 수 없음이 원칙이지만, 공민권 행사나 공의 직무 수행에 지장이 없으면 근로자가 청구한 시간을 변경할 수 있다. 다만 이 경우에도 근기법 제10조는 근로시간 중의 보장을 목적으로 하기 때문에 사용자가 변경 가능한 시간은 근로시간이어야 한다. 근기법 제10조 위반에 대해서는 벌칙이 있다(제110조).

Q 1. 개별적 근로관계법에 속하는 개별 법률들과 근로기준법의 관계는?

Q 2. 근기법 적용을 위한 근로자 수의 산정은 어떻게 하는가? (대법원 1995. 3. 14. 선고 93다42238 판결과 근기법 시행령 제7조의2 참고)

Q 3. 근기법 중 상시 5인 미만의 근로자를 사용하는 사업 또는 사업장에 적용되지 않는 규정은?

Q 4. 채용기준은 근로조건에 해당하는가? (대법원 1992. 8. 14. 선고 92다1995 판결 참고) 경영사정의 악화를 이유로 하는 임금삭감은 근기법 제3조 위반인가?

Q 5. 근기법 제5조 위반에 대한 벌칙은 없다. 그러나 단체협약 소정의 근로조건을 준수하지 않는 경우 다른 법률에 의해 벌칙이 적용될 수 있다. 어떤 경우가 그런가?

Q 6. 국적을 이유로 채용을 거부하는 것은 근기법상 균등대우원칙에 위반되는가? 동일한 사업장 내에서 동일한 가치의 노동을 제공하는 외국인 근로자에게 내국인에 비해 낮은 임금을 지급하는 것은 균등처우의 원칙에 위반되는가?

Q 7. 임기가 정해진 노동조합 임원의 지위, 고용형태가 정규직과 다른 비

정규직 근로자의 지위는 '사회적 신분'에 해당하는가?

Q 8. 균등대우원칙에 반하는 차별대우는 사법적으로 무효인가? 형사처벌의 대상이 되는가?

Q 9. 정년제를 규율하는 법률은 무엇이며 어떠한 제한이 있는가?

Q 10. 노동 현실에서 강제근로 여부가 문제될 수 있는 예는?

Q 11. 형법에 폭행죄가 규정되어 있음에도 불구하고 근기법에서 폭행금지 및 그 위반에 대한 벌칙을 정하고 있는 취지는?

Q 12. 근로자 상호간의 폭행에 따른 사용자의 배상책임은? (대법원 1992. 3. 31. 선고 90다8763 판결; 대법원 1989. 2. 28. 선고 88다카8682 판결 참고)

Q 13. 소개비 명목이 아니라 수수료, 보상금 등의 명목으로 이익을 취득하는 것은 근기법상 중간착취배제 원칙에 위반되는가?

Q 14. 공민권 행사 및 공의 직무 집행을 보장하고 있는 취지는?

Q 15. 향토예비군 훈련에 참가하는 것을 근기법상 공민권의 행사 또는 공의 직무로 볼 수 있는가? 민사소송법상 증인으로 출석하는 것은? 노동조합 임원으로서 조합원 총회에 참가하는 것은?

Q 16. 사용자는 근로자의 공민권 행사 등을 위해 필요한 시간을 보장하는 것 외에 그 시간에 대해 임금을 지급할 의무가 있는가?

Q 17. 근로권의 현대적 의미는 무엇인가? (헌재 2007. 8. 30. 2004헌마670; 헌재 2015. 12. 23. 2014헌바3 참고)

2. 동일가치노동 동일임금

대법원 2003. 3. 14. 선고 2002도3883 판결 [남녀고용평등법위반]

가. 사실관계

1) 이 사건 공소사실의 요지는 '사용자는 근로자에 대하여 남녀의 차별적 대우를 하여서는 아니 되며 동일한 사업 내의 동일가치의 노동에 대하여는 동일한 임금을 지급하여야 함에도, 피고인은 공소외 주식회사

의 대표이사로서, 신규채용자의 일급을 1995. 6.경부터 1996. 9.경까지 남자근로자는 금 17,600원, 여자근로자는 금 15,600원, 1996. 10.경부터 남자근로자는 금 19,100원, 여자근로자는 금 17,100원으로 책정하여 지급함으로써 강○모의 1995년도 임금 412,161원, 1996년도 임금 854,983원, 1997년도 3.까지의 임금 219,022원 합계 금 1,486,166원을 비롯하여 여자근로자 23명에 대한 임금 합계 금 22,409,607원을 부족하게 지급하는 등 성별을 이유로 근로자들을 부당하게 대우하였다'는 것이다.

2) 공소외 회사의 평택시 세교동 소재 타일제조공장(이하 '이 사건 사업장'이라 한다)은 1995. 7.경 준공되어 같은 해 8.경부터 운전에 들어갔고, 이 사건 사업장의 타일제조공정은 성형, 시유, 소성, 선별, 포장, 제유, 잉크제조, 스크린판 제조공정의 8개 공정으로 크게 나누어지고 위 각 공정 중 남자직원의 근무인원은 합계 16명이고 여자직원의 근무인원은 합계 5명인데 2교대로 근무하므로 남자직원 총 32명, 여자직원 총 10명이 교대로 근무하고 있으며, 남자직원들이 여자직원들보다 높은 급여를 지급받아 오고 있다.

3) 위 각 제조공정 중 ① 성형공정의 현장에는 프레스 2대, 진공청소기 2대가 설치되어 있고, 남자직원 2명이 배치되어 프레스의 설비관리 및 운전, 성형제품관리, 중량이 20~30kg에 달하는 프레스 금형관리 및 금형교체 작업, 파우더 사일로 및 벨트 라인 관리, 진공청소기 설비관리 및 운전, 진공청소기 온도관리, 현장 정리정돈 등의 업무를 맡아서 하고 있으며, ② 시유공정 중 ㉠ 시유기가 설치되어 있는 공정에는 남자직원 2명이 배치되어 유약이 담긴 컨테이너(약 300kg 정도)를 운반하여 시유유약 중량관리 및 유약보충, 제품관리, 제품교환시 유약운반 및 교환작업, 라인에서 발생되는 파지 운반작업(중량 약 50~60kg 정도를 손수레를 이용하여 운반), 제품 사이즈 교체시 라인 교환 작업, 현장 정리정돈 등의 업무를 맡아서 하고 있고, ㉡ 스크린 머신이 설치되어 있는 공정에는 여자직원 2명이 배치되어 스크린 머신 잉크 보충 및 교환, 스크린 머신 스크린판 교환 및 판 청소, 현장 정리정돈 등의 업무를 맡아서 하고 있으며, ㉢ 적재기가 설치되어 있는 공정에는 남자직원 2명이 배치되어 시유유약 중량

관리 및 유약보충, 제품관리, 제품교환시 유약운반 및 교환작업, 라인에서 발생되는 파지(불량) 운반작업, 시유 라인 각 설비관리 및 정비, 제품 사이즈 교체시 라인 교환 작업, 현장 정리정돈 등의 업무를 맡아서 하고 있고, ③ 소성공정의 현장에는 소성로 2기, 적재기, 하역기, 자동무인이송시스템(AGV)이 설치되어 있고, 남자직원 6명이 2인 1조가 되어 소성로 운전 및 온도관리, 제품치수, 밴딩, 제품 이상 유무 관리, 제품 사이즈 교환시 라인 교환 및 설비 정비, 무인이송시스템 운전 및 대차(BOX) 관리, 현장 정리정돈 등의 업무를 맡아서 하고 있으며, ④ 선별공정의 현장에는 선별대 2대, 하역기가 설치되어 있고, 여자직원 2명이 각 선별대에 배치되어 하역기에서 소성된 타일을 포장라인으로 인입하는 중간 공정에서 타일의 등급을 결정하는 곳으로서 여자직원이 형광펜을 이용하여 하품등급에 해당하는 타일을 표시하는 방법으로 각 등급에 따른 제품의 선별(상품, 하품의 선별), 하역기 관리 등의 업무를 맡아서 하고 있고, ⑤ 포장공정의 현장에는 제품포장기 2대, 적재기 2대가 설치되어 있고, 남자 2명이 포장기, 적재기 각 1대에 배치되어 제품의 포장 및 포장기, 적재기 운전관리, 제품 등급에 따른 제품관리 및 생산량 관리, 현장 정리정돈 등의 업무를 맡아서 하고 있으며, ⑥ 제유공정의 현장에는 볼밀, 유약저장탱크, 유약이송펌프가 설치되어 있고, 남자직원 1명이 배치되어 유약배합비에 따른 유약배합 작업, 유약출토 및 이송 등의 업무를 맡아서 하고 있고, ⑦ 잉크제조공정의 현장에는 잉크제조기가 설치되어 있고, 남자직원 1명이 배치되어 잉크배합비에 따른 잉크제조 및 운반공급 등의 업무를 맡아서 하고 있으며, ⑧ 스크린판 제조공정에는 스크린판 견장기, 감광기, 건조기가 설치되어 있고, 여자직원 1명이 배치되어 타일에 인쇄를 하기 위하여 스크린판을 만드는 공정으로 스크린판 제판, 현상, 감광, 세척, 건조 등의 업무를 맡아서 해 오고 있다.

　4) 위 각 공정 중 여자직원들이 담당하여 왔던 공정의 업무는 스크린 상의 잉크를 보충, 주입하거나 교환하고 스크린판을 교환하거나 청소하는 업무이거나, 컨베이어시스템으로 이동하는 타일제품을 단순히 눈으로 보아 불량품에 대하여 형광펜으로 표시만 해주는 업무, 또는 기계버튼을

눌러 스크린판을 당겨주고 스크린판 표면을 닦는 정도의 업무로서 특별한 기술이나 숙련도, 체력을 요하지 아니하는 업무인 반면, 남자직원들이 담당하여 왔던 공정의 업무는 무거운 기계나 원료를 운반, 투입하여야 하는 체력을 필요로 하는 업무이거나, 기계에 대한 숙련도와 전문적인 기술을 요하는 업무이다.

5) 원심은 공소외 회사의 여자직원들이 담당하여 왔던 노동과 남자직원들이 담당하여 왔던 노동은 그 담당하는 업무의 성질, 내용, 기술, 노력, 책임의 정도, 작업조건 등에 비추어 '동일가치의 노동'에 해당된다고 볼 수는 없고, 그 밖에 특별사법경찰관 작성의 차종기에 대한 진술조서(제2회)의 진술기재, 취업규칙사본, 임금대장사본의 각 기재만으로는 이 점을 인정하기에 부족하며, 달리 이 점을 인정할 만한 증거가 없다고 판단하여, 이 사건 공소사실에 대하여 무죄를 선고하였다.

나. 판결요지

1) 구 남녀고용평등법(2001. 8. 14. 법률 제6508호로 전문 개정되기 전의 것) 제6조의2 제1항은 '사업주는 동일한 사업 내의 동일가치의 노동에 대하여는 동일한 임금을 지급하여야 한다'고 규정하고 있는바, 여기에서 '동일가치의 노동'이라 함은 당해 사업장 내의 서로 비교되는 남녀간의 노동이 동일하거나 실질적으로 거의 같은 성질의 노동 또는 그 직무가 다소 다르더라도 객관적인 직무평가 등에 의하여 본질적으로 동일한 가치가 있다고 인정되는 노동에 해당하는 것을 말하고, 동일가치의 노동인지 여부는 같은 조 제2항 소정의, 직무 수행에서 요구되는 기술, 노력, 책임 및 작업조건을 비롯하여 근로자의 학력·경력·근속연수 등의 기준을 종합적으로 고려하여 판단하여야 하며, '기술, 노력, 책임 및 작업조건'은 당해 직무가 요구하는 내용에 관한 것으로서, '기술'은 자격증, 학위, 습득된 경험 등에 의한 직무수행능력 또는 솜씨의 객관적 수준을, '노력'은 육체적 및 정신적 노력, 작업수행에 필요한 물리적 및 정신적 긴장 즉, 노동강도를, '책임'은 업무에 내재한 의무의 성격·범위·복잡성, 사업주가 당

해 직무에 의존하는 정도를, '작업조건'은 소음, 열, 물리적·화학적 위험, 고립, 추위 또는 더위의 정도 등 당해 업무에 종사하는 근로자가 통상적으로 처하는 물리적 작업환경을 말한다.

2) 기록에 의하면, 공소외 회사는 1996. 4. 1. 제정된 취업규칙 제53조에서 '종업원에 대한 임금은 성별, 학력, 연령, 경력, 기술 정도에 따라 결정한다'고 규정하고 있어 성별을 임금 결정의 중요한 기준으로 삼아왔고, 실제로 일용직 근로자를 신규채용함에 있어 취업규칙에 근거하여 학력, 경력, 기술 등 다른 기준에서 별다른 차이가 없는 남녀근로자에 대하여 성별에 따라 미리 일률적으로 책정된 일당을 적용하여 1995. 6.경부터 1996. 9.경까지 남자는 금 17,600원, 여자는 금 15,600원, 1996. 10.경부터 남자는 금 19,100원, 여자는 금 17,100원을 지급한 사실을 알 수 있다.

3) 그런데 앞서 본 법리를 전제로 하여 기록에 의하여 살펴보건대, 우선 수사기록 138쪽 이하에 붙은 공소외 회사의 신규직원 채용서류에 의하면, 공소외 회사는 이 사건 공소사실 기재 일시 경에는 신규생산직원 채용시 근무부서를 생산부라고 포괄적으로 지정하는 외에 성형, 시유, 소성, 포장, 제유의 5개 공정만을 지정하였는데 그 중 포장과 시유 공정은 남녀 구분 없이 공통으로 지정하였던 사정을 알 수 있어서, 공소외 회사의 공정 구분 및 남녀직원 배치에 관한 원심의 사실인정이 정당한 것인가 자체가 의심스럽다.

4) 나아가 공정 구분과 남녀직원 배치에 관한 원심의 사실인정을 수긍한다고 하더라도, 공소외 회사의 신규채용 일용직 근로자의 경우, (1) 남녀 모두 하나의 공장 안에서의 연속된 작업공정에 배치되어 협동체로서 함께 근무하고 있고 공정에 따라 위험도나 작업환경에 별다른 차이가 있다고 볼 수 없어 그 '작업조건'이 본질적으로 다르다고 할 수는 없고, (2) 이들은 모두 일용직 근로자로서 그 '책임'의 면에서 별다른 차이가 있다고 보기도 어려우며, (3) 일반적으로 앞서 본 '기술'과 '노력'의 면에서 임금 차별을 정당화할 만한 실질적 차이가 없는 한 체력이 우세한 남자가 여자에 비하여 더 많은 체력을 요하는 노동을 한다든가 여자보다 남자에게 적합한 기계 작동 관련 노동을 한다는 점만으로 남자근로자에게

더 높은 임금을 주는 것이 정당화되지는 않는 것인데, 공소외 회사의 공장의 경우에 남녀근로자가 하는 작업이 작업의 성격이나 기계 작동의 유무의 면에서 다소의 차이가 있고, 작업공정에 따라서는 남자근로자가 무거운 물건을 운반하고 취급하는 등 여자근로자에 비하여 더 많은 체력을 소모하는 노동에 종사한 것이 사실이지만, 그렇다고 하여 남자근로자의 작업이 일반적인 생산직 근로자에 비하여 특별히 고도의 노동 강도를 요하는 것이었다든가 신규채용되는 남자근로자에게 기계 작동을 위한 특별한 기술이나 경험이 요구되었던 것은 아닌 것으로 보이므로, 원심 인정과 같은 정도의 차이만으로 남녀간 임금의 차별 지급을 정당화할 정도로 '기술'과 '노력'상의 차이가 있다고 볼 수는 없다고 할 것이다.

　　5) 그렇다면 이 사건 사업장 내에서 일용직 남녀근로자들이 하는 일에 다소간의 차이가 있기는 하지만 그것이 임금의 결정에 있어서 차등을 둘 만큼 실질적으로 중요한 차이라고 보기는 어려우므로, 그들은 실질적으로는 거의 같은 성질의 노동에 종사하고 있다고 봄이 상당하고, 따라서 달리 위와 같은 남녀근로자 사이의 임금 차별이 합리적인 기준에 근거한 것임을 알아볼 수 있는 자료가 없는 이상, 공소외 회사는 임금 책정에 있어 성에 따라 그 기준을 달리 적용함으로써 여자근로자에게 동일가치의 노동에 종사하는 남자근로자보다 적은 임금을 지급한 것이라고 보아야 할 것이다.

　　6) 그럼에도 원심은 그 판시와 같은 이유만으로 이 사건 사업장 내 남녀근로자의 일이 동일가치의 노동이라고 볼 수 없다고 판단하였으니, 거기에는 동일가치노동에 관한 법리를 오해하여 판결에 영향을 미친 위법이 있다고 할 것이다.

다. 해 설

　　남녀고용평등법은 차별(직접차별과 간접차별)을 정의하고 있고(제2조 제1호), 모집과 채용, 임금, 임금 외의 금품, 교육·배치 및 승진, 정년·퇴직 및 해고에서의 성차별을 금지하고 있다(제7조~제11조). 그 외에 직장 내 성희롱의 금지 및 예방(제2장 제2절), 여성의 직업능력 개발 및 고용촉진(제2장 제3절), 현존하는 남녀간의 고용차별을 없애거나 고용평등을 촉진하기 위하여 잠정적으로 특정 성을 우대하는 조치로서 '적극적 고용개선조치'(제2장 제4절) 등에 관해 규정하고 있다.

남녀고용평등법 제8조는 동일한 사업 내의 동일가치노동에 대한 사업주의 동일한 임금 지급 의무를 규정하고 있고(제1항), 동일가치노동의 기준으로 직무 수행에서 요구되는 기술, 노력, 책임 및 작업 조건 등을 규정하고 있다(제2항). 사업주가 남녀고용평등법 제8조 제1항을 위반하여 동일한 사업 내의 동일가치노동에 대하여 동일한 임금을 지급하지 아니한 경우에는 벌칙이 적용된다(제37조 제2항 제1호). 대상판결은 동일가치노동의 의미와 판단기준을 제시한 판결이고, 동일가치노동 동일임금 원칙을 적용하여 남녀 근로자 간 임금차별을 인정한 최초의 사례라는 점에서 의미가 있다(원심은 동일가치노동에 해당하지 않는다고 판단하여 무죄를 선고했지만, 대법원은 이를 파기하였다). 대상판결에서 대법원은 원심의 판단을 부정하는 데 그치지 않고, 동일가치노동 판단기준에 입각하여 이 사건 남녀 근로자들이 하는 일에 다소간의 차이가 있기는 하지만 그것이 임금의 결정에 있어서 차등을 둘 만큼 실질적으로 중요한 차이라고 보기는 어려우므로, 그들의 일이 "실질적으로는 거의 같은 성질의 노동"이라고 적극적으로 판단하였다.

한편, 남녀고용평등법 외에도 고용차별을 금지하는 법률들이 있다. 기간제법과 파견법은 비정규직 근로자(기간제근로자, 단시간근로자 및 파견근로자)에 대한 차별을 금지하고 있다. 「고용상 연령차별금지 및 고령자고용촉진에 관한 법률」과 「장애인차별금지 및 권리구제 등에 관한 법률」은 각각 연령과 장애를 이유로 하는 차별을 금지하고 있다.

Q 1. 대상판결에 따르면 동일가치노동의 의미와 그 판단기준은?

Q 2. 대상판결에서 대법원이 원심의 판단과 달리 이 사건 사업장 내 남녀 근로자의 일이 동일가치노동에 해당한다고 본 이유는?

≪심화학습≫

1. 동일가치노동에 대한 동일임금 지급을 규정하고 있는 남녀고용평등법 제8조 제1항 위반 행위의 불법행위 구성 여부 및 손해배상책임의 범위 (대법원 2013. 3. 14. 선고 2010다101011 판결 참고)
2. 성별에 따른 직군 분리의 모집·채용과 직군에 따른 정년차등의 유효성 여부 (대법원 1993. 4. 9. 선고 92누15765 판결 참고)

3. 비정규직 차별적 처우의 금지

대법원 2012. 10. 25. 선고 2011두7045 판결 [차별시정재심판정취소]

가. 사실관계

1) 원고는 상시근로자 24,000여 명을 고용하여 은행업 등을 경영하는 사용자이고, 참가인들(내부통제점검자)은 2005. 4. 11.부터 2007. 11. 1. 사이에 원고와 기간제 근로계약을 체결하고 원고의 전국 영업지원본부에 배치되어 1일 2-3개소 영업점을 방문하여 입출금 거래 등 18개 점검항목이 관련 규정 및 지침에 따라 적정하게 처리되었는지 여부를 점검하는 내부통제점검업무를 수행하여 오다가 2009. 2. 28.경부터 같은 해 4. 10. 경까지 계약기간의 만료로 퇴사한 근로자들이다.

2) 한편, 원고는 고용안정 및 정년연장 등을 목적으로 만 55세에 도달하는 일반직 직원을 대상으로 임금피크제를 시행하기로 하여 2008. 1. 3. 임금피크제 대상 근로자를 선정하였고, 같은 해 3. 3.부터 이들을 i) 영업마케팅, ii) 영업마케팅 및 내부통제점검, iii) 기업카드마케팅, iv) 연체관리 및 지원센터 업무로 구분하여 배치하였다.

3) 원고는 위 ii)의 업무를 담당하는 임금피크제 근로자(이하 '영업마케

팅·내부통제점검자'라고 함)들에게 주된 업무로 영업마케팅 업무를, 부수적인 업무로 내부통제점검 업무를 부여하고 영업마케팅을 중심으로 직무연수교육을 실시하였으나, 그들에게 구체적인 영업목표액을 부여한다거나 영업마케팅 활동에 대한 출장보고서나 상담실적 등을 관리감독하지 않은채 영업마케팅 업무의 수행을 전적으로 위 근로자들의 자율에 맡겼고, 위근로자들은 영업활동에 대한 근무기록을 별도로 하지 않았다.

4) 영업마케팅·내부통제점검자는 소속 영업점에서 매일 8시간 근무하면서 그 중 2시간은 내부통제점검 업무를, 나머지 시간은 영업마케팅 업무를 하였다. 2008년을 기준으로 임금피크제 대상 근로자 65명 중 영업실적이 있는 직원은 40명이고 나머지 25명은 영업실적이 전혀 없었으며, 영업실적이 있는 직원의 1인 연평균 영업실적은 27만원에 불과하였다. 그리고 원고는 영업실적이 있는 영업마케팅·내부통제점검자 40명 중최고의 실적(79,469,631원)을 올린 직원에게 B등급을, 최저 영업실적(3,701원)을 올린 직원에게 A등급을 부여하는 등 영업마케팅실적을 근무성과평가에 직접적으로 반영하지는 않았다.

5) 원고는 2008. 12. 16. 노동조합과 합의하여 임금피크제 근로자를 자점검사전담자로 임명하기로 하고, 2009. 1. 23. 임금피크제 근로자 중 165명을 자점검사전담자로 인사발령하여 연수를 실시하였으며, 같은 해 2. 2.부터 이들로 하여금 계약기간이 만료되어 퇴직하는 기간제 내부통제점검자들의 후임으로 자점검사 등 내부통제점검 업무를 수행하게 하였다.

6) 원고는 정규직인 임금피크제 근로자에 대하여는 임금피크제운영지침 및 보수·퇴직금규정에 근거하여, 기간제인 내부통제점검자에 대하여는 계약인력 관리지침에 근거하여 2009. 1. 16.부터 같은 해 4. 10.까지임금피크제 근로자에게는 매월 통근비 25만원, 중식대 20만원을 지급한반면 참가인 내부통제점검자들에게는 매월 통근비 20만원, 중식대 10만원을 지급하였다.

7) 원고가 노동조합과의 합의에 따라 제정한 임금피크제 운영지침에의하면, 임금피크제 근로자의 보수는 임금피크제 전환 직전 연보수 총액의 50%(55세 이하에 전환된 직원) 또는 42%(56세에 전환된 직원)를 임금피크제

연보수로 산정하고 이와 같이 산정된 임금피크제 연보수의 80%는 기본 연봉, 정률성과급, 법정수당 등으로, 나머지 20%는 변동성과급(업무성과 중간 등급인 G등급 기준, 반면 S등급은 연보수의 30%, A등급은 연보수의 25%, C등급은 연보수의 15%, D등급은 연보수의 10%)으로 지급하는 것으로 되어 있다. 원고는 2009. 2. 10. 위와 같은 임금피크제 운영지침에 따라 산정된 변동성과급의 1/4에 해당하는 금원(1분기 지급액)을 임금피크제 근로자들에게 지급하였으나, 참가인 내부통제점검자들에게는 아무런 변동성과급도 지급하지 아니하였다. 한편, 원고는 텔러직, 지원직 등 다른 계약인력에 대하여는 월 통상임금에 연 200% 내지 연 400%를 곱한 금액만큼의 변동성과급을 지급하였다.

8) 참가인 내부통제점검자들은 원고가 참가인들에게 임금피크제 근로자에 비하여 통근비, 중식대, 변동성과급 등을 차등지급하거나 지급하지 않은 것은 차별적 처우에 해당한다고 주장하면서 관할 지방노동위원회에 차별적 처우 시정신청을 하였다.

나. 판결요지

1) 기간제 및 단시간근로자 보호 등에 관한 법률(이하 '기간제법'이라고 한다) 제8조 제1항은 "사용자는 기간제 근로자임을 이유로 당해 사업 또는 사업장에서 동종 또는 유사한 업무에 종사하는 기간의 정함이 없는 근로계약을 체결한 근로자에 비하여 차별적 처우를 하여서는 아니 된다"고 정하여, 기간제 근로자에 대하여 차별적 처우가 있었는지를 판단하기 위한 비교 대상 근로자로 '당해 사업 또는 사업장에서 동종 또는 유사한 업무에 종사하는 기간의 정함이 없는 근로계약을 체결한 근로자'를 들고 있다.

비교 대상 근로자로 선정된 근로자의 업무가 기간제 근로자의 업무와 동종 또는 유사한 업무에 해당하는지 여부는 취업규칙이나 근로계약 등에 명시된 업무 내용이 아니라 근로자가 실제 수행하여 온 업무를 기준으로 판단하되, 이들이 수행하는 업무가 서로 완전히 일치하지 아니하고 업무의 범위 또는 책임과 권한 등에서 다소 차이가 있다고 하더라도 주된 업무의 내용에 본질적인 차이가 없다면, 특별한 사정이 없는 이상 이들은 동종 또는 유사한 업무에 종사한다고 보아야 할 것이다.

원심판결 이유에 의하면, 원심은 제1심판결을 인용하여 그 판시와 같은 사실을 인정한 다음, 원고가 임금피크제 직원 중 영업마케팅 업무와 내부통제점검 업무를 겸임하는 직원(이하 '영업마케팅·내부통제점검자'라고 한다)에게 명목상으로는 영업마케팅 업무를 주된 업무로, 내부통제점검 업무를 부수적 업무로 부여하였으나, 영업마케팅 업무에 관하여 아무런 관리·감독을 하지 않았고, 영업마케팅 실적을 업무 성과 평가의 중요 요소로 고려하지 않은 것으로 보이며, 실제로 그들의 영업실적도 미미한 데 비해, 내부통제점검 업무는 매일 수행결과를 기록하도록 하는 등 제대로 수행된 것으로 보이는 점, 원고는 임금피크제 직원을 자점검사전담자로 임명하여 기간제 근로자인 내부통제점검자가 맡았던 내부통제점검 업무를 수행하도록 한 점 등을 종합하여 보면, 영업마케팅·내부통제점검자와 자점검사전담자는 내부통제점검자인 피고보조참가인들(이하 '참가인들'이라고 한다)과 동종 또는 유사한 업무를 수행한 것으로 인정할 수 있어 기간제법 제8조 제1항이 정한 비교 대상 근로자에 해당한다고 판단하였다.

앞서 본 법리와 원심판결 이유를 기록에 비추어 살펴보면, 원심의 위와 같은 판단은 정당하고, 거기에 상고이유로 주장하는 법리오해 등의 위법이 없다.

2) 기간제법 제2조 제3호는 차별적 처우를 "임금 그 밖의 근로조건 등에서 합리적인 이유 없이 불리하게 처우하는 것"으로 정의하고 있다.

여기서 불리한 처우라 함은 사용자가 임금 그 밖의 근로조건 등에서 기간제 근로자와 비교 대상 근로자를 다르게 처우함으로써 기간제 근로자에게 발생하는 불이익 전반을 의미하고, 합리적인 이유가 없는 경우라 함은 기간제 근로자를 달리 처우할 필요성이 인정되지 아니하거나, 달리 처우할 필요성이 인정되는 경우에도 그 방법·정도 등이 적정하지 아니한 경우를 의미한다고 할 것이다. 그리고 합리적인 이유가 있는지 여부는 개별 사안에서 문제가 된 불리한 처우의 내용 및 사용자가 불리한 처우의 사유로 삼은 사정을 기준으로 기간제 근로자의 고용형태, 업무의 내용과 범위·권한·책임, 임금 그 밖의 근로조건 등의 결정요소 등을 종합적으로 고려하여 판단하여야 한다.

원심판결 이유에 의하면, 원심은 제1심판결을 인용하여, 원고가 참가인들에 대한 중식대와 통근비를 비교 대상 근로자인 영업마케팅·내부통제점검자 및 자점검사전담자에 대한 중식대와 통근비보다 적은 금액으로 책정하여 지급한 것은 불리한 처우에 해당하고, 중식대와 통근비가 실비변상의 성격을 가진 점, 원고가 텔러직, 지원직 등 다른 기간제 근로자들에게도 중식대와 통근비를 지급한 사정에 비추어 이들 수당을 장기근속 유도와 직접 연관시키기 어려운 것으로 보이는 점 등을 종합하면, 위와 같이 원고가 참가인들에게 중식대와 통근비를 불리하게 지급한 데에 합리적인 이유가 있는 것으로 볼 수 없다고 판단하였다.

앞서 본 법리와 원심판결 이유를 기록에 비추어 살펴보면, 원심의 위와 같은 판단은 정당하고, 거기에 상고이유로 주장하는 법리오해 등의 위법이 없다.

3) 원심판결 이유에 의하면, 원심은 제1심판결을 인용하여, 영업마케팅·내부통제점검자의 연보수는 임금피크제 전환 전 연보수의 50% 또는 42%로 정해지고, 위와 같이 정해진 약정 연보수의 80%는 기본급 등으로, 나머지 20%는 변동성과급(성과 평가 G등급 기준)으로 각 지급하게 되어 있으므로, 변동성과급은 개념상 고정된 연보수에 추가로 지급되는 것이 아니라 그 자체가 연보수의 일부분을 구성하는 것인 점, 이러한 이유로 영업마케팅·내부통제점검자가 성과 평가에서 중간 등급인 G등급을 받을 경우 약정 연보수를 그대로 받을 뿐이고, 그보다 낮은 C등급이나 D등급을 받으면 오히려 연보수가 95% 내지 90% 수준으로 삭감되므로, 위 변동성과급은 정해진 보수에 추가하여 지급되는 텔러직 등 다른 기간제 근로자에 대한 변동성과급과는 성격이 매우 다른 점, 영업마케팅·내부통제점검자는 결국 약정 연보수를 기준으로 90% 내지 110%에 해당하는 연보수를 받게 되는데, 이는 근로자들의 전년도 실질 성과를 다음 연도에 반영하여 근로자들로 하여금 장기간에 걸쳐 지속적으로 업무수행능력을 향상하도

록 유도하기 위한 것으로 볼 수 있는 점, 참가인들을 비롯한 내부통제점검자의 보수체계는 애초부터 영업마케팅·내부통제점검자처럼 약정된 연보수를 전제로 하여 이를 기본급과 변동성과급으로 나누어 지급하는 형태로 구성되어 있지 않기 때문에 이 사건 재심판정에서 명한 바와 같이 원고가 참가인들에게 연보수의 20%에 해당하는 금액을 변동성과급으로 지급하게 되면 참가인들은 당초 연보수의 120%를 받는 것이 되어 영업마케팅·내부통제점검자보다 오히려 높은 비율의 성과급을 받게 되는 점 등을 종합하여 보면, 원고가 2009. 2. 10. 참가인들의 비교 대상 근로자인 영업마케팅·내부통제점검자에게 지급한 이 사건 변동성과급은 참가인들에게 적용될 수 있는 성격의 보수라 할 수 없으므로 이를 참가인들에게 지급하지 아니한 것은 합리적인 이유가 있다고 판단하였다.

앞서 본 합리적인 이유의 판단 방법에 관한 법리와 원심판결 이유를 기록에 비추어 살펴보면, 원심의 위와 같은 판단은 정당하고, 거기에 상고이유로 주장하는 법리오해 등의 위법이 없다.

다. 해 설

기간제법은 사용자가 기간제근로자임을 이유로 해당 사업 또는 사업장에서 동종 또는 유사한 업무에 종사하는 기간의 정함이 없는 근로계약을 체결한 근로자(비교 대상 근로자)에 비하여 임금 그 밖의 근로조건 등에 있어서 합리적인 이유 없이 불리하게 처우하는 것(차별적 처우)을 금지하고 있다.

대상판결은 비교 대상 근로자의 업무가 기간제근로자의 업무와 동종 또는 유사한 업무에 해당하는지 여부를 판단하는 기준을 제시하고 있는 점, '불리한 처우'와 '합리적인 이유가 없는 경우'의 의미 및 합리적인 이유가 있는지 여부를 판단하는 기준을 제시하고 있는 점에서 의의가 있다.

Q 1. 대상판결에서 정규직 임금피크제 근로자인 영업마케팅·내부통제점검자와 기간제근로자인 내부통제점검자의 업무가 동종 또는 유사한 것으로 인정된 이유는?

Q 2. 대상판결에서 통근비와 중식대의 차등지급 및 변동성과급의 미지급과 관련하여 합리적 이유의 유무가 어떻게 판단되고 있는가?

> ≪심화학습≫
> 1. 임금차별의 '계속되는 차별적 처우' 해당 여부 (대법원 2011. 12. 22. 선고 2010두3237 판결 참고)
> 2. 차별적 처우의 시정신청 당시 또는 시정절차 진행 도중 근로계약기간이 만료한 경우 기간제근로자가 차별적 처우의 시정을 구할 이익이 소멸하는지 여부 (대법원 2016. 12. 1. 선고 2014두43288 판결 참고)

4. 중간착취의 금지

대법원 2008. 9. 25. 선고 2006도7660 판결 [근로기준법위반]

가. 사실관계

1) 피고인은 주식회사 A자동차의 노동조합에서 제4대 집행부(1996. 1. 경~1998. 1.경)의 조직부장과 제7대 집행부(2003. 1.경~ 2005. 1.경)의 쟁의부장으로 활동하였고 위 노동조합의 사수대장을 맡은 바 있었던 자로서, 현재 위 회사 부품품질팀에 근무하며 위 노동조합의 현장조직, 속칭 '철의노동자회'를 이끌고 있는 현장활동가이다.

2) 2003. 8.말경 A자동차 구내식당 부근에서 위 회사 협력업체에 근무한 적이 있어 피고인이 알게 된 정○교로부터 취업 부탁을 받게 되자 정○교에게 "500만원을 주면 A자동차에 취업시켜 주겠다. 3개월 동안 A자동차에서 운영하는 직업훈련소에서 훈련을 받고 있으면 A자동차 직원으로 취업시켜 주겠다"는 취지로 말하여 정○교로부터 즉석에서 정○교

자신에 대한 취업청탁 명목으로 500만원을 교부받았다.

3) 2003. 10.말경 피고인의 집에서 피고인의 처와 선후배관계여서 알고 지내던 박○숙으로부터 그녀의 남편 이○우가 A자동차 협력업체에 다니는데 A자동차 정식직원으로 채용될 수 있도록 해 달라는 부탁을 받고 박○숙에게 "500만원을 주면 남편을 A자동차 정식직원으로 채용시켜 주겠다"는 취지로 말하여 박○숙으로부터 즉석에서 박○숙의 남편 이○우에 대한 취업청탁 명목으로 500만원을 교부받았다.

4) 2003. 12.경 A자동차 내에서 2002년경부터 사촌조카 최○민의 취업청탁을 수회 해오던 위 회사 부품품질팀 선배 김○열에게 "500만원을 주면 사촌조카를 A자동차에 취업시켜 주겠다"는 취지로 말하여 김○열로부터 그 무렵 위 회사 후문 경비실 부근에서 김○열의 사촌조카 최○민에 대한 취업청탁 명목으로 500만원을 교부받았다.

5) 2004. 2.경 A자동차 정문 부근 강○식당에서 위 회사에 근무하는 정○술 과장과 김○환 과장을 통해 소개받은 오○석에게 "2004년 상반기에 A자동차에서 직원을 채용하는데 내가 A자동차 인사부장인 박○주를 잘 알고 있고 노조간부들에게는 직원을 채용시켜줄 수 있는 할당량이 있는데 내가 아직 할당량을 채우지 못하고 있으니 1,500만원을 주면 A자동차에 확실하게 취업시켜 주겠다"는 취지로 말하여 오○석으로부터 같은 달 18일 위 회사 정문 앞에서 오○석 자신에 대한 취업청탁 명목으로 1,500만원을 교부받았다.

6) 2004. 2.경 A자동차 정문 부근 강○식당에서 위 정○술 과장과 위 김○환 과장을 통해 소개받은 김○용에게 위 5)기재와 같은 취지로 말하여 김○용으로부터 같은 달 말경 위 회사 정문 앞에서 김○용의 사촌동생 김○규에 대한 취업청탁 명목으로 1,500만원을 교부받았다.

7) 2004. 10.경 피고인의 집 부근 길에서 우연히 만난 친구 조○호로부터 그의 처남 한○규를 A자동차 직원으로 채용시켜 줄 수 있는지에 대한 질문을 받자 조○호에게 "2004년 추석 전에 A자동차 대졸사원을 뽑았고 2005년 3월경에는 ○○차량을 생산하여 그로 인하여 생산라인을 증설할 예정이므로 얼마 후에 고졸 생산직 사원을 뽑는데 A자동차에 입사하

려면 직업훈련소 담당과 노무과 직원, 면접담당관 등에게 돈을 나누어 주어야 한다며 A자동차에 취업을 하려면 3,000만원이 필요하다"는 취지로 말하여, 며칠 후부터 조○호에게 수회 전화로 "입사서류 제출기간이 마감될 예정이니 내가 받을 몫의 돈을 받지 않을테니 우선 1,000만원만 준비해 주면 처남을 A자동차에 취직시켜 주겠다"는 취지로 말하여 조○호로부터 같은 해 12월 초순경 조○호의 처남 한○규에 대한 취업청탁 명목으로 1,000만원을 교부받고, 며칠 후 조○호에게 전화로 "실무자들에게 처남 취업과 관련하여 룸에서 술을 사야 하니 회식비용으로 200만원을 달라"고 말하여 조○호로부터 그 무렵 같은 취업청탁 명목으로 200만원을 교부받아 합계금 1,200만원을 취업청탁 명목으로 교부받았다.

8) 2005. 2. 17.경 호○다방에서 공소외 이○철에게 "내가 B자동차 노조간부들을 잘 알고 있으니 2,000만원을 주면 B자동차 노조간부들에게 부탁하여 B자동차에 취업시켜 주겠다"는 취지로 말하여 위 이○철로부터 같은 날 같은 장소에서 이○철 자신에 대한 취업청탁 명목으로 2,000만원을 교부받았다.

9) 원심은 1심 법원과 마찬가지로 피고인이 영리로 타인의 취업에 개입한 사실을 충분히 인정할 수 있다고 하여 유죄로 판단하였다.

나. 판결요지

구 근로기준법 제8조(현행 근기법 제9조)는 "누구든지 법률에 의하지 아니하고는 영리로 타인의 취업에 개입하거나 중간인으로서 이익을 취득하지 못한다"고 규정하고 있는바, 여기서 '영리로 타인의 취업에 개입'한다고 함은 제3자가 영리로 타인의 취업을 소개 또는 알선하는 등 근로관계의 성립 또는 갱신에 영향을 주는 행위를 말한다(대법원 2007. 8. 23. 선고 2007도3192 판결 참조).

제3자가 타인의 취업에 직접·간접으로 관여하여 근로자를 착취하는 행위를 방지하고자 하는 위 규정의 입법 취지와, 위 조항에 의하여 원칙적으로 금지되고 있는 타인의 취업에 개입하는 행위 중 허용되는 행위의 유형과 절차에 관하여 상세히 정하고 있는 직업안정법 등의 관련 법률 조항들을 종합적으로 고려해 볼 때, 위 조항의 '영리로 타인의 취업에 개입'하는 행위, 즉 제3자가 영리로 타인의 취업을 소개 또는 알선하는 등 근로관계의 성립 또는 갱신에 영향을 주는 행위에는 취업을 원하는 사람에게 취업을 알선해 주기로 하면서 그 대가로 금품을 수령하는 정도의 행위도 포함된다고 볼 것이고, 반드시 근로관계 성립 또는 갱신에 직접적인 영향을 미칠 정도로 구체적인 소개 또는 알선행위에까지 나아가야만 한다고 볼 것은 아니다.

같은 취지에서 원심이, 회사의 노동조합 간부로 상당기간 근무하였기 때문에 회사의 취업자 선정에 관하여 사실상 영향력을 미칠 수 있는 지위에 있는 피고인이 구직자들로부터 그 회사에 취업할 수 있도록 알선해 달라는 부탁을 받고 이를 승낙하면서 그 대가로 금원을 교부받은 피고인의 행위가 구 근로기준법 제8조에서 금지하는 행위에 해당한다고 판단한 것은 정당하고, 거기에 위 조항의 적용 범위에 관한 법리오해 등의 위법은 없다.

다. 해 설

누구든지 법률에 따르지 아니하고는 영리로 다른 사람의 취업에 개입하거나 중간인으로서 이익을 취득하지 못한다(근기법 제9조). 그 위반에 대한 벌칙이 있다(근기법 제107조). 근기법 제9조가 금지하는 행위는 '영리로 타인의 취업에 개입'하는 행위와 '중간인으로서 이익을 취득'하는 행위이다(대법원 2007. 8. 23. 선고 2007도3192 판결).

대상판결은 '영리로 타인의 취업에 개입'하는 행위에는 취업알선의 대가로 금품을 수령하는 정도의 행위가 포함되고 반드시 구체적인 소개 또는 알선행위가 있어야 하는 것은 아니라는 점을 밝히고 있다. 그러나 제반 사정에 비추어 볼 때 입사추천과 관련하여 단순히 돈을 건네받았다는 것만으로 그것이 '영리로' 한 것이라고 볼 수 없다고 판단한 사례가 있다(대법원 2007. 8. 23. 선고 2007도3192 판결).

한편, 법률에 근거하여 영리로 다른 사람의 취업에 개입하거나 중간인으로서 이익을 취득하는 행위는 근기법 제9조 위반이 아니다. 「직업안정법」에 따른 유료직업소개사업(제19조)과 근로자공급사업(제33조), 「파견근로자 보호 등에 관한 법률」(파견법)에 따른 근로자파견사업(제7조)이 그 예이다.

Q 1. 대상판결에서 구체적인 소개 또는 알선행위가 없었음에도 불구하고 근기법 위반의 유죄로 판단된 이유는?

Q 2. 중간인으로서 이익을 취득하는 행위의 의미는? (대법원 2007. 8. 23. 선고 2007도3192 판결 참고)

Q 3. 영리로 타인의 취업에 개입하거나 중간인으로서 이익을 취득하는 일체의 행위가 근기법 제9조 위반에 해당하는가?

≪심화학습≫

1. 영리의 의사 관련 대상판결과 대법원 2007. 8. 23. 선고 2007도3192 판결의 비교
2. 근로자공급사업과 근로자파견사업 (대법원 2008. 9. 18. 선고 2007두22320 전원합의체 판결 참고)

제 2 강
근로기준법상 근로자

1. 개 요

(1) 노동법상 주된 권리·의무의 주체는 근로자와 사용자이다. 그런데 사용자는 대부분 근로자를 고용하거나 사용함으로써 노동법상 책임을 지는 자이기 때문에, 노동법상 일차적으로 중요한 개념은 근로자이다. 노동관계법에서 근로자는 동일한 의미로 사용되지는 않는다. 예를 들어 근기법과 노조법 및 「근로자직업능력 개발법」은 각 법률의 목적에 따라 근로자를 다르게 정의하고 있다.

(2) 근기법상 근로자라 함은 "직업의 종류와 관계없이 임금을 목적으로 사업 또는 사업장에 근로를 제공하는 자를 말한다"(제2조 제1항 제1호). 임금을 목적으로 근로를 제공하는 한, 임금의 액수나 소득에서의 비중, 근로의 종류나 양 등은 근로자를 인정할 때 전혀 문제가 되지 않는다. 반면에 자원봉사자의 봉사활동, 전업주부의 가사노동, 의무복무 중인 군인의 복무, 교화의 목적을 위한 수형자의 노동 등과 같이 임금을 목적으로 하지 않는 노동을 제공하는 자는 근로자가 아니다.

(3) 근기법상 근로자에 해당하는지 여부는 계약의 형식에 관계없이 그 실질에 있어서 임금을 목적으로 종속적 관계에서 근로를 제공하는지 여부에 따라 판단한다. 고용형태가 다양화됨에 따라 전형적인 근로자와는 다소 다른 방식으로 일하는 이른바 '특수형태근로종사자'가 증가하고 있고, 이에 따라 근기법상 근로자에 해당하는지 여부에 관한 분쟁이 빈발하고 있다. 한편, 회사의 이사, 감사 등 임원의 지위에 있는 자의 근기법

상 근로자성 여부도 자주 다투어진다.

Q 1. 근기법상 근로자에 해당하는지 여부가 다투어지는 이유는?
Q 2. 근기법과 고평법에서 근로자를 달리 정의하고 있는 이유는?

2. 근 로 자

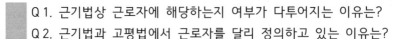

대법원 2006. 12. 7. 선고 2004다29736 판결 [퇴직금]

가. 사실관계

1) 원고들(김○성, 김○환, 신○규, 정○수)은 1985년 내지 1991년부터 1999년 12월 내지 2001년 2월까지 피고가 운영하는 학원의 종합반 강사로서 수강생을 대상으로 강의해 왔고, 원고들 중 김○환, 신○규, 정○수는 그 기간 중 한두 해 내지 5년 가량을 제외하고는 학급 담임을 맡아 왔다.

2) 원고들은 매년 2월 중순부터 대입 수학능력시험일이 있는 11월까지 아침 9시부터 저녁 7시까지 이어지는 10교시의 강의시간 중 하루에 4~5교시, 1개월에 100시간~110시간의 강의를 하고 시간당 28,000원 내지 30,000원으로 계산된 월 300만원 정도의 강사료를 받았고, 수학능력시험이 끝난 후 다음해 2월의 개강 전까지는 강의를 하지 않고 강사료도 받지 않았으며, 다만 국어강의를 맡은 원고 정○수는 11월 20일경부터 12월 말까지 대학별 논술시험에 대비한 논술강의를 하고 이에 따른 강사료를 받았다.

3) 위 학원의 일과는 대략 08:30에 열리는 교직원 조례부터 시작되는데, 원고들 중 학급 담임을 맡은 강사는 08:00까지 학원에 나와 수강생들의 아침 자습과 방송 수업을 감독하다 08:30 교직원 조례에 참석하고 담

임을 맡지 않은 강사는 그날 자신이 할 첫 강의 시작 전까지 학원에 나와 맡은 강의의 마지막 시간인 오후 5시 내지 7시까지 강의를 하고 퇴근하였고, 담임을 맡은 원고들은 순번을 정하여 한 달에 몇 차례 수강생들의 저녁 자습을 감독한 후 퇴근하였다.

4) 원고들은 강의가 없는 자유시간에는 대부분 다음 강의에 대비한 휴식이나 교재 연구 등에 시간을 쓰게 되므로 학원을 떠나 다른 곳에 강의를 나간다는 것은 사실상 불가능하였고, 다만 특정 요일 오전이나 오후에 강의가 없도록 조정하는 것은 가능하였다.

5) 피고 학원에서 강의할 교재는, 강사들이 복수의 교재를 학원측에 추천하면 학원측이 그 중 하나를 선택하여 사용하도록 하였다.

6) 담임을 맡은 강사들의 경우, 자신들이 맡은 강의 외에 아침 교직원 조례 등에서 전달받은 단순 사무와 행정적인 일로서 아침 자습과 방송 수업 감독, 저녁 자습 감독, 수강생 조례 주재, 전달 사항 통보, 등록금 통지서 및 모의고사 성적표 배부, 수강생들의 외출증·조퇴증의 작성·발급, 결석·지각·조퇴·외출 학생 학부모 통보, 개별 상담, 모의고사 시험 감독, 수능시험 후 대학 지원상황 파악·보고, 합격자 현황 파악·보고 등 그때그때 학원측에서 필요하다고 인정하여 담임 강사들에게 맡긴 업무를 처리하였고, 이와 같은 담임업무 수행에 대한 대가로 월 30만원의 담임 수당을 지급받았다. 그리고 담임을 맡지 않은 강사라도 필요에 따라 모의고사 시험 감독 등의 업무가 부과되었다.

7) 원고들은 위 학원에서 처음 강사로 일할 때에는 특별히 문서로 된 계약서를 작성하지 않았고 근로소득세를 납부하였으며 위 학원이 사업장으로 된 직장의료보험에 가입하였는데, 1994년 초부터 학원측은 방침을 바꾸어 매년 강사들과 강의용역제공계약이라는 이름의 계약서를 작성하였다. 이 계약서에는 수강생 인원이 10명 미만인 경우 강의용역 제공을 거부할 수 있고 다른 학원에 강의를 나가더라도 학원측이 이의를 제기하지 못하도록 되어 있으며, 일반 직원들에게 적용되는 취업규칙·복무(인사)규정·징계규정 등의 적용을 받지 않았고 보수에 고정급이 없으며 부가가치세법상 사업자등록을 하고 근로소득세가 아닌 사업소득세를 원천징수

당하였으며 직장의료보험이 아닌 지역의료보험에 가입하도록 하였다. 원
고들은 시간당 일정액에 정해진 강의시간수를 곱한 금액을 보수로 지급
받았다.

　　8) 원고 김○성·김○환·신○규는 2001. 2. 14.에, 원고 정○수는
2000. 1. 13.에 피고에 의하여 부산시 동부교육청에 각 그 해임 사실이 통
보되었다. 이에 원고들은 퇴직금 및 해고예고수당을 청구하는 소를 제기
하였다. 제1심판결과 원심판결은 원고들이 근로자가 아니라는 이유로 원
고들의 청구를 기각하였다.

나. 판결요지

　　근로기준법상의 근로자에 해당하는지 여부는 계약의 형식이 고용계
약인지 도급계약인지보다 그 실질에 있어 근로자가 사업 또는 사업장에
임금을 목적으로 종속적인 관계에서 사용자에게 근로를 제공하였는지 여
부에 따라 판단하여야 하고, 위에서 말하는 종속적인 관계가 있는지 여부
는 업무내용을 사용자가 정하고 취업규칙 또는 복무(인사)규정 등의 적용
을 받으며 업무 수행 과정에서 사용자가 상당한 지휘·감독을 하는지, 사
용자가 근무시간과 근무장소를 지정하고 근로자가 이에 구속을 받는지,
노무제공자가 스스로 비품·원자재나 작업도구 등을 소유하거나 제3자를
고용하여 업무를 대행케 하는 등 독립하여 자신의 계산으로 사업을 영위
할 수 있는지, 노무 제공을 통한 이윤의 창출과 손실의 초래 등 위험을
스스로 안고 있는지와 보수의 성격이 근로 자체의 대상적 성격인지, 기본
급이나 고정급이 정하여졌는지 및 근로소득세의 원천징수 여부 등 보수
에 관한 사항, 근로 제공 관계의 계속성과 사용자에 대한 전속성의 유무
와 그 정도, 사회보장제도에 관한 법령에서 근로자로서 지위를 인정받는
지 등의 경제적·사회적 여러 조건을 종합하여 판단하여야 한다(대법원
1994. 12. 9. 선고 94다22859 판결 등 참조). 다만, 기본급이나 고정급이 정하여
졌는지, 근로소득세를 원천징수하였는지, 사회보장제도에 관하여 근로자
로 인정받는지 등의 사정은 사용자가 경제적으로 우월한 지위를 이용하

여 임의로 정할 여지가 크다는 점에서 그러한 점들이 인정되지 않는다는 것만으로 근로자성을 쉽게 부정하여서는 안 된다.

출근시간과 강의시간 및 강의 장소의 지정, 사실상 다른 사업장에 대한 노무 제공 가능성의 제한, 강의 외 부수 업무 수행 등의 사정에다가, 시간당 일정액에 정해진 강의시간수를 곱한 금액을 보수로 지급받았을 뿐 수강생 수와 이에 따른 학원의 수입 증감이 보수에 영향을 미치지 아니한 사정 등을 종합하여 보면, 원고들은 임금을 목적으로 종속적인 관계에서 피고에게 근로를 제공한 근로자에 해당한다고 봄이 상당하다.

그리고 비록 기록상 알 수 있는 다음과 같은 사정들, 즉 원·피고 사이에 매년 '강의용역제공계약서'라는 이름의 계약서가 작성되었고, 그 계약서에는 수강생 인원이 10명 미만인 경우 강의용역 제공을 거부할 수 있고 다른 학원에 강의를 나가더라도 학원측이 이의를 제기하지 못하도록 되어 있으며, 일반 직원들에게 적용되는 취업규칙·복무(인사)규정·징계규정 등의 적용을 받지 않았고 보수에 고정급이 없으며 부가가치세법상 사업자등록을 하고 근로소득세가 아닌 사업소득세를 원천징수 당하였으며 직장의료보험이 아닌 지역의료보험에 가입한 사정이 있다 하더라도, 이러한 사정들은 실질적인 노무 제공 실태와 부합하지 않는 계약서 문언에 불과하거나 사용자인 피고가 경제적으로 우월한 지위에서 사실상 임의로 정할 수 있는 사정에 불과하여 원고들의 근로자성을 뒤집는 사정이라고 보기에는 부족하다.

≪참고≫ 대법원 1994. 12. 9. 선고 94다22859 판결 [배당이의]

근로기준법상의 근로자에 해당하는지 여부를 판단함에 있어서는 그 계약의 형식이 민법상의 고용계약인지 또는 도급계약인지에 관계없이 그 실질에 있어 근로자가 사업 또는 사업장에 임금을 목적으로 종속적인 관계에서 사용자에게 근로를 제공하였는지 여부에 따라 판단하여야 할 것이고, 위에서 말하는 종속적인 관계가 있는지 여부를 판단함에 있어서는, 업무의 내용이 사용자에 의하여 정하여지고 취업규칙 또는 복무(인사)규정 등의 적용을 받으며 업무 수행과정에 있어서도 사용자로부터 구체적·개별적인 지휘·감독을 받는지 여부, 사용자에 의하여 근무시간과 근무장소가 지정되고 이에 구속을 받는지 여부, 근로자 스스로가 제3자를 고용하여 업무를 대행케 하는 등 업무의 대체성 유무, 비품·원자재나 작업도구 등의 소유관계, 보수의 성격이 근로 자체의 대상적 성격이 있는지 여부와 기본급이나 고정급이 정하여져 있는지 여부 및 근로소득세의 원천징수 여부 등 보수에 관한 사항, 근로제공관계의 계속성과 사용자에의 전속성의 유무와 정도, 사회보장제도에 관한 법령 등 다른 법령에 의하여 근로자로서의 지위를 인정받는지 여부, 양 당사자의 경제·사회적 조건 등을 종합적으로 고려하여 판단하여야 할 것이다.

다. 해 설

오래전부터 근로자성을 다투는 사건은 있어 왔지만(가령 전공의에 관한 대법원 1989. 7. 11. 선고 88다카21296 판결 등), 1990년대 중반 이후에는 그 수가 급증하고 있다. 대법원의 중요한 판결만 보아도 학습지 상담교사에 관한 1996. 4. 26. 선고 95다20348 판결, 골프장 경기보조원(캐디)에 관한 1996. 7. 30. 선고 95누13432 판결, 단과학원 강사에 관한 1996. 7. 30. 선고 96도732 판결, 레미콘 기사에 관한 1997. 11. 28. 선고 97다7998 판결, 퀵서비스 배달원에 관한 2004. 3. 26. 선고 2003두13939 판결, 카드회사 채권추심원에 관한 2008. 5. 15. 선고 2008두1566 판결 등이 있다. 이런 현상은 고용형태의 다양화에 따라 특수형태근로종사자(산업재해보상보험법 제125조 참고)가 증가한 것에 가장 큰 원인이 있다. 이들은 형식적으로는 독립 사업자로서 계약을 체결하고 있지만, 노무제공의 실질에서는 근로자와 유사한 측면이 많기 때문이다. 한편, 외국인 산업기술연수제도에 의해 국내 대상 업체에 산업기술연수생으로 배정되어 대상 업체와 연수계약을 체결한 외국인의 근로자성도 종종 다투어졌다(대법원 2006. 12. 7. 선고 2006다53627 판결 등).

대상판결과 참고판결은 대법원이 근로기준법상 근로자인가를 판단할 때 채용하고 있는 두 가지 접근 방식을 보여주는 것이다. 참고판결이 1994년 이후 오랫동안 판례가 취해 온 전통적 방식을 대표하는 것이라면, 대상판결은 최근 대법원이 근로자 판단에서 새로이 도입한 방식을 대표하는 것이다. 대상판결이 나온 뒤 대부분의 판결들은 이를 따르고 있다.

Q 1. 대상판결은 근기법상 근로자를 어떻게 판단하는가?

Q 2. 근기법상 근로자를 판단할 때, 대상판결과 참고판결의 공통점과 차이점은?

Q 3. 근기법상 근로자와 노조법상 근로자의 차이는?

≪심화학습≫

1. 노동법상 특수형태근로종사자의 지위 (산업재해보상보험법 제125조 참고)

3. 임원의 근로자성

대법원 2003. 9. 26. 선고 2002다64681 판결 [퇴직금]

가. 사실관계

1) 주식회사 A(이하 'A'라 한다)는 1997.말 현재 16개의 계열회사로 구성되어 있는 A그룹의 모회사로서 대구지방법원으로부터 1998. 8. 17. 회사정리절차개시결정을, 1999. 7. 13. 정리계획인가결정을 받았다.

2) A의 정관과 '임원처우에 관한 규정'은 i) 직위상 회장, 부회장, 사장, 부사장, 전무이사, 상무이사, 이사, 이사대우 및 감사로 상근인 자를 임원으로 하고, ii) 주주총회 의결을 거친 임원(법인등기부에 등재되는 임원이다. 이하 '등기임원'이라 한다)의 선임 및 해임의 인사권은 대표이사가 행하고, 주주총회의 의결을 거치지 않은 임원(법인등기부에 등재되지 않는 임원이다. 이하 '비등기임원'이라 한다)의 인사권은 이사회의 결의에 의하여 대표이사가 행하며, iii) 효과적인 업무추진을 위하여 임원의 담당업무를 분장할 수 있고, 담당업무는 업무위촉에 의한다고 규정하고 있다.

3) 원고 예○희는 1989. 12. 1. A의 비등기임원인 재무담당 상무이사로 입사하여 자금관리를 담당하다가 1995. 2. 28. 주주총회의 의결을 거친 등기임원인 이사가 되었고 1998. 3. 28. 이사에서 퇴임함과 동시에 감사로 취임하였다가 1998. 5. 9. 퇴직하였다. 원고 이○진은 1991. 8. 16. A의 비등기임원인 기술담당 이사로 입사하여 그 때부터 대구지역 토목담당 이사 및 상무이사로 근무하다가 1998. 6. 24. 퇴직하였다. 원고 박○동은 1989. 1. 4. A의 부장으로 입사하여 근무하다가 1993 1. 3. 및 1994. 1. 3. 비등기임원인 기술담당 이사대우 및 이사로 각 승진하여 대구지역 공사담당 이사(대구지역현장PM)로 근무하다가 1998. 6. 24. 퇴직하였다.

4) A의 '임원처우에 관한 규정'은 임원의 보수 총액은 주주총회에서 정하고, 임원의 퇴직금은 별도의 임원 퇴직금 지급규정에 의하여 지급한다고 규정하고 있다. '임원 퇴직금 지급규정'은 임원의 퇴직금에 대하여, 등기 또는 비등기를 불문한 상근임원의 퇴직금은 퇴임 당시의 최종직위 평균보수월액에 회장·부회장은 근속기간(이사대우 승진일로부터 퇴임발령일까지의 기간) 1년에 4개월분, 사장·부사장·전무이사는 근속기간 1년에 3개월분, 상무이사·이사·이사대우·감사는 근속기간 1년에 2개월분의 지급률을 곱하여 산정하고, 퇴직금은 퇴직일로부터 1개월 이내에 지급함을 원칙으로 한다고 규정하고 있다.

5) A의 '퇴직금 지급규정'은 직원의 퇴직금에 대하여, 퇴직 당시의 평균임금에 근속연수를 곱하여 산정하고, 퇴직금은 퇴직일로부터 14일 이내에 지급함을 원칙으로 하며, 직원이 임원으로 선임되는 경우에는 퇴직으로 간주하고 퇴직금을 지급한다고 규정하고 있다.

6) 정리회사 A의 관리인은 회사정리계획안을 작성하면서 원고들을 포함한 임직원 555명의 1999. 7. 13. 현재 미지급 퇴직금을 공익채권으로 분류하는 한편 당사자들과 협의를 거쳐 1999.과 2000.에 그 1/2씩 분할하여 변제하기로 노력한다는 내용을 명시하였고, 그 정리계획안은 1999. 7. 13. 대구지방법원의 인가결정으로 확정되었다.

7) 원고들은 자신들이 실질적으로는 근로자임과 따라서 자신들의 퇴직금채권이 공익채권임을 전제로 퇴직금 지급을 청구하였으나,

원심은 원고들이 근기법상 근로자가 아니라고 보아 그 주장을 배척하였다.

나. 판결요지

1) 상법상 이사와 감사는 주주총회의 선임 결의를 거쳐 임명하고 그 등기를 하여야 하며, 이사와 감사의 법정 권한은 위와 같이 적법하게 선임된 이사와 감사만이 행사할 수 있을 뿐이고 그러한 선임절차를 거치지 아니한 채 다만 회사로부터 이사라는 직함을 형식적·명목적으로 부여받은 것에 불과한 자는 상법상 이사로서의 직무권한을 행사할 수 없다 할 것인데, 원심이 확정한 사실관계에 의하면, A의 등기임원은 상법의 선임요건을 갖춘 이사 또는 감사에 해당하고 비등기임원은 형식적·명목적으로 명칭만을 부여받은 이사임이 명백하므로, A의 등기임원과 비등기임원 사이에 있어서 업무수행권한의 차이가 없다고 단정할 수 없다.

2) 주식회사의 이사, 감사 등 임원은 회사로부터 일정한 사무처리의 위임을 받고 있는 것이므로, 사용자의 지휘·감독 아래 일정한 근로를 제공하고 소정의 임금을 받는 고용관계에 있는 것이 아니며, 따라서 일정한 보수를 받는 경우에도 이를 근로기준법 소정의 임금이라 할 수 없고, 회사의 규정에 의하여 이사 등 임원에게 퇴직금을 지급하는 경우에도 그 퇴직금은 근로기준법 소정의 퇴직금이 아니라 재직 중의 직무집행에 대한 대가로 지급되는 보수에 불과하다(대법원 2001. 2. 23. 선고 2000다61312 판결 등 참조). 그러나 근로기준법의 적용을 받는 근로자에 해당하는지 여부는 계약의 형식에 관계없이 그 실질에 있어서 임금을 목적으로 종속적 관계에서 사용자에게 근로를 제공하였는지 여부에 따라 판단하여야 할 것이므로, 회사의 이사 또는 감사 등 임원이라고 하더라도 그 지위 또는 명칭이 형식적·명목적인 것이고 실제로는 매일 출근하여 업무집행권을 갖는 대표이사나 사용자의 지휘·감독 아래 일정한 근로를 제공하면서 그 대가로 보수를 받는 관계에 있다거나 또는 회사로부터 위임받은 사무를

처리하는 외에 대표이사 등의 지휘·감독 아래 일정한 노무를 담당하고 그 대가로 일정한 보수를 지급받아 왔다면 그러한 임원은 근로기준법상의 근로자에 해당한다 할 것이다(대법원 1997. 12. 23. 선고 97다44393 판결; 대법원 2000. 9. 8. 선고 2000다22591 판결 등 참조).

　　원심이 확정한 사실관계에 의하면, 원고 예○희는 비등기이사로 입사하여 재무담당 상무로서 자금관리를 담당하였고 등기이사로 선임된 후에도 위와 같은 내용의 직무를 수행하였으며 그 이후 퇴직일까지는 감사로 선임되어 한 달 남짓 근무한 사실, 원고 이○진은 비등기임원으로서 대구지역 토목담당 이사 및 상무이사로, 원고 박○동은 역시 비등기임원으로서 대구지역 공사담당 이사로 각 근무한 사실, 한편 원고들은 위와 같이 A의 임원으로 근무하면서 매월 정액의 월급여와 상여금을 지급받은 사실, A의 임원 중 회장은 대주주인 장○홍이었고, 회장과 부회장이 A의 대표이사로서 회사의 업무집행권 및 대표권을 가지고 있었던 사실을 인정할 수 있는바, 앞서 본 바와 같은 A의 비등기임원의 지위, 상법상 이사와 명목상의 이사와의 업무수행권한의 차이 등과 함께 위 인정 사실을 종합하여 보면, i) 우선 원고 예○희의 경우 비등기이사로 근무한 기간과 원고 이○진, 박○동의 전 근무기간 동안에 원고들의 이사 또는 이사대우라는 지위는 상법상의 이사와 같은 위임관계가 아니라 형식적·명목적인 것으로서 실제로는 이사 또는 이사대우라는 직함을 가지고 회장 등 대표이사의 지휘·감독하에 각자 담당한 회사의 업무를 처리하고 이에 대한 대가로 일정한 보수를 지급받는 관계에 있었던 것으로 보이고, ii) 한편, 원고 예○희가 등기이사와 감사로 선임되어 근무한 기간 동안에 원고 예○희는 A로부터 상법상의 이사 또는 감사로서의 일정한 사무처리 위임을 받고 있었던 것으로서 특별한 사정이 없는 한 사용자의 지휘·감독 아래에 일정한 근로를 제공하고 소정의 임금을 받는 고용관계가 아니라고 할 것이나, 기록에 의하면, 원고 예○희는, 그가 등기이사와 감사로 선임된 이후에도 이사 또는 감사로서의 직무 이외에 대표이사 등의 지시에 따라 일정한 노무를 담당하면서 그 대가로 보수를 지급받아 왔다고 주장하는 한편, A의 정관은 비등기이사와 등기이사에 대하여 같은 임원으로서 그

보수에 있어서 동일한 처우를 하고 있고 이에 따라 원고 예○희는 비등기이사에서 등기이사를 거쳐 감사로 선임된 이후에도 회사에서의 지위에 별다른 변동이 없이 정액의 보수를 지급받았음을 알 수 있는바, 사정이 이와 같다면, 원고 예○희가 비등기이사에서 등기이사 및 감사로 선임된 이후에도 상법상 이사, 감사로서의 위임사무 외에 종래에 담당하고 있던 업무를 대표이사와의 사용종속관계하에서 계속 유지하고 있었다고 볼 여지가 있으므로(위 원고의 감사로서의 재임기간은 한 달 남짓에 불과하다), 원심으로서는 원고 예○희가 등기이사와 감사로 선임된 기간에도 과연 종래와 같은 회사 업무를 담당하고 있었는지, 이에 관하여 대표이사와의 사이에 사용종속관계가 있었는지, 이러한 노무에 대한 대가로 보수가 지급된 것인지 등 근로자의 인정에 전제가 되는 간접사실에 대하여 구체적으로 심리하여 원고 예○희가 근로기준법상의 근로자에 해당하는지 여부를 판단하였어야 할 것이다.

그럼에도 불구하고, 원심은 이에 이르지 아니한 채 그 판시와 같은 사정만으로 원고들이 근로기준법상의 근로자에 해당하지 않는다는 이유로 이 사건 퇴직금 채권이 공익채권임을 전제로 한 원고들의 청구를 모두 기각하였던바, 거기에는 필요한 심리를 다하지 아니하여 사실을 오인하고 그 결과 근로기준법상 근로자의 해석에 관한 법리를 오해함으로써 판결 결과에 영향을 미친 위법이 있다.

다. 해 설

근기법 제2조 제1항 제2호의 '사용자'에는 사업주뿐만 아니라 사업 경영담당자나 근로자에 관한 사항에 대하여 사업주를 위하여 행위하는 자도 포함된다. 그런데 그 중에는 이름만 사용자에 해당할 뿐 실질적으로는 근로자와 마찬가지로 사업주의 지시를 받아 업무를 처리하는 경우도 적지 않다. 대상판결은 이런 경우에 그러한 자의 근기법상 근로자성을 판단하는 기준을 보여준 것이다. 그러나 형식뿐만 아니라 실질에서도 업무집행권을 가진 법인의 임원인 자의 경우에는 근로자성을 부인하고 있다

(대법원 2001. 2. 23. 선고 2000다61312 판결 등).

 Q 1. 대상판결은 원고들의 근기법상 지위를 어떻게 보았는가?
Q 2. 판례에 의하면 주식회사 등에서 임원이 근로자로 판단될 수 있는 경우는?

제 3 강
근로기준법상 사용자와 근로계약

1. 개 요

(1) 사용자는 근기법상 근로자 보호의 책임과 의무를 지는 자이다. 근기법 제2조 제1항 제2호는 "사용자란 사업주 또는 사업경영담당자 그 밖에 근로자에 관한 사항에 대하여 사업주를 위하여 행위하는 자를 말한다"고 규정하고 있다. '사업주'란 자신의 이름으로 사업을 경영하는 주체로서 개인 기업에서는 개인 기업주를, 회사 등 법인 조직이나 아파트 자치회 등 단체에서는 법인이나 단체 그 자체를 말한다. '사업의 경영담당자'란 사업경영 일반에 관하여 책임을 지는 자로서, 사업주로부터 사업경영의 전부 또는 일부에 대하여 포괄적인 위임을 받고 대외적으로 사업을 대표하거나 대리하는 자를 말한다. 법인의 경우에는 통상 법인의 대표자나 임원 또는 지배인등이 이에 해당한다. '근로자에 관한 사항에 대하여 사업주를 위하여 행위하는 자'라 함은 인사·급여·후생·노무관리 등과 근로조건의 결정 또는 실시에 관해서 지휘명령 내지 감독을 할 수 있는 일정한 책임과 권한이 사업주에 의하여 주어진 자를 말한다. 이러한 책임과 권한의 유무는 형식적인 직위나 직명이 아니라 실제 담당하는 직무와 권한 등으로 판단한다.

(2) 사용자 정의 규정의 가장 특징은 사용자를 기능적으로 종류를 열거하면서 그 범위에 근로계약의 일방당사자로서 사업주 외에도 '사업의 경영담당자' 및 '근로자에 관한 사항에 대하여 사업주를 위하여 행위하는 자'도 포함하고 있다는 점이다. 이는 근기법상 사용자를 "누가 근로자를

고용한 자인가?"라는 관점이 아니라 "근로계약과 근기법의 적용에서 근로자 보호를 위해 누가 책임과 의무를 부담하는 것이 타당한가?"라는 관점에서 파악해야 하기 때문이다.

(3) 도급, 파견, 용역, 외주화 등의 이름으로 간접고용이 빠르게 확산되면서 사용자(사업주) 분쟁이 자주 발생하는데, 사회적 주목을 끈 분쟁들은 대부분 대형 사업장의 사내하청관계에서 발생했다. 하청업체 소속 근로자(사내하청 근로자)들이 원청업체를 자신들의 사용자라고 주장하는 이 분쟁에서, 판례는 '묵시적 근로계약관계 법리'와 '파견법상 직접고용간주(또는 직접고용의무) 조항'의 적용 여부를 통해 분쟁을 해결하고 있다.

(4) 근기법상 근로계약이라 함은 "근로자가 사용자에게 근로를 제공하고 사용자는 이에 대하여 임금을 지급함을 목적으로 체결된 계약을 말한다"(제2조 제1항 제4호). 근로계약에 따라 근로자와 사용자는 각각 근로의 제공과 임금의 지급이라는 기본적인 의무를 지게 된다. 그런데 근로관계는 여타의 재산거래관계와 달리 근로 제공을 매개로 하는 계속적이고 인격적인 결합관계이기 때문에 양 당사자는 그에 따르는 여러가지 부수적인 의무도 부담한다. 사용자의 배려의무(인격배려의무, 안전 그 밖에 근로환경에 대한 배려의무 등)와 근로자의 충실의무(경업금지의무, 기밀유지의무, 사업장질서준수의무 등)가 대표적이다.

(5) 근로관계는 원칙적으로 근로계약의 체결에 의해 성립한다. 근로계약의 체결에는 민법상 법률행위와 계약에 관한 일반 원칙이 적용되는데, 근기법에서는 근로자의 보호를 위해 민법상의 일반원칙을 수정하여 사용자에게 특별히 의무를 부과한 경우도 있다. 이때에는 근기법상의 규정이 먼저 적용된다.

근기법은 근로계약의 체결에 특별한 방식을 요구하지 않는다. 그러므로 근로자와 사용자 사이에 자유로운 의사의 합치가 있으면 서면뿐만 아니라 구두로도 근로계약을 체결할 수 있다. 근기법이 근로계약의 체결에서 사용자에게 부과하고 있는 가장 대표적인 의무는 근로조건 명시의무이다. 즉 근기법은 제17조에 따르면, 사용자는 근로계약을 체결할 때에 근로자에게 임금, 소정근로시간, 제55조에 따른 휴일, 제60조에 따른 연차 유급휴가, 그 밖에 대통령령으로 정하는 근로조건을 명시하여야 하고, 이 경우 임금의 구성항목·계산방법·지급방법, 소정근로시간, 제55조에 따른 휴일 및 제60조에 따른 연차 유급휴가에 관한 사항은 서면으로 명시하여 근로자에게 교부하여야 한다. 특별한 종류의 근로자나 근로관계에서는 근기법 제17조보다 가중된 명시의무(또는 교부의무)를 정하고 있다(근기법 제67조 제3항; 기간제법 제17조; 파견법 제26조; 「건설근로자의 고용개선 등에 관한 법률」 제6조 등). 한편 근기법은 미성년자의 근로계약 체결에 대해서는 제67조 이하에서 별도의 특칙을 두고 있다.

(6) 근기법은 근로계약에 부수하여 위약금 등을 예정하는 계약이나 강제저축 또는 저축금의 관리를 규정하는 계약을 체결하지 못하도록 하고 있다. 전자를 위약 예정의 금지라고 하는데 근기법 제20조는 "사용자는 근로계약 불이행에 대한 위약금 또는 손해배상액을 예정하는 계약을 체결하지 못한다"고 규정하고 있고, 후자를 강제저금의 금지라고 하는데 근기법 제22조 제1항은 "사용자는 근로계약에 덧붙여 강제 저축 또는 저축금의 관리를 규정하는 계약을 체결하지 못한다"고 규정하고 있다. 두 규정 모두 금전적 수단에 의해 근로자의 퇴직의 자유를 부당하게 제한하는 것을 막기 위함에 기본적인 취지가 있다.

Q 1. 근기법상 사용자의 정의 조항에서 열거하고 있는 사용자의 종류는? 대주주는 사용자에 해당하는가?

Q 2. 근기법상 '사업 경영 담당자'와 '근로자에 관한 사항에 대하여 사업주를 위하여 행위하는 자'란?

Q 3. 법인의 사업 경영 담당자 등이 근기법을 위반하여 형사책임을 질 때 그 사업주인 법인은 어떤 책임을 지는가?

Q 4. 근로계약상의 근로조건은 반드시 서면으로 명시하여야 효력이 인정되는가? 근기법상의 근로조건의 명시의무를 위반하면 근로계약 자체가 무효로 되는가?

Q 5. 친권자나 후견인은 미성년자의 동의를 얻어 미성년자의 근로계약을 대리할 수 있는가? 18세 미만의 연소근로자를 해고하는 경우 친권자나 후견인의 동의를 얻어야 하는가?

Q 6. 사용자가 근로자로 인하여 발생한 손해의 배상을 청구하는 것은 근기법 제20조 위반인가?

Q 7. 근로자가 근로제공의무를 게을리하면 그 이행을 위한 직접강제가 허용되는가? 근로계약상 구체적인 내용이 없으면 사용자는 근로자에 대해 안전배려의무를 부담하지 않는가? 근로자는 근로제공과 관련하여 알게 된 경영상의 비밀을 타인에게 누설하지 아니할 의무를 부담하는가?

2. 사 업 주

대법원 2015. 2. 26. 선고 2010다106436 판결 [근로자지위확인]

가. 사실관계

1) 피고는 상시근로자 50,000여 명을 사용하여 자동차 제조 및 판매업을 경영하는 회사이고, 원고들은 피고의 아산공장 사내 협력업체들에 입사하여 근무하던 근로자들이다.

2) 2004년 (구)노동부는 민주노총 금속연맹 등으로부터 진정을 접수하고 피고 등에 대해 근로감독을 한 후, 피고와 사내협력업체들의 관계는 실질적으로 근로자파견관계에 해당하여 「파견근로자 보호 등에 관한 법률」(이하 '파견법'이라고 한다)에 위반하였다고 결론짓고 2004년 12월과 2005년 2월에 피고를 경찰에 고발하였다. 원고들은 이러한 근로감독 결과에 근거하여 자신들이 피고에 직접 고용된 근로자들이거나 혹은 불법파견 근로자들이라는 이유로써 2005년 12월 피고를 상대로 근로자 지위확인의 소를 제기하였다.

　　3) 피고는 원고들과 같은 사내협력업체 소속 근로자를 다음과 같이 사용하였다. 피고는 사내협력업체 소속 근로자에 대한 일반적인 작업배치권과 변경결정권을 가지고 사내협력업체 소속 근로자가 수행할 작업량과 작업의 방법, 순서, 속도, 장소, 시간 등을 결정하였다. 피고는 사내협력업체 소속 근로자를 직접 지휘하거나 사내협력업체 소속 현장관리인 등을 통하여 구체적인 작업 지시를 하였다. 사내협력업체 소속 근로자는 피고 소속 근로자와 같은 조에 배치되어 동일한 업무를 수행하고 피고는 소속 근로자의 결원이 발생하면 사내협력업체 근로자로 그 결원을 대체하도록 한 경우도 있었다. 피고는 사내협력업체 소속 근로자에 대한 휴게시간 부여, 연장 및 야간근로, 교대제 운영 등을 결정하고 사내협력업체를 통하여 사내협력업체 소속 근로자의 근태상황 등을 파악하였다. 사내협력업체가 도급받은 업무 중 일부는 피고 소속 근로자의 업무와 동일하여 명확히 구분되지 아니하였으며 사내협력업체의 고유하고 특유한 업무가 별도로 있는 것이 아니라 피고의 필요에 따라 사내협력업체의 업무가 구체적으로 결정되었다. 사내협력업체 소속 근로자의 담당 업무는 피고가 미리 작성하여 교부한 각종 조립작업지시표 등에 의하여 동일한 작업을 단순 반복하는 것으로서 사내협력업체의 전문적인 기술이나 근로자의 숙련도가 요구되지 않고 사내협력업체의 고유 기술이나 자본이 투입된 바 없다.

나. 판결요지

1) 원고의 상고 이유에 대하여

　　(가) 원고용주에게 고용되어 제3자의 사업장에서 제3자의 업무를 수행하는 사람을 제3자의 근로자라고 하기 위해서는, 원고용주가 사업주로서의 독자성이 없거나 독립성을 결하여 제3자의 노무대행기관과 동일시할 수 있는 등 그 존재가 형식적·명목적인 것에 지나지 아니하고, 사실상 당해 피고용인은 제3자와 종속적인 관계에 있으며 실질적으로 임금을 지급하는 주체가 제3자이고 근로 제공의 상대방도 제3자이어서,

당해 피고용인과 제3자 사이에 묵시적 근로계약관계가 성립하였다고 평가할 수 있어야 한다(대법원 2010. 7. 22. 선고 2008두4367 판결 등 참조).

원심은 피고의 사내협력업체가 위 원고들과 같은 그 소속 근로자에 대하여 사용자로서의 권리·의무를 행사하지 않았다고 보이지는 않을 뿐만 아니라 사내협력업체가 소속 근로자에 대한 인사권·징계권을 행사함에 있어 피고가 직접 관여하였다는 점을 인정할 만한 구체적인 자료가 없어 사내협력업체가 사업주로서의 독자성이 없거나 독립성을 상실하였다고 볼 수 있을 정도로 그 존재가 형식적·명목적인 것이라고 할 수는 없다는 이유로, 위 원고들과 피고 사이에 묵시적 근로계약관계가 성립하였다고 단정할 수 없다고 판단하였다.

앞서 본 법리와 기록에 비추어 살펴보면, 원심의 위와 같은 판단은 정당하고, 거기에 상고이유 주장과 같이 근로계약에서의 사용자의 지위 내지 묵시적 근로계약관계의 성립에 관한 법리를 오해하는 등의 위법이 없다.

㈏ 파견법 제2조 제1호에 의하면, 근로자파견이란 파견사업주가 근로자를 고용한 후 그 고용관계를 유지하면서 근로자파견계약의 내용에 따라 사용사업주의 지휘·명령을 받아 사용사업주를 위한 근로에 종사하게 하는 것을 말한다.

한편 구 파견법(2006. 12. 21. 법률 제8076호로 개정되기 전의 것, 이하 같다)은 제6조 제3항 본문으로 "사용사업주가 2년을 초과하여 계속적으로 파견근로자를 사용하는 경우에는 2년의 기간이 만료된 날의 다음 날부터 파견근로자를 고용한 것으로 본다"는 내용의 규정(이하 '직접고용간주 규정'이라고 한다)을 두고 있는데, 이러한 직접고용간주 규정이 적법한 근로자파견에 대하여만 한정하여 적용되는 것은 아니므로(대법원 2008. 9. 18. 선고 2007두22320 전원합의체 판결 등 참조), 적법하지 아니한 근로자파견의 경우에도 사용사업주가 2년을 초과하여 계속적으로 파견근로자를 사용할 때에는 그 2년의 기간이 만료된 날의 다음 날부터 사용사업주와 파견근로자 사이에 직접적인 근로관계가 형성된다고 볼 수는 있으나, 더 나아가 위법한 근로자파견이라는 사정만으로 적법한 근로자파견과는 달리 위와 같은 2년의 기간 경과 여부와 관계없이 곧바로 사용사업주와 파견 근로자 사이에 직접적인 근로관계가 성립한다고 해석할 수는 없다. 따라서 위 원고들이 담당한 업무가 제조업의 직접생산공정업무로서 구 파견법 제5조 규정에 따라 근로자파견대상업무에서 제외되는 것이라 불법파견에 해당하고 이러한 경우에는 2년 초과 근무 여부와 상관없이 위 원고들이 피고를 위하여 근로를 제공한 시점부터 피고의 근로자로서의 지위가 인정되어야 한다는 취지의 상고이유 주장은 받아들일 수 없다.

2) 피고의 상고 이유에 대하여

원고용주가 어느 근로자로 하여금 제3자를 위한 업무를 수행하도록 하는 경우 그 법률관계가 위와 같이 파견법의 적용을 받는 근로자파견에 해당하는지는 당사자가 붙인 계약의 명칭이나 형식에 구애될 것이 아니라, 제3자가 당해 근로자에 대하여 직·간접적으로 그 업무수행 자체에 관한 구속력 있는 지시를 하는 등 상당한 지휘·명령을 하는지, 당해 근로자가 제3자 소속 근로자와 하나의 작업집단으로 구성되어 직접 공동 작업을 하는 등 제3자의 사업에 실질적으로 편입되었다고 볼 수 있는지, 원고용주가 작업에 투입될 근로자의 선발이나 근로자의 수, 교육 및 훈련, 작업·휴게시간, 휴가, 근무태도 점검 등에 관한 결정 권한을 독자적으로 행사하는지, 계약의 목적이 구체적으로 범위가 한정된 업무의 이행으로 확정되고 당해 근로자가 맡은 업무가 제3자 소속 근로자의 업무와 구별되며 그러한 업무에 전문성·기술성이 있는지, 원고용주가 계약의 목적을 달성하기 위하여 필요한 독립적 기업조직이나 설비를 갖추고 있는지 등의 요소를 바탕으로 그 근로관계의 실질에 따라 판단하여야 한다.

원심은 그 채택 증거를 종합하여 판시 사실을 인정한 다음, 피고가 사내협력업체 소속 근로자에 대한 일반적인 작업배치권과 변경결정권을 가지고 사내협력업체 소속 근로자가 수행할 작업량과 작업방법, 작업순서, 작업속도, 작업장소, 작업시간 등을 결정한 점, 피고는 사내협력업체 소속 근로자를 직접 지휘하거나 사내협력업체 소속 현장관리인 등을 통하여 구체적인 작업 지시를 하였는데, 사내협력업체의 현장관리인

등이 소속 근로자에게 구체적인 지휘·명령권을 행사하였다 하더라도 이는 피고가 결정한 사항을 전달한 것에 불과하거나 그러한 지휘·명령이 피고에 의하여 통제된 것에 불과한 점, 사내협력업체 소속 근로자가 피고 소속 근로자와 같은 조에 배치되어 동일한 업무를 수행한 점, 피고는 소속 근로자의 결원이 발생하는 경우 사내협력업체 근로자로 하여금 그 결원을 대체하게 하기도 한 점, 피고가 사내협력업체 소속 근로자에 대한 휴게시간 부여, 연장 및 야간근로, 교대제 운영 등을 결정하고 사내협력업체를 통하여 사내협력업체 소속 근로자의 근태상황 등을 파악하는 등 사내협력업체 근로자를 실질적으로 관리하여 온 점, 사내협력업체가 도급받은 업무 중 일부는 피고 소속 근로자의 업무와 동일하여 명확히 구분되지 아니하는 점, 사내협력업체의 고유하고 특유한 업무가 별도로 있는 것이 아니라 피고의 필요에 따라 사내협력업체의 업무가 구체적으로 결정된 점, 사내협력업체 소속 근로자의 담당 업무는 피고가 미리 작성하여 교부한 각종 조립작업지시표 등에 의하여 동일한 작업을 단순 반복하는 것으로서 사내협력업체의 전문적인 기술이나 근로자의 숙련도가 요구되지 않고 사내협력업체의 고유 기술이나 자본이 투입된 바 없는 점 등의 여러 사정을 종합하면, 원고들은 사내협력업체에 고용된 후 피고의 작업현장에 파견되어 피고로부터 직접 지휘·감독을 받는 근로자파견관계에 있었다고 봄이 타당하다고 판단하였다.

이어 원심은 위 원고들이 담당한 것과 같은 제조업의 직접생산공정업무는 구 파견법 제5조 규정에 따라 근로자파견대상업무에서 제외되기는 하지만, 이처럼 적법하지 아니한 근로자파견의 경우에도 직접고용 간주 규정은 적용되므로, 각 피고에게 파견된 날로부터 2년이 만료된 날의 다음 날부터 직접고용이 간주됨으로써 피고의 근로자 지위에 있게 되었다고 판단하였다.

앞서 본 법리와 기록에 비추어 살펴보면, 원심의 위와 같은 판단은 정당하고, 거기에 상고이유 주장과 같이 논리와 경험의 법칙을 위반하여 자유심증주의 한계를 벗어나거나 근로자파견의 요건 내지 사내도급과의 구별 기준, 도급인의 지시권, 증명책임 등에 관한 법리를 오해하

고 석명의무를 위반하여 필요한 심리를 다하지 아니하거나 이유에 모순
이 있고 이유를 밝히지 아니하는 등의 위법이 없다.

다. 해 설

사업주는 그 사업의 경영주체로서 근로계약의 당사자이다. 개인 사
업에서는 그 개인이, 회사 등의 법인이나 단체가 행하는 사업에서는 그
법인이나 단체가 사업주이다. 근기법상 사용자 중 사업주는 임금지급의무
와 같은 근로계약상 책임(사법적 책임)의 주체가 된다는 점에서 중요하다.

원칙적으로 사업주는 근로계약의 당사자인 원고용주이지만, 근로자
의 노무제공을 둘러싼 근로관계의 실질적인 중점이 원고용주가 아닌 제3
자와 근로자 사이에 있는 경우에는 예외적으로 제3자가 사업주로 취급되
기도 한다. 노동법에서는 노무제공을 둘러싼 법률관계의 외형이 실질과
다를 때 실질에 따라 법률관계의 형식을 재규정하는 일이 드물지 않다.

대상판결이 다룬 분쟁은 이른바 사내하청 관계에서 발생하는 전형적
인 고용분쟁의 모습이다. 사내협력업체라 불리는 하청업체에 소속한 근
로자(하청근로자)는 두 가지 이유를 들어 종종 자신의 사용자가 자신을 원
래 고용한 하청업체가 아니라 자신의 노무를 직접 수령한 원청이라고 주
장한다. 하나는 묵시적 근로계약관계의 주장이고 다른 하나는 불법파견
관계의 주장이다. 대상판결은 이에 관한 현재의 판례 법리를 잘 보여주고
있다.

Q 1. 묵시적 근로계약관계가 성립하기 위한 요건은 무엇인가?
Q 2. 대상판결이 원고의 '묵시적 근로계약관계' 주장을 배척한 반면, '불법
파견관계' 주장을 인용한 이유는 무엇인가?
Q 3. 파견관계와 도급관계를 구별하는 기준은 무엇인가?

≪심화학습≫

1. 사내하도급 관계에서 발생하는 분쟁에는 어떤 것이 있는가?
2. 법인의 하부 기관이 독자적으로 채용한 근로자와의 관계에서 근기법
   상 사업주는?

3. 위약 예정의 금지

대법원 2008. 10. 23. 선고 2006다37274 판결 [약정금]

가. 사실관계

1) A공업 주식회사(이하 'A공업'이라고만 한다)는 2000.경부터 일본국의
B고무공업주식회사(이하 'B공업'이라고만 한다)와 액체봉입식 엔진마운트시
스템을 포함한 방진고무의 생산에 대한 기술제휴를 추진한 끝에 이에 관
한 포괄적인 기술제휴를 성사시켜, 2000. 12. 1. B공업과 사이에 개별기
술원조계약(대상제품: 현대자동차가 2002. 10. 상업생산의 개시를 예정한 JM차에 탑
재하는 자동차용 방진고무제품)을 체결하였고, 2002. 1. 10. 재차 B공업과 개별
기술원조계약(대상제품: 현대자동차가 2004. 3. 상업생산의 개시를 예정한 NF차에 탑
재하는 자동차용 방진고무제품)을 체결하였다. 위 각 개별기술원조계약에서는
A공업에게 B공업으로부터 제공된 기술정보에 대한 수비(守祕)의무를 부과
하고 있었고, A공업은 기술용역료로 B공업에게 2002. 3.경 자본합작시까
지 합계 금 168,300,000원(각 매월 일화 90만엔)을 지급하였다.

2) 피고는 1992. 12.경부터 2000. 10.경까지 대우자동차에서 조향장
치설계 및 개발분야에 종사하다가 위 회사의 부도로 퇴직한 후 2001. 2.
1. A공업에 위 기술제휴를 위한 업무전담자로서 입사하여 A공업이 B공
업과 추진하는 JM/NF 프로젝트의 전임자 및 신차종 엔진마운트시스템의

개발책임자로 근무하게 되었다. 피고는 2001. 7. 6. A공업과 사이에 "피고는 A공업의 영업비밀(개발정보, 원가정보, 배합기술, 훈련기술 등 및 기타 영업활동에 유용한 기술상 또는 경영상의 정보를 영업비밀로 규정)을 재직시 또는 퇴직 후 정당한 이유 없이 제3자에게 누설하지 아니하고, 고의 또는 과실에 의한 영업비밀 침해행위로 A공업의 영업상 이익을 침해하여 손해를 가하였을 때는 그 손해를 배상할 책임을 진다"는 내용의 영업비밀보호계약을 체결함과 아울러 A공업에서 10년간 근무하기로 약정하였고, 금 5억 원을 위 영업비밀보호 및 10년간 근무약정에 대한 약속이행금으로 확인하면서 불이행시는 그 금액의 배액을 지급하기로 약정(이하 '이 사건 약정'이라 한다)하였다.

　3) 원고는 2002. 3. 4. 자동차용 방진고무제품 등의 제조 및 판매 등을 목적으로 A공업에서 분할되어 설립되면서 B공업과 사이의 위 각 개별기술원조계약 및 피고와 사이의 위 각 약정상의 지위를 승계하였다. 한편 원고의 취업규칙 제13조도 '근로자는 업무상 비밀을 누설하여서는 안 된다'고 규정하고 있다. 피고는 위와 같이 원고가 설립되자 원고에 소속되어 종전과 같은 업무를 담당하다 2003. 10. 1.부터는 액상방진고무 JM/NF 프로젝트매니저(공정총괄)로 근무하여 왔는데, A공업에 이어 원고의 직원으로 근무하는 동안 2001. 10. 9.부터 2003. 12. 26.까지 11회에 걸쳐 243일 동안 B공업에 위 개별기술원조계약에 따른 위 각 제품에 관한 기술습득을 위한 연수 및 출장을 다녀왔으며, A공업 및 원고는 피고의 위 연수경비로 합계 금 27,711,933원을 지출하였다.

　4) 그런데 피고는 헤드헌팅 업체의 소개로 2003. 11.경 조향시스템분야 경력자를 공개모집 중이던 주식회사 만도(이하 '만도'라고만 한다)와 접촉하게 되어 2004. 1. 10. 원고에 사직서를 제출하고, 같은 해 2. 16. 만도에 과장(연봉 6,000만원 정도)으로 입사하였다. 피고는 만도에서 조향연구소 개발1팀에 소속된 상태에서 만도가 미국 GM사로부터 수주한 GMT345 및 GM램다기어시스템 개발지원, 중국으로부터 수주받은 CV9기어시스템, 미국으로부터 수주받은 CM조향기어시스템의 각 개발업무를 담당하면서, 조향장치시스템의 설계 및 개발업무에 종사하여 오고 있는데, 피고는

만도에 입사 지원할 당시 희망업무분야에 관하여 제2지망으로 평택사업장 NVH(NOISE, VIBRATION, HARSHNESS, 엔진 및 차량의 소음·진동을 통칭) 해석 업무를 희망한 바 있다.

5) 만도는 방진고무제품에 들어가는 각종 아이템을 공개입찰방식을 통하여 원고 및 원고의 경쟁업체들 중에서 생산회사를 정한 다음 그 각 회사들이 생산·납품한 각 제품들에다 자신이 직접 생산한 제품을 결합하여 이를 현대자동차에 납품하는 회사로서 방진고무제품을 직접 제조·판매하고 있지는 않다. 한편, 원고는 JM단계는 2003. 3.경에, NF단계는 2004. 6. 경에야 양산체제를 개시하게 되었다.

6) 원고는 피고를 상대로 금 100,000,000원을 청구하는 소를 제기하였고, 원심 판결(부산고등법원 2006. 5. 19. 선고 2005나19491 판결)은 금 50,000,000원을 피고가 원고에게 지급할 것을 명하였다.

나. 판결요지

근로자가 일정 기간 동안 근무하기로 하면서 이를 위반할 경우 소정 금원을 사용자에게 지급하기로 약정하는 경우, 그 약정의 취지가 약정한 근무기간 이전에 퇴직하면 그로 인하여 사용자에게 어떤 손해가 어느 정도 발생하였는지 묻지 않고 바로 소정 금액을 사용자에게 지급하기로 하는 것이라면 이는 명백히 위 조항(현행 근기법 제20조의 위약금예정금지)에 반하는 것이어서 효력을 인정할 수 없다. 또 그 약정이 미리 정한 근무기간 이전에 퇴직하였다는 이유로 마땅히 근로자에게 지급되어야 할 임금을 반환하기로 하는 취지일 때에도, 결과적으로 위 조항의 입법 목적에 반하는 것이어서 역시 그 효력을 인정할 수 없다. 다만, 그 약정이 사용자가 근로자의 교육훈련 또는 연수를 위한 비용을 우선 지출하고 근로자는 실제 지출된 비용의 전부 또는 일부를 상환하는 의무를 부담하기로 하되 장차 일정 기간 동안 근무하는 경우에는 그 상환의무를 면제해 주기로 하는 취지인 경우에는, 그러한 약정의 필요성이 인정되고, 주로 사용자의 업무상 필요와 이익을 위하여 원래 사용자가 부담하여야 할 성질의 비용을 지출한 것에 불과한 정도가 아니라 근로자의 자발적 희망과 이익까지 고려하여 근로자가 전적으로 또는 공동으로 부담하여야 할 비용을 사용자가 대신 지출한 것으로 평가되며, 약정근무기간 및 상환해야 할 비용이 합리적이고 타당한 범위 내에서 정해져 있는 등 위와 같은 약정으로 인하여 근로자의 의사에 반하는 계속 근로를 부당하게 강제하는 것으로 평가되지 않는다면, 그러한 약정까지 구 근로기준법 제27조(현행 근기법 제20조)에 위반되는 것은 아니다.

　이 사건 약정은 근로자인 피고가 사용자에게 영업 비밀을 침해하지 않고 약정한 10년 동안 근무하겠다는 등을 약속하면서 만약 이를 이행하지 않을 때에는 10억 원을 지불하기로 하는 내용이라는 것인바, 이는 피고가 약정 근무기간 이전에 퇴직하는 등 위 약속을 위반하기만 하면 그로 인하여 사용자에게 어떤 손해가 어느 정도 발생하였는지 묻지 않고 바로 미리 정한 10억 원을 사용자에게 손해배상액으로 지급하기로 하는 것이므로, 구 근로기준법 제27조가 금지하는 전형적인 위약금 또는 손해배상액의 예정에 해당하여 그 효력을 인정할 수 없는 것이다.

다. 해　설

　위약 예정의 금지 규정의 취지는 "근로자의 근로계약 불이행을 이유로 사용자에게 어떤 손해가 어느 정도 발생하였는지를 묻지 않고 바로 일정 금액을 배상하도록 하는 약정을 미리 함으로써, 근로자의 의사에 반하는 계속근로를 강제하는 것을 방지하기 위한 것이다"(대법원 2004. 4. 28. 선고 2001다53875 판결). 영업비밀 등을 보호할 목적으로 설정된 약정금 등은 위약 예정의 금지 규정에 위반할 수도 있고 그렇지 않은 경우도 있다. 대상판결은 양자를 구분하는 기준을 명확하게 보여준다. 이 규정과 관련해서 실무에서는 특히 연수비반환 약정(연수 후 일정한 의무재직기간을 설정하고 그에 위반하면 연수비용 등을 반환하기로 하는 취지의 약정)의 효력이 자주 문제되었다.

Q 1. 대상판결에서 원·피고간의 약정이 근기법이 금지하는 위약금 또는 손해배상액의 예정이라고 판단한 이유는?

Q 2. 연수비 등의 상환 약정이 위약 예정의 금지 규정에 위반되는 경우와 그렇지 않은 경우는?

Q 3. 연수비 반환 약정이 유효할 때 사용자가 근로자에게 반환을 청구할 수 있는 것과 그렇지 않은 것은?

≪**심화학습**≫

1. 경업금지약정의 효력 (대법원 2010. 3. 11. 선고 2009다82244 판결 참고)

2. 구체적인 경업(전직)금지약정이 없는 경우 영업비밀의 보호를 위한 전직금지신청의 가부 (대법원 2003. 7. 16. 자 2002마4380 결정 참고)

제 4 강

취업규칙 (1)

1. 개 요

(1) 취업규칙은 사용자가 다수 근로자들에게 적용하기 위해 근로조건(복무규율 포함)에 대해 정한 규칙을 말한다. 실제 사업(장)에서는 취업규칙의 명칭이 보수(급여)규정, 퇴직금규정, 인사관리규정 등으로 구분되어 그 각각이 취업규칙의 일부를 이루기도 하고, 취업규칙 또는 사규라는 명칭으로 통괄되어 있기도 하다. 직종 또는 근로형태 등의 특수성에 따라 근로자의 일부에게만 적용되는 별도의 취업규칙을 두기도 한다.

취업규칙은 다수 근로자들의 근로조건을 통일하는 중요한 기능을 가지기 때문에 근기법은 취업규칙에 대해 그 규범적 효력을 인정하는 동시에 작성의무, 작성·변경의 절차 등 여러가지 측면에서 규제하고 있다.

(2) 근기법은 취업규칙에 규범적 효력(강행적 효력과 보충적 효력)을 인정하고 있다. 즉 취업규칙에서 정한 기준에 미달하는 근로조건을 정한 근로계약은 그 부분에 관하여는 무효로 하며, 그 무효로 된 부분은 취업규칙에 정한 기준에 따른다(제97조). 역으로 취업규칙에서 정한 기준을 상회하는 근로계약은 당연히 유효하다.

취업규칙은 법령이나 그 사업(장)에 적용되는 단체협약에 위반되어서는 안 된다(제96조). 즉 취업규칙의 내용 중 법령이나 단체협약에 위반되는 내용은 무효이다. 그런데 실제 노동관계에서는 단체협약의 적용을 받는 경우도 적고 또 근로계약의 내용이 간략한 경우도 많아 취업규칙이 근로조건 결정에서 중요한 기능을 수행하고 있다.

(3) 상시 10명 이상의 근로자를 사용하는 사용자는 취업규칙을 작성할 의무가 있고, 취업규칙을 작성하거나 변경한 경우에는 고용노동부장관에게 신고하여야 한다(제93조). 또한 사용자는 취업규칙을 근로자가 자유롭게 열람할 수 있는 장소에 항상 게시하거나 갖추어 두어 근로자에게 널리 알려야 한다(제14조). 신고의무를 위반한 취업규칙도 법적 효력을 가진다. 그러나 주지의무에 위반한 취업규칙에 법적 효력을 인정할 것인가에 대해서는 견해의 대립이 있다.

(4) 취업규칙을 작성 또는 변경하는 경우 근로자집단의 의견을 들어야 하며, 근로자에게 불리하게 변경하는 경우에는 근로자집단의 동의를 받아야 한다(제94조). 그런데 의견청취의 결과는 사용자를 구속하지 않으므로 의견청취의무는 취업규칙의 효력요건이 아니다. 반면에 불이익 변경의 경우 근로자집단의 동의를 받지 않은 취업규칙은 변경 당시의 근로자에게 적용되지 않는다. 이미 정한 근로조건을 사용자가 일방적으로 저하시키려는 것을 방지하려는 취지이기 때문이다. 동의가 없는 불이익변경은 기존 근로자와의 관계에서 무효이고 종전의 취업규칙 내용대로 적용되므로, 특히 퇴직금지급청구소송을 중심으로, 취업규칙의 불이익변경에 관한 다수의 판례가 형성되어 왔다.

Q 1. 근로계약에 규정되지 아니한 사항은 취업규칙으로 정할 수 없는가? 사업의 규모와 관계없이 모든 사용자는 취업규칙을 작성해야 하는가?

Q 2. 근로계약 중 취업규칙의 기준에 미달하는 부분이 있는 경우 취업규칙이 정한 근로조건이 적용되는가? 근로계약이 정한 근로조건이 적용되는가? 신법 우선의 원칙에 따라 적용되는가? 근로계약 자체가 무효인가?

Q 3. 근기법의 규정보다 근로자에게 유리한 근로조건을 정한 취업규칙의 규정은 무효인가? 근로자와 사용자간의 상여금지급약정에서 정한 내용이 취업규칙에 비하여 근로자에게 유리한 경우 그 약정은 무효인가?

Q 4. 사업장에 노동조합이 조직되어 있지 않은 경우 취업규칙을 작성하려면 누구의 의견을 들어야 하는가? 사업장에 노동조합이 조직되어 있

지만 근로자 과반수를 조직하지 못한 경우는 다른가?

Q 5. 사용자가 작성한 취업규칙을 고용노동부장관에게 신고하지 않으면 근로자에게 적용할 수 없는가?

Q 6. 사용자가 취업규칙을 변경한 경우에는 취업규칙을 근로자에게 교부해야 하는가?

Q 7. 근로자의 과반수의 동의를 받아 불리하게 변경된 취업규칙은 그 변경에 반대한 근로자에게는 효력이 없는가? 변경에 찬성한 근로자에게만 효력이 있는가?

2. 불이익 변경인지 여부

대법원 1993. 5. 14. 선고 93다1893 판결 [퇴직금]

가. 사실관계

1) 피고 공사는 급여규정의 퇴직금 조항에 따라 퇴직 당시의 월봉급에 지급률을 곱하는 방식으로 산출된 금원을 퇴직금으로 지급하여 왔다.

2) 피고 공사는 1981. 4. 1. 급여규정을 개정하였는데, 퇴직금 지급률을 하향조정하고, 퇴직금 산정의 기초가 되는 월봉급액을 증액하였다. 퇴직금 지급률이 하향조정됨에 따라 장기근속을 희망하는 사람에게는 불리하게 되었으나, 퇴직금 산정의 다른 기초가 되는 월봉급액은 상당히 증액되었고 또 1967. 7. 1.부터 1968. 12. 31.까지의 재직기간에 대한 퇴직금 산정방식이 개선되어 결과적으로 장기근속을 희망하지 아니하는 사람에게는 오히려 유리하게 되었다.

3) 이 사건 급여규정의 개정에 있어 피고 공사는 근로자집단의 동의를 받은 바가 없다. 그러나 이 사건 급여규정의 개정은 이미 재직한 기간

에 대하여는 개정 전 규정을 적용하도록 함으로써 기득권을 보호하고 있고, 개정의 동기가 정부투자기관의 경영합리화를 이루려는 정부의 방침에 따른 것으로 공익을 위한 것이며, 개정 후에도 일반 공무원보다는 훨씬 높은 수준의 퇴직금이 유지되고 있고, 소속직원이나 노동조합으로부터 약 10년간 별다른 이의가 없었다.

4) 피고 공사는 원고들에 대해 개정된 급여규정에 따라 퇴직금을 계산하여 지급하였으나, 원고들은 1981. 4. 1. 개정 이전의 급여규정에 따라 퇴직금을 계산하여 그 차액의 지급을 청구하였다.

5) 원심은 취업규칙의 일부를 이루는 급여규정의 변경이 일부의 근로자에게는 유리하고 일부의 근로자에게는 불리하므로 근로자에게 일방적으로 불이익하게 변경되었다고 단정할 수 없다고 하여 그 변경에 근로자집단의 동의가 필요 없다고 판단했다. 또한 개정 규정으로 인하여 근로자가 입는 불이익은 그 내용과 정도가 수인할 수 없는 정도는 아니므로 그 개정에 근로자의 동의를 대신할 만한 사회통념상의 합리성이 있어서 위 개정규정이 무효라고 볼 수 없다고 판단하였다.

나. 판결요지

1) 취업규칙의 일부를 이루는 급여규정의 변경이 일부의 근로자에게는 유리하고 일부의 근로자에게는 불리한 경우 그러한 변경에 근로자집단의 동의를 요하는지를 판단하는 것은 근로자 전체에 대하여 획일적으로 결정되어야 할 것이고, 또 이러한 경우 취업규칙의 변경이 근로자에게 전체적으로 유리한지 불리한지를 객관적으로 평가하기가 어려우며, 같은 개정에 의하여 근로자 상호간의 이·불리에 따른 이익이 충돌되는 경우에는 그러한 개정은 근로자에게 불이익한 것으로 취급하여 근로자들 전체의 의사에 따라 결정하게 하는 것이 타당하다 할 것이다. 따라서 이 사건 퇴직금 규정의 변경은 근속기간에 따라 이·불리를 달리하게 된 근로자집단의 규모를 비교할 것 없이 불이익한 변경으로서 근로자집단의 동의를 요한다고 할 것이고, 그러한 절차를 밟지 않고 이루어진 이 사건 급여규

정의 개정은 무효라 할 것이다.

2) 보수규정의 개정이 당시 정부 산하의 투자기관 소속 임직원들의 급여 수준이 너무 높은 탓으로 인한 정부투자기관의 경영과 수익활동에 대한 재정압박과 일반공무원과의 형평 등을 이유로 정부의 조정방침에 따라 이루어졌다 하더라도 그것만으로는 근로자집단의 동의를 받지 않아도 될 만한 사회통념상의 합리성이 있다고 볼 수 없다는 것이 당원의 견해(당원 1993. 1. 26. 선고 92다49324 판결; 1992. 11. 27. 선고 92다32357 판결 각 참조)이고, 원심판결이 거시한 다른 사정을 고려하더라도 이 사건 급여규정의 개정에 근로자집단의 동의를 받지 않아도 될 만한 사회통념상의 합리성이 있다고 보기는 어려우므로 이 점을 지적하는 논지 역시 이유 있다.

다. 해 설

불이익변경에서 불이익한가의 판단은 원칙적으로 '그 근로조건이 적용되는' '전체 근로자'의 입장에서 판단한다. 대상판결은 취업규칙의 변경이 일부 근로자에게는 유리하고 다른 일부 근로자에게는 불리한 경우에도 그러한 개정은 근로자에게 불이익한 것으로 취급하여 근로자들 전체의 의사에 따라 결정하게 하는 것이 타당하다고 보았다.

다수의 근로조건이 동시에 변경되는 경우에도 불이익 여부는 원칙적으로 개별 근로조건별로 판단하여야 한다. 다만, 퇴직금 지급률의 인하와 함께 다른 요소가 유리하게 변경된 경우에는 대가관계나 연계성이 있는 제반 상황(유리하게 변경된 부분 포함)을 종합 고려하여 과연 그 퇴직금에 관련한 개정 조항이 유리한 개정인지 불리한 개정인지를 밝혀서 그 유·불리를 함께 판단하여야 한다(대법원 1995. 3. 10. 선고 94다18072 판결).

□ 대상판결에서는 근로자집단의 동의를 받지 않아도 될 만한 사회통념상의 합리성에 관해서도 판단하고 있는데, 이에 관한 고찰은 후술한다(☞ 제5강 취업규칙(2) 1. 근로자 과반수의 동의·사회통념상 합리성 참고).

Q 1. 대상판결 사건에서 퇴직금 규정의 불이익한 변경 여부와 관련 원심
　　　과 대상판결 사이에 어떤 판단의 차이가 있는가?

≪심화학습≫

1. 정년규정의 신설이 취업규칙의 불이익 변경인지 여부 (대법원 1997.
　5. 16. 선고 96다2507 판결 참고)

---

3. 동의의 주체가 되는 근로자집단의 범위

대법원 2009. 5. 28. 선고 2009두2238 판결 [부당해고구제재심판정취소]

가. 사실관계

1) 원고 조합(전주○○신용협동조합)은 2003. 12. 30. 제11차 정기이사회
를 개최하여 인사규정 중 관리직(3급 이상) 60세, 일반직(4급 이하) 55세로
되어 있는 정년규정을 관리직과 일반직 모두 동일하게 58세로 하기로 의
결하였다(이하 '이 사건 규정개정'이라 한다).

2) 노동조합은 2004. 10. 13. 조합원 27명 전체의 출석하에 임시총회
를 개최하여 찬성 22표, 반대 5표로 이 사건 규정개정에 대한 동의안을
통과시켰다. 당시 노동조합은 전체 직원 38명(그 중 관리직은 12명) 중 관리
직 3급 4명과 일반직 23명 등 총 27명으로 구성되어 있었다. 그 후 원고
조합과 노동조합은 2004. 11. 4. 정년에 관한 인사규정 제27조 제1항을
위와 같이 개정하여 2004. 1. 1.자로 소급하여 시행하기로 합의하였고, 이에
따라 원고 조합은 인사규정을 개정하여 시행하였다.

3) 노동조합의 조합원의 범위는 3급 이하 직원으로 하여 관리직(3급
이상) 중 일부만 가입할 수 있다.

[단체협약] 제12조(조합원의 범위) ○○조합 직원은 노동조합 및 노동관계조정법 제2조의 2.의 규정에 의한 사용자를 제외하고는 모두 조합원이 될 수 있다. 단 3급 이하 직원으로 한다.

4) 참가인 정○현은 1976. 2. 14. 원고 조합에 입사하여 2001년도에 상무(2급 갑)로 진급하고 그 후 ○○지점장으로 발령받아 근무를 하다가, 위와 같이 단축된 관리직 정년규정에 따라 2007. 6. 30.자로 정년퇴직되었다. 참가인은 이 사건 규정개정에 따른 정년퇴직조치는 부당해고라고 2007. 7. 18. 전북지방노동위원회에 구제신청을 하였다. 전북지방노동위원회와 중앙노동위원회는 이 사건 규정개정을 함에 있어 비조합원인 관리직 직원들의 동의를 얻었다고 볼 수 없다는 등의 이유로 참가인이 58세의 정년에 도달하였다는 이유로 한 이 사건 해고를 부당해고로 인정하였다.

5) 원심은 이 사건 규정개정은 관리직 직원들에게 불리하게 변경되는 경우라 할 것이므로, 원고 조합의 노동조합은 관리직 직원 12명 중 가입자격이 있는 3급 4명만이 가입되어 있어서 그러한 노동조합으로부터 위 규정개정에 동의를 얻었다 하더라도 이는 불이익변경 대상 근로자집단의 과반수의 동의를 얻은 것으로 볼 수 없다고 판단하였다.

나. 판결요지

1) 여러 근로자집단이 하나의 근로조건 체계 내에 있어 비록 취업규칙의 불이익변경 시점에는 어느 근로자집단만이 직접적인 불이익을 받더라도 다른 근로자집단에게도 변경된 취업규칙의 적용이 예상되는 경우에는 일부 근로자집단은 물론 장래 변경된 취업규칙 규정의 적용이 예상되는 근로자집단을 포함한 근로자집단이 동의주체가 되고, 그렇지 않고 근로조건이 이원화되어 있어 변경된 취업규칙이 적용되어 직접적으로 불이익을 받게 되는 근로자집단 이외에 변경된 취업규칙의 적용이 예상되는 근로자집단이 없는 경우에는 변경된 취업규칙이 적용되어 불이익을 받는

근로자집단만이 동의주체가 된다.

2) 3급 이상의 관리직 직원들과 4급 이하의 일반직 직원들은 그 직급에 따른 차이만이 있을 뿐 4급 이하의 일반직 직원들은 누구나 3급 이상으로 승진할 가능성이 있으며, 이러한 경우 승진한 직원들은 이 사건 정년규정에 따라 58세에 정년퇴직하여야 하므로 위 개정은 3급 이상에만 관련되는 것이 아니라 직원 전부에게 직접적 또는 간접적, 잠재적으로 관련되는 점 등에 비추어 볼 때 이 사건 정년규정의 개정은 당시 3급 이상이었던 관리직 직원뿐만이 아니라 일반직 직원들을 포함한 전체 직원에게 불이익하여 그 개정 당시의 관리직 직원들뿐만 아니라 일반직 직원들을 포함한 전체 직원들이 동의주체가 된다고 봄이 상당하다.

다. 해 설

취업규칙의 불이익 변경에서 동의의 주체가 되는 근로자집단이라 함은 '근로자 과반수로 조직된 노동조합이 있는 경우에는 그 노동조합' 또는 '그러한 노동조합이 없는 경우에는 근로자 과반수'이다(근기법 제94조).

취업규칙상의 특정 근로조건이 적용되는 근로자집단 내에서 그 근로조건의 변경이 근로자 상호간에 유·불리가 나뉜다면, 그 조항은 적용되는 집단 내에서 통일적으로 규율되어야 하므로 불이익 변경에 해당한다(대법원 1993. 5. 14. 선고 93다1893 판결). 반면 취업규칙상의 규정이 직종(생산직, 사무직)에 따라 이원화되어 있는 사례에서 판례는 각 집단에서 불이익 변경의 동의가 있어야 하므로 생산직을 대표하는 노동조합의 동의는 사무직에 관한 규정 변경의 동의로 인정되지 않는다고 보았다(대법원 1990. 12. 7. 선고 90다카19647 판결).

대상판결은 직급에 따라 이원화된 취업규칙상의 규정에 대해, 현재로서는 당장 불리하게 변경된 취업규칙의 적용을 받지 않지만 향후 그 적용을 받게 될 가능성이 있는 근로자집단도 동의 주체의 범위에 포함된다는 본다. 즉, 취업규칙의 적용 여부를 판단함에 있어 직접적 또는 간접적, 잠재적 관련을 내세워 적용 근로자로 인정하였다.

Q 1. 대상판결에서 일반직은 55세에서 58세로 정년이 연장되었음에도 전체 직원에게 불이익하다고 판단한 이유는?

Q 2. 대상판결에서 불이익을 받은 직원의 범위 및 동의주체와 관련하여 원심과 대법원 사이에 판단의 차이는?

≪심화학습≫

1. 취업규칙의 불이익 변경에서 동의주체가 되는 '근로자 과반수로 조직된 노동조합'에서 근로자 과반수의 의미 (대법원 2008. 2. 29. 선고 2007다85997 판결 참고)

2. 과장급 이상 사무직원들만을 대상으로 하여 기존의 호봉제(근속연수에 따른 호봉 인상)를 연봉제(개인성과에 따른 차등지급)로 변경하고자 하는 경우 근로자집단의 동의 필요 유무 및 동의 주체인 근로자집단의 범위는?

제 5 강
취업규칙 (2)

1. 근로자 과반수의 동의, 사회통념상 합리성

대법원 2010. 1. 28. 선고 2009다32362 판결 [임금등]

가. 사실관계

1) 한국해양오염방제조합(이하 '방제조합'이라 한다)은 구 해양오염방지법(2007. 1. 19. 해양환경관리법 제정으로 폐지되기 전의 것)에 의하여 해양에 배출된 기름 등 폐기물에 대한 효율적인 방제와 방제에 관한 교육·훈련 및 기술개발을 통하여 방제능력을 향상시킴으로써 해양환경을 보전하기 위하여 설립된 법인으로 방제조합의 운영 및 사업에 소요되는 자금은 정부로부터의 지원금 등을 재원으로 조성하고, 방제조합은 사업계획과 예산 운영계획 및 결산서를 매년 해양수산부장관에게 제출하여야 하였다. 방제조합은 이른바 IMF 금융위기사태를 맞아 공기업 경영혁신의 일환으로 1998. 1.경부터 1999. 9.경까지 사이에 수회에 걸쳐 해양수산부에 경영혁신추진계획을 제출하였는데, 그 내용 중에 관련 사업의 통폐합, 정년단축 및 퇴직금지급률 조정 등이 포함되어 있었다.

2) 방제조합은 해양수산부의 「한국컨테이너부두공단 예선사업 한국해양오염방제조합 이관」 방침에 따라 한국컨테이너부두공단(이하 '부두공단'이라 한다) 예선사업을 1998. 7. 31.자로 포괄인수하였는데, 방제조합은 예선사업에 종사하는 종업원을 전원 인수하고 인수한 종업원에게 퇴직금지급규정을 적용함에 있어 종전 부두공단의 사업장에서 근무하던 근속연

수를 통산하여 적용하기로 하였다.

3) 1998. 7. 31.자 예선사업 포괄인수 당시 부두공단의 취업규칙에는 직원의 정년에 관하여 일반직 2급 이상은 61세, 일반직 3급 이하 및 기능직은 59세로 규정되어 있고, 방제조합의 인사규정에는 관리직(일반직) 2급 이상의 직원의 정년은 61세, 그 외의 경우 58세로 규정되어 있었다. 포괄인수 당시 부두공단의 직원이었던 소외 1 과장과 소외 2 부장은 포괄인수에 따른 근로조건, 급여, 직급 변경을 설명하기 위하여 1998. 8. 11.부터 같은 달 14.까지 사이에 예선사업 각 사업소·지부를 방문하여 직원들에게 근로조건의 차이, 직급조정 등을 설명하였다. 그 후 예선사업 각 사업소·지부 직원 186명이 1998. 8. 1.자로 '공단의 기존 제규정을 대신하여 조합의 인사규정, 보수규정, 퇴직금규정 등 조합 소정의 규정에 의한 근로조건에 따르겠다'는 취지의 각서를 작성하여 방제조합에 제출하였다.

4) 방제조합은 1998. 12. 31. 직원의 정년을 1년 씩 단축하여 관리직(일반직) 2급 이상은 60세, 그 외의 경우 57세로 하는 내용으로 인사규정을 개정·시행하였다. 방제조합이 인사규정을 개정하여 정년을 단축한 것은 정부투자기관의 인원감축, 인건비·경상비 축소라는 정부의 공공부분 구조조정 방침에 따라 예산삭감을 피하기 위하여 한 조치였다. 방제조합은 근로자 보호책으로서 정년퇴직한 직원들 일부를 비정규직으로 고용하고, 2002. 6. 30. 퇴직 예정자부터 퇴직예정일 전 3개월 동안 유급휴가를 부여하는 퇴직준비휴가제도를 실시하였으며, 2004. 12. 31. 퇴직 예정자부터 정년퇴직 전에 일반직 1, 2급의 경우 6개월, 일반직 3급 이하 및 기술직의 경우 3개월의 유급휴가를 부여함과 아울러 별도의 연수비용까지 지급하는 내용의 공로연수제도를 실시하였다. [원심은 정년 단축이 경영진단 등을 통한 경영상황에 대한 객관적인 분석·평가를 통해 경영효율화·혁신을 달성하기 위해서 반드시 필요 불가결한 것으로 판단되었다고 인정할 만한 증거가 부족한 점, 위 비정규직 고용 및 퇴직준비휴가제도·공로연수제도 실시 등은 정년 단축으로 인하여 조기에 퇴직하게 될 근로자들이 입게 될 불이익에 대한 충분한 대상조치라고 보기 어려운 점, 경제

상황이 어려울수록 조기 퇴직으로 인하여 근로자들이 입게 되는 불이익 역시 매우 큰 점에 비추어 보면, 앞서 인정한 정부의 공공부분 구조조정의 취지를 고려하더라도 위와 같은 인사규정 변경이 사회통념상 합리성이 있다고 보기 어렵다고 판단하였다.]

5) 해양수산부는 1999. 1.경 방제조합에 공공기관 퇴직금제도 개선방안을 통보하였고, 이에 따라 방제조합은 1999. 4. 21.경 퇴직금제도 개선방안에 대하여 부서장회의를 거치는 등으로 퇴직금제도를 누진제에서 단수제로 변경하는 내용의 보수규정 개정안을 마련하였으며, 1999. 7.경 당시 방제조합 기획과장이던 소외 1 과장이 기중기 선단과 몇 개 지부를 방문하여 위 보수규정 개정에 관한 설명회를 개최하였으며 그 무렵 방제조합 각 부서·사업소·지부 단위로 직원 약 330명이 '본인은 국내 경제의 어려움을 극복하기 위한 노력의 일환으로 추진하고 있는 근로조건의 개정(퇴직금지급에 관한 기준 등 : 별첨 참조)에 대하여 본인의 자유의사로써 동의서를 제출합니다. 아울러 추후 위와 관련하여 어떠한 이의제기도 하지 않을 것을 서약합니다'는 내용의 "임·직원 보수규정개정 관련 동의서"에 서명하였는데, 위 동의서에는 "직원보수규정 신·구조문 대비표"가 '별첨2'로 첨부되어 있고, 위 '별첨2'에는 기존의 누진율에 의한 퇴직금지급률을 '근속 1년에 대하여 근로기준법에서 정한 1개월분의 평균임금을 퇴직금으로 지급한다'고 적시되어 있었다. 방제조합은 1999. 12. 29. 운영위원회에서 퇴직금 누진제를 단수제로 변경하는 보수규정 개정을 의결하였는데, 그 내용에 의하면, '퇴직금은 1년 이상 근속한 직원에게 지급하며, 근속 1년에 대하여 근로기준법에서 정한 1개월분의 평균임금을 퇴직금으로 지급하고, 이 규정 시행 당시 재직 중인 직원에 대하여 1999. 12. 31.까지의 퇴직금을 일괄 정산하여 지급하되, 2000. 1. 1.부터 발생된 퇴직금은 새로이 개정된 규정을 적용한다'고 되어 있었다. 방제조합은 1999. 12. 31. 본부 각 팀(실)과 10개 지부장에게 위 보수규정 개정에 관한 동의서 확보를 요청하는 공문을 발송하였다. 이에 따라 본부 각 팀(실)별, 각 지부별로 "임·직원 보수규정 개정 및 퇴직금 일괄정산실시"라는 제목의 용지의 '가(가), 부(불)'란에 소속 근로자들의 서명을 받는 방법으로 동의

서를 받았고, 당시 직원 총 365명 중 361명이 '가'란에 서명하고 4명이 '부'란에 서명하였다. 그 후 근로자들 전원에 대하여 1999. 12. 31.까지의 근속기간에 대하여 퇴직금 중간정산이 실시되었다.

6) 원고 2(차○식)는 부두공단 소속 근로자였다가 예선사업이 방제조합으로 포괄승계됨에 따라 1998. 7. 31.자로 방제조합 소속 근로자가 되었고, 원고 1(박○학)은 1998. 8. 1. 방제조합에 입사하였는데, 원고들은 방제조합 또는 부두공단의 관리직(일반직) 3급 이하 직원이며, 앞서 본 각서 및 동의서에 모두 동의하는 취지로 서명하였다. 한편, 방제조합은 1998. 12. 31. 정년을 단축하는 인사규정 개정 당시에 근로자의 과반수의 동의를 얻은 바가 없으나, 방제조합이 2006. 3. 31.부터 2006. 4. 7.까지 사이에 위 인사규정 개정 당시 재직 중이던 근로자 334명 중 그때까지 재직 중이던 226명으로부터 사후동의를 받았다. 원고들은 방제조합이 사후추인을 받기 시작한 2006. 3. 31. 이전에 이미 퇴직하였다.

7) 방제조합은 원고들의 퇴직 당시(원고 1은 2004. 6. 30.자, 원고 2는 2004. 12. 31.자)의 규정인 인사규정 및 보수규정을 적용하여 57세에 퇴직시키고, 퇴직 시 퇴직금단수제를 적용한 퇴직금을 지급하였다. 그러나, 원고 1은 방제조합 입사일인 1998. 8. 1. 현재 방제조합이 시행하고 있던 인사규정 및 보수규정이 적용되어, 정년은 58세이고, 퇴직 시 퇴직금누진제에 의한 퇴직금 지급률을 적용한 퇴직금이 지급되어야 한다고 주장하였다. 원고 2는 부두공단에서 1998. 7. 31.자로 방제조합 근로자로 근무관계가 승계되었지만, 1998. 8. 1. 현재 방제조합이 시행하고 있던 인사규정 및 보수규정보다 위 원고들에게 유리한 종전 직장인 부두공단의 취업규칙, 인사규정, 보수규정 등이 적용되어, 정년은 59세이고, 퇴직 시에는 퇴직금누진제에 의한 퇴직금 및 퇴직수당이 지급되어야 한다고 주장하였다.

나. 판결요지

1) [1998. 7. 31.자 포괄승계 및 1999. 12. 31.자 보수규정 개정에 있어서 근로자의 집단적 의사결정방법에 의한 동의가 있었는지 여부] 사용자

가 취업규칙의 변경에 의하여 기존의 근로조건을 근로자에게 불리하게 변경하려면 종전 근로조건 또는 취업규칙의 적용을 받고 있던 근로자의 집단적 의사결정방법에 의한 동의를 요하고, 이러한 동의를 얻지 못한 취업규칙의 변경은 효력이 없으며, 그 동의의 방법은 노동조합이 없는 경우에는 근로자들의 회의방식에 의한 과반수의 동의를 요하고, 회의방식에 의한 동의라 함은 사업 또는 한 사업장의 기구별 또는 단위 부서별로 사용자측의 개입이나 간섭이 배제된 상태에서 근로자간에 의견을 교환하여 찬반을 집약한 후 이를 전체적으로 취합하는 방식도 허용된다고 할 것인데, 여기서 사용자측의 개입이나 간섭이라 함은 사용자측이 근로자들의 자율적이고 집단적인 의사결정을 저해할 정도로 명시 또는 묵시적인 방법으로 동의를 강요하는 경우를 의미하고 사용자측이 단지 변경될 취업규칙의 내용을 근로자들에게 설명하고 홍보하는 데 그친 경우에는 사용자측의 부당한 개입이나 간섭이 있었다고 볼 수 없다(대법원 2003. 11. 14. 선고 2001다18322 판결; 대법원 2004. 5. 14. 선고 2002다23185,23192 판결; 대법원 2005. 3. 11. 선고 2004다54909 판결 등 참조). 그리고 근로관계가 포괄적으로 승계되는 경우에는 근로자는 승계한 법인에서도 종전의 근로관계와 동일한 근로관계를 유지하게 되고, 사용자가 일방적으로 취업규칙을 변경하거나 종전의 근로관계보다 불이익한 승계한 법인의 취업규칙을 적용하기 위해서는 종전의 근로계약상 지위를 유지하던 근로자 집단의 집단적 의사결정방법에 의한 동의 등의 사정이 있어야 하며, 이러한 동의 등이 없는 한 사용자가 일방적으로 종전의 근로조건을 근로자에게 불리하게 변경하거나 종전의 근로조건보다 불이익하게 승계한 법인의 취업규칙을 적용할 수 없다. 이 경우 종전의 근로조건을 그대로 유지한 채 승계한 법인에서 근무하게 되는 근로자에 대하여는 종전의 취업규칙이 그대로 적용된다(대법원 1995. 12. 26. 선고 95다41659 판결 참조). … 위와 같은 사실에 비추어 알 수 있는 다음과 같은 사정, 즉 IMF 금융위기사태를 맞아 정부 주도로 공기업 구조조정이 진행되었는데, 관련 사업의 통폐합, 정년단축, 퇴직금지급률 조정은 공기업 구조조정의 핵심 사항이었으므로, 당시 예인사업 포괄승계 및 방제조합의 구조조정 사실이 원고들에게도 모두 알

려졌을 것으로 보이는 점, 예인사업이나 방제조합의 업무는 그 사업소 또는 지부가 전국 해안에 걸쳐 소규모로 산재해 있어 근로자 전체가 한 자리에 모이는 것이 곤란하였던 점, 그러자 각 부서별, 사업소·지부별로 설명회를 개최하여 1998. 7. 31.자 포괄승계에 따른 근로조건의 변경 및 1999. 12. 31.자 퇴직금지급률 변경 사항을 설명하였고 각 부서별, 사업소·지부별로 근로자 수가 많지 않아 설명회에 참석함으로써 근로자 상호간에 의견을 교환할 수 있는 기회가 되었을 것으로 생각되는 점, 이러한 과정을 거쳐 원고들을 포함한 근로자들은 공기업 구조조정의 일환으로 진행된 정년단축 및 퇴직금지급률 변경의 필요성을 인식하고 이를 감수하는 입장에서 위 각서와 동의서에 서명하였고, 일부 근로자는 각서를 제출하지 않거나 반대의사를 명백히 표시한 점 등을 종합하면, 1998. 7. 31.자 포괄승계에 따른 근로조건의 변경 및 1999. 12. 31.자 퇴직금지급률 변경에 있어서 사용자측이 변경될 내용을 근로자들에게 설명하고 홍보하는 데에 지나쳐 사용자측의 부당한 개입이나 간섭이 있었던 것으로는 보이지 아니하므로, 예선사업 및 방제조합의 각 부서별, 사업소·지부별로 근로자들의 의견 집약과 취합 및 근로자들의 협의가 근로자들의 자유로운 의사에 따라 이루어진 것으로 볼 것이고, 따라서 1998. 7. 31.자 포괄승계에 따른 근로조건의 변경 및 1999. 12. 31.자 퇴직금지급률 변경에 있어서 근로자의 집단적 의사결정방법에 의한 동의가 있었다고 봄이 상당하다고 할 것임에도, 원심이 이와 견해를 달리하여, 사용자측의 개입이나 간섭이 배제된 상태에서 근로자 상호간에 의견을 교환하여 찬반의견을 집약한 후 이를 취합하는 방식으로 동의가 이루어졌다고 인정하기에 부족하다고 판단한 것은 근로자의 집단적 의사결정방법에 의한 동의에 관한 법리를 오해하고 필요한 심리를 다하지 아니함으로써 판결 결과에 영향을 미친 위법이 있다.

  2) [1998. 12. 31.자 인사규정 개정에 사회통념상 합리성이 인정되는지 여부] 사용자가 일방적으로 새로운 취업규칙의 작성·변경을 통하여 근로자가 가지고 있는 기득의 권리나 이익을 박탈하여 불이익한 근로조건을 부과하는 것은 원칙적으로 허용되지 아니한다고 할 것이지만, 당해 취업규칙의 작성 또는 변경이 그 필요성 및 내용의 양면에서 보아 그에

의하여 근로자가 입게 될 불이익의 정도를 고려하더라도 여전히 당해 조항의 법적 규범성을 시인할 수 있을 정도로 사회통념상 합리성이 있다고 인정되는 경우에는 종전 근로조건 또는 취업규칙의 적용을 받고 있던 근로자의 집단적 의사결정방법에 의한 동의가 없다는 이유만으로 그의 적용을 부정할 수는 없다고 할 것이고, 한편 여기에서 말하는 사회통념상 합리성의 유무는 취업규칙의 변경에 의하여 근로자가 입게 되는 불이익의 정도, 사용자측의 변경 필요성의 내용과 정도, 변경 후의 취업규칙 내용의 상당성, 대상조치 등을 포함한 다른 근로조건의 개선상황, 노동조합 등과의 교섭 경위 및 노동조합이나 다른 근로자의 대응, 동종 사항에 관한 국내의 일반적인 상황 등을 종합적으로 고려하여 판단하여야 할 것이지만, 취업규칙을 근로자에게 불리하게 변경하는 경우에는 그 동의를 받도록 한 근로기준법을 사실상 배제하는 것이므로 제한적으로 엄격하게 해석하여야 할 것이다. 원심판결 이유를 위 법리에 비추어 살펴보면, 원심이 판시와 같은 이유로 1998. 12. 31.자 인사규정 개정이 사회통념상 합리성이 있다고 보기 어렵다고 판단한 것은 정당한 것으로 수긍이 가고, 거기에 상고이유로 주장하는 법리오해 등의 위법이 없다.

다. 해 설

취업규칙의 불이익 변경시 근로자 과반수로 조직된 노동조합이 없는 때에는 근로자 과반수의 동의가 필요하다. 판례는 사용자측의 개입이나 간섭이 배제된 상태에서 근로자 상호간에 의견을 교환하여 찬반의견을 집약하는 '회의방식'일 것을 요구한다.

대상판결은 사업장의 기구별 또는 단위 부서별 찬반의견을 전체적으로 취합하는 방식도 회의방식에 해당한다고 보고 있고, 나아가 사용자측의 개입 또는 간섭의 의미를 구체적으로 밝히고 있다.

취업규칙의 불이익 변경은 항상 근로자 집단의 동의가 필요한가? 대상판결처럼 판례는 취업규칙의 불이익변경에 해당하더라도 그 내용이 사회통념상 합리적인 경우에는 근로자 집단의 동의를 받지 않아도 종전 근로자에게 적용된다고 한다. 변경된 새 규정이 법적 규범성을 시인할 수 있을 정도로 사회통념상 합리성이 인정되기 때문이다. 사회통념상의 합리성에 관한 판례 법리의 논리는, 과거에는 사회통념상의 합리성이 인정되면 불이익 변경이 아니라는 식이었지만, 이후에는 사회통념상의 합리성이 인정되면 근로자 집단의 동의가 없어도 적용된다는 식의 논리(즉, 근로자 집단의 동의가 필요 없다는 논리)를 취하고 있다.

어떠한 경우 사회통념상의 합리성을 인정할 수 있는가의 판단에서는 제반 사정을 종합적으로 고려하여야 하는데 대상판결은 불이익의 정도, 변경 필요성의 내용과 정도, 변경된 내용의 상당성, 대상조치 등을 포함한 다른 근로조건의 개선상황, 노동조합 등과의 교섭 경위 및 노동조합이나 다른 근로자의 대응, 동종 사항에 관한 국내의 일반적인 상황 등을 거론하고 있다. 또한 대상판결은 사회통념상의 합리성의 인정은 취업규칙을 근로자에게 불리하게 변경하는 경우에는 그 동의를 받도록 한 근로기준법을 사실상 배제하는 것이므로 제한적으로 엄격하게 해석하여야 한다고 판시한 점에 의의가 있다.

실제의 사안에서는 대상판결처럼 대체로 사회통념상의 합리성이 인정되지 않는다고 보지만(대상판결; 대법원 2005. 11. 10. 선고 2005다21494 판결; 대법원 2004. 7. 22. 선고 2002다57362 판결 등), 사회통념상의 합리성이 있다고 인정한 사례도 있다(대법원 2001. 1. 5. 선고 99다70846 판결).

Q 1. 대상판결에서 각 부서·사업소·지부별 근로자의 찬반 서명에 대한 사용자측의 개입이나 간섭이 없었다고 판단한 이유는?

Q 2. 근로자 상호간에 의견교환 없이 사전 인쇄된 문서를 회람시켜 개별적으로 동의 여부를 표시케 한 경우 과반수의 동의가 있었다면 유효한 동의인가?

Q 3. 대상판결에서는 사회통념상 합리성 유무 판단시의 종합적 고려사항과 관련하여 어떤 사정을 들면서 합리성이 없다고 판단하였는가?

≪심화학습≫

1. 취업규칙의 불이익변경과 노사협의회 근로자위원들의 동의 (대법원
   1994. 6. 4. 선고 92다28556 판결 참고)
2. 사회통념상 합리성이라는 판례 이론에 대한 비판 및 사회통념상의
   합리성을 인정한 사례와 부정한 사례의 비교

2. 단체협약에 의한 소급적 동의

대법원 1997. 8. 22. 선고 96다6967 판결 [퇴직금]

가. 사실관계

1) 피고 기관은 1969. 3. 6. 설립 이후부터 '직원보수규정'(이하 구 규정
이라고 한다)을 제정하여 시행하여 왔는데, 그 규정 제9조에는 퇴직하는 근
로자에 대하여 퇴직 당시의 평균임금에 근속연수에 상응한 소정의 퇴직
금 지급률을 곱한 금원을 퇴직금으로 지급하되, 평균임금의 계산은 근로
기준법과 동 시행령이 정하는 바에 의하고 근속연수의 계산은 1년 미만
은 월할 계산하고 월 미만은 일할 계산하며, 그 지급률은 2년 이하의 근
속기간에 대하여는 매 1년마다 1개월분, 근속기간 2년에서 5년까지는 매
1년마다 2개월분, 근속기간 5년에서 10년까지는 매 1년마다 3개월분, 근
속기간 10년을 초과하는 경우에는 매 1년마다 4개월분으로 하여 이를 합
산하여 정한다고 규정되어 있었다.

2) 피고는 1981. 1. 1.자로 위 개정 전의 규정 중 퇴직금지급에 관한
부분을 개정하였는데, 개정된 퇴직금지급에 관한 규정(이하 개정규정이라 한
다)은 퇴직금을 퇴직 당시의 평균임금에 근속연수에 상응한 소정의 퇴직
금 지급률을 곱하여 산출함에는 변함이 없으나, 근속연수의 계산에 있어

서 1년 미만은 월할 계산하고 월 미만은 1월로 계산하며, 그 지급률은 근속연수 2년 이하는 매 1년마다 1개월분, 근속연수 3년에 대하여 3.5개월분, 근속연수 4년에 대하여 5.5개월분, 근속연수 5년 이상에 대하여는 근속연수×(150+근속연수-5)÷100개월분으로 정하여 그 지급률을 하향 조정하였다.

3) 피고는 위와 같이 퇴직금 지급률을 하향 조정함에 있어 근로자집단의 집단적 의사결정 방법에 의한 동의절차를 거치지 아니하였다.

4) 피고 기관에는 노동조합이 설립되어 있지 않다가 1991. 3. 10. 그 노동조합이 결성되었고 그 노동조합이 결성되면서 피고와 단체협약체결을 위한 교섭을 시작했다. 노동조합이 단체교섭을 준비함에 있어 단체협약사항으로 피고에 제시할 안으로 작성된 단체협약중점안 제89조 제1항에서 " … (전략) … 퇴직금 지급률은 개발원의 규정에 따른다"는 조항을 두었으나 피고와의 단체교섭시에는 위 규정에 대하여 별다른 논의없이 위 단체협약중점안 조항이 그대로 단체협약 제31조 제1항에 규정되었다. 위 단체협약이 시행된 1991. 12. 2. 현재 피고개발원의 총직원 273명 중 139명이 노동조합에 가입되어 있었다.

5) 피고의 퇴직근로자 중 1988. 12.경부터 1991. 6. 30. 경 사이에 퇴직한 소외 권○영등과 피고 사이의 분쟁이 1991. 7. 경부터 시작되어 위 권○석등이 같은 해 11. 18. 자로 퇴직금 청구에 관한 소를 제기하였고, 당시 노동조합은 그 사정을 알게 되었다. 위 권○석 등이 피고를 상대로 한 위 퇴직금 청구의 소는 1992. 7. 2.에야 서울민사지방법원 91가합84325호로 위 퇴직금 지급률에 관한 피고의 개정규정이 무효라는 이유로 원고들 일부승소 판결이 선고되고, 피고가 항소하였으나 1992. 12. 22. 서울고등법원 92나42745호로 일부 원고들에 대하여 일부 항소만 받아들여진 상태로 판결이 선고되고, 그 판결은 1994. 1. 15. 대법원 93다8696호로 피고의 상고기각 판결의 선고로 확정되었다.

6) 원고들은 1970. 11. 14.부터 1980. 6. 1. 사이에 피고의 직원으로 입사하여 근무하다가 1992. 2. 10.부터 1994. 3. 31. 사이에 퇴직하였는데 퇴직당시에 각 1개월분의 평균임금에 1981. 1. 1.자 개정규정에 의하여

산출한 퇴직금지급률을 곱한 각 금원을 피고로부터 퇴직금으로 지급받았다. 원고들은 구 규정에 따라 퇴직금이 지급되어야 한다고 주장하며 미지급퇴직금(원고 13명에게 각각 1천여만원 내지 6천여만원의 금액)의 지급을 구하는 소송을 제기하였다.

7) 원심은 개정규정 중 퇴직금 지급률에 관한 조항은 근로자집단의 집단적 의사결정 방법에 의한 동의 없이 근로자들에게 불이익하게 변경된 것이므로 개정 전에 입사한 기존의 근로자들에게는 효력이 없어 구 규정이 유효하고, 피고의 노동조합이 1991. 12. 2. 단체협약 체결 당시 개정규정의 퇴직금 지급률에 관한 조항이 무효라는 점을 알면서 위와 같은 단체협약을 체결하였다고 인정할 증거가 없으므로, 개정규정 중 퇴직금 지급률에 관한 조항의 효력을 소급적으로 추인하였다거나 개정규정의 유·무효간에 그 효력을 인정하기로 동의한 것으로 볼 수 없다는 이유로, 피고는 원고들에게 구 규정에 의하여 산출한 퇴직금과 이미 지급한 퇴직금과의 차액을 지급할 의무가 있다고 판단하였다.

나. 판결요지

1) 단체협약은 노동조합이 사용자 또는 사용자 단체와 근로조건 기타 노사관계에서 발생하는 사항에 관하여 체결하는 협정으로서, 노동조합이 사용자측과 기존의 임금, 근로시간, 퇴직금 등 근로조건을 결정하는 기준에 관하여 소급적으로 동의하거나 이를 승인하는 내용의 단체협약을 체결한 경우에 그 동의나 승인의 효력은 단체협약이 시행된 이후에 그 사업체에 종사하며 그 협약의 적용을 받게 될 노동조합원이나 근로자들에 대하여 생긴다고 할 것이므로(당원 1992. 7. 24. 선고 91다34073 판결 참조), 취업규칙 중 퇴직금 지급률에 관한 규정의 변경이 근로자에게 불이익함에도 불구하고 사용자가 근로자의 집단적 의사결정 방법에 의한 동의를 얻지 아니한 채 변경을 함으로써 기득이익을 침해하게 되는 기존 근로자에 대하여는 종전의 퇴직금 지급률이 적용되어야 하는 경우에도 노동조합이 사용자측과 사이에 변경된 퇴직금 지급률을 따르기로 하는 내용의

단체협약을 체결한 경우에는 기득이익을 침해하게 되는 기존 근로자에 대하여 종전의 퇴직금 지급률이 적용되어야 함을 알았는지 여부에 관계 없이 원칙적으로 그 협약의 적용을 받게 되는 기존 근로자에 대하여도 변경된 퇴직금 지급률이 적용되어야 할 것이다.

2) 피고의 노동조합이 "퇴직금 지급률은 개발원의 규정에 따른다"는 내용의 단체협약을 체결함으로써 위 단체협약의 적용을 받게 되는 취업 규칙 변경 전의 기존 근로자에 대하여도 단체협약 체결 당시의 법규적 효력을 가지는 개정규정의 퇴직금 지급률을 적용하는 것에 대하여 소급 적으로 동의한 것이라고 보아야 할 것이므로 단체협약 체결 당시 기존 근로자에 대하여 개정규정의 퇴직금 지급률이 적용되지 아니함을 알았는 지 여부에 관계없이 위 단체협약이 시행된 이후에 퇴직하는 원고들에 대한 퇴직금을 산정함에 있어서는 개정규정을 적용하여야 할 것이다.

다. 해 설

근로자 과반수로 구성된 노동조합이 있는 때에는 그 노동조합의 대 표자인 조합장으로부터 동의를 얻으면 족하다. 노동조합 대표자의 동의 에 특별한 형식이 필요한 것은 아니므로 단체협약의 체결이라는 형식을 통해 동의를 표시하는 것도 인정된다. 집단적 동의는 변경 이전 또는 변 경과 동시에 이루어져야 하겠지만 단체협약 체결을 통해 소급적으로 추 인하는 동의도 인정된다(대법원 1993. 3. 23. 선고 92다52115 판결).

과거 취업규칙의 개정시 집단적 동의를 받지 못하여 불이익 변경이 무효인데도 단체협약의 체결 당시에 시행되던 그 취업규칙과 동일한 내 용을 단체협약에 규정한 사건에서 판례는 무효인 사정을 모른 채 단체협 약을 체결하였으므로 불이익 변경에 대한 소급적 추인으로 볼 수 없다고 판단한 적이 있지만(대법원 1992. 9. 14. 선고 91다46922 판결), 현재의 판례는 대상판결과 같이 노동조합이 사용자측과의 사이에 변경된 퇴직금조항을 따르기로 하는 내용의 단체협약을 체결한 경우에는, 기득이익을 침해받 게 되는 기존의 근로자에 대하여 종전의 퇴직금조항이 적용되어야 함을 알았는지 여부에 관계없이 그 협약의 적용을 받게 되는 기존의 근로자에 대하여도 변경된 퇴직금조항을 적용한다고 판단한다(대법원 1997. 8. 22. 선고 96다6967 판결; 대법원 2002. 6. 28. 선고 2001다77970 판결; 대법원 2005. 3. 11. 선고 2003다27429 판결). 이는 사실상 판례를 변경한 것으로도 평가된다.

> Q 1. 대상판결에서 단체협약 체결을 통해 소급적으로 추인하는 동의도 인정되는가에 대해 원심과 대법원은 어떤 차이를 보이고 있는가?
> Q 2. 근로자 과반수 노동조합의 동의를 받지 못했지만 개별적으로 동의한 일부 근로자에 대해서는 불이익하게 변경된 취업규칙의 내용이 적용되는가? (대법원 1992. 12. 8. 선고 91다38174 판결 참고)
> Q 3. 취업규칙의 불이익 변경에 대한 근로자 과반수 노동조합의 동의는 소속 조합원 과반수의 동의를 의미하는가? (대법원 1997. 5. 16. 선고 96다2507 판결 참고)

3. 동의절차 위반의 효과

> **대법원 1992. 12. 22. 선고 91다45165 전원합의체 판결 [퇴직금청구]**

가. 사실관계

1) 피고 회사의 취업규칙은 당초 제정된 후 1964. 3. 1.과 1973. 1. 1. 그리고 1974. 8. 1.의 3차례에 걸쳐 변경되었는데, 그때마다 위 취업규칙상의 퇴직금규정은 근로자측의 동의 없이 그들에게 불리한 방향으로 개정되었다.

2) 이 사건 소에서 원고는 1978. 9. 1. 피고 회사에 입사하여 피고 회사 묵산광업소에서 직원으로 근무하다가 1988. 1. 31. 퇴직하였는데 원고의 퇴직금을 산정함에 있어서, 원고는 그 입사 전의 3차례에 걸친 위 취

업규칙의 변경은 모두 무효임을 전제로 그 각 변경이 있기 전의 최초의 취업규칙상의 퇴직금규정이 적용되어야 한다고 주장하고, 피고는 위 각 변경을 거쳐 원고의 입사 이래 퇴직시까지 시행되던 1974. 8. 1.자 변경된 취업규칙상의 퇴직금규정이 적용되어야 한다고 주장하였다.

3) 피고 회사는 사원으로 보직된 직원과 사원으로 보직되지 않은 종업원으로 구분하여 별개의 퇴직금규정을 두어 왔으나, 1980. 12. 31. 법률 제3349호로 근로기준법 제28조 제2항이 신설됨에 따라 퇴직금제도를 설정함에 있어서 하나의 사업 내에 차등제도를 두는 것이 금지되고, 동법 부칙 제1항 단서에 의하면 위 조항은 1981. 4. 1.부터 시행되었는데, 같은 부칙 제2항에 의하면 사용자는 이 법 시행당시의 단체협약 또는 취업규칙이 위 법 제28조 제2항의 규정에 위배될 때에는 동년 3. 31.까지 이 법에 적합하도록 이를 변경하여 노동청장에게 신고하여야 하며, 신고하지 아니한 경우에는 당해 사업 내의 최다수 근로자에게 적용되는 퇴직금제도를 적용하는 것으로 본다고 규정되어 있다.

4) 원심은 피고 회사의 대다수 근로자들은 전국광산연맹 강원탄광노동조합과 피고 회사 사이에 체결된 단체협약의 적용을 받게 되는 종업원으로 근무하고 있는 사실을 인정할 수 있으므로 피고 회사의 대다수 근로자에게 적용되는 1986. 10. 1. 발효된 위 단체협약이 원고에게도 적용된다고 하여 그 단체협약상의 퇴직금규정에 의하여 원고의 퇴직금을 산정하였다.

5) 원고 주장의 취업규칙상의 퇴직금지급규정의 내용은 위 단체협약상의 그것보다 근로자에게 유리하며, 위 단체협약상의 퇴직금지급규정의 내용은 원고가 취업 당시 시행되던 1974. 8. 1.자 변경된 취업규칙상의 그것보다 근로자에게 유리하다.

6) 원고는 위의 3차례에 걸친 피고 회사의 퇴직금규정의 불이익한 변경은 모두 그 적용을 받고 있던 근로자들의 집단적 의사결정방법에 의한 동의 없이 이루어진 것이어서 취업규칙변경으로서의 효력이 없으므로 원고의 퇴직금을 산정하는 데 적용되어야 할 지급률은 1964. 2. 29. 이전까지 시행되던 최초의 취업규칙상의 지급률이어야 하는데 원심은 법리를 오해하여 위 단체협약상의 지급률을 적용한 위법이 있다고 상고하였다.

나. 판결요지

1) 취업규칙의 작성·변경에 관한 권한은 원칙적으로 사용자에게 있으므로 사용자는 그 의사에 따라 취업규칙을 작성·변경할 수 있으나, 다만 근로기준법 제95조(현행 근기법 제94조)의 규정에 의하여 노동조합 또는 근로자 과반수의 의견을 들어야 하고 특히 근로자에게 불이익하게 변경하는 경우에는 그 동의를 얻어야 하는 제약을 받는바, 기존의 근로조건을 근로자에게 불리하게 변경하는 경우에 필요한 근로자의 동의는 근로자의 집단적 의사결정방법에 의한 동의임을 요하고 이러한 동의를 얻지 못한 취업규칙의 변경은 효력이 없다.

2) 사용자가 취업규칙에서 정한 근로조건을 근로자에게 불리하게 변경함에 있어서 근로자의 동의를 얻지 않은 경우에 그 변경으로 기득이익이 침해되는 기존의 근로자에 대한 관계에서는 그 변경의 효력이 미치지 않게 되어 종전 취업규칙의 효력이 그대로 유지되지만, 그 변경 후에 변경된 취업규칙에 따른 근로조건을 수용하고 근로관계를 갖게 된 근로자에 대한 관계에서는 당연히 변경된 취업규칙이 적용되어야 하고, 기득이익의 침해라는 효력배제사유가 없는 변경 후의 취업근로자에 대해서까지 그 변경의 효력을 부인하여 종전 취업규칙이 적용되어야 한다고 볼 근거가 없다. 위와 같은 경우에 취업규칙변경 후에 취업한 근로자에게 적용되는 취업규칙과 기존근로자에게 적용되는 취업규칙이 병존하는 것처럼 보이지만, 현행의 법규적 효력을 가진 취업규칙은 변경된 취업규칙이고 다만 기존근로자에 대한 관계에서 기득이익침해로 그 효력이 미치지 않는 범위 내에서 종전 취업규칙이 적용될 뿐이므로, 하나의 사업 내에 둘 이상의 취업규칙을 둔 것과 같이 볼 수는 없다.

3) 결국 3차례에 걸친 피고 회사의 퇴직금규정의 변경은 모두 무효임을 전제로 원고의 퇴직금을 변경 전인 최초의 퇴직금규정에 의하여 계산하지 아니한 원심의 조치가 잘못이라는 논지는 위에서 본 법리에 비추어 받아들일 수 없고, 위 단체협약상의 퇴직금 지급규정이 원고가 취업 당시 시행되던 1974.8.1.자 변경된 취업규칙상의 그것보다 근로자에게

유리한 것임은 위에서 본 바와 같은 이상 원고만이 상고한 이 사건에 있어서 단체협약상의 퇴직금규정에 의하여 원고의 퇴직금을 산정한 원심의 조치가 정당한 것인지 여부에 대하여는 판단할 필요도 없으므로 상고논지는 이유 없다.

[별개의견 (요지)]

취업규칙의 변경이 근로자에게 불이익한 것이고 이에 관하여 근로자집단의 동의를 받지 못하였다면 취업규칙의 변경은 효력이 없고, 따라서 종전의 취업규칙이 계속 유효하다고 볼 것이지 그 변경으로 기득이익이 침해되는 기존의 근로자들에 대한 관계에서만 종전 취업규칙의 효력이 유지되고 변경 후에 근로관계를 갖게 된 근로자에 대한 관계에서는 당연히 변경된 취업규칙이 적용되어야 한다고 할 수 없다.

다. 해 설

대상판결은 취업규칙의 불이익 변경이 근로자집단의 동의 없이 변경된 경우 변경 이후 입사한 근로자에게도 효력이 있는지에 관해 종전의 판례를 변경한 전원합의체 판결이다. 대상판결은 그 변경으로 기득이익이 침해되는 기존의 근로자에 대한 관계에서는 그 변경된 취업규칙이 미치지 아니하고 종전의 취업규칙의 효력이 지속되나, 변경 후에 입사한 근로자에 대해서는 불리하게 변경된 취업규칙이 적용된다고 본다(상대적 무효). 변경된 취업규칙만이 현행 취업규칙이지만, 기득이익 침해 문제로 그 효력이 종전 근로자에게 미치지 않을 뿐이라는 의미이다.

Q 1. 대상판결에서의 다수의견과 소수의견(별개의견)의 논거를 비교·평가하면?

Q 2. 「근로자퇴직급여 보장법」(제4조 제2항)에서는 하나의 사업 내에서의 차등 있는 퇴직금제도의 설정을 금지하고 있다. 대상판결의 법리(상대적 무효설)는 이러한 금지와 조화될 수 있는 해석론인가?

제 6 강

임 금 (1)

1. 개 요

(1) 근로자는 임금을 목적으로 근로를 제공하기 때문에 근기법 등 노동관계법에서는 다양한 측면에서 임금에 관해 규율을 하고 있다. 실무상으로도 임금관련 분쟁이 많은 편인데, 이런 분쟁 중에는 그 전제로서 특정한 수당이 임금이나 평균임금 또는 통상임금 등에 포함되는지가 다투어지기도 한다.

(2) 근기법상 '임금'이란 사용자가 근로의 대가로 근로자에게 임금, 봉급, 그 밖에 어떠한 명칭으로든지 지급하는 일체의 금품을 말한다(제2조 제1항 제5호). 이 정의 규정은 근기법상 특별한 보호의 대상이 되는 근로채권의 범위를 정할 뿐만 아니라, 퇴직금이나 휴업수당 또는 연장근로수당 등의 산정에서 도구적인 개념으로 사용되는 평균임금과 통상임금의 범위를 정하는 전제가 된다.

임금에 해당하는 금품인가를 판단할 때에는 '근로의 대가'인가가 기준이 된다. 사용자가 지급하는 금품이라도 근로의 대가성이 없음이 분명한 경우 예를 들면 의례적·호의적인 금품(예컨대 결혼축의금, 조의금 등)이나 실비변상적인 금품(예컨대 작업용품 구입비, 출장비 등)은 임금이 아니지만, 복리후생적인 금품(예컨대 주택의 제공, 식사비, 가족수당 등)과 같이 근로의 대가성이 불분명한 경우에는 임금성이 문제된다.

(3) 근기법상 '평균임금'이란 이를 산정해야 할 사유가 발생한 날 이전 3개월 동안에 그 근로자에게 지급된 임금의 총액을 그 기간의 총일수

로 나눈 금액을 말한다(제2조 제1항 제6호). 평균임금은 휴업수당, 연차유급휴가수당, 산업재해보상급여, 퇴직금 등을 산출하는 기초가 된다. 근기법이 이런 사항들을 규율하는 이유는 근로자의 생활을 보장하고자 하는 데에 있으므로, 근로자의 통상의 생활임금을 사실대로 반영하는 임금인 평균임금을 그 산출의 기준으로 삼고 있다. 근기법 시행령은 제2조 이하에서 평균임금의 산정 방법과 관련된 다양한 규정을 두어 이런 취지를 반영하고 있다. 한편, 평균임금으로 산출된 금액이 통상임금보다 적으면 그 통상임금액을 평균임금으로 한다(제2조 제2항). 일반적으로 평균임금이 통상임금보다 상회하지만 평균임금이 특이한 사정으로 통상임금보다 적어지는 경우(예컨대 직전 3개월간 실제 근무한 일수가 적어 임금을 적게 받은 경우)에는 통상임금액으로 평균임금의 최저한도를 확보해 주려는 취지이다.

근기법상 '통상임금'이란 근로자에게 정기적이고 일률적으로 소정근로 또는 총 근로에 대하여 지급하기로 정한 시간급 금액, 일급 금액, 주급 금액, 월급 금액 또는 도급 금액을 말한다(근기법 시행령 제6조 제1항). 통상임금은 해고예고수당, 연장·야간·휴일근로수당 등 가산임금 계산의 기초가 된다. 통상임금이 일급, 주급, 월급 등으로 계산되는 경우 연장근로수당 등의 산정을 위해서는 이들을 시간급 통상임금으로 계산할 필요가 있다(근기법 시행령 제6조 제2항과 제3항 참고).

(4) 임금 수준의 최저한도는 「최저임금법」에서 규율한다. 동법은 "사용자는 최저임금의 적용을 받는 근로자에 대하여 최저임금액 이상의 임금을 지급해야 한다"(제6조 제1항)고 규정하고 있다. 동법은 원칙적으로 근로자를 사용하는 모든 사업 또는 사업장에 적용하지만(제3조 참고), 일부 근로자에 대해서는 최저임금액을 다르게 정할 수 있다(제5조 제2항 참고). 최저임금은 매년 최저임금위원회의 심의·의결을 거쳐 고용노동부장관이 결정한다(제8조 제1항).

근기법은 사용자의 귀책사유로 인한 휴업의 경우 근로자의 생활보호를 위해 휴업수당제도를 두고 있다. 즉 사용자의 귀책사유로 휴업하는 경우에 사용자는 휴업기간 동안 그 근로자에게 평균임금의 100분의 70 이상의 수당을 지급하여야 한다(제46조 제1항 본문). 다만, 평균임금의 100분의 70에 해당하는 금액이 통상임금을 초과하는 경우에는 통상임금을 휴업수당으로 지급할 수 있다(제46조 제1항 단서). 만약 부득이한 사유로 사업을 계속하는 것이 불가능하여 사용자가 노동위원회의 승인을 받은 경우에는 위에서 정한 기준에 못 미치는 휴업수당을 지급할 수 있다(제46조 제2항). 휴업수당 규정은 실무상 해고기간 중의 임금상당액 계산(이른바 중간수입의 공제)에서 자주 유추 적용되어 왔지만, 최근에는 경영상 해고를 회피하기 위한 수단의 하나로 이용되는 무급휴직과 관련하여 논란이 되고 있다.

Q 1. 퇴직금 지급청구 소송에서 원고가 각종 수당을 임금, 통상임금, 평균임금에 포함시켜 계산하여야 한다고 주장하는 실익은 무엇인가?

Q 2. 다음 중 임금이라고 보기 어려운 것들은 무엇인가?
[출장 중 이동 및 숙식을 위한 출장비, 전문직에게 정기적으로 지급하는 연구비, 근로자의 자녀가 혼인하는 경우 지불하는 축하금, 야간근로수당]

Q 3. 근기법 시행령상 평균임금의 산정기간과 산정임금에서 각각 제외하는 특례에 해당하는 사유는 어떠한 것들이 있는가?

Q 4. 사용자가 휴업수당을 지급하여야 할 사유는 휴업에 있어서 사용자에게 고의·과실이 있는 경우에만 적용되는가?

Q 5. 구조조정의 일환으로 무급휴직을 하는 것이 적법한가?

2. 임금·평균임금

대법원 2005. 9. 9. 선고 2004다41217 판결 [임금]

가. 사실관계

1) 원고들은 피고 회사가 원고들의 퇴직금을 산정·지급함에 있어 그 기초가 되는 평균임금에서 중식대, 단체개인연금, 휴가비, 선물비, 1997년도 성과금, 가족수당 등을 제외하였다고 주장하면서, 평균임금에서 제외된 위 각 임금에 퇴직금 지급률을 곱한 '미지급 퇴직금'의 추가지급을 구한다.

2) 단체개인연금: 피고 회사는 1997. 7. 24. 노동조합과 사이에 1997년도 단체협약을 체결하면서 전 직원들을 대상으로 개인연금으로 월 20,000원씩을 10년간 불입하여 주기로 합의하였고, 이에 따라 같은 해 8. 국민투자신탁증권주식회사와 사이에 전 직원들을 피보험자로 한 단체개인연금계약을 체결한 후 같은 달부터 1998. 8.까지 매달 급여지급일에 20,000원씩의 연금보험료를 대신 납부하여 오다가, 원고들이 퇴사한 후인 1998. 8. 23. 노사합의에 의하여 1998. 9.부터 1년간 보험료 지급이 유예되긴 하였으나 원고들이 재직하는 동안에는 피고 회사가 이를 대납하고 위 연금보험료를 급여명세서에 기재한 후 근로소득세를 원천징수하여 왔다.

3) 가족수당: 피고 회사에서는 1995. 8. 24. 노사합의에 의하여 1995. 9. 1.부터 가족수당 본인분을 기본급으로 전환하고, 그 이후 가족수당으로 배우자의 경우는 월 15,000원, 미혼 자녀의 경우는 최다 2인에 한하여 1인당 월 13,000원씩 지급하였다.

4) 중식대: 피고 회사는 1996. 1. 25. 노사협의회에서 식사 단가를 1,400원(1997년에는 1,700원으로 인상되었다)으로 정하고 원고들의 퇴직시까지 전 사원들에게 중식(야간 근로자들에게는 중식에 상응하는 야식)을 현물로 제공하여 왔다. 피고 회사가 식사를 하지 않는 근로자에게 식비에 상응하는

현금이나 다른 물품을 지급하였다거나 지급할 의무가 있다는 점을 인정할 증거가 없다.

5) 휴가비, 선물비: 피고 회사는 단체협약에 따라 원고들을 포함한 전 사원들에게 매년 설 휴가비, 추석휴가비 각 150,000원, 하기휴가비 250,000원을 각 지급하여 왔고, 노사합의에 따라 선물비를 연 200,000원 상당으로 책정한 후 그에 상응하는 선물을 현품으로 지급하여 왔다.

6) 1997년도 성과금: 피고 회사는 노동조합과의 단체협약에 따라 근로자들에게 연간 통상임금의 700%를 상여금으로 지급하여 온 외에 매년 별개의 합의 형식으로 당해 연도의 생산목표를 설정하고 그 달성률에 따라 전 근로자들에게 성과금을 지급하여 왔다. 피고 회사와 노동조합은 생산목표달성 성과금에 관하여, i) 1993년까지는 구체적 지급기준을 명백히 정하지 않았다가, 1994년에는 생산목표를 설정하고 그 달성률을 90%, 95%, 100% 이상으로 나누어 단계별로 통상임금의 130%, 140%, 150%를 성과금으로 지급하되, 1994년 12월 중에 100%를, 1995년 1월 하순경에 나머지를 각 지급하며, 지급기준은 전년도 또는 관례에 따르기로 합의하였고, ii) 1995. 8. 24.에 1995년도 생산목표를 설정하고 그 달성률을 90%, 95%, 100% 이상으로 나누어 단계별로 통상임금의 150%, 180%, 200%를 성과금으로 지급하되, 1995년 12월 중에 100%를, 1996년 1월 중에 나머지를 각 지급하며, 지급기준은 전년도 또는 관례에 따르기로 합의하였으며, iii) 1996. 7. 25.에 1996년도 생산목표를 설정하고 그 달성률을 90%~95%, 95%~100%, 100% 이상으로 나누어 단계별로 통상임금의 150%, 180%, 200%를 성과금으로 지급하되, 1996년 12월 중에 100%를, 1997년 1월 중에 나머지를 각 지급하고, 그 지급기준은 관례에 따르기로 합의하였고, iv) 1997. 7. 24. 지급기준은 관례에 따르기로 하고 따로 구체적 생산목표를 설정하지 않은 채 상여금 기준임금의 150%를 생산목표달성 성과금으로 지급하되, 그 중 100%는 1997. 12.에, 나머지는 1998. 1.에 지급하기로 합의하였으며, v) 1998년에는 IMF 사태로 인한 경제위기 타개를 위하여 고용조정과 함께 임금을 동결하면서 생산목표달성 성과금도 그 지급을 유예하기로 합의하였고, vi) 1999. 11. 8. 부채비율 185%, 이익 목

표 3,911억 원 및 생산목표대수 125만대 달성을 전제로 이익 실현금 3,911억 원 중 24%를 재원으로 하여 통상임금의 150%를 성과금으로 지급하되, 이익 목표 3,911억 원을 초과 달성하였을 경우 특별격려금을 지급(지급금액 및 방법은 별도 합의)하기로 합의하였으며, vii) 2000. 6. 12. 확정 성과금으로 150%를 지급하되, 그 중 100%는 2000년 12월 말에, 나머지 50%는 2001년 설날에 지급하고, 당기 순이익이 5,876억 원을 초과하는 경우 초과금액의 30%를 추가 배분하며, 지급대상 및 지급기준은 전년도 지급기준 및 관례에 따르기로 합의하였고, viii) 2001년 확정 성과금으로 150%와 목표이익 초과달성 성과금 100만원을 단체교섭 타결 즉시(2001. 12. 28.) 지급하되, 지급대상 및 지급기준은 관례에 따르기로 합의하였으며, ix) 2002. 6. 28. 성과금으로 200%(정률 150%, 정액 80만원)를 지급하되, 그 중 150%는 2002년 12월 말에, 80만원은 임금협약 체결 즉시 지급하고, 지급대상 및 지급기준은 관례에 따르기로 합의하였다. 피고 회사는 1996년까지는 실제로 생산목표의 90% 이상을 달성하였으므로 위 합의한 성과금을 모두 지급하면서 합의한 기준보다 약간 상회하는 목표율의 성과금을 지급한 경우(1994년과 1995년에는 각 목표달성률이 97.9%와 92.7%였으나 피고 회사는 근로의욕 고취를 위하여 100% 이상에 해당하는 액수의 성과금을 지급하였음)도 있었으나 1997년 하반기부터 시작된 IMF 사태로 인하여 1997년도의 생산실적이 저조해져 피고 회사의 생산목표에 현저히 미달되었다는 이유로 1997년도 성과금을 지급하지 않았다.

나. 판결요지

1) 원심은 … 중식대는 현물로 제공된 사실을 인정한 다음, 피고 회사가 식사를 하지 않는 근로자에게 식비에 상응하는 현금이나 다른 물품을 지급하였다거나 지급할 의무가 있다는 점을 인정할 증거가 없다는 이유로, 위 중식대는 근로자의 후생복지를 위해 제공되는 것으로서 근로의 대가인 임금이라고 볼 수 없고, 따라서 퇴직금 산정의 기초가 되는 평균임금에 포함되지 않는다고 판단하였다. 기록에 비추어 살펴보면, 원심의

사실인정 및 판단은 정당하고 거기에 채증법칙 위배로 인한 사실오인이나 평균임금 산정에 관한 법리오해의 위법이 있다고 할 수 없다.

　2) 상여금이 계속적·정기적으로 지급되고 그 지급액이 확정되어 있다면 이는 근로의 대가로 지급되는 임금의 성질을 가지나 그 지급사유의 발생이 불확정이고 일시적으로 지급되는 것은 임금이라고 볼 수 없다(대법원 2002. 6. 11. 선고 2001다16722 판결 참조). 원심은, 목표달성 성과금은 매년 노사간 합의로 그 구체적 지급조건이 정해지며 그 해의 생산실적에 따라 지급 여부나 지급률이 달라질 수 있는 것이지 생산실적과 무관하게 계속적·정기적으로 지급된 것이라고 볼 수 없어 피고 회사에 그 지급의무가 있는 것이 아니라는 이유로 위 성과금은 위 원고들의 퇴직금 산정의 기초가 되는 평균임금에 산입될 수 없다고 판단하였다. 기록과 위 법리에 비추어 살펴보면, 원심의 판단은 정당하고 거기에 상고이유에서 주장하는 바와 같은 성과금의 평균임금 산정에 관한 법리오해의 위법이 없다.

　3) 원심은 … 비록 직접 근로자들에게 현실로 지급되는 것이 아니고 그 지급의 효과가 즉시 발생하는 것은 아니라 하더라도 위와 같이 사용자가 단체협약에 의하여 전 근로자를 피보험자로 하여 개인연금보험에 가입한 후 매월 그 보험료 전부를 대납하였고 근로소득세까지 원천징수하였다면, 이는 근로의 대상인 임금의 성질을 가진다고 할 것 … 이라고 판단하였다. 기록에 비추어 살펴보면, 원심의 판단은 정당하고 거기에 … 평균임금 산입에 관한 법리오해의 위법이 없다.

　4) 가족수당은 회사에 그 지급의무가 있는 것이고 일정한 요건에 해당하는 근로자에게 일률적으로 지급되어 왔다면, 이는 임의적·은혜적인 급여가 아니라 근로에 대한 대가의 성질을 가지는 것으로서 임금에 해당한다(대법원 1995. 7. 11. 선고 93다26168 판결; 대법원 2002. 5. 31. 선고 2000다18127 판결 등 참조). 원심이 … 가족수당은 노사간 합의에 의하여 피고 회사에 그 지급의무가 있고 일정한 요건에 해당하는 근로자에게 일률적으로 지급되어 왔다는 이유로 근로에 대한 대가의 성질을 가지는 것으로서 퇴직금 산정의 기초가 되는 평균임금에 포함시킨 것은 정당하고, 거기에 … 평균임금 산입에 관한 법리오해의 위법이 없다.

5) 평균임금 산정의 기초가 되는 임금총액에는 사용자가 근로의 대상으로 근로자에게 지급하는 일체의 금품으로서, 근로자에게 계속적·정기적으로 지급되고 그 지급에 관하여 단체협약, 취업규칙 등에 의하여 사용자에게 지급의무가 지워져 있으면 그 명칭 여하를 불문하고 모두 포함되는 것이고, 비록 현물로 지급되었다 하더라도 근로의 대가로 지급하여 온 금품이라면 평균임금의 산정에 있어 포함되는 임금으로 봄이 상당하다(대법원 1990. 12. 7. 선고 90다카19647 판결).

원심이 그 채용 증거를 종합하여, 피고 회사는 단체협약에 따라 원고들을 포함한 전 사원들에게 매년 설 휴가비, 추석 휴가비 각 150,000원, 하기 휴가비 250,000원을 각 지급하여 왔고, 노사합의에 따라 선물비를 연 200,000원 상당으로 책정한 후 그에 상응하는 선물을 현품으로 지급하여 온 사실을 인정하고, 위 각 휴가비 및 선물비는 단체협약, 노사합의 및 관행에 따라 일률적·계속적·정기적으로 지급된 것으로서 그 월평균액이 퇴직금 산정의 기초가 되는 평균임금에 포함된다고 할 것이라고 판단한 것은 정당하고 거기에 상고이유에서 주장하는 바와 같은 평균임금 산입에 관한 법리오해의 위법이 없다.

다. 해 설

임금 및 평균임금의 정의는 근기법에서 규정하고 있다(제2조 제1항 제5호 및 제6호). 대상판결은 임금, 평균임금의 범위에 관한 다양한 논점을 담은 판결이다. 대상판결에서 개인연금보험료, 가족수당, 휴가비, 선물비는 평균임금에 포함되지만, 중식대 및 1997년도 상여금은 임금성을 부정하여 평균임금에서 제외된다고 보았다. 판례가 무엇을 기준으로 임금 여부를 판단하는지 이해할 필요가 있다.

판례에 의하면, 평균임금 산정의 기초가 되는 임금총액에는 사용자가 근로의 대상으로 근로자에게 지급하는 일체의 금품으로서, 근로자에게 계속적·정기적으로 지급되고 그 지급에 관하여 단체협약, 취업규칙 등에 의하여 사용자에게 지급의무가 지워져 있으면 그 명칭 여하를 불문하고 모두 포함되고, 한편 어떤 금품이 근로의 대상으로 지급된 것인지를 판단함에 있어서는 그 금품지급의무의 발생이 근로제공과 직접적으로 관련되거나 그것과 밀접하게 관련된 것으로 볼 수 있어야 하고, 이러한 관련 없이 그 지급의무의 발생이 개별 근로자의 특수하고 우연한 사정에 의하여 좌우되는 경우에는 그 금품의 지급이 단체협약·취업규칙·근로계약 등이나 사용자의 방침 등에 의하여 이루어진 것이라 하더라도 그러한 금품은 근로의 대상으로 지급된 것으로 볼 수 없다(대법원 2011. 7. 14. 선고 2011다23149 판결).

Q 1. 대상판결에서 현물 금품의 종류와 그 임금 여부에 관한 판단의 결과와 이유는?

Q 2. 대상판결에서 97년 성과금에 대한 원고의 청구가 배척된 이유는?

Q 3. 상여금으로 기본급의 100%씩 연 4회 특정 시기에 일률적으로 지급하는 경우 평균임금의 계산방식은? (대법원 1989. 4. 11. 선고 87다카2901 판결 참고).

3. 통상임금

> 대법원 2013. 12. 18. 선고 2012다89399 전원합의체 판결 [퇴직금]
> 대법원 2013. 12. 18. 선고 2012다94643 전원합의체 판결 [임금]

가. 사실관계

(1) 대법원 2013. 12. 18. 선고 2012다89399 전원합의체 판결 [퇴직금]

1) 원고는 피고 회사(○○오토텍)에서 관리직으로 근무하다가 2010. 1. 22. 퇴직하였다. 원고는 퇴직하면서 상여금을 통상임금에 포함하여 계산하였다면 받을 수 있었던 임금(미사용 연·월차수당 및 퇴직금)과 실제 피고로부터 지급받은 임금의 차액의 지급을 청구하였다.

2) 피고가 피고 소속 노동조합과 체결한 단체협약 제36조, 제46조, 제59조 제4항, 제60조 제6항에 의하면, 통상임금의 기준은 기본급에 직책수당, 생산수당, 위해수당, 근속수당, 자격수당 등을 합산한 금액으로 하고, 상여금은 통상임금의 700%를 8회 분할하여 짝수달에 각 100%, 추석과 설날에 각 50%씩 지급하며, 미사용 월차휴가는 익년 1월 중 급여지급시에 통상임금의 100%, 미사용분의 연차휴가는 통상임금의 150%를 각 지급한다고 규정되어 있다. 피고는 상여금지급규칙에 따라 상여금을 근속기간이 2개월을 초과한 근로자에게는 전액을, 근속기간이 2개월을 초과하지 않은 신규입사자나 2개월 이상 장기 휴직 후 복직한 자, 휴직자에 대하여는 상여금 지급 대상기간 중 해당 구간에 따라 미리 정해 놓은 비율을 적용하여 산정한 금액을 각 지급하였으며, 상여금 지급 대상기간 중에 퇴직한 근로자에 대해서는 근무일수에 따라 일할계산하여 지급하였다.

3) 단체협약에서 통상임금에 산입될 임금의 범위를 정하면서 상여금을 통상임금 산입에서 제외하였다. 피고는 노동조합의 조합원이 아닌 관리직 직원들에 대해서도 상여금을 통상임금 산입에서 제외한 단체협약을 적용하여 상여금이 제외된 통상임금을 기초로 법정수당을 산정·지급하여 왔고, 이에 대하여 관리직 직원들이 별다른 이의를 제기하지 않아 왔다.

(2) 대법원 2013. 12. 18. 선고 2012다94643 전원합의체 판결 [임금]

1) 원고들은 피고 회사(○○오토텍)에서 근무하는 생산직 근로자들이다. 피고 회사는 원고들에게 지급되는 금품 중 ① 설·추석 상여금, ② 하기휴가비, ③ 개인연금지원금 등(이하 '설·추석 상여금 등'이라 한다)을 통상임금에서 제외한 상태에서 법정수당을 산정하여 원고들에게 지급하여 왔다. 단체협약에서는 피고 회사가 원고들에게 지급한 설·추석 상여금 등을 통상임금에 포함시키지 않고 있다. 원고들은 설·추석 상여금 등을 포함하여 계산된 통상임금을 기초로 재산정한 연장근로수당 등 법정수당과 이미 지급한 법정수당의 차액을 지급을 청구하였다.

2) 설·추석 상여금: 단체협약 제46조 제1, 2항에서는 피고 회사는

원고들에게 연 8회 분할하여 상여금을 지급하되, 설날과 추석에는 기본급 등의 50%를 지급하도록 규정하고 있다. 피고 회사는 설·추석 상여금에 대하여 상여금지급규칙을 적용하지 않고 설·추석 상여금 지급일 현재 재직 중인 근로자 전원에게 설·추석 상여금을 지급하되, 지급일 현재 6개월 이상 휴직 중인 자를 지급대상에서 제외하였다.

3) 하기휴가비: 단체협약 제46조 제3항은 회사는 하기휴가시 정액으로 500,000원을 지급한다고 규정하고 있다. 피고 회사는 하기휴가비에 대하여 상여금지급규칙을 적용하지 않고 지급일 전일까지의 퇴사자, 지급일 현재 3개월 이상 휴직 중인 자, 지급일 현재 1개월 이상 정직 중인 자를 제외한 소속 근로자들에게 정액으로 500,000원의 하기휴가비를 지급하였다.

4) 개인연금지원금: 단체협약 세부지침에서는 노후생활 보장을 위한 개인연금 지원항목으로 5년 이상 10년 미만 근속자에 대하여는 월 15,000원, 10년 이상 15년 미만 근속자에 대하여는 월 20,000원, 15년 이상 20년 미만 근속자에 대하여는 월 25,000원, 20년 이상 근속자에 대하여는 월 30,000원의 개인연금을 10년간 회사가 불입하도록 규정하고 있다. 피고 회사는 피고 회사가 대납하는 개인연금지원금을 급여명세서에 기재하고 근로소득세를 원천징수하였다.

나. 판결요지

(1) 대법원 2013. 12. 18. 선고 2012다89399 전원합의체 판결 [퇴직금]

1) … 어떠한 임금이 통상임금에 속하는지 여부는 그 임금이 소정근로의 대가로 근로자에게 지급되는 금품으로서 정기적·일률적·고정적으로 지급되는 것인지를 기준으로 그 객관적인 성질에 따라 판단하여야 하고, 임금의 명칭이나 그 지급주기의 장단 등 형식적 기준에 의해 정할 것이 아니다.

2) [소정근로의 대가] 여기서 소정근로의 대가라 함은 근로자가 소

정근로시간에 통상적으로 제공하기로 정한 근로에 관하여 사용자와 근로자가 지급하기로 약정한 금품을 말한다. 근로자가 소정근로시간을 초과하여 근로를 제공하거나 근로계약에서 제공하기로 정한 근로 외의 근로를 특별히 제공함으로써 사용자로부터 추가로 지급받는 임금이나 소정근로시간의 근로와는 관련 없이 지급받는 임금은 소정근로의 대가라 할 수 없으므로 통상임금에 속하지 아니한다.

3) [정기성] 어떤 임금이 통상임금에 속하기 위해서 정기성을 갖추어야 한다는 것은 그 임금이 일정한 간격을 두고 계속적으로 지급되어야 함을 의미한다.

통상임금에 속하기 위한 성질을 갖춘 임금이 1개월을 넘는 기간마다 정기적으로 지급되는 경우, 이는 노사간의 합의 등에 따라 근로자가 소정근로시간에 통상적으로 제공하는 근로의 대가가 1개월을 넘는 기간마다 분할지급되고 있는 것일 뿐, 그러한 사정 때문에 갑자기 그 임금이 소정근로의 대가로서의 성질을 상실하거나 정기성을 상실하게 되는 것이 아님은 분명하다. 따라서 정기상여금과 같이 일정한 주기로 지급되는 임금의 경우 단지 그 지급주기가 1개월을 넘는다는 사정만으로 그 임금이 통상임금에서 제외된다고 할 수는 없다.

4) [일률성] 어떤 임금이 통상임금에 속하기 위해서는 그것이 일률적으로 지급되는 성질을 갖추어야 한다. '일률적'으로 지급되는 것에는 '모든 근로자'에게 지급되는 것뿐만 아니라 '일정한 조건 또는 기준에 달한 모든 근로자'에게 지급되는 것도 포함된다. 여기서 '일정한 조건'이란 고정적이고 평균적인 임금을 산출하려는 통상임금의 개념에 비추어 볼 때 고정적인 조건이어야 한다(대법원 1993. 5. 27. 선고 92다20316 판결; 대법원 2012. 7. 26. 선고 2011다6106 판결 등 참조).

단체협약이나 취업규칙 등에 휴직자나 복직자 또는 징계대상자 등에 대하여 특정 임금에 대한 지급 제한사유를 규정하고 있다 하더라도, 이는 해당 근로자의 개인적인 특수성을 고려하여 그 임금 지급을 제한하고 있는 것에 불과하므로, 그러한 사정을 들어 정상적인 근로관계를 유지하는 근로자에 대하여 그 임금 지급의 일률성을 부정할 것은 아니다.

5) [고정성] 어떤 임금이 통상임금에 속하기 위해서는 그것이 고정적으로 지급되어야 한다 … '고정성'이라 함은 '근로자가 제공한 근로에 대하여 그 업적, 성과 기타의 추가적인 조건과 관계없이 당연히 지급될 것이 확정되어 있는 성질'을 말하고, '고정적인 임금'은 '임금의 명칭 여하를 불문하고 임의의 날에 소정근로시간을 근무한 근로자가 그 다음 날 퇴직한다 하더라도 그 하루의 근로에 대한 대가로 당연하고도 확정적으로 지급받게 되는 최소한의 임금'이라고 정의할 수 있다.

고정성을 갖춘 임금은 근로자가 임의의 날에 소정근로를 제공하면 추가적인 조건의 충족 여부와 관계없이 당연히 지급될 것이 예정된 임금이므로, 그 지급 여부나 지급액이 사전에 확정된 것이라 할 수 있다. 이와 달리 근로자가 소정근로를 제공하더라도 추가적인 조건을 충족하여야 지급되는 임금이나 그 조건 충족 여부에 따라 지급액이 변동되는 임금 부분은 고정성을 갖춘 것이라고 할 수 없다.

6) [근속기간에 연동하는 임금] 근속기간은 근로자의 숙련도와 밀접한 관계가 있으므로 소정근로의 가치 평가와 관련이 있는 '일정한 조건 또는 기준'으로 볼 수 있고, 일정한 근속기간 이상을 재직한 모든 근로자에게 그에 대응하는 임금을 지급한다는 점에서 일률성을 갖추고 있다고 할 수 있다. 또한 근속기간은 근로자가 임의의 날에 연장·야간·휴일 근로를 제공하는 시점에서는 그 성취 여부가 불확실한 조건이 아니라 그 근속기간이 얼마인지가 확정되어 있는 기왕의 사실이므로, 일정 근속기간에 이른 근로자는 임의의 날에 근로를 제공하면 다른 추가적인 조건의 성취 여부와 관계없이 근속기간에 연동하는 임금을 확정적으로 지급받을 수 있어 고정성이 인정된다. 따라서 임금의 지급 여부나 지급액이 근속기간에 연동한다는 사정은 그 임금이 통상임금에 속한다고 보는 데 장애가 되지 않는다.

7) [근무일수에 연동하는 임금] 매 근무일마다 일정액의 임금을 지급하기로 정함으로써 근무일수에 따라 일할계산하여 임금이 지급되는 경우에는 실제 근무일수에 따라 그 지급액이 달라지기는 하지만, 근로자가 임의의 날에 소정근로를 제공하기만 하면 그에 대하여 일정액을 지급받

을 것이 확정되어 있으므로, 이러한 임금은 고정적 임금에 해당한다.

그러나 일정 근무일수를 충족하여야만 지급되는 임금은 소정근로를 제공하는 외에 일정 근무일수의 충족이라는 추가적인 조건을 성취하여야 비로소 지급되는 것이고, 이러한 조건의 성취 여부는 임의의 날에 연장·야간·휴일 근로를 제공하는 시점에서 확정할 수 없는 불확실한 조건이므로 고정성을 갖춘 것이라 할 수 없다.

(…중략…) 근로자가 특정 시점 전에 퇴직하더라도 그 근무일수에 비례한 만큼의 임금이 지급되는 경우에는 앞서 본 매 근무일마다 지급되는 임금과 실질적인 차이가 없으므로, 근무일수에 비례하여 지급되는 한도에서는 고정성이 부정되지 않는다.

8) [근무실적에 연동하는 임금] 지급 대상기간에 이루어진 근로자의 근무실적을 평가하여 이를 토대로 지급 여부나 지급액이 정해지는 임금은 일반적으로 고정성이 부정된다고 볼 수 있다. 그러나 근무실적에 관하여 최하 등급을 받더라도 일정액을 지급하는 경우와 같이 최소한도의 지급이 확정되어 있다면, 그 최소한도의 임금은 고정적 임금이라고 할 수 있다.

근로자의 전년도 근무실적에 따라 당해 연도에 특정 임금의 지급 여부나 지급액을 정하는 경우, 당해 연도에는 그 임금의 지급 여부나 지급액이 확정적이므로 당해 연도에 있어 그 임금은 고정적인 임금에 해당하는 것으로 보아야 한다. 그러나 보통 전년도에 지급할 것을 그 지급 시기만 늦춘 것에 불과하다고 볼 만한 특별한 사정이 있는 경우에는 고정성을 인정할 수 없다. 다만 이러한 경우에도 근무실적에 관하여 최하 등급을 받더라도 일정액을 최소한도로 보장하여 지급하기로 한 경우에는 그 한도 내에서 고정적인 임금으로 볼 수 있다.

9) [통상임금에 관한 노사합의의 효력] 근로기준법에서 정하는 근로조건은 최저기준이므로(근로기준법 제3조), 그 기준에 미치지 못하는 근로조건을 정한 근로계약은 그 부분에 한하여 무효로 되며, 이에 따라 무효로 된 부분은 근로기준법에서 정한 기준에 따른다(근로기준법 제15조). 통상임금은 위 근로조건의 기준을 마련하기 위하여 법이 정한 도구개념이므로,

사용자와 근로자가 통상임금의 의미나 범위 등에 관하여 단체협약 등에 의해 따로 합의할 수 있는 성질의 것이 아니다.

따라서 앞에서 밝힌 기준에 따라 성질상 근로기준법상의 통상임금에 속하는 임금을 통상임금에서 제외하기로 노사간에 합의하였다 하더라도 그 합의는 효력이 없다. 연장·야간·휴일 근로에 대하여 통상임금의 50% 이상을 가산하여 지급하도록 한 근로기준법의 규정은 각 해당 근로에 대한 임금산정의 최저기준을 정한 것이므로, 통상임금의 성질을 가지는 임금을 일부 제외한 채 연장·야간·휴일 근로에 대한 가산임금을 산정하도록 노사간에 합의한 경우 그 노사합의에 따라 계산한 금액이 근로기준법에서 정한 위 기준에 미달할 때에는 그 미달하는 범위 내에서 노사합의는 무효라 할 것이고(대법원 1993. 5. 11. 선고 93다4816 판결; 대법원 2009. 12. 10. 선고 2008다45101 판결 등 참조), 그 무효로 된 부분은 근로기준법이 정하는 기준에 따라야 할 것이다.

10) [이 사건 상여금이 통상임금에 속하는지에 관하여] 원심판결 이유와 원심이 적법하게 채택한 증거들에 의하면, 피고 … 는 상여금지급규칙에 따라 이 사건 상여금을 근속기간이 2개월을 초과한 근로자에게는 전액을, 근속기간이 2개월을 초과하지 않은 신규입사자나 2개월 이상 장기 휴직 후 복직한 자, 휴직자에 대하여는 상여금 지급 대상기간 중 해당 구간에 따라 미리 정해 놓은 비율을 적용하여 산정한 금액을 각 지급하였으며, 상여금 지급 대상기간 중에 퇴직한 근로자에 대해서는 근무일수에 따라 일할계산하여 지급한 사실을 알 수 있다.

앞에서 본 법리를 위 사실관계에 비추어 보면, 이 사건 상여금은 근속기간에 따라 지급액이 달라지기는 하나 일정 근속기간에 이른 근로자에 대해서는 일정액의 상여금이 확정적으로 지급되는 것이므로, 이 사건 상여금은 소정근로를 제공하기만 하면 그 지급이 확정된 것이라고 볼 수 있어 정기적·일률적으로 지급되는 고정적인 임금인 통상임금에 해당한다.

(2) 대법원 2013. 12. 18. 선고 2012다94643 전원합의체 판결 [임금]

1) 근로기준법이 연장·야간·휴일 근로에 대한 가산임금, 해고예고수당, 연차휴가수당 등의 산정 기준 및 평균임금의 최저한으로 규정하고 있는 통상임금은 근로자가 소정근로시간에 통상적으로 제공하는 근로인 소정근로(도급근로자의 경우에는 총 근로)의 대가로 지급하기로 약정한 금품으로서 정기적·일률적·고정적으로 지급되는 임금을 말한다. 1개월을 초과하는 기간마다 지급되는 임금도 그것이 정기적·일률적·고정적으로 지급되는 것이면 통상임금에 포함될 수 있다.

그리고 고정적인 임금이라 함은 '임금의 명칭 여하를 불문하고 임의의 날에 소정근로시간을 근무한 근로자가 그 다음 날 퇴직한다 하더라도 그 하루의 근로에 대한 대가로 당연하고도 확정적으로 지급받게 되는 최소한의 임금'을 말하므로, 근로자가 임의의 날에 소정근로를 제공하면 추가적인 조건의 충족 여부와 관계없이 당연히 지급될 것이 예정되어 지급 여부나 지급액이 사전에 확정된 임금은 고정성을 갖춘 것으로 볼 수 있다.

여기서 말하는 조건은 근로자가 임의의 날에 연장·야간·휴일 근로를 제공하는 시점에 그 성취 여부가 아직 확정되어 있지 않은 조건을 말하므로, 특정 경력을 구비하거나 일정 근속기간에 이를 것 등과 같이 위 시점에 그 성취 여부가 이미 확정되어 있는 기왕의 사실관계를 조건으로 부가하고 있는 경우에는 고정성 인정에 장애가 되지 않지만, 근로자가 소정근로를 했는지 여부와는 관계없이 지급일 기타 특정 시점에 재직 중인 근로자에게만 지급하기로 정해져 있는 임금은 그 특정 시점에 재직 중일 것이 임금을 지급받을 수 있는 자격요건이 된다. 그러한 임금은 기왕에 근로를 제공했던 사람이라도 특정 시점에 재직하지 않은 사람에게는 지급하지 아니하는 반면, 그 특정 시점에 재직하는 사람에게는 기왕의 근로 제공 내용을 묻지 아니하고 모두 이를 지급하는 것이 일반적이다. 그와 같은 조건으로 지급되는 임금이라면, 그 임금은 이른바 '소정근로'에 대한 대가의 성질을 가지는 것이라고 보기 어려울 뿐 아니라 근로자가 임의의 날에 근로를 제공하더라도 그 특정 시점이 도래하기 전에 퇴직하면

당해 임금을 전혀 지급받지 못하여 근로자가 임의의 날에 연장·야간·휴일 근로를 제공하는 시점에서 그 지급조건이 성취될지 여부는 불확실하므로, 고정성도 결여한 것으로 보아야 한다.

2) [설·추석상여금] … 피고가 상당기간에 걸쳐 그 지급일 전에 퇴직한 근로자에게 이 사건 설·추석상여금을 지급하지 않았고 이에 대하여 노동조합이나 개별근로자가 이의를 제기하지 않았다면, 이 사건 설·추석상여금에 대해서는 지급일에 재직 중일 것이 임금을 지급받을 수 있는 자격요건으로 부가되어 기왕에 근로를 제공했던 사람이라도 지급일에 재직하지 않는 사람에게는 지급하지 않는 반면, 지급일에 재직하는 사람에게는 기왕의 근로 제공 내용을 묻지 아니하고 이를 모두 지급하기로 하는 명시적 또는 묵시적 노사합의가 이루어졌거나 그러한 관행이 확립된 것으로 볼 여지가 있다.

3) [하기휴가비 등] 원심판결 이유와 기록에 의하면 피고가 그 소속 근로자들에게 이 사건 하기휴가비 … 를 일률적으로 지급하면서 각 지급일 전에 퇴사한 근로자에게는 이를 지급하지 아니한 사실을 알 수 있다. 그렇다면 이 사건 하기휴가비 … 에 대해서도 앞서 본 이 사건 설·추석상여금과 마찬가지로 노사간에 지급일에 재직 중일 것이라는 조건을 임금을 지급받을 수 있는 자격요건으로 부가하는 명시적 또는 묵시적 합의가 이루어졌거나 그러한 관행이 확립된 것으로 볼 여지가 있다.

나아가 이 사건 개인연금지원금 … 도 그 지급 내용상 지급일 전에 퇴직한 근로자에 대해서는 지급되지 않았을 가능성을 배제할 수 없다.

4) 그렇다면 원심으로서는 … 피고가 지급일 전에 퇴직한 근로자에게 이 사건 설·추석상여금과 하기휴가비 … 을 지급하지 않은 경위와 이에 대하여 노동조합이나 근로자들이 이의를 제기한 사실이 있는지, 이 사건 개인연금지원금 … 의 경우 중도 퇴직자에 대하여 어떻게 지급·처리되었는지 등을 심리하여 이들 임금의 지급에 있어 지급일에 재직 중일 것이 임금을 지급받을 수 있는 자격요건으로 부가되어 기왕에 근로를 제공했던 사람이라도 지급일에 재직하지 않는 사람에게는 지급하지 않는 반면, 지급일에 재직하는 사람에게는 기왕의 근로 제공 내용을 묻지 아니

하고 이를 모두 지급하기로 하는 명시적 또는 묵시적 노사합의가 이루어졌는지 또는 그러한 관행이 확립되어 있는지를 살펴보았어야 할 것이다.

다. 해 설

판례는 어떠한 임금이 통상임금에 속하는지 여부는 그 임금이 소정근로의 대가로 근로자에게 지급되는 금품으로서 정기적·일률적·고정적으로 지급되는 것인지를 기준으로 판단하여야 한다고 본다. 대상판결은 그간에 통상임금의 기준과 범위에 관해 여러 논란이 있었던 점들에 대해 자세히 판단하고 있다. 예를 들면 지급주기가 1개월을 초과하는 경우, 근속기간에 따라 지급액이 달라지는 경우, 휴직자나 복직자에게 지급되지 않는 경우, 근무일에만 지급되거나 근무일수에 따라 일할 계산되어 지급되는 경우 등에도 통상임금임을 인정한다. 그래서 그러한 사정이 있어도 정기상여금이 일반적으로 통상임금에 해당된다고 해석된다.

대상판결은 통상임금을 소정근로의 대가로 '지급하기로 약정'되어 있는 '고정적'인 임금이라는데, 이는 실제 연장근로를 하기 전에 지급 여부 및 지급액이 '사전에 확정'되어 있다는 의미로 해석한다. 그 결과 지급액이 절대적으로 고정되어야 하며 변동된다면 통상임금이 아니라는 종래의 논의를 극복하였다.

한편 '사전확정성'은 연장근로 등을 제공할 시점에서 추가조건의 성취 여부가 불확실하면 고정성을 부정하게 된다. 일정 근무일수를 지급 조건으로 하거나 재직을 지급 조건으로 하는 경우 통상임금임을 부정하는데, 여러 임금항목에 일반적으로 적용되는 기준인지가 해석상 다시 문제되고 있다. 대상판결은 명절상여금, 하기휴가비 등이 재직자에게만 지급되는 경우 통상임금임을 부정한 사례이다.

Q 1. 대상판결에서 정기상여금이 통상임금에 포함되는지에 관한 판단은?
Q 2. 대상판결에서 설·추석상여금이 통상임금에 포함되는지에 관한 판단은?

≪**심화학습**≫

1. 근무일수에 연동하는 임금이 통상임금에 해당하는지 여부 (대법원 2013. 12. 18. 선고 2012다89399 전원합의체 판결 참고)
2. 전년도 근무실적에 따라 당해 연도의 지급 금액이 달라지는 성과연봉이 통상임금에 해당되는지 여부 (대법원 2016. 1. 14. 선고 2012다96885 판결 참고)

제 7 강

임　금　(2)

1. 개　요

(1) 근기법은 임금의 지급방법으로 통화지급, 직접지급, 전액지급, 매월 1회 이상 정기일 지급 등의 원칙을 규정하고 있다(제43조). 또한 사용자는 근로자가 퇴직한 경우 14일 이내에 임금, 보상금, 그 밖에 일체의 금품 및 퇴직금을 지급해야 한다(제36조 본문; 퇴직급여법 제9조). 다만, 특별한 사정이 있을 경우에는 당사자 사이의 합의에 의하여 기일을 연장할 수 있다(제36조 단서). 만약 사용자가 금품청산의무를 14일 이내에 이행하지 않으면 그 다음 날부터 지급하는 날까지의 지연 일수에 대해서 지연이자를 지급해야 한다(제37조 제1항). 지연이자는 현재 연 20%이다(근기법 시행령 제17조).

(2) 근기법상 임금채권은 3년 동안 행사하지 않으면 시효로 소멸한다(제49조). 여기서 말하는 '임금채권'에는 각종 임금에 대한 청구권뿐만 아니라 그 밖에 근로관계로 인한 채권(저축금, 해고예고수당 등)도 포함되는 것으로 해석되고 있다.

근기법상 임금지급 관련 규정(금품청산, 임금지급원칙, 도급사업에 대한 임금지급, 휴업수당, 연장근로 등의 가산임금)에 위반하면 형사벌칙이 적용된다. 이러한 근기법 위반의 범죄는 반의사불벌죄이다(제109조 제2항).

(3) 사용자가 퇴직하는 근로자에게 지급하는 퇴직급여제도에 관하여는 「근로자퇴직급여 보장법」(이하 '퇴직급여법'이라 한다)이 정하는 대로 따른다(근기법 제34조). 퇴직급여법상 퇴직급여제도에는 퇴직금제도와 확정급

여형퇴직연금제도 및 확정기여형퇴직연금제도가 있는바, 사용자는 이 중에서 하나 이상의 제도를 설정하여야 하고(퇴직급여법 제2조 제6호 및 제4조 제1항 본문), 이 경우에 하나의 사업에서 급여 등에 관하여 차등을 두어서는 안 된다(제4조 제2항).

그러나 사용자는 계속근로기간이 1년 미만인 근로자와 4주간을 평균하여 1주간의 소정근로시간이 15시간 미만인 근로자에 대하여는 퇴직급여제도를 설정하여야 할 의무가 없다(제4조 제1항 단서). 한편 개정 퇴직급여법(법률 제10967호) 시행일(2012. 7. 26) 이후 새로 성립(합병·분할된 경우는 제외한다)된 사업의 사용자는 근로자대표의 의견을 들어 사업의 성립 후 1년 이내에 확정급여형퇴직연금제도나 확정기여형퇴직연금제도를 설정하여야 한다(제5조).

사용자가 퇴직급여제도의 종류를 선택하거나 선택한 퇴직급여제도를 다른 종류의 퇴직급여제도로 변경하고자 하는 경우에는 근로자의 과반수가 가입한 노동조합이 있는 경우에는 그 노동조합, 이러한 노동조합이 없는 경우에는 근로자의 과반수(퇴직급여법상 '근로자대표'로서 근기법상 근로자대표와 다름)의 동의를 얻어야 한다(퇴직급여법 제4조 제3항). 또한 사용자는 선택하거나 변경된 퇴직급여제도의 내용을 변경하고자 하는 경우에는 근로자대표의 의견을 들어야 한다. 다만, 근로자에게 불이익하게 변경하고자 하는 경우에는 그 동의를 얻어야 한다(제4조 제4항).

(4) 사용자가 퇴직급여제도로서 퇴직금제도를 설정한 경우에는 계속근로기간 1년에 대하여 30일분 이상의 평균임금을 퇴직금으로 지급하여야 한다(퇴직급여법 제8조 제1항 참조). 사용자가 퇴직급여제도(또는 제25조 제1항에 따른 개인형퇴직연금제도)를 설정하지 아니한 경우에는 퇴직금제도를 설정한 것으로 본다(제11조).

사용자는 주택구입 등 대통령령으로 정하는 사유로 근로자의 요구가 있는 경우에는 근로자가 퇴직하기 전에 해당 근로자의 계속근로기간에 대한 퇴직금을 미리 정산하여 지급할 수 있다(퇴직급여법 제8조 제2항 제1문). 이를 퇴직금 중간정산제라고 하는데, 퇴직금 중간정산은 사용자의 필요에 의해서는 인정되지 않으며 오직 법정 사유에 따라 '근로자의 요구'가 있을 때에만 인정된다. 그렇지만 사용자는 근로자의 요구에 반드시 응해야 할 의무를 지지는 않는다. 퇴직금이 유효하게 중간 정산된 경우 미리 정산하여 지급한 후의 퇴직금 산정을 위한 계속근로기간은 정산시점부터 새로 계산한다(제8조 제2항 제2문). 그러나 이 규정은 연차유급휴가, 승진 등 퇴직금이 아닌 그 밖의 근로조건에는 영향을 미치지 않는다.

(5) 퇴직연금제도에는 확정급여형퇴직연금제도와 확정기여형퇴직연금제도 및 개인형퇴직연금제도가 있다(퇴직급여법 제2조 제7호). 확정급여형퇴직연금제도는 근로자가 받을 급여의 수준이 사전에 결정되어 있는 퇴직연금제도이고(제2조 제8호), 확정기여형퇴직연금제도는 급여의 지급을 위하여 사용자가 부담하여야 할 부담금의 수준이 사전에 결정되어 있는 퇴직연금제도이며(제2조 제9호), 개인형퇴직연금제도는 가입자의 선택에 따라 가입자가 납입한 일시금이나 사용자 또는 가입자가 납입한 부담금을 적립·운용하기 위하여 설정한 퇴직연금제도로서 급여의 수준이나 부담금의 수준이 확정되지 아니한 퇴직연금제도이다(제2조 제10호).

(6) 근기법과 퇴직급여법은 사용자가 도산, 경영위기 등으로 잔여재산이 처분될 때 근로자의 임금, 재해보상금, 퇴직금, 그 밖의 근로채권을 다른 채권보다 우선변제하게 하여 근로자의 생활을 보장하도록 하기 위해 '임금채권 우선변제제도'를 두고 있다(근기법 제38조 및 퇴직급여법 제12조).

근기법과 퇴직급여법에 따른 우선변제에는 최우선변제와 일반적 우선변제 두 가지가 있는데, 우선변제의 순위는 다음과 같다.

[i) 최종 3개월분의 임금, 재해보상금, 최종 3년간의 퇴직급여 등(최우선변제) → ii) 질권·저당권·담보권에 우선하는 조세·공과금 → iii) 질권·저당권·담보권에 의해 담보되는 채권 → iv) 임금, 재해보상금, 퇴직급여 등, 그 밖에 근로관계로 인한 채권(위 i)을 제외한 것, 일반적 우선변제) → v) 조세·공과금 그 밖의 채권]

우선변제의 대상이 되는 사용자의 총재산은 사업주가 소유하는 총재산(동산, 부동산은 물론 각종 유형, 무형의 재산권 모두를 포함)을 말하며, 근기법상 사용자에 속하기는 하지만 사업주가 아닌 사업의 경영담당자 등의 개인 재산은 이에 포함되지 않는다. 따라서 사업주가 법인인 경우에는 사용자의 총재산은 법인의 재산에 대해서만 한정된다.

우선변제의 효력은 사용자의 재산에 대한 강제집행 또는 경매 때 환가금에서 우선하여 배당받을 수 있는 것이다. 따라서 회사재산에 대한 민사집행절차에서 경락기일까지 적법한 배당요구를 하지 않으면 근로자는 우선변제를 받을 수 없다(대법원 1997. 2. 25. 선고 96다10263 판결 등).

(7) 「임금채권보장법」은 근로자가 임금채권 우선변제제도에 의해서도 일정한 임금채권조차 확보할 수 없는 상황에 대비하여 고용노동부장관이 사업주를 대신하여 체불임금 등을 지급하는 제도(체당금제도)를 두고 있다.

고용노동부장관은 사업주가 파산 등 대통령령으로 정하는 사유에 해당하는 경우에 퇴직한 근로자가 지급받지 못한 임금 등의 지급을 청구하면 제3자의 변제에 관한 「민법」 제469조에도 불구하고 그 근로자의 미지급 임금 등을 사업주를 대신하여 지급한다(임금채권보장법 제7조 제1항). 고용노동부장관이 사업주를 대신하여 지급하는 임금 등을 체당금이라고 하는데, 그 범위는 최종 3개월분의 임금, 최종 3년간의 퇴직급여 등 및 최종 3개월분의 휴업수당이다(제7조 제2항).

Q 1. 다음 중 근로기준법상 임금지급 원칙에 어긋나는 것들은 무엇이며, 그 이유는?

[근로자가 지정하는 요구불계좌에 임금을 입금하는 것, 파업참가기간에 대한 임금을 삭감하는 것, 임금을 약속어음으로 지급하는 것, 연봉제에 따라 매년 1회 임금을 지급하는 것, 매 3월마다 상여금을 지급하는 것, 근로자의 청구가 있거나 단체협약에 특별한 규정이 있어 이에 따라 제3자에게 지급하는 것, 미성년자인 근로자의 임금을 근로자의 부모에게 지급하는 것, 사용자가 근로할 것을 조건으로 근로자에게 빌려 준 돈과 임금을 상계하는 것, 취업규칙에 따라 임금을 통화 이외의 것으로 지급하는 것]

Q 2. 퇴직한 근로자에게 임금, 퇴직금 등 금품을 청산하는 기한은 언제까지인가? 금품청산의무를 위반하였다면 근로자의 명시한 의사에 반하여도 공소를 제기할 수 있는가?

Q 3. 최저근로조건인 이른바 법정퇴직금은 어떻게 계산하는가? 사용자는 퇴직금의 재원을 매년 적립해 둘 의무가 있는가? 생산직과 사무직에 대해 서로 다른 퇴직금제도를 설정할 수 있는가? 사용자는 근로자의 요구가 있는 경우에는 퇴직 전이라도 퇴직금을 미리 정산하여 지급하여야 하는가? 퇴직 전에 퇴직금 중간정산을 할 수 있는 사유는? 퇴직금을 받을 권리의 소멸시효 기간은?

Q 4. 임시직으로서 1년 이상 근로한 근로자에 대하여도 퇴직금을 지급하여야 하는가? 고의로 사업에 막대한 지장을 초래하거나 재산상 손해를 끼친 근로자를 징계해고하는 경우에도 퇴직금을 지급하여야 하는가? 사망한 자에 대하여도 퇴직금을 지급하여야 하는가?

Q 5. 사용자가 어떠한 종류의 퇴직급여제도도 설정하지 않은 경우 근로자가 퇴직급여를 청구할 수 없는가? 사용자가 퇴직급여제도의 종류를 선택하거나 선택한 퇴직급여제도를 다른 종류의 퇴직급여제도로 변경하고자 하는 경우 근로자대표의 의견을 듣는 것으로 족한가?

Q 6. 저당권에 따라 담보되는 채권을 기준으로 그보다 우선변제되는 임금, 퇴직금의 범위는?

2. 평균임금의 산정방법

대법원 1999. 11. 12. 선고 98다49357 판결 [임금]

가. 사실관계

1) 피고는 1992. 7. 1. 원고 회사(프○○생명보험)에 입사하여 원고 회사 강동영업소 소장으로 근무하여 왔다. 피고는 1995. 8. 28. 무렵 혼인빙자간음죄로 구속 수감되어 그 때부터 같은 해 9. 23.경까지는 유급휴가를

신청하고 그 이후부터는 휴직을 하였다가 1996. 2. 15. 퇴직하였다.

2) 원고 회사는 그 취업규칙에서 퇴직금은 평균 월급여에 퇴직금 지급률을 곱한 금액으로 산출하고, 평균 월급여는 퇴직 전 3개월간에 지급된 월급여(특별수당과 차량유지비는 제외)와 개인급여를 3등분한 금액과 퇴직 전 1년간의 상여금 및 연월차수당을 12등분한 금액을 합산하여 산정하도록 하였다. 피고와 같은 영업소장의 급여에 대하여는 별도의 점포장 규정에서 이를 규율하도록 하였는데, 그 점포장 규정에 의하면 영업소장의 급여는 정액의 기본급여(100~130만원), 그 영업소의 보험모집실적에 따라 지급되는 능률급여와 신설 점포에 지급되는 지원급여로 구성되고, 그 퇴직금은 위 지급기준에 따라 산정하되, 기본급여, 능률급여와 지원급여를 포함시켜 평균 월급여를 산정하도록 규정하였다.

3) 피고는 위 휴직 전 월급여로서 450~500만원을 지급받았고, 그 중 기본급여 금 1,416,800원, 개인급여 금 114,560원은 정액급여이고 그 나머지 약 300~350만원은 능률급여인데, 위 휴직기간에는 개인적 사정으로 인한 휴직시에는 임금을 지급하지 않는다는 원고 회사의 취업규칙에 따라 한 푼의 급여도 지급받지 못하였다.

4) 원고 회사는 피고의 휴직 전 3개월간 지급된 임금을 기초로 하여 평균임금 5,064,717원을 산정하고, 재직기간을 휴직 전까지의 기간인 39개월로 보아 이를 기초로 피고의 퇴직금을 금 16,460,330원으로 계산하여 1996. 3. 15.경 각종 세금과 가압류금액을 공제한 나머지 금액을 피고에게 지급하였다. 그러나 원고 회사는 휴직 전 3개월간 지급된 임금을 기초로 퇴직금을 산정한 것은 산정 방법에 있어 착오였으며, 정상적인 방법으로 계산하면 피고의 퇴직금의 액수는 5,559,400원이어서 기 지급한 금 16,460,330원에서 이미 환수한 금 5,150,860원을 제외한 나머지 금액인 금 5,750,430원을 부당이득으로 반환하여야 한다고 주장하면서 소송을 제기하였다.

5) 원심은 피고가 피고의 귀책사유(혼인빙자간음죄로 인한 구속)로 인하여 휴직 중 퇴직하였는바, 퇴직 전 3개월(1995. 11. 15.부터 1996. 2. 14.까지) 동안 취업규칙에 의하여 원고 회사로부터 급여를 지급받지 못하였고, 피

고의 위 휴직은 피고의 귀책사유로 인한 것이었으므로 위 휴직기간은 평균임금 산정기간에서 제외되지 아니하므로 결국 피고의 퇴직 전 3개월간의 평균임금은 통상임금보다 저액임이 명백하고 따라서 통상임금을 평균임금으로 하여야 한다고 보았다. 피고가 위 퇴직 전 3개월 동안의 매월 기본급여가 금 1,416,800원, 개인급여가 금 114,560원이므로 피고의 퇴직 전 3개월간의 월 통상임금은 금 1,531,360원(금 1,416,800원+금 114,560원)이 되며, 이를 평균임금으로 보아 퇴직금은 4,976,920원이 되며, 이를 기준으로 부당이득을 반환하여야 한다고 판시했다.

나. 판결요지

1) 근로기준법시행령 제5조(현행 근기법 시행령 제4조)는 근로기준법과 그 시행령의 규정에 의하여 평균임금을 산정할 수 없는 경우에는 노동부장관이 정하는 바에 의한다고 규정하고 있는바, 여기서 평균임금을 산정할 수 없다는 것에는 문자 그대로 그 산정이 기술상 불가능한 경우에만 한정할 것이 아니라 근로기준법의 관계 규정에 의하여 그 평균임금을 산정하는 것이 현저하게 부적당한 경우까지도 포함하는 것이라고 보아야 할 것이다(대법원 1995. 2. 28. 선고 94다8631 판결 참조).

또한 평균임금은 근로자의 통상의 생활임금을 사실대로 산정하는 것을 그 기본원리로 하는 것으로서 평균임금의 계산에 산입되는 '그 사유가 발생한 날 이전 3월간에 그 근로자에 대하여 지급된 임금의 총액'이 특별한 사유로 인하여 통상의 경우보다 현저하게 적거나 많을 경우에는 이를 그대로 평균임금 산정의 기초로 삼을 수 없고, 이러한 평균임금을 그 산정의 기초로 하는 퇴직금제도는 직급, 호봉 등에 따른 근로자의 통상의 생활을 종전과 같이 보장하려는 데 그 취지가 있다고 할 것이므로, 퇴직급여가 특수하고 우연한 사정에 의하여 통상의 경우보다 현저하게 많거나 적은 금액으로 되는 것은 그 제도의 근본취지에 어긋난다 할 것이다.

따라서 퇴직금 산정의 기초인 평균임금이 특별한 사유로 인하여 통상의 경우보다 현저하게 적거나 많을 경우에는 위 시행령 제5조에 의하여 노동부장관이 정하는 바에 따라 평균임금을 산정하여야 할 것인데, 아직까지 그 기준이나 방법 등을 정한 바가 없으므로, 앞서 본 바와 같은 평균임금의 기본원리와 퇴직금 제도의 취지에 비추어 근로자의 통상의 생활임금을 사실대로 반영하는 방법으로 그 평균임금을 산정하여야 할 것이다.

2) 피고의 휴직기간이 퇴직 전 3개월 이상에 걸쳐 있고 그 동안 지급된 급여가 없어 피고의 퇴직금 산정의 기초인 평균임금(월평균 급여)이 0원이 되고, 따라서 근로기준법 제19조 제2항(현행 근기법 제2조 제2항)에 의하면 그 통상임금을 평균임금으로 하여 퇴직금을 산정하여야 하는데, 피고가 보험회사의 영업소장으로서 그 급여의 대부분이 실적급인 능률급여로 구성되어 있어 능률급여를 제외하고 산정한 통상임금이 월 약 150만원이고, 이는 휴직 전의 평균임금인 월 약 500만원의 3분의 1에도 미치지 못할 뿐만 아니라, 능률급여를 퇴직금 산정의 기초인 월평균 급여에 포함시키도록 한 원고 회사의 퇴직금 규정의 취지에도 반하게 되는 점을 고려하면, 피고의 퇴직 전 3개월간 지급된 임금을 기초로 산정한 평균임금(월평균 급여)과 퇴직금은 피고가 개인적 사정으로 퇴직 전 3개월 이상에 걸쳐 휴직하였다는 특수하고도 우연한 사정에 의하여 통상의 경우보다 현저하게 적은 금액이라 할 것이고, 이러한 결과는 평균임금과 퇴직금 제도의 근본취지에 어긋난다고 하지 않을 수 없으므로, 이 사건의 경우도 위 관계 규정에 의하여 평균임금을 산정하는 것이 현저하게 부적당한 경우에 해당한다 할 것이다.

나아가 그 평균임금의 산정방법에 관하여 보건대, 퇴직금 산정기준으로서의 평균임금은 원칙적으로 근로자의 통상의 생활임금을 사실대로 반영하는 것을 그 기본원리로 하고, 이는 장기간의 휴직 등과 같은 특수한 사정이 없었더라면 산정될 수 있는 평균임금 상당액이라 할 것인바, 앞서 본 피고의 급여실태와 원고 회사의 퇴직금 규정, 근로자의 퇴직 직전의 기간이 그 통상의 생활임금을 가장 잘 반영하고 있다고 보아 그 퇴직 직전 기간의 임금을 기준으로 평균임금을 산정하는 것으로 규정하고 있는 근로기준법의 규정 취지에 비추어, 피고의 평균임금(월평균 급여)은 그 휴직 전 3개월간의 임금을 기준으로 하여 산정함이 상당하다 할 것이다.

다. 해 설

근로자가 퇴직하였을 때 퇴직금의 계산은 퇴직시부터 역산하여 3개월간의 임금을 기준으로 평균임금을 계산하여 이로부터 퇴직금액을 계산한다. 근기법 시행령에서는 3개월의 산정기간 중 특정 기간에 받은 임금이 너무 적을 수 있어 산정기간에 포함시키면 근로자에게 너무 불리해지는 기간에 대해 산정기간과 산정임금에서 각각 제외하는 특례를 정하고 있다(제2조 제1항). 여기에 열거된 기간에 해당되지 않으면 평균임금 산정기간에 포함시키게 된다.

그러나 판례 중에는 평균임금의 계산기간 중 근로자에게 특별히 유리하거나 불리한 기간이 포함되어 있어 이러한 기간을 포함시켜 평균임금을 계산하는 것이 평균임금의 취지에 비추어 현저히 부적당한 경우에는 당해 기간을 제외하는 판결들이 있다. 즉, 특별한 사유로 인해 퇴직 전 3개월간의 임금이 통상의 경우보다 '현저하게' 많은 경우(대법원 1995. 2. 8. 선고 94다8631 판결) 또는 통상의 경우보다 '현저하게' 적은 경우(대법원 1999. 11. 22. 선고 98다49357 판결)에 그 사유가 있는 기간을 제외하고 그 직전 3개월간으로 평균임금을 산정한 사례이다. 법원이 평균임금의 기본원리와 퇴직금제도의 취지에 비추어 근로자의 통상의 생활임금을 사실대로 반영하는 방법으로 그 평균임금을 산정하려는 것이다.

그러나 유사한 사건에서 근로자에게 불리한 기간을 그대로 산입한 판결(대법원 1994. 4. 12. 선고 92다20309 판결), 유리한 기간을 그대로 산입한 판결(대법원 1998. 1. 20. 선고 97다18936 판결)도 있듯이, 많거나 적음이 '현저'한지를 판단하는 판례상의 기준이 명확하지 않아 법적 안정성의 견지에서 바람직하지 못한 면도 있다는 비판도 제기된다.

Q 1. 평균임금의 계산방법에서 대상판결과 원심판결 사이의 차이는?

Q 2. 대상판결과 대법원 1994. 4. 12. 선고 92다20309 판결(불리한 기간을 그대로 산정)에서 판단의 차이가 난 이유는?

≪심화학습≫

1. 유리한 기간을 제외한 대법원 1995. 2. 8. 선고 94다8631 판결과 그 대로 산정한 대법원 1998. 1. 20. 선고 97다18936 판결 비교

2. 취업규칙상 월의 중도에 퇴직하더라도 당해 월의 보수 전액을 지급 한다는 규정이 있는 경우 퇴직금을 산출하기 위한 평균임금의 산정 방법 (대법원 1999. 5. 12. 선고 97다5015 전원합의체 판결 참고)

3. 퇴직금 계산에서 계속근로기간

대법원 2001. 11. 13. 선고 2000다18608 판결   [퇴직금]

가. 사실관계

1) 원고는 1977. 8. 3. 소외 A전선 주식회사(이하 'A전선'이라고만 한다)에 입사하여 전기영업부에서 애프터서비스 기사로 근무하던 중, 소외 B전자 주식회사(이하 'B전자'라고만 한다)가 1983. 1.경 A전선의 전자부문을 인수함 에 따라 1983. 2. 28.자로 A전선을 사직하면서 퇴직금을 정산받고, 다음 날부터 B전자의 애프터서비스 기사로 근무하였다.

2) 원고는 B전자에서 애프터서비스 기사로 근무하던 중, 1986. 4. 1. 주식회사 C(이하 'C'라고만 한다)의 판매관리2부로 부서를 옮겨 1986. 5. 28. 부터 같은 C그룹의 계열사인 소외 D화학공업 주식회사(이하 'D화학'이라고 만 한다)의 가전제품 판매부문에 파견되어 서부지사의 대림동지점 지점장

으로 근무하였다.

3) 피고 회사(E마트)는 1987. 6. 3. 가전제품의 도매업을 목적으로 설립한 C그룹의 계열회사로서 유통판매업무를 영위하기 위하여 1987. 6. 30. D화학과의 사이에 D화학의 가전제품, 악기 등 판매부분의 자산과 영업상의 권리·의무 일체를 양수하기로 하는 영업양도계약을 체결하였으며, 위 영업양도계약에 따라서 D화학 및 B전자의 가전제품 판매부문에 근무하던 근로자들은 모두 위 영업양도계약일인 1987. 6. 30.자로 D화학 및 B전자에서 퇴사하고 그 다음 날 피고 회사에 입사하였다.

4) 원고는 피고 회사가 위와 같이 D화학 가전제품 판매부문을 영업양수할 당시인 1987. 6. 30. D화학 소속 근로자들과 함께 피고 회사로 소속을 옮기기 위하여 당시 소속하여 있던 C를 퇴직하면서 퇴직금으로 금 2,026,930원을 수령하고 그 다음 날짜로 피고 회사와 근로계약을 체결하고 입사하는 형식을 취하였으나 계속 위 대림지점의 지점장으로 근무하다가 1996. 6. 30. 피고 회사에서 퇴직하였다.

5) 원고는 A전선에서 B전자로, 다시 B전자에서 C를 거쳐 피고 회사로 퇴직 및 입사의 절차를 거쳤으므로 원고와의 근로관계는 A전선에 최초 입사할 당시부터 피고 회사에서 퇴직할 때까지 단절됨이 없이 이어져 온 것이라 보아야 하므로 원고가 피고 회사에서 퇴직할 당시 원고의 1개월분 평균임금은 금 2,182,204원이고, 계속근로연수는 1977. 8. 3.부터 1996. 6. 30.까지 18년 10개월 29일이라고 주장하면서, 이를 기초로 하여 산정된 퇴직금의 지급을 구하였다.

6) 원심은 원고가 A전선에서 퇴직하면서 소정의 퇴직금을 지급받았고 당시 퇴직금 지급제도가 단수제였으므로 중간에 퇴직금을 수령하여도 별로 불리하지 아니한 점, 원고가 B전자, C로 전직한 후 D화학에서 1987. 6. 30. 퇴직하면서 위 각 회사의 재직기간에 해당하는 퇴직금만을 수령하고서도 장기간 동안 퇴직금수령액에 대하여 이의를 하지 아니한 점 등에 비추어 원고는 그의 자발적인 의사에 기하여 A전선을 퇴직하였다 할 것이므로 A전선과의 근로관계는 단절되었다고 보았다. 다음으로 C에서 퇴직 후 피고 회사로의 입사시 근로관계 단절 여부에 대하여, C와

피고 회사는 모두 C그룹의 계열사들이고, D화학 가전제품 판매조직의 일부분인 대림지점의 지점장으로 근무하고 있던 원고를 퇴직하게 하고 바로 다음날 피고 회사에 입사하게 한 것은 비록 형식상 영업양도양수의 형식을 갖추었지만 이른바 계열사간의 전적에 해당하는데, 원고는 B전자와 C에서의 계속근속연수에 따른 퇴직금을 지급받고 새로이 피고 회사와 근로계약을 체결한 사실을 인정할 수 있어 원고가 C에 사직서를 제출한 것이 회사의 방침에 따른 것이라고 하더라도 원고가 이를 동의하고 퇴직금까지 수령한 이상, 원고의 이 사건 전적은 유효한 것이라고 아니할 수 없고, 이로써 원고의 C와의 근로관계는 단절되었다고 보았다. 따라서 원고의 계속근로연수는 원고가 피고 회사에 입사한 1987. 7. 1.부터 퇴직한 1996. 6. 30.까지 9년이 되고, 이에 대해 퇴직금을 지급하여야 한다고 판단했다.

나. 판결요지

1) A전선에서 C로의 이적시 근로관계 단절 여부에 대하여 –   원심도 설시하고 있듯이 영업양도의 경우에는 특단의 사정이 없는 한 근로자들의 근로관계 역시 양수인에 의하여 계속적으로 승계되는 것으로, 영업양도시 퇴직금을 수령하였다는 사실만으로 전 회사와의 근로관계가 종료되고 인수한 회사와 새로운 근로관계가 시작되었다고 볼 것은 아니다. 다만, 원고가 자의에 의하여 사직서를 제출하고 퇴직금을 지급받았다면 계속근로의 단절에 동의한 것으로 볼 여지가 있지만, 이와 달리 회사의 경영방침에 따른 일방적 결정으로 퇴직 및 재입사의 형식을 거친 것이라면 퇴직금을 지급받았더라도 계속근로관계는 단절되지 않는 것이라 할 것이다.

그런데 기록을 살펴보아도 원고가 자의에 의하여 사직서를 제출하고 퇴직금을 지급받았다고 인정할 만한 자료를 찾아볼 수 없고, 오히려 제1심 증인 이○식의 "일괄적으로 같은 직급, 직종으로 고용승계되어 직원들의 동요는 없었으며, 퇴직금을 정산하고 새로 입사하는 형식을 취하였다"는 진술만이 있어 원고는 회사의 경영방침에 따른 일방적 결정으로 퇴직 및 재입사의 형식을 거친 것이라는 점이 엿보일 뿐이다.

2) C에서 피고 회사로의 이적시 근로관계 단절 여부에 대하여 - 원심 판시 사실 및 기록에 의하면, 주식회사 C는 국내 전자판매대리점 영업을 D화학에게 양도하면서 D화학으로 하여금 위 사업부분에 종사하는 직원들의 근로관계도 파견 형식으로 포괄적으로 승계하도록 하였다가, 피고 회사를 설립한 후 피고 회사로 하여금 1987. 6. 30.자로 D화학으로부터 다시 국내 전자판매대리점 영업을 양도받으면서 위 사업부문에 종사하는 근로자들의 소속도 일괄하여 변경시키기로 하였고, 이에 따라 원고도 1987. 6. 30.자로 C를 퇴직하여 같은 해 7월 1일 피고 회사에 신규 입사하는 형식을 취하였으나 실질적으로는 같은 장소에서 같은 내용의 업무를 처리하였고, 연월차 수당 등 각종 수당도 계속근무한 것과 동일한 기준으로 지급받아 온 사실을 인정할 수 있는바, 이러한 각 일부 영업의 양도를 전후하여 가전제품을 판매하던 국내 전자판매대리점 등이 그 동일성을 유지하면서 계속 운영되고 있었던 이상, 이는 C로부터 D화학, 다시 D화학으로부터 피고로의 각 경영주체의 변경에 불과하여 그 각 경영주체와 근로자들의 근로관계는 새로운 경영주에게 포괄승계되었다고 보아야 하고, 원고가 영업양도시 퇴직금을 수령하였다 하여 그 사실만으로 전 회사와의 근로관계가 종료되고 피고 회사와의 새로운 근로계약관계가 시작되었다고 볼 것이 아니다.

다만, 원심 인정과 같이 D화학에 파견되어 지점장으로 보직된 자 중 일부는 C로 복귀되고, 원고의 경우 그의 희망에 따라 C를 퇴직하여 퇴직금을 수령한 다음 새로이 피고 회사와 근로계약을 체결한 것이라면 원고는, 계속근로의 단절에 동의한 것으로 볼 여지가 있지만, 기록을 살펴보아도 원심이 든 그 밖의 증거 및 앞서 인정한 사실에 비추어 그대로 믿기 어려운 원심 증인 이○우의 일부 증언 외에는 위 영업양도시 파견된 C소속 직원 중 일부가 C로 복귀되었다거나 원고가 그의 희망에 따라 피고 회사로 이적하였다고 볼 만한 자료가 없고, 오히려 위 일부 증언내용과는 달리 원고와 같이 C에서 파견된 직원들은 C의 경영방침에 따른 일방적 결정으로 피고 회사로 소속이 변경된 점이 엿보일 뿐이다.

사정이 그러하다면, 이 부분 원심 판단에는 채증법칙을 위배하여 사실을 오인하거나 퇴직금 산정의 기초가 되는 근속기간에 관한 법리를 오해한 나머지 판결에 영향을 미친 위법이 있다고 아니할 수 없고, 이 점을 지적하는 상고이유의 주장도 이유 있다.

다. 해 설

퇴직금은 근로자가 1년 이상 계속근로한 경우 그 지급이 강제된다는 점에서 '계속근로기간'의 의미가 중요하다. 퇴직금 계산에서 계속근로기간이란 재직기간을 의미한다. 따라서 실제 근로를 제공한 기간과 무관하며, 개근·출근율과 무관하다. 휴직기간도 널리 계속근로기간에 포함되고, 형사사건으로 구속·기소되어 직위해제된 기간, 노조전임기간, 쟁의행위기간도 계속근로기간에 산입된다. 다만, 판례에 따르면 군복무기간은 산입되지 않는다(대법원 1993. 1. 15. 선고 92다41986 판결).

계속근로기간 관련 분쟁의 다수는 임시적 근로관계(예, 일용직, 기간제 등)가 장기간 이어진 경우 또는 중간에 근로관계의 변동(예, 고용형태의 전환, 전적, 영업양도 등)이 있는 경우 근로관계의 계속성 인정 여부에 관한 것이다. 특히 후자와 관련하여 대상판결 사건처럼 근로관계의 변동시에 행해진 퇴직금의 중간지급이 유효한지도 문제된다.

Q 1. 대상판결과 원심판결의 판단에서 차이가 있는 이유는?
Q 2. 동일 기업 내에서 근로자가 사직하고 퇴직금을 지급받은 후 재입사한 경우 근로관계의 단절 여부 및 계속근로기간의 산정 시점은? (대법원 2001. 9. 18. 선고 2000다60630 판결 참고)

≪심화학습≫

1. 근로계약이 공백기간을 두고 반복·갱신되는 경우 근로관계의 계속성 여부 (대법원 2002. 7. 26. 선고 2000다27671 판결; 대법원 2006. 12. 7. 선고 2004다29736 판결 참고)
2. 중간정산이 일부 기간만인 경우 효력 (대법원 2008. 2. 1. 선고 2006다 20542 판결 참고)

4. 퇴직금 분할 약정

대법원 2010. 5. 20. 선고 2007다90760 전원합의체 판결 [퇴직금]

가. 사실관계

1) 원고들(26명)은 피고 회사를 퇴직한 근로자들로 피고에게 퇴직금의 지급을 청구하였다. 원고들은 1995. 8. 5.에서 2003. 7. 2. 사이에 입사하여 2003. 1. 1.에서 2005. 7. 1. 사이에 퇴사하여 계속근로기간이 399일부터 3,256일에 이른다.

2) 피고는 1997. 5. 1. 보수규정을 개정하여 연봉제를 도입하여 1998. 1. 1.부터 연봉계약을 체결한 근로자들에 대해 i) 퇴직금 명목의 돈을 매월 지급하는 고정연봉 속에 포함하여 지급하거나, ii) 고정연봉과 업적에 따른 성과급 총액의 1/13 상당액을 퇴직금으로 하여 업적연봉에 포함하여 지급하였다.

3) 피고는 2002. 1. 1. 보수규정을 다시 개정하여 퇴직금을 중간정산하여 급여에 포함하여 매월 지급함을 원칙으로 하고, 연봉계약을 체결할 때 각 근로자별로 연봉총액을 본봉, 수당, 퇴직금, 상여금 등으로 그 항목을 명확하게 구분하도록 하는 것을 주요 내용으로 하여 퇴직금중간정산제를 변경하였다. 이에 따라 2002. 1. 1. 이후에는 원고들로부터 연봉신청

서를 받아 이에 근거하여 연봉액 결정 등에 관한 개인별 협의과정을 거친 후 근로계약기간을 1년으로 정하여 연봉계약을 체결하였다.

이 연봉계약서에 의하면, i) '2. 근로조건의 표시' 중 '가. 연봉액의 내역'으로 기본급에 해당하는 본봉, 시간외 근무수당 등 각종 수당 및 상여금과 함께 1년에 1개월 평균임금 상당액인 퇴직금의 1년간 지급총액과 이를 각 12등분하여 매월 분할 지급되는 금액을 명확하게 제시하였고, ii) '나. 연봉액 지급방법'의 항목으로, "① 근로자는 직책과 직무목표 등을 감안하여 연봉액을 결정하였으며, 해당 연봉액은 근로자가 조직의 일원으로 회사에 제공한 근로에 대한 포괄적인 대가로 인식하고 책정한 금액으로서, 통상적인 개념의 월급여, 상여금, 시간외 근무수당, 제수당과 기간 중 발생한 퇴직금을 포함한 총액임을 확인합니다. ② 매출실적에 따라 지급되는 성과급은 보수규정시행세칙에 따라 매월 지급한다. ⑤ 연봉총액의 내역 중 연차수당, 퇴직금은 1년 근속기간이 되는 날에 지급한다. 단 근로자가 매월 급여일에 연차 및 퇴직금액의 지급을 요청할 경우 그에 따른다. ⑧ 근로자는 본인의 자유의사에 따라 퇴직금을 매월 단위로 중간 정산하여, 정규 급여지급일에 지급해 줄 것을 요청합니다(위 조항 옆에는 연봉계약을 체결하는 근로자가 직접 기명과 서명을 하였다). ⑪ 연봉계약은 피고의 취업규칙, 보수규정, 보수규정시행세칙을 면밀히 검토한 후에 결정한 계약이므로 연봉계약서에 표시되지 않은 구체적인 사항은 피고 제규정의 적용을 받을 것을 확약합니다"라고 기재되어 있다.

그 후 원고들은 피고로부터 '퇴직금'이라는 명시된 항목으로 위 연봉계약서상 연봉액 중 일부에 기재되어 있는 퇴직금 명목의 돈을 매월 균분하여 지급받았다.

4) 원고들은 연봉액 중 퇴직금 명목으로 기재되어 매월 지급된 돈은 퇴직금이 아니며, 그 돈은 통상임금의 일부에 해당하므로 그 돈을 포함하는 퇴직 전 3개월간 지급받은 연봉액 전부를 기준으로 평균임금을 산정하여, 재직기간에 따른 퇴직금을 각각 다시 지급할 것을 청구하였다.

5) 반면 피고는 i) 원고들과의 사이에 연봉제계약을 체결하고 퇴직금을 포함한 금액을 연봉총액으로 정한 후 이를 매월 나누어 지급하였으므

로, 피고는 원고들에게 그와 별도로 퇴직금을 지급할 의무가 없으며, ii) 설령 원고들에게 중간정산퇴직금을 지급한 것이 퇴직금의 지급으로서 효력이 없다면 위 돈은 법률상 원인 없이 지급된 부당이득이 된다 할 것이므로, 원고들이 피고에게 반환하여야 할 위 돈 상당의 부당이득반환채권으로 피고의 원고들에 대한 퇴직금채권을 대등액에서 상계한다고 항변하였다.

나. 판결요지

1) 퇴직금은 사용자가 근로자의 근로제공에 대한 임금 일부를 지급하지 아니하고 축적하였다가 이를 기본적 재원으로 하여 근로자가 1년 이상 근무하고 퇴직할 때 일시금으로 지급하는 것으로서, 본질적으로 후불적 임금의 성질을 지니는 것이므로(대법원 2007. 3. 30. 선고 2004다8333 판결 등 참조), 이러한 퇴직금의 지급청구권은 퇴직금 중간정산이 유효하게 성립하는 경우가 아닌 한 근로계약이 존속하는 동안에는 발생할 여지가 없다. 따라서 사용자와 근로자가 매월 지급하는 월급이나 매일 지급하는 일당과 함께 퇴직금으로 일정한 금원을 미리 지급하기로 약정(이하, '퇴직금 분할 약정'이라 한다)하였다면, 그 약정은 근기법 제34조 제3항 전문 소정의 퇴직금 중간정산으로 인정되는 경우가 아닌 한 최종 퇴직 시 발생하는 퇴직금청구권을 근로자가 사전에 포기하는 것으로서 강행법규인 근기법 제34조에 위배되어 무효이고(대법원 2002. 7. 26. 선고 2000다27671 판결; 대법원 2007. 8. 23. 선고 2007도4171 판결 등 참조), 그 결과 퇴직금 분할 약정에 따라 사용자가 근로자에게 퇴직금 명목의 금원을 지급하였다 하더라도 퇴직금 지급으로서의 효력이 없다고 할 것이다.

2) 근로관계의 계속 중에 퇴직금 분할 약정에 의하여 월급이나 일당과는 별도로 실질적으로 퇴직금을 미리 지급하기로 한 경우 이는 어디까지나 위 약정이 유효함을 전제로 한 것인바, 그것이 위와 같은 이유로 퇴직금 지급으로서의 효력이 없다면, 사용자는 본래 퇴직금 명목에 해당하는 금원을 지급할 의무가 있었던 것이 아니므로, 위 약정에 의하여 이미

지급한 퇴직금 명목의 금원은 근기법 제18조 소정의 '근로의 대가로 지급하는 임금'에 해당한다고 할 수 없다. 이처럼 사용자가 근로자에게 퇴직금 명목의 금원을 실질적으로 지급하였음에도 불구하고 정작 퇴직금 지급으로서의 효력이 인정되지 아니할 뿐만 아니라 근기법 제18조 소정의 임금 지급으로서의 효력도 인정되지 않는다면, 사용자는 법률상 원인 없이 근로자에게 퇴직금 명목의 금원을 지급함으로써 위 금원 상당의 손해를 입은 반면 근로자는 같은 금액 상당의 이익을 얻은 셈이 되므로, 근로자는 수령한 퇴직금 명목의 금원을 부당이득으로 사용자에게 반환하여야 한다고 보는 것이 공평의 견지에서 합당하다.

3) 근기법 제42조(현행 근기법 제43조) 제1항 본문에 의하면 임금은 통화로 직접 근로자에게 그 전액을 지급하여야 하므로 사용자가 근로자에 대하여 가지는 채권으로써 근로자의 임금채권과 상계를 하지 못하는 것이 원칙이고 이는 경제적·사회적 종속관계에 있는 근로자를 보호하기 위한 것인바, 근로자가 받을 퇴직금도 임금의 성질을 가지므로 역시 마찬가지이다(대법원 1990. 5. 8. 선고 88다카26413 판결 등 참조). 다만 계산의 착오 등으로 임금을 초과 지급한 경우에, 근로자가 퇴직 후 그 재직 중 받지 못한 임금이나 퇴직금을 청구하거나, 근로자가 비록 재직 중에 임금을 청구하더라도 위 초과 지급한 시기와 상계권 행사의 시기가 임금의 정산, 조정의 실질을 잃지 않을 만큼 근접하여 있고 나아가 사용자가 상계의 금액과 방법을 미리 예고하는 등으로 근로자의 경제생활의 안정을 해할 염려가 없는 때에는 사용자는 위 초과 지급한 임금의 반환청구권을 자동채권으로 하여 근로자의 임금채권이나 퇴직금채권과 상계할 수 있다고 할 것이다(대법원 1993. 12. 28. 선고 93다38529 판결; 대법원 1995. 12. 21. 선고 94다26721 전원합의체 판결 등 참조). 그리고 이러한 법리는 사용자가 근로자에게 이미 퇴직금 명목의 금원을 지급하였으나 그것이 퇴직금 지급으로서의 효력이 없어 사용자가 같은 금원 상당의 부당이득반환채권을 갖게 된 경우에 이를 자동채권으로 하여 근로자의 퇴직금채권과 상계하는 때에도 적용된다고 할 것이다.

왜냐하면, 사용자가 이미 퇴직금 명목으로 지급한 금원 상당의 부당이득반환채권과 근로자의 퇴직금채권은 모두 어디까지나 후불적 임금인 퇴직금의 지급과 직접 관련된 것으로서, 그 금원의 지급시기가 근로자의 퇴직 전이냐 후이냐의 점에서 다를 뿐 퇴직금의 지급이라는 본질에 있어서는 다를 바 없어 양자는 서로 밀접 불가분의 관계에 있고, 나아가 퇴직금 명목 금원의 부당이득반환채권에 기한 상계는 사용자가 근로자에게 퇴직금을 아예 지급하지 않겠다는 것이 아니라 단지 근로자의 퇴직으로 지급하여야 할 퇴직금에서 기존에 이미 지급한 퇴직금 상당액을 공제하겠다는 것에 지나지 아니하므로 이는 공평의 견지에서도 당연한 조치이고, 이로써 근로자가 특별히 불리하게 된다거나 임금전액불의 원칙에 반한다고 할 수도 없기 때문이다. 더구나 이 경우에는 당해 근로자가 이미 퇴직하여 더 이상 경제생활의 직접적 기반을 이루는 임금을 지급받는 근로계약관계에 있지 아니한 상황일 뿐만 아니라, 사용자가 기왕의 근로관계와는 전혀 무관한 채권으로 근로자의 퇴직금채권과 상계하겠다는 것이 아니기 때문에 위와 같은 상계로 인하여 근로자의 경제생활의 안정을 해하는 결과를 초래하는 것도 아니다. 결국 사용자가 근로자에게 이미 지급한 퇴직금 명목 금원의 반환채권으로 근로자의 퇴직금채권과 상계하는 것은 한마디로 근로자의 퇴직으로 인하여 사용자가 지급할 퇴직금액의 정산, 조정 방법의 하나에 지나지 아니하므로 이를 허용하지 아니할 아무런 이유가 없는 것이다.

　　4) 민사집행법 제246조 제1항 제5호(구 민사집행법(2005.1.27. 법률 제7358호로 개정되기 전의 것) 제246조 제1항 제4호도 같다)는 근로자인 채무자의 생활보장이라는 공익적, 사회 정책적 이유에서 '퇴직금 그 밖에 이와 비슷한 성질을 가진 급여채권의 2분의 1에 해당하는 금액'을 압류금지채권으로 규정하고 있고, 민법 제497조는 압류금지채권의 채무자는 상계로 채권자에게 대항하지 못한다고 규정하고 있으므로, 사용자가 근로자에게 퇴직금 명목으로 지급한 금원 상당의 부당이득반환채권을 자동채권으로 하여 근로자의 퇴직금채권을 상계하는 것은 퇴직금채권의 2분의 1을 초과하는 부분에 해당하는 금액에 관하여만 허용된다고 봄이 상당하다.

다. 해 설

근로자가 아직 근로하지 않은 장래의 기간에 대하여 사용자가 연봉제나 포괄임금제를 이용하여 월 급여에 퇴직금 명목의 돈을 포함하여 지급하기로 약정하는 경우, 판례는 그러한 퇴직금 분할 약정은 근기법(제34조)과 근로자퇴직급여 보장법(제8조)상의 퇴직금 지급으로서의 효력이 없다고 본다. 그 결과 퇴직금지급 위반 형사사건에서 유죄 취지의 판결을 받아왔다(대법원 2002. 7. 26. 선고 2000다27671 판결; 대법원 2007. 8. 23. 선고 2007도4171 판결 등).

그런데 민사사건에서 퇴직금지급의무가 있는지가 다투어진 경우, 사용자가 퇴직금 분할 약정에 따라 이미 지급한 퇴직금 명목의 돈을 반환 청구하는 채권을 퇴직금지급 채무와 상계하는 항변이 가능한가가 다시 문제가 되는데, 대상판결은 전원합의체 판결로 관련 법리를 정리하였다. 즉 대상판결은 민사사건에서 종전의 형사사건 판례와 마찬가지로 퇴직금 지급으로서의 효력은 부인하지만, 무효인 퇴직금 분할 약정에 따라 이미 지급된 퇴직금 명목의 금원은 임금(통상적인 근로의 대가)이 아니라 부당이득으로 보고, 사용자가 상계할 수 있되 상계 허용을 퇴직금의 2분의 1을 초과하는 부분으로 한정한다. 따라서 상계의 항변만으로는 상계가 허용되지 않는 퇴직금 부분은 지급되지 못한 것이 된다.

Q 1. 대상판결에서 퇴직금 분할 약정이 무효라고 본 이유는?

Q 2. 대상판결에서 퇴직금 분할 약정에 따라 지급된 금원의 법적 성격과 사용자의 상계 허용에 대해 다수의견과 소수의견의 판단에서 차이가 있는 이유는?

≪심화학습≫

1. 임금의 지급 방법 (대법원 1988. 12. 13. 선고 87다카2803 전원합의체 판결; 대법원 1990. 5. 8. 선고 88다카26413 판결 참고)

2. 사용자가 근로자의 동의를 얻어 상계하는 것이 허용될 수 있는 요건

(대법원 2001. 10. 23. 선고 2001다25184 판결 참고)

3. 계산착오 등을 이유로 하는 조정적 상계 (대법원 1993. 12. 28. 선고 93다38529 판결 참고)

4. 임금체불 형사사건에서 책임 조각 또는 고의 부인 (대법원 2001. 2. 23. 선고 2001도204 판결; 대법원 2007. 6. 28. 선고 2007도1539 판결 등 참고)

5. 임금채권우선변제 (대법원 2008. 6. 26. 선고 2006다1930 판결 참고)

제8강

근로시간과 휴식

1. 개 요

(1) 근기법은 1일 또는 1주의 근로시간의 원칙적인 최장한도를 정하고 있다. 이를 흔히 법정기준시간이라고 하는데, 이 기준은 근로시간 규율의 출발점이 되는 동시에 근로시간의 탄력화제도나 연장근로의 규율 등에서 기준이 된다. 법정기준시간은 근로자의 연령과 종사업무의 종류에 따라 세 가지로 정해져 있는데, 일반근로자(18세 이상으로서 유해·위험작업에 종사하지 않는 근로자)의 그것은 1일 8시간, 1주 40시간이다(근기법 제50조). 여기서 말하는 근로시간은 "근로자가 사용자의 지휘·감독 아래 근로계약상의 근로를 제공하는 시간을 말하는바, 근로자가 작업시간의 중도에 현실로 작업에 종사하지 않은 대기시간이나 휴식·수면시간 등이라 하더라도 그것이 휴게시간으로서 근로자에게 자유로운 이용이 보장된 것이 아니고 실질적으로 사용자의 지휘·감독 하에 놓여 있는 시간이라면 당연히 근로시간에 포함"(대법원 1993. 5. 27.선고 92다24509 판결 등)된다.

근기법상 근로시간은 이렇게 휴게시간을 제외한 실근로시간(實勤勞時間)으로 계산하는 것이 원칙이지만, 일정한 경우에는 근로시간을 실근로시간이 아니라 당사자의 합의 등에 의해 정할 수 있는 경우가 있다. 이를 간주근로시간제라고 하는데, 사업장 밖 근로와 재량업무에 대해 인정된다.

(2) 근로시간의 배치와 운영을 법정기준시간을 기초로 하는 경우(고정적 근로시간제)도 있지만, 그렇지 않은 경우도 있다. 근기법은 일정한 요건하에 근로시간의 탄력적인 배치와 운영을 허용하고 있다(근로시간의 탄력

화제도). 변형근로시간제 또는 '총량기준시간제'라고 하는데, 근기법에는 탄력적 근로시간제와 선택적 근로시간제가 있다. 이런 제도를 택하게 되면 단위기간(또는 정산기간)의 근로시간을 평균하여 1주간의 근로시간이 법정기준시간의 한도에 머무르는 한, 특정일 또는 특정주의 근로시간을 1일 또는 1주의 법정기준시간을 초과하여 근로시킬 수 있다.

(3) 근기법은 법정기준시간 등을 초과하는 근로, 즉 연장근로의 요건과 한계 등을 정하고 있다. 연장근로는 근기법이 정하고 있는 법정기준시간 또는 변형기준시간을 초과하는 근로를 말하는 것으로, 근기법이 정하고 있는 연장근로에는 업무의 일시적 증가와 같이 사업운영상 통상적으로 예상할 수 있는 상황에서 인정되는 연장근로(통상연장근로), 자연재해 그 밖에 특별한 사정이 있는 경우에 인정되는 연장근로(특별(응급)연장근로) 및 운수업 등 법정사업의 경우에 특례적으로 인정되는 연장근로(특례사업연장근로)가 있다.

2018년 3월 20일 개정 근기법은 실근로시간 단축의 시대적 과제를 해결하고 향후 발생할 사회적 비용을 최소화하기 위하여 1주당 최대 근로시간이 휴일근로를 포함 52시간임을 분명히 하면서(제2조 제1항 제7호 및 제53조 제1항), 다만 2021년 7월부터 2022년까지 30명 미만 중소사업장에 대해서는 노사합의로 8시간의 특별연장근로를 허용하였다(제53조 제3항 및 제6항).

통상연장근로가 유효하려면 당사자간의 합의가 있어야 하는바, 판례는 "여기서 당사자간의 합의라 함은 원칙적으로 사용자와 근로자와의 개별적 합의를 의미하는 것으로 풀이되고, 개별근로자의 연장근로에 관한 합의권을 박탈하거나 제한하지 아니하는 범위에서는 단체협약에 의한 합의도 가능하다"고 한다(대법원 1993. 12. 21. 선고 93누5796 판결 참고). 한편, 유해 또는 위험한 작업에 종사하는 근로자와 임신 중인 여성의 경우 연장근로가 금지되며, 18세 미만의 연소자나 산후 1년이 경과하지 않은 여성에 대해서는 특칙이 있다(제69조 단서, 제71조).

연장근로에 대한 가산임금제가 규정되어 있다. 즉 사용자는 연장근로와 야간근로 및 휴일근로에 대하여 통상임금의 50% 이상을 가산한 임금을 지급하여야 하고, 특히 8시간을 초과한 휴일에 대해서는 통상임금의 100% 이상을 가산한 임금을 지급하여야 한다(제56조). 2018년 3월 20일 개정 근기법은 휴일근로에 따른 가산임금과 연장근로에 따른 가산임금이 중복하여 지급될 수 있는지에 관한 종래의 논란을 입법적으로 해결하였다.

(4) 근기법은 근로자의 피로회복과 여가확보를 위하여 휴게, 휴일, 연차휴가 등의 휴식제도를 두고 있다. 첫째 사용자는 근로시간이 4시간인 경우에는 30분 이상, 8시간인 경우에는 1시간 이상의 휴게시간을 근로시간 도중에 주어야 하는데, 휴게시간은 근로자가 자유롭게 이용할 수 있다(제54조). 둘째 사용자는 근로자에게 1주일에 평균 1회 이상의 유급휴일을 주어야 한다(제55조). 셋째 사용자는 1년간 8할 이상 출근한 근로자에게 15일의 유급휴가를 주어야 한다(제60조 제1항).

한편, 근기법은 근로시간과 휴게·휴일에 관한 규정이 적용이 되지 아니하는 근로자에 대하여서도 정하고 있다(제63조). 여기에 속하는 근로자로는 i) 토지의 경작·개간, 식물의 재식·재배·채취 사업, 그 밖의 농림 사업의 근로자, ii) 동물의 사육, 수산 동식물의 채포·양식 사업, 그 밖의 축산, 양잠, 수산 사업의 근로자, iii) 감시 또는 단속적으로 근로에 종사하는 자로서 사용자가 고용노동부장관의 승인을 받은 자, iv) 대통령령으로 정하는 업무(관리·감독 업무 또는 기밀을 취급하는 업무)에 종사하는 근로자 등이다.

Q 1. 대기시간 외에 회사가 주최한 연수나 강연에 참여한 시간, 시업시각 전의 업무준비나 종업시각 후의 정리에 필요한 시간 등은 근로시간에 해당하는가?

Q 2. 3개월 이내 단위의 기간을 정하여 하는 탄력적 근로시간제를 시행하기 위한 요건은 무엇인가? 탄력적 근로시간제에 따라 특정한 날에 8시간을 초과하여 근로한 경우 연장근로 가산임금을 지급하여야 하는가? 특정한 날이나 특정한 주의 근로시간이 최대 가능한 한도가 있는가? 여성근로자나 연소근로자에게 적용이 가능한가? 탄력적 근로시간제의 근로시간에 대하여 당사자간의 합의에 따라 연장근로가 가능한가?

Q 3. 근로시간제에서 서면합의를 하는 근로자측 주체는 누구인가?

Q 4. 선택적 근로시간제를 시행하기 위한 요건은 무엇인가? 근로시간의 시작과 종료를 누구의 선택에 맡기는 것인가? 선택적 근로시간제에 따라 특정한 주에 40시간을 초과하여 근로한 경우 연장근로 가산임금을 지급하여야 하는가? 특정한 날이나 특정한 주의 근로시간이 최대 가능한 한도가 있는가? 특정 시간대를 반드시 근무하도록 정하는 것이 가능한가? 여성근로자나 연소근로자에게 적용이 가능한가? 선택적 근로시간제의 근로시간에 대하여 당사자간의 합의에 따라 연장근로가 가능한가?

Q 5. 근기법 제58조에 따라 간주근로시간제를 도입하기 위한 요건과 그 효과는 무엇인가?

Q 6. 특별(응급)연장근로의 대상이 될 수 있는 사업은 어떤 것들이 있는가? 이러한 연장근로에 대해 가산임금을 지급하여야 하는가? 주문량의 증가로 연장근로가 필요한 경우가 특별(응급)연장근로의 사유로 인정되는가?

Q 7. 이른바 공휴일은 근로제공의무가 없는가?

Q 8. 연차유급휴가가 인정되기 위한 요건과 휴가일수의 계산 방식은 어떠한가? 휴가일의 지정은 누가 하는가? 휴가의 사용기간에 제한이 있는가?

Q 9. 근기법상 여성근로자의 근로시간은 특별히 제한되는가? 산전후 보호휴가의 기간은? 그 휴가는 유급으로 주어지는가? 생리휴가를 유급으로 주는 단체협약규정은 유효한가?

2. 연장근로 등과 가산임금

대법원 2010. 5. 13. 선고 2008다6052 판결 [임금]

가. 사실관계

1) 피고 소속 국방부 산하 '해군복지근무지원단'은 해군 내의 모든 복지업무 및 복지시설을 합리적으로 관리 운영하기 위하여 설립된 기관으로서, '평택 체력단련장'을 운영관리하고 있다.

2) '해군복지근무지원단'은 매년 해군본부 중앙복지위원회를 거쳐 그 해 배정된 예산 범위 내에서 근무원의 급여지침을 작성한 후 이를 기초로 하여 그 소속 근무원들에게 급여를 지급하고 있는데, 다만 각종 제수당은 공무원보수규정에 준하여 지급하고 있다.

3) 위 공무원보수규정에 의하면, 별정직을 제외한 모든 근무원들을 대상으로 실제 근로한 연장근로시간을 산정함이 없이 매년 위 근무원급여지침에 따라 결정된 등급을 기준으로 '시간 외 근무수당'이라는 명목으로 정액을 지급하는 한편, 회관, 호텔, 체력단련장, 근학사 근무원 중 전문기술 요구직무에 종사하면 국가기술 자격증 보유자, 자격증 미 보유자이나 상당한 기술이 인정되는 자, 기타 기피직종(열악환경) 종사자 및 시간외 과다 및 휴일근무자를 대상으로 심의위원회 의결을 거쳐 결정된 등급에 따라 '특별수당'(50,000원부터 350,000원까지)을 추가로 지급하도록 되어 있다.

4) 한편, '해군복지근무지원단'의 '봉사료 지급지침'에 따르면, 체력단련장 내 운동시설이나 식당을 이용하는 고객들로부터 시설이용료 등에 정액의 봉사료(8%)를 가산하여 지급받은 후, '봉사료'라는 명목으로 그 중 40%는 위 체력단련장 내 식당에서 근무하는 모든 근무원들에게 균등지급하고, 나머지 60%는 그 중 시간외 근무자들에게 근무시간별로 분할 지급하도록 되어 있는데, 위 '봉사료'는 2004. 5. 1.로 지급 중단되었다.

5) 원고들은 위 체력단련장 내 식당에서 근무한 근무원들로서, "피고 소속 '해군복지근무지원단'이 원고들에게 '시간외 근무수당'이라는 명목으로 지급한 금원이 원고들이 실제로 연장근로한 시간을 기준으로 근로기준법 제55조에 기하여 계산한 금원에 미치지 못하므로, 피고는 원고들에게 그 차액에 상당하는 각 금원 및 이에 대한 지연손해금을 지급할 의무가 있다"고 주장한다. 이에 대해 피고는, "원고들과 같이 업무의 특성상 연장근로가 예상되는 식당 근무원들에게는 시간외 근로수당을 포괄하여 '시간외 근무수당', '특별수당' 및 '봉사료'라는 명목으로 이를 지급하였으므로, 그 외에 또다시 시간외 근로수당을 청구하는 것은 부당하다"는 취지로 주장한다.

나. 판결요지

근로기준법(2007. 1. 26. 법률 제8293호로 개정되기 전의 것) 제24조(현행 법 제17조)는 "사용자는 근로계약 체결시에 근로자에 대하여 임금, 근로시간 기타의 근로조건을 명시하여야 한다. 이 경우 임금의 구성항목, 계산방법 및 지불방법에 관한 사항에 대하여는 대통령령으로 정하는 방법에 따라 명시하여야 한다"고 규정하고, 같은 법(2007. 4. 11. 법률 제8372호로 전부 개정되기 전의 것) 제55조(현행 법 제56조)는 같은 법 제52조·제58조 및 제67조 단서의 규정에 의하여 같은 법 제49조·제50조·제51조 및 제67조 본문에 정한 기준근로시간을 초과하여 근로한 연장근로와 야간근로(하오 10시부터 상오 6시까지 사이의 근로) 또는 휴일근로에 대하여는 통상임금의 100분의 50 이상을 가산한 임금을 지급하여야 한다고 규정하고 있는데, 이러한 규정들과 통상임금에 관하여 정하고 있는 근로기준법 시행령(2007. 6. 29 대통령령 제20142호로 전부 개정되기 전의 것) 제6조의 규정 등에 의하면, 사용자는 근로계약을 체결함에 있어서 기본임금을 결정하고 이를 기초로 하여 근로자가 실제로 근무한 근로시간에 따라 시간외근로·야간근로·휴일근로 등이 있으면 그에 상응하는 시간외근로수당·야간근로수당·휴일근로수당 등의 법정수당을 산정하여 지급함이 원칙이라 할 것이다.

이러한 원칙적인 임금지급방법은 근로시간 수의 산정을 전제로 한 것인데, 예외적으로 감시단속적 근로 등과 같이 근로시간, 근로형태와 업무의 성질을 고려할 때 근로시간의 산정이 어려운 것으로 인정되는 경우가 있을 수 있고, 이러한 경우에는 사용자와 근로자 사이에 기본임금을 미리 산정하지 아니한 채 법정수당까지 포함된 금액을 월급여액이나 일당임금으로 정하거나 기본임금을 미리 산정하면서도 법정 제 수당을 구분하지 아니한 채 일정액을 법정 제 수당으로 정하여 이를 근로시간 수에 상관없이 지급하기로 약정하는 내용의 이른바 포괄임금제에 의한 임금 지급계약을 체결하더라도 그것이 달리 근로자에게 불이익이 없고 여러 사정에 비추어 정당하다고 인정될 때에는 유효하다 할 것이다(대법원 1997. 4. 25. 선고 95다4056 판결; 대법원 1997. 7. 22. 선고 96다38995 판결; 대법원

1999. 5. 28. 선고 99다2881 판결; 대법원 2002. 6. 14. 선고 2002다16958 판결; 대법원 2005. 8. 19. 선고 2003다66523 판결 등 참조).

그러나 위와 같이 근로시간의 산정이 어려운 경우가 아니라면 달리 근로기준법상의 근로시간에 관한 규정을 그대로 적용할 수 없다고 볼 만한 특별한 사정이 없는 한 앞서 본 바와 같은 근로기준법상의 근로시간에 따른 임금지급의 원칙이 적용되어야 할 것이므로, 이러한 경우에도 근로시간 수에 상관없이 일정액을 법정수당으로 지급하는 내용의 포괄임금제 방식의 임금 지급계약을 체결하는 것은 그것이 근로기준법이 정한 근로시간에 관한 규제를 위반하는 이상 허용될 수 없다.

한편 구 근로기준법(2007. 4. 11. 법률 제8372호로 전부 개정되기 전의 것) 제22조(현행 법 제15조)에서는 근로기준법에 정한 기준에 미치지 못하는 근로조건을 정한 근로계약은 그 부분에 한하여 무효로 하면서(근로기준법의 강행성) 그 무효로 된 부분은 근로기준법이 정한 기준에 의하도록 정하고 있으므로(근로기준법의 보충성), 근로시간의 산정이 어려운 등의 사정이 없음에도 포괄임금제 방식으로 약정된 경우 그 포괄임금에 포함된 정액의 법정수당이 근로기준법이 정한 기준에 따라 산정된 법정수당에 미달하는 때에는 그에 해당하는 포괄임금제에 의한 임금지급계약 부분은 근로자에게 불이익하여 무효라 할 것이고, 사용자는 근로기준법의 강행성과 보충성 원칙에 의해 근로자에게 그 미달되는 법정수당을 지급할 의무가 있다.

상고이유에서 들고 있는 대법원 1997. 4. 25. 선고 95다4056 판결, 대법원 2002. 6. 14. 선고 2002다16958 판결에서는, '원고들이 포괄임금으로 지급받은 각종 수당에는 근로기준법의 규정에 의한 법정수당이 모두 포함되어 있다고 볼 것이어서, 원심이 그 판시와 같이 원고들의 구체적인 시간외근로시간 등을 인정하여 포괄임금으로 지급된 제 수당과 원심이 인정한 근로기준법의 규정에 의한 수당과의 차액의 지급을 명한 것에는 포괄임금제에 관한 법리오해의 위법이 있다'고 판시하였다. 그런데 위 대법원 판결들의 판시 각 사안은 모두 근로형태나 업무의 성질 등에 비추어 '근로시간의 산정이 어려운 경우'에 해당하는바, 위 대법원 판결들이 판시하는 법리는 위와 같이 '근로시간의 산정이 어려운 경우에 해당하는 사안에서 이와 달리 근로시간의 산정이 가능한 것을 전제로 하여 근로기준법상의 법정수당과의 차액을 청구하는 것은 받아들일 수 없다'는 취지라 할 것이고, 나아가 '근로시간의 산정이 어려운 경우 등이 아니라 하더라도 실근로시간과 무관하게 법정수당을 정액으로 정하는 포괄임금계약이 유효하게 성립될 수 있다'는 취지까지 포함하는 것은 아니라 할 것이다. 따라서 위 대법원 판결들은 이 사건과 사안을 달리하는 것이어서 이 사건에 원용하기에 적절하지 아니하다.

원심은, 원고들의 근로형태와 내용 등에 비추어 이 사건은 근로시간의 산정이 어려운 경우 등이 아님을 전제로 하여, 원고들에 대한 임금체계가 일정 금액의 시간외근로수당을 지급하기로 하는 포괄임금제인데 '봉사료' 지급이 중단된 2004. 5. 1.경 이후에는 원고들이 지급받은 시간외근로수당이 근로기준법의 기준에 의하여 계산한 시간외근로수당에 현저하게 미치지 못하고 있는 사실을 인정한 후, 그 미달되는 부분의 포괄임금약정은 무효라고 보아 피고가 원고들에게 그 부분 임금을 지급할 의무가 있다고 판단하였다.

위에서 본 법리와 기록에 비추어 살펴보면, 위와 같은 원심의 판단은 정당한 것으로 수긍할 수 있다.

원심판결에는 상고이유의 주장과 같이 포괄임금제하에서의 법정수당의 산정에 관하여 대법원의 판례에 상반되는 판단을 한 위법이 없다.

다. 해 설

근로계약에서 통상임금이나 기본임금을 미리 정하지 않고 연장근로나 야간근로 또는 휴일근로에 대한 가산임금이나 주휴수당 등 제 수당을 합한 일정한 금액을 월급여액이나 일당임금으로 정하거나 매월 일정액을 제 수당으로 지급한다는 취지의 약정을 한 경우 이를 포괄산정임금계약 또는 포괄임금제라고 한다. 이 제도는 종래에는 감시·단속적 근로에 종사하는 근로자 등 통상적인 방식으로 임금이나 수당을 계산하기가 쉽지 않은 근로자를 대상으로 하여 시행되었으나, 최근에는 사무·관리직이나 전문직에서도 자주 이용되고 있다.

대상판결은 포괄임금제의 유효요건을 밝히고 있다. 사실 포괄임금제는 임금계산을 용이하게 하거나 임금의 경직성을 완화할 수 있는 장점이 있는 반면에 장시간 노동과 저임금의 온상이 될 수 있는 위험성도 함께 가지고 있다.

Q1. 대상판결에 의하면 포괄임금제가 유효하기 위한 요건은?

Q2. 포괄임금제에 포함시킬 수 있는 수당과 그렇지 않은 수당은? (대법원 1992. 7. 14. 선고 91다37256 판결; 대법원 1998. 3. 24. 선고 96다24699 판결 참고.)

3. 휴 식

대법원 2008. 10. 9. 선고 2008다41666 판결   [임금]

가. 사실관계

1) 피고는 2004년 7월경 그 소속의 근로자인 원고(선정당사자, 이하, '원고'라 한다) 등 선정자 22명(이하 '원고 등'이라고 한다)이 불법 파업한 사실을 징계사유로 하여 정직 내지 직위해제 처분을 하였다.

2) 2004년도 연차휴가근로수당 지급과 관련하여 피고는 "1년간 개근한 직원에게는 10일, 9할 이상 출근한 직원에게는 8일의 연차유급휴가를 준다"는 취업규칙 제22조 제2항 및 "이 규칙에서 정한 휴일 및 휴가기간은 제6항의 계산기간에서 출근한 것으로 보되, 다만, 계산기간 중 유계무계결근, 직위해제, 휴직(업무상 부상 또는 질병으로 인한 휴직 제외) 또는 정직 등이 없는 경우를 개근이라 하며 계산기간 중 위의 사유로 총 근로일수의 9할 이상을 출근한 경우를 9할 이상 출근으로 하여 계산한다"는 취업

규칙 제22조 제7항에 따라 정직 내지 직위해제(이하, '이 사건 징계'라 한다)기간을 결근으로 처리함으로써 원고 등에게 연차휴가근로수당(이하, '이 사건 수당'이라 한다)을 지급하지 아니하였다.

3) 원고는, 징계기간은 당해 근로자에게 근로제공의 의무가 부과되었음에도 근로자가 임의로 출근하지 않은 날로 볼 수 없으므로 소정 근로일수에서 제외하는 것이 타당함에도, 이 사건 취업규칙은 그와 달리 규정하고 있어 이는 근로기준법에 위반하는 것으로서 무효라고 보아야 할 것이고, 따라서 피고는 이 사건 취업규칙에 따라 지급하지 아니한 연차수당을 지급할 의무가 있다고 주장하였다.

나. 판결요지

구 근로기준법(2003. 9. 15. 법률 제6974호로 개정되기 전의 것, 이하 같다) 제59조는 "사용자는 1년간 개근한 근로자에 대하여는 10일, 9할 이상 출근한 자에 대하여는 8일의 유급휴가를 주어야 한다"고 규정하면서(현행 근기법 제60조 제1항에서는 "사용자는 1년간 8할 이상 출근한 근로자에게 15일의 유급휴가를 주어야 한다"고 규정함: 필자 주) '개근'이나 '9할 이상 출근한 자'에 관하여 아무런 정의 규정을 두고 있지 않으나, 위 규정에 의한 연차유급휴가는 근로자에게 일정기간 근로의무를 면제함으로써 정신적·육체적 휴양의 기회를 제공하고 문화적 생활의 향상을 기하려 하는 데에 그 의의가 있다(대법원 1996. 6. 11. 선고 95누6649 판결 등 참조). 그런데 정직이나 직위해제 등의 징계를 받은 근로자는 징계기간 중 근로자의 신분을 보유하면서도 근로의무가 면제되므로, 사용자는 취업규칙에서 근로자의 정직 또는 직위해제 기간을 소정근로일수에 포함시키되 그 기간 중 근로의무가 면제되었다는 점을 참작하여 연차유급휴가 부여에 필요한 출근일수에는 포함되지 않는 것으로 규정할 수도 있고, 이러한 취업규칙의 규정이 구 근로기준법 제59조에 반하여 근로자에게 불리한 것이라고 보기는 어렵다.

같은 취지에서 원심이, 연차유급휴가기간을 산정함에 있어 정직 및 직위해제 기간을 소정근로일수에 포함시키되 출근일수에서 제외하도록 규정한 피고 공사의 취업규칙 제22조 제7항이 근로기준법에 정하여진 기준보다 근로자에게 불리하게 규정한 것이라고 볼 수 없고, 피고가 원고(선정당사자) 및 선정자들에 대한 연차유급휴가기간을 산정함에 있어 위 취업규칙의 규정에 따라 정직 및 직위해제 기간을 출근일수에 산입하지 아니한 것이 부당하지 아니하다고 판단한 것은 수긍이 가고, 거기에 상고이유에서 주장하는 것과 같은 취업규칙의 효력에 관한 법리오해 등의 위법이 없다.

다. 해 설

연차유급휴가를 사용하려면 먼저 근로자에게 연차유급휴가청구권이 발생하여야 하고, 다음으로 이에 기해 근로자가 휴가일의 시기를 구체적으로 지정하여야 한다(근로자의 시기 지정에 대해서 사용자는 근기법 소정의 사유에 기해 시기변경의 항변을 할 수 있다). 그런데 연차유급휴가청구권이 발생하려면 근기법이나 취업규칙 등에서 정한 소정일수 이상 출근하여야 한다. 출근율의 계산에서는 대상판결의 사건과 같이 정직기간 등 근기법에서 정하고 있지 아니한 날이 문제된다. 실무상으로는 이 외에 연차휴가의 시기지정이나 연차휴가를 사용하지 않고 근로한 날의 임금 계산 등도 자주 문제된다.

Q 1. 대상판결에서 정직 및 직위해제 기간을 출근일수에서 제외하는 것이 근로자에게 불리하지 않다고 본 이유는?

Q 2. 날짜를 특정하지 아니한 휴가일의 지정은 효력이 있는가? (대법원 1997. 3. 28. 선고 96누4220 판결 참고)

Q 3. 근로자가 청구권이 발생한 연차휴가일을 모두 사용하지 않은 경우 어떤 법적 문제가 발생하는가? 근기법 제56조의 가산임금이 지급되어야 하는가? (대법원 1990. 12. 26. 선고 90다카13465 판결 참고) 휴가를 사용하지 않고 퇴직하는 경우에는 어떠한가? (대법원 2005. 5. 27. 선고 2003다48549,48556 판결 참고)

≪**심화학습**≫

1. 쟁의행위기간이 있는 경우 연차휴가의 출근율 계산과 연차휴가일수 산
   정 (대법원 2013. 12. 26. 선고 2011다4629 판결 참고)

제 9 강

인　사

1. 개　요

(1) 사용자는 근로자의 업무내용이나 업무장소를 변경하는 인사조치(즉, 배치전환), 경우에 따라서는 기업그룹 내의 특정 계열사에서 다른 계열사로 근로자의 소속을 변경하는 인사조치(즉, 전적)를 취한다. 인사조치를 할 수 있는 사용자의 권한을 인사권이라고 한다. 판례는 "기업이 그 활동을 계속적으로 유지하기 위해서는 노동력을 재배치하거나 그 수급을 조절하는 것이 필수불가결하므로", 인사명령은 원칙적으로 인사권자인 사용자의 고유권한에 속한다고 본다. 즉 인사명령에 대하여는 업무상 필요한 범위 안에서 사용자에게 상당한 재량을 인정한다.

(2) 인사명령 중에는 근로자에게 상당한 불이익을 초래하는 것도 있기 때문에 근기법 제23조 제1항에서는 "사용자는 근로자에게 정당한 이유 없이 해고, 휴직, 정직, 전직, 감봉, 그 밖의 징벌을 하지 못한다"고 규정하고 있다. 판례는 인사권의 행사에 상당한 재량을 인정하지만, 근로자에게 불이익을 수반하는 경우에는 근기법 제23조 제1항에 따라 해당 인사권 행사의 정당성을 판단한다.

(3) 배치전환('전직'이라고도 한다)의 경우 해당 근로자의 사용자가 변경되지 않지만, 전적의 경우에는 사용자가 변경된다. 이러한 차이점은 해당 인사조치의 정당성 판단기준에 영향을 미칠 수밖에 없다. 배치전환 또는 전적과 관련한 분쟁은 i) 근로자가 해당 인사조치 자체의 정당성을 다투는 유형, ii) 근로자가 해당 인사조치를 따르지 않아서 행해진 징계 처분

(특히 징계해고)의 정당성을 다투는 유형으로 크게 구분할 수 있다. 후자의 유형에서 알 수 있듯이 많은 경우 인사조치와 징계 처분은 상호 연관된 일련의 사건으로 쟁점화된다.

(4) 대기발령(또는 직위해제)도 사용자가 자주 행사하는 인사명령 중 하나이다. 대기발령은 일시적으로 해당 근로자에게 직위를 부여하지 아니함으로써 직무에 종사하지 못하도록 하는 잠정적인 조치로서 원칙적으로는 징계가 아니다. 판례도 대기발령은 장래에 예상되는 업무상 장애를 예방하기 위한 조치라는 점에서 과거의 근로자의 비위행위에 대하여 기업질서 유지를 목적으로 하는 징벌적 제재로서 징계와는 성질이 다르다고 한다(대법원 1996. 10. 26. 선고 95누15926 판결 등). 그러나 실무에서는 대기발령을 징계의 일종으로 활용하는 경우도 적지 않고, 또 근로자에게 불이익을 주는 경우도 종종 있다. 특히 대기발령 기간 중에 보직을 받지 못한 경우 당연퇴직이 되도록 정하고 있는 취업규칙도 드물지 않다. 이런 경우 대기발령 그 자체의 정당성도 문제가 된다.

(5) 배치전환(전근 또는 전보), 전적, 대기발령 또는 직위해제 등의 인사명령에 대해 근로자는 그 정당성을 다투기 위하여 i) 민사상의 소를 제기하거나(무효확인의 소), ii) 노동위원회에 구제를 신청할 수 있다(근기법 제28조).

Q 1. 다음은 기업 현장에서 사용되고 있는 인사명령들이다. 이들 중에서 근기법 제23조 제1항의 규율을 받지 않는 것은?
[인사·부서·관내·관외의 이동, 전환배치, 전근, 전보, 전출, (응원)파견, 사외근무]
Q 2. 형사기소를 이유로 하는 휴직명령은 정당한가? (대법원 2005. 2. 18. 선고 2003다63029 판결 참고)
Q 3. 근기법 제23조 제1항에 위반한 인사명령의 사법상 효과는?

2. 배치전환

> 대법원 1995. 10. 13. 선고 94다52928 판결 [해고무효확인등]

가. 사실관계

1) 피고 회사는 본사를 서울에 두고 구미에 있던 공장을 춘천으로 이전하기 전에는 구미, 대전, 옥천에 3곳의 공장을 두고 있었다. 원고는 1974. 11. 4. 피고 회사에 입사하여 구미공장 변전실에 근무하면서 1979.경 설립된 피고 회사의 노동조합 구미공장 간부였는데 1987. 8.경부터 피고 회사에서 노동쟁의가 발생하고 구미공장만 원고를 비롯한 노동조합 간부들의 주도하에 파업이 계속되고 피고 회사측의 협상안이 부결되자 기왕의 폐업신고일인 1987. 8. 28.자로 원고를 포함한 구미공장 모든 근로자들을 해고된 것으로 간주한 후 폐업조치를 철회하여 공장을 재가동하였음에도 원고의 취업을 거부하다가 원고 등이 제기한 해고무효확인 등 청구소송에서 원고 등의 승소판결이 선고되고 1990. 2. 27. 대법원에서 상고허가신청 기각으로 그 무렵 확정됨에 따라 원고는 1990. 3. 21. 피고 회사에서 1989. 8.경 구미공장을 이전한 춘천공장에 복직하였다.

2) 원고는 춘천공장의 견방과 생산기계 현장의 생산직 근로자로서 일정한 부서나 작업에 배치되지 않고 그때그때 생산현장 청소나 기계설치 지원, 기계보전 지원 등의 일을 하여 오다가 같은 해 10. 28.에 이르러 비로소 원직인 변전실 전공으로 복직되었고 그 직전인 같은 해 10. 23. 온 가족이 구미시에서 춘천시로 이주하였다.

3) 피고 회사가 영위하는 경방직업 분야는 동남아를 비롯한 신흥개발국들의 저렴한 노동력과 원자재를 바탕으로 한 도전으로 인하여 점점 국제경쟁력이 떨어지는데다가 국내 산업 전반의 불경기가 피고 회사에까지 영향을 미치게 되어 피고 회사는 1990년 사업연도에 1,458,410,085원의 사업 결손이 발생하는 등 경영사정의 악화로 대내외적인 경영개선이 필요하여 모든 부서에 걸쳐 불필요한 잉여인력을 남겨둘 수 없게 됨으로

써 원고가 위와 같이 춘천공장에서 원직인 변전실 전공으로 다시 근무하게 될 무렵에 이미 원고와 소외 김○남 두 사람만으로 위 변전실의 업무를 담당, 처리하도록 결정하였다.

　4) 그런데 1991. 1. 24. 전기사업법 시행규칙의 개정으로 같은 규칙 제58조에 따라 피고 회사와 같이 전기설비의 용량이 1,000kw 이상 5,000kw 미만인 업체에서는 소속직원 중에서 전기안전관리사 외에 전기분야 기능사 1, 2급 또는 전기기사 2급 이상의 자격이 있는 전기안전관리원 1명을 반드시 두도록 되었고, 이에 따라 안전관리담당자 선·해임기관으로 지정된 소외 사단법인 대한전기기사협회의 강원지부에서 피고 회사에 대하여 2회에 걸쳐 전기안전관리원 선임결과 통보를 독촉하여 옴으로써 피고 회사는 1991. 4. 6. 인사위원회를 개최하여 유자격자로 전기안전관리원 1명을 신규채용하기로 결정하게 되었는데, 이로 인하여 위 변전실에 근무하던 무자격자인 원고와 위 김○남 중 1명의 잉여 인력이 발생하여 그 중 1명은 타부서로의 전직 내지 전근이 불가피하게 되자 위 인사위원회에서는 위 김○남은 공업고등학교 전기과 졸업자로서 전기 분야의 전공자이고 위 춘천공장의 변전실 근무경력이 원고보다 장기인 점을 고려하여 그를 변전실에 계속 근무하도록 하는 한편, 당시 공석이던 본사 관리부 서무과 용도계 서무주임직이 비록 사무직이기는 하나 각 공장의 기계부품이나 일반 소모품의 구매를 담당하며 간단한 송장 및 구매카드를 정리하는 등의 업무를 담당하는 부서로서 현장직에서 오래 근무한 원고가 이를 충분히 수행할 수 있을 것으로 판단하고 원고를 본사 관리부 서무과 용도계 서무주임으로 승진시켜 자재업무를 담당케 하기로 결정하고, 같은 해 4. 15. 춘천 공장장을 통하여 원고에게 같은 달 8.자 발령장을 제시하며 위 전근 처분을 통보하였다. 그 후 원고는 위 전근 처분을 거부하며 서울 본사에 출근하지 아니하다가 같은 해 6. 29.자로 피고 회사로부터 7일 이상 무단결근 등을 이유로 징계해고되었다. 한편, 피고 회사의 인사 관행상 매년 정기적으로 신입사원을 선발하는 사무관리직 사원 채용과 달리 생산직 근로자는 그때그때 생산수요의 변화에 따라 현지 공장 공장장이 상당한 재량권을 가지고 채용하며 사무직 근로자와 달리 생산직 근

로자의 경우에는 본사와 지방 공장 사이의 전근이나 사무직으로 전직된 전례가 없었고 원고에 대한 전직 발령 이전에 위 인사위원회에서 결정된 인사이동은 모두 사무직 근로자에 대한 것이었다.

5) 한편, 원고는 피고 회사의 위 춘천공장에서 원직인 변전실 전공으로 근무하게 되기 직전인 1990. 10. 23. 춘천에서 정착하기 위하여 노모와 처 및 국민학생인 자녀 등 5식구 모두가 구미시에서 춘천시 후평동에 있는 전세금 9,000,000원의 2칸 방으로 이사하였으며, 1991. 4.경에는 소외 대한주택공사에서 분양하는 춘천시 석사동 근로복지주택의 분양신청까지 준비하고 있었다. 그런데 피고 회사는 사전에 원고에게 춘천공장 내의 다른 부서에서 근무할 의사가 있는지 여부를 타진하는 등 그의 생활상의 이익에 관한 적절한 배려를 위한 협의나 상의를 하지 않은 채 원고를 서울 동대문구 답십리동에 있는 피고 회사의 본사 관리부 서무과로 전근 처분을 하였다. 그리고 피고 회사의 서울 본사에는 생활근거지가 서울이 아닌 근로자를 위한 기숙사 등의 편의시설이 전혀 없고 원거리 출퇴근 근로자를 위한 교통비 보조 등의 제도도 없으며, 또한 원고의 경제력으로는 서울에서 가족과 함께 적정한 수준의 생계를 유지하기 어려운 상황이었다.

6) 원심은 원고에 대한 전근 처분과 징계해고 처분 모두 무효라고 판단하였다.

나. 판결요지

1) 원심판결 이유에 의하면, 원심은 위 전근 처분은 피고 회사의 잉여 인력의 효율적 활용을 위하여 부득이하게 행하여진 것으로서 그 업무상의 필요성이 인정되고 또한 원고와 위 김○남의 전공, 경력 등에 비추어 볼 때 그 대상으로서 원고를 선택한 점에 관하여도 그 합리성이 일응 인정된다고 판단하면서도, 피고의 원고에 대한 전근 처분은 그 대상인 원고에 대하여 근로자로서 통상 감수할 수 있는 정도를 현저히 초과한 중대한 불이익을 주는 것일 뿐만 아니라 그 과정에 있어서도 원고에게 가장 불이익이 적은 춘천공장 내에서의 전직이나 기타 그의 생활상의 이익에 관한 적절한 배려

를 위하여 신의칙상 요구되는 원고의 의사반영의 기회를 부여하는 등 원고
와의 진지한 대화의 절차를 거치지 아니한 채 이루어진 것으로서 위 전근
처분은 위 인정의 절차적 하자와 함께 원고가 입을 불이익과 피고의 인사의
필요성의 범위를 일탈한 인사권의 남용에 해당되어 무효라고 봄이 상당하
다고 판시하고 나아가 피고 회사의 원고에 대한 전근 처분이 정당한 이유
없는 것으로서 무효인 점, 원고가 피고 회사의 서울 본사에 출근하지 아니
한 것이 부당한 전근 처분에 대한 항의 내지 시정요구의 수단으로 이루어진
점 등을 참작하여 볼 때, 위 전근 처분을 거부하면서 무단결근한 것을 이유
로 한 원고에 대한 징계해고도 역시 무효라고 할 것이고, 가사 그렇지 않다
고 하더라도 위 무단결근한 소위는 통상의 무단결근과는 달리 원·피고 사이
의 근로계약관계를 지속케 하는 것이 현저히 부당하다고 인정될 정도의 비
위행위에 해당한다고는 볼 수 없다고 할 것이므로 피고가 위 취업규칙 소정
의 징계의 종류 중 가장 무거운 해고를 선택하여 원고에 대하여 해고 처분
을 한 것은 징계권의 남용이거나 형평의 원칙에 어긋난 부당한 결정이라고
할 것이어서 위 징계해고 처분도 정당한 이유가 없어 무효라고 판단하였다.

　　2) 근로자에 대한 전보나 전직은 원칙적으로 인사권자인 사용자의 권
한에 속하므로 업무상 필요한 범위 내에서는 사용자는 상당한 재량을 가지
며 그것이 근로기준법에 위반되거나 권리남용에 해당되는 등의 특별한 사
정이 없는 한 유효하다 할 것이고(당원 1989. 2. 28. 선고 86다카2567 판결;
1991. 9. 24. 선고 90다12366 판결; 1991. 10. 25. 선고 90다20428 판결 등 참조), 전
보 처분 등이 권리남용에 해당하는지 여부는 전보 처분 등의 업무상의 필요
성과 전보 등에 따른 근로자의 생활상의 불이익을 비교·교량하여 결정되어
야 할 것이고, 업무상의 필요에 의한 전보 등에 따른 생활상의 불이익이 근
로자가 통상 감수하여야 할 정도를 현저하게 벗어난 것이 아니라면 이는
정당한 인사권의 범위 내에 속하는 것으로서 권리남용에 해당하지 않는다
할 것이다(위 90다20428 판결 참조).

　　이 경우 전보 처분 등을 함에 있어서 근로자 본인과 성실한 협의절차
를 거쳤는지 여부는 정당한 인사권의 행사인지 여부를 판단하는 하나의 요
소라고는 할 수 있으나 그러한 절차를 거치지 아니하였다는 사정만으로 전

보 처분 등이 권리남용에 해당하여 당연히 무효가 된다고는 할 수 없다(당원 1994. 5. 10. 선고 93다47677 판결).

이 사건의 경우를 돌이켜 보면 원심의 사실 인정과 같이 원고에 대한 이 사건 전보 처분이 업무상의 필요성에 의하여 인정되는 것이라면 원심인정과 같이 원고의 노모와 처 및 국민학교 자녀 등 5명의 가족들이 정착하기 위하여 구미에서 춘천으로 이사를 하여 전세를 얻어 살고 있고, 1991년 4월경에 근로자 복지주택을 분양받기 위하여 분양신청의 준비를 하고 있다는 점 등의 사정이 있으며 원고가 근무를 하도록 전보된 피고 회사의 서울 본사에 근로자를 위한 기숙사 등의 편의시설이 없고, 원거리 출퇴근 근로자를 위한 교통비 보조 등의 제도가 없다고 하더라도 원고가 춘천에 주택을 소유하고 있거나 근로자복지주택을 분양받은 것도 아닐 뿐만 아니라 이 사건의 경우 원고가 그 생활근거지인 춘천에서 서울 본사까지 원거리 출퇴근을 하는 것은 그 거리나 현재의 교통수단에 의한 소요시간 등에 비추어 현실적인 가능성이 거의 없다고 보여지므로 피고가 원거리 출퇴근자를 위한 교통비 보조 등의 제도를 마련하지 아니하였다 하여 이를 잘못이라 할 수는 없으며, 전보된 근로자들을 위한 기숙사 시설이 일반적으로 보편화되어 있는 것도 아닌 점에서 이 사건 전보에 따라 출퇴근과 숙식이 가능한 숙소나 주택을 새로이 마련하여 원고가 전보지인 서울 본사에 단신 부임하거나 가족을 대동하여 이사를 하여야 하는 생활상의 불이익이 있다고 하더라도 이러한 불이익은 전보나 전직에 따라 근로자가 통상 감수하여야 할 범위 내의 불이익에 불과하고 그것이 현저하게 그러한 범위를 벗어난 생활상의 불이익이라고는 할 수 없다.

또한 원심은 원고의 경제력으로는 서울에서 가족과 함께 적정한 수준의 생계를 유지하기 어렵다고 설시하고 있으나 현재의 교통수단을 고려하여 보면 원고가 서울이 아닌 출퇴근이 가능한 서울 외곽지역에서 주거를 마련할 수도 있는 것이며 서울에서의 주거비용을 포함한 생계비가 춘천에서의 그것보다는 다소 많이 소요된다고 하더라도 원고의 경제적 수준으로 서울에서 가족과 함께 생활하는 것 자체가 불가능하거나 현저히 어렵다고 할 수도 없다.

그리고 이 사건 전보 처분의 업무상 필요성 및 원고가 입게 될 생활상의 불이익의 정도에 비추어 피고가 전보 처분을 함에 있어서 원심판시와 같이 원고와 협의하지 아니한 사실이 있다 하더라도 그러한 사정만으로 이 사건 전보 처분이 인사권의 남용이라고도 할 수 없을 뿐 아니라(실제로 원고는 자신이 근무하던 춘천공장 변전실에서의 근무만을 고집하고 있는 터이므로 비록 사전에 협의절차를 거쳤다 하여도 그 사정이 달라졌을 것이라고 보이지도 아니한다) 기록에 의하면 피고는 이 사건 전보 처분을 함에 있어 원고가 입게 될 생활상의 불이익을 해소하려고 정기적인 승진대상자가 아니었음에도 변전실 전공에서 본사 관리부 서무과 용도계 서무주임으로 승진발령까지 하였던 것으로 보여진다.

그렇다면 원심이 그 판시의 사정만으로 이 사건 전보 처분이 원고에 대하여 근로자로서 통상 감수할 수 있는 정도를 현저히 초과하는 중대한 불이익을 주는 것이라고 판단하고 나아가 피고가 이 사건 전보 처분 과정에서 춘천공장에서의 전직이나 기타 그의 생활상의 이익에 관한 적절한 배려를 위하여 신의칙상 요구되는 원고와의 진지한 대화를 거치지 아니하였다고 하여 이 사건 전보 처분이 인사권의 남용에 해당하여 무효라는 주장을 내세워 이 사건 전보 처분을 거부하면서 무단결근한 것을 이유로 한 원고에 대한 징계해고도 무효라고 판시한 것은 전보 처분의 정당성에 관한 법리를 오해하였거나 그 점에 관한 심리를 다하지 아니한 위법이 있다 할 것이고 이는 판결 결과에 영향을 미쳤음이 분명하므로 이 점을 지적하는 논지는 이유가 있다.

다. 해 설

배치전환은 동일한 사업 내에서 근로자의 업무내용이나 근무장소를 상당한 기간 동안 변경하는 사용자의 인사처분이다(판례상 '전보' '전근' 또는 '전직'이라는 표현이 사용되고 있음). 근기법 제23조 제1항에 의하면 사용자는 근로자에게 정당한 이유 없이 전직을 하지 못한다.

판례에 의하면 배치전환은 원칙적으로 인사권자인 사용자의 권한에 속하는 사항이기 때문에 인사조치 대상 근로자의 동의를 요하지 않는다. 그러나 사용자의 배치전환 권한은 합리적인 재량범위 내에서 행사되어야 그 정당성이 인정된다. 대상판결은 원심의 판단과 달리 배치전환의 정당성을 인정한 사례이다(다른 인정 사례로 대법원 1991. 7. 12. 선고 91다12752 판결; 대법원 1994. 5. 10. 선고 93다47677 판결; 대법원 1997. 7. 22. 선고 97다18165,18172 판결; 대법원 2009. 3. 26. 선고 2007다54498, 54504 판결 참고). 반면에 배치전환을 행할 업무상의 필요가 없는 경우, 업무상의 필요가 존재하더라도 그에 따른 근로자의 불이익이 통상 감수하여야 할 정도를 벗어나 현저한 경우 또는 부당한 동기·목적(예, 보복, 부당노동행위 등)으로 배치전환을 행한 경우에는 그 정당성이 인정되지 않는다(대법원 1992. 11. 13. 선고 92누9425 판결; 대법원 1995. 5. 9. 선고 93다51263 판결; 대법원 1997. 12. 12. 선고 97다36316 판결; 대법원 2000. 4. 11. 선고 99두2963 판결). 한편 근로계약에 의해 업무내용이나 근무장소가 특정된 경우 사용자는 일방적으로 그것을 변경할 수 없고 해당 근로자의 동의가 있어야 가능하다(대법원 1993. 9. 28. 선고 93누3837 판결; 대법원 1992. 1. 21. 선고 91누5204 판결).

그러나 입사 당시 작성한 인사원서에 희망근무지를 기재한 것만으로는 근로계약상 근무장소의 특정이 있었던 것으로 볼 수 없지만, 입사 당시 면접과정에서 지방근무에 대한 근로자의 동의는 배치전환에 대한 사전 승인의 효력을 갖는다(대법원 1993. 9. 14. 선고 92누18825 판결).

Q 1. 대상판결에 의하면 배치전환의 정당성 판단기준은?
Q 2. 대상판결에서 원심과 달리 배치전환이 정당한 것으로 판단된 이유는?

≪심화학습≫
1. 징계적 성격을 갖는 배치전환의 정당성 (대법원 1994. 5. 10. 선고 93다47677 판결과 대법원 1997.12.12. 선고 97다36316 판결의 비교)
2. 업무내용 또는 근무장소의 특정 (대법원 1993. 9. 28. 선고 93누3837 판결; 1994. 2. 8. 선고 92다893 판결; 대법원 1992. 1. 21. 선고 91누5204 판결 등 참고)

3. 전 적

대법원 1993. 1. 26. 선고 92다11695 판결 [해고무효확인등]

가. 사실관계

1) ○○그룹은 그 산하에 피고 회사를 비롯한 26개의 계열회사를 두고 있었는데, 계열회사간의 원활한 인력수급조정과 그룹차원의 효율적인 인사정책수행 등을 목적으로 그룹 산하에 ○○인력관리위원회와 그룹기획조정실을 설치하여 운영하면서 대졸 관리직사원에 관하여는 전 계열회사의 급여체계를 동일하게 하는 한편, 원칙적으로 각 계열회사가 이들을 개별적으로 채용하는 것을 허용하지 아니하고 그룹인력관리위원회가 각 계열회사의 인력수요를 감안하여 그룹차원에서 일괄 채용한 다음, 이들을 각 계열회사에 배정하고 그 후에는 그룹기획조정실이 매년 각 계열회사별로 인력의 과부족현황을 파악하여 그 충원계획을 수립하고 계열회사의 잉여인원에 대하여는 그룹차원에서 이를 취합하여 인원의 충원을 요구한 다른 계열회사로 전출시키는 등 인사관리를 시행하여 왔지만 필요에 따라 각 계열회사가 직접 대졸 관리직사원을 채용하기도 하여 왔다. 위와 같이 그룹차원에서 계열회사 사이에 사원의 전출입이 행하여지는 경우 퇴직금 등 금품청산절차를 거치지 아니하고 그가 최종적으로 퇴직하는 계열회사가 당해 근로자의 그룹 산하 계열회사에서의 전 근속기간을 통산하여 퇴직금을 지급하고 기타 금품청산절차도 그때에 하도록 하고 있기는 하나, 실제로 지급받는 상여금·수당 등의 수령액이 각 계열회사마다 다르기 때문에(각종 수당의 경우는 40,000원 내지 50,000원 정도가, 상여금의 경우는 200% 내지 300%가 동일 직급에서 각 계열회사마다 차이가 난다) 관리직사원을 다른 계열회사로 전출함에 있어서는 당해 사원의 명시적 묵시적 동의를 받고 이를 시행하여 왔다.

2) 원고는 1986. 2.경 대학을 졸업하고 ○○그룹인력관리위원회가 실시한 대졸 관리직사원의 공개채용에 의하여 채용되어 피고 회사에 배치

된 후 피고 회사 인천공장 에어콘개발팀 소속 대리(전기직)로 성실하게 근무하여 피고 회사로부터도 그 재능을 인정받기까지 하였다. 피고 회사는 창립초기에 해당하는 1989년경까지 수출부진과 노사분규 등 경영 여건의 악화로 적지 않게 적자가 누적되는 등 경영난을 겪기도 하였으나 1989. 4.경부터 피고 회사가 주력하여 개발한 로타리 컴프레서의 생산이 시작되고 1990년을 흑자전환의 해로 삼는 등 경영상태가 점차 좋아지는 추세였고(실제로 1990년에 피고 회사의 주력 생산품인 냉방기의 내수판매량은 경쟁회사 중에서 1위를 점하였다), 1990. 3. 초 피고 회사의 대표이사가 직원들에게 생산을 독려하면서 원고가 소속된 에어콘개발팀의 인원을 더 보충하여 주겠다고 언급하기까지 할 정도여서 위 에어컨개발팀에 잉여 인원은 없었다.

　　3) 1990. 2.경 피고 회사 광주공장에 전기직사원 1명이 부족하여 원고가 위 광주공장으로 전출되는 문제가 거론되기에 이르렀으나 당시 원고가 화농성관절염 등으로 치료를 받고 있던 처의 질병치료를 이유로 광주에서의 근무가 어려운 사정임을 토로하게 되었는데, 그 무렵 계열회사인 ○○조선공업주식회사(이하 '○○조선'이라 함)에서 소형승용차 생산팀에 합류할 경력 있는 전기직사원을 충원하여 줄 것을 요청하여 이 요청을 받은 ○○그룹기획조정실은 피고 회사 소속의 경력 있는 전기직사원의 명단과 인사기록카드를 ○○조선에 송부하도록 피고 회사에 지시하자, 피고 회사는 3. 13. 원고를 포함한 전기직사원 4명의 명단과 인사기록카드를 ○○조선에 송부하고 ○○조선은 원고를 적임자로 판단하여 기획조정실과 피고 회사에 이를 통보하였다. 이에 따라 피고 회사는 원고와 아무런 상의 없이 3. 21. 위 기획조정실에 원고를 4. 1.자로 피고 회사에서 ○○조선으로 전출시켜 달라는 내용의 인사발령의뢰를 하기에 이르렀고 (피고 회사가 의뢰한 전출처는 원래 예정된 ○○조선의 소형승용차 생산팀이 아니었고 위 승용차 생산팀은 별도로 관리되어 인사발령도 이를 구분하여 내고 있었다), 위 기획조정실은 4. 10. 피고 회사의 요청대로 원고를 4. 1.자로 피고 회사에서 ○○조선으로 전출시키는 내용의 인사발령을 소급하여 행하고 이를 원고에게 통보하였다.

4) 원고는 위와 같은 인사조치가 원고와의 사전협의나 원고의 사전 동의 없이 이루어져 부당하다는 이유로 ○○조선에의 부임을 거부하면서 피고 회사로 계속 출근하자, 피고 회사는 6. 30. 인사위원회를 개최하여 원고가 회사의 인사명령에 불응하였다는 이유로 7. 11.부터 8. 7.까지 정직 4주의 징계조치를 취하였고, 한편 원고는 피고 회사가 위와 같은 이유로 원고의 징계를 위한 인사위원회를 소집하게 되자 그 개최일인 6. 30. 08:00경 ○○센터빌딩 정문에서 그룹의 인사관리 실태에 항의하는 내용의 유인물을 출근하는 그룹사원들에게 배포하고, 위 정직기간이 만료된 후에도 위 인사발령의 부당함을 이유로 ○○조선으로의 부임을 계속 거부하자, 피고 회사는 8. 17. 다시 원고에 대한 징계위원회를 개최하여 원고가 회사의 정당한 인사명령에 불응하고 위와 같은 유인물을 배포하여 회사를 비방하였다는 사유로 8. 20.자로 원고를 해고하였다. 피고 회사의 취업규칙에는 그 소속직원에 대한 정직 등 징계사유로서 정당한 이유 없이 상사의 업무상 정당한 명령, 지시에 불복한 경우 등이 열거되어 있고, 해고사유로서 정당한 이유 없이 1주일 이상 무단결근하고도 출근독촉에 따르지 아니하거나 1개월에 15일 이상 결근한 경우, 회사 또는 노동조합의 허가없이 인쇄 또는 전단의 배포 등 행위를 한 경우, 기타 각 해고사유에 준하는 정도의 불량한 행위를 한 경우 등이 열거되어 있다.

5) 원심은 원고에 대한 이 사건 징계해고는 그 정당성을 결하여 무효라고 판단하였다.

나. 판결요지

1) 근로자를 그가 고용된 기업으로부터 다른 기업으로 적을 옮겨 그 다른 기업의 업무에 종사하게 하는 이른바 전적(전적, 원심판결은 '계열회사간의 전출'이라고 표현하고 있다)은, 종래에 종사하던 기업과 간의 근로계약을 합의해지하고 이적하게 될 기업과 간에 새로운 근로계약을 체결하는 것이거나, 근로계약상의 사용자의 지위를 양도하는 것이므로, 동일 기업 내의 인사이동인 전근이나 전보와 달라, 특별한 사정이 없는 한 근로자의

동의를 얻어야 효력이 생기는 것인바, 사용자가 근로자의 동의를 얻지 아니하고 기업그룹 내의 다른 계열회사로 근로자를 전적시키는 관행이 있어서 그 관행이 근로계약의 내용을 이루고 있다고 인정하기 위하여는, 그와 같은 관행이 기업사회에서 일반적으로 근로관계를 규율하는 규범적인 사실로서 명확히 승인되거나, 기업의 구성원이 일반적으로 아무런 이의도 제기하지 아니한 채 당연한 것으로 받아들여 기업 내에서 사실상의 제도로서 확립되어 있지 않으면 안 된다.

사실관계가 원심이 확정한 바와 같다면, 소론과 같이 ○○그룹 내 계열회사간의 전적이 20여 년간 계속 시행되어 왔고 현존 관리직사원의 30% 이상이 위와 같이 전적된 경력을 가지고 있다고 하더라도, 사용자가 당해 사원의 동의를 얻지 아니하고 일방적으로 다른 계열회사로 전적시키는 관행이 규범적인 사실로서 명확히 승인되었거나 사실상의 제도로서 확립되어 있다고 단정하기 어렵다.

2) 원심은, 원고가 이 사건 전적명령에 불복하여 전적회사로의 부임을 거부하고, 이를 이유로 한 원고에 대한 징계위원회를 소집함에 항의하는 표시로 ○○그룹 내의 인사제도에 다소 불만을 표시하는 내용의 유인물을 회사의 승인 없이 그룹 내 사원들에게 일부 배포하였다는 사유를 들어 원고에 대하여 한 이 사건 징계해고는 그 정당성을 결하여 무효라 할 것이라고 판단하고 있다.

원심판결의 이유를 전체적으로 살펴보면, 원심은 원고의 위와 같은 유인물의 배포행위가 소론과 같이 독립된 징계사유에 해당한다고 하더라도, 그 행위의 동기나 경위에 비추어 사회통념상 근로계약을 지속시킬 수 없을 정도로 근로자에게 책임 있는 사유에 해당한다고 볼 수 없어, 이를 이유로 한 이 사건 징계해고는 정당성이 인정될 수 없는 것이라는 취지로 판단한 것으로 이해되므로, 원심판결에 독립된 징계사유로서의 위 유인물배포행위에 관하여 심리를 제대로 하지 아니한 채 판단을 유탈한 위법이 있다는 논지도 받아들일 수 없다.

3) 근로자의 동의를 전적의 요건으로 하는 이유는, 근로관계에 있어서 업무지휘권의 주체가 변경됨으로 인하여 근로자가 받을 불이익을 방

지하려는 데에 있다고 할 것인바, 다양한 업종과 업태를 가진 계열기업들이 기업그룹을 형성하여 자본·임원의 구성·근로조건 및 영업 등에 관하여 일체성을 가지고 경제활동을 전개하고, 그 그룹 내부에서 계열기업간의 인사교류가 동일기업 내의 인사이동인 전보나 전근 등과 다름없이 일상적·관행적으로 빈번하게 행하여져 온 경우, 그 그룹 내의 기업에 고용된 근로자를 다른 계열기업으로 전적시키는 것은, 비록 형식적으로는 사용자의 법인격이 달라지게 된다고 하더라도, 실질적으로 업무지휘권의 주체가 변동된 것으로 보기 어려운 면이 있으므로, 사용자가 기업그룹 내부의 이와 같은 전적에 관하여 미리(근로자가 입사할 때 또는 근무하는 동안에) 근로자의 포괄적인 동의를 얻어 두면, 그때마다 근로자의 동의를 얻지 아니하더라도 근로자를 다른 계열기업으로 유효하게 전적시킬 수 있다고 보아야 할 것이다.

그러나 근로기준법 제22조(현행 근기법 제17조)와 같은 법 시행령 제7조 제1호(현행 근기법 시행령 제8조 제1항 제1호)에 의하면 사용자는 근로계약 체결시에 근로자에 대하여 임금·근로시간·취업의 장소와 종사하여야 할 업무에 관한 사항 등의 근로조건을 명시하여야 되도록 규정되어 있는바, 근로자의 특정기업에의 종속성을 배려하여 근로자의 보호를 도모하고 있는 위 규정의 취지에 비추어 볼 때, 사용자가 기업그룹 내의 전적에 관하여 근로자의 포괄적인 사전동의를 받는 경우에는 전적할 기업을 특정하고(복수기업이라도 좋다) 그 기업에서 종사하여야 할 업무에 관한 사항 등의 기본적인 근로조건을 명시하여 근로자의 동의를 얻어야 된다고 해석하여야 할 것이다.

이 사건의 경우 피고 회사가 속한 ○○그룹의 인사관리방식 및 실태와 원고가 피고 회사의 사원으로 채용된 경위 등이 소론과 같다고 하더라도, 그와 같은 사정만으로는 원고가 피고 회사의 사원으로 입사함에 있어서 소론과 같이 ○○그룹 내의 다른 계열회사로의 전적명령에 승복하겠다는 포괄적인 사전동의를 한 것으로 보기 어렵다. 또한 소론이 들고 있는 을 제3호증은 원고가 피고 회사에 입사할 때 제출한 서약서로서, 그 내용 중에 "전근, 출장 기타 귀사의 명령에 대해서는 불평없이 절대 복종하겠읍니다"라고 기재된 부분이 있기는 하지만, 이는 원고가 피고 회사와의 근로계약관계가 존속하는 것을 전제로 피고 회사의 업무지휘권에 따르겠다는 의사를 표시한 것에 지나지 아니할 뿐, 피고 회사와의 근로계약을 종료시키는 전적에 관하여도 포괄적으로 동의를 한 것으로 볼 수는 없다.

원심이, 원고가 다른 계열회사로의 전적에 대하여 사전에 포괄적인 동의를 하였다는 피고의 주장을 배척한 것은, 원심판결이 설시한 증거관계와 위에서 본 법리에 비추어 정당한 것으로 수긍이 되고, 원심판결에 소론과 같이 채증법칙을 위반하여 사실을 잘못 인정하거나 판단을 유탈한 위법이 있다고 볼 수 없으므로, 논지도 이유가 없다.

다. 해 설

전적은 원래 고용된 기업으로부터 다른 기업으로 적을 옮겨 다른 기업의 업무에 종사하게 하는 기업간 인사이동이다. 통상적으로 전적은 기업집단(그룹)을 이루는 계열기업 사이에서 이루어진다. 전적은 원래의 기업과의 근로계약을 합의해지하고 이적하게 될 기업과 새로운 근로계약을 체결하는 것이기 때문에 원칙적으로 근로자의 동의가 있어야 유효하다. 따라서 전적에서의 핵심 쟁점은 어떤 경우에 근로자의 동의가 있다고 볼 수 있으며, 근로자의 동의가 없는 경우라도 전적의 유효성이 인정될 수 있는가 하는 점이다.

대상판결은 전적의 유효요건(전적에 대한 근로자의 포괄적인 사전 동의 요건, 근로자의 동의 없는 전적 관행에 따른 전적의 유효성 요건)에 관한 기본적 법리를 제시하고 있고, 이에 근거하여 이 사건의 전적이 무효라고 판단한 사례이다. 판례에 의하면 근로자의 포괄적인 사전 동의(입사할 때 또는 근무하는 동안의 동의)가 있으면 전적은 유효하지만, 포괄적인 사전 동의의 존부와 방법은 엄격히 해석·판단되고 있다(대법원 1994. 6. 28. 선고 93누22463 판결). 근로자의 동의 없이 이루어진 전적의 관행에 따른 전적의 유효성 여부 역시 마찬가지이다(대법원 2006. 1. 12. 선고 2005두9873 판결).

Q 1. 대상판결에 의하면 전적에 대한 근로자의 포괄적인 사전 동의의 유효 요건은?

Q 2. 대상판결에서 사용자의 일방적인 전적관행의 유효성과 근로자의 포괄적인 사전동의의 존재가 부정된 이유는?

Q 3. 배치전환과 전적의 차이는?

≪심화학습≫

1. 근로자가 마지못해 전적명령에 따르기로 하여 퇴직과 입사절차를 밟아 일정 기간 근무한 경우 전적의 유효성 (대법원 1993. 1. 26. 선고 92누8200 판결 참고)

2. 유효한 전적의 경우 종전 근로조건의 승계 여부 (대법원 1996. 12. 23. 선고 95다29970 판결 참고)

4. 대기발령·직위해제

대법원 2007. 2. 23. 선고 2005다3991 판결 [부당전보무효확인등]

가. 사실관계

1) 원고는 1986. 1. 소외 ○○자동차 주식회사(이하 '소외 회사'라 한다)에 입사한 다음 1989.경부터는 같은 회사의 기술연구소 내 차량실험실에서 근무하기 시작하였다. 그 후 소외 회사는 회사의 경영이 어려워지자 1998. 10. 14. 원고를 영업팀인 필드서베이팀으로 전보하는 처분을 하였다가, 2000. 12. 1. 경영상 과원을 이유로 대기발령(이하 '이 사건 인사대기처분'이라 한다)을 하였다.

2) 2002. 8. 7. 설립된 피고 회사는 2002. 10.경 소외 회사의 부평공장 일부, 창원공장, 군산공장을 자산양수도 방식으로 인수하였고, 그 소속의

근로자들에 대하여는 소외 회사를 퇴사하고, 피고 회사에 재입사하는 형식을 취하여 고용관계를 그대로 승계하기로 하였다. 피고 회사는 위와 같은 방침에 따라 2002. 10. 11. 원고에게도 '소외 회사와 동일한 근로조건(급여와 후생 등)하에 소외 회사에서 근무하던 부서에서 동일한 직무를 수행하는 조건으로 근로자들을 신규로 고용하되 피고 회사는 소외 회사의 퇴직금 지급의무만을 승계하고, 근로자들은 피고 회사를 상대로는 소외 회사와의 고용관계 및 소외 회사로부터의 퇴사와 관련하여 발생하는 어떠한 권리주장이나 청구를 하지 않을 것에 동의한다'는 취지의 내용의 담긴 고용제안서를 제시하였다.

3) 이에 원고는 피고 회사가 제시한 고용제안서에 '본인이 처한 특수상황(20개월 이상 지속되는 인사대기의 부당성과 인사상의 불이익)에 국한하여 정당한 권리주장을 할 것입니다'라는 취지의 문구를 추가 기재한 다음 이를 제출하였다가, 2002. 10. 21. 무렵 피고 회사가 위 고용제안서를 되돌려주면서 새로운 고용제안서 제출을 요구하자, 이의를 유보하는 내용의 문구가 없는 고용제안서에 서명한 후 이를 제출하였다.

4) 피고 회사 취업규칙 제67조 제11호는 '대기발령된 자가 3개월이 경과되도록 보직되지 아니한 때에는 해고한다'고 규정하고 있는데도 원고는 2000. 12. 1. 소외 회사로부터 대기발령을 받은 이래, 피고 회사가 고용승계를 한 2002. 10. 이후에도 보직을 부여받지 못한 채 기본급만 지급받아 오고 있다.

5) 원심은 원고의 주위적 청구(소외 회사가 원고에 대하여 한 1998. 10. 14.자 전보처분, 이 사건 인사대기처분의 각 무효와 임금 및 위자료의 지급을 구함)에 대하여 이를 각하하였다. 그리고 예비적 청구(이 사건 인사대기처분의 무효확인과 아울러 위 인사대기처분으로 인하여 감액된 임금의 추가지급을 구함)에 대하여는, 피고 회사가 원고에 대하여 2003. 10. 11. 인사대기처분을 한 것으로 간주할 수 없고, 달리 피고 회사가 인사대기처분을 하였음을 인정할 증거가 없다는 이유로 기각하였다.

나. 판결요지

1) 기업이 그 활동을 계속적으로 유지하기 위하여는 노동력을 재배치하거나 그 수급을 조절하는 것이 필요불가결하므로, 대기발령을 포함한 인사명령은 원칙적으로 인사권자인 사용자의 고유권한에 속한다 할 것이고, 따라서 이러한 인사명령에 대하여는 업무상 필요한 범위 안에서 사용자에게 상당한 재량을 인정하여야 하지만(대법원 2005. 2. 18. 선고 2003다63029 판결 참조), 대기발령이 일시적으로 당해 근로자에게 직위를 부여하지 아니함으로써 직무에 종사하지 못하도록 하는 잠정적인 조치이고, 근로기준법 제30조 제1항(현행 근기법 제23조 제1항)에서 사용자는 근로자에 대하여 정당한 이유 없이 전직, 휴직, 기타 징벌을 하지 못한다고 제한하고 있는 취지에 비추어 볼 때, 사용자가 대기발령 근거규정에 의하여 일정한 대기발령 사유의 발생에 따라 근로자에게 대기발령을 한 것이 정당한 경우라고 하더라도 당해 대기발령 규정의 설정 목적과 그 실제 기능, 대기발령 유지의 합리성 여부 및 그로 인하여 근로자가 받게 될 신분상·경제상의 불이익 등 구체적인 사정을 모두 참작하여 그 기간은 합리적인 범위 내에서 이루어져야 하는 것이고, 만일 대기발령을 받은 근로자가 상당한 기간에 걸쳐 근로의 제공을 할 수 없다거나, 근로제공을 함이 매우 부적당한 경우가 아닌데도 사회통념상 합리성이 없을 정도로 부당하게 장기간 동안 대기발령 조치를 유지하는 것은 특별한 사정이 없는 한 정당한 이유가 있다고 보기 어려우므로 그와 같은 조치는 무효라고 보아야 할 것이다.

2) 피고 회사의 취업규칙 제53조 제1호는 경영형평상 과원으로 인정된 자에 대하여는 대기발령을 할 수 있고, 제53조 제2호는 대기발령된 직원에 대하여는 출근을 금할 수 있으며, 회사의 명에 의하여 출근하는 경우에는 기본급 또는 그에 준하는 임금만을 지급하고 기타의 급여는 지급하지 아니한다고 되어 있으며, 소외 회사에도 동일한 내용이 취업규칙에 정해져 있는바, 소외 회사가 경영형편상 과원을 이유로 이 사건 인사대기처분을 한 것 자체는 업무상 필요한 범위 안에서 이루어진 것으로서

정당한 이유가 있었다고 보더라도 그 이후 장기간에 걸쳐 인사대기처분을 그대로 유지하고 있다가 피고 회사가 2002. 10. 11.경 사실상 소외 회사와 원고 사이의 고용관계를 그대로 승계하면서 원고와 명시적으로 고용계약까지 체결한 이상 경영형편상 과원이라고 보기도 어려우므로 원고에 대한 대기발령 사유는 일응 해소되었다고 볼 것인데, 그 이후에도 원고에게 아무런 직무도 부여하지 않은 채 기본급 정도만을 수령하도록 하면서 장기간 대기발령 조치를 그대로 유지한 것은 특별한 사정이 없는한 정당한 사유가 있다고 보기 어렵다 할 것이다.

그렇다면 피고 회사가 2002. 10. 11.경 이후에도 원고에 대한 대기발령을 그대로 유지한 조치는 특별한 사정이 없는 한 무효라고 볼 것이고, 원고가 구하는 바에 따라 원고는 2003. 2. 1.부터 피고의 귀책사유로 인하여 자신의 근로계약상의 의무인 근로제공을 하지 못하게 된 것이라고 볼 수밖에 없으므로, 위 날짜 이후 계속 근로하였을 경우에 받을 수 있는 임금과 실제 지급받은 돈의 차액의 지급을 청구할 수 있다고 할 것이다.

다. 해 설

그동안 판례는 대기발령이나 직위해제 등의 인사권 행사에 대해서는 사용자의 재량을 폭넓게 인정하여 왔다. 그러나 대상판결은 대기발령에도 일정한 한계가 있음을 밝힘으로써 인사권 행사가 사용자의 완전한 자유재량이 아님을 밝히고 있다. 특히 근로자에게 불이익을 수반하는 대기발령은 근기법 제23조 제1항의 '정당한 이유'에 따라 규범적 통제를 받을 수 있다는 점을 명확히 하였다. 한편 학계에서는 인사권을 사용자의 고유권한으로 보는 판례의 입장에 대해 학계에서는 비판이 많다. 다수설은 근로계약에 근거하여 사용자에게 일정한 제한하에 근로의 장소와 내용 등에 대한 변경의 권한이 유보된 것으로 본다.

Q 1. 대상판결에 의하면 대기발령의 법적 성격은 무엇인가?
Q 2. 대상판결에 의하면 어떤 경우에 대기발령에도 근기법 제23조 제1항

의 규제가 미치는가?

Q 3. 일반적으로 사용자의 대기발령에 관한 권한을 제한하는 법적 근거는 무엇인가?

≪심화학습≫

1. 대기발령에 이은 당연퇴직처리의 정당성 (대법원 2007. 5. 31. 선고 2007두1460 판결 참고)

2. 경영상 필요에 따른 대기발령과 휴업수당 지급의무 (대법원 2013. 10. 11. 선고 2012다12870 판결 참고)

제 10 강

징 계

1. 개 요

(1) 사용자는 사업장에서 직장규율 또는 기업질서를 유지하기 위해 소정의 규정을 위반한 근로자에 대해 종종 징계를 한다. 통상 견책, 감봉, 정직, 해고 등 근로자에게 불이익을 준다. 사용자가 징계처분을 할 수 있는 권한을 징계권이라고 하는데, 판례는 징계권을 인사권의 일종으로서 사용자의 고유권한으로 본다. 즉 원래 근로자의 상벌 등에 관한 인사권은 사용자의 고유권한으로서 그 범위에 속하는 징계권 역시 기업운영 또는 근로계약의 본질상 당연히 사용자에게 인정되는 권한이기 때문에 그 징계규정의 내용이 강행법규나 단체협약의 내용에 반하지 않는 한 사용자는 그 구체적 내용을 자유롭게 정할 수 있다고 한다(대법원 1994. 9. 30. 선고 94다21337 판결 등).

(2) 징계는 근로자의 지위나 신분에 또는 경제적으로 불이익을 주는 것이기 때문에 그 사유나 절차 등에서 정당해야 한다. 근기법 제23조 제1항에서는 "사용자는 근로자에게 정당한 이유 없이 해고, 휴직, 정직, 전직, 감봉, 그 밖의 징벌을 하지 못한다"고 하여 이 점을 명시하고 있다. 또한 징계(제재)에 관한 사항은 취업규칙의 필요적 기재사항이다(근기법 제93조 제11호). 징계처분의 종류(예, 견책, 감봉, 정직, 해고 등)에 대해 근기법에서 명문으로 정한 바는 없지만, 같은 법 제95조에서는 감급(감봉)의 제재에 대한 한계를 규정하고 있다.

(3) 많은 기업에서는 취업규칙이나 단체협약에 징계의 사유 또는 절

차 등을 규정하고 있다. 판례는 기업질서는 기업의 존립과 사업의 원활한 운영을 위하여 필요불가결한 것이고 따라서 사용자는 이러한 기업질서를 확립하고 유지하는 데 필요하고도 합리적인 것으로 인정되는 한 근로자의 기업질서위반행위에 대하여 근기법 등의 관련법령에 반하지 않는 범위 내에서 이를 규율하는 취업규칙을 제정할 수 있다고 한다(대법원 1994. 6. 14. 선고 93다26151 판결 등).

(4) 징계처분의 정당성은 i) 징계사유의 정당성 여부(징계사유의 존부, 징계 대상 근로자의 행위가 소정의 징계사유에 해당하는지 여부), ii) 징계절차의 정당성 여부(징계사유가 인정되더라도 소정 징계절차를 준수했는지 여부), iii) 징계양정의 상당성 또는 적정성 여부(비행의 정도 등 제반사정에 비추어 볼 때 해당 징계처분이 과하여 징계권의 남용에 해당하는지 여부) 등에 따라 판단된다. 즉, 징계가 정당하기 위해서는 근로자의 규율 위반 또는 비위 행위가 취업규칙 등에서 정한 징계사유에 해당해야 하고, 나아가 소정의 징계절차에 따라서 징계가 이루어져야 하며, 특히 징계처분의 정도가 근로자의 원인 행위에 비추어 적정하거나 상당해야 한다. 세 가지 요건 중 하나라도 충족하지 못한 경우에는 해당 징계는 무효이다.

Q 1. 근기법 제23조 제1항에 위반한 징계의 사법상 효과는? 근기법은 동 조항의 위반에 대해 벌칙을 두고 있는가?

Q 2. 취업규칙에서 징계사유나 절차를 단체협약과 다르게 규정할 수 있는가?

Q 3. 동일한 비위 행위에 대하여 근로자별로 다른 징계조치를 내릴 수 있는가?

Q 4. 부당징계에 대해 노동위원회에 구제신청을 하려는 경우에 징계가 부당하다는 취지로 어떠한 점들을 주장할 수 있는가?

2. 징계절차의 정당성

대법원 1991. 7. 9. 선고 90다8077 판결 [해고무효확인]

가. 사실관계

1) 피고 회사의 단체협약 제23조에 노동조합장은 조합원의 징계시 징계위원이 되도록 되어 있고, 피고 회사 노동조합의 규약 제31조에는 위원장 유고시 부위원장이 위원장을 대리하도록 되어 있으며, 또 피고 회사의 취업규칙 제76조에는 사원에 대한 징계결정은 징계위원회의 의결에 따라 사장이 정하도록 되어 있고, 징계규정 제17조 및 제20조에는 징계위원장은 징계위원회의 개최일시와 장소를 징계대상자에게 통보하여야 하고 징계대상자는 징계사유에 대하여 징계위원회에서 진술하여야 하며 징계대상자가 진술을 거부하였을 때는 징계처분결과에 이의가 없는 것으로 보고 또 징계대상자가 징계위원회에서 진술할 수 없는 부득이한 사유가 있을 때에는 징계대상자가 지정한 대리인이 대리진술하게 할 수 있도록 되어 있다.

2) 피고 회사는 원고들을 각 해고한 그 날짜에 각 징계위원회를 개최하여 징계위원 7명 중 6인이 출석하여 원고들의 각 비위사실이 피고 회사 징계규정에 규정된 징계사유에 해당하는 것으로 인정하여 원고들을 각 징계해고하기로 의결하였고 이에 따라 피고 회사 대표이사가 같은 날짜로 원고들을 각 징계해고하였다.

3) 그런데 원고들은 위 각 징계위원회 개최 당시 그 개회 30분 전에야 비로소 징계위원회의 개최일시 및 장소를 통보받고서 모두 징계위원회에 출석하여 간사로부터 각 징계혐의사실에 대한 설명을 들었으나, 원고 2, 3, 4는 그 직후 진술을 거부하고 일방적으로 퇴장하였고 원고 1, 5, 6, 7은 자리에 남아 징계사유에 대하여 진술을 하거나 변명을 하였다.

4) 한편 원고 1, 2에 대한 징계위원회 개최 당시에는 피고 회사 노동조합집행부를 이루고 있는 위원장 소외 1, 부위원장 소외 2, 사무장 원고

2 등이 모두 사직당국에 구속되어 있어 수습대책위원회의 1인인 소외 진
○찬이 피고 회사 노동조합의 업무를 사실상 집행하고 있었으므로 피고
회사는 위 진○찬에게 노동조합측 징계위원으로 참석할 것을 통보하였으
나 그의 참석거부로 노동조합측 징계위원의 출석 없이 원고 1, 2에 대한
징계위원회가 개최되었고, 나머지 원고들의 경우에는 같은 해 11. 12.자
로 피고 회사 노동조합 대의원대회에서 부위원장으로 선출된 소외 안○
락이 위원장 권한대행의 자격을 가지고 노동조합측 징계위원으로 출석하
여 징계위원회가 개최되었다.

   5) 원심은 원고들에 대한 각 징계해고처분이 그 절차에서 정당한 것
으로 판단하였다.

나. 판결요지

   1) 원심은 위 각 징계위원회는 징계대상자인 원고들에게 충분한 시
간적 여유없이 그 개최일시 및 장소가 통보되었고 특히 원고 1, 2의 경우
에는 노동조합위원장 및 그 직무대행자까지 구금되어 있던 관계로 노동
조합 측 징계위원의 출석없이 개최된 절차상의 흠이 있다고 하겠으나, 위
취업규칙과 징계규정에서 노동조합측 징계위원의 지위, 징계위원회의 개
최일시와 장소를 통보하는 시기 및 방법 등에 관하여 명시한 바 없고 더
욱이 원고들이 직접 위 각 징계위원회에 출석하여 진술과 변명을 하였거
나 또는 그러할 기회가 주어졌던 이상, 위와 같은 절차상의 흠으로 인하
여 위 취업규칙과 징계규정에서 요구하는 절차적 정의가 본질적으로 침
해된 것은 아니므로 원고들에 대한 위 각 징계해고처분이 그 절차적 유
효요건이 흠결된 것으로 보기는 어렵다고 판단하였다.

   2) 그러나 첫째로, 원심인정과 같이 피고 회사의 단체협약에 의하여
노동조합의 위원장이 조합원의 징계시 징계위원이 되도록 되어 있다면
징계위원회를 개최함에 있어서는 노동조합의 위원장에게 그 개최사실을
통보하여 참석의 기회를 부여하여야 할 것인바, 원심은 위원장, 부위원
장, 사무장 등이 모두 구속 중이어서 수습대책위원회의 1인으로서 사실

상 노동조합업무를 집행하던 진○찬에게 노동조합측 징계위원으로 참석할 것을 통보하였다고 설시하고 있으나, 위 진○찬이 단체협약상 징계위원이 되도록 규정된 위원장을 대리할 지위에 있는 자인지의 여부가 기록상 분명하지 않을 뿐 아니라, 노동조합측에서 위원장을 대리하여 징계위원회에 출석할 수 있는 자를 선정할 만한 시간적 여유를 두고 통보를 하였는지조차도 분명하지 않다.

3) 둘째로, 원심인정과 같이 피고 회사의 징계규정에 징계위원회의 개최일시와 장소를 징계대상자에게 통보하고 징계대상자는 징계사유에 대하여 징계위원회에서 진술하도록 규정되어 있다면(을 제1호증 기재에 의하면 취업규칙 제74조에서도 회사는 본인에게 징계사유에 대한 소명의 기회를 주어야 한다고 규정하고 있다), 이는 징계대상자에게 징계위원회에 출석하여 변명과 소명자료를 제출할 수 있는 기회를 부여한 것이므로 그 통보의 시기와 방법에 관하여 특별히 규정한 바가 없다고 하여도 변명과 소명자료를 준비할 만한 상당한 기간을 두고 개최일시와 장소를 통보하여야 하며, 이러한 변명과 소명자료를 준비할 만한 시간적 여유를 주지 않고 촉박하게 이루어진 통보는 실질적으로 변명과 소명자료제출의 기회를 박탈하는 것과 다를 바 없어 위 취업규칙이나 징계규정이 규정한 사전통보의 취지를 몰각한 것으로서 부적법하다고 보아야 할 것이다.

위 원심판시 사실에 의하면 이 사건 징계위원회의 개최일시 및 장소가 원고들에게 통보된 것은 징계위원회가 개회되기 불과 30분 전이었다는 것이므로 이러한 촉박한 통보는 징계대상자로 하여금 사실상 변명과 소명자료를 준비할 수 없게 만드는 것이어서 적법한 통보라고 볼 수 없으며, 설사 원고들 중 일부가 징계위원회에 출석하여 진술을 하였다고 하여도 스스로 징계에 순응하는 경우가 아닌 한 그 징계위원회의 의결에 터잡은 징계해고는 징계절차에 위배한 부적법한 징계권의 행사임에 틀림없다.

그런데 단체협약이나 취업규칙 또는 이에 근거를 둔 징계규정에서 징계절차를 규정한 것은 징계권의 공정한 행사를 확보하고 징계제도의 합리적인 운영을 도모하기 위한 것으로서 중요한 의미를 갖는 것인바, 징계규정에서 징계위원회의 구성에 노동조합의 대표자를 참여시키도록 되어 있고 또 징계대상자에게 징계위원회에 출석하여 변명과 소명자료를 제출할 기회를 부여하도록 되어 있음에도 불구하고 이러한 징계절차를 위배하여 징계해고를 하였다면 이러한 징계권의 행사는 징계사유가 인정되는 여부에 관계없이 절차에 있어서의 정의에 반하는 처사로서 무효라고 보아야 할 것이다.

4) 결국 원심판결에는 징계절차의 위배 여부와 그 효력에 관하여 심리미진과 법리오해로 판결에 영향을 미친 위법이 있다고 할 것이므로 이 점에 관한 논지는 이유 있다.

다. 해 설

근기법은 징계절차에 관해 특별히 규정하고 있지 않다. 다만, 제재(징계)에 관한 사항은 취업규칙의 필요적 기재사항이다(근기법 제93조 제11호). 판례에 의하면, 취업규칙 등에 징계절차가 정하여져 있으면 그 절차는 정의가 요구하는 것으로 유효요건이라 할 것이나 징계에 관한 규정에 징계혐의 사실의 고지, 변명의 기회부여 등의 절차가 규정되어 있지 않는 경우에는 그와 같은 절차를 밟지 아니하고 한 징계처분도 정당하다(대법원 1979. 1. 30. 선고 78다304 판결; 대법원 1992. 4. 14. 선고 91다4775 판결 등).

징계절차와 관련된 법적 쟁점은 취업규칙이나 단체협약 등에서 징계회부(징계위원회 개최의 일시와 장소) 및 징계사유의 사전 통보, 징계 대상자에 대한 소명기회의 부여, 징계위원회의 구성, 조합원 또는 조합간부의 해고에 대한 노동조합과의 사전 협의 내지 합의 등이 규정되어 있는 경우 그 절차의 준수 여부 및 절차 위반에 따른 징계처분의 효력이다. 대상판결은 징계위원회의 구성(징계위원으로서 노동조합 대표자의 징계위원회 참여) 및 징계 대상자에 대한 소명기회의 부여(징계위원회 개최 일시·장소의 통보, 징계사유에 대한 징계위원회에서의 진술)에 관한 징계절차 위반 여부가 쟁점인 사례로서 원고들에 대한 각 징계해고처분이 징계절차상 적법하다고 본 원심판결을 파기한 것이다.

판례에 의하면, 징계절차상의 사전통지를 결한 징계는 원칙적으로 무효이고, 사전통지의 시기와 방법에 관해 특별히 규정한 바가 없어도 소명의 준비에 충분한 시간적 여유를 두어 통지하여야 하지만, 출석통지서의 수령 거부 등 진술권의 포기로 간주할 수 있는 경우 재차 출석통지할 필요 없이 서면심사만으로 징계할 수 있다(대상판결; 대법원 1992. 7. 28. 선고 92다14786 판결; 대법원 1993. 5. 25. 선고 92누8699 판결). 또한 노동조합 등 근로자측의 대표자를 참여시켜 징계위원회를 구성하도록 징계절차가 규정되어 있는 경우 그 절차 위반에 따른 징계는 원칙적으로 무효이나 근로자측이 징계위원 선정을 스스로 포기한 경우에는 근로자측 징계위원이 참석하지 않은 징계위원회에서의 징계처분은 유효하다(대법원 1997. 5. 16. 선고 96다47074 판결). 한편, 징계처분에 대한 재심절차를 두고 있는 경우 원래의 징계절차와 재심절차 전부가 하나의 징계처분절차를 이루기 때문에 그 절차의 정당성도 징계과정 전부에 관해 판단해야 한다(대법원 1995. 1. 24. 선고 93다29662 판결; 대법원 2009. 2. 12. 선고 2008다70336 판결).

Q 1. 대상판결에서 징계절차와 관련하여 어떤 쟁점들이 제기되고 있는가?

Q 2. 대상판결에서 대법원이 원심판결을 파기한 이유는?

Q 3. 취업규칙 등에 징계대상 근로자에게 소명의 기회를 부여할 것을 요구하는 취지의 규정이 없는 경우에도 사용자는 소명의 기회를 부여하여야 하는가? (대법원 1992. 4. 14. 선고 91다4775 판결 참고)

≪심화학습≫

1. 징계위원회에서 새로운 징계사유의 추가와 소명의 기회 (대법원 2012. 1. 27. 선고 2010다100919 판결 참고)

2. 징계절차상의 하자와 그 치유 (대법원 1991. 2. 8. 선고 90다15884 판결; 대법원 2009. 2. 12. 선고 2008다70336 판결 참고)

3. 징계재심절차에서의 징계사유 추가와 그 절차적 정당성 (대법원 1996. 6. 14. 선고 95누6410 판결 참고)

3. 징계사유의 정당성

대법원 2012. 1. 27. 선고 2010다100919 판결 [해고무효확인등]

가. 사실관계

1) 피고는 ○○보험과 관련한 제반 업무를 관장하는 법인(이하, '피고 공단'이라고 한다)이고, 원고는 피고 공단 대전서부지사 행정직 3급으로 근무하다가 2009. 10. 29. 피고 공단으로부터 해임처분을 받은 사람이다.

2) 원고는 2009. 7. 17.과 2009. 7. 21. 2회에 걸쳐 피고 공단의 전 직원이 볼 수 있는 내부통신망의 자유게시판에 아래와 같은 내용의 글을 게시하였다.

> [2009. 7. 17.자 게시글]
> "제목: 시간외, 휴일근무 실태 점검계획 통보를 공람하면서
> … (중략) …
> 현 공단의 임금 보전적 기능의 수당에서 출발한 특근수당은 계층적 분리로 3급 이하에서만 적용된지도 6-7년 되지 않나 싶다. 그러니 특근수당이 현재 보전수당인지 기본급 보완 수당인지는 1-6직급간 100만원 넘는 격차의 보수체계를 보면 알 수 있다.
> 2-3년 전부터 언론 등에서 주목되는 특근수당으로 일부 공직자의 부당수령 사례 운운하면서 3급이하 전직원을 예비 도둑으로 가정한다는 문서로 치부하고자 한다.
> 이러한 문서 생산자가 현상을 모른 저능아들인지 아니면 도둑질도 눈치껏 알아서 하라는 온정적 신호인지 나는 알쏭달쏭하다.
> 한때 1-2급도 받던 특근수당이 '관리수당'으로 변경된 이후 그들은 그렇게 '관리'를 잘해서 준다는 얘기인지도 묻고 싶다.
> 사려깊은 고민도 없이 임금보수의 역사적 고찰과 임금론의 기초도 없는 놈들이 누워서 침을 뱉고 있구나
> 에라이 테/"

[2009. 7. 21.자 게시글]

"제목: 어떤 전보 이야기

… (중략) …

후임 인력관리실장도 지사장에서 4개월 만에 발탁(?)하였다.

내가 아는 그는 2007년인가 지역본부에서 승진후, 같은 동네 지사장을 몇 개월 하다가 본부 부서장을 또 몇 개월 하다가 평택지사거쳐서 서울 강남 모지사에서 4개월만에 인력관리실장으로 부임하였다.

부서장 평균 재임기간이 1년에 턱없이 모자랄 뿐만아니라 4개월 재직도 한번이 아닌 것 같다. 이를 어떻게 이해하여야 할지 난감하다.

대한민국 유수의 공기업인 ○○보험공단의 지분을 가진 자의 자제도 아닐꺼고 그렇다고, 공단발전에 현저히 공헌하였다는 얘기도 과문한 탓인지는 모르지만 들은 바 없고, 2000. 7. 통합 후 자유자재로 움직여 다니면서 공단이 주는 특전도 누리고 (해외연수 등) 누구보다도 과실을 잘 따는 데에는 무슨 특별한 사연이나 스킬이 있나 무척 궁금하기도 하다.

이는 개인적 불만이나 배가 아파서 그러는 것이 아님이 분명하고, 더더욱 인신을 공격하고자함이 아니고 이 공단의 1만 1천여 종사자의 상대적 박탈감을 짓밟는 뚝심인지, 현란한 처신인지, 아니면 잦은 전보인사는 직무수행에 문제가 있었다던가 하는 등 검증하기가 난해하다.

… (이하 생략) …"

3) 피고 공단은 원고가 위 각 게시글을 작성하여 근거 없이 인력관리실장 소외 1의 명예를 훼손하고 공단 방침을 비방하는 한편, 정당한 권원에 의하여 생산된 문서를 수용하지 않고 권위를 부정하여 직원의 '제규정준수 및 성실의무'를 위반하는 등 직원으로서 품위유지의무를 위반하였다는 이유로 2009. 10. 29. 원고를 해임하기로 하는 처분(이하, '이 사건 해임처분'이라고 한다)을 하였다.

4) 이 사건 해임처분과 관련된 피고 공단의 인사규정은 다음과 같다.

제38조(직원의 의무)

① 직원은 공단의 제규정을 준수하여야 하며 성실히 직무를 수행하여야 한다.

④ 직원은 직무내외를 불문하고 그 품위를 손상하는 행위를 하여서는 아니된다.

제73조(징계의 사유) 직원이 다음 각 호의 1에 해당할 때에는 징계의결을 요구하여야 하고, 동 징계의결 결과에 따라 징계처분을 하여야 한다.
1. 이 규정에서 정하고 있는 직원의 의무를 위반했을 때

나. 판결요지

1) 2009. 7. 17.자 게시글 게시행위에 관하여

원심판결 이유 및 원심이 인용한 제1심판결 이유에 의하면 원심은, 원고가 직원으로서 피고의 방침에 불만이 있을 경우 피고가 정한 정당한 절차에 따라 이의를 제기해야 함에도 저속한 표현을 쓰면서 근거 없이 피고의 방침을 비판하는 내용의 2009. 7. 17.자 게시글을 피고의 사내 전자게시판에 게시하였으므로 피고의 인사규정 제38조 제4항을 위반한 사실이 충분히 인정된다고 판단하였는바, 기록과 대조하여 보면 원심의 판단은 수긍이 가고, 거기에 원고 주장과 같은 품위손상행위의 성립에 관한 법리오해의 잘못이 없다. 이 부분 상고이유 주장은 이유 없다.

2) 2009. 7. 21.자 게시글 게시행위에 관하여

사내 전자게시판에 게시된 문서에 기재되어 있는 문언에 의하여 타인의 인격, 신용, 명예 등이 훼손 또는 실추되거나 그렇게 될 염려가 있고, 또 문서에 기재되어 있는 사실관계의 일부가 허위이거나 표현에 다소 과장되거나 왜곡된 점이 있다고 하더라도, 그 문서를 배포한 목적이 타인의 권리나 이익을 침해하려는 것이 아니라 근로조건의 유지·개선과 근로자의 복지증진 기타 경제적·사회적 지위의 향상을 도모하기 위한 것으로서 문서의 내용이 전체적으로 보아 진실한 것이라면 이는 근로자의 정당한 활동범위에 속한다.

원심판결 이유 및 원심이 인용한 제1심판결 이유에 의하면 원심은, 원고가 2009. 7. 21.자 게시글을 피고 사내 전자게시판에 게시하면서 피고의 인사원칙에 따라 전보된 인력관리실장 소외인을 특정할 수 있는 표현을 하면서 소외인이 정당하지 못한 방법으로 인사상 특혜를 입었다는 취지의 글로 소외인의 명예를 훼손하고, 피고 공단의 인사정책을 왜

곡하였으므로 피고 인사규정 제38조 제4항을 위반한 사실이 인정되어 징계사유에 해당한다고 판단하였다.

그러나 원심이 인정한 사실과 기록에 의하면, 위 게시글에는 소외인의 개인적인 명예를 훼손시킬 수 있는 표현들이 있으나 전체적인 글의 취지는 피고의 이사장에게 전보인사의 원칙인 1년 근무 규정을 지켜 자의적 인사의 폐해를 방지해 달라고 건의하는 것으로 위 게시글을 게시한 목적이 타인의 권리나 이익을 침해하려는 것이 아니라 근로조건의 유지·개선과 근로자의 복지증진 기타 경제적·사회적 지위의 향상을 도모하기 위한 것으로 볼 수 있고, 문서의 내용도 전체적으로 보아 진실한 것으로 보인다.

그렇다면 위 게시글에 기재되어 있는 문언에 의하여 소외인의 인격, 신용, 명예 등이 훼손 또는 실추되거나 그렇게 될 염려가 있고 또 문서에 기재되어 있는 사실관계의 일부가 허위이거나 표현에 다소 과장되거나 왜곡된 점이 있다고 하더라도, 위 글의 게시행위는 근로자의 정당한 활동범위에 속하여 징계사유에 해당하지 않는다고 보아야 할 것이다.

그럼에도 원심은 2009. 7. 21.자 게시글 게시행위가 징계사유에 해당한다고 판단하였으니, 이러한 원심의 판단에는 근로자의 정당한 활동범위에 관한 법리를 오해하여 판결에 영향을 미친 잘못이 있고, 이 점을 지적하는 상고이유는 이유 있다.

다. 해　설

근로자의 어떤 비위행위를 이유로 하는 징계해고의 실체적 정당성 판단에 있어서 우선 그 비위행위가 취업규칙 등에서 정한 징계(해고)사유에 해당하는지 여부가 문제된다. 대상판결은 근로자가 사내 전자게시판에 게시한 글의 내용과 관련하여 그 게시행위가 취업규칙상의 징계사유(품위손상행위)에 해당하는지 여부가 쟁점이 된 사례로 징계사유에 해당하지 않는 근로자의 정당한 활동범위에 관한 판단기준을 제시한 점에서 의의가 있다.

Q 1. 대상판결에서 2009. 7. 17.자 게시글 게시행위가 징계사유에 해당한다고 본 이유는?

Q 2. 대상판결에서 2009. 7. 21.자 게시글 게시행위의 징계사유 해당 여부에 관하여 원심법원과 대법원 사이에 어떤 판단의 차이를 보이고 있는가?

≪심화학습≫

1. 시말서 제출명령 불이행의 징계사유 해당 여부 (대법원 1991. 12. 24. 선고 90다12991 판결; 대법원 2010. 1. 14. 선고 2009두6605 판결 참고)

4. 징계권의 남용

대법원 2006. 11. 23. 선고 2006다48069 판결 [해고무효확인및임금]

가. 사실관계

1) 피고는 택시운송업을 하는 회사이고, 원고는 피고 소속 택시 운전기사로 근무하고 있었다. 피고는 2003. 4. 10. 원고에 대한 징계위원회를 개최하여 '매일 납부하여야 할 사납금(공금) 988,000원을 개인적으로 유용하여 회사 경영에 막대한 피해를 끼치고, 그 잘못에 대하여 반성하지 아니하여 더 이상 근로계약을 지속시킬 수 없다'는 것을 사유로 하여 같은 날 원고를 징계해고하였다(이하 '이 사건 해고'라 한다).

2) 피고 취업규칙 중 이 사건 해고 관련 규정은 다음과 같다.

제17조(운송수입금 입금)
1. 종업원은 1일 영업 후에는 당일 운송수입금 전액을 회사에 입금하여야 한다(정액제).
2. 입금 시간은 노사합의로 정한 시간으로 한다.

제36조(해고) 종업원이 다음 각 호에 저촉될 때에는 징계위원회에 회부하여 해고한다.

6. 운송수입금 유용 및 횡령하거나 회사 자산을 절취한 자 및 3일 이상 입금 미납자

3) 피고 임금협정서 등에 의하여 피고 소속 운전기사들은 1일 운행에 의한 운송수입금 중 일정금액(이하 '사납금'이라 한다)을 월 26일 간 회사에 입금하고 사납금을 제외한 나머지 운송수입금은 모두 근로자의 수입으로 하기로 하는 소위 '사납금제' 방식으로 근무를 하였고, 피고는 그 외에 별도로 운전기사들에게 월급으로 소정의 임금을 지급하는 것으로 하여 회사를 운영하고 있었다.

4) 피고 소속 운전기사들의 사납금은 1일 단위로 매일 납입하는 것을 원칙으로 하되, 장거리 운행 등 예외적인 경우에 납입유예를 허용하고 있다. 그런데 일부 기사들이 2-3일 또는 1주일 단위 등으로 사납금을 납입하는 경우가 종종 있었고, 피고는 이러한 납입형태를 문제 삼지 아니하고 묵인하여 주었다.

5) 원고는 피고에 입사하여 시용기간 3개월을 거친 후 고정승무기사로 근무하여 왔는데, 원고의 경우 1일 사납금은 76,000원이고, 월급은 310,000원이었다.

6) 원고는 2003. 3. 15. 택시운행 중 본인의 과실로 교통사고를 일으켰다. 위 사고로 발생한 대인·대물 손해에 관하여는 피고가 가입된 공제조합을 통하여 처리를 하였으나, 자기차량손해공제에는 가입하지 않았기 때문에 차량 수리비는 처리하지 아니하였다. 그런데 위 사고는 피고 취업규칙(제13조)에서 정하고 있는 원고의 중대한 과실로 발생한 사고(중대한 10개항목 교통사고)로서 원고가 피고에게 그 손해를 보상할 의무가 있고, 그에 따라 원고는 위 사고에 의한 차량 수리비 1,400,000원 및 수리기간 동안의 사납금 228,000원 합계 1,628,000원을 피고에게 보상할 채무를 부담하게 되었다.

7) 그런데 원고는 2003. 3. 중순경부터 2003. 3. 30.경까지 택시운행을 하였으나 그 운송수입금 중 13일치에 해당하는 사납금인 988,000원

(이하 '이 사건 사납금'이라 한다)을 피고에게 납입하지 아니하였다.

8) 피고는 원고 등 사납금을 연체하고 있는 운전기사들에게 2003. 3. 31.경, 2003. 4. 2.경 등 수차례에 걸쳐 사납금 성실 납입을 독촉하였고, 불성실 미납자들에게는 시말서나 각서를 받는 등의 조치를 취하였다. 그러나 원고가 여전히 이 사건 사납금을 납입하지 아니하자 2003. 4. 10.자로 징계위원회가 개최된다는 사실을 통지하였다. 그러자 비로소 원고는 2003. 4. 10. 징계위원회 개최 직전 이 사건 사납금을 납입하였으나, 피고는 원고에게 사납금 연체와 관련하여 소명할 기회를 준 다음 징계위원회를 개최를 속행하여 이 사건 해고를 하게 되었다.

나. 판결요지

1) 원심은, 운송수입금 미납은 해고사유에 해당하지 않고, 그렇지 않더라도 이 사건 해고는 그 사유에 비해 지나치게 중하여 징계재량권을 일탈하였다는 원고의 주장에 대하여, 원고가 택시운행을 하고도 이 사건 사납금을 납입하지 않다가 2003. 4. 10. 이를 한꺼번에 납입한 것은 운송수입금을 유용한 행위이거나 3일 이상 운송수입금을 납입하지 않은 경우로서 피고의 취업규칙 제36조 제6호에서 정하고 있는 해고사유에 해당한다고 하면서, i) 원고가 이 사건 사납금을 미납한 이유라는 것은 2003. 3. 15. 일으킨 교통사고로 인한 손해를 보상하는 데 따른 어려움 때문이라고 하지만, 원고가 이 사건 사납금을 미납하기 시작한 것은 위 교통사고가 발생하기 이전인 2003. 3. 13.경부터이고, 이는 원고가 피고의 고정승무기사로 근무하기 시작한 지 3개월 남짓 밖에 지나지 아니한 시점인 점, ii) 피고가 위 교통사고로 인하여 발생한 손해 중 대인·대물 손해를 처리하여 주었을 뿐 아니라, 위 교통사고는 원고의 중대한 과실로 발생한 사고이므로 그로 인하여 발생한 손해를 근로자에게 부담시킨다는 것이 피고의 부당한 책임전가라고 보기는 어려운 점, iii) 원고가 비록 이 사건 사납금을 완납하였으나, 피고로부터 수차례 독촉을 받고 징계위원회 통지까지 받았음에도 불구하고 납입하지 아니하다가 징계위원회 개최 당일

비로소 납부한 것이므로 완납하였다는 사실만으로 앞으로 동일한 미납행위가 반복되지 않으리라고 기대하기는 어렵다고 보이는 점, iv) 원고의 미납액이 큰 편이 아니거나 통상적인 수준이라고 인정할 만한 뚜렷한 자료가 없을 뿐 아니라, 원고가 형평성을 내세우는 소외인의 경우 피고로부터 징계해고를 당한 사실에 비추어 이 사건 해고가 사유에 비하여 지나치게 중하여 형평성이 없다고 보기 어려운 점 등의 사정과 택시운송사업을 영위하는 회사로서는 운영자금을 소속 운전기사들이 매일 택시를 운행하여 회사에 납입하는 운송수입금으로 충당하는 것이 보통이고 이와 같은 영업구조에서 운전기사들이 임금협정 등에서 정한 바에 따라 성실하고 규칙적으로 운송수입금을 회사에 납입하여야 하는 것은 택시회사 운전기사로서의 기본적 의무이므로, 운전기사가 특별한 사정이 없는데도 임금협정 등에서 정한 운송수입금의 납입의무를 제대로 이행하지 아니하는 것은 근로계약에 따른 근로자의 본질적이고 기본적인 의무를 이행하지 아니하는 것으로서 이는 채무불이행이 될 뿐 아니라 일반적으로 해고사유가 된다고 보아야 하는 점을 종합하여 보면, 피고와 원고 사이의 근로관계는 사회통념상 원고의 귀책사유로 더 이상 그 계속을 기대하기 어려울 정도에 이르게 되었다고 보는 것이 상당하므로, 이 사건 해고가 징계재량권을 일탈하거나 남용한 것이라고 볼 수는 없다고 판단하여 원고의 위 주장을 배척하였다.

2) 그러나 원심이 이 사건 해고가 징계재량권을 일탈하거나 남용한 것이라고 볼 수 없다고 판단한 것은 다음과 같은 이유에서 수긍하기 어렵다.

해고는 사회통념상 고용관계를 계속할 수 없을 정도로 근로자에게 책임 있는 사유가 있는 경우에 행하여져야 그 정당성이 인정되는 것이고, 사회통념상 당해 근로자와의 고용관계를 계속할 수 없을 정도인지의 여부는 당해 사용자의 사업의 목적과 성격, 사업장의 여건, 당해 근로자의 지위 및 담당직무의 내용, 비위행위의 동기와 경위, 이로 인하여 기업의 위계질서가 문란하게 될 위험성 등 기업질서에 미칠 영향, 과거의 근무태도 등 여러가지 사정을 종합적으로 검토하여 판단하여야 한다(대법원

2002. 5. 28. 선고 2001두10455 판결 등 참조).

그런데 기록에 의하면, 원고가 이 사건 사납금을 연체하기 시작한 것이 2003. 3. 15.자 교통사고 전인 2003. 3. 13.부터임을 인정할 증거가 없고, 오히려 연체액과 연체일수를 비교해 보면 위 교통사고 이후부터 연체하기 시작하였을 가능성이 크며, 피고 회사 2002년도 일일입금장부내역서에 의하면, 원고가 2002. 6.경부터 피고 회사에 사납금을 납입한 것이 확인되는데, 시용기간 3개월을 참작하더라도 원고는 2002. 9.경부터는 고정승무기사로 근무하였던 것으로 보이는 점, 피고는 100만 원 이상의 사납금 미납자들에게 성실납입 독촉장을 발송하였고, 그 독촉장에는 납입기일이 2003. 4. 10.로 기재되어 있는데, 원고는 미납된 사납금이 100만 원에 미달해 피고로부터 위와 같은 독촉장을 받은 사실이 없고, 독촉장 납입기일인 2003. 4. 10.에는 미납된 이 사건 사납금을 모두 납부한 점, 피고 소속 운전기사들은 사납금을 일일납입하지 않고 2-3일분을 일괄납입하는 것이 통상이었고, 일주일분, 심지어 100만 원 이상을 일괄납입하는 경우도 있었는데, 피고가 종전에 이를 이유로 징계한 사례가 없고, 일일납입 여부와 상관없이 말일까지의 사납금이 모두 입금되기만 하면 성실수당을 지급해온 점 등을 알 수 있고, 여기에 원고가 이 사건 사납금을 연체한 것이 2003. 3. 15.자 교통사고의 손해배상을 위해 빌린 일수사채를 변제하는 데 따른 어려움 때문이라는 점과 원고가 징계위원회 개최 직전 이 사건 사납금을 모두 납입한 사정 등을 종합해 보면, 피고와 원고 사이의 근로관계가 사회통념상 원고의 귀책사유로 더 이상 그 계속을 기대하기 어려울 정도에 이르게 되었다고 볼 수는 없고, 따라서 이 사건 해고는 지나치게 가혹하여 그 재량권의 범위를 일탈한 것으로 볼 수 있다고 할 것이다.

그럼에도 불구하고, 원심은 이 사건 해고가 징계양정이 적정하여 징계재량권을 일탈하거나 남용한 것이라고 볼 수는 없다고 판단하였으니, 원심판결에는 채증법칙을 위반하여 사실을 오인하거나, 징계재량권 일탈에 관한 법리를 오해한 위법이 있고, 이는 판결 결과에 영향을 미쳤음이 분명하다.

다. 해 설

판례에 따르면, 취업규칙 등에 해고에 관한 규정이 있는 경우에 그것이 근기법 제23조 제1항의 규정에 위배되어 무효가 아닌 이상 그에 따른 해고는 정당한 이유가 있는 해고라고 할 것이나, 취업규칙 등의 징계해고사유에 해당하는 경우 이에 따라 이루어진 해고처분이 당연히 정당한 것으로 되는 것이 아니라 사회통념상 고용관계를 계속할 수 없을 정도로 근로자에게 책임 있는 사유가 있는 경우에 행하여져야 정당성이 인정되는 것이고, 사회통념상 당해 근로자와의 고용관계를 계속할 수 없을 정도인지는 당해 사용자의 사업의 목적과 성격, 사업장의 여건, 당해 근로자의 지위 및 담당직무의 내용, 비위행위의 동기와 경위, 이로 인하여 기업의 위계질서가 문란하게 될 위험성 등 기업질서에 미칠 영향, 과거의 근무태도 등 여러가지 사정을 종합적으로 검토하여 판단하여야 한다(대법원 1998. 11. 10. 선고 97누18189 판결 참조).

대상판결은 위와 같은 판례의 법리에 기초하여 택시회사의 운전기사가 운송수입금을 납입하지 않다가 한꺼번에 납입한 것이 취업규칙상의 해고사유에 해당하고 제반 사정에 비추어 사회통념상 근로관계의 계속을 기대하기 어려울 정도로 근로자에게 귀책사유가 있다고 본 원심판결을 파기한 사례이다.

Q 1. 대상판결에 따르면 해고의 정당성 판단기준은?

Q 2. 대상판결에서 원심법원과 대법원 사이에 어떤 판단의 차이를 보이고 있는가?

≪**심화학습**≫

1. 징계양정의 적정성 관련 징계재량권의 일탈 내지 남용을 인정한 사례 (대법원 1991. 10. 25. 선고 90다20428 판결 참고)와 부정한 사례(대법원 2011. 3. 24. 선고 2010다21962 판결 참고)

제 11 강

해고의 제한 (1)

1. 개 요

(1) 사용자는 정당한 이유 없이 근로자를 해고하지 못한다(근기법 제23조 제1항). 해고는 흔히 그 사유에 따라 근로자에게 책임 있는 이유에 의한 해고(통상해고와 징계해고)와 경영상의 이유에 의한 해고(경영해고) 등으로 구분한다. 또한 근기법 제23조 제2항에서는 해고금지기간을 두어 해고의 시기를 제한하고 있다. 즉 해고의 정당한 사유가 있더라도 법정 시기에는 해고를 할 수 없다. 이를 위반한 해고는 무효이다. 또한 근기법 제26조에서는 해고예고를 규정하고 있다. 다만 이를 위반한 경우에도 해고의 사법상 효력에는 영향이 없다는 것이 판례의 입장이다(대법원 1993. 9. 24. 선고 93누4199 판결 등).

한편, 취업규칙이나 단체협약 등에서 징계해고의 절차를 규정하고 있는 경우 이러한 절차를 준수하지 않은 해고는 원칙적으로 무효이다(징계절차를 위반한 해고의 효력에 관해서는 ☞ 제10강 징계 2. 참고).

(2) 통상해고는 근로자의 일신상 사유(질병, 장애 등으로 인한 업무수행의 불가 등)로 인한 해고로서 관련 분쟁과 판결례는 적은 편이다. 징계해고는 취업규칙이나 단체협약 등에서 정한 징계사유, 즉 근로자의 비행을 이유로 하는 해고로서 해고분쟁의 절대 다수를 점하고 있다. 실무상으로는 징계사유의 정당성, 징계절차의 정당성, 징계양정의 상당성 또는 적정성 등이 주로 다투어진다. 경영해고는 근로자의 귀책사유와는 무관한 경영상의 이유에 의한 해고인데, 근기법 제24조와 제25조에서는 그 정당성의 요건과 우선재고용의무를 각각 규정하고 있다. 경영해고 분쟁은 경영사

정과 관련되어 있기 때문에 사실관계가 복잡하고 그 유효 요건도 통상해고나 징계해고와는 다르다. 특히 정당성 판단기준도 사안에 따라 유동적으로 적용되어 소송실무상 어려운 분야이다.

(3) 근기법 제27조는 해고의 서면통지의무를 규정하고 있다. 즉 사용자가 근로자를 해고하려면 해고사유와 해고시기를 서면으로 통지하여야 하고, 그런 경우에만 해고는 효력이 있다. 사용자가 해고의 예고를 해고사유와 해고시기를 명시하여 서면으로 한 경우에는 해고의 서면통지를 한 것으로 본다.

(4) 부당해고를 당한 근로자는 법원에 해고무효확인의 소 등을 제기하거나 노동위원회에 부당해고 구제신청을 함으로써 당해 해고의 무효 등을 다툴 수 있다(사법적 구제와 행정적 구제의 병존).

법원에 소를 제기하여 해고의 효력을 다투는 경우 제소기간에 대한 법률상 특별한 제한은 없지만, 판례에서는 민법 제2조상의 신의칙 내지 금반언의 원칙을 적용하여 이를 제한하기도 한다. 해고소송에서 근로자는 통상적으로 해고무효의 확인과 함께 부당해고에 따른 해고기간 동안의 임금지급을 아울러 청구한다. 법원은 해고가 무효라고 판단되면 해당 임금(상당액)의 지급을 명하지만, 이른바 중간수입(해고된 근로자가 그 기간 중 다른 직장에 취업하여 얻은 수입)이 있는 경우 일정한 범위에서 그 공제를 허용하고 있다. 또한 부당해고가 예외적으로 민법상의 불법행위에 해당하는 경우에는 근로자가 입은 정신적 손해에 대한 배상을 명하기도 한다.

노동위원회에서 해고의 효력을 다투려면 해고가 있었던 날로부터 3개월 이내에 부당해고 구제신청을 하여야 한다(근기법 제28조). 노동위원회에 의한 행정적 구제는 법원에 의한 사법적 구제에 비해 구제의 간이·신속성이나 경제성 등에서 장점이 있다. 근기법은 부당해고 구제절차에 대해 제29조 이하에서 상세히 규정하고 있다. 노동위원회는 부당해고가 성립한다고 판정하면 사용자에게 구제명령을 한다(제30조 제1항). 구제명령의 내용은 일반적으로 원직복직 및 임금상당액의 지급을 명하는 것이다. 근로자가 원직복직을 원하지 않는 경우 노동위원회는 원직복직명령 대신에 금전보상명령을 할 수 있다(제30조 제3항). 사용자는 노동위원회의 구제명령을 이행할 의무가 있다(제32조). 만약 사용자가 구제명령을 이행하지 않으면 노동위원회는 이행강제금을 부과해야 하고(제33조), 나아가 확정된 구제명령을 이행하지 않으면 벌칙이 적용된다(제111조). 한편 해고분쟁의 당사자는 지방노동위원회의 판정에 불복하여 중앙노동위원회에 재심을 청구할 수 있으며, 중앙노동위원회의 재심판정에 불복하여 행정소송(재심판정취소소송)을 제기할 수 있다(제31조).

Q 1. 일정규모의 인원을 해고하고자 할 때에는 노동위원회의 승인을 받아야 하는가? 해고 대상자의 인원수와 관계없이 해고사실을 고용노동부장관에게 신고하여야 하는가? 징계해고인 경우에도 대량해고라면 신고의무가 있는가?

Q 2. 경영상 이유에 의한 해고가 정당하기 위한 요건은? 근로자대표와 합의하여야 하는가? 해고 대상자로 선정된 근로자에게 별도로 해고예고를 하여야 하는가?

Q 3. 해고무효확인소송을 제기하기 위해서는 반드시 노동위원회의 구제절차를 거쳐야 하는가? 노동위원회에 부당해고의 구제를 신청한 근로자는 그 해고에 대해 법원에 해고무효확인소송을 제기할 수 없는가? 노동조합은 조합원의 부당해고에 대하여 독립하여 노동위원회에 부당해고 구제신청을 할 수 없는가? 부당해고 구제신청에는 신청기간이 있는가?

Q 4. 부당해고 자체는 형사처벌의 대상이 되는가? 노동위원회의 구제명령을 위반하면 형사처벌이 되는가? 구제명령이 확정된 후에 구제명령을 위반하는 경우는? 부당해고의 구제절차에서 구제명령의 이행을 확보하기 위해 경제적 제재로서 어떠한 제도를 두고 있는가?

Q 5. 해고에 정당한 이유가 있다는 점에 대하여는 근로자와 사용자 중 누가 입증책임을 부담하는가?

Q 6. 노동위원회가 부당해고에 대한 구제명령으로 금전보상을 명할 수 있는 요건은?

Q 7. 해고의 시기가 제한되는 경우는?

Q 8. 정당한 해고사유가 있는 경우에도 해고예고를 하여야 하는가? 30일

전에 예고를 받은 근로자가 직장을 구하기 위하여 결근한 경우 임금이 삭감되는가? 해고예고수당은 어떠한 기준으로 산정되는가? 사용자가 해고의 예고 없이 한 해고는 사법상 유효한 해고인가? 다음 중 사용자가 해고예고를 하지 않아도 되는 자들은?

[수습사용 중의 근로자, 단속적 근로에 종사하는 자, 고의로 막대한 재산상의 손해를 끼쳐 해고된 자, 단시간근로자, 일용근로자로서 5개월을 계속 근로한 자, 월급근로자로서 6개월이 되지 못한 자]

Q 9. 해고의 정당한 이유가 있는 경우 사용자가 해고사유와 해고시기를 구두로 통지하여도 그 해고는 유효한가?

2. 근무성적 불량

대법원 1991. 3. 27. 선고 90다카25420 판결 [해고무효확인등]

가. 사실관계

1) 피고 회사(보험회사)는 근무성적 또는 거수실적(보험계약을 체결하여 보험료를 입금시킨 실적)이 불량한 사원에 대해서는 인사위원회의 심의를 거쳐 징계할 수 있고 징계의 종류로는 견책, 감봉, 정직, 면직이 있으며 위 인사위원회에서는 1988. 5. 2. 원고가 거수실적이 불량하다는 이유로 면직할 것을 의결함에 따라 피고 회사가 원고를 면직하였다.

2) 원고는 피고 회사(보험회사)의 7개(후에 11개로 늘어남)의 영업부와 영업개발부 가운데 당초 영업2부, 영업4부 등에서 근무하다가 1982. 7. 부장으로 정기 승진하여 영업개발부장직에 보직된 후 1983. 4. 신설된 영업8부장이 되었는데 영업8부는 새로 창설된 탓도 있지만 다른 영업부에 비하여 현저하게 영업실적이 낮아서 원고가 부장으로 재직하는 동안 계속 10개 부서 중 최하위의 실적을 나타내고 있어 거수실적이 다른 영업부의

반 이하 또는 3분의2 이하에 그치고 사원교육과 보험모집 업무를 겸하고 있는 영업개발부의 영업성적에도 미치지 못하였으며 1984.에도 11개 부서 중 최하위의 영업실적을 나타냄에 따라 피고 회사는 원고에게 그 책임을 물어 1984. 9. 1. 위 영업8부장직을 해직하고 영업개발부 관리역으로 발령하였다.

3) 원고는 위 관리역으로서도 역시 거수실적이 저조하여 1986. 7. 1.에는 총무부 대기발령을 받고 1986. 10. 1. 다시 동대문지점 관리역으로 보직 받으면서 매월 금 20,000,000원의 거수목표액을 배정받았는데 그곳에서도 원고의 거수실적이 계속 부진하자 피고 회사는 1987. 2. 12. 원고가 1986. 10. 1.부터 같은 해 12. 31.까지 사이에 월평균 위 목표액의 10.1퍼센트밖에 올리지 못한 데 대해 견책처분을 하였고 그 후에도 계속 거수실적이 목표의 21.4퍼센트에 그치는 등 저조하므로 같은 해 9. 16. 원고에게 경고처분을 하였으나 그 후인 1987년도에도 월평균 목표액의 23.1퍼센트밖에는 거수실적을 올리지 못하므로 1987. 12. 3. 원고에 대해 또 다시 견책처분을 하였다.

4) 피고 회사는 영업부의 각 부장들을 제외한 전 영업사원에 대하여 직급과 능력별로 매월의 거수목표액을 배정하고 있는데 원고는 피고 회사의 일반사원 중 최고직급인 부장급 관리역, 또는 영업역으로서 월 140여 만원의 봉급을 받고 있으며 피고 회사는 대체로 봉급액의 15배를 각 영업사원의 거수목표액으로 정하고 있어서 원고가 위에서 본 3개월간의 총무부 대기기간을 거쳤기 때문에 종전 거래선을 계속 확보하는 등 영업활동 수행에 다소 불리한 점은 있다 하더라도 원고가 배정받은 월 금 20,000,000원의 거수목표가 상대적으로 과중하지는 아니하며 원고보다 하위직인 차장 과장급에서도 그보다 훨씬 많은 목표액을 배정받는 사람도 있었는데 1986. 10.부터 1988. 3.까지 사이에 원고의 실적은 위 목표액 금 20,000,000원에 대비하여 평균 22.1퍼센트 정도밖에 올리지 못하여 원고의 이와 같은 실적은 원고보다 하위급인 과장급 직원들의 평균실적의 6퍼센트 정도밖에 되지 아니하였다.

5) 피고 회사에서는 원고의 위와 같은 거수실적부진 등으로 보아 원

고가 영업부에서는 능력이 모자란다고 보아 원고를 영업부서 아닌 타 부서에 이동시켜 근무케까지 하려고 하였으나 원고가 전에 하위직 직원인 다른 사원의 거수실적을 원고의 거수실적으로 올려 보고하는 등의 일이 있어 하위직 직원들이 원고를 기피하는 현상이 일어남으로 말미암아 타 부서에의 이동조치도 곤란하였으며 피고 회사는 원고에게 이 사건 징계 면직이 있기 전에 원고가 피고 회사를 명예퇴직하면 원고에게 피고 회사의 대리점을 개설할 수 있도록 도와주겠다고 제의한 적도 있었다. 한편 1988. 6. 1. 당시 피고 회사는 국내 전 손해보험업계에서 가장 많은 영업손실을 보이고 있어 이로 인해 회사 노동조합에서도 문제를 제기할 만큼 경영에 큰 곤란을 받으며 결산상 유일하게 손실을 나타내고 있었다.

6) 원심은 피고 회사가 원고를 징계면직한 조치가 정당하다고 판단하였다.

나. 판결요지

1) 근로기준법 제27조(현행 근기법 제23조) 제1항에서 규정한 "정당한 이유"라 함은 사회통념상 근로계약을 계속시킬 수 없는 정도로 근로자에게 책임 있는 사유가 있다든가 부득이한 경영상의 필요가 있는 경우를 말하는 것이므로 근로계약이나 취업규칙 등 사규에 해고에 관한 규정이 있는 경우 그것이 근로기준법에 위배되어 무효가 아닌 이상 그에 따른 해고는 정당한 이유가 있다고 할 것이다(당원 1986. 7. 15. 선고 85나3733 판결 참조).

2) 피고 회사가 보험업을 영위하는 영리법인으로서 업무상, 성격상 그 거수실적의 많고 적음에 따라 회사운영의 성패가 좌우된다고 할 수 있는 점에 비추어 앞서 본 바와 같은 징계규정이 무효의 규정이라고 할 수 없고 또 그 거수실적 불량의 정도가 추상적 자의적인 기준에 의한 것이 아니라 근로자의 직위, 보수, 근무경력, 다른 근로자의 전반적인 근로성적, 회사의 경영실태 등 제반 사정을 참작하여 근로자로서 최소한도의 직무수행능력이 결여되었다고 인정되는 경우라면 위 징계규정에 따라 해

고한 데에 정당한 이유가 있다고 할 것이다.

3) 원고의 앞서 본 장기간의 거수실적이 단지 다른 사원에 비하여 상대적으로 다소 낮은 정도가 아니라 원고의 직위와 보수에 비추어 보면 일반적으로 기대되는 최저한의 실적에도 미치지 못하는 정도였다고 할 것이므로 이와 같은 사정 아래에서 피고 회사가 회사의 인사규정을 적용하여 원고를 징계면직한 조치가 징계권의 남용으로 볼 수 없고 근로기준법 소정의 정당한 이유가 있는 때에 해당한다.

다. 해 설

최근 기업실무에서 능력·성과급제가 확산되면서 인사고과(근무평정)에 근거하여 근무성적이 불량한 근로자의 보직을 변경하거나 근로관계를 종료시키는 사례가 증가하고 있다. 인사고과는 소정의 기준에 따른 평가를 수반한다. 특히 상대평가의 경우 근무성적이 (최)하위에 속하는 근로자(또는 근로자그룹)가 필연적으로 발생할 수밖에 없다. 따라서 근무성적이 상대적으로 낮다는 이유로 이루어진 해고를 정당한 것으로 쉽사리 단정하여서는 아니 된다. 대상판결에서 밝히고 있듯이 해고의 '정당한 이유'는 사회통념상 근로계약을 계속시킬 수 없는 정도로 근로자에게 책임 있는 사유가 있는 경우를 의미하기 때문에 근무성적 불량이 이러한 경우에 해당하여야 해고의 정당성이 인정될 수 있다. 대상판결은 근무성적 불량을 이유로 하는 해고의 정당성 여부를 판단할 때 고려하여야 할 제반의 요소와 기준을 제시한 점에서 의의가 있다.

Q 1. 대상판결에서 근무성적 또는 거수실적이 불량한 사원에 대하여 면직 등 징계를 할 수 있도록 한 피고 회사의 인사규정이 유효하다고 본 이유는?

Q 2. 대상판결에서 원고의 거수실적이 일반적으로 기대되는 최저한의 실적에도 미치지 못하는 정도였다는 판단의 근거가 된 사실관계의 내용은?

Q 3. 근무성적 불량이 불성실한 근무태도에 기인한 것인 경우 해고의 정당한 사유로 고려될 수 있는가? (대법원 1987. 4. 14. 선고 86다카1875 판결 참고)

≪**심화학습**≫

1. 신체장애에 따른 해고의 정당성 (대법원 1996. 12. 6. 선고 95다45934 판결 참고)

3. 직장 내 성희롱

대법원 2008. 7. 10. 선고 2007두22498 판결 [부당해고구제재심판정취소]

가. 사실관계

1) 원고는 1985. 1. 14. ○○그룹 공채로 입사하여 ○○○○ 주식회사에서 근무하다가 2000. 7. 1. 참가인 주식회사(이하 '참가인'이라 한다)로 전직하여 2003. 1. 22.부터 동부지점의 지점장으로 근무하였다.

2) 원고는 참가인의 안산지점장으로 근무하면서 2002. 7.경 여직원 소외 1이 점심시간에 혼자 남아 팩스를 이용하여 서류를 전송하고 있자 갑자기 뒤에서 소외 1을 껴안아 그를 당황스럽게 하였고, 2003. 2.경 술에 취하여 밤 11시부터 다음 날 새벽 1시경까지 사이에 여러 차례 소외 1에게 전화를 걸어 "오빠야, 내가 너 사랑하는지 알지. 너는 나 안보고 싶냐"는 등의 말을 하였다. 원고는 참가인의 동부지점장으로 근무하면서 2003. 4.경 원고의 사무실인 지점장실에 여직원 소외 2에게 목과 어깨를 주물러 달라고 요구하였고, 2003. 6. 토요일 저녁에 여직원 소외 3에게 수차례 전화를 걸어 '집이 비어 있는데 놀러 오라'고 요구하였다. 또한, 원고는 2003. 6.

11. 직원 회식을 마치고 노래방으로 자리를 옮기는 중 계단에서 갑자기 여직원 소외 4를 껴안고 "내가 너를 얼마나 좋아하는지 알지"라고 말하면서 볼에 입을 맞추었으며, 2003. 7.경 여직원 소외 5가 업무를 보고할 때 성과가 좋다고 하면서 "열심히 했어, 뽀뽀"하면서 얼굴을 들이대는 등의 행동을 하였고, 소외 5가 휴가를 가겠다고 보고하자 잘 다녀오라고 하면서 위 여직원을 껴안았다.

　　3) 참가인은 2003. 9. 5. 원고가 직장 내 여직원들을 성희롱하고 조직력을 저해하였다는 등의 이유로 징계해고 하였는데(이하 '1차 해고'라 한다), 이에 대한 원고의 부당해고 구제신청에 대하여 서울지방노동위원회는 2004. 1. 29. 징계양정이 과다하고 징계절차에 하자가 있다는 이유로 1차 해고를 부당해고로 인정하고 원직복귀 등의 구제명령을 발하였고, 참가인은 이에 따라 2004. 3. 19. 원고에 대한 1차 해고를 취소하고 2004. 3. 22. 원고를 서울영업사업부 지원팀 담당부장으로 복직시켰다. 참가인은 원고의 복직 후 새로이 상벌위원회를 거친 다음, 1차 해고 사유 외에 위 안산지점장 재직시 소외 1을 껴안았다는 점과 원고가 자신의 행위를 은폐, 합리화하기 위하여 참가인의 지시를 어기고 피해 여직원들을 접촉하여 회유하였다는 점을 징계사유로 추가하여 2004. 4. 21. 직장 내 여직원들을 성희롱하였다는 등의 징계사유를 보완하여 다시 징계해고 하였다.

나. 판결요지

1) 해고는 사회통념상 고용관계를 계속할 수 없을 정도로 근로자에게 책임 있는 사유가 있는 경우에 행하여져야 그 정당성이 인정되는 것이고, 사회통념상 당해 근로자와의 고용관계를 계속할 수 없을 정도인지 여부는 당해 사용자의 사업의 목적과 성격, 사업장의 여건, 당해 근로자의 지위 및 담당직무의 내용, 비위행위의 동기와 경위, 이로 인하여 기업의 위계질서가 문란하게 될 위험성 등 기업질서에 미칠 영향, 과거의 근무태도 등 여러가지 사정을 종합적으로 검토하여 판단하여야 하며(대법원 2003. 7. 8. 선고 2001두8018 판결 참조), 근로자에게 징계사유가 있어 징계처분을 하는 경

우 어떠한 처분을 할 것인가는 원칙적으로 징계권자의 재량에 맡겨져 있는 것이므로, 그 징계처분이 위법하다고 하기 위하여서는 징계권자가 재량권을 행사하여 한 징계처분이 사회통념상 현저하게 타당성을 잃어 징계권자에게 맡겨진 재량권을 남용한 것이라고 인정되는 경우에 한하고, 그 징계처분이 사회통념상 현저하게 타당성을 잃은 처분이라고 하려면 구체적인 사례에 따라 직무의 특성, 징계의 사유가 된 비위사실의 내용과 성질 및 징계에 의하여 달하려는 목적과 그에 수반되는 제반 사정을 참작하여 객관적으로 명백히 부당하다고 인정되는 경우라야 한다(대법원 2000. 10. 13. 선고 98두8858 판결; 대법원 2002. 9. 24. 선고 2002두4860 판결 참조).

2) 구 남녀고용평등법 제2조 제2항(현행 고평법 제2조 제2호)에서 규정한 '직장 내 성희롱'이라 함은 사업주, 상급자 또는 근로자가 직장 내의 지위를 이용하거나 업무와 관련하여 다른 근로자에게 성적인 언동 등으로 성적 굴욕감 또는 혐오감을 느끼게 하거나 성적 언동 그 밖의 요구 등에 대한 불응을 이유로 고용상의 불이익을 주는 것을 말하고, 그 전제요건인 '성적인 언동 등'이란 남녀간의 육체적 관계나 남성 또는 여성의 신체적 특징과 관련된 육체적, 언어적, 시각적 행위로서 사회공동체의 건전한 상식과 관행에 비추어 볼 때 객관적으로 상대방과 같은 처지에 있는 일반적이고도 평균적인 사람으로 하여금 성적 굴욕감이나 혐오감을 느끼게 할 수 있는 행위를 의미하며, 위 규정상의 성희롱이 성립하기 위해서는 행위자에게 반드시 성적 동기나 의도가 있어야 하는 것은 아니지만, 당사자의 관계, 행위가 행해진 장소 및 상황, 행위에 대한 상대방의 명시적 또는 추정적인 반응의 내용, 행위의 내용 및 정도, 행위가 일회적 또는 단기간의 것인지 아니면 계속적인 것인지 여부 등의 구체적 사정을 참작하여 볼 때, 객관적으로 상대방과 같은 처지에 있는 일반적이고도 평균적인 사람으로 하여금 성적 굴욕감이나 혐오감을 느낄 수 있게 하는 행위가 있고, 그로 인하여 행위의 상대방이 성적 굴욕감이나 혐오감을 느꼈음이 인정되어야 할 것이고(대법원 2007. 6. 14. 선고 2005두6461 판결 참조), 한편 객관적으로 상대방과 같은 처지에 있는 일반적이고도 평균적인 사람의 입장에서 보아 어떠한 성희롱 행위가 고용환경을 악화시킬 정도로 매우 심하거나 또는 반복적으

로 행해지는 경우 사업주가 사용자 책임으로서 피해 근로자에 대해 손해배상책임을 지게 될 수도 있을 뿐 아니라 성희롱 행위자가 징계해고되지 않고 같은 직장에서 계속 근무하는 것이 성희롱 피해 근로자들의 고용환경을 감내할 수 없을 정도로 악화시키는 결과를 가져올 수도 있으므로, 근로관계를 계속할 수 없을 정도로 근로자에게 책임이 있다고 보아 내린 징계해고 처분은 객관적으로 명백히 부당하다고 인정되는 경우가 아닌 한 쉽게 징계권을 남용하였다고 보아서는 아니 된다.

또한, 성희롱이 그 횟수가 1회에 그치는 경우에는 우발적인 것이라고 볼 여지가 있으나, 성희롱이 일정한 기간에 걸쳐 반복적으로 이루어지고 피해자도 다수라면 이를 우발적이라고 평가할 수는 없을 것이고, 직장 내 성희롱이 사회문제화된 후 1999. 2. 8. 개정된 남녀고용평등법에서 성희롱 행위를 금지하고 성희롱 예방교육, 성희롱 행위자에 대한 징계 등을 규정하게 된 이상, 그 이후에 발생한 성희롱은 그동안의 왜곡된 사회적 인습이나 직장문화 등에 의하여 형성된 평소의 생활태도에서 비롯된 것으로서 특별한 문제의식 없이 이루어진 것이라는 이유로 그 행위의 정도를 가볍게 평가할 수 없으며, 특히 직장 내 성희롱을 방지하여야 할 지위에 있는 사업주나 사업주를 대신할 지위에 있는 자가 오히려 자신의 우월한 지위를 이용하여 성희롱을 하였다면 그 피해자로서는 성희롱을 거부하거나 외부에 알릴 경우 자신에게 가해질 명시적·묵시적 고용상의 불이익을 두려워하여 성희롱을 감내할 가능성이 크다는 점을 감안할 때 이들의 성희롱은 더욱 엄격하게 취급되어야 한다.

3) 원심이 인정한 사실관계에 의하더라도, 이 사건 원고의 행위는 여직원들을 껴안거나 볼에 입을 맞추거나 엉덩이를 치는 등 강제추행 또는 업무상 위력에 의한 추행으로 인정될 정도의 성적 언동도 포함된 성희롱 행위로서, 객관적으로 상대방과 같은 처지에 있는 일반적이고도 평균적인 사람의 입장에서 보아 고용환경을 악화시킬 정도로 그 정도가 매우 심하다고 볼 수 있을 뿐 아니라, 한 지점을 책임지고 있는 지점장으로서 솔선하여 성희롱을 하지 말아야 함은 물론, 같은 지점에서 일하는 근로자 상호간의 성희롱 행위도 방지해야 할 지위에 있음에도, 오히려 자신의 우월한

지위를 이용하여 자신의 지휘·감독을 받는 여직원 중 8명을 상대로 과감하게 14회에 걸쳐 반복적으로 행한 직장 내 성희롱이라고 할 것이므로, 이러한 원고의 성희롱 행위가 우발적이라거나 직장 내 일체감과 단결을 이끌어낸다는 의도에서 비롯된 것이라고 평가할 수 없으며, 이 사건 성희롱 행위가 남녀고용평등법이 성희롱 행위를 금지하고 성희롱 예방교육, 성희롱 행위자에 대한 징계 등을 규정하게 된 이후인 2002. 7.경부터 2003. 7. 11.까지 반복적으로 행해 진 점에 비추어 설사 원고의 성희롱 행위가 그동안의 왜곡된 사회적 인습이나 직장문화 등에 의하여 형성된 평소의 생활태도에서 비롯된 것으로서 특별한 문제의식 없이 이루어졌다고 하더라도 그러한 이유로 그 행위의 정도를 가볍게 평가할 수 없으므로, 결국 원고의 성희롱 행위는 참가인 규정상 징계해직 사유인 '위반의 범위가 크고 중하며 고의성이 현저한 경우'로 보아야 하고, 원고가 징계해고 되지 않고 같은 직장에서 계속 근무하는 것이 성희롱 피해자들의 고용환경을 감내할 수 없을 정도로 악화시키는 결과를 가져 올 수도 있다는 점과 사업주가 성희롱 피해자들에 대해 손해배상책임을 부담할 수도 있다는 점 등을 감안할 때, 참가인의 원고에 대한 이 사건 징계해직처분은 객관적으로 명백히 부당하다고 인정되지 않는다.

다. 해 설

　징계해고는 취업규칙 등에서 정한 징계(해고)사유에 근거하여 소정의 징계절차에 따라 행하는 해고이다. 재판에서 다투어졌던 징계해고사유의 대표적 예는 이력서의 허위기재(학력·경력의 사칭이나 은폐), 무단결근 내지 불량근무, 인사·업무명령의 위반, 범죄행위, 사생활상의 비행, 위법한 조합활동 내지 쟁의행위 등이다. 징계해고는 근로자에게 가장 불이익한 제재다. 해고보다 가벼운 제재로 징계목적을 달성할 수 있음에도 가장 중한 제재인 해고를 행한 경우 징계권의 남용에 해당하고, 그 정당성은 부정된다. 따라서 징계해고가 정당화될 수 있으려면 해고가 불가피한 사유 내지 상황이 존재하여야 한다. 이와 관련하여 대상판결은 판례에 의해 확립된 해고의 정당성 판단기준과 징계권의 남용 판단기준을 재확인하고 있다.

한편, 근로관계는 인적 신뢰관계를 기초로 하는 것이므로, 사용자는 근로자에 대해 임금지급 의무 외에도 근로자의 인격을 존중하고 보호하며 근로자가 그의 의무를 이행하는 데 있어서 손해를 받지 아니하도록 필요한 조치를 강구하고 근로자의 생명, 건강, 풍기 등에 관한 보호시설을 하는 등 쾌적한 근로환경을 제공함으로써 근로자를 보호하고 부조할 의무를 부담한다(대법원 1998. 2. 10. 선고 95다39533 판결). 이런 의무는 사용자가 부담하는 근로계약상의 배려의무(내지 보호의무)로부터 나오는 것이라고 할 수 있는데, 그것에는 직장 내에서 성희롱이 일어나지 않도록 예방하거나 발생한 경우에 징계 등 적절한 조치를 취해야 할 의무가 포함된다. 대상판결은 직장 내 성희롱을 징계사유로 한 해고의 정당성을 판단한 첫 대법원 판결이다. 최근에는 직장 내 성희롱을 이유로 가해자 외에 사업주에게도 손해배상책임을 묻는 사건이 증가하고 있다.

Q1. 대상판결에서 직장 내 성희롱의 가해자에 대한 사용자의 징계권 행사를 폭넓게 인정한 이유는?

Q2. 직장 내 성희롱과 관련하여 사업주가 부담하는 법령상의 의무는? (고평법 제12조 이하 참고)

≪심화학습≫

1. 취업규칙상의 징계사유와 단체협약상의 징계사유의 관계 (대법원 1995. 2. 14. 선고 94누5069 판결; 대법원 1994. 6. 14. 선고 93다26151 판결 참고)

2. 1회의 무단결근과 해고의 정당성 (대법원 1994. 9. 13. 선고 94누576 판결 참고)

3. 이력서 허위기재와 해고의 정당성 (대법원 2012. 7. 5. 선고 2009두16763 판결 참고)

4. 형사상 유죄판결과 해고의 정당성 (대법원 1997. 7. 25. 선고 97다7066 판결; 대법원 1997. 9. 26. 선고 97누1600 판결 참고)

≪참고≫ **사생활상의 비행: 대법원 1994. 12. 13. 선고 93누23275 판결 [부당해고구제재심판정취소]**

□ 판결요지

사용자가 근로자에 대하여 징계권을 행사할 수 있는 것은 사업활동을 원활하게 수행하는 데 필요한 범위 내에서 규율과 질서를 유지하기 위한 데에 그 근거가 있다고 할 것이므로, 근로자의 사생활에서의 비행은 사업활동에 직접 관련이 있거나 기업의 사회적 평가를 훼손할 염려가 있는 것에 한하여 정당한 징계사유가 될 수 있다고 할 것인바, 원심이 인정하고 있는 원고에 대한 징계사유인 부동산투기행위가 원고의 사생활에서의 비행에 불과하다고 볼 여지가 없지 아니하다 하더라도, 택지의 개발과 공급, 주택의 건설, 개량, 공급 및 관리 등을 통하여 시민의 주거생활의 안정과 복지향상에 이바지함을 목적으로 지방공기업법 제49조에 의하여 서울특별시가 전액 출자하여 설립할 피고보조참가인공사의 설립목적, 그 업무의 종류와 태양, 부동산보상 관련 업무를 담당하는 원고의 업무내용 등의 여러 사정을 종합적으로 고려하면, 원고의 위 비행행위는 객관적으로 피고보조참가인공사의 사회적 평가에 심히 중대한 악영향을 미치는 것으로 평가될 수 있는 경우라고 할 것이므로, 원심이 원고의 비위를 들어 이는 피고보조참가인 공사의 인사규정 제43조 제5호 소정의 '공익을 저해하는 중대한 행위를 하였을 때'에 해당한다고 본 것은 정당한 것으로 수긍할 수 있으며, 또한 위 인사규정이 근로기준법 제27조에 위반되는 무효의 것이라 할 수도 없으므로, 거기에 위 인사규정을 오해하거나 징계권의 법리를 오해한 위법 등이 있다고 할 수 없다.

□ 해 설

근로계약상의 근로제공의무와 무관한 근로자의 사생활은 보호되어야 한다. 그러나 근로자의 사생활에서의 비행은 일정한 요건에 해당하는 경우 정당한 징계사유가 될 수 있다. 대상판결은 그 요건으로 사업활동에의 직접 관련성 또는 기업의 사회적 평가를 훼손할 염려를 들고 있고, 특히 후자와 관련하여 원고인 근로자의 부동산투기행위가 사용자인 공기업의 사회적 평가에 심히 중대한 악영향을 미치고, 따라서 해당 근로자에 대한 해고의 정당성을 인정한 사례이다.

4. 경영상 이유에 의한 해고(경영해고)

대법원 2002. 7. 9. 선고 2001다29452 판결 [해고무효확인]

가. 사실관계

1) A은행은 1998. 8. 24. 누적된 적자로 존립의 위기에 직면하여 경영 개선 목적으로 B은행과 합병계약을 체결하고, 1998. 9. 30. 예금보험공사로부터 구 예금자보호법(2000. 12. 30. 법률 제6323호로 개정되기 전의 것)에 따라 3조 2,642억 원의 출자(소위 공적자금의 지원)를 받았으며, 1999. 1. 6. 합병등기를 마쳐 피고 은행으로 되었다.

2) 피고 은행은 1999. 1. 22. 금융감독위원회 및 예금보험공사와 경영 정상화를 위한 세부이행계획 이행약정을 체결하였는바, 위 약정의 필수 이행사항에는 단기수익성 강화 방안의 일환으로 3급 이상 직원을 최대한 감축하도록 노력하고 중복, 저생산성 점포 및 자회사를 정리하는 내용이 포함되어 있었다. 이에 피고 은행은 1998.부터 1999. 상반기까지 260개의 점포를 폐쇄하였고, 본부조직도 A은행의 37개 부서, B은행의 30개 부서를 통폐합하여 33개 부서를 폐쇄하고 34개 부서만 남겼다.

3) 피고 은행은 1999. 2. 12. 위 경영정상화계획의 이행과 점포 및 조직통폐합에 따른 구조조정을 위하여 1급 50%(73명), 2급 40%(201명), 3급 10%(82명) 등 총 356명을 감축시키기로 하고, 연령·재직기간·근무성적의 감축대상자 선정기준에 따라 감축대상자 명단을 작성하여, 감축대상인 원 및 감축대상선정기준을 노동조합에 통보하는 한편, 같은 달 20. 희망퇴직자들에 대하여 월평균임금의 8개월분에 해당하는 특별퇴직금을 지급하기로 하여 희망퇴직 실시를 발표하였다. 원고는 3급 직원으로서 1946. 12. 5.생이고 1965. 7. 19. A은행에 입행하여 재직기간이 33년인 관계로 감축대상자 선정기준상 연령 및 재직기간에 해당하여 감축대상으로 선정되었다.

4) 피고 은행은 노동조합과 협의를 계속하다가 1999. 3. 4. 노동조합과 감축대상자 선정기준은 그대로 유지하고, 1급의 50%(73명), 2급의

32%(161명), 3급의 6%(48명) 등 총 282명을 감축하기로 합의하였다. 이에 따라 피고 은행은 당초 감축대상자로 선정된 직원 중 연령이 낮은 직원과 근무성적이 낮은 직원 중 호봉이 낮은 직원들을 감축대상에서 제외하였지만 원고는 구제대상에 들지 못하였다.

5) 3급 이상 직원 중 희망퇴직 신청을 한 인원은 1급의 경우 대상자 73명 전원이, 2급의 경우 대상자 161명 전원이, 3급의 경우 대상자 48명 중 원고를 제외한 47명 등 대상자 282명 중 281명이었다. 한편, 당초 희망퇴직 대상이 아니었던 1급 직원 1명과 3급 직원 4명이 추가로 희망퇴직신청을 하여 총 286명이 희망퇴직신청을 하였으며, 피고 은행은 286명 전원을 1999. 2. 27.자로 희망퇴직시켰다.

6) 원고는 익산중앙지점 개인고객영업점장으로 근무하고 있었는데, 피고 은행은 원고에게 감축대상자로 선정된 사실을 통보한 후 현직에서 그대로 업무를 수행하기 어렵다는 이유로 1999. 2. 27.자로 인사부 조사역으로 인사발령을 하고, 1999. 3. 27. 원고에 대하여 해고예고를 함과 동시에 인사관리지침 제6장 제4조 제5항(기타 직원 및 은행 형편상 휴직이 불가피하다고 인정될 때)을 적용하여 휴직명령을 내린 다음 인사협의회 심의의결을 거쳐 1999. 4. 30.자로 원고를 정리해고하였다.

7) 원심은 원고에 대한 해고가 정당한 요건을 갖추지 못하여 무효라고 판결하였다.

나. 판결요지

1) 근로기준법 제31조(현행 근기법 제24조) 제1항 내지 제3항에 의하면, 사용자가 경영상의 이유에 의하여 근로자를 해고하고자 하는 경우에는 긴박한 경영상의 필요가 있어야 하고, 해고를 피하기 위한 노력을 다하여야 하며, 합리적이고 공정한 기준에 따라 그 대상자를 선정하여야 하고, 해고를 피하기 위한 방법과 해고의 기준 등을 근로자의 과반수로 조직된 노동조합 또는 근로자대표에게 해고실시일 60일 전까지 통보하고 성실하게 협의하여야 한다. 여기서 긴박한 경영상의 필요라 함은 반드시 기업

의 도산을 회피하기 위한 경우에 한정되지 아니하고, 장래에 올 수도 있는 위기에 미리 대처하기 위하여 인원삭감이 객관적으로 보아 합리성이 있다고 인정되는 경우도 포함되는 것으로 보아야 하고, 위 각 요건의 구체적 내용은 확정적·고정적인 것이 아니라 구체적 사건에서 다른 요건의 충족 정도와 관련하여 유동적으로 정해지는 것이므로 구체적 사건에서 경영상 이유에 의한 당해 해고가 위 각 요건을 모두 갖추어 정당한지 여부는 위 각 요건을 구성하는 개별사정들을 종합적으로 고려하여 판단하여야 한다.

2) 원심은 원고에 대한 위 해고가 정리해고의 요건을 갖추지 못하여 무효라고 하면서 다음과 같이 항목별로 판단하고 있으므로 위와 같은 종합적 고려의 관점에서 그 당부를 살펴본다.

― 긴박한 경영상의 필요에 관하여

원심은 피고 은행이 1999. 1/4분기에 3,406억 원의 순이익을 기록하였고, 1999. 상반기에는 순이익 5,585억원, 업무이익 1조 992억 원, 충당금적립비율 115%를 기록한 사실을 인정한 후, 일련의 구조조정 과정에서 경영상태가 호전되었던 점 등에 비추어 피고 은행이 원고를 해고할 당시에는 정리해고를 할 긴박한 경영상의 필요성이 있었다고 단정할 수 없다고 판단하였다.

그러나 합병 전 A은행은 누적된 적자로 존립의 위기에 직면한 상태에서 1998. 9. 30. 예금보험공사로부터 3조 2,642억 원의 공적자금을 출자형식으로 지원 받았고, 합병 후 피고 은행은 1999년도에 1조 9,872억 원의 적자를 기록하였으며(을 제27호증), 그 후에도 예금보험공사로부터 2000. 12. 30. 출자형식으로 2조 7,644억 원, 2001. 9. 29. 출연형식으로 1조 8,772억 원의 공적자금을 추가로 지원 받은 점에 비추어 보면, 피고 은행이 1999. 상반기에 일시적으로 흑자를 기록한 것은 부실요인이 제대로 반영되지 않은 가결산이었기 때문이라고 보아야 하고 이 자료를 들어 피고 은행의 경영상태가 구조조정의 필요가 없을 정도로 호전되었다고 볼 수 없으며, 오히려 위와 같이 피고 은행의 경영위기가 계속되고 있었고 이를 극복하기 위하여 실시한 합병과 부서 통폐합에 따른 인원 과잉현상을 참작하면 피고 은행이 원고에 대한 정리해고를 실시할 당시에도 이를 실시하여야 할 고도의 긴박한 경영상의 필요가 있었다고 할 것이다. 이와 다른 견해에서 한 원심의 판단에는 긴박한 경영상의 필요에 관한 법리를 오해하였거나 채증법칙을 위배하여 사실을 오인한 위법이 있다고 할 것이다.

– 해고회피노력에 관하여

원심은 원고가 희망퇴직에 불응하자 피고 은행은 하향배치전환, 전적 등의 고용유지노력을 하지 않고 사실상 퇴직을 강요하는 수단으로 인사부 조사역으로 인사발령을 하여 현직에서 배제시키고 휴직명령을 내린 후 해고한 점에 비추어 피고 은행이 희망퇴직을 실시하였다는 사실과 해고직원 중 일부에게 재취업을 알선하였다는 사실만으로는 해고회피노력을 다하였다고 보기 어렵다고 판단하였다.

사용자가 정리해고를 실시하기 전에 다하여야 할 해고회피노력의 방법과 정도는 확정적·고정적인 것이 아니라 당해 사용자의 경영위기의 정도, 정리해고를 실시하여야 하는 경영상의 이유, 사업의 내용과 규모, 직급별 인원상황 등에 따라 달라지는 것이고, 사용자가 해고를 회피하기 위한 방법에 관하여 노동조합 또는 근로자대표와 성실하게 협의하여 정리해고 실시에 관한 합의에 도달하였다면 이러한 사정도 해고회피노력의 판단에 참작되어야 한다.

이 사건에서 보건대, 합병 전 A은행은 존립의 위기에 직면한 상황에서 금융감독위원회와 예금보험공사에 경영개선계획을 제출하고 합병을 성공시키는 등의 노력을 통하여 예금보험공사로부터 3조 2,642억 원의 공적자금을 지원받아 회생의 기회를 마련하였던 점, 신규채용을 중단하고 월평균임금의 8개월분에 해당하는 특별퇴직금을 지급하기로 하여 희망퇴직자를 모집하였던 점, 희망퇴직자 중 일부를 계약직으로 전환하여 재취업시키고, 일부는 자회사나 관련 업체에 취업알선하였으며, 또 일부에 대하여는 재취업을 위한 연수를 실시하는 등 퇴직자를 배려하는 상당한 조치를 취하였던 점, 노동조합과의 협의 과정을 거쳐 당초 356명 해고계획에서 282명만을 해고하는 것으로 해고인원을 감축 합의하였던 점을 고려해 보면, 피고 은행은 해고회피노력을 다하였다고 할 것이다. 한편, 피고 은행이 합병 후 260개 점포를 폐쇄하고 본부조직도 총 67개 부서를 통폐합하여 34개 부서만 남긴 사정에 비추어 보면 피고 은행은 심각한 인원과잉상태에 있었다고 보이므로 원심이 지적하고 있는 하향 배치전환 또는 전적 등의 방법으로 해고를 회피할 수 있었다고 볼 특별한 사정이 없는 한 그 사정을 들어 피고 은행이 해고회피노력을 다하지 않았다고 할 수 없다. 따라서 이와 다른 견해에서 한 원심의 판단에는 해고회피노력에 관한 법리를 오해한 위법이 있다고 할 것이다.

－ 합리적이고 공정한 해고의 기준에 관하여

원심은, 해고대상자 선정기준에 있어서 근로자의 부양의무의 유무, 재산, 건강상태, 재취업 가능성 등 근로자 각자의 주관적인 사정과 사용자의 이익 측면을 적절히 조화시켜야 함에도 근로자의 생활보호측면을 전혀 고려함이 없이 단순히 연령, 재직기간, 근무성적 등 3가지 선정기준만을 설정하였을 뿐 아니라 그나마 이들 기준을 합리적으로 조화시키지 아니하고 그 중 어느 하나의 요건에만 해당하면 근무성적을 다소 고려하는 외에는 다른 기준에 불구하고 아무런 심사과정도 거치지 아니하고 바로 감축대상자로 선정한 점에 비추어 그 대상자 선정기준 역시 합리적이고 공정하다고 할 수 없다고 판단하였다.

합리적이고 공정한 해고의 기준 역시 확정적·고정적인 것은 아니고 당해 사용자가 직면한 경영위기의 강도와 정리해고를 실시하여야 하는 경영상의 이유, 정리해고를 실시한 사업 부문의 내용과 근로자의 구성, 정리해고 실시 당시의 사회경제상황 등에 따라 달라지는 것이고, 사용자가 해고의 기준에 관하여 노동조합 또는 근로자대표와 성실하게 협의하여 해고의 기준에 관한 합의에 도달하였다면 이러한 사정도 해고의 기준이 합리적이고 공정한 기준인지의 판단에 참작되어야 한다.

이 사건에서 보건대, 피고 은행이 정한 기준은 먼저 3급 이상의 직원을 대상으로 하여 직급별 해고인원수를 정하고, 각 직급에서 연령이 많은 직원, 재직기간이 장기간인 직원, 근무성적이 나쁜 직원을 해고대상으로 하고, 앞의 두 기준에 해당하는 자 중 근무성적 상위자를 제외하기로 하는 것이었는바, 피고 은행은 공적자금을 지원받기 위하여 금융감독위원회와 예금보험공사에 제출한 경영정상화계획서에서 3급 이상 직원을 최대한 감축하기로 약속하였고, 노동조합과 협의하여 위와 같은 선정기준에 대한 합의에 이르렀으며, 우리나라에 독특한 연공서열적인 임금체계를 감안하면 상대적으로 고임금을 받는 높은 직급의 연령이 많은 직원과 재직기간이 긴 직원을 해고하면 해고인원을 최소화할 수 있었던 사정을 종합적으로 고려해 보면 피고 은행이 정한 위 기준은 당시의 상황에서 나름대로 합리적이고 공정한 기준으로서 수긍할 만하고, 정리해고를 조속히 마무리지어 안정을 기해야 할 필요성에 비추어 주관적 판단에 좌우되기 쉬운 근로자의 개인적 사정을 일일이 고려하지 못하였다고 하여 달리 볼 수는 없다. 따라서 이와 다른 원심의 판단에는 합리적이고 공정한 해고의 기준에 관한 법리를 오해한 위법이 있다.

– 노동조합과의 성실한 협의에 관하여

원심은, 근로기준법 제31조 제3항의 규정 취지는 정리해고시 근로자들의 이해관계를 대변할 수 있는 조직과의 협의를 통하여 이해관계를 조절함이 필요하다는 것으로서 이에 비추어 볼 때 감축대상이 특정한 직종 또는 직급으로 한정되는 경우에는 그 대상자의 과반수가 노동조합의 조합원이면 노동조합, 그렇지 아니하면 그 근로자의 과반수를 대표하는 자와의 협의가 필요하다고 해야 할 것이고, 따라서 그 특정 직종 또는 직급이 당초 노동조합에 가입할 수 없는 경우라면 감축에 관한 노동조합과의 협의는 무의미하다고 보아야 할 것이라고 전제한 후, 이 사건의 경우 감축대상이 당초부터 피고 은행 노동조합의 노조원 자격이 없는 3급 이상 직원에 한정되어 있는바, 이러한 경우 피고 은행은 인원 감축에 있어 3급 이상 직원 전체 또는 각 급수에 해당하는 직원의 과반수를 대표하는 조직 또는 개인과 성실한 협의를 거쳐야 하는데 감축대상이 전혀 포함되어 있지 아니하여 별다른 이해관계가 없고 일면에서는 이해가 상반된다고도 볼 수 있는 노동조합과의 협의절차만을 거쳤으므로 이 사건 인원감축에 있어 성실한 협의의무를 다하였다고 보기도 어렵다고 판단하였다.

근로기준법 제31조 제3항이 사용자는 해고를 피하기 위한 방법 및 해고의 기준 등에 관하여 당해 사업 또는 사업장에 근로자의 과반수로 조직된 노동조합이 있는 경우에는 그 노동조합, 근로자의 과반수로 조직된 노동조합이 없는 경우에는 근로자의 과반수를 대표하는 자(근로자대표)에 대하여 미리 통보하고 성실하게 협의하여야 한다고 하여 정리해고의 절차적 요건을 규정한 것은 같은 조 제1, 제2항이 규정하고 있는 정리해고의 실질적 요건의 충족을 담보함과 아울러 비록 불가피한 정리해고라 하더라도 협의과정을 통한 쌍방의 이해 속에서 실시되는 것이 바람직하다는 이유에서인바, 이러한 규정 취지와 위 조항의 문언 및 이 사건에서 정리해고를 실시하여야 할 경영상 필요의 긴박성 등 실질적 요건의 충족 정도, 피고 은행의 노동조합이 종전에도 사용자와 임금협상 등 단체교섭을 함에 있어 3급 이상 직원들에 대한 부분까지 포함시켜 함께 협약을 해 왔고 이 사건 정리해고에 있어서도 노동조합이 협의에 나서 격렬한 투쟁 끝에 대상자 수를 당초 356명에서 282명으로 줄이기로 합의하는 데 성공한 점 등을 종합하여 보면, 이 사건 정리해고가 실시되는 피고 은행 전 사업장에 걸쳐 근로자의 과반수로 조직된 노동조합이 있는 이 사건에 있어, 피고 은행이 위 조항의 문언이 요구하는 노동조합과의 협의 외에 정리해고의 대상인 3급 이상 직원들만의 대표를 새로이 선출케 하여 그 대표와 별도로 협의를 하지 않았다고 하여 이 사건 정리해고를 협의절차의 흠결로 무효라 할 수는 없는 것이다. 이와 다른 견해에서 한 원심의 판단에는 근로기준법 제31조 제3항의 법리를 오해한 위법이 있다.

3) 원심은, 피고 은행이 노동조합과의 합의에 의하여 감축하기로 한 인원수는 282명이었는데, 감축대상자 중 원고를 제외한 281명과 감축대

상자가 아니었던 5명이 희망퇴직을 신청하여 노동조합과의 합의에 따른 감원 목표량을 초과하여 달성하고서도 피고 은행이 원고를 정리해고한 것은 무효라고 판단하였다.

그러나 기록에 의하면, 피고 은행이 1999. 2. 12. 당초 계획하였던 감원 인원수는 356명으로서 위에서 본 바와 같은 기준을 적용하여 같은 인원의 감축대상자 명단을 작성하였고, 희망퇴직을 실시한 결과 1999. 2. 말경 감축대상자가 아니었던 5명이 희망퇴직을 신청하였으며, 당시 노동조합이 감축대상자 인원 축소를 강력하게 요구하고 있었으므로 피고 은행은 1999. 3. 4. 당초의 감축대상자 356명 중에서 젊은 직원과 호봉이 낮은 직원 일부를 제외하고 282명만을 감축대상자로 하기로 하여 노동조합과 합의하였던 사실을 알 수 있는바, 감축대상자가 아니었던 5명이 희망퇴직을 신청하였던 시점과 위 합의의 시점, 감축인원수를 최소화하고자 한 노동조합과의 합의과정에 비추어 보면 피고 은행과 노동조합은 감축대상자가 아니었던 5명의 희망퇴직신청을 감안하여 그 외에 추가로 정리해고하여야 할 인원수를 282명으로 합의하였던 것으로 보아야 할 것이다.

그럼에도 불구하고, 원심은 피고 은행과 노동조합이 합의한 감축인원수 282명은 감축대상자가 아니었던 5명의 희망퇴직을 고려하지 않은 인원수이므로 희망퇴직 신청자가 286명으로서 노동조합과의 합의에 따른 감축인원수를 초과한 상황에서 피고 은행이 그 합의를 위반하여 원고를 해고한 것은 무효라고 판단하였으므로 이러한 원심의 판단에는 채증법칙을 위배하거나 경험칙에 반하여 위 합의의 내용을 잘못 해석한 위법이 있다.

다. 해 설

경영상 이유에 의한 해고(판례상 '정리해고' 명칭 사용)는 근로자의 귀책사유가 아닌 기업 경영상의 사유에 의한 해고이다. 근기법 제24조는 경영해고의 정당성 요건으로 i) 긴박한 경영상의 필요, ii) 해고회피노력, iii) 합리적이고 공정한 해고기준에 의한 해고 대상자 선정, iv) 노동조합

(또는 근로자대표)과의 사전 성실한 협의를 규정하고 있다.

대상판결은 위의 각 요건 충족 여부에 관한 판단 기준을 제시하고 있고, 이 사건 경영해고에 대해 무효라고 판단한 원심판결을 파기한 사례이다. 대상판결은 경영해고 각 요건의 구체적 내용은 확정적·고정적인 것이 아니라 유동적인 것이기 때문에 구체적 사건에서 각 요건을 구성하는 개별사정들을 종합적으로 고려하여 경영해고의 정당성 여부를 판단하여야 한다는 점을 밝히고 있다. 또한 경영해고의 실시 및 해고의 회피방법이나 해고기준 등에 관한 노동조합과의 합의는 해고의 정당성 판단에서 고려되어야 한다는 점을 밝히고 있다.

'긴박한 경영상의 필요' 요건의 의미 및 판단기준에 대해 판례는 과거에 엄격한 입장한 입장을 취하였다(대법원 1989. 5. 23. 선고 87다카2132 판결). 즉 경영해고의 정당성이 인정되는 긴박한 경영상 필요성의 범위를 엄격히 제한하였다. 그러나 대법원 1991. 12. 10. 선고 91다8647 판결을 계기로 하여 긴박한 경영상 필요성의 범위를 점차 넓게 인정하는 것으로 변화하였다.

'해고회피노력'은 해고범위의 최소화를 위해 사용자가 가능한 모든 조치를 취하는 것을 뜻한다. 이 요건의 충족 여부와 관련하여 상반된 판단의 사례로 대법원 2004. 1. 15. 선고 2003두11339 판결과 대법원 2002. 7. 9. 선고 2000두9373 판결을 참고하기 바란다.

'합리적이고 공정한 해고기준에 의한 해고 대상자의 선정' 요건과 관련하여 판례는 해고기준에 대한 노동조합과의 합의 여부 등 해당 사건의 구체적인 제반 사정을 고려하여 그 요건의 충족 여부를 판단하여야 한다는 입장이다. 즉, 보편타당한 해고기준을 사전에 확정할 수는 없고, 사안별로 해고기준의 합리성·정당성 여부를 판단하여야 한다는 것이다. 따라서 예컨대, 대법원 1993. 12. 28. 선고 92다34858 판결에서는 해고로부터 보다 많은 보호를 받아야 할 장기근속자를 우선적인 해고대상자로 정한 것은 합리성과 공정성을 결여한 것으로 판단했지만, 이 사건 대상판결에서는 해당 직급별 장기근속자를 해고 대상자로 삼았던 것에 대해 정당하다고 판단하였다. 다소 애매모호한 해고기준에 따른 무기명투표결과를 반영하여 해고 대상자를 선발하였더라도 해당 사건의 제반 사정에 비추어 비합리적이지 않다고 판단한 사례도 있다(대법원 2002. 7. 9. 선고 2000두9373 판결).

'노동조합(또는 근로자대표)과의 사전 성실한 협의' 요건과 관련하여 판례는 다른 요건에 비하여 완화된 해석의 입장을 취하는 경향을 보이고 있다. 과거(경영해고제도 입법화 이전)에는 협의절차를 거치지 않은 경영해고의 유효성을 인정한 사례도 있다(대법원 1992. 11. 10. 선고 91다19463 판결). 사전 협의가 입법화된 이후에도 근로자 과반수로 조직되지 않은 노동조합과의 협의에 대해 경영해고의 절차적 요건을 충족한 것으로 판단한 사례(대법원 2006. 1. 26. 선고 2003다69393 판결), 법 소정의 사전 협의기간(구법상의 60일)에 대해 경영해고의 효력요건이 아니라고 해석한 사례(대법원 2003. 11. 13. 선고 2003두4119 판결)가 있다. 대상판결에서는 조합 가입 자격이 없는 근로자들을 대상으로 하는 경영해고에서 과반수 노동조합과의 사전 협의(합의)만으로도 해고절차가 유효하다고 판단하였다.

Q 1. '긴박한 경영상의 필요' 요건과 관련하여 대상판결과 대법원 1989. 5. 23. 선고 87다카2132 판결 사이에는 어떠한 차이점이 있나?
Q 2. 해고 대상 근로자의 선정과 관련하여 대상판결과 대법원 1993. 12. 28. 선고 92다34858 판결의 차이는?
Q 3. 대상판결에서 사전 성실한 협의 요건과 관련하여 원심 법원과 대법원간에 어떤 차이점을 보이고 있는가?

≪심화학습≫

1. 직급별 고령자 우선 해고기준의 정당성 ('고용상 연령차별금지 및 고령자고용촉진에 관한 법률' 제4조의 4 참고)
2. 사업폐지를 위한 청산과정에서 이루어진 해고의 성격 (대법원 2003. 4. 25. 선고 2003다7005 판결 참고)

제 12 강
해고의 제한 (2)

1. 해고합의 조항

대법원 2007. 9. 6. 선고 2005두8788 판결 [부당해고구제재심판정취소]

가. 사실관계

1) 원고 회사는 상시근로자 1,800여 명을 고용하여 전화, 무선통신, 초고속통신망사업 등 전기통신사업을 경영하는 회사이고, 피고보조참가인(이하 '참가인'이라 한다)은 1987. 1. 1. 원고 회사에 입사하여 근무하던 중 조합원 1,900여 명으로 구성된 원고의 노동조합 위원장으로 2000. 8. 11. 당선되어 2000. 11. 8.부터 2001. 1. 26.까지의 파업(이하 '이 사건 파업'이라 한다)기간 동안 업무방해, 회사 기물손괴 등을 하였다는 사유로 원고 회사로부터 2002. 8. 1. 징계해고(이하 '당초 징계해고'라 한다)되었다. 이에 참가인은 2002. 8. 22. 서울지방노동위원회에 부당노동행위 및 부당해고 구제신청을 하였고, 서울지방노동위원회는 2003. 1. 14. 참가인에 대하여 원고 회사가 단체협약에 규정된 합의절차를 제대로 거친 사실이 없다는 이유로 부당해고를 인정함에 따라 원고는 2003. 2. 5. 참가인을 원직복직시켰다가 다시 참가인에 대하여 당초 징계해고 사유와 동일한 사유로 2003. 4. 14. 징계해고(이하 '이 사건 징계해고'라 한다)하였다. 이 사건 징계해고에 대하여 중노위는 부당해고라고 판정하였지만, 1심 및 원심은 노동조합이 사전합의권을 남용한 것이므로 해고가 부당하지 않다고 판단하였다.
2) 이 사건 징계해고 당시 원고 회사와 노동조합 사이의 단체협약 제

35조 제1항은 "회사는 조합 임원에 대한 해고, 징계, 이동에 대하여는 사전에 조합과 합의한다"고 규정되어 있고, 해고 사유에 관하여 위 단체협약 제40조는 "회사는 다음의 각 호의 1에 해당하는 경우 이외에는 해고를 명할 수 없다. 1.~6. (생략) 7. 다음 사항으로 인사위원회 결의에 의할 시. 가)~다), 마)~사) (각 생략) 라) 고의 또는 중대한 과실로 기물을 파손하거나 또는 재산에 손해를 끼쳤을 때"라고 규정되었다.

    3) 원고 회사는 2003. 3. 3. 참가인에 대하여 "참가인은 원고 회사 노동조합 위원장으로서 2000. 11. 8.부터 2001. 1. 26.까지 파업 기간 동안 소외인 등과 공모 공동하여 업무방해, 임직원 폭행·협박·감금·명예훼손, 성희롱, 회사기물 손괴, 업무방해로 인한 매출 손실, 회사 명예 실추, 기타 불법집단 행위 등을 자행하였다"는 것을 징계 사유로 삼아 참가인을 포함하여 노동조합 임원 4명을 징계위원회에 회부하였다. 원고 회사는 2003. 2. 17.부터 2003. 4. 10.까지 5차례에 걸쳐 당시 노동조합 위원장이던 소외인 등과 사이에 참가인에 대한 징계에 관하여 노사협의를 벌였는데, 그 때 노동조합측은 원고 회사 담당자에게 "이미 파업이 끝난 지 2년이 지난 일이다. 징계 양정이 고려되어야 한다. 2002년 7월 1차 징계로 일정 부분 징계의 효과를 보았다. 해고만 아니면 타협의 여지가 있다. 참가인에 대한 1심 재판에서 징역형이 아닌 벌금형이 나왔기 때문에 해고를 받아들이기 어렵다. 사측의 기물파손, 재산상 손실이라는 해고사유는 수용하기 어렵다. 실제 파업기간 동안 기물파손이라 할 만한 것이 없었고, 재산상 손실이라고 제시된 텔레센터 관련 손실액 4억여 원도 판결이 났으면 모르겠으나 그것도 아니었다. 참가인에 대한 징계양정이 해고만 아니면 징계에 회부된 다른 임원들에 대하여는 지난번 징계의 양정을 수용할 수 있다" 등의 이유를 들어 참가인에 대한 징계해고를 반대하여 결국 노사간에 참가인에 대한 징계해고에 관하여 합의에 이르지 못하였다.

    4) 이 사건 징계해고 사유들 중 업무방해의 점에 대하여는 파업 종료 후 노사 합의에 따라 원고가 형사고소를 취하하였으나, 참가인은 업무방해죄로 기소되어 형사재판절차에서 벌금형을 선고받고 확정되었는데, 그 밖에 이를 제외한 나머지 징계해고사유들은 모두 위 노동조합의 위 파업

과정에서 벌어진 임직원 폭행·협박·감금·명예훼손, 전화상담 근무자에 대한 조합원들의 성희롱 발언, 기물손괴·매출손실·회사명예실추, 기타 불법행위 등으로서, 그 정도가 법이 허용하는 한도를 일정 정도 넘어서기는 하였으나, 이에 대하여는 따로 형사처벌을 받지 않았다. 원고회사가 입었다고 주장하는 손해는 거의 대부분 단체교섭 결렬에 따른 집단적 노무 제공 거부 자체로 인한 손해로서 노동조합측에만 그 책임을 물을 수 있는 손해로는 보이지 않고, 쟁의행위에서 벗어난 위와 같은 일탈행위로 인하여 발생한 직접 손해와 기물 파손으로 인한 손해는 이 사건 쟁의행위의 규모와 양상, 발단과 종료 과정에 비추어 볼 때 그 자체만으로는 회사 경영에 타격을 가져올 정도의 손해로 보이지 않는다. 일부 일탈행위의 경우 조합원 개인의 일탈행위로 보일 뿐 참가인이 직접 공모하였다거나 지시, 방조하였다고 보기 어렵다. 파업 종료 후 원고 회사 노사는 대타협 정신에 따르겠다면서 서로에 대하여 제기한 일체의 고소·고발·소송을 취하하고, 쟁의행위 관련자에 대한 징계조치를 사면하겠다고 발표하는 등의 조치가 이루어졌고, 그 후 참가인이 노동조합 위원장으로 재직하는 동안에도 노사는 2001. 7. 28. 2003년 1월까지 노사평화기간을 설정하여 회사의 경영권과 노동조합 활동을 서로 존중하기로 하는 이른바 '노사 평화 대선언'을 발표하고, 2001년, 2002년도 임금 동결과 일정 수당의 반납 등을 합의하였다.

나. 판결요지

1) 구 근로기준법(2007. 4. 11. 법률 제8372호로 전문 개정되기 전의 것) 제30조(현행 제23조 참조) 제1항은 "사용자는 근로자에 대하여 정당한 이유 없이 해고를 하지 못한다"고 규정하여 원칙적으로 해고를 금지하면서, 다만 예외적으로 정당한 이유가 있는 경우에 한하여 해고를 허용하여 제한된 범위 안에서만 사용자의 해고 권한을 인정하고 있는데, 노사간의 협상을 통해 사용자가 그 해고 권한을 제한하기로 합의하고 노동조합이 동의할 경우에 한하여 해고권을 행사하겠다는 의미로 해고의 사전 합의 조항을

단체협약에 두었다면, 그러한 절차를 거치지 아니한 해고처분은 원칙적으로 무효로 보아야 할 것이다(대법원 1993. 7. 13. 선고 92다50263 판결, 1994. 9. 13. 선고 93다50017 판결 등 참조). 다만, 이처럼 해고의 사전 합의 조항을 두고 있다고 하더라도 사용자의 해고 권한이 어떠한 경우를 불문하고 노동조합의 동의가 있어야만 행사할 수 있다는 것은 아니고 노동조합이 사전동의권을 남용하거나 스스로 사전동의권을 포기한 것으로 인정되는 경우에는 노동조합의 동의가 없더라도 사용자의 해고권 행사가 가능하다 할 것이나, 여기서 노동조합이 사전동의권을 남용한 경우라 함은 노동조합측에 중대한 배신행위가 있고 이로 인하여 사용자측의 절차의 흠결이 초래되었다거나, 피징계자가 사용자인 회사에 대하여 중대한 위법행위를 하여 직접적으로 막대한 손해를 입히고 비위사실이 징계사유에 해당함이 객관적으로 명백하며 회사가 노동조합측과 사전 합의를 위하여 성실하고 진지한 노력을 다하였음에도 불구하고 노동조합측이 합리적 근거나 이유 제시도 없이 무작정 반대함으로써 사전 합의에 이르지 못하였다는 등의 사정이 있는 경우에 인정된다 할 것이므로(대법원 1993. 7. 13. 선고 92다 50263 판결, 2003. 6. 10. 선고 2001두3136 판결 등 참조), 이러한 경우에 이르지 아니하고 단순히 해고사유에 해당한다거나 실체적으로 정당성 있는 해고로 보인다는 이유만으로는 노동조합이 사전동의권을 남용하여 해고를 반대하고 있다고 단정하여서는 아니 될 것이다.

    2) 이 사건 쟁의행위의 본질적 내용과 그 과정 중에 빚어진 일탈행위의 경위와 그 정도, 쟁의행위 종료 후 노사가 서로에게 보인 대타협 정신, 이 사건 쟁의행위 종료 때부터 이 사건 징계회부 시점까지 경과된 적지 않은 기간, 노동조합이 나름대로 든 이 사건 해고 반대의 이유 등을 종합하면, 이 사건 참가인의 경우에 있어서는 그에 대한 해고사유가 중대하여 참가인을 해고하여야 함이 명백한 때에 해당한다고 보기 어렵고, 노동조합 또한 위 단체협약의 사전합의 조항만을 내세워 참가인에 대한 해고를 무작정 반대하였다고 볼 수도 없어, 노동조합이 이 사건 단체협약상의 사전동의권을 남용하였다고 단정할 수는 없다.

    그럼에도 불구하고, 원심은 제1심판결을 인용하여 그 판시와 같은 이유로 참가인의 행위가 징계사유에 해당함에도 노동조합이 징계를 반대하고 있는 사정만을 들어 노동조합의 징계반대 입장이 합리적 이유가 없는 것이라는 취지로 판단한 다음, 위 노동조합이 참가인에 대한 해고에 관하여 사전동의권을 남용하였다고 보고 말았으니, 이러한 원심판결에는 단체협약에 정한 조합원 또는 조합 임원의 해고에 대한 사전동의권의 남용에 관한 해석·적용에 관한 법리를 오해하여 판결에 영향을 미친 위법이 있다 할 것이다. 이 점을 지적하는 상고 이유 주장은 이유 있다.

다. 해 설

단체협약에 "사용자가 해고(또는 징계나 인사처분)에 대해 사전에 노동조합과 합의한다(또는 노동조합의 동의를 받는다)"는 노동조합 합의조항을 두는 경우 사용자는 노동조합의 합의가 있어야 해고를 할 수 있다. 다만, 노동조합이 합의권(동의권)을 남용하거나 포기하였다고 인정되는 경우에는 해고 등이 유효하다는 것이 판례이다.

대상판결은 종전의 판결들(대법원 1993. 7. 13. 선고 92다50263 판결; 대법원 2003. 6. 10. 선고 2001두3136 판결 등)과 비교하여 노동조합 합의조항의 해석상의 제약으로서 동의권을 남용하는 경우에 대해 문언을 정비하였고, 동의권 남용의 법리를 적용하는 방식에 있어 종합적인 고려 또는 동태적인 고려를 하고 있다는 점이 주목된다. 대상판결의 판례법리를 이후 다른 판결들(대법원 2010. 7. 15. 선고 2007두15797 판결; 대법원 2012. 6. 28. 선고 2010다38007 판결)이 따르고 있다.

Q 1. 대상판결에서 어떤 사정이 있는 경우 노동조합이 동의권을 남용하였다고 인정되는가?

Q 2. 대상판결에서 노동조합의 사전동의를 받지 않은 해고의 효력에 관해 원심법원과 대법원 사이에 어떤 판단의 차이를 보이고 있는가?

2. 해고의 서면통지

대법원 2011. 10. 27. 선고 2011다42324 판결 [퇴직금등]

가. 사실관계

1) 원고는 2006. 5. 10. 고문으로 위촉되어 피고에 입사한 후 2007. 4. 1. 대우임원(비등기임원)인 전무로 승진하였으며 피고에 입사한 이래 계속 감사실장으로 근무하여 왔고, 피고는 선박의 건조, 개조, 수리 해체 및 판매, 해양플랜트, 특수선 사업 등을 주요 사업내용으로 하는 회사이다.

2) 피고는 원고가 '2008 한국감사인대회' 참석차 출장 중이었던 2008. 9. 3. 감사실을 폐지하면서 원고에게 대기발령 조치를 내렸다.

3) 피고 인사소위원회는 2008. 10. 9. 원고에게 "출석일시: 2008. 10. 15., 출석목적: 본인진술 기회부여, 심의내용: 사규위반, 관련근거: 취업규칙 5. 8. 4.항 징계의 해고사유 (2), (6), (9), (13), (16), (17), (24), (27) 및 감사규정 제5조 감사인의 의무 (2), (4)"라고 기재된 출석요구 통보서를 발송하였고, 원고는 위 통보서를 수령한 다음날인 2008. 10. 13. 피고에게 "본인의 어떠한 행위가 원인이 되어 관련조항에 해당하는 결과를 초래하였는지 구체적으로 특정되지 아니하여 변론을 하기에 중대한 하자가 있고 이는 변론권 내지 방어권을 원천적으로 제한한다고 할 수 있으므로 해고에 해당하는 중대한 사유가 존재한다면 관련근거를 첨부하여 그 구체적 사실을 서면으로 알려주고 통보된 사실에 대하여는 변론을 준비할 수 있는 충분한 시간을 부여해 달라며 인사소위원회 개최연기를 요구한다"는 취지의 내용증명을 발송한 후 2008. 10. 15. 개최된 인사소위원회에 참석하지 아니하였다.

4) 이에 피고는 2008. 10. 15. 원고에게 위 통보서와 동일한 내용(출석일시만 2008. 10. 20.로 변경됨)의 2차 출석요구 통보서를 발송하였고, 원고는 2008. 10. 17. 피고에게 2008. 10. 13.자 내용증명과 동일한 취지의 내용증

명을 다시 발송한 후 2008. 10. 20. 개최된 인사소위원회에 참석하지 아니하였다.

5) 피고는 인사소위원회의 개최를 연기하지 아니한 채 2008. 10. 20. 원고에 대하여 징계해고를 결정한 후 2008. 10. 22. 원고에게 "징계사유: 사규위반, 심의결과: 해고, 발령기준일: 2008. 10. 1.(수)"라고 기재된 심의결과 통보서를 발송하였고, 2008. 11. 5. 원고에게 2008. 10. 21.자로 해고되었음을 통보하였다.

6) 이 사건 해고와 관련한 피고의 규정은 다음과 같다.

[취업규칙]

5. 8. 1. 징계의 원칙

회사는 규율을 유지하고 회사와 종업원의 공동이익 보호를 위하여 본 규칙을 위반하는 자에 대하여 징계할 수 있다.

5. 8. 2. 징계의 종류와 방법

(5) 해고: 종업원의 신분을 박탈하고 면직한다.

5. 8. 4. 징계의 해고사유

(2) 영업비밀에 속하는 사항을 누설하여 회사에 중대한 손해를 끼친 자

(6) 고의 또는 중대한 과실로 회사의 명예와 신용을 훼손하거나 회사에 손해를 끼친 자

(9) 폭행 또는 협박으로 타 종업원의 업무수행을 방해한 자

(13) 회사에 대한 횡령, 배임 또는 사기 등 범죄행위를 한 자

(16) 회사의 허가 없이 회사의 문서, 장부, 도면, 제품 등을 타인에게 열람시키거나 무단 반출한 자

(17) 회사의 질서와 풍기를 문란하게 하여 타 종업원에게 악영향을 주는 자

(24) 업무상 취득한 지식이나 발명을 타인에게 누설하거나 사유화한 자

(27) 기타 전 각호에 준할 정도의 불미한 행위가 있는 자

[감사규정]

제5조(감사인의 의무) 감사실장 및 감사실 직원(이하 '감사인'이라 한다)은 감사를 하면서 아래 사항을 준수하여야 한다.

2. 감사인은 직무상 지득한 기밀 및 감사내용을 정당한 이유 없이 누설

하거나 도용하여서는 아니 된다.

4. 감사인은 청탁 등 직권을 남용하는 일체의 행위와 금품, 기타 이익을 제공받는 행위를 하여서는 아니 된다.

나. 판결요지

1) 근로기준법 제27조는 사용자가 근로자를 해고하려면 해고사유와 해고시기를 서면으로 통지하여야 그 효력이 있다고 규정하고 있는데, 이는 해고사유 등의 서면통지를 통해 사용자로 하여금 근로자를 해고하는 데 신중을 기하게 함과 아울러, 해고의 존부 및 시기와 그 사유를 명확하게 하여 사후에 이를 둘러싼 분쟁이 적정하고 용이하게 해결될 수 있도록 하고, 근로자에게도 해고에 적절히 대응할 수 있게 하기 위한 취지라고 할 것이다. 따라서 사용자가 해고사유 등을 서면으로 통지할 때는 근로자의 처지에서 해고의 사유가 무엇인지를 구체적으로 알 수 있어야 하고, 특히 징계해고의 경우에는 해고의 실질적 사유가 되는 구체적 사실 또는 비위내용을 기재하여야 하며 징계대상자가 위반한 단체협약이나 취업규칙의 조문만 나열하는 것으로는 충분하다고 볼 수 없다.

2) 원심판결의 이유에 의하면, 원심은 그 판시 증거에 의하여 피고가 원고에 대한 징계를 위하여 인사소위원회에 출석을 요구하면서 보낸 통보서와 원고의 참여 없이 실시한 인사소위원회의 심의결과를 통지한 통보서, 2008. 11. 5.자 해고통보서의 각 기재 내용 등에 관한 판시사실을 인정한 후, 위 서면 어디에도 구체적으로 원고의 어떠한 행위가 사규위반에 해당하여 징계사유와 해고사유가 되는지에 관한 내용이 전혀 기재되어 있지 아니한다는 이유로 피고의 원고에 대한 이 사건 해고에는 그 절차상 근로기준법 제27조를 위반한 위법이 있다고 판단하였다.

위에서 본 법리와 기록에 비추어 보면 이러한 원심의 사실인정과 판단은 정당하고 여기에 상고이유로 주장하는 바와 같이 근로기준법 제27조에 관한 법리를 오해한 위법이 없으므로, 이 부분 상고이유는 받아들이지 않는다.

다. 해 설

근로기준법은 사용자가 근로자를 해고하려면 해고의 사유와 시기를 서면으로 통지하여야 그 효력이 있다고 규정하고 있다(제27조). 이러한 서면통지의무에 위반한 해고는 법문에서 명시하고 있는 바와 같이 당연히 무효이다. 대상판결은 해고의 서면통지제도를 둔 취지를 사용자의 신중한 해고결정, 해고분쟁의 적정하고 용이한 해결, 근로자의 적절한 대응 등 세 가지에 있다고 본다. 또한 이러한 취지들에 비추어 사용자가 서면으로 통지해야 하는 해고의 사유는 구체적이어야 하고 특히 징계해고에서는 근로자의 비위내용이 기재되어야 한다고 판시하고 있다.

Q 1. 대상판결에서 징계해고가 그 절차에서 근기법 제27조를 위반한 위법이 있다고 판단한 이유는?

Q 2. 문자메세지 또는 이메일에 의한 해고통지가 유효한가? (대법원 2015. 9. 10. 선고 2015두41401 판결 참고)

3. 부당해고와 중간수입

> **대법원 1991. 6. 28. 선고 90다카25277 판결 [손해배상(기)]**

가. 사실관계

1) 원고는 1971. 1.경 미국시민권을 취득함에 따라 대한민국의 국적을 상실한 자로서, 미국 내 A대학교의 경영학과 주임교수로 재직 중 피고가 경영하는 ○○대학교에 초빙되어 1981. 5. 26. 위 대학교의 경영대학장 겸 교수로 근무하기 시작하여 시험재직기간을 거쳐 1983. 3. 9.자로 같은 해 3. 1.부터 1993. 2. 28.까지 10년간 경영학과 교수로 임용되고,

1983. 3. 26. 교육부(당시 문교부, 이하 같다)에 임용보고까지 수리되었는데, 같은 해 6. 1. ○○대학교 총장에 의하여 경영대학장 및 경영학과장의 보직을 해임당하였다.

2) 원고는 교수활동 목적으로 입국한 이래 3개월마다 ○○대학교 총장 명의의 재직증명서와 거류기간연장신청 사유서를 첨부하여 출입국사무소로부터 국내체류기간연장 허가를 받아 왔다. 그런데 1983. 6. 20. 교육부로부터 외국인 교수 중 국내인으로 대체할 수 없는 외국어 담당 이외의 인문사회계열 과목에 대하여는 점차 국내인으로 대체하고 외국인 교수의 채용을 억제하라는 내용의 외국인 교수 관리방안이 시달되고, 이에 따라 출입국관리사무소가 같은 해 11. 4. ○○대학교에 대하여 원고를 계속 교수로 채용할 필요성과 한국인 교수로의 대체 가능성에 대하여 조회하여 오자, ○○대학교 총장은 11. 14 출입국사무소에 원고는 경영학과 교수로서 경영문헌원강, 경영영어, 조직행위론 등을 담당하고 있으며, 교육부에 1983. 3. 1.부터 1993. 2. 28.까지의 기간으로 임용보고가 수리되어 있고, 원고의 담당과목은 국내인 교수로 대체 가능한 것으로 판단된다고 회신하였다. 출입국사무소는 위 회신에 따라 1983. 11. 18. 원고의 국내체류기간을 1984. 2. 29.까지 금회에 한하여 연장한다는 체류기간제한 결정을 하였다.

3) 그 후 원고는 ○○대학교 총장으로부터 1983. 12. 16.부터 1984. 2. 16.까지의 해외여행 허가를 받고 1983. 12. 4. 출국한 뒤, ○○대학교에 대하여 위 회신의 취소와 원고의 국내체류자격의 보장을 요구하였으나 ○○대학교가 이를 이행하지 아니하였고, 원고는 교수목적의 국내체류가 불가능한 상황에서는 입국이 무의미하다고 판단하고, 1984. 2. 29.이 지나도록 입국하지 아니하였다. 이에 ○○대학교 총장은 원고에 대하여 같은 해 5. 4.자로 그 때까지 입국하지 아니하여 강의를 할 수 없다는 이유로 1984. 3. 1.부터 소급하여 같은 해 8. 31.까지 1학기 동안 휴직 발령하고, 2학기가 시작되어도 원고의 입국 및 국내체류 문제가 해결되지 아니하자 같은 해 9. 3.자로 같은 해 10. 31.까지 휴직기간을 연장 발령하였다가 1984. 10. 31.자로 직권면직 발령을 하였다.

나. 판결 요지

사용자의 귀책사유로 인하여 해고된 근로자가 해고기간 중에 다른 직장에 종사하여 이익을 얻은 때에는 사용자는 위 근로자에게 해고기간 중의 임금을 지급함에 있어 위의 이익(이른바 중간수입)의 금액을 임금액에서 공제할 수 있다. 위의 중간수입은 민법 제538조 제2항에서 말하는 채무를 면함으로써 얻은 이익에 해당하기 때문이다. 그런데 근로기준법 제38조(현행 근기법 제46조)는 근로자의 최저생활을 보장하려는 취지에서 사용자의 귀책사유로 인하여 휴업하는 경우에는 사용자는 휴업기간 중 당해 근로자에게 그 평균임금의 100분의 70(1989. 3. 29. 법률 제4099호로 개정되기 전에는 100분의 60) 이상의 수당을 지급하여야 한다고 규정하고 있고, 여기에서의 휴업이란 개개의 근로자가 근로계약에 따라 근로를 제공할 의사가 있음에도 불구하고 그 의사에 반하여 취업이 거부되거나 또는 불가능하게 된 경우도 포함된다고 할 것이므로 근로자가 지급받을 수 있는 임금액 중 근로기준법 제38조(현행 근기법 제46조) 소정의 휴업수당의 한도에서는 이를 이익공제의 대상으로 삼을 수 없고, 그 휴업수당을 초과하는 금액에서 중간수입을 공제하여야 할 것이다. 그리고 위 휴업수당을 초과하는 금액을 한도로 중간수입을 공제할 경우에도 중간수입이 발생한 기간이 임금지급의 대상으로 되는 기간과 시기적으로 대응하여야 하고 그것과는 시기적으로 다른 기간에 얻은 이익을 공제하여서는 안 된다.

다. 해 설

부당해고를 주장하는 근로자는 노동위원회나 법원을 통해 구제받을 수 있다. 구제의 내용으로 해고기간 동안의 임금지급, 즉 해고가 없었더라면 받을 수 있었던 임금상당액을 청구할 수 있다. 사용자의 부당한 해고처분이 무효이거나 취소된 때에는 그동안 피해고자의 근로자로서 지위는 계속되고, 그간 근로의 제공을 하지 못한 것은 사용자의 귀책사유로 인한 것이므로 근로자는 민법 제538조 제1항에 의하여 계속 근로하였을 경우 받을 수 있는 임금 전부의 지급을 청구할 수 있다. 여기에서 근로자가 지급을 청구할 수 있는 임금은 사용자가 근로의 대가로 근로자에게 지급하는 일체의 금원으로서 계속적·정기적으로 지급되고 이에 관하여 단체협약, 취업규칙, 급여규정, 근로계약, 노동관행 등에 의하여 사용자에게 지급의무가 지워져 있다면 명칭 여하를 불문하고 모두 이에 포함되며, 반드시 통상임금으로 국한되는 것은 아니다. 단체협약에 조합원이 1년간 개근하면 연말에 일정한 금품을 교부하여 표창하도록 규정되어 있는 경우라면, 이 표창은 특별한 사정이 없는 한 근로자가 계속 근로하였을 경우 받을 수 있는 임금에 포함된다(대법원 2012. 2. 9. 선고 2011다20034 판결).

　　그런데 부당하게 해고된 근로자가 해고기간 중 다른 직장에 취업하는 등으로 이른바 중간수입이 있었던 경우 사용자는 해고기간 중의 임금상당액에서 그 중간수입을 공제할 수 있는지가 문제된다. 대상판결은 중간수입공제에 관한 기본 법리를 제시하고 있다. 그 핵심 내용은 민법에 근거한 중간수입의 공제가 가능하지만, 근기법에 따른 공제의 한도가 있고(즉, 휴업수당을 초과하는 금액 범위 내에서만 공제 가능), 공제를 하는 경우에도 중간수입이 발생한 기간에 대응하는 기간의 임금지급액에서 공제하여야 한다는 것이다. 한편, 다른 판결례에 의하면 해고기간 동안에 중간수입이 있었더라도 그 성질상 또는 상당인과관계에 비추어 볼 때 근로자가 사용자에 대한 근로제공의무를 면함으로써 얻은 이익이라고 볼 수 없는 경우에는 공제할 수 없다(대법원 1991. 5. 14. 선고 91다2656 판결; 대법원 1993. 5. 25. 선고 92다31125 판결).

Q 1. 부당해고기간 중에 '받을 수 있었던 임금상당액'의 범위는? (대법원 1995. 11. 21. 선고 94다45753 판결; 대법원 2012. 2. 9. 선고 2011다20034 판결 등 참고)

Q 2. 대상판결에 의하면 부당해고기간 중에 중간수입이 있었던 경우에 사용자의 경제적 손해배상액은 어떻게 계산하는가?

4. 부당해고와 위자료

대법원 1999. 2. 23. 선고 98다12157 판결 [해고무효확인및임금청구]

가. 사실관계

1) 피고는 택시운수업을 경영하는 회사이고, 원고는 1991. 5. 5. 피고 회사에 입사하여 운전기사로 근무해 온 자이다.

2) 피고 회사는 1996. 4. 20. 원고에 대하여, 1996. 2. 중 5일간 무단결근을 하였다는 이유로 징계해고를 한 후, 1996. 5. 3.경 원고의 퇴직금 3,901,420원 중 금 1,950,700원을 원고의 통장으로 입금하여 그 무렵 원고가 이를 수령하였고, 나머지 퇴직금도 1996. 5. 22.경 원고의 소외 국민신용카드주식회사에 대한 채무변제 등으로 지급되었으며, 한편 원고는 피고 회사에 재직하는 약 122명의 기사들로부터 퇴직전별금조로 금 488,000원을 수령하였다.

3) 한편, 원고가 위 해고에 대하여 서울지방노동위원회에 부당해고 구제신청을 하자, 위 위원회는 1996. 6. 11. 피고 회사가 원고를 징계하는 과정에서 징계위원회에 출석시켜 변명의 기회를 부여하는 등 필요한 절차를 거치지 않았고, 징계처분의 내용이 평등의 원칙에도 반하므로 부당한 해고라는 결정을 하였다.

4) 이에 피고 회사는 1996. 6. 27. 원고를 복직시킨 후, 1996. 7. 3., 같은 달 11., 같은 달 18.등 3회에 걸쳐서 원고에게, 그가 수령한 퇴직금 중 위 해고일로부터 복직일까지의 임금부분을 제외한 나머지 금액을 피고 회사에 반환하라는 내용의 퇴직금환수통지서를 각 발송하였다.

5) 이에 원고는 1996. 7. 11. 피고 회사에, 위 퇴직금 수령은 궁극적으로 피고 회사의 부당해고에 기인한 것으로서, 부당해고 기간 동안의 임금 및 정신적 손해를 계산하여 줄 것과 당시 원고가 경제적 여유가 없으니 매월 100,000원씩 분할하여 납부할 수 있도록 해달라는 내용의 통고서를 발송하였다.

6) 그러나 피고 회사는 위 마지막 퇴직금환수통지일인 1996. 7. 18. 이후에도 원고가 이에 응하지 않는다는 이유로 1996. 7. 27. 원고의 택시 승무를 중지시켰으며, 이에 원고는 1996. 7. 29.과 1996. 8. 20. 피고 회사에 승무배차를 시켜줄 것 등 위 통고서와 같은 내용의 요구를 담은 내용증명을 발송하였다.

7) 피고 회사는 원고가 위 퇴직금 반환요구에 불응하는 것은 공금횡령에 해당한다는 이유로 1996. 8. 26.자로 원고를 해고(이하 이 사건 해고라 한다) 처리하고, 같은 날 이와 같은 내용을 담은 통고서를 원고에게 발송하였다.

8) 한편, 피고 회사와 그의 노동조합 사이에 체결되어 시행되는 단체협약과 취업규칙상 해고에 관한 조항 중 이 사건과 관련된 부분은 다음과 같다. [조합원(종업원)이 다음 각호의 1에 해당할 시에는 해고할 수 있다. 1. 법령상 결격사유가 발생하였을 시 2. 회사의 재산을 횡령하였을 시 3. 휴직기간 만료후 10일 이내에 본인이 복직원을 제출하지 아니하였을 시 4. 종업원이 무단결근 월 3일 이상일 때에는 해고할 수 있다. 7. 신체 및 정신상 유해로 직무를 감당할 수 없다고 인정되는 자 10. 부당요금징수, 승차거부, 복장위반 및 부정을 목적으로 메타기 불사용, 요금편취 또는 횡령하였거나 메타기를 임의 변조 조작하는 행위를 한 자 11. 교통관계법규와 회사 지시사항을 고의로 위반한 자 12. 서비스업에 종사하는 종업원의 근본자세를 망각하고 회사에 심한 물의를 일으킨 자 13. 고의 또는 중과실로 중대한 사고를 발생시켜 회사에 막대한 손해를 끼친자(단, 10항부터 14항까지는 노사간 협의에 의한다)]

9) 원심은 원고와 피고 회사와의 관계, 이 사건 해고에 이른 경위 및 원고가 받은 재산상, 신분상 불이익 등 이 사건 변론에 나타난 제반 사정을 참작하여 피고 회사가 원고에게 지급하여야 할 위자료는 금 5,000,000원으로 결정하였다.

나. 판결요지

사용자가 근로자를 징계해고할 만한 사유가 전혀 없는데도 오로지 근로자를 사업장에서 몰아내려는 의도하에 고의로 어떤 명목상의 해고사유를 만들거나 내세워 징계라는 수단을 동원하여 해고한 경우나, 해고의 이유로 된 어느 사실이 취업규칙 등 소정의 해고사유에 해당되지 아니하거나 해고사유로 삼을 수 없는 것임이 객관적으로 명백하고 또 조금만 주의를 기울이면 이와 같은 사정을 쉽게 알아볼 수 있는데도 그것을 이유로 징계해고에 나아간 경우 등 징계권의 남용이 우리의 건전한 사회통념이나 사회상규상 용인될 수 없음이 분명한 경우에 있어서는 그 해고가 구 근로기준법 제27조(현행 근기법 제23조) 제1항에서 말하는 정당성을 갖지 못하여 효력이 부정되는 데 그치는 것이 아니라, 위법하게 상대방에게 정신적 고통을 가하는 것이 되어 근로자에 대한 관계에서 불법행위를 구성할 수 있다 할 것이다(대법원 1993. 10. 12. 선고 92다43586 판결; 대법원 1997. 1. 21. 선고 95다24821 판결; 대법원 1997. 9. 26. 선고 97다18974 판결 등 참조).

같은 취지에서 원심이 피고 회사가 원고를 부당해고한 후 노동위원회의 부당해고판정을 받아 원고를 복직시켰으면서도 그가 수령한 퇴직금을 반환하지 않는다는 이유만으로 승무정지 및 재차 해고조치를 하고 그 기간 중의 임금을 지급하지 아니한 일련의 행위는 취업규칙 소정의 해고사유에 해당하지 아니하는 것이 객관적으로 명백한 사유로 해고를 한 것이어서 사회통념이나 사회상규상으로도 용인될 수 없고, 또한 피고로서도 조금만 주의를 기울이면 이와 같은 사정을 쉽게 알 수 있었다고 보이므로 이는 위법하게 상대방에게 정신적 고통을 가하는 것이 되어 원고에 대한 관계에서 불법행위를 구성한다고 판단하고, 판시와 같은 위자료액을 정하여 피고에게 그 지급을 명한 조치는 모두 옳게 수긍이 가고, 거기에 상고이유가 지적하는 바와 같은 위자료에 관한 법리오해 등의 위법은 없다.

다. 해 설

일반적으로 징계해고가 부당하여 무효로 판단되는 경우 그 해고가 무효로 되었다는 사유만으로 곧바로 그 해고가 불법행위를 구성하는 것은 아니다(대법원 1993. 10. 12. 선고 92다43586 판결). 그러나 예외적으로 일정한 경우에는 부당해고가 무효일 뿐만 아니라 위법하게 상대방에게 정신적 고통을 가하는 것이 되어 불법행위를 구성한다.

대상판결은 부당해고의 불법행위 구성요건에 관한 기존 판례의 법리를 재확인하면서 불법행위의 성립을 인정한 사례이다. 그러나 해고처분과 관련하여 사용자에게 불법행위책임을 물을만한 고의·과실이 없는 경우에는 비록 해당 해고가 무효일지라도 불법행위가 성립하지 않는다(대법원 1996. 4. 23. 선고 95다6823 판결).

Q 1. 대상판결의 법리에 따르면 어떤 경우가 사용자에게 불법행위책임을 물을 수 있는 고의 또는 과실에 해당하는가?

Q 2. 부당해고의 경우에 일반적으로 인정되는 구제의 내용은?

Q 3. 근기법 제33조에 규정된 이행강제금제도의 취지와 내용은?

≪심화학습≫

1. 부당해고의 불법행위 성립 여부 관련 대법원 1993. 12. 21. 선고 93다 11463 판결과 대법원 1996. 4. 23. 선고 95다6823 판결의 비교
2. 사용자의 복직거부와 불법행위 (대법원 1996. 4. 23. 선고 95다6823 판결 참고)
3. 위장폐업에 의한 부당해고와 불법행위 (대법원 2011. 3. 10. 선고 2010 다13282 판결 참고)

제 13 강

기타 근로관계 종료의 제한

1. 개 요

(1) 근로관계의 종료에는 i) 근로계약 당사자의 일방적 의사표시(사직 또는 해고) 또는 양 당사자의 의사합치(합의해지)에 의한 종료, ii) 당사자의 의사와는 무관한 소멸사유의 발생(계약기간의 만료, 정년의 도래, 근로자의 사망 등)에 의한 종료가 있다. 민법에서는 고용관계의 해지에 관하여 근로자에 의한 해지(사직)와 사용자에 의한 해지(해고)를 구별하지 않고 똑같이 취급 하지만(민법 제660조, 제661조 등 참고), 근기법에서는 근로자의 고용을 보호 하기 위해 후자 즉 해고에 대해 여러가지 제한을 두고 있다(근기법 제23조-제27조).

(2) 근기법은 근로관계의 종료사유 중 해고에 관해서만 제한하거나 금지하기 때문에, 해고관련 분쟁 중에는 해당 근로관계가 해고에 의해 종 료된 것인지 아니면 그 밖의 사유로 종료된 것인지 다투어지는 경우가 종종 있다. 특히 사직이나 합의해지의 형식을 취하거나 기간제 계약에서 기간 만료의 형식을 취한 경우가 많이 문제된다. 근로계약 당사자의 의사 에 기초한 근로관계의 종료에는 해고, 사직, 합의해지가 있다. 해고의 경 우 근기법 제23조 제1항이 적용되어 그 유·무효를 판단하지만, 반면에 사직이나 합의해지의 유·무효는 근기법이 아니라 민법에 의해 규율된다.

(3) 해고, 사직, 합의해지는 개념상 명백히 구분되지만, 근로자가 사 직서를 제출하는 방식으로 근로관계가 종료되는 경우 i) 근로관계의 종료 를 위한 일방적인 의사표시인지, ii) 합의해지를 위한 청약의 의사표시인

지, iii) 사직의 형식에도 불구하고 실질적으로 해고에 해당하는지 등이 실무상 주로 문제된다. 이와 관련해서 특히 사직의 의사표시가 진의인지, 사직서의 제출이 사용자의 강요에 의한 것인지가 주로 다투어진다.

(4) 근로계약 중에는 정식의 채용(본채용) 이전에 일정한 기간을 두는 경우도 있다. 예를 들면 본채용 이전에 일정 기간 동안 시험적으로 사용하고 근로자가 업무에 필요한 적합한 능력 등을 가지고 있는지를 평가하여 본채용 여부를 결정하기도 하고, 또 근로계약상의 업무를 시작하기 상당 기간 전에 채용할 자를 미리 결정하여 두기도 한다. 흔히 전자를 시용, 후자를 채용내정이라고 한다. 이런 근로관계에서는 사용자가 임의로 본채용을 거부한 경우 그 정당성 여부가 다투어진다.

(5) 근로계약에 기간의 정함이 있는 기간제 근로계약에서도 근로관계의 종료를 둘러싸고 분쟁이 많다. 근로자는 정해진 기간이 명목이나 형식에 불과하다거나 근로계약의 갱신에 기대권이 있었다면서 기간 만료를 이유로 하는 근로관계의 종료가 부당하다고 주장한다. 현재 기간제 근로계약은 「기간제 및 단시간근로자 보호 등에 관한 법률」('기간제법'으로 약칭함) 및 갱신기대권 등의 판례법리로 규율되고 있다. 기간제법에서 기간제 근로자의 사용을 규율하는 기본 방식은 사유 제한 방식이 아니라 기간 제한 방식이다. 즉 기간제법은 원칙적으로 2년을 초과하지 아니하는 범위에서는 어떤 이유로든 자유롭게 기간제근로자를 사용할 수 있도록 허용하면서(기간제법 제4조 제1항), 만약 사용자가 기간 제한을 위반하면 그 기간제근로자는 기간의 정함이 없는 근로계약을 체결한 근로자로 본다고 규정하고 있다(기간제법 제4조 제2항).

Q 1. 권고사직, 의원면직, 합의해지, 계약기간의 만료, 정년의 도달 중에서 근기법 제23조 제1항이 적용되지 않는 경우는?

Q 2. 채용내정이나 시용 후 본채용을 거부하는 경우에도 근기법 제23조 제1항이 적용되는가?

Q 3. 기간제 근로계약이 수회 반복 갱신되어야만 갱신기대권이 인정되는가?

2. 사직의 의사표시

> 대법원 2000. 4. 25. 선고 99다34475 판결 [징계면직처분무효확인등]

가. 사실관계

1) 원고가 피고에 입사하여 노동조합 상근 부장으로 근무하던 1985년 10월경 증권가 정보를 야당 국회의원인 소외 1에게 누설한다는 혐의를 받고 국가안전기획부로부터 내사를 받았다. 국가안전기획부는 1985년 10월 말경 원고의 혐의 내용을 피고에게 통보하였고, 피고는 위 혐의 내용의 진위 여부에 관한 조사확인절차 없이 원고에게 사직을 종용하다가 원고가 이에 불응하자 같은 해 12월 3일 인사위원회를 개최하여 원고가 피고의 심리부에서 효율적인 증권시장관리를 위하여 수행한 정보수집 업무내용 중 일부 내용을 외부에 누설하였음을 징계이유로 삼아 원고를 징계면직에 처하는 내용의 의결을 한 후 같은 달 5일 원고를 징계면직하였다. 원고는 인사위원회에서 징계심의를 받을 당시 혐의 내용을 부인하였고, 징계면직 의결을 받은 직후에도 피고에게 그 부당함을 호소하였다. 원고는 징계면직처분을 받은 직후인 1985. 12. 6. 국가안전기획부 사무실로 불법연행되어 같은 달 12일까지 1주일간 감금된 상태에서 위 혐의 내용과 대공불순세력과의 연계혐의에 대하여 가혹한 신문 및 조사를 받았으나 아무런 혐의점이 없어 결국 석방되었다.

2) 피고의 인사규정 및 상벌규정에 의하면 징계처분을 받은 자는 처분을 받은 날로부터 30일 이내에 서면으로 재심을 요구할 수 있고, 피고 사장은 재심청구에 대하여 재심사유가 있다고 인정될 때에는 인사위원회에 재심의를 요청하여야 하며, 피고 사장은 재심 결과 당초의 처분이 심히 부당하거나 과중하다고 인정되는 경우에는 그 처분을 취소 또는 감경할 수 있다고 규정하고 있다.

3) 원고는 피고로부터 아무런 근거 없이 징계면직처분을 받고 국가안전기획부에서 1주일간 혹독한 조사를 받고 풀려 나오자 그 당시 상황

에서는 징계면직처분의 무효를 다투어 복직하기는 어렵다고 판단하여 1985. 12. 16. 피고에게 사직의 의사가 전혀 없었음에도 불구하고 퇴직금이라도 수령할 생각으로 어쩔 수 없이 징계면직 발령일자와 같은 날인 1985. 12. 5.자로 된 사직원을 작성, 제출함과 동시에 종전의 징계면직처분을 취소하고 의원면직처리를 하여 달라는 취지의 재심청구를 하였다.

4) 피고는 이에 따라 1986. 1. 29. 인사위원회를 개최하여 원고에 대한 징계면직처분을 재심의하여 당초의 징계면직처분을 취소하고 원고 제출의 사직원을 수리하여 원고를 1985. 12. 5.자로 의원면직처리하기로 의결한 후 1986. 2. 3. 원고를 의원면직하였다.

5) 원심은 이 사건 사직의 의사표시에 따른 근로계약관계의 종료는 그 형식에도 불구하고 부당해고에 해당하여 무효이고, 이 사건 소의 제기가 신의칙이나 금반언의 원칙에 어긋나는 것은 아니라고 판단하였다.

나. 판결요지

1) 원심은 원고의 이 사건 사직의 의사표시는 비진의 의사표시에 해당하고, 피고도 그러한 사정을 알면서 이를 수리한 것이니, 무효인 사직의 의사표시에 기하여 의원면직의 형태로 근로계약관계를 종료시킨 행위는 실질적으로는 피고의 일방적인 의사에 의하여 근로계약관계를 종료시킨 것으로 그 형식에 불구하고 부당해고에 해당하여 무효라고 판시하였다. 또한 원고가 의원면직처분 발령일인 1986. 2. 3. 이후 아무런 이의나 유보 없이 그에 따른 퇴직금을 수령하여 이 사건 의원면직처분을 추인하였거나 그로부터 12년이 지나 그 의원면직처분의 효력을 다투는 것은 신의칙이나 금반언의 원칙에 반한다는 피고의 주장에 대하여 추가로 원고가 1988. 8. 31.과 1995. 1. 3. 이 사건 징계면직처분 및 의원면직처분의 부당성을 다투면서 피고에게 복직청원을 하고, 1995. 2. 7. 피고에게 이 사건 징계면직처분 및 의원면직처분과 관련한 자료요청을 하였으며, 같은 해 5월 19일 국민고충처리위원회에 탄원서를 제출하여 오다가 1998. 2. 17. 이 사건 소를 제기한 사실을 인정한 다음 원고가 퇴직금 수령시

별다른 이의를 제기하지 아니하였다는 사실만으로 이 사건 의원면직처분을 추인하였거나 이 사건 소의 제기가 신의칙이나 금반언의 원칙에 어긋나는 것이라고 할 수 없다는 이유로 이를 배척하였다.

    2) 사용자가 사직의 의사 없는 근로자로 하여금 어쩔 수 없이 사직서를 작성·제출하게 한 후 이를 수리하는 이른바 의원면직의 형식을 취하여 근로계약관계를 종료시키는 경우처럼 근로자의 사직서 제출이 진의 아닌 의사표시에 해당하는 등으로 무효이어서 사용자의 그 수리행위를 실질적으로 사용자의 일방적 의사에 의하여 근로계약관계를 종료시키는 해고라고 볼 수 있는 경우가 아닌 한, 사용자가 사직서 제출에 따른 사직의 의사표시를 수락함으로써 사용자와 근로자 사이의 근로계약관계는 합의해지에 의하여 종료되는 것이므로 사용자의 의원면직처분을 해고라고 볼 수 없고(대법원 1996. 7. 30. 선고 95누7765 판결; 대법원 1997. 8. 29. 선고 97다12006 판결 등 참조), 여기서 말하는 진의 아닌 의사표시에 있어서의 진의란 특정한 내용의 의사표시를 하고자 하는 표의자의 생각을 말하는 것이지 표의자가 진정으로 마음속에서 바라는 사항을 뜻하는 것은 아니므로, 표의자가 의사표시의 내용을 진정으로 마음속에서 바라지는 아니하였다고 하더라도 당시의 상황에서는 그것을 최선이라고 판단하여 그 의사표시를 하였을 경우에는 이를 내심의 효과의사가 결여된 진의 아닌 의사표시라고 할 수 없다(대법원 1996. 12. 20. 선고 95누16059 판결 참조).

    원고는 피고로부터 아무런 근거 없이 징계면직처분을 받고 국가안전기획부에서 1주일간 혹독한 조사를 받고 풀려 나오자 그 당시 상황에서는 징계면직처분의 무효를 다투어 복직하기는 어렵다고 판단하여 퇴직금이라도 수령할 생각으로 1986. 12. 16. 피고에게 1985. 12. 5.자로 된 사직원을 작성, 제출함과 동시에 종전의 징계면직처분을 취소하고 의원면직처리를 하여 달라는 취지의 재심청구를 하였다는 것인바, 원고가 사직원제출 당시 사직의 의사표시를 진정으로 마음속에서 바라지는 아니하였다고 하더라도 당시의 상황에서는 징계면직처분의 효력을 다투는 것보다는 퇴직금 수령 및 장래를 위하여 재심을 통한 징계면직처분의 취소와 의원면직처분을 받는 것이 최선이라고 판단하여 그 의사표시를 한 것으로써 원고에게 그 표시의사에 상응하는 사직의 효과의사가 있었다고 봄이 상당하므로 이를 사직의 의사가 결여된 진의 아닌 의사표시라고 할 수 없다.

따라서 원심이 이와 달리 원고의 이 사건 사직의 의사표시가 내심의 의사가 결여된 진의 아닌 의사표시로 보아 이 사건 의원면직처분을 부당해고로 판단하였음은 근로자의 일방적인 의사표시에 의한 근로관계의 종료 및 진의 아닌 의사표시의 해석에 대한 법리를 오해함으로써 판결에 영향을 미친 위법을 저질렀다.

3) 사용자로부터 해고된 근로자가 퇴직금 등을 수령하면서 아무런 이의의 유보나 조건을 제기하지 않았다면 해고의 효력을 인정하지 아니하고 이를 다투고 있었다고 볼 수 있는 객관적인 사정이 있다거나 그 외에 상당한 이유가 있는 상황하에서 이를 수령하는 등의 특별한 사정이 없는 한 그 해고의 효력을 인정하였다고 할 것이고, 따라서 그로부터 오랜 기간이 지난 후에 그 해고의 효력을 다투는 소를 제기하는 것은 신의칙이나 금반언의 원칙에 위배되어 허용될 수 없다(대법원 1992. 4. 14. 선고 92다1728 판결; 대법원 1996. 3. 8. 선고 95다51847 판결 등 참조).

원고는 자신이 작성, 제출한 사직원에 기하여 위와 같이 의원면직통보를 받고 퇴직금 등을 수령하면서 아무런 이의의 유보를 하지 않았다는 것인데, 기록상 앞서의 법리에서 본 특별한 사정(선행처분인 징계면직처분에 대하여 그 처분 당시 이를 다투었다는 점은 이 사건 의원면직처분에서 특별한 사정으로 볼 수 없다)의 존재를 찾아볼 수 없을 뿐만 아니라, 적어도 원고가 피고에게 복직신청을 하였다가 거부통보를 받은 1988년 9월경부터 6년 4개월이 경과한 1995. 1. 3.까지 사이에 어떠한 조치를 취하였다고 볼 자료가 없는 이 사건에서는 원고가 이제 더 이상 이 사건 의원면직처분의 효력을 다투지 않을 것이라는 피고의 신뢰가 형성되었다고 봄이 상당하므로 그 이후에 위 면직처분의 효력을 다투는 행위가 있었다고 하여도 이 사건 소의 제기는 노동분쟁의 신속한 해결이라는 요청과 신의칙이나 금반언의 원칙에 위반되는 것으로 허용되지 아니한다 할 것이다.

따라서 원심이 이와 달리 원고의 이 사건 소의 제기가 신의칙이나 금반언의 원칙에 위반된다는 피고의 주장을 배척하였음은 노동분쟁에 있어 신의칙과 금반언의 원칙에 대한 법리를 오해하여 판결에 영향을 미친 위법을 저지른 것이다.

다. 해 설

근로계약 당사자의 의사에 기초한 근로관계의 종료에는 해고, 사직, 합의해지가 있다. 해고의 경우 근기법 제23조 제1항이 적용되어 그 유·무효를 판단한다. 반면에 사직이나 합의해지의 유·무효는 근기법이 아니라 민법에 의해 규율된다. 해고, 사직, 합의해지는 개념상 명백히 구분되지만, 근로자가 사직서를 제출하는 방식으로 근로관계가 종료되는 경우 i) 근로관계의 종료를 위한 일방적인 의사표시인지, ii) 합의해지를 위한 청약의 의사표시인지, iii) 사직의 형식에도 불구하고 실질적으로 해고에 해당하는지 등이 실무상 주로 문제된다. 이와 관련해서 특히 사직의 의사표시가 진의인지, 사직서의 제출이 사용자의 강요에 의한 것인지가 주로 다투어진다. 대상판결에서는 이 사건 사직의 의사표시를 진의로 보았고, 이 사건 의원면직처분을 부당해고로 판결한 원심을 파기하였다.

다른 한편, 대상판결에서 언급되고 있듯이 판례는 근로자가 신의칙 내지 금반언의 원칙에 반하여 해고의 효력을 다투는 소를 제기하는 것을 허용하지 않는다(이를 실효의 원칙이라고 함). 실효의 원칙을 적용하기 위한 요건과 필요성 및 적용방법 등에 관해 설시한 판결례로 대법원 1992. 1. 21. 선고 91다30118 판결이 있다. 근로자가 명시적인 이의의 유보 없이 퇴직금을 수령하였고 상당한 기간이 경과하여 부당해고를 다투는 소를 제기하였다면 이러한 사실은 신의칙 내지 실효원칙이 적극적으로 적용될 수 있는 요소에 해당한다. 그러나 그러한 사실의 존재만으로 해당 소의 제기가 당연히 부정되지는 않는다. 해고의 효력을 다투고 있었다고 볼 수 있는 객관적 사정의 존부 또는 제소가 상당히 지체된 데에 대한 상당한 이유나 특별한 사정의 존부가 신의칙 위반(내지 실효원칙 적용) 여부에서 중요한 판단기준이라고 할 수 있다.

Q 1. 대상판결의 원심에서 사직의 의사표시가 진의가 아니고 의원면직처
　　분을 부당해고로 판단한 이유와 논리는 무엇인가? 이에 대해 원심을
　　파기한 대법원의 논리는?

Q 2. 해고소송에서의 신의칙 적용 여부와 관련하여 대상판결의 원심과 대
　　법원 사이에는 어떤 차이를 보이고 있는가?

≪심화학습≫

1. 사용자의 퇴직 권유, 종용에 따른 사직서 제출의 법적 효력 (대법원
2002. 6. 14. 선고 2001두11076 판결; 대법원 2001. 1. 19. 선고 2000다
51919,51926 판결 참고)

2. '사직'과 '근로계약의 합의해지' 양자의 개념과 법적 효과 (대법원
2000. 9. 5. 선고 99두8657 판결 참고)

3. 근로자가 해고효력을 다투고 있었다고 볼 수 있는 객관적 사정 또는
해고소송의 상당한 지체가 정당화될 수 있는 상당한 이유 내지 사정
(대법원 1991. 5. 14. 선고 91다2663 판결; 대법원 1992. 4. 14. 선고 92
다1728 판결 참고)

3. 시용과 본채용의 거부

대법원 2006. 2. 24. 선고 2002다62432 판결　[해고무효확인]

가. 사실관계

1) 피고은행은 1998. 6. 29. 구 금융산업의구조개선에관한법률(1998.
9 14. 법률 제5549호로 개정되기 전의 것) 제14조 제2항에 근거한 금융감독위원
회의 계약이전결정에 의하여 주식회사 경기은행(이하 경기은행이라 한다)의
자산 및 부채를 인수하게 되었는데, 피고은행은 위와 같이 경기은행의 자

산 및 부채를 인수함에 따라 기존 경기은행 직원들 중 일부를 고용하기로 방침을 정하고, 1998. 8.경 경기은행 각 지점에 다음과 같은 내용의 채용요강을 통보하였다.

㈎ 경기은행 3급 이상 직원들을 대상으로 한 채용요강

채용분야 및 채용인원은 영업점장, 영업점 여신심사, 대출 및 외환업무 등의 업무를 담당할 자로서 50명 이내이고, 전형방법은 서류전형과 면접을 실시하고, 전형에 합격하여 채용되는 직원은 우선 계약직으로 채용하되, 계약만료되는 1998. 9. 29. 정규직원으로 전환한다.

㈏ 경기은행 4급 이하 직원들을 대상으로 한 채용요강

채용분야 및 채용인원은 기획, 조사, 심사역 등의 업무를 담당할 일반직으로 4급 책임자 220명 이내, 행원 200명 이내, 출납, 어음교환, 예금 및 창구업무 등의 업무를 담당할 사무직으로서 행원 550명 이내이고, 전형방법은 서류전형 성적이 우수한 경우에는 서류전형만으로, 나머지는 서류전형 및 면접을 실시하며, 위 전형에 합격하여 채용되는 직원은 우선 계약직으로 채용하여 계약만료되는 1998. 9. 29. 정규직원으로 전환한다.

2) 피고은행은 위와 같이 채용대상자로 정해진 경기은행 직원들 중 4급 이하 직원들에 대하여는 업무처리의 편의상 금융감독위원회로부터 경기은행에 대한 인수업무의 종결기한으로 지정받은 1998. 9. 29.까지는 일단 경기은행 소속으로 계속 근무하도록 하였다가, 피고은행의 경기은행 인수가 지연되어 금융감독위원회가 1998. 9. 11. 경기은행의 영업정지기간을 1998. 10. 31.까지로 연장하고, 위 4급 이하 직원들이 경기은행에서 면직되자, 1998. 10. 1. 위 4급 이하 직원들과 기간을 1998년 10월 1일부터 1998. 10. 31.까지 1개월로 정한 고용계약을 각 체결하였다.

3) 피고은행은 위 고용계약기간이 만료되자 1998. 11. 2. 위 4급 이하 직원들 중 상대적으로 인사고과가 우수한 상위 70%에 해당하는 자들과 "근로자는 취업에 앞서 6개월의 범위 내에서 사용자가 정하는 시용기간을 거쳐야 하며 피고은행은 위 기간 중과 종료시에 근로자를 해고할 수 있다. 다만, 필요한 경우에는 시용기간을 거치지 아니하고 직원으로 임용

할 수 있다"는 내용(다만, 일부 채용대상자들과는 시용기간을 3개월로 정하였다)의 근로계약(이하 '이 사건 근로계약'이라 한다)을 체결하여 위와 같은 내용이 포함된 취업계약서(이하 '이 사건 취업계약서'라 한다)를 작성하고, 그들로부터 차후 위 채용조건에 일체의 이의를 제기하지 않기로 하는 내용의 서약서를 제출받았으며, 나머지 하위 30%에 해당하는 자들과 사이에는 그 무렵 일단 1년 간의 기간을 정하여 계약직으로 채용하고, 차후 그 업무능력 및 조직적응도에 따라 재계약 여부를 결정하기로 하는 내용의 근로계약을 체결하였다. 원고들은 경기은행의 4급 이하 직원들로서 앞서 본 바와 같은 경위로 피고은행에 채용되어 1998. 10. 1. 기간 1개월의 고용계약을, 1998. 11. 2. 이 사건 근로계약(다만, 원고 7은 시용기간을 3개월로 정하였다)을 각 체결하고, 앞서 본 서약서를 피고은행에 각 제출하였다.

　4) 피고은행은 1999. 4. 초순경 원고들을 비롯하여 이 사건 근로계약을 체결하고 피고은행에 입사한 경기은행 출신 직원 736명을 대상으로 개인별 계속적 고용여부 판단자료 및 99년도 정기승급 검토자료, 승진심사 검토자료를 마련하기 위하여 근무성적평정을 실시하되, 평정자는 영업점의 경우는 직상위 책임자, 본부점의 경우는 부문장 또는 팀실장, 확인자는 영업점의 경우는 영업점장, 본부점의 경우는 팀실장으로 정하고, 평정요소는 업무수행태도 및 의욕(60%), 업무수행능력 및 성과(40%)로 하며, 평정기간은 1998. 11월부터 1999. 3월까지(5개월)로 하되, 평정등급은 A(탁월), B(양호), C(약간 미흡), D(상당히 미흡)의 4등급으로 하되, 평정등급이 A(탁월) 및 B(양호) 등급인 경우에는 정식직원으로 채용하고, C(약간 미흡) 등급에 해당하는 때에는 선별적으로 정식직원으로 채용하며, D(상당히 미흡) 등급에 속하는 경우에는 고용계약을 해지하기로 방침을 정하고, 위와 같은 내용의 근무성적평정요령(을 제4호증)을 각 지점에 보내어 1999. 4. 10.까지 근무성적평정표를 작성하여 제출하도록 하였다.

　그런데, 피고은행은 각 지점별로 고용해지 대상 인원 즉 C 또는 D 등급자의 수를 할당하였으며, 또한 피고은행 인천영업본부 소외 3 영업팀장이 1999. 4. 중순경 산하 지점장들이 모인 자리에서 이미 제출된 근무성적평정표의 재작성을 요구하였고, 이 때 일부 지점장이 근무성적평정표를 재작성하기도 하였다(이 때문에 원고 2, 3의 경우 지점장이 평정자 및 확인자로서 근무성적평정표를 작성한 것으로 보인다)l.

한편, 위 근무성적평정을 한 평정자 및 확인자들 중 상당수는 위와 같이 평정대상직원들을 평정함에 있어 당해 지점 또는 부서 내 다른 직원들과 비교하여 평가하였다.

5) 근무성적평정 결과, 위 736명의 직원들 중 650명은 A 또는 B의 평정등급을 받았으나, 원고들을 포함한 나머지 86명은 C 또는 D의 평정등급을 받아 고용계약해지대상자로 선정되었으며, 피고은행은 우선 평정책임자들로 하여금 위 고용계약해지대상자들에 대한 근무성적평정표를 보충하는 평정의견서를 제출하게 하고 위 해당 직원들 중 평정기간 중에 이미 퇴직한 2명을 제외한 나머지 84명에 대하여 1999. 4. 27.과 28. 양일간에 걸쳐 개별면접을 실시한 후 원고들을 포함한 42명에 대하여는 업무수행태도 등 근무성적불량을 해지사유(원고 1에 대하여는 규율성 및 협조성 등 근무성적불량을, 원고 3에 대하여는 업무수행태도 및 의욕 등 근무성적불량을 각 해지사유로 하였다)로 하여 이 사건 취업계약서 제2조에 의하여 1999. 4. 30.자로 이 사건 근로계약을 각 해지하였다.

나. 판결요지

시용(試用)기간 중에 있는 근로자를 해고하거나 시용기간 만료시 본계약(本契約)의 체결을 거부하는 것은 사용자에게 유보된 해약권의 행사로서, 당해 근로자의 업무능력, 자질, 인품, 성실성 등 업무적격성을 관찰·판단하려는 시용제도의 취지·목적에 비추어 볼 때 보통의 해고보다는 넓게 인정되나, 이 경우에도 객관적으로 합리적인 이유가 존재하여 사회통념상 상당하다고 인정되어야 할 것이다(대법원 2003. 7. 22. 선고 2003다5955 판결 등 참조).

원심은 그 채용 증거들을 종합하여 그 판시와 같은 사실을 인정한 다음, 피고 은행이 각 지점별로 C 또는 D의 평정등급 해당자 수를 할당한 점, 피고 은행이 근무성적평정표가 작성·제출된 후 일부 지점장들에게 재작성을 요구하였고, 이에 따라 일부 지점장들이 평정자 및 확인자를 달리하도록 정한 피고 은행의 근무성적평정요령에 어긋나게 혼자서 근무성적평정표를 재작성하기도 한 점, 평정 대상자마다 평정자가 상이한 점, 시용조건부 근로계약 해지의 성격상 당해 근로자의 업무적격성 등을 절대적으로 평가하여야 함에도 상당수의 평정자가 다른 직원들과의 비교를 통하여 상대적으로 평가한 점, 원고들에 대한 근무성적평정표 및 평정의견서만으로 원고들의 업무수행능력이 어느 정도, 어떻게 부족하였는지 또 그로 인하여 업무수행에 어떠한 차질이 있었는지를 알 수 없는 점 등에 비추어 보면, 피고 은행이 원고들과의 이 사건 근로계약을 해지한 데에는 정당한 이유가 있다고 보기 어렵고 달리 이를 인정할 증거가 없으므로, 결국 피고 은행이 이 사건 근로계약에서 유보된 해지권을 행사하여 원고들을 해고한 것은 무효라고 판단하여, 원고들의 이 사건 청구를 인용하였다. 기록에 비추어 살펴보면, 원심의 사실인정은 정당한 것으로 수긍이 가고, 거기에 상고이유에서의 주장과 같은 채증법칙 위배로 인한 사실오인의 위법이 없다.

한편, 시용계약에서 평정대상자를 평가함에 있어 평정자가 모두 동일하여야만 하는 것은 아닐 것이고, 더구나 이 사건과 같이 평정대상자가 730여 명에 이르는 경우에 이를 모두 동일한 평정자가 평정을 하는 것은 사실상 매우 곤란할 것이라는 점, 또한 평가대상자의 근무태도, 업무능력 등을 평가함에 있어 통상의 평균적인 직원의 그것을 기준으로 하여 이와 비교하여 평가하는 것은 가능하다고 할 것인 점에서, 원심이 이 사건 근로계약의 해지가 정당하지 않은 이유로서, 평정대상자마다 평정자가 상이한 점이나, 상당수의 평정자가 다른 직원들과의 비교를 통하여 평가한 것을 상대적인 평가로 보고 이 점을 열거한 점은 부적절하다고 할 것이다. 그러나 앞서 본 법리에 비추어 살펴보면, 위 사항을 제외한 나머지 사유만으로도 이 사건 근로계약의 해지를 정당하지 않다고 보기에 충분하다 할 것이므로, 원심의 위와 같은 잘못은 판결의 결과에는 영향이 없다

다. 해 설

시용은 정식채용(본채용)에 앞서 일정 기간 동안 근로자의 업무적격성을 관찰·판단하기 위해 이용된다. 시용 근로관계의 중요 쟁점은 시용기간 중의 계약해지 내지 시용기간 만료시의 본채용 거부의 정당성 여부이다. 이 경우 시용 근로관계에 해고제한의 법리가 어떻게 적용되는가 하는 문제에 주목하여야 한다. 대상판결은 시용조건부 근로계약 해지의 정당성 판단기준에 관한 기존의 판례 법리를 적용하여 이 사건 원고들에 대한 계약해지가 정당하지 않다고 판단한 사례이다. 다른 한편, 채용이 내정된 자에 대한 본채용 거부의 경우에도 마찬가지로 그 정당성 여부가 문제된다.

Q 1. 대상판결에서 원고들에 대한 근로계약의 해지가 부당하다고 판단한 이유는?

Q 2. 시용계약의 법적 성질과 사용자가 본채용을 거부할 수 있는 사유는?

Q 3. 시용과 해고제한 규정의 관계는?

Q 4. 신규 채용하는 근로자에 대한 시용기간의 적용을 선택적 사항으로 취업규칙에 규정하고 있는데 어떤 근로자와의 채용계약에서 시용기간의 적용 여부를 명시하지 않았다면 이 근로자는 시용 근로자로 채용되었나, 정식 사원으로 채용되었나?

≪심화학습≫

1. 채용내정의 법적 성질 및 사용자가 본채용을 거부할 수 있는 사유
   (서울지법 남부지원 1999. 4. 30. 선고 98가합20043 판결 참고)
2. 시용과 채용내정의 차이점

4. 기간제 근로계약과 갱신기대권

대법원 2011. 4. 14. 선고 2007두1729 판결 [부당해고및부당노동행위구
제재심판정취소]

가. 사실관계

1) 참가인 공단은 지방공기업법과 서울특별시시설관리공단설립 및
운영에 관한 조례에 의하여 서울특별시장이 지정하는 시설물 등을 효율
적으로 관리함으로써 시민의 복리증진 도모를 목적으로 설립된 공기업으
로 서울특별시 소유의 공공시설물을 관리하는 업무를 하고 있고, 원고들
은 2002. 12.초경 각 참가인과의 사이에 장애인콜택시 운행에 관한 위·
수탁계약('이 사건 계약')을 체결하고 장애인콜택시의 운행업무를 수행하여
왔다.

2) 장애인콜택시 제도는 서울특별시의 예산 등으로 충당되는 재정지
원 하에 시행 중인 공익적 특수목적을 가진 사업으로서, 그 사업의 계속
여부 및 사업의 운영형태와 수탁자의 선정 등이 정책적 고려에 의하여
이루어지는 사업이다. '서울특별시 장애인콜택시 관리 및 운행에 관한 조
례'에 의하면 서울특별시가 장애인콜택시의 관리 및 운행과 콜센터의 운
영에 관하여 참가인 이외에 법인 또는 단체에 위탁할 수 있도록 규정되
어 있고, 수탁기관이 제3자에게 재위탁하는 경우 계약기간은 1년 단위로
하도록 규정하고 있다.

3) 참가인은 2003. 11. 29. 원고들에게, 각각 2003. 12. 31.자로 이 사
건 계약에서 정한 위탁기간이 만료되어 이 사건 계약이 종료되었고, 위탁
기간 연장 형식의 갱신계약 체결 대상자 선정을 위한 '04년 개인운행수
탁자 심사('이 사건 심사')에서 탈락하였다는 취지의 통지('이 사건 갱신거절')를
하였다.

4) 원고들은 2004. 1. 26. 참가인의 이 사건 갱신거절은 부당노동행위
및 부당해고에 해당된다고 주장하면서 서울지방노동위원회에 부당노동
행위 및 부당해고 구제신청을 하였고, 위 지방노동위원회는 원고들이

2003. 12. 31. 이 사건 계약의 위탁기간이 만료됨으로써 근로자로서의 신분관계가 종료된 것으로 참가인의 이 사건 갱신거절이 해고에 해당한다고 볼 수 없고, 원고들이 노조활동을 하였다는 이유로 참가인이 계약갱신을 거부하였다고 보기도 어려워 부당노동행위에도 해당하지 않는다고 판단하여 원고들의 위 구제신청을 모두 기각하였다. 중앙노동위원회도 위와 동일한 판단하에 원고들의 재심신청을 모두 기각하였다.

나. 판결요지

1) 기간을 정한 근로계약서를 작성한 경우에도 예컨대 단기의 근로계약이 장기간에 걸쳐서 반복하여 갱신됨으로써 그 정한 기간이 단지 형식에 불과하게 된 경우 등 계약서의 내용과 근로계약이 이루어지게 된 동기 및 경위, 기간을 정한 목적과 당사자의 진정한 의사, 동종의 근로계약 체결방식에 관한 관행 그리고 근로자보호법규 등을 종합적으로 고려하여 그 기간의 정함이 단지 형식에 불과하다는 사정이 인정되는 경우에는 계약서의 문언에도 불구하고 그 경우에 사용자가 정당한 사유 없이 갱신계약의 체결을 거절하는 것은 해고와 마찬가지로 무효로 된다. 그러나 근로계약기간의 정함이 위와 같이 단지 형식에 불과하다고 볼만한 특별한 사정이 없다면 근로계약 당사자 사이의 근로관계는 그 기간이 만료함에 따라 사용자의 해고 등 별도의 조처를 기다릴 것 없이 당연히 종료된다(대법원 2006. 2. 24. 선고 2005두5673 판결 등 참조).

원심이 인용한 제1심 판결에 의하면, 제1심은 그 판시와 같은 사실을 인정한 다음, i) 피고 보조참가인(이하 '참가인'이라고 한다)이 2002년 10월 말경 일간지에 위탁기간을 2002년 12월부터 2003년 12월까지 1년간으로 정하여 수탁자 공모를 하였고, 공모에 응모한 자 중에서 선정된 운전자 100명과의 사이에 위탁기간을 2002. 12. 9.부터 2003. 12. 31.까지로 정하여 위·수탁 계약서를 작성한 점, ii) 장애인콜택시 제도는 서울특별시의 예산 등으로 충당되는 재정지원 하에 시행 중인 공익적 특수목적을 가진 사업으로서, 그 사업의 계속 여부 및 사업의 운영형태와 수탁자의 선정

등이 정책적 고려에 의하여 이루어지는 사업인 점, iii) '서울특별시 장애인콜택시 관리 및 운행에 관한 조례(이하 '조례'라고만 한다)'에 의하면 서울특별시가 장애인콜택시의 관리 및 운행과 콜센터의 운영에 관하여 참가인 이외에 법인 또는 단체에 위탁할 수 있도록 규정되어 있고, 수탁기관이 제3자에게 재위탁하는 경우 계약기간은 1년 단위로 하도록 규정하고 있는 점, iv) 이 사건 계약서에 의하면 계약기간을 2002. 12. 9.부터 2003. 12. 31.까지로 정하면서, 이 사건 계약의 유효기간 중에 양 당사자 중 일방에 계약을 유지할 수 없는 사정이 있는 경우 30일 전일까지 서면으로 상대방에게 통지만 하면 중도해지할 수 있도록 규정하고 있고, 위탁기간이 만료되거나 계약이 중도해지되는 경우에는 계약이 종료되는 것으로 규정하고 있는 점 등에 비추어 보면, 이 사건 계약에서 기간을 정한 것이 단지 형식에 불과하다고 볼 수 없다고 판단하였다.

앞서 본 법리와 기록에 비추어 살펴보면, 이러한 원심의 판단은 정당한 것으로 수긍할 수 있다. 원심판결에는 이에 관하여 상고이유에서 주장하는 바와 같이 기간을 정한 근로계약 및 부당해고에 관한 법리를 오해하는 등의 위법이 없다.

2) 기간을 정하여 근로계약을 체결한 근로자의 경우 그 기간이 만료됨으로써 근로자로서의 신분관계는 당연히 종료되고 근로계약을 갱신하지 못하면 갱신거절의 의사표시가 없어도 그 근로자는 당연 퇴직되는 것이 원칙이다. 그러나 근로계약, 취업규칙, 단체협약 등에서 기간만료에도 불구하고 일정한 요건이 충족되면 당해 근로계약이 갱신된다는 취지의 규정을 두고 있거나, 그러한 규정이 없더라도 근로계약의 내용과 근로계약이 이루어지게 된 동기 및 경위, 계약 갱신의 기준 등 갱신에 관한 요건이나 절차의 설정 여부 및 그 실태, 근로자가 수행하는 업무의 내용 등 당해 근로관계를 둘러싼 여러 사정을 종합하여 볼 때 근로계약 당사자 사이에 일정한 요건이 충족되면 근로계약이 갱신된다는 신뢰관계가 형성되어 있어 근로자에게 그에 따라 근로계약이 갱신될 수 있으리라는 정당한 기대권이 인정되는 경우에는 사용자가 이에 위반하여 부당하게 근로계약의 갱신을 거절하는 것은 부당해고와 마찬가지로 아무런 효력이 없

고, 이 경우 기간만료 후의 근로관계는 종전의 근로계약이 갱신된 것과 동일하다고 할 것이다.

원심판결 이유에 의하면, 원심은 제1심 판시에 같은 사실을 인정한 다음, i) 이 사건 계약서 및 관련 법령 등에서 참가인에게 계약기간이 만료된 원고들 등에 대하여 재계약을 체결할 의무를 지우거나 구체적인 재계약절차 및 요건 등에 관하여 아무런 규정을 두고 있지 아니한 사정, ii) 위 조례에 의하면 서울특별시는 장애인콜택시의 관리 등에 관하여 참가인 이외에 법인 또는 단체에 위탁할 수 있고, 수탁기관이 제3자에게 재위탁하는 경우 계약기간은 1년 단위로 하도록 규정하고 있으며, 이 사건 계약서는 참가인과 서울특별시와의 사이에 체결된 위탁계약이 중도해지 등의 사유로 종료되는 경우 이 사건 계약 역시 중도해지 할 수 있도록 규정하고 있는 점 등에 비추어 이 사건 계약의 계속적 유지가 보장되어 있는 것으로 단정하기 어려운 사정, iii) 원고들의 경우에는 계약갱신이 단 한 차례로 이루진 바 없는 사정 등에 비추어 보아, 원고들에 대하여 이 사건 계약의 만료시점에 이 사건 계약이 갱신될 수 있으리라는 정당한 기대권이 인정된다고 볼 수 없다고 판단하였다.

원심은 나아가 이 사건 심사기준표상 심사항목의 배점간격에 다소 불균형적인 차이가 있고 심사항목 중 민원유발 항목에서 전화로 접수된 민원을 충분한 검토 없이 심사대상에서 제외하였다 하더라도 이러한 사유 및 원고들이 제출한 증거만으로 이 사건 심사기준표상 심사항목이 사회통념상 상당하다고 인정될 수 없을 정도의 합리성 및 명확성을 갖추지 못하였다고 인정하기에 부족하고, 참가인이 이 사건 심사항목을 운전자들에게 적용함에 있어 신의칙상 허용될 수 없을 정도의 위반이 있었다는 점도 인정할 증거가 없음을 전제로, 참가인이 이 사건 심사기준표에 따라 심사한 결과 갱신 기준 점수인 총점 70점을 취득하지 못한 원고들에 대하여 계약의 갱신을 거절한 것은 합리적인 이유가 있고, 따라서 이 사건 갱신 거절을 부당한 해고로 볼 수 없다고 판단하였다.

그러나 원심의 판단은 다음과 같은 이유에서 그대로 수긍하기 어렵다.

먼저, 원심판결 이유 및 기록에 의하여 인정되는 사정, 즉 i) 위 조례는 서울특별시로부터 장애인콜택시의 관리 등을 위탁받은 수탁자가 다시 이를 제3자에게 재위탁하는 경우 그 계약기간을 1년 단위로 하도록 규정하고 있고 이에 따라 이 사건 계약도 그 기간을 1년으로 정하였으나, 서울특별시의 장애인콜택시 운영계획에는 계약기간을 1년 단위로 갱신하도록 하면서 그 취지가 부적격자의 교체에 있음을 명시하고 있는 점, ii) 이 사건 장애인콜택시 사업은 중증장애인의 이동수단 확보를 위해 지속적으로 운영될 필요가 있어 위 사업을 한시적·일시적 사업이라고 볼 수 없으며, 서울특별시 역시 위 운영계획에서 사업의 확대운영을 검토하고 있음을 알 수 있는 점, iii) 참가인은 이 사건 계약을 포함한 운전자들과의 위·수탁계약에서 계약기간 동안 운전자들의 운행실적 등을 감안하여 필요하다고 인정할 때에는 위탁기간을 연장할 수 있고, 계약기간 만료 30일 전까지 상호 서면으로 이의가 없을 때에는 계약은 동일한 조건으로 자동연장된다는 규정을 둔 점, iv) 참가인은 이에 따라 그 소속 운전자들에게 대한 위탁기간이 만료될 무렵인 2003년 11월경 심사항목 및 배점, 갱신 기준 점수 등 이 사건 심사기준표를 정하여 운전자들을 심사하여 갱신 기준 점수인 총점 70점 이상인 자들에 대하여 전원 계약기간을 연장하였는데, 참가인이 정한 심사기준은 1일 콜 회수, 교통법규 위반 등 평가자의 주관적인 판단이 개입될 여지가 없는 내용으로 이루어져 있어 참가인 소속 운전자들 사이에 위 심사기준에 따른 심사 결과 갱신 기준 점수 이상의 점수를 얻게 되는 경우에는 특별한 사정이 없는 이상 계약이 갱신된다는 신뢰관계가 형성되어 있다고 볼 수 있는 점 등을 종합하면, 참가인과 그 소속 운전자들 사이에는 소정의 심사절차를 거쳐 일정 기준 이상의 성적을 얻게 되면 계약이 갱신되는 것으로 하기로 하는 약정이 성립하였거나, 적어도 원고들을 비롯한 참가인 소속 운전자들에게 기간제 근로계약이 갱신되리라는 정당한 기대권이 인정된다고 봄이 상당하다.

다음으로 이 사건 갱신 거절의 정당성 여부에 관하여 보건대, 제1심 판결 이유 및 기록에 의하면, i) 참가인이 원고들을 포함한 운전자들에 대하여 갱신 여부를 심사하기 위하여 심사 자료로 활용한 '장애인콜택시 상황일지'는 운전자들의 운행실적 및 콜 중계 위반행위, 민원제기사항 등 운행현황 전반에 관한 내용을 기재한 것인데, 위 상황일지 중 상당 기간의 기록이 누락되어 있고 참가인은 이와 같이 누락된 상황일지를 토대로 심사를 한 점, ii) 이 사건 심사항목 중 콜 중계 위반 항목에 대하여 참가인은 임의운행을 위하여 고의로 콜을 거부하는 행위만을 콜 중계 위반행위에 포함시켰고 단순 콜 거부는 이를 제외하였다고 주장하나, 위 상황일지 등의 기재만으로는 단순 콜 거부와 고의적인 콜 거부를 구분하는 것이 현실적으로 곤란하고 경우에 따라서는 위 상황일지의 기재 내용을 자의적으로 해석할 수 있는 여지를 제공할 수 있을 뿐만 아니라, 참가인이 작성한 것으로 보이는 갑 제44호증에는 소외인이 콜 거부와 운행 정지 등 2건의 콜 중계 위반행위를 한 것으로 되어 있는 반면, '03. 콜택시 개인 운행수탁자 배점 채점표(을 제12호증)'에는 소외인이 1건의 콜 중계 위반행위를 한 것으로 되어 있는 등 콜 중계 위반행위에 관한 참가인의 심사 과정을 전적으로 신뢰하기 어려운 측면이 있는 점, iii) 참가인은 이 사건 심사항목 중 민원유발과 관련하여 위 상황일지에 기재된 민원은 그 증빙이 곤란하다는 이유로 일률적으로 심사대상으로 삼지 않고 인터넷으로 접수된 민원만을 심사대상으로 삼았다고 주장하나, 위 상황일지에는 승객으로부터 제기된 민원 내용과 운전자의 변명, 그 당시의 주변 상황이 구체적으로 기재되어 있는 등 인터넷으로 접수된 민원의 처리와 크게 다르지 않는 것으로 보여, 양자를 다르게 취급하여야 할 합리적인 이유가 있다고 볼 수 없는 점, iv) 참가인은 이 사건 심사항목 중 '교통법규 위반 및 본인귀책 차량 사고'와 '콜택시 운행 및 관리 태만' 항목을 적용함에 있어 일부 운전자들에 대하여 그 위반사실을 누락한 점 등을 알 수 있는바, 이러한 사정에 비추어 볼 때 이 사건 심사가 객관적으로 정확한 자료를 토대로 이루어졌는지 의문이고, 이 사건 심사항목 중 일부는 평가자의 자의적 평가가 개입될 여지가 있어 그 객관성 및 공정성이 결여되었다고 볼 수 있으며, 일부 심사항목은 심사 대상자 전원에 대하여 일률적으로 적용되지 아니하여 불공평한 결과가 초래되었다고 할 것이다.

이와 같이 공정성 및 객관성이 결여된 심사 과정을 거쳐 원고들에 대하여 갱신 기준 점수 미만이라는 점을 들어 이 사건 갱신 거절을 한 것은 정당성을 결여하였다고 할 것이므로, 이 사건 갱신거절은 그 효력을 인정할 수 없다. 따라서 이와 달리 이 사건 갱신 거절이 부당한 해고로 볼 수 없어 유효하다는 취지로 판단한 원심판결에는 기간을 정한 근로계약 및 부당해고에 관한 법리를 오해하여 판결에 영향을 미친 위법이 있다.

다. 해 설

기간제 근로계약에서 고용분쟁은 대부분 계약갱신이 거절되었을 때 발생한다. 사용자는 기간의 만료에 따른 근로관계의 종료라고 주장하는 반면, 근로자는 실질적으로 해고라고 주장한다. 2011년 이전까지 판례는 '기간의 정함'이 진정한 것인가 혹은 형식적이거나 명목적인 것에 불과한가에 따라 갱신거절의 효력을 판단하여 왔다. 즉 전자의 경우 계약에서 정한 기간이 만료하면 근로관계가 당연히 종료하지만, 후자의 경우 기간제 근로자는 기간의 정함이 없는 근로자와 다를 바가 없게 되고 그 경우 사용자가 정당한 사유 없이 갱신계약의 체결을 거절하는 것은 해고와 마찬가지로 무효라고 판단하였다. 근로계약에서 정한 기간이 형식이라고 볼 수 있는 가장 대표적인 예는 장기간에 걸친 계약의 반복갱신(대법원 1994. 1. 11. 선고 93다17843 판결 등)이겠지만, 경우에 따라서는 갱신이 한 번도 없었더라도 기간의 정함을 형식이라고 볼 수도 있다(대법원 1998. 5. 29. 선고 98두625 판결, 대법원 2006. 2. 24. 선고 2005두5673 판결 참고).

대상판결은 위와 같이 종래 판례가 취해 온 '기간의 형식 법리'에서 진일보한 법리 즉 이른바 '갱신기대권 법리'를 밝힌 판결이다. 이 법리는 기간의 정함이 형식이 아니라 진정한 것인 때에도 근로자에게 정당한 갱신기대권이 인정되는 경우에는 그에 반한 부당한 갱신거절은 부당해고와 마찬가지로 무효라는 이론이다. 갱신기대권은 근로계약, 취업규칙, 단체협약 등에서 계약갱신에 관한 규정을 두고 있거나 규정이 없더라도 당해 근로관계를 둘러싼 여러 사정을 종합하여 볼 때 근로계약 당사자 사이에 일정한 요건이 충족되면 근로계약이 갱신된다는 신뢰관계가 형성되어 있는 경우 인정될 수 있다.

Q 1. 대상판결에 따르면 사용자의 기간제 근로계약 갱신거절을 부당해고
　　로 볼 수 있는 두 가지 법리는?
Q 2. 대상판결에서 대법원이 원심판결을 파기한 이유는?

≪심화학습≫

1. 기간제 근로계약이 기간제법 시행 후 체결된 경우 갱신기대권 법리
　의 적용 여부 (대법원 2017. 10. 12. 선고 2015두59907 판결 참고)

제14강

기업변동과 근로관계

1. 개 요

(1) 현행 노동관계법은 기업의 합병, 분할, 영업양도 등 기업변동에 따른 근로관계의 문제(근로관계가 승계되는지, 승계 이후의 근로조건은 어떻게 되는지 등)에 관해 명문의 규정을 두고 있지 않다. 이에 따라 관련 문제는 판례 법리에 의해 해결되고 있다.

(2) 기업합병의 경우 피합병기업의 모든 권리·의무는 합병기업에 포괄적으로 승계되기 때문에 근로관계상의 그것 역시 합병기업에 포괄적으로 승계된다는 점에 이견이 없다.

반면에 영업양도의 경우에는 양도인과 그 근로자 사이의 근로관계가 당연히 양수인에게 승계되는지 문제된다. 판례는 영업양도의 경우 근로관계는 원칙적으로 승계된다고 본다. 즉 영업양도 당사자 사이에 근로관계의 일부를 승계의 대상에서 제외하기로 하는 특약이 있는 경우에는 그에 따라 근로관계의 승계가 이루어지지 않을 수 있으나, 그러한 특약은 실질적으로 해고나 다름이 없으므로 근기법 제23조 제1항 소정의 정당한 이유가 있어야 유효하며 영업양도 그 자체만을 사유로 삼아 근로자를 해고하는 것은 정당한 이유가 없다고 본다. 따라서 영업양도시 양수 회사가 종전 근로자의 일부만을 인수하려는 경우 미리 양도 회사에서 경영상 이유에 의한 해고 등 고용조정이 이루어져야 한다.

(3) 영업의 일부가 양도되는 경우 양도기업에 잔류하기를 희망하는

근로자는 승계를 거부할 수 있다. 반면 판례는 회사분할의 경우 회사분할 관련 사항에 관하여 사전에 근로자들에게 설명하고 이해와 협력을 구하는 절차를 거쳤다면 근로관계가 신설회사에 승계되며 근로자의 승계거부권은 원칙적으로 허용되지 않는다고 본다.

(4) 근로관계 승계는 근로계약 당사자의 변경에 불과하여 그 효과로 근로조건의 변경을 수반하는 것은 아니다. 즉 기업변동에 의하여 근로관계가 포괄적으로 승계되면 근로자의 기존 근로계약상의 지위도 그대로 승계된다. 따라서 양수기업은 종전의 취업규칙 또는 근로계약에서 정한 근로조건을 준수해야 하므로, 예를 들어 퇴직금 산정 등을 위한 계속근로 기간의 계산에서는 종전회사에서의 근로기간도 통산되고 원칙적으로 종전회사의 퇴직금규정에 따라 퇴직금을 계산하여야 한다.

(5) 기업의 합병이나 영업양도 등 기업변동은 기존 노동조합의 지위에 원칙적으로 영향을 미치지 않는다. 다만, 합병기업이나 양수기업에 복수의 노동조합이 존재하는 경우 교섭창구단일화절차(노조법 제29조의2 이하)가 적용된다. 한편, 영업양도로 근로관계를 승계한 양수기업은 양도기업이 종전에 체결한 단체협약상의 권리·의무 역시 승계하게 된다.

Q 1. 합병의 경우와는 달리 영업양도에서 근로관계의 승계문제가 쟁점이 되는 이유는 무엇인가?

Q 2. 기업변동에 따라 근로관계가 승계된 후의 법률관계에 대해 판례에서 퇴직금이 문제된 이유는 무엇인가?

Q 3. 근기법은 기업변동에 대해 경영상 이유에 의한 해고와 관련하여 어떠한 규율을 하고 있는가?

Q 4. 영업양도의 결과 양도회사의 노동조합은 소멸하고 그 노동조합과 양도회사간에 체결한 단체협약도 효력을 상실하는가?

2. 영업양도와 근로관계의 승계

대법원 2002. 3. 29. 선고 2000두8455 판결 [부당해고구제재심판정취소]

가. 사실관계

1) 피고보조참가인 회사(이하 '참가인 회사'라고 한다)는 자동차용 전장품 제조와 판매 등을 목적으로 설립된 법인이고, 원고들은 참가인 회사와 1998. 3. 20. 자산매매계약을 체결한 주식회사 ○해(이하 '○해'라고 한다) 소속 근로자들로서, 노동조합의 조합원들이었다. 원고들을 포함한 9명의 조합원은 1998. 4. 29. '참가인 회사와 ○해 사이의 1998. 3. 20.자 자산매매계약은 그 실질이 영업양도이므로, ○해 소속 근로자들의 고용관계 역시 참가인 회사에 승계되는 것임에도 불구하고, 참가인 회사가 원고들을 포함한 9명의 조합원들의 고용승계를 거절한 것은 부당해고 및 부당노동행위에 해당한다'고 주장하면서 서울지방노동위원회에 구제신청을 하였다.

2) ○해의 영업부문은 자동차부품 중 릴레이, 유니트 등을 생산하는 전장사업부와 카스테레오를 생산하는 전자사업부로 구분되는데, ○해는 1996.경부터 전자사업부의 생산라인을 중국 남○사로 이전하기 시작하여 1996. 8.경에는 전자사업부 소속 생산직 사원 전원을 전장사업부로 배치한 이후 자재부 직원 일부가 자재 충당을 위하여 전자사업부의 업무까지 병행하였을 뿐, 국내에서의 카스테레오 생산을 사실상 중단하였다.

3) ○해는 1997.말경부터 시작된 외환위기와 고금리 및 자동차 수요의 감소로 회사 경영이 어려워지면서 부도위기에 직면하자, 1998. 3. 20. 참가인 회사와 사이에 ○해의 전장사업부문과 관련된 일체의 자산을 271억원에 매도하는 내용의 자산매매계약(이하 '이 사건 계약'이라고 한다)을 체결하였는데, 이 사건 계약의 내용 중 이 사건과 관련된 부분을 발췌하여 보면 아래와 같다.

* 제1조 (매매물건)

1) ○해는 참가인 회사에게 별첨 1의 토지, 건물, 기계장치, 공기구·비품, 차량운반구, 재고자산, 리스자산, 이전기술 및 영업권 등을 매도하고, 참가인 회사는 ○해로부터 이를 매수한다. 다만, 차재전장사업의 운영에 직접 관련된 물건은 별첨 1에 기재되지 않은 경우에도 이를 매매물건에 포함된 것으로 한다.

2) 제1항의 영업권이란 ○해의 차재전장사업부문이 장기간 영업을 계속함으로 인하여 가지게 된 고객관계, 거래상의 기법, 소비자인식 등을 포함하여 차재전장부문사업에 관한 무형의 재산적 가치를 말한다.

3) 제1항의 이전기술에는 차재전장사업에 관한 모든 특허권, 실용신안권, 의장권 등 지적재산권 및 제조·판매·보수 등에 관한 기술과 노우하우 등이 포함된다.

4) 매매물건에 부대하는 등록에 관한 권리와 인허가를 매매물건과 함께 이전하는 것으로 한다.

5) 참가인 회사는 ○해의 부채가 차재전장사업과 관련하여 발생한 것이든 아니든 일체의 부채를 인수하지 아니하기로 한다. 다만, 매매물건이 담보로 제공된 금융기관에 대한 부채 및 리스 회사에 대한 리스료 지급의무는 참가인 회사가 금융기관 및 리스 회사와 협의하여 본 계약의 조건에 따라 매매대금의 일부로서 이를 인수할 수 있다. 또한, 현대자동차 주식회사, 쌍용자동차 주식회사와의 제품공급계약관련 각종 계약은 동 회사들의 동의하에 참가인 회사가 ○해의 지위를 인수하기로 한다. 참가인 회사는 이 회사들의 동의를 받기 이전에 인수할 계약 등을 ○해로부터 제시받아 인수의 범위를 결정하기로 한다.

* 제11조 (○해의 종업원에 대한 의무)

1) ○해는 본 계약체결 후 즉시 매매물건의 해당부서에 재직 중인 종업원을 대상으로 참가인 회사로의 입사 희망 여부를 조사, 참가인 회사에게 통보하기로 한다.

2) 참가인 회사는 직무조사 등을 통하여 매매물건의 운영에 필요한 기준인원을 산정하고, 소요인력을 충원함에 있어서 공정하고 합리적인

공개채용절차에 의거 기준인원의 범위 내에서 신규 채용하며, 이 경우에 ○해가 통보한 입사희망자를 가급적 제6조에 의한 매매물건의 인수 전에 채용하도록 우선적으로 고려하기로 한다.

3) ○해는 참가인 회사의 채용전형에 필요한 자료(근무경력, 자격, 근무성적 등 제반 인사자료)를 참가인 회사에게 제공하여야 한다.

4) ○해는 종업원 중 참가인 회사의 채용전형에 합격한 자에 대하여 자신의 비용 및 책임하에 근로관계를 종료시키며, 퇴직금 등 종업원에 관련된 모든 금전사항을 1998년 4월 30일까지 정산처리하여야 한다.

5) 위 조항에도 불구하고, 참가인 회사는 본 매매물건의 매수와 관련하여 ○해의 종업원을 인수할 의무를 부담하는 것은 아니다. 또한 본 계약상의 어떠한 조항도 ○해의 종업원을 승계할 의무를 참가인 회사에게 부담시키는 것으로 해석될 수 없으며, 참가인 회사가 본건 매매물건과 관련하여 종업원을 신규채용하는 과정에서 참가인 회사로의 입사를 원하는 ○해의 종업원이 채용되지 않는 경우에도 ○해와 ○해의 종업원과의 근로관계는 단절되지 아니한다.

* 제19조 (경업의 금지)

○해는 당사자들이 달리 합의하지 않는 한, 본 계약의 서명일로부터 10년간 대한민국 내에서 양도하는 영업과 동종 또는 유사한 영업행위를 하여서는 아니 된다. 다만, ○해가 참가인 회사의 위탁에 따라 차재전장사업부문에 종사하는 것은 위 제한의 적용을 받지 아니한다.

4) ○해 노동조합은 이 사건 계약 체결 사실을 알게 되자 1998. 3. 23. ○해와 노사협의회를 갖고 근로관계, 노조 승계 및 단체협약 유지 등을 요구하였으나, 노사협의회는 노사간의 의견 차이로 아무런 합의점을 찾지 못하고 결렬되었다. 이후 ○해는 1998. 3. 25. 사내통신문을 통해 전장사업부 소속 근로자들에게 '○해에 대한 사직서, 참가인 회사로의 취업신청서 및 ○해가 체불한 설 상여금 100% 삭감 동의서가 함께 있는 서면(이하 '재취업신청서'라 한다)을 개인별로 작성하여 제출할 것'을 통보하였다. 이에 ○해 노동조합은 1998. 3. 26. 및 1998. 3. 27. "○해가 근로자들로 하

여금 개별적으로 취업신청을 하게 하거나 일방적으로 사직 및 상여금 삭감에 동의하도록 하는 것은 부당하다"고 주장함과 동시에 전 조합원의 일괄 고용승계를 요구하였다.

그러나 ○해는 이러한 노동조합의 요구에도 불구하고 1998. 3. 30.까지 모두 176명으로부터 개별적으로 재취업신청서를 제출 받아 이를 참가인 회사에 통보하였고, 참가인 회사는 ○해로부터 근로자 176명이 제출한 재취업신청서를 넘겨받아 선별 없이 1998. 4. 1.자로 모두 신규채용하였다. 그런데, 원고들을 포함한 9명은 ○해에 대해 일괄 고용승계, 상여금 삭감 반대 등을 주장하며 재취업신청서를 연장된 기한인 1998. 3. 31.까지 제출하지 않다가 1998. 4. 4.에 야 이를 제출하였다. 그러나 ○해는 제출기한 도과를 이유로 원고들 등 9명의 신청서를 모두 반려하였고, 원고들 등 9명은 참가인 회사에 입사할 수 없게 되었다.

5) 참가인 회사는 이 사건 계약에 기하여 ○해의 전장사업부문의 모든 자산을 양수하는 한편, ○해 소속 근로자들만을 신규채용의 형식으로 다시 고용하여 그들이 ○해에서 일하고 있던 부서와 동일한 부서(그 명칭은 상이하나 업무 내용은 동일하다)에 같은 직급으로 발령하여, 이전의 업무를 계속 수행하도록 하였다. 그 후 참가인 회사는 ○해의 2부문 10팀의 조직체계를 5센터 19그룹 1팀으로 변경하고, 인원, 설비, 사무실을 재배치하는 등으로 다품종 소량생산체제를 도입하여 ○해가 생산하던 품목에 70개를 추가하여 총 462개 품목을 생산하고 있다.

6) ○해 노동조합의 간부인 원고 심○화는 1998. 4. 6. 참가인 회사의 인사업무 담당자로서 관리쎈터부장인 소외 노○섭(○해에서 근무하다가 참가인 회사에 취업한 176명 중 1명으로, ○해에서 담당하던 인사업무를 참가인 회사에서도 계속 담당하면서, ○해의 감사직도 맡고 있었다)의 요청으로 노○섭과 면담하는 자리에서 노○섭의 권유로 ○해에 사직서를 제출하였다. 참가인 회사 총무부 계장인 소외 양○진(○해에서 근무하다가 참가인 회사에 취업한 176명 중 1명이다)은 ○해 노동조합의 조합원인 원고 한○규(당시 만 19세)가 고용승계를 주장하면서 노동조합 사무실에서 노조원과 함께 계속 농성을 하자 1998. 4. 7. 위 원고의 아버지를 상경시킨 후 그에게 위 원고로 하여금 노

조활동에 참여하지 못하도록 위 원고를 데리고 귀향하라고 하면서 사직서 작성을 권유하여 같은 날 위 원고로부터 ○해에 대한 사직서를 제출받았다. 노○섭은 ○해 노동조합의 조합원인 원고 황○영(당시 만 20세)이 1998. 4. 1.부터 ○해에도 참가인 회사에도 출근하지 않자 1998. 4. 8. 부하 직원인 소외 박○석을 위 원고의 집으로 보내 위 원고의 아버지에게 ○해에 대한 사직서 용지를 건네주었고, 2주일 후 1998. 3. 31.자로 소급 작성된 위 원고의 사직서를 우송받았다.

나. 판결요지

1) 영업의 양도라 함은 일정한 영업목적에 의하여 조직화된 업체 즉, 인적·물적 조직을 그 동일성은 유지하면서 일체로서 이전하는 것으로서 영업의 일부만의 양도도 가능하고, 이러한 영업양도가 이루어진 경우에는 원칙적으로 해당 근로자들의 근로관계가 양수하는 기업에 포괄적으로 승계되는바, 여기서 영업의 동일성 여부는 일반 사회관념에 의하여 결정되어져야 할 사실 인정의 문제이기는 하지만, 문제의 행위(양도계약관계)가 영업의 양도로 인정되느냐 안 되느냐는 단지 어떠한 영업재산이 어느 정도로 이전되어 있는가에 의하여 결정되어져야 하는 것이 아니고 거기에 종래의 영업조직이 유지되어 그 조직이 전부 또는 중요한 일부로서 기능할 수 있는가에 의하여 결정되어져야 하는 것이므로, 예컨대 영업재산의 전부를 양도했어도 그 조직을 해체하여 양도했다면 영업의 양도는 되지 않는 반면에 그 일부를 유보한 채 영업시설을 양도했어도 그 양도한 부분만으로도 종래의 조직이 유지되어 있다고 사회관념상 인정되면 그것을 영업의 양도라 볼 것이다(대법원 2001. 7. 27. 선고 99두2680 판결 참조).

2) 원심은 … ○해의 전장사업부문의 인적 조직 역시 그 동일성을 유지한 채 참가인 회사에 승계되었다고 봄이 상당하고(일부 근로자들이 자진 사직하였다 하더라도 인적 조직의 동일성을 인정하는 데에 방해가 되지 아니한다), 이러한 점들에다가 참가인 회사가 ○해로부터 승계한 물적·인적 조직을 이용하여 ○해가 영위하던 전장사업부문의 기본 골격을 그대로 유지한 채 이

를 토대로 그 사업을 수행하고 있는 점을 더하여 보면, 참가인 회사는 ○해로부터 전장사업부문을 영업목적으로 하여 일체화된 물적·인적 조직을 그 동일성을 유지한 채 포괄적으로 이전받음으로써 영업을 양수하였다 할 것이며, 참가인 회사가 ○해로부터 이 사건 계약을 체결하면서 자산만을 인수할 뿐 인적 조직을 인수하지 아니할 것을 명시적으로 밝혔다거나, 직원을 채용함에 있어 사직 및 신규채용의 절차를 밟았고, 채권의 전부와 채무의 일부를 인수하지 않았으며, 조직의 일부가 영업양도 이후에 달라진 사실이 있다 하더라도, 그러한 점만으로는 이와 달리 보기에 부족하다고 판단하였다. 위에서 본 법리와 기록에 비추어 살펴보면, 원심의 위와 같은 사실인정과 판단은 정당하고, 거기에 상고이유 주장과 같이 채증법칙을 위배하거나 영업양도에 관한 법리를 오해한 위법이 없다.

3) 영업이 양도되면 반대의 특약이 없는 한 양도인과 근로자 사이의 근로관계는 원칙적으로 양수인에게 포괄적으로 승계되고, 영업양도 당사자 사이에 근로관계의 일부를 승계의 대상에서 제외하기로 하는 특약이 있는 경우에는 그에 따라 근로관계의 승계가 이루어지지 않을 수 있으나, 그러한 특약은 실질적으로 해고나 다름이 없으므로 근로기준법 제30조 제1항 소정의 정당한 이유가 있어야 유효하며, 영업양도 그 자체만을 사유로 삼아 근로자를 해고하는 것은 정당한 이유가 있는 경우에 해당한다고 볼 수 없다(대법원 1994. 6. 28. 선고 93다33173 판결 등 참조).

4) 영업양도에 의하여 양도인과 근로자 사이의 근로관계는 원칙적으로 양수인에게 포괄승계되는 것이지만 근로자가 반대의 의사를 표시함으로써 양수기업에 승계되는 대신 양도기업에 잔류하거나 양도기업과 양수기업 모두에서 퇴직할 수도 있는 것이고, 영업이 양도되는 과정에서 근로자가 일단 양수기업에의 취업을 희망하는 의사를 표시하였다고 하더라도 그 승계취업이 확정되기 전이라면 취업희망 의사표시를 철회하는 방법으로 위와 같은 반대의사를 표시할 수 있는 것으로 보아야 할 것이다.

5) 이러한 원고들의 사직서 제출의 시기와 그 제출의 경위에 비추어 보면, 원고들이 제출한 사직서는 비록 형식적으로는 ○해를 사직하는 내용으로 되어 있더라도 실질적으로는 참가인 회사에 대한 재취업 신청을

철회 또는 포기함과 아울러 ○해를 사직하는 의사를 담고 있는 것이라고 봄이 상당하다.

다. 해 설

대상판결은 영업양도의 의미, 영업양도의 경우 근로관계의 승계 여부 및 영업의 동일성 여부의 판단 기준 등에 관해 종전의 판례 법리들을 정리하고 있으며, 자산인수의 외형을 띠고 있어도 영업양도에 해당되어 근로관계가 승계된다고 본 판결이다.

근로관계의 승계라는 효과가 인정되기 위해서는 영업양도에 해당되어야 한다. 영업양도 해당 여부는 양도계약의 형식에 따라 결정되는 것이 아니라 그 실질을 판단한다. 즉, 영업양도인지를 판단하는 구체적인 기준은 물적조직의 동일성, 인적조직의 동일성, 그리고 이와 같이 승계한 물적·인적 조직을 이용하여 기존에 영위하던 사업부문의 기본 골격을 그대로 유지한 채 이를 토대로 그 사업을 수행하고 있는지 여부가 핵심이다.

영업이 양도되면 반대의 특약이 없는 한 양도인과 근로자 사이의 근로관계는 원칙적으로 양수인에게 포괄적으로 승계된다. 근로관계의 일부를 승계의 대상에서 제외하기로 하는 특약은 실질적으로 해고이기 때문에 근기법 소정의 정당한 이유가 있어야 하고, 영업양도 그 자체만을 사유로 삼아 근로자를 해고하는 것은 정당한 이유가 있는 경우에 해당하지 않는다.

한편, 근로자는 영업양도에 따른 근로관계의 승계를 거부할 수 있다. 영업의 일부 양도에서 양도기업에 잔류하기를 희망하는 근로자에게는 거부권이 유의미하다. 대상판결에 의하면 승계거부는 취업희망 의사표시의 철회에 의해서도 가능하고, 이러한 법리가 이 사건에서 적용되어 원고 근로자들에 대한 구제가 부인되었다. 다른 한편, 근로관계의 승계를 거부하여 양도기업에 잔류한 근로자의 경우에도 경영해고의 요건이 충족되면 해고될 수 있다(대법원 2000. 10. 13. 선고 98다11437 판결 참고).

Q 1. 대상판결에서는 영업의 동일성 여부 판단기준이 어떻게 적용되고 있나?

Q 2. 대상판결과 대법원 2001. 7. 27. 선고 99두2680 판결은 영업(사업)양도 인지 여부에 대해 다른 결론을 내리고 있는데 두 판결의 유사점과 차이점은?

Q 3. 대상판결에서 원고들이 제출한 사직서에 대해 원심법원과 대법원 사이에 어떤 판단의 차이를 보이고 있나?

≪심화학습≫

1. 영업양도 계약체결일 이전에 해고되어 해고의 효력을 다투는 자가 영업양도에 따른 근로관계의 포괄적 승계의 대상이 되는지 여부 (대법원 1993. 5. 25. 선고 91다41750 판결 참고)

2. 영업양도로 근로관계가 승계되는 경우 근로자의 승계거부권 (대법원 2012. 5. 10. 선고 2011다45217 판결 참고)

3. 회사합병과 근로조건 (대법원 1995. 12. 26. 선고 95다41659 판결; 대법원 2001. 10. 30. 선고 2001다24051 판결 참고)

---

3. 회사분할과 근로관계의 승계

대법원 2013. 12. 12. 선고 2011두4282 판결 [부당전적구제재심판정 취소]

가. 사실관계

1) 원고 회사(현대에이치앤에스)는 서울 강동구에서 약 190명을 고용하여 식자재 납품업, 전산시스템 구축 및 운영업 등을 경영하는 회사이고, 피고보조참가인(이하 '참가인'이라 한다)은 1988. 6. 16. 금강개발산업 주식회사(2006. 3. 24. 원고 회사로 상호가 변경되었음)에 입사하여 패션유니폼팀 생산관리파트 재고관리 담당으로 근무하다가 2009. 4. 1. 원고 회사에서 분할

된 주식회사 현대비앤피로 전적(이하 '이 사건 전적'이라 한다)된 근로자이다.

2) 원고 회사는 법인사업(상품권, 유니폼, 행사용품 등의 판매사업), 식품사업(식자재 납품사업), IT사업(현대백화점 계열사 전산프로그램 개발 사업)을 운영해오다가 2008. 10.경 법인사업 부문을 분할하기로 계획하고 현대백화점 노동조합에 대하여 노사협의를 요구하였으나, 현대백화점 노동조합은 그와 같은 사업부문의 분할은 해당 사업부문에 종사하는 근로자들의 근로조건에 중대한 변화를 초래할 것이므로 해당 조합원들의 근로조건을 단체협약으로 정할 것을 주장하며 원고 회사에 단체교섭을 요구하였다. 그러나 원고 회사는 사업부문 분할과 관련된 사항은 단체교섭 사항이 아니고, 기존 근로조건이 유지될 것이라는 이유로 현대백화점 노동조합의 단체교섭 요구에 응하지 않았다.

3) 원고 회사는 2008. 10.경부터 2009. 3.경까지 경인지역 직원, 영남지역 직원, 노조전임자들을 상대로 회사분할의 필요성과 방법, 해당 사업부문 근로자 전원에 대한 고용승계 및 근로조건 유지 등에 관한 설명회를 개최한 후 2009. 3. 27. 주주총회를 거쳐 같은 달 31. 전 직원을 상대로 조직변경 사항을 공지하였다. 다만, 원고 회사는 소속이 변경되는 근로자들에 대한 인사명령을 하거나 개별 통지를 하지는 않았다.

4) 원고 회사는 2009. 4. 1. 원고 회사에 속해 있던 법인사업부 등 사업부문을 아래와 같은 내용으로 분할하여 주식회사 현대비앤피를 설립하였다. 주식회사 현대비앤피는 발행주식 총수를 원고 회사에 모두 배정하고, 원고 회사로부터 분할되는 사업부문을 양수하는 방식으로 분할되었다. 원고 회사는 주식회사 현대비앤피를 분할하면서, 분할되는 사업부문에 근무하는 모든 종원업에 대한 고용 및 관련 법률관계(퇴직금, 대여금 등 포함)는 2009. 4. 1. 이후 주식회사 현대비앤피가 승계하는 것으로 정하였다.

구 분	존 속	분 할
분할기일	2009. 4. 1.	
회사명	현대에이치앤에스	현대비앤피
자본금	283억원	50억원
사업부문	식품사업, IT 사업	법인영업, 유니폼사업, 금강산사업
근로자수	190여명	142명

5) 주식회사 현대비앤피는 2009. 4. 23. 고용보험 피보험자격 취득신고를 하였고, 2009. 4. 24.부터 참가인을 포함하여 분할대상 사업부문 소속 근로자들에게 4월분 임금을 지급하였다. 또한 주식회사 현대비앤피는 2009. 5. 1. 참가인에 대하여 패션유니폼팀 생산관리파트 부서에서 법인영업2팀 일반사업영업파트 부서로 전보명령하였고, 새로운 명함을 발급하였다.

6) 참가인은 2009. 5. 초순경 서울지방노동청으로부터 고용보험 피보험자격 신고사실 통지를 받고 비로소 본인의 소속이 주식회사 현대비앤피로 변경되었음을 알게 되었고, 2009. 5. 14. 원고 회사에 '이와 같이 아무런 협의절차를 거치지 않은 채 소속이 변경된 것은 부당하다'는 취지의 이의신청서를 제출하였다.

7) 참가인은 일방적으로 참가인의 소속을 변경한 이 사건 전적은 부당전적에 해당한다고 주장하면서 관할 노동위원회에 부당전적 구제신청을 하였고, 중앙노동위원회는 2009. 10. 14. '회사 분할로 인하여 근로자의 소속이 변경되는 경우에도 근로자 보호 측면에서 개별근로자의 동의를 받거나 혹은 필요한 상당한 기간동안 거부권을 행사하도록 하는 것이 타당하다. 그런데, 이 사건의 경우 근로자의 개별적인 동의가 없었을 뿐아니라 계열기업들 사이에 직원의 동의없는 인사교류가 관행으로 확립되었다고 보기도 어렵기 때문에 이 사건 전적은 인사재량권의 범위를 일탈한 부당한 조치에 해당한다'는 취지로 구제신청을 인용하였다.

원고가 제기한 재심판정 취소소송에서 원고는 회사분할의 경우 근로관계의 단절없이 상법의 규정에 따라 근로관계가 당연승계되므로 근로자의 동의를 요한다고 볼 수는 없다고 주장하였다. 원심 법원은 회사분할시 분할대상이 되는 사업에 종사하던 근로자들에 대한 근로관계는 원칙적으로 신설회사에 포괄적으로 승계되나, 예외적으로 근로자가 거부권을 행사하는 경우 그 근로자에 대한 근로관계는 근로관계 승계대상에서 제외된다고 보는 것이 옳다고 판시하여 원고의 청구를 기각하였다.

나. 판결요지

1) 상법 제530조의10은 분할로 인하여 설립되는 회사(이하 '신설회사'라고 한다)는 분할하는 회사의 권리와 의무를 분할계획서가 정하는 바에 따라서 승계한다고 규정하고 있으므로, 분할하는 회사의 근로관계도 위 규정에 따른 승계의 대상에 포함될 수 있다. 그런데 헌법이 직업선택의 자유를 보장하고 있고 근로기준법이 근로자의 보호를 도모하기 위하여 근로조건에 관한 근로자의 자기결정권(제4조), 강제근로의 금지(제7조), 사용자의 근로조건 명시의무(제17조), 부당해고 등의 금지(제23조) 또는 경영상 이유에 의한 해고의 제한(제24조) 등을 규정한 취지에 비추어 볼 때, 회사 분할에 따른 근로관계의 승계는 근로자의 이해와 협력을 구하는 절차를 거치는 등 절차적 정당성을 갖춘 경우에 한하여 허용되고, 해고의 제한 등 근로자 보호를 위한 법령 규정을 잠탈하기 위한 방편으로 이용되는 경우라면 그 효력이 부정될 수 있어야 한다.

따라서 둘 이상의 사업을 영위하던 회사의 분할에 따라 일부 사업부문이 신설회사에 승계되는 경우 분할하는 회사가 분할계획서에 대한 주주총회의 승인을 얻기 전에 미리 노동조합과 근로자들에게 회사 분할의 배경, 목적 및 시기, 승계되는 근로관계의 범위와 내용, 신설회사의 개요 및 업무 내용 등을 설명하고 이해와 협력을 구하는 절차를 거쳤다면 그 승계되는 사업에 관한 근로관계는 해당 근로자의 동의를 받지 못한 경우라도 신설회사에 승계되는 것이 원칙이다. 다만 회사의 분할이 근로기준법상 해고의 제한을 회피하면서 해당 근로자를 해고하기 위한 방편으로 이용되는 등의 특별한 사정이 있는 경우에는, 해당 근로자는 근로관계의 승계를 통지받거나 이를 알게 된 때부터 사회통념상 상당한 기간 내에 반대 의사를 표시함으로써 근로관계의 승계를 거부하고 분할하는 회사에 잔류할 수 있다.

2) 원심판결 이유 및 원심이 적법하게 채택한 증거 등에 의하면, 원고 회사는 법인사업, 식품사업 및 IT사업 등을 운영해 오다가 법인사업 부문을 분할하여 주식회사 현대비앤피(이하 '현대비앤피'라고 한다)를 설립한

사실, 피고보조참가인(이하 '참가인'이라 한다)은 원고 회사에 입사한 후 법인 사업 부문에 속하는 ○○○○○팀에서 재고관리업무를 담당하고 있었던 사실, 원고 회사는 2008. 10. 23.경부터 노동조합에 이 사건 회사 분할과 관련한 노사협의를 요구하였으나 그 노동조합이 현대비앤피로 근로관계 가 승계되는 조합원들의 근로조건을 단체협약으로 정할 것을 주장하여 협의가 제대로 진행되지 못한 사실, 원고 회사는 2008. 10.경부터 2009. 3.경까지 약 5개월의 기간에 걸쳐 경인지역 직원, 영남지역 직원, 노조전 임자들을 상대로 회사 분할과 관련한 설명회를 개최하여 회사 분할의 필 요성과 방법, 해당 사업 부문 근로자 전원에 대한 고용승계 및 고용조건 유지, 현대비앤피의 조직, 인원계획 및 사업목표 등에 관하여 설명한 사 실 등을 알 수 있다.

위 사실관계를 앞서 본 법리에 비추어 보면, 원고 회사는 이 사건 회 사 분할과 관련하여 노동조합에 협의를 요구하고 약 5개월의 기간에 걸 쳐 근로자들을 상대로 회사 분할에 관한 설명회를 개최하는 등 근로자들 의 이해와 협력을 구하는 절차를 거쳤으므로, 이 사건 회사 분할이 근로 기준법상 해고의 제한을 회피하기 위한 것이라는 등의 특별한 사정이 없 는 한 참가인이 이 사건 회사 분할에 따른 근로계약의 승계에 대하여 이 의를 제기하였는지 여부와 상관없이 참가인의 근로관계는 현대비앤피에 승계된다고 보아야 한다.

3) 그럼에도 원심은 이와 달리 회사 분할에 따른 근로관계의 승계에 대하여 근로자가 거부권을 행사하기만 하면 해당 근로자의 근로관계는 신설회사에 승계되지 않는다는 전제 아래 참가인이 이 사건 회사 분할에 따른 근로관계의 승계에 대하여 거부권을 행사한 이상 참가인의 근로관 계가 현대비앤피로 승계되지 아니한다고 판단하였으니, 이러한 원심의 판단에는 회사 분할에 따른 근로관계의 승계에 관한 법리를 오해한 위법 이 있다.

다. 해 설

대상판결은 회사분할에 따라 일부 사업 부문이 신설회사에 승계되는 때 승계되는 사업에 관한 근로관계가 신설회사에 승계되기 위한 요건 및 해당 근로자가 근로관계의 승계를 거부할 수 있는 경우에 대하여 밝힌 사례다. 즉 회사분할에 따른 근로관계의 승계는 절차적 정당성(회사분할 관련 사항에 관하여 사전에 근로자들에게 설명하고 이해와 협력을 구하는 절차를 거칠 것)을 갖춘 경우에 한하여 허용되고, 다만 회사분할이 해고제한의 회피 및 해고하기 위한 방편으로 이용되는 등 특별한 사정이 있으면 해당 근로자는 근로관계의 승계를 통지받거나 알게 된 때부터 상당한 기간 내에 반대의 의사를 표시하여 근로관계의 승계를 거부할 수 있다.

Q 1. 대상판결에서 회사가 분할할 때 어떠한 절차를 거쳤기에 승계되는 사업부문의 근로관계가 신설회사에 승계된다고 인정하였는가?

Q 2. 회사의 분할로 고용이 승계될 때 근로자는 거부할 수 있는 경우는 영업양도의 법리와 어떠한 차이가 있는가?

Q 3. 전적과 회사분할 시 고용승계의 같은 점과 다른 점은?

제 15 강

업무상 재해

1. 개 요

(1) 근로자가 업무상 재해를 당한 경우에 해당 근로자 또는 그 유족을 보호하기 위해 재해보상제도가 인정된다. 넓은 의미의 재해보상에는 근기법상의 재해보상(개별 사용자가 해당 근로자 등에 대해 직접 보상책임을 부담하는 방식)과 산업재해보상보험법(이하 '산재보험법'이라 함)상의 보험급여(근기법상 재해보상책임을 부담하는 사업주를 보험가입자로 하여 국가가 운영하는 사회보험제도를 통해 피재근로자 등에 대해 보험급여를 지급하는 방식)가 있다. 두 제도는 모두 무과실책임주의에 기초하고 있다. 한편, 사용자의 고의·과실로 업무상 재해가 발생한 경우 해당 근로자는 민법상 불법행위에 의한 손해배상청구를 할 수 있다. 결국 업무상 재해와 관련하여 근기법에 의한 재해보상, 산재보험에 의한 보험급여, 민법에 의한 손해배상 등 세 가지 제도가 병존·운영되고 있다. 세 가지 제도의 상호관계에 관해서는 근기법 제87조(다른 손해배상과의 관계), 산재보험법 제80조(다른 보상이나 배상과의 관계)와 제87조(제3자에 대한 구상권) 및 제89조(수급권의 대위) 등에서 규정하고 있다.

(2) 업무상 재해라 함은 업무상의 사유에 따른 근로자의 부상·질병·장해 또는 사망을 말한다(산재보험법 제5조 제1호). 산재보험법 제37조는 업무상 재해를 '업무상 사고', '업무상 질병' 및 '출퇴근재해'로 구분하여 그 인정기준을 정하고 있고, 인정기준의 구체적 내용은 시행령으로 정하도록 하고 있다(동법 시행령 제27조부터 제36조까지 참고). 산재보험법령에서는 비교적 상세하게 인정기준을 규정하고 있지만, 구체적인 사건에서 업무

상 재해 해당 여부는 법제도의 취지와 해당 사건의 제반사정을 종합적으로 고려하여 판단한다.

2017년 10월 24일 개정 산재보험법 이전의 구법은 출퇴근 중 발생한 사고의 업무상 재해 인정과 관련하여 '사업주가 제공한 교통수단이나 그에 준하는 교통수단을 이용하는 등 사업주의 지배관리하에서 출퇴근 중 발생한 사고'만을 업무상 재해로 인정하였다(구 산재보험법 제37조 제1항 제1호 다목). 이에 대하여 헌법재판소는 평등원칙에 위배된다고 보아서 헌법불합치결정을 하였다(헌재 2016. 9. 29. 2014헌바254). 위 개정법은 근로자가 '통상적인 경로와 방법으로 출퇴근 하던 중 발생한 사고'에 대하여도 업무상 재해로 인정하되, 출퇴근 경로 일탈 또는 중단이 있는 경우에는 해당 일탈 또는 중단 중의 사고 및 그 후의 이동 중의 사고에 대하여는 출퇴근재해로 보지 아니하며, 다만 일탈 또는 중단이 일상생활에 필요한 행위로서 대통령령으로 정하는 사유가 있는 경우에는 출퇴근 재해로 본다는 규정을 신설하였다(산재보험법 제37조 제1항 제3호 나목 및 같은 조 제3항).

≪참고≫ **출퇴근재해: 헌재 2016. 9. 29. 2014헌바254 [헌법불합치]**

□ 결정요지

도보나 자기 소유 교통수단 또는 대중교통수단 등을 이용하여 출퇴근하는 산업재해보상보험(이하 '산재보험'이라 한다) 가입 근로자(이하 '비혜택근로자'라 한다)는 사업주가 제공하거나 그에 준하는 교통수단을 이용하여 출퇴근하는 산재보험 가입 근로자(이하 '혜택근로자'라 한다)와 같은 근로자인데도 사업주의 지배관리 아래 있다고 볼 수 없는 통상적 경로와 방법으로 출퇴근하던 중에 발생한 재해(이하 '통상의 출퇴근 재해'라 한다)를 업무상 재해로 인정받지 못한다는 점에서 차별취급이 존재한다.

산재보험제도는 사업주의 무과실배상책임을 전보하는 기능도 있지만, 오늘날 산업재해로부터 피재근로자와 그 가족의 생활을 보장하는 기능의 중요성이 더 커지고 있다. 그런데 근로자의 출퇴근 행위는 업무의 전 단계로서 업무와 밀접·불가분의 관계에 있고, 사실상 사업주가 정한 출퇴근 시각과 근무지에 기속된다. 대법원은 출장행위 중 발생한 재해를 사업주의 지배관리 아래 발생한 업무상 재해로 인정하는데, 이러한 출장행위도 이동방법이나 경로선택이 근로자에게 맡겨져 있다는 점에서 통상의 출퇴근행위와 다를 바 없다. 따라서 통상의 출퇴근 재해를 업무상 재해로 인정하여 근로자를 보호해 주는 것이 산재보험의 생활보장적 성격에 부합한다.

사업장 규모나 재정여건의 부족 또는 사업주의 일방적 의사나 개인 사정 등으로 출퇴근용 차량을 제공받지 못하거나 그에 준하는 교통수단을 지원받지 못하는 비혜택근로자는 비록 산재보험에 가입되어 있다 하더라도 출퇴근 재해에 대하여 보상을 받을 수 없는데, 이러한 차별을 정당화할 수 있는 합리적 근거를 찾을 수 없다.

통상의 출퇴근 재해를 산재보험법상 업무상 재해로 인정할 경우 산재보험 재정상황이 악화되거나 사업주 부담 보험료가 인상될 수 있다는 문제점은 보상대상을 제한하거나 근로자에게도 해당 보험료의 일정 부분을 부담시키는 방법 등으로 어느 정도 해결할 수 있다. 반면에 통상의 출퇴근 중 재해를 입은 비혜택근로자는 가해자를 상대로 불법행위 책임을 물어도 충분한 구제를 받지 못하는 것이 현실이고, 심판대상조항으로 초래되는 비혜택근로자와 그 가족의 정신적·신체적 혹은 경제적 불이익은 매우 중대하다.

따라서 심판대상조항은 합리적 이유 없이 비혜택근로자를 자의적으로 차별하는 것이므로, 헌법상 평등원칙에 위배된다.

(3) 근기법에서는 재해보상의 종류로 요양보상(제81조), 휴업보상(제79조), 장해보상(제80조), 유족보상(제82조), 장의비(제83조)를 규정하고 있다. 산재보험법에서는 보험급여의 종류로 요양급여, 휴업급여, 장해급여, 간병급여, 유족급여, 상병보상연금, 장의비, 직업재활급여를 규정하고 있다(제36조 제1항). 산재보험법상의 보험급여는 근로기준법상의 재해보상에 비해 근로자에게 다소 유리하게 설정되어 있고, 일시금뿐만 아니라 연급 지급방식을 규정하고 있다. 또한 산재보험법은 원칙적으로 근로자를 사용하는 모든 사업 또는 사업장에 강제적으로 적용되기 때문에 실무상으로는 산재보험법에 따른 보험급여청구가 주로 문제된다(근기법상 재해보상의 방법과 보상관련 불복절차 및 산재보험법상 보험급여청구와 불복절차에 관해서는 각 법률 참조 바람).

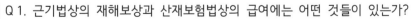

Q 1. 근기법상의 재해보상과 산재보험법상의 급여에는 어떤 것들이 있는가?

Q 2. 산재보험법상의 급여는 어느 곳에 신청하는가? 급여의 소멸시효가

있는가?

Q 3. 다음의 경우 업무상 재해로 인정되는지 여부를 설명하라.

[1) 시업(始業)시간 전 업무준비행위 중의 사고, 작업시간 중 용변 등 생리를 위한 행위 중의 사고, 휴게시간 중 사업장의 시설의 하자로 발생한 재해, 사업장 내에서 작업시간 중에 작업을 하던 중 근로자의 경미한 과실로 발생한 사고로 인한 부상, 사업장 내에서 화재가 발생하여 사회통념상 예견될 수 있는 구조행위를 하고 있을 때 발생한 사고로 인한 사망.

2) 회사의 출장업무 수행 중 발생한 사고로 인한 부상, 출장 중 사업주의 구체적 지시를 위반한 행위로 인한 부상, 출장업무 중 사적 원한으로 피살되어 입은 재해.

3) 회사가 주최한 야유회에 참가 중 발생한 부상으로 인한 신체장해, 노사화합을 위해서 사업주가 주최하는 운동대회 중의 재해, 근로시간 종료 후 노동조합이 개최한 체육대회경기 중 사고로 인한 부상, 노조전임자인 노조간부가 일상적인 조합활동 중 과로로 사망한 경우.

4) 업무와 관련하여 발생한 재해로 인한 기존 질병의 악화, 업무상 스트레스로 인하여 정신과 치료를 받던 중 자살한 경우]

2. 업무상 사고

대법원 2017. 5. 30. 선고 2016두54589 판결 [요양급여불승인처분취소]

가. 사실관계

1) 원고는 2014. 11. 28.부터 소외 1 주식회사(이하 '소외 1 회사'라고 한다)에서 닥트설치공으로 근무하던 자로서 2014. 12. 31. 소외 1 회사 직원들과 함께 단란주점에 갔다가 단란주점 건물 계단에서 추락하는 사고(이하 '이 사건 사고'라고 한다)로 '뇌경막외출혈, 두개골골절, 뇌좌상, 뇌지주막

하출혈'(이하 '이 사건 상병'이라 한다) 진단을 받고, 2015. 1. 14. 피고에게 요양급여를 신청하였다.

2) 피고는 2015. 4. 15. 원고에 대하여 "단란주점에서의 회식은 사업주가 아닌 부서장 소외 2의 주관 하에 송년회 목적으로 자율적으로 실시한 회식으로 판단되며, 1차 회식이 끝나고 즉흥적으로 2차로 단란주점으로 장소를 옮겨 놀던 중 발생한 이 사건 사고는 그 전반적인 과정이 사업주의 지배나 관리를 받은 상태로 볼 수 없어 사업주가 주관하거나 사업주의 지시에 따라 참여한 '행사 중 사고'로 보기 어렵다"는 이유로 요양불승인처분을 하였다.

3) 원심은, 원고가 1차 회식 당시 음주 권유나 강요가 없었는데도 자발적 의사로 과음을 하고 2층에 위치한 단란주점 건물 계단에서 추락한 이 사건 사고는 1차 회식의 순리적인 경로를 벗어난 상태에서 과음이 주된 원인이 되어 발생한 것으로서, 업무와 관련된 회식 과정에 통상 수반되는 위험이라고 보기 어려우므로, 업무와 이 사건 사고 사이의 상당인과관계가 인정되지 않는다고 판단하였다. 그 근거로 다음과 같은 사정을 들고 있다. ① 소외 1 회사 직원인 원고는 1차 회식 당시 회식 주관자인 소외 2 부장이 술을 마시지 않았는데도 1차 회식의 분위기에 편승하여 자발적 의사로 소주 2병 반 정도를 마셨다. ② 2차 회식은 1차 회식 중 소외 2 부장의 제의로 즉석에서 결정된 것으로서 참석이 강제되지 않았다. ③ 회식에 참석한 사람 모두 광주광역시에 있는 회사 숙소에서 함께 거주하고 있어 평소에도 함께 식사와 음주를 하였을 것으로 보인다. ④ 소외 1 회사가 원고 등 직원의 아침, 저녁 식사비를 지원해 주고 있어 소외 2 부장이 소외 1 회사의 사업주인 소외 3으로부터 법인카드를 교부받아 1, 2차 회식비용을 결제하였다고 하더라도 단란주점에서 이루어진 2차 회식을 공식적인 회식으로 볼 수 없다.

나. 판결요지

1) 근로자가 회사 밖의 행사나 모임에 참가하던 중 재해를 입은 경우에 그 행사나 모임의 주최자, 목적, 내용, 참가인원과 그 강제성 여부, 운영 방법, 비용부담 등의 사정에 비추어, 사회통념상 그 행사나 모임의 전반적인 과정이 사용자의 지배나 관리를 받는 상태에 있고 또한 근로자가 그와 같은 행사나 모임의 순리적인 경로를 벗어나지 않은 상태에 있다고 인정되면 산업재해보상보험법에서 정한 업무상 재해로 인정할 수 있다 (대법원 2007. 11. 15. 선고 2007두6717 판결 등 참조).

2) 사업주의 지배나 관리를 받는 상태에 있는 회식 과정에서 근로자가 주량을 초과하여 음주를 한 것이 주된 원인이 되어 부상·질병·신체장해 또는 사망 등의 재해를 입은 경우, 이러한 재해는 상당인과관계가 인정되는 한 업무상 재해로 볼 수 있다(대법원 2008. 10. 9. 선고 2008두9812 판결; 대법원 2015. 11. 12. 선고 2013두25276 판결 등 참조). 이때 업무·과음·재해 사이의 상당인과관계는 사업주가 과음행위를 만류하거나 제지하였는데도 근로자 스스로 독자적이고 자발적으로 과음을 한 것인지, 재해를 입은 근로자 외에 다른 근로자들이 마신 술의 양은 어느 정도인지, 업무와 관련된 회식 과정에서 통상적으로 따르는 위험의 범위 내에서 재해가 발생하였다고 볼 수 있는지, 과음으로 인한 심신장애와 무관한 다른 비정상적인 경로를 거쳐 재해가 발생하였는지 등 여러 사정을 고려하여 판단하여야 한다(위 대법원 2013두25276 판결 참조).

3) 원심판결 이유와 기록에 의하면 다음과 같은 사정을 알 수 있다. ① 소외 1 회사의 ○○공사현장에는 사업주 소외 3의 친동생인 소외 2 부장, 소외 4 반장과 원고 3명이 근무하고 있었다. ② 1, 2차 회식은 ○○공사현장의 직원 3명이 모두 참석한 송년회식이었고, 소외 1 회사에서는 매년 송년회식의 일환으로 저녁식사 후 노래방에 가곤 하였다. ③ 1차 회식에서는, 술을 체질적으로 잘 마시지 못하는 소외 2를 제외하고 원고와 소외 4는 서로 비슷한 양의 술을 마셨다. 2차 회식은 회사 숙소 근처의 단란주점에서 이루어졌고, 원고는 단란주점에 오자마자 전화를 받으러

나가 추가로 술을 마시지 않았다. ④ 1, 2차 회식비용 모두 소외 1 회사의 법인카드로 계산하였다. ⑤ ○○공사현장의 직원 3명이 회사 숙소에서 함께 생활하는 상황에서 가장 어리고 직위가 낮은 원고가 자신의 의사에 따라 2차 회식에 참석하지 않기는 어려워 보인다.

4) 이러한 사정을 앞에서 본 법리에 비추어 살펴보면, 1차 회식과 마찬가지로 2차 회식 역시 사용자의 지배나 관리를 받는 상태에 있었다고 볼 수 있다. 나아가 원고가 소외 2 등의 만류나 제지에도 불구하고 과음을 한 것으로 보이지 않고, 회식 장소에서 전화를 받으러 나간다거나 화장실에 다녀오는 등의 행위는 회식 과정에서 있을 수 있는 것으로서 순리적인 경로를 벗어났다고 단정할 수도 없다. 따라서 업무와 관련된 회식 자리의 음주로 인한 주취상태가 직접적인 원인이 되어 원고가 단란주점 계단에서 실족하여 이 사건 사고를 당하였다고 볼 수 있으므로, 위 사고는 업무상 재해에 해당한다고 봄이 타당하다.

5) 그런데도 원심은, 2차 회식이 사적·임의적 모임에 해당함을 전제로 원고가 1차 회식의 순리적인 경로를 벗어나 이 사건 사고를 당하였다고 판단하였다. 이러한 원심판결에는 업무상 재해에 관한 법리를 오해한 나머지 필요한 심리를 다하지 않아 판결에 영향을 미친 잘못이 있다.

다. 해 설

산재보험법 제37조(업무상의 재해의 인정 기준) 제1항 제1호 (라)목에 따르면, 사업주가 주관하거나 사업주의 지시에 따라 참여한 행사나 행사준비 중에 발생한 사고로 근로자가 부상·질병 또는 장해가 발생하거나 사망하면 업무상의 재해로 보며, 다만 업무와 재해 사이에 상당인과관계가 없는 경우에는 그러하지 아니하다.

대상판결은 사업주가 지배나 관리를 하는 회식 과정에서 근로자가 주량을 초과하여 음주를 한 것이 주된 원인이 되어 부상·질병·신체장해 또는 사망 등의 재해를 입은 경우에 업무상 재해로 볼 수 있는지 여부 및 업무·과음·재해 사이의 상당인과관계 유무를 판단하는 방법에 관한 종래의 법리를 재확인하면서, 원심과 달리 이 사건 사고가 업무상 재해에 해당한다고 본 사례이다.

그러나 근로자가 참여한 회식이 사업주의 지배나 관리하에 이루어진 것이라고 하더라도 업무와 과음 및 재해 사이의 상당인과관계를 인정할 수 없는 특별한 사정이 있는 경우 회식 중 음주로 인한 재해는 산재보험법에서 정한 업무상 재해에 해당하지 않는다.

Q 1. 대상판결에서 대법원이 원심의 판단과 달리 이 사건 사고가 업무상 재해에 해당한다고 본 이유는?

Q 2. 대상판결과 달리 대법원 2015. 11. 12. 선고 2013두25276 판결에서 회사 회식 과정에서 과음으로 인해 발생한 사고가 업무상 재해에 해당하지 않는다고 본 이유는?

≪심화학습≫

1. 작업시간 전 업무의 준비행위 또는 사회통념상 그에 수반되는 합리적·필요적 행위 중 발생한 사고와 업무상 재해 (대법원 2009. 10. 15. 선고 2009두10246 판결 참고)
2. 휴게시간 중 사업장 밖에서 발생한 사고와 업무상 재해 (대법원 2004. 12. 24. 선고 2004두6549 판결 참고)

3. 직업병

대법원 2017. 8. 29. 선고 2015두3867 판결 [요양불승인처분취소]

가. 사실관계

1) 원고는 고등학교 3학년으로 재학 중이던 2002. 11. 18. 삼성전자

주식회사에 입사하여 2007. 2. 15. 퇴사할 때까지 천안 LCD 공장(이하 '이 사건 사업장'이라고 한다)에서 모듈공정(부품을 조립하여 LCD 패널을 완성하는 공정) 중 LCD 패널 검사작업을 하였다. 원고가 담당한 업무는 조립된 15~19인 치 규격의 LCD 패널을 전원에 연결한 다음 손으로 들고 눈 가까이에서 육안으로 관찰하여 색상과 패턴에 불량이 없는지를 확인하는 것으로, 컨베이어벨트로 이동되는 LCD 패널을 1시간당 70~80개가량 검사하고, 1 일 3~4회 가량 이소프로필알코올(isopropyl alcohol; IPA)을 사용해서 LCD 패널이나 팔레트 등에 묻어 있는 이물질을 닦아내야 했다.

2) 원고가 검사작업을 한 이 사건 사업장은 모듈공정 전체가 하나의 개방된 공간에서 이루어져, 작업장 내 어느 하나의 세부공정에서 유해화학물질이 발생하더라도 그것이 별도로 여과되거나 배출되지 않고 작업장 내에 계속 머무르는 구조였다. 부품조립 과정에서 납땜이 이루어졌고, 조립 후에는 LCD 패널을 고온에서 가열하여 성능과 내구성을 검사하였는데(이를 '에이징(ageing) 공정'이라고 부른다), 그 과정에서 화학물질의 열분해산물이 발생할 수 있다. 원고의 검사작업은 에이징 공정 바로 다음에 하는 것이었다.

3) 원고는 이 사건 사업장에서 근무하는 동안 3조 2교대(1일 12시간 근무가 원칙이었다) 또는 4조 3교대(1일 8시간 근무가 원칙이지만 대부분 1일 1~2시간의 연장근무를 하였다)의 주·야간 교대근무를 하면서 상시적으로 초과근무를 하였다.

4) 원고는 이 사건 사업장에 입사하기 전에는 건강에 별다른 이상이 없었고 신경질환이나 자가면역질환으로 치료를 받은 적이 없다. 그런데 이 사건 사업장에 입사하여 약 1년 정도 근무한 시점인 2003. 10.경부터 오른쪽 눈의 시각과 팔다리 신경기능에 이상증상이 발생하여 의료기관에서 진료를 받기 시작하였다. 이후 점차 증상이 심해져서 2007. 2. 15. 퇴사하였다. 2007. 3.경에는 지역 의료기관에서 '뇌경색'으로 진단을 받기도 하였으나, 2008. 9.경 ○○대학교 ○○○병원에서 '다발성 경화증'으로 확진을 받았다. 원고는 다발성 경화증과 관련된 유전적 소인이 없고, 원고의 가족 중 신경질환이나 자가면역질환 병력이 있는 사람이 없다. 원고

에게 다발성 경화증이 발병한 시점은 2005년 무렵으로 당시 원고의 나이는 21세였다. 이는 우리나라의 평균 발병연령보다 훨씬 이르다는 의학적 소견이 있다.

5) 원고가 2010. 7. 23. 피고(근로복지공단)에게 이 사건 요양급여 신청을 하자, 피고는 2010. 8. 4. 산업안전보건연구원에 역학조사를 의뢰하였다. 산업안전보건연구원은 2010. 9. 6. 이 사건 사업장을 방문하여 공정과 작업 내용을 확인하고 동료 근로자와의 면담조사를 실시한 다음 역학조사 결과보고서(이하 '이 사건 역학조사'라고 한다)를 작성하여 2010. 12. 28. 피고에게 제출하였다. 그 요지는 '원고의 작업조건과 업무내용은 충분히 신체적, 정신적으로 스트레스를 받을 만한 조건으로 판단되나, 현재 스트레스와 다발성 경화증에 대한 업무관련성을 판단할 만한 충분한 의학적 검토가 이루어지지 않은 상황에서 업무관련성이 높다고 단언하기에는 무리가 있다'는 내용이다. 이 사건 역학조사에서는 원고가 검사작업을 하면서 이소프로필알코올을 사용하는 작업을 1일 3~4회 가량 사용하였다는 사실은 확인하였지만, 이소프로필알코올을 사용하는 작업을 할 때 근로자에게 직접 미치는 노출 정도나 그 밖에 인접한 세부공정에서 발생하여 전파·확산되는 유해화학물질에 대한 노출 정도를 측정·조사하지는 않았다.

6) 한국산업안전공단 역학조사평가위원회는 2010. 12. 14. 이 사건 역학조사 결과를 평가하였다. 당시 평가위원 11명 중 5명은 원고의 노동 강도를 볼 때 업무 강도와 정신적인 스트레스가 상당히 높은 작업으로 판단되고, 원고의 업무가 다발성 경화증 자체를 발생시켰다고 볼 수는 없으나, 기왕증으로 내재하고 있던 상병이 업무에 의하여 초기에 발현하도록 촉발시키는 방아쇠 역할을 하거나 악화시켰을 것으로 판단된다는 의견을 제시하였고, 4명은 원고에게 발생한 다발성 경화증은 직무 스트레스와 관련성을 배제할 수는 없으나 업무의 특성과 강도를 따져서 판단해 보면 업무와 직접적인 연관성이 높다고 보기는 어렵다는 의견을 제시하였으며, 2명은 원고의 작업 내용이 매우 스트레스가 높고, 목과 눈에 영향을 주는 것은 틀림없으므로 사업장에 강력한 개선 요구가 필요하다는 의견을 제시하였다.

7) 피고는 이 사건 역학조사 결과를 기초로 2011. 2. 7. 원고에 대하여 원고의 다발성 경화증 발병과 원고의 업무 사이에는 상당인과관계를 인정하기 어렵다는 이유로 이 사건 요양불승인 처분을 하였다. 이에 대해 원고는 그 처분을 취소해달라는 이 사건 소송을 제기하였다.

8) 이 사건 소송에서 원고는 위와 같은 LCD 패널 검사작업 과정에서 유해화학물질에 노출되었다는 점을 증명하고자 대전지방고용노동청 천안지청에 삼성디스플레이 주식회사(삼성전자의 LCD 사업부가 2012년에 분할되어 설립된 회사이다)의 천안·아산공장에 대한 산업안전·보건진단 결과에 대한 사실조회와 문서송부촉탁을 신청하였고, 1심법원이 이를 채택하였다. 대전지방고용노동청 천안지청은 대한산업보건협회가 2013. 4.경 삼성디스플레이 아산공장에 대하여 산업안전·보건진단을 실시하여 2013. 5.경 작성한 결과보고서를 가지고 있었는데, 2014. 6. 25. 1심법원에 위 보고서를 제출하였다. 그러나 당시 위 회사가 '공정에 따라 취급하는 유해화학물질의 현황 및 개선방안, 작업환경측정 현황 및 개선방안, 안전검사 실시 현황, 누출 시 물질배출처리 시스템 현황, 보호구 지급 현황과 개선방안, 근로자 건강관리 현황과 개선방안 등에 관한 정보'는 영업비밀에 해당하므로 외부에 공개해서는 안 된다고 하여 그에 관한 정보는 삭제되어 있었다.

9) 원심에 이르기까지 원고가 근무하던 사업장과 전체 LCD 사업장이나 삼성전자 전체 사업장에서 다발성 경화증 발병 건수, 동종 사업장에 근무하는 근로자 대비 다발성 경화증의 발병 비율, 발병 근로자의 연령대 등에 관해서는 심리하지 않았다.

다발성 경화증이란 중추신경계의 대표적인 탈수초성(탈수본문내 삽입된 이미지성, 이는 'demyelinating'을 번역한 표현으로 신경섬유 주위를 둘러싸고 있는 피막으로서 절연체 구실을 하는 수초가 파괴된 상태를 뜻한다) 질환의 하나로서, 신경섬유의 파괴와 혈관 주위 염증을 동반하여, 시신경, 척수 또는 뇌에 초점성(초점성, 이는 'focal'을 번역한 표현으로 신경의 손상 부위가 매우 국소적임을 뜻한다) 증상들이 동시에 여러 군데에서 나타났다가 다양한 정도로 완화되고 여러 해가 지난 후 재발하면서 점차 진행하는 특성이 있으며, 유병률이 우리나라 인구 10만 명당 3.5명에 불과한 희귀질환이다. 다발성 경화증의 발병원인이나 발병기전(mechanism)은 의학적으로 규명되지 않은 상태이지만, 현재까지의 역학조사 결과를 종합하면 다발성 경화증은 면역학적 기전에 의해 발생하는 질환으로 이에 대한 감수성은 유전적 소인과 환경적 소인에 의하여 결정되며, 유전적 소인은 HLA 항원과 싸이토카인(cytokine) 유전자 등이 관련되어 있고, 환경적 소인으로는 유소년기의 환경적 노출(자외선, 감염, 식이 등)이 관련되어 있는 것으로 추단되고 있다. 이러한 소인이 있는 사람에게 다발성 경화증이 발병하기 위해서는 1차 바이러스 감염이 필요한데 이에 해당하는 바이러스 감염으로는 홍역, EBV, RSV 등이 의심되고 있고, 직접 발병에 이르기 위해서는 촉발요인이 필요한데 유기용제 노출, 주·야간 교대근무, 업무상 스트레스, 햇빛노출 부족에 따른 비타민D 결핍 등이 거론되고 있다.

나. 판결요지

1) 산업재해보상보험제도는 작업장에서 발생할 수 있는 산업안전보건상의 위험을 사업주나 근로자 어느 일방에 전가하는 것이 아니라 공적 보험을 통해서 산업과 사회 전체가 이를 분담하고자 하는 목적을 가진다. 이 제도는 간접적으로 근로자의 열악한 작업환경이 개선되도록 하는 유인으로 작용하고, 궁극적으로 경제·산업 발전 과정에서 소외될 수 있는 근로자의 안전과 건강을 위한 최소한의 사회적 안전망을 제공함으로써 사회 전체의 갈등과 비용을 줄여 안정적으로 산업의 발전과 경제성장에 기여하고 있다.

전통적인 산업분야에서는 산업재해 발생의 원인이 어느 정도 규명되어 있다. 그러나 첨단산업분야에서는 작업현장에서 생길 수 있는 이른바 '직업병'에 대한 경험적·이론적 연구결과가 없거나 상대적으로 부족한 경우가 많다. 첨단산업은 발전 속도가 매우 빨라 작업장에서 사용되는 화학물질이 빈번히 바뀌고 화학물질 그 자체나 작업방식이 영업비밀에 해당하는 경우도 많다. 이러한 경우 산업재해의 존부와 발생 원인을 사후적으로 찾아내기가 쉽지 않다.

사업장이 개별적인 화학물질의 사용에 관한 법령상 기준을 벗어나지 않더라도, 그것만으로 안전하다고 단정할 수도 없다. 작업현장에서 사용되는 각종 화학물질에서 유해한 부산물이 나오고 근로자가 이러한 화학물질 등에 복합적으로 노출되어 원인이 뚜렷하게 규명되지 않은 질병에 걸릴 위험이 있는데, 이러한 위험을 미리 방지할 정도로 법령상 규제 기준이 마련되지 못할 수 있기 때문이다. 또한 첨단산업분야의 경우 수많은 유해화학물질로부터 근로자를 보호하기 위한 안전대책이나 교육 역시 불충분할 수 있다.

　　이러한 점을 감안하여 사회보장제도로 사회적 안전망의 사각지대에 대한 보호를 강화함과 동시에 규범적 차원에서 당사자들 사이의 이해관계를 조정하고 갈등을 해소할 필요가 있다. 산업재해보상보험제도는 무과실 책임을 전제로 한 것으로 기업 등 사업자의 과실 유무를 묻지 않고 산업재해에 대한 보상을 하되, 사회 전체가 비용을 분담하도록 한다. 산업사회가 원활하게 유지·발전하도록 하는 윤활유와 같은 이러한 기능은 첨단산업분야에서 더욱 중요한 의미를 갖는다. 첨단산업은 불확실한 위험을 감수해야 하는 상황에 부딪칠 수도 있는데, 그러한 위험을 대비하는 보험은 근로자의 희생을 보상하면서도 첨단산업의 발전을 장려하는 기능이 있기 때문이다. 위와 같은 이해관계 조정 등의 필요성과 산업재해보상보험의 사회적 기능은 산업재해보상보험의 지급 여부에 결정적인 요건으로 작용하는 인과관계를 판단하는 과정에서 규범적으로 조화롭게 반영되어야 한다.

　　2) 산업재해보상보험법 제5조 제1호가 정하는 업무상의 사유에 따른 질병으로 인정하려면 업무와 질병 사이에 인과관계가 있어야 하고 그 증명책임은 원칙적으로 근로자 측에 있다. 여기에서 말하는 인과관계는 반드시 의학적·자연과학적으로 명백히 증명되어야 하는 것은 아니고 법적·규범적 관점에서 상당인과관계가 인정되면 그 증명이 있다고 보아야 한다. 산업재해의 발생원인에 관한 직접적인 증거가 없더라도 근로자의 취업 당시 건강상태, 질병의 원인, 작업장에 발병원인이 될 만한 물질이 있었는지 여부, 발병원인물질이 있는 작업장에서 근무한 기간 등의 여러 사정을 고려하여 경험칙과 사회통념에 따라 합리적인 추론을 통하여 인과관계를 인정할 수 있다. 이때 업무와 질병 사이의 인과관계는 사회 평균인이 아니라 질병이 생긴 근로자의 건강과 신체조건을 기준으로 판단하여야 한다(대법원 2004. 4. 9. 선고 2003두12530 판결, 대법원 2008. 5. 15. 선고 2008두3821 판결 등 참조).

3) 첨단산업분야에서 유해화학물질로 인한 질병에 대해 산업재해보상보험으로 근로자를 보호할 현실적·규범적 이유가 있는 점, 산업재해보상보험제도의 목적과 기능 등을 종합적으로 고려할 때, 근로자에게 발병한 질병이 이른바 '희귀질환' 또는 첨단산업현장에서 새롭게 발생하는 유형의 질환에 해당하고 그에 관한 연구결과가 충분하지 않아 발병원인으로 의심되는 요소들과 근로자의 질병 사이에 인과관계를 명확하게 규명하는 것이 현재의 의학과 자연과학 수준에서 곤란하더라도 그것만으로 인과관계를 쉽사리 부정할 수 없다. 특히, 희귀질환의 평균 유병률이나 연령별 평균 유병률에 비해 특정 산업 종사자 군(群)이나 특정 사업장에서 그 질환의 발병률 또는 일정 연령대의 발병률이 높거나, 사업주의 협조 거부 또는 관련 행정청의 조사 거부나 지연 등으로 그 질환에 영향을 미칠 수 있는 작업환경상 유해요소들의 종류와 노출 정도를 구체적으로 특정할 수 없었다는 등의 특별한 사정이 인정된다면, 이는 상당인과관계를 인정하는 단계에서 근로자에게 유리한 간접사실로 고려할 수 있다. 나아가 작업환경에 여러 유해물질이나 유해요소가 존재하는 경우 개별 유해요인들이 특정 질환의 발병이나 악화에 복합적·누적적으로 작용할 가능성을 간과해서는 안 된다.

4) 원고의 업무와 다발성 경화증의 발병·악화 사이에 상당인과관계를 긍정할 여지가 있다. 그 이유는 다음과 같다.

① 원고는 LCD 패널 검사작업 중 이소프로필알코올이라는 유기용제를 취급하였다. 비록 이러한 유기용제 취급이 원고의 전체 업무 중 차지하는 비중은 작았지만, 이 사건 사업장에서 약 4년 3개월 근무하는 동안 매일 이러한 작업을 수행하였다는 점에서 누적된 노출 정도가 낮다고 단정하기 어렵다. 또한 원고가 직접 수행한 작업은 아니지만, 작업장 자체의 구조로 말미암아 인접한 납땜 작업이나 에이징 공정에서 발생하는 유해화학물질이 전파·확산되어 원고도 이에 노출된 것으로 보인다.

산업안전보건연구원이 이 사건 역학조사를 하였을 당시에는 원고가 근무한 때부터 이미 여러 해가 지난 시점이었고 그 사이에 LCD 패널 검사작업을 하는 근로자의 작업환경이 변했을 가능성이 있다. 이는 역학조사 당시의 상황을 기초로 조사한 것이기 때문에 원고가 근무하였을 당시의 작업환경을 제대로 파악하는 데 일정한 한계가 있었다. 그리고 이 사건 역학조사에서는 근로자가 위와 같은 작업 과정에서 이소프로필알코올이나 그 밖의 유해화학물질에 노출된 수준을 객관적으로 확인·측정하려는 노력조차 하지 않은 것으로 보인다.

또한 이 사건 사업장을 운영하는 사업주와 대전지방고용노동청 천안지청이 LCD 모듈공정에서 취급하는 유해화학물질 등에 관한 정보가 영업비밀이라면서 공개를 거부하였다. 이에 따라 원고가 자신에게 해악을 끼친 유기용제 또는 유해화학물질의 구체적 종류나 그에 대한 노출 정도를 증명하는 것이 곤란해졌다.

원고의 업무와 질병 사이의 상당인과관계를 판단할 때 위와 같이 역학조사 방식 자체에 한계가 있었던 데다가 사업주 등이 유해화학물질 등에 관한 정보를 공개하지 않은 점도 고려하여야 한다.

② 유해화학물질의 측정수치가 작업환경노출 허용기준 범위 안에 있다고 할지라도 근로자가 유해화학물질에 저농도로 장기간 노출될 경우에는 건강상 장애를 초래할 가능성이 있다. 뿐만 아니라, 작업환경노출 허용기준은 단일물질에 노출됨을 전제로 하는 것인데, 여러 유해화학물질에 복합적으로 노출되거나 주·야간 교대근무를 하는 작업환경의 유해요소까지 복합적으로 작용하는 경우 유해요소들이 서로 상승작용을 일으켜 질병 발생의 위험이 높아질 수 있다.

③ 다발성 경화증의 직접 발병을 촉발하는 요인으로 유기용제 노출, 주·야간 교대근무, 업무상 스트레스, 햇빛노출 부족에 따른 비타민D 결핍 등이 거론되고 있으므로, 이러한 사정이 다수 중첩될 경우 다발성 경화증의 발병 또는 악화에 복합적으로 기여할 가능성이 있다.

원고는 이 사건 사업장에서 약 4년 3개월 근무하는 동안 계속 주·야간 교대근무를 하였다. 원고의 1일 근무시간은 9시간에서 12시간에 이르렀으며, 근로자는 중간에 쉬거나 작업량을 조절할 수 있는 재량이 전혀 없이 컨베이어벨트로 이동되는 LCD 패널을 고도의 집중력을 발휘하여 1시간당 70~80개 가량 검사를 해야 했다. 따라서 원고의 노동 강도는 높았고, 그로 인한 업무상 과로와 스트레스도 컸다고 볼 수 있다. 또한 원고가 실내 작업장에서 장기간 주·야간 교대근무를 하였으므로, 햇빛노출이 부족하여 비타민D 결핍도 있었을 것으로 보인다.

④ 원고는 입사 전에는 건강에 별다른 이상이 없었고, 다발성 경화증과 관련된 유전적 소인, 병력이나 가족력이 없는데, 이 사건 사업장에서 상당 기간 근무하던 도중에 우리나라의 평균 발병연령보다 훨씬 이른 시점인 만 21세 무렵에 다발성 경화증이 발병하였다.

⑤ 삼성전자 LCD 사업장과 이와 근무환경이 유사한 반도체 사업장에서의 다발성 경화증 발병률이 한국인 전체 평균 발병률이나 원고와 유사한 연령대의 평균 발병률과 비교하여 유달리 높다면, 이러한 사정 역시 원고의 업무와 질병 사이의 상당인과관계를 인정하는 데에 유리한 사정으로 작용할 수 있다.

⑥ 한국산업안전공단 역학조사평가위원회의 심의결과를 보더라도, 평가위원 11명 중 7명(63.6% = 7/11×100)이 원고가 수행한 작업의 노동 강도와 스트레스가 높은 수준임을 긍정하였고, 그중 5명(45.5% = 5/11×100)이 원고의 다발성 경화증 발병·악화와 업무 사이의 관련성을 긍정하였다.

또한 이 사건 역학조사에서는 유해화학물질 노출 정도에 대한 확인이나 측정·조사가 이루어지지 않아, 위 역학조사평가위원회의 심의결과는 단지 원고가 수행한 작업의 노동 강도, 스트레스라는 유해요소를 중심으로 다발성 경화증과의 관련성을 평가한 것이다. 유해화학물질에의 노출 등 그 밖의 작업환경상 유해요소까지 함께 고려하였다면 업무관련성을 긍정하는 평가위원이 더 많았을 가능성을 배제할 수 없다.

5) 그런데도 원심은 원고의 업무와 다발성 경화증 발병·악화 사이에 상당인과관계를 인정하기 어렵다고 판단하였다. 원심의 판단에는 업무상 재해의 상당인과관계에 관한 법리를 오해하고 필요한 심리를 다하지 않음으로써 판결에 영향을 미친 잘못이 있다.

다. 해 설

업무수행 과정에서 건강유해요인을 취급하거나 이에 노출되어 발생하는 질병을 이른바 '직업병'이라 한다. 근로자의 질병이 업무와의 상당 인과관계가 있는 직업병인지가 흔히 문제된다. 기술혁신으로 인한 작업 방식의 변화는 근로자의 건강에 안전한지가 충분히 해명되지 않은 채로 진전된다. 특히 첨단산업분야에서는 작업현장에서 생길 수 있는 직업병에 대한 경험적·이론적 연구결과가 없거나 상대적으로 부족한 경우가 많다.

대상판결은 희귀질환 또는 첨단산업현장에서 새롭게 발생하는 유형의 질환이 발병한 근로자의 업무와 질병 사이의 인과관계 유무를 판단할 때 고려할 사항을 판시하고 있다. LCD공장에서 근무한 근로자에게 다발성 경화증이 발병하여 업무상 재해인지가 다투어진 사례에서 업무상 재해로 인정하였다. 상당인과관계를 간접사실로 인정하여 증명책임을 완화한 판결이라고 평가된다.

Q 1. 업무상 질병에 해당한다는 인과관계는 누가 증명책임을 지는가?
Q 2. 대상판결에서 업무와 질병 사이의 인과관계의 유무를 고려할 때 어떠한 사항들을 간접사실로 인정하여 증명책임을 완화하였는가?

≪심화학습≫

1. 첨단산업현장에서 새롭게 발생하는 유형의 질환에 대해 업무상 질병을 인정한 사례 (대법원 2017. 11. 14. 선고 2016두1066 판결 참고)

---

4. 과로사

대법원 2004. 9. 3. 선고 2003두12912 판결 [유족급여및장의비부지급처분취소]

가. 사실관계

1) 원고의 처인 망 오○옥(1955. 4. 10.생, 이하 망인이라 한다)은 1993. 1.

27. 코리아○인에 입사하여 트랜스 사업부 권선반의 생산직 사원으로 근무하여 왔다.

2) 망인은 2001. 6. 8. 17:40경 퇴근하는 통근버스 안에서 언쟁을 하던 다른 사원들에게 조용히 하라고 외친 뒤 의식을 잃고 쓰러져 A외과의원으로 후송되던 도중 사망하였다. 망인의 사체에 대한 부검은 실시되지 않았는데, 망인을 최초 검안한 A외과의원 소속 의사는 망인의 사인에 관하여 정확한 사인은 모르나 직장 동료의 진술 및 사망 당시의 상황에 비춰 급성심근경색에 의한 심장마비 또는 뇌혈관 질환으로 추정하였다.

3) 망인의 업무내용은 권선기를 사용하여 0.3-0.5㎜의 동선을 감는 작업으로 비교적 단순한 노무작업이다. 망인의 근무시간은 08:30-17:20 (휴식시간 70분 포함)이고, 망인은 1주일에 4일간 2시간씩 연장근무를 하여 왔으며, 매월 2일간 휴일근무를 하였다.

4) 망인이 사망하기 전 1개월간 권선반의 작업량은 그 이전에 비하여 감소하였다. 망인의 사망하기 이전 1주일간의 근무시간을 보면, 2001. 6. 1.에는 17:23까지 근무하였고, 같은 달 2.은 토요격주 휴무일, 같은 달 3.은 일요일이어서 쉬었으며, 같은 달 4.과 5.은 2시간 연장근무하여 19:20까지 근무하였고, 같은 달 6.과 같은 달 7.은 정시에 퇴근하였으며, 사망한 날인 같은 달 8.은 17:23까지 근무하였다.

5) 코리아○인에서는 2000년경부터 작업시간 중 잡담 및 라디오 청취 금지 등의 조치를 시행하였고, 허락 없이 화장실을 가지 못하도록 통제하였으며, 생산계장 김○희는 2001. 4.경 망인을 포함한 생산부 직원들에게 생산부에서 불량이 발생하면 적자가 발생하여 인원감축요인이 발생할 수 있으므로 생산성을 높이라는 취지의 발언을 한 적이 있었다.

6) 망인은 2000년 건강검진에서 고혈압으로 내과치료를 요한다는 판정을 받았으나 치료를 받은 사실은 없다.

7) 원고는 망인의 사망이 업무상 재해에 해당한다고 주장하면서 피고에 대하여 유족보상 및 장의비의 지급을 청구하였으나, 피고는 2001. 7. 6. 망인의 사망이 업무상 재해에 해당하지 아니한다는 이유로 이를 거부하는 내용의 이 사건 처분을 하였다.

8) 원심은 망인의 사망이 업무상 재해에 해당하지 아니한다고 보고 행한 피고의 이 사건 처분은 적법하다고 판결하였다.

나. 판결요지

1) 원심은 망인이 1주일에 4일간 2시간씩 연장근무를 하고, 매월 2일간 휴일 근무를 하여 온 사정만으로는 망인이 심장질환을 일으킬 정도의 과중한 근로를 하였다고 보기 어렵고, 오히려 망인의 사망 이전 1개월간 권선반의 작업량이 평소보다 줄었으며, 망인은 사망하기 직전 주말 2일간 쉬고, 사망하기 이전 3일간 정시 퇴근한 점 등에 비추어 보면, 망인은 심장질환을 일으킬 정도의 과중한 근로를 하였다고 보기 어렵고, 또 망인의 업무는 어느 정도의 정신집중을 요하는 작업이나 특별히 과도한 정신집중을 요하는 작업으로 보여지지 않으며, 코리아○인이 생산직 근로자에 대하여 잡담 금지, 라디오 청취 금지, 화장실 출입 통제 등의 조치를 취하고 생산계장이 생산직 근로자에 대하여 불량률 증가에 따른 질책을 한 점은 통상의 직장에서 있을 수 있는 사정으로, 이러한 사정만으로 망인이 심장질환을 일으킬 정도로 과중한 스트레스를 받아 왔다고 보기 어렵다고 판단하였다.

2) 그러나 원심의 판단은 다음과 같은 이유에서 그대로 수긍할 수 없다.

산업재해보상보험법 제4조(현행 산재보험법 제5조) 제1호 소정의 업무상 재해라고 함은 근로자의 업무수행 중 그 업무에 기인하여 발생한 질병을 의미하는 것이므로 업무와 사망의 원인이 된 질병 사이에 인과관계가 있어야 하지만, 질병의 주된 발생 원인이 업무수행과 직접적인 관계가 없더라도 적어도 업무상의 과로나 스트레스가 질병의 주된 발생 원인에 겹쳐서 질병을 유발 또는 악화시켰다면 그 사이에 인과관계가 있다고 보아야 할 것이고, 그 인과관계는 반드시 의학적·자연과학적으로 명백히 입증하여야 하는 것은 아니고 제반 사정을 고려할 때 업무와 질병 사이에 상당인과관계가 있다고 추단되는 경우에도 그 입증이 있다고 보아야 하며, 또한 평소에 정상적인 근무가 가능한 기초 질병이나 기존 질병이 직무의 과중 등이 원인이 되어 자연적인 진행 속도 이상으로 급격하게 악화된 때에도 그 입증이 있는 경우에 포함되는 것이며, 업무와 사망과의 인과관계의 유무는 보통평균인이 아니라 당해 근로자의 건강과 신체조건을 기준으로 판단하여야 한다(대법원 1999. 1. 26. 선고 98두10103 판결; 대법원 2001. 7. 27. 선고 2000두4538 판결 등 참조).

원심이 적법하게 인정한 사실과 기록에 나타난 다음과 같은 사정 즉, i) 망인은 입사시부터 재해 발생 전일까지 약 8년 4개월 동안 매월 46시간 남짓 연장근로를 하였고, 매월 2일씩 휴일근무를 하여 온 사실에 비추어 장기간 육체적 피로가 누적되어 왔을 것으로 보이는 점, ii) 당시 회사가 생산직 근로자에 대하여 잡담 금지, 라디오 청취 금지, 화장실 출입 통제 등의 조치를 취하고 생산계장이 생산직 근로자에 대하여 불량률 증가에 따른 질책을 하였을 뿐 아니라 비록 회사의 공식적인 입장은 아니었다고 하더라도 본사 상무이사의 보령 공장 방문과 관련하여 근로자들은 장기간 적자가 발생하고 있는 보령 공장의 경우 생산성이 낮거나 불량률이 높은 근로자들부터 점차 감원을 당할지도 모른다는 불안감을 가지고 있었는데, 망인이 속한 생산라인의 경우 생산성이 낮은 데다가 불량률마저 높아 다른 근로자들보다 감원이 있게 되면 우선순위가 될 가능성이 있었던 점, iii) 그럼에도 망인은 장애자인 남편과 자녀들을 부양하여야 할 입장이었으므로 감원에 대한 불안감이 상당했으리라 보이는 점, iv) 망인의 업무 내용이 고도의 기술을 요하는 것은 아니지만 장시간 상당한 집중력이 요구되는 것으로 보이는 점, v) 망인은 당시 만 46세 2월의 중년 여성으로서 고도 고혈압(170 - 120mmHg) 등의 기존 질환을 가지고 있었음에도 이에 대한 적절한 치료를 받지 못하고 있었던 점 등을 고려하면, 망인의 건강과 신체조건에 비추어 볼 때 과중한 업무로 과로하거나 감원 등에 대한 불안감으로 인하여 스트레스를 받았다고 볼 여지가 있고, 한편 과로와 스트레스가 일시적으로 혈압을 상승시켜 급성 심근 경색의 원인이 될 수 있다는 것이 의학적인 소견이므로, 사정이 이러하다면 망인의 고혈압은 업무와 관련이 없다 하더라도 업무의 과중으로 인한 과로와 감원 등으로 인한 스트레스가 고혈압을 자연적인 진행 속도 이상으로 악화시켜 급성 심근경색증을 유발하거나 기존 질환인 고혈압에 겹쳐 급성 심근경색증을 유발하여 심장마비로 사망에 이르게 한 것으로 추단된다고 할 것이다.

따라서 원심이 그 판시와 같은 사유로 망인의 사망이 업무상 재해에 해당하지 않는다고 판단한 것은 심리를 다하지 아니하고 채증법칙을 위배하여 사실을 오인하였거나 산업재해보상보험법상의 업무상 재해에 관한 법리를 오해함으로써 판결에 영향을 미친 위법이 있다.

다. 해 설

질병에 의한 사망이 업무상 재해로 인정되기 위해서는 업무와 사망의 원인이 된 질병 사이에 인과관계가 있어야 한다. 특히 과중한 업무가 질병을 유발하거나 악화시켜 사망에 이르게 한 경우 어떤 기준으로 업무상 재해 여부를 판단할 것인지 문제된다. 산재보험법 시행규칙 별표3(동 시행규칙 제34조 제3항 관련)에서는 업무상 질병에 대한 구체적인 인정기준을 정하고 있는데, 그 중에는 업무상 과로나 스트레스로 인한 뇌혈관질환이나 심장질환이 업무상 질병에 해당하는 경우를 규정하고 있지만, 그 외의 질환의 경우에도 업무기인성이 입증되면 업무상 질병 내지 그에 따른 사망으로 인정될 수 있다. 그렇지만 현대의학상 그 원인이 명백히 규명되지 아니하고 특히 과로와의 관련성이 밝혀지지 않은 질병(예, 백혈병, 폐암, 위암 등 각종 암질환)의 경우에는 업무와 재해간의 인과관계를 입증하기가 쉽지 않다(대법원 1998. 5. 22. 선고 98두4740 판결 참고).

대상판결은 과로사와 관련하여 업무와 사망간의 인과관계에 대한 기존의 판례 법리를 재확인하면서 원고의 처인 망인의 사망이 업무상 재해에 해당하지 않는다고 판단한 원심판결을 파기한 사례이다. 업무상 과로와 사망간의 상당인과관계를 인정하여 업무상 재해를 인정한 다른 판결례로 대법원 2004. 3. 26. 선고 2003두12844 판결 등이 있고, 반면에 부정한 판결례로 대법원 1998. 12. 8. 선고 98두13287 판결 등이 있다.

Q 1. 대상판결에 의하면 업무상 과로와 사망의 원인된 질병간의 인과관계와 관련하여 누구를 기준으로 무엇을 어느 정도로 입증해야 업무상

재해로 인정되나?

Q 2. 대상판결에서 업무상 재해 인정 여부와 관련하여 원심법원과 대법원 간에 어떤 판단의 차이를 보이고 있는가?

≪심화학습≫

1. 업무상 과로와 사망간의 상당인과관계 관련 대법원 2004. 3. 26. 선고 2003두12844 판결과 대법원 1998. 12. 8. 선고 98두13287 판결의 비교

2

집단적 노사관계법

※ 집단적 노사관계법 총론

1. 집단적 노사관계법의 의의와 특징

　　노동법은 근로자의 인간다운 삶의 확보를 목적으로 하는 이른바 '종속노동'의 법규로서 발전하여 왔다. 현대에 와서 직업소개·직업훈련·고용보험 등과 같은 노동시장에 관한 사항도 노동법의 규율대상에 포함시키는 것이 일반적이고 또한 관련입법의 중요성도 급속하게 증대되고 있지만, 아직도 노동법의 중심적 규율대상은 근로자와 사용자의 법적 관계라고 할 수 있다. 근로자와 사용자 사이의 법적 관계는 다시 개별근로자와 사용자 사이의 관계인 개별적 근로관계 및 근로자단체와 사용자 또는 사용자단체간의 집단적 노사관계로 구분할 수 있다. 일반적으로 전자를 규율하는 노동법을 개별적 근로관계법이라고 하고, 후자를 규율하는 노동법을 집단적 노사관계법이라 한다.

　　집단적 노사관계법은 엄격한 의미에서 근로자단체와 사용자(또는 그 단체) 사이의 관계만을 규율대상으로 하는 것은 아니다. 집단적 노사관계법에서는 그 외에도 집단적 관계의 전제가 되는 근로삼권의 보장 및 그 침해에 대한 구제를 비롯하여 근로자단체와 정부의 관계 등에 대해서도 규율한다. 요컨대 집단적 노사관계법은 헌법 제33조상의 근로삼권보장을 전제로 하여 근로자의 단결체 형성과 관련된 사항, 그러한 단체와 사용자(또는 그 단체)의 관계에 관한 사항 기타 근로자단체와 정부의 관계에 관한 사항 등에 대해서 규율하는 노동법 영역을 말한다. (김유성, 「노동법Ⅱ」(법문사, 1996), 1~2면.)

　　집단적 노사관계법은 특히 노동법의 이념을 실현하는 '방법'에 있어 개별적 근로관계법과 차이가 있다. 개별적 근로관계법은 근로관계가 성립한 근로자와 사용자간의 개별적인 권리·의무관계에 대하여 종래의 시민법원리를 수정함으로써 근로관계에서의 실질적 평등을 실현하려는 노동보호법이다. 그러므로 개별적 근로관계법에서는 근로자보호라는 관점에서 근로자와 사용자 사이에 국가가 입법이나 행정을 통하여 직접적으로 개입함으로써 시민법상의 계약자유의 원칙 특히 계약내용 형성의 자유를 수정한다. 즉 입법에 의해 강행적인 근로조건의 최저기준을 설정하는 한편, 그 실효성을 확보하기 위하여 행정적인 감독 및 벌칙을 마련하고 있다.

반면에 집단적 노사관계법에서는 근로자가 자주적으로 형성한 단결체를 통하여 사용자(또는 그 단체)와 자치적으로 노사관계를 형성할 수 있도록 조성하는 방법을 취한다. 근로삼권의 보장을 배경으로 하여 단결체를 통한 노사간의 실질적 평등을 구현하려는 집단적 자치의 방법을 채택하고 있는 것이 특징이다. 이러한 방법은 종래의 시민법의 입장에서 보면 매우 이질적인 것으로, 근대적 또는 현대적 노동법으로서의 특색이 잘 드러나는 분야가 바로 집단적 노사관계법이라고 하겠다.

이와 같이 개별적 근로관계법과 집단적 노사관계법은 그 규율의 대상이나 방법에서 차이가 있긴 하지만 근로자의 인간다운 삶의 확보라는 노동법의 이념을 실현한다는 점에서는 상호보완적인 관계에 있다. 근로자의 경제적·사회적 지위향상은 근로계약관계를 통하여 구체적으로 실현되기 때문에 법률적으로는 개별적 근로관계가 집단적 노사관계의 기반이 된다고 말할 수 있다. 그러나 다른 한편으로 근대적 노사관계에서의 개별적 근로관계는 역사적으로나 논리적으로 집단적 노사관계를 배경으로 하여 발전하여 왔다. 현실적으로 보면 개별적 근로관계에 의한 보호의 최저기준이 마련되면 이를 바탕으로 집단적 노사관계로 발전적 지향을 할 수 있으며 또한 발전된 집단적 노사관계의 활동이 축적됨으로써 개별적 근로관계도 한층 더 개선되는 대승적 상호보완관계를 지속할 수 있었던 것이다. (김유성, 같은 책, 2면.)

Q 1. 집단적 노사관계법의 주된 규율 대상은 무엇인가?

Q 2. 개별적 근로관계법과 비교할 때 집단적 노사관계법의 특징은 무엇인가?

2. 집단적 노사관계법과 노사자치

집단적 노사관계법 영역은 매우 역동적인 법분야이다. 이는 동법이 대상으로 하는 노사관계 자체가 정치적, 경제적 및 사회적 변화에 특히 민감하다는 점에서도 기인하지만, 더욱 본질적인 이유는 동법이 노사자치이념을 기본운영원칙으로 한다는 점에 있다. 즉 집단적 노사관계법은 근로삼권보장을 기초로 근로자단체와 사용자간의 대항적 관계를 법인함으로써 노사관계상의 제반 문제에 대한 자치적 규율과 해결을 촉진 또는 조장하는 법 영역이다. 따라서 노사관계를 둘러싼 제반 여건의 변화는 바로 집단적 노사관계법의 변화로 연결될 수 있는 것이다. 더욱이 우리나라의 노사관계는 1987년 이후 거대한 변화의 물결 속에서 그 정체성의 확립을 위해 고민하고 있다. 그 때문에 집단적 노사관계상의 제문제를 해결하고 공정한 노사관계의 정립을 위한 노동법규와 이념의 정립은 무엇보다 시급한 과제로 되고 있다. (김유성, 「노동법Ⅱ」(법문사, 1996), 머리말 중에서.)

집단적 노사관계법은 노사간의 실질적 대등성을 전제로 하여 노사관계상의 제 문제에 대하여 노사간의 자치적 규율과 해결을 존중하고 촉진한다. 이를 집단적 노사자치의 원칙이라고 한다. 집단적 노사자치의 원칙에 따라 국가의 개입은 제한적·예외적으로만 이루어진다. 이러한 점은 특히 노동조합의 내부운영에 대한 원칙적 불간섭(단결자치 내지 조합자치)과 단체교섭의 중시, 단체협약의 중심적 역할(협약자치) 및 노동쟁의의 자주적 해결·조정 등에서 분명히 드러난다.

집단적 노사자치원칙의 첫번째는 단결자치의 인정이다. 이

것은 근로자의 단결체가 스스로의 조직형태나 그 내부운영 및 대외적 활동에서 자주적으로 결정·행동하고 또한 그에 대하여 외부로부터 간섭을 받지 않음을 내용으로 한다. 그런데 근로자의 단결체는 예외적인 경우가 아니면 노동조합이기 때문에 단결자치는 현실적으로는 흔히 조합자치라고도 불린다. 조합자치는 조합민주주의와 함께 노조운영의 한 원칙을 형성하는 것으로, 이를 위해서는 규약작성·임원선출·조직운영활동 등과 같은 노조의 일상적 운영에 대한 국가나 사용자의 불간섭이 그 핵심적 내용이 될 것이다.

집단적 노사자치원칙의 두 번째는 집단적 합의에 의한 노사관계의 규율이다. 이것은 집단적 노사자치의 중요한 부분을 이루는 것으로서, 집단적 합의에 의한 근로관계의 규율 및 개별적 합의에 대한 우월성의 인정을 내용으로 한다. 즉 노동조합과 사용자(또는 그 단체) 사이에 집단적 합의(단체협약)에 의하여 조합원인 근로자와 사용자간의 근로관계 및 노사관계상의 제문제에 관하여 규율하는 것이 인정되며, 집단적 합의가 개별근로자와 사용자간의 근로계약이나 사용자에 의한 취업규칙에 우선한다는 의미이다.

집단적 노사자치원칙의 세 번째는 노동쟁의에서 관철된다. 노동쟁의는 노사간의 임의적 조정에 의해서 평화적으로 해결되는 것이 가장 바람직하다. 이를 노동쟁의의 자주적 해결의 원칙이라고 한다. 그리고 자주적 해결의 원칙은 쟁의조정을 위한 절차나 기구의 설정이나 각종 절차의 개시 등에 있어서도 관철되는 것이 바람직하다. 그러므로 쟁의조정에 있어서는 노동관계 당사자에 의해 설정·주도되는 자주적 조정절차가 정부에 의한 법정조정절차에 우선해야 함은 물론이고, 법정조정절차에 있어서도 그 개시나 조정결과의 수용 여부에 있어서는 당사자의 신청이나 동의에 의존하는 것이 바람직하다. 오늘날 법정조정제도를 두고 있는 대부분의 국가에서 자주적 조정제도를 우선시키는 정책을 함께 채용하고 있는 것도 이 때문이다. (김유성, 같은 책, 5~6면.)

Q 1. 집단적 노사관계법에서 노사자치의 이념이 중요한 이유는?
Q 2. 현행법에서 노사자치의 이념이 구체화되고 있는 모습은 어떠한가?
Q 3. 집단적 노사관계법상 노동분쟁의 특징은?

3. 근로삼권의 보장과 제한

(1) 근로자의 집단적 이익대표체(노동조합이나 종업원대표기구)와 사용자(또는 그 단체) 사이의 관계를 집단적 노사관계라고 하는데, 이를 규율하는 법 영역을 집단적 노사관계법(또는 노동단체법, 집단법 등)이라 한다. 현행법상 근로자의 집단적 이익대표체는 크게 두 가지로, 하나는 노동조합이고 다른 하나는 노사협의회이다(이중 대표시스템). 노동조합과 사용자의 관계는 헌법상의 근로삼권을 근거로 하고, 노사협의회에서의 노사관계는 법률상의 경영참가권을 근거로 한다.

집단적 노사관계법상 중요한 주제는 근로삼권의 행사로서 노동조합의 조직과 활동(단결권), 단체교섭과 단체협약(단체교섭권), 쟁의행위(단체행동권) 등이다. 또한 근로삼권 행사과정에서의 분쟁을 해결하기 위한 노동법상의 독특한 제도인 부당노동행위제도와 노동쟁의조정제도 역시 중요하다.

(2) 근로삼권 보장과 관련된 법률로는 「노동조합 및 노동관계조정법」(노조법), 「교원의 노동조합 설립 및 운영 등에 관한 법률」, 「공무원의 노동조합 설립 및 운영 등에 관한 법률」 등이 있고, 경영참가권의 보장과 관련된 것으로는 「근로자참여 및 협력증진에 관한 법률」, 「공무원직장협의회의 설립·운영에 관한 법률」 등이 있다.

한편 집단적 노사관계에서 발생하는 중요한 분쟁(부당노동행위와 쟁의조정 등)을 해결하기 위한 준사법적 행정기관인 노동위원회의 설치·구성·운영 등에 관해 「노동위원회법」이 규율한다.

(3) 헌법 제33조 제1항은 근로자의 자주적인 단결권·단체교섭권 및 단체행동권의 보장을 규정하면서, 같은 조 제2항과 제3항은 공무원과 주요방위산업체 근로자의 근로삼권에 관한 특칙을 두고 있다.

단결권은 근로자가 근로조건의 향상을 위하여 자주적으로 단결할 수 있는 권리이다. 단결권 행사의 가장 대표적인 모습은 노동조합을 결성하거나 그에 가입하여 활동하는 것이지만, 그렇다고 노동조합을 통하지 않으면 단결권을 행사할 수 없는 것은 아니다. 단결권은 근로자 개인의 권리임과 동시에 노동조합과 같은 단결체의 권리이기도 하다. 전자를 개별적 단결권이라고 하고, 후자를 집단적 단결권이라고 한다. 개별적 단결권에는 근로자가 적극적으로 노동조합 그 밖의 단결체를 결성하거나 또는 그에 가입하여 활동할 수 있는 권리(적극적 단결권)가 포함된다. 문제는 단결하지 않을 자유 또는 단결강제(조직강제)에 복종하지 않을 자유(소극적 단결권)가 포함되는가이다. 집단적 단결권은 노동조합 그 밖의 단결체가 가지는 단결권으로서 단결체의 존립과 자주적인 활동에 관한 권리와 상부단체를 결성하거나 그에 가입하여 활동할 수 있는 권리를 말한다.

단체교섭권은 노동조합 그 밖의 단결체가 대표를 통하여 사용자와 단체교섭을 할 수 있는 권리를 말한다. 여기서 단체교섭이란 단결체가 대표를 통하여 단결체 및 구성원을 위하여 근로조건 기타의 대우와 노사관계에 관한 사항에 대해 사용자 또는 사용자단체와 교섭하는 것을 말한다(노조법 제29조 및 제33조 참고). 단체교섭권에는 단체협약체결권도 포함된다(헌법재판소 1998. 2. 27. 94헌바13·26, 95헌바44). 근로자의 단체교섭권 보장에 대응하여 사용자는 (성실)교섭의무를 진다.

단체행동권은 단결체가 근로조건의 향상을 위하여 사용자 등에 대해 경제적인 압력을 가할 수 있는 권리이다. 단체행동권을 행사하는 가장 대표적인 행위는 쟁의행위 즉 근로조건 등에 관한 주장을 관철하기 위해 업무의 정상적인 운영을 저해하는 행위를 하는 것이다.

(4) 정당한 근로삼권 행사는 여러 가지 법적 보호를 받는다. 법적 보호에는 헌법 제33조 제1항의 보장에 의한 것과 법률에 의해 창설된 것이

있다. 전자에 속하는 가장 대표적인 것이 형사면책과 민사면책이다. 노조법 제3조는 "사용자는 이 법에 의한 단체교섭 또는 쟁의행위로 인하여 손해를 입은 경우에 노동조합 또는 근로자에 대하여 그 배상을 청구할 수 없다"고 하여 민사면책을, 제4조는 "형법 제20조의 규정은 노동조합이 단체교섭·쟁의행위 기타의 행위로서 제1조의 목적을 달성하기 위하여 한 정당한 행위에 대하여 적용된다. 다만, 어떠한 경우에도 폭력이나 파괴행위는 정당한 행위로 해석되어서는 아니 된다"고 하여 형사면책을 확인하고 있다. 이에 비해 노조법 제81조 이하의 부당노동행위제도는 후자의 대표적 예라고 할 수 있다.

Q 1. 헌법이 공무원인 근로자에 대해 근로삼권 중 어느 권리를 제한할 수 있다고 규정하고 있는가? 주요방위산업체의 근로자에 대하여는? 국공영기업체의 근로자에 대하여는?

Q 2. 근로삼권의 법적 성질은? (헌재 1998. 2. 27. 94헌바13·26, 95헌바44 병합 참고)

제 16 강

노동조합법상 근로자

1. 개 요

(1) 노조법은 헌법상 근로삼권의 보장을 1차적인 목적으로 하며, 세계 각국과 마찬가지로 가장 보편적인 방식인 노동조합을 통한 근로삼권 행사를 규율하고 있다. 그런데 헌법 제33조 제1항은 단결권·단체교섭권 및 단체행동권의 주체를 근로자로 정하고 있고, 이를 받아 노조법 제2조 제4호도 노동조합의 결성과 가입 주체를 근로자로 한정하고 있다. 한편, 근로자 중에는 헌법과 법률에 의해 근로삼권의 행사 또는 노동조합 결성 또는 가입의 권리가 제한되는 경우도 있다. 헌법 제33조 제2항과 제3항은 각각 공무원의 근로삼권이나 주요방위산업체 근로자의 단체행동권을 제한하고 있고, 「경비업법」 등 일부 법률에서는 특정한 근로자의 근로삼권을 제한하고 있다.

(2) 노조법은 제2조는 제1호에서 근로삼권과 노동조합권의 주체인 근로자를 "직업의 종류를 불문하고 임금·급료 기타 이에 준하는 수입에 의하여 생활하는 자를 말한다"(제2조 제1호)고 규정하고, 제4호 본문에서 "노동조합이라 함은 근로자가 주체가 되어 자주적으로 단결하여 근로조건의 유지·개선 기타 근로자의 경제적·사회적 지위의 향상을 도모함을 목적으로 조직하는 단체 또는 그 연합단체를 말한다"고 규정하고 있다.

(3) 지금까지 노조법상 근로자인가를 둘러싼 분쟁은 주로 다음 세 가지 유형의 노무공급자가 가입한 단체의 노동조합성 판단을 중심으로 발생하였다. 첫째, 실업자 특히 해고자가 해당 노동조합에 계속 가입하고

있을 떼 해당 단체의 노동조합성은 어떻게 되는가? 둘째, 골프장 캐디나 학습지교사 등 특수형태근로종사자가 결성한 '노동조합'은 노조법상 노동조합에 해당하는가? 셋째, 불법체류하고 있는 외국인 근로자는 노동조합을 결성할 수 있는가?

(4) 노조법은 근기법과 입법 목적과 취지의 측면에서 다르기 때문에 근로자의 범위도 근기법과 다르다. 근기법에서는 근로자로 판단되지 아니하는 실업자나 특수형태근로종사자라도 노조법에서는 근로자로 판단될 수 있다. 판례는 "근기법은 '현실적으로 근로를 제공하는 자에 대하여 국가의 관리·감독에 의한 직접적인 보호의 필요성이 있는가'라는 관점에서 개별적 노사관계를 규율할 목적으로 제정된 것인 반면에, 노조법은 '노무공급자들 사이의 단결권 등을 보장해 줄 필요성이 있는가'라는 관점에서 집단적 노사관계를 규율할 목적으로 제정된 것으로 그 입법목적에 따라 근로자의 개념을 상이하게 정의하고 있(다)"고 하거나(대법원 2004. 2. 27. 선고 2001두8568 판결), "노조법은 개별적 근로관계를 규율하기 위해 제정된 근로기준법과 달리, 헌법에 의한 근로자의 노동3권 보장을 통해 근로조건의 유지·개선과 근로자의 경제적·사회적 지위 향상 등을 목적으로 제정되었다. 이러한 노조법의 입법 목적과 근로자에 대한 정의 규정 등을 고려하면, 노조법상 근로자에 해당하는지는 노무제공관계의 실질에 비추어 노동3권을 보장할 필요성이 있는지의 관점에서 판단하여야 하고, 반드시 근기법상 근로자에 한정된다고 할 것은 아니다(대법원 2011. 3. 24. 선고 2007두4483 판결; 대법원 2014. 2. 13. 선고 2011다78804 판결; 대법원 2015. 6. 26. 선고 2007두4995 전원합의체 판결; 대법원 2018. 6. 15. 선고 2014두12598, 12604 판결 참조)"라고 한다.

(5) 가장 많은 분쟁은 특수형태근로종사자와 같이 경제적으로 종속적인 자영업자의 근로자성을 둘러싸고 벌어지고 있다. 판례는 노조법상 근로자를 타인과의 사용종속관계하에서 노무에 종사하고 대가로 임금 기타 수입을 받아 생활하는 자라고 하면서(대법원 1993. 5. 25. 선고 90누1731 판결; 대법원 2006. 5. 11. 선고 2005다20910 판결 참조), 구체적으로는 다음의

여러 징표들을 종합적으로 고려하여 판단하고 있다. "노무제공자의 소득이 특정 사업자에게 주로 의존하고 있는지, 노무를 제공 받는 특정 사업자가 보수를 비롯하여 노무제공자와 체결하는 계약 내용을 일방적으로 결정하는지, 노무제공자가 특정 사업자의 사업 수행에 필수적인 노무를 제공함으로써 특정 사업자의 사업을 통해서 시장에 접근하는지, 노무제공자와 특정 사업자의 법률관계가 상당한 정도로 지속적·전속적인지, 사용자와 노무제공자 사이에 어느 정도 지휘·감독관계가 존재하는지, 노무제공자가 특정 사업자로부터 받는 임금·급료 등 수입이 노무 제공의 대가인지 등을 종합적으로 고려하여 판단하여야 한다"고 한다(대법원 2018. 6. 15. 선고 2014두12598, 12604 판결).

Q 1. 다음 중 노조법상 근로자에 해당하는 자는?
　　[기간제 근로자, 단시간 근로자, 취업기간이 6개월이 되지 않은 월급제 근로자, 건설업의 일용근로자, 노동조합에 고용된 사무직원, 사립대학의 시간강사, 공립고등학교 교원, 정부출연기관의 근로자, 4급 일반직 공무원, 교정직 공무원, 응급실 근무 병원간호사, 개인택시 운송사업자, 재래시장 노점상인, 아파트 경비원, 청소용역업자, 사내 하청업체 근로자, 파견근로자]

Q 2. 다음 중 쟁의행위가 금지되는 근로자는?
　　[정부투자기관 직원, 사립고등학교 교원, 민간항공사 비행기 조종사, 시내버스 기사, 석유정제회사 직원, 민수물자 생산에 종사하는 방위산업체 근로자, 소방공무원, 청원경찰, 국립의료원의 직원]

2. 노동조합과 실업자

> 대법원 2004. 2. 27. 선고 2001두8568 판결 [노동조합설립신고반려처분 취소]

가. 사실관계

1) 원고(서울여성노동조합)는 1999. 1. 10. '서울 지역 여성 노동자들의 지위 향상'을 주된 목적으로 하여 설립된 비법인 사단인데, 설립 당시 원고의 구성원에는 취업자 22명 이외에 미취업자 3명이 포함되어 있었다.

2) 원고는 규약 제2조(목적) 제1항의 규정을 통해 "노조는 규약 전문의 정신을 이어받아 여성노동자가 자주적이고 민주적으로 단결하여 인간으로서의 존엄과 사회·경제·문화·정치적 지위 향상을 목적으로 한다"고 규정함으로써, 그 설립취지와 근본적인 목적을 밝히는 한편, 규약 제6조(구성)의 규정을 통해 "노조는 서울지역의 미조직 여성노동자, 임시직, 계약직, 파견, 시간제 등 비정규직 여성노동자, 구직 중인 여성노동자로서 본 노조규약에 찬동하는 사람으로 구성한다"고 규정함으로써, 그 조합원의 범위에 '구직 중인 여성노동자'를 포함시키고 있었다.

3) 원고는 2000. 8. 21. 위와 같은 규약을 첨부하여 피고에게 노동조합 설립신고를 하였다. 이에 피고는 2000. 8. 23. "원고의 규약 제6조는 '구직 중인 여성노동자'의 가입을 허용하고 있는데, 이는 근로자가 아닌 자의 노동조합 가입을 허용하는 것"이라는 이유로, 노조법 제2조 제4호 '라'목, 같은 법 제12조 제3항의 규정을 각 적용하여, 위 설립신고를 반려하는 내용의 이 사건 처분을 하였다.

나. 판결 요지

원심은 근로기준법은 '현실적으로 근로를 제공하는 자에 대하여 국가의 관리·감독에 의한 직접적인 보호의 필요성이 있는가'라는 관점에서 개별적 노사관계를 규율할 목적으로 제정된 것인 반면에, 노조법은 '노무공급자들 사이의 단결권 등을 보장해 줄 필요성이 있는가'라는 관점에서 집단적 노사관계를 규율할 목적으로 제정된 것으로 그 입법목적에 따라 근로자의 개념을 상이하게 정의하고 있는 점, 일정한 사용자에의 종속관계를 조합원의 자격요건으로 하는 기업별 노동조합의 경우와는 달리 산업별·직종별·지역별 노동조합 등의 경우에는 원래부터 일정한 사용자에의 종속관계를 조합원의 자격요건으로 하는 것이 아닌 점에 비추어, 노조법 제2조 제4호 '라'목 단서는 '기업별 노동조합'의 조합원이 사용자로부터 해고됨으로써 근로자성이 부인될 경우에 대비하여 마련된 규정으로서, 이와 같은 경우에만 한정적으로 적용되고, 원래부터 일정한 사용자에의 종속관계를 필요로 하지 않는 산업별·직종별·지역별 노동조합 등의 경우에까지 적용되는 것은 아닌 점 등을 근거로, 노조법 제2조 제1호 및 제4호 '라'목 본문에서 말하는 '근로자'에는 특정한 사용자에게 고용되어 현실적으로 취업하고 있는 자뿐만 아니라, 일시적으로 실업 상태에 있는 자나 구직 중인 자도 노동3권을 보장할 필요성이 있는 한 그 범위에 포함되고, 따라서 지역별 노동조합의 성격을 가진 원고가 그 구성원으로 '구직 중인 여성 노동자'를 포함시키고 있다 하더라도, '구직 중인 여성 노동자' 역시 노조법상의 근로자에 해당하므로, 구직 중인 여성 노동자는 근로자가 아니라는 이유로 원고의 이 사건 노동조합설립신고를 반려한 이 사건 처분을 위법하다고 판단하였는바, 이러한 원심의 판단은 정당하고, 거기에 노조법에 정한 근로자의 개념에 관한 법리를 오해한 위법이 있다고 할 수 없다.

다. 해 설

노조법상 근로자는 '임금, 급료 기타 이에 준하는 수입에 의하여 생활하는 자'(제2조 제1호)이다. 여기에는 현실적으로 임금 등으로 생활하는 자뿐만 아니라 임금 등으로 생활하려는 자, 즉 구직자도 포함된다. 대상 판결은 "근기법은 '현실적으로 근로를 제공하는 자에 대하여 국가의 관리·감독에 의한 직접적인 보호의 필요성이 있는가'라는 관점에서 개별적 노사관계를 규율할 목적으로 제정된 것인 반면에, 노조법은 '노무공급자들 사이의 단결권 등을 보장해 줄 필요성이 있는가'라는 관점에서 집단적 노사관계를 규율할 목적으로 제정된 것으로 그 입법목적에 따라 근로자의 개념을 상이하게 정의하고 있(다)"고 한다.

또한 대상판결은 노조법 제2조 제4호 라목 단서는 기업별 노동조합에만 적용됨을 밝혔다. 곧 "일정한 사용자에의 종속관계를 조합원의 자격요건으로 하는 기업별 노동조합의 경우와는 달리 산업별·직종별·지역별 노동조합 등의 경우에는 원래부터 일정한 사용자에의 종속관계를 조합원의 자격요건으로 하는 것이 아닌 점에 비추어, 노조법 제2조 제4호 '라'목 단서는 '기업별 노동조합'의 조합원이 사용자로부터 해고됨으로써 근로자성이 부인될 경우에 대비하여 마련된 규정으로서, 이와 같은 경우에만 한정적으로 적용되고, 원래부터 일정한 사용자에의 종속관계를 필요로 하지 않는 산업별·직종별·지역별 노동조합 등의 경우에까지 적용되는 것은 아(니다)"라고 한다.

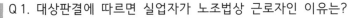

Q 1. 대상판결에 따르면 실업자가 노조법상 근로자인 이유는?
Q 2. 해고자의 노조법상 지위는?

≪심화학습≫

1. 노조법 제2조 제4호 라목 단서의 '근로자가 아닌 자로 해석해서는 아니 된다'는 문언의 의미 (대법원 1992. 3. 31. 선고 91다14413 판결; 대법원 1993. 6. 8. 선고 92다42354 판결; 대법원 1997. 5. 7. 선고 96누 2057 판결 참고)

3. 노동조합과 특수형태근로종사자

> **대법원 2018. 6. 15. 선고 2014두12598, 12604 판결 [부당해고및부당노동행위구제재심판정취소]**

가. 사실관계

1) 소외 학습지 개발 및 교육 등의 사업을 하는 피고보조참가인(이하 '참가인'이라 한다)은 원고 전국학습지산업노동조합(이하 '원고 조합'이라 한다) 소속 조합원이면서 학습지교사들인 나머지 원고들(이하 '원고 학습지교사들'이라 한다)과 학습지회원에 대한 관리, 모집, 교육을 내용으로 하는 위탁사업계약을 체결하였다가 그 후 이를 해지하였다.

2) 원고들은, 참가인이 위탁사업계약을 해지한 것이 부당해고 및 부당노동행위에 해당한다는 이유로 서울지방노동위원회에 구제명령을 신청하였으나, 근로자 또는 노동조합이 아니어서 당사자적격이 없다는 이유로 각하되었다. 그 후 중앙노동위원회도 원고들의 재심신청을 기각하였다. 참가인과 학습지교사들의 관계는 다음과 같다.

3) 참가인은 불특정다수의 학습지교사들을 상대로 미리 마련한 정형화된 형식으로 위탁사업계약을 체결하였다. 학습지교사들은 참가인과 일반적으로 1년 단위로 위탁사업계약을 체결하고 계약기간을 자동연장하여 왔다. 참가인은 학습지교사들의 겸업을 금지한 바 없고, 일반 직원에게 적용되는 취업규칙과는 다른 업무처리지침 등을 두어 학습지교사들을 관리하였다. 학습지교사들은 참가인으로부터 학습지회원에 대한 관리·교육, 기존 회원의 유지, 회원모집 등의 명목으로 수수료를 지급받았는데, 이 수수료가 학습지교사들의 주된 소득원이었다.

참가인은 신규 학습지교사들을 상대로 입사실무교육을 실시하고, 사무국장 및 단위조직장을 통하여 신규 학습지교사들을 특정 단위조직에 배정한 후 관리회원을 배정하였다. 참가인은 학습지교사들에게 학습지도서를 제작, 배부하고 표준필수업무를 시달하였다. 학습지교사들은 매월 말일 지국장에게 회원 리스트와 회비 납부 여부 등을 확인한 자료를 제출하고 정기적으로 참가인의 홈페이지에 로그인하여 회원들의 진도상황과 진단평가결과 및 회비수납 상황 등을 입력하며, 2~3달에 1회 정도 집필시험을 치렀다. 또한 참가인은 회원관리카드 및 관리현황을 보유하면서 때때로 원고 학습지교사들에게 일정한 지시를 하고, 주 3회 오전에 원고 학습지교사들을 참여시켜 지국장 주재 조회와 능력향상과정을 진행하기도 하였다.

나. 판결요지

1) 노동조합 및 노동관계조정법(이하 '노동조합법'이라 한다) 제2조는 제1호에서 "근로자라 함은 직업의 종류를 불문하고 임금·급료 기타 이에 준하는 수입에 의하여 생활하는 자를 말한다"고 규정하고, 제4호 본문에서 "노동조합이라 함은 근로자가 주체가 되어 자주적으로 단결하여 근로조건의 유지·개선 기타 근로자의 경제적·사회적 지위의 향상을 도모함을 목적으로 조직하는 단체 또는 그 연합단체를 말한다"고 규정하고 있다.

노동조합법상 근로자는 타인과의 사용종속관계하에서 노무에 종사하고 대가로 임금 기타 수입을 받아 생활하는 자를 말한다. 구체적으로 노동조합법상 근로자에 해당하는지는, 노무제공자의 소득이 특정 사업자에게 주로 의존하고 있는지, 노무를 제공 받는 특정 사업자가 보수를 비롯하여 노무제공자와 체결하는 계약 내용을 일방적으로 결정하는지, 노무제공자가 특정 사업자의 사업 수행에 필수적인 노무를 제공함으로써 특정 사업자의 사업을 통해서 시장에 접근하는지, 노무제공자와 특정 사업자의 법률관계가 상당한 정도로 지속적·전속적인지, 사용자와 노무제공자 사이에 어느 정도 지휘·감독관계가 존재하는지, 노무제공자가 특정 사업자로부터 받는 임금·급료 등 수입이 노무 제공의 대가인지 등을 종합적으로 고려하여 판단하여야 한다(대법원 1993. 5. 25. 선고 90누1731 판결; 대법원 2006. 5. 11. 선고 2005다20910 판결 참조).

노동조합법은 개별적 근로관계를 규율하기 위해 제정된 근로기준법과 달리, 헌법에 의한 근로자의 노동3권 보장을 통해 근로조건의 유지·개선과 근로자의 경제적·사회적 지위 향상 등을 목적으로 제정되었다. 이러한 노동조합법의 입법 목적과 근로자에 대한 정의 규정 등을 고려하면, 노동조합법상 근로자에 해당하는지는 노무제공관계의 실질에 비추어 노동3권을 보장할 필요성이 있는지의 관점에서 판단하여야 하고, 반드시 근로기준법상 근로자에 한정된다고 할 것은 아니다(대법원 2011. 3. 24. 선고 2007두4483 판결; 대법원 2014. 2. 13. 선고 2011다78804 판결; 대법원 2015. 6. 26. 선고 2007두4995 전원합의체 판결 참조).

2) 원심판결 이유와 기록에 의하여 알 수 있는 다음 사정들을 위 법리에 따라 살펴보면, 원고 학습지교사들은 노동조합법상 근로자에 해당한다고 봄이 타당하다.

① 업무 내용, 업무 준비 및 업무 수행에 필요한 시간 등에 비추어 볼 때 원고 학습지교사들이 겸업을 하는 것은 현실적으로 어려워 보여, 참가인으로부터 받는 수수료가 원고 학습지교사들의 주된 소득원이었을 것으로 보인다. ② 참가인은 불특정다수의 학습지교사들을 상대로 미리 마련한 정형화된 형식으로 위탁사업계약을 체결하였으므로, 보수를 비롯하여 위탁사업계약의 주요 내용이 참가인에 의하여 일방적으로 결정되었다고 볼 수 있다. ③ 원고 학습지교사들이 제공한 노무는 참가인의 학습지 관련 사업 수행에 필수적인 것이었고, 원고 학습지교사들은 참가인의 사업을 통해 학습지 개발 및 학습지회원에 대한 관리·교육 등에 관한 시장에 접근하였다. ④ 원고 학습지교사들은 참가인과 일반적으로 1년 단위로 위탁사업계약을 체결하고 계약기간을 자동연장하여 왔으므로 그 위탁사업계약관계는 지속적이었고, 참가인에게 상당한 정도로 전속되어 있었던 것으로 보인다. ⑤ 참가인은 신규 학습지교사들을 상대로 입사실무교육을 실시하고, 사무국장 및 단위조직장을 통하여 신규 학습지교사들을 특정 단위조직에 배정한 후 관리회원을 배정하였다. 일반 직원에게 적용되는 취업규칙과는 구별되지만 원고 학습지교사들에게 적용되는 업무처리지침 등이 존재하였고, 참가인은 원고 학습지교사들에게 학습지도서를 제작, 배부하고 표준필수업무를 시달하였다. 학습지교사들은 매월 말일 지국장에게 회원 리스트와 회비 납부 여부 등을 확인한 자료를 제출하고

정기적으로 참가인의 홈페이지에 로그인하여 회원들의 진도상황과 진단 평가결과 및 회비수납 상황 등을 입력하며, 2~3달에 1회 정도 집필시험을 치렀다. 또한 참가인은 회원관리카드 및 관리현황을 보유하면서 때때로 원고 학습지교사들에게 일정한 지시를 하고, 주 3회 오전에 원고 학습지교사들을 참여시켜 지국장 주재 조회와 능력향상과정을 진행하기도 하였다. 이러한 사정에 비추어 보면 원고 학습지교사들은 비록 근로기준법상 근로자에 해당한다고 볼 정도는 아니지만 어느 정도 참가인의 지휘·감독을 받았던 것으로 볼 수 있다. ⑥ 원고 학습지교사들은 참가인으로부터 학습지회원에 대한 관리·교육, 기존 회원의 유지, 회원모집 등 자신이 제공한 노무에 대한 대가 명목으로 수수료를 지급받았다. ⑦ 비록 근로기준법이 정하는 근로자로 인정되지 않는다 하더라도, 특정 사업자에 대한 소속을 전제로 하지 아니할 뿐만 아니라 '고용 이외의 계약 유형'에 의한 노무제공자까지도 포함할 수 있도록 규정한 노동조합법의 근로자 정의 규정과 대등한 교섭력의 확보를 통해 근로자를 보호하고자 하는 노동조합법의 입법 취지를 고려할 때, 참가인의 사업에 필수적인 노무를 제공함으로써 참가인과 경제적·조직적 종속관계를 이루고 있는 원고 학습지교사들을 노동조합법상 근로자로 인정할 필요성이 있다. 또한 경제적 약자의 지위에서 참가인에게 노무를 제공하는 원고 학습지교사들에게 일정한 경우 집단적으로 단결함으로써 노무를 제공받는 특정 사업자인 참가인과 대등한 위치에서 노무제공조건 등을 교섭할 수 있는 권리 등 노동3권을 보장하는 것이 헌법 제33조의 취지에도 부합한다.

3) 원고 조합은 노동조합법상 근로자인 학습지교사들이 주체가 되어 자주적으로 단결하여 근로조건의 유지·개선 기타 학습지교사들의 경제적·사회적 지위의 향상을 도모함을 목적으로 조직한 단체이므로 노동조합법 제2조 제4호 본문에서 정한 노동조합에 해당한다.

(… 중략 …) 그런데도 원심은 그 판시와 같은 사정만을 들어 원고들이 노동조합법상 근로자에 해당하지 아니하고 원고 조합도 노동조합법상 노동조합이 아니라고 단정하여, 위 원고들 및 원고 조합에게 부당노동행위 구제신청의 당사자적격이 없다고 판단하였다. 이러한 원심 판단에는

노동조합법상 근로자 및 노동조합에 관한 법리를 오해하거나 논리와 경험의 법칙을 위반하여 자유심증주의의 한계를 벗어나 판결에 영향을 미친 잘못이 있다.

다. 해 설

노조법상 근로자는 근기법상 근로자와 다르다. 이 점은 실업자의 노동조합 가입에 관한 2004년 대법원판결(앞의 2. 참고)에서 확인된 바 있지만, 쟁점이 되어 온 것은 취업자인 자영업자이면서 근로자와 유사한 종속성을 가진 노무제공자이다. 우리나라에서는 이러한 유형의 취업자를 특수형태근로종사자라 불러왔다.

대상판결은 그동안 논란이 되어 왔던 특수형태근로종사자의 노조법상 근로자성을 판단하는 기준을 구체적으로 제시하고 있다.

노동조합법상 근로자성 판단에 관한 대상판결의 설시는 크게 두 부분으로 나뉜다. 앞부분은 노동조합법상 근로자성 판단에서 종합적으로 고려할 유형적 징표들을 밝힌 것이다. 대상판결에 따르면 "노무제공자의 소득이 특정 사업자에게 주로 의존하고 있는지, 노무를 제공 받는 특정 사업자가 보수를 비롯하여 노무제공자와 체결하는 계약 내용을 일방적으로 결정하는지, 노무제공자가 특정 사업자의 사업 수행에 필수적인 노무를 제공함으로써 특정 사업자의 사업을 통해서 시장에 접근하는지, 노무제공자와 특정 사업자의 법률관계가 상당한 정도로 지속적·전속적인지, 사용자와 노무제공자 사이에 어느 정도 지휘·감독관계가 존재하는지, 노무제공자가 특정 사업자로부터 받는 임금·급료 등 수입이 노무 제공의 대가인지 등을 종합적으로 고려하여 판단하여야 한다."

대상판결의 뒷부분은 노동조합법상 근로자를 판단할 때 견지하여야 할 기본 관점을 명확하게 한 것이다. 대상판결에 따르면, "노동조합법의 입법 목적과 근로자에 대한 정의 규정 등을 고려하면, 노동조합법상 근로자에 해당하는지는 노무제공관계의 실질에 비추어 노동3권을 보장할 필요성이 있는지의 관점에서 판단하여야 하고, 반드시 근로기준법상 근로자에 한정된다고 할 것은 아니다."

Q 1. 대상판결이 학습지교사를 노조법상 근로자라고 판단한 이유는 무엇인가?

Q 2. 취업자 중에서 근로자를 판단하는 기준은 근기법과 노조법에서 어떻게 다른가? 또 그 이유는 무엇인가?

≪심화학습≫

1. 특정 사업주에 대한 전속성이 없으면 노조법상 근로자로 인정될 수 없는가? (대법원 2018. 10. 12. 선고 2015두38092 판결 참고)

4. 노동조합과 불법체류 외국인 근로자

대법원 2015. 6. 25. 선고 2007두4995 전원합의체 판결 [노동조합설립신고서반려처분취소]

가. 사실관계

1) 서울, 경기, 인천지역에 거주하는 외국인 근로자 91명은 2005. 4. 24. 원고 노동조합(이하 '원고 노조'라 한다) 창립총회를 개최하여 규약을 제정하고 위원장 및 회계감사 등 임원을 선출한 다음, 같은 해 5. 3. 노동부장관에게 규약 1부와 위원장 1명의 성명 및 주소, 회계감사 2명의 각 성명(회계감사 2명의 주소는 위원장의 주소와 같다는 취지로 표기하였다.) 등을 첨부한 원고 노조의 설립신고서를 피고 행정관청(이하 '피고'라 한다)에 제출하였다.

2) 피고는 2005. 5. 9. 원고 노조에 다음과 같이 보완을 요구하였다. (가) 원고 노조 규약에 임원은 6명으로 정하고 있으나, 원고 노조가 설립신고서 제출시 임원 3명에 대한 성명 및 주소 내역만을 첨부하였으므로

나머지 임원 3명에 대한 각 성명과 주소 제출, 나아가 위 설립신고서 제출 시 기재한 회계감사 2명의 주소 제출 (나) ① 조합원이 소속된 사업 또는 사업장별 명칭과 조합원수 및 대표자의 성명 제출, ② 소속 조합원들의 취업자격 유무 확인을 위한 조합원명부(임원 포함) 제출(성명, 생년월일, 국적, 외국인등록번호 또는 여권번호 기재) (다) 임원선거, 규약제정 절차의 적법성 여부를 확인할 수 있도록 총회회의록 등 관계서류 제출.

3) 원고 노조는 2005. 5. 31. 위와 같은 피고의 보완요구 중 위 (가)항에 대하여는 미선출된 원고 노조 부위원장을 제외한 나머지 5명의 임원에 대한 성명과 주소를 제출하고, 위 (다)항에 대하여는 원고 노조의 창립총회 회의록을 제출하였으나, 위 (나)항에 대하여는 그 보완요구사항이 노동조합법에서 필요적으로 요구하는 설립신고요건에 해당하지 않는다는 이유로 이를 보완하지 아니하였다.

4) 이에 피고는 2005. 6. 3. 원고 노조가 위 (나)항의 보완사항에 대하여 보완하지 아니하였을 뿐만 아니라, 노조가입자격이 없는 불법체류 외국인(출입국관리법상 대한민국에 체류할 자격이 없는 외국인을 말한다. 이하 같다)을 주된 구성원으로 하여 노동조합법에서 정한 노동조합으로 볼 수 없다는 이유로 원고 노조의 설립신고서를 반려하는 이 사건 처분을 하였다.

나. 판결 요지

1) 노동조합 및 노동관계조정법(이하 '노동조합법'이라고 한다) 제10조 제1항, 제12조 제2항, 제3항 제2호 각 규정에 의하면, 노동조합을 설립하고자 하는 자는 '노동조합의 명칭, 주된 사무소의 소재지, 조합원 수, 임원의 성명과 주소, 소속된 연합단체가 있는 경우에는 그 명칭, 연합단체인 노동조합에 있어서는 그 구성노동단체의 명칭, 조합원 수, 주된 사무소의 소재지 및 임원의 성명·주소'를 기재한 설립신고서를 규약과 함께 제출하여야 하고, 행정관청은 기재사항의 누락 등으로 설립신고서 또는 규약의 보완이 필요한 경우 20일 이내의 기간을 정하여 보완을 요구하여야 하며, 그 기간 내에 보완을 하지 아니하는 경우에는 설립신고서를 반려하

여야 한다. 그런데 구 노동조합법 시행규칙(2007. 12. 26. 노동부령 제286호로 개정되기 전의 것, 이하 같다) 제2조는 노동조합의 설립을 신고하려는 자가 설립신고서에 첨부하여 제출할 서류로서, 노동조합법 제10조 제1항에서 설립신고서와 함께 제출하도록 정하고 있는 '규약 1부'(제1호) 및 설립신고서의 기재사항을 확인하는 데 필요한 '임원의 성명 및 주소록 1부'(제2호), 연합단체인 노동조합인 경우 '구성노동단체의 명칭, 조합원 수, 주된 사무소의 소재지 및 임원의 성명·주소에 관한 서류'(제3호) 외에도, 2 이상의 사업 또는 사업장의 근로자로 구성된 단위노동조합인 경우에는 '사업 또는 사업장별 명칭, 조합원 수, 대표자의 성명'(제4호)에 관한 서류를 들고 있다.

위 각 규정의 내용이나 체계, 그 취지 등을 종합하여 살펴보면, 구 노동조합법 시행규칙이 제2조 제4호(2010. 8. 9. 고용노동부령 제2호로 삭제되었다)에서 설립신고의 대상이 되는 노동조합에 '2 이상의 사업 또는 사업장의 근로자로 구성된 단위노동조합인 경우 사업 또는 사업장별 명칭, 조합원 수, 대표자의 성명'에 관한 서류를 설립신고서에 첨부하여 제출하도록 규정한 것은 상위 법령의 위임 없이 규정한 것이어서, 일반 국민에 대하여 구속력을 가지는 법규명령으로서의 효력은 없다고 보아야 한다(대법원 2013. 9. 12. 선고 2011두10584 판결 등 참조). 따라서 행정관청은 구 노동조합법 시행규칙 제2조 제4호가 정한 사항에 관한 보완이 이루어지지 아니하였다는 사유를 들어 그 설립신고서를 반려할 수는 없다. 같은 취지에서 원심이 구 노동조합법 시행규칙 제2조 제4호 규정 사항의 보완이 없었다는 점을 반려처분의 사유 중 하나로 삼은 피고의 조치가 위법하다고 판단한 것은 정당하다.

2) 노동조합법상 근로자라 함은 '직업의 종류를 불문하고 임금·급료 기타 이에 준하는 수입에 의하여 생활하는 사람'을 말하고(제2조 제1호), 그러한 근로자는 자유로이 노동조합을 조직하거나 이에 가입할 수 있으며(제5조), 노동조합의 조합원은 어떠한 경우에도 인종, 성별, 연령, 신체적 조건, 고용형태, 정당 또는 신분에 의하여 차별대우를 받지 아니한다(제9조). 한편 구 출입국관리법(2010. 5. 14. 법률 제10282호로 개정되기 전의 것) 관련 규정에 의하면, 외국인이 대한민국에서 취업하고자 할 때에는 대통령령이 정하는 바에 따라 취업활동을 할 수 있는 체류자격(이하 '취업자격'이라

고 한다)을 받아야 하고, 취업자격 없이 취업한 외국인은 강제퇴거 및 처벌의 대상이 된다.

위 각 규정의 내용이나 체계, 그 취지 등을 종합하여 살펴보면, 노동조합법상 근로자란 타인과의 사용종속관계하에서 근로를 제공하고 그 대가로 임금 등을 받아 생활하는 사람을 의미하며, 특정한 사용자에게 고용되어 현실적으로 취업하고 있는 사람뿐만 아니라 일시적으로 실업 상태에 있는 사람이나 구직 중인 사람을 포함하여 노동3권을 보장할 필요성이 있는 사람도 여기에 포함되는 것으로 보아야 한다(대법원 2004. 2. 27. 선고 2001두8568 판결; 대법원 2014. 2. 13. 선고 2011다78804 판결; 대법원 2015. 1. 29. 선고 2012두 28247 판결 등 참조). 그리고 출입국관리 법령에서 외국인고용제한규정을 두고 있는 것은 취업자격 없는 외국인의 고용이라는 사실적 행위 자체를 금지하고자 하는 것뿐이지, 나아가 취업자격 없는 외국인이 사실상 제공한 근로에 따른 권리나 이미 형성된 근로관계에 있어서 근로자로서의 신분에 따른 노동관계법상의 제반 권리 등의 법률효과까지 금지하려는 것으로 보기는 어렵다(대법원 1995. 9. 15. 선고 94누12067 판결 등 참조). 따라서 타인과의 사용종속관계하에서 근로를 제공하고 그 대가로 임금 등을 받아 생활하는 사람은 노동조합법상 근로자에 해당하고, 노동조합법상의 근로자성이 인정되는한, 그러한 근로자가 외국인인지 여부나 취업자격의 유무에 따라 노동조합법상 근로자의 범위에 포함되지 아니한다고 볼 수는 없다.

취업자격 없는 외국인이 노동조합법상 근로자의 개념에 포함된다고하여 노동조합의 조합원 지위에 있는 외국인이 출입국관리 법령상 취업자격을 취득하게 된다든가 또는 그 체류가 합법화되는 효과가 발생하는것은 아니다. 취업자격 없는 외국인근로자들이 조직하려는 단체가 '주로정치운동을 목적으로 하는 경우'와 같이 노동조합법 제2조 제4호 각 목의 해당 여부가 문제된다고 볼 만한 객관적인 사정이 있는 경우에는 행정관청은 실질적인 심사를 거쳐 노동조합법 제12조 제3항 제1호 규정에의하여 설립신고서를 반려할 수 있을 뿐만 아니라(대법원 2014. 4. 10. 선고 2011두6998 판결 참조), 설령 노동조합의 설립신고를 마치고 신고증을 교부받았다고 하더라도, 그러한 단체는 적법한 노동조합으로 인정받지 못할 수 있음은 물론이다.

　같은 취지에서 원심은 취업자격 없는 외국인도 노동조합 결성 및 가입이 허용되는 근로자에 해당한다고 보고, 피고가 이와 다른 전제에서 단지 외국인근로자의 취업자격 유무만을 확인할 목적으로 조합원 명부의 제출을 요구하고 이에 대하여 원고가 그 보완 요구를 거절하였다는 이유로 원고의 설립신고서를 반려한 이 사건 처분은 위법하다고 판단하였다. 원심의 이러한 판단은 정당하고, 거기에 상고이유 주장과 같이 취업자격 없는 외국인의 노동조합법상 근로자 지위 인정 여부에 관한 법리를 오해하는 등의 잘못이 없다.

[반대의견 요지]

임금 등의 금전적 청산, 업무상 재해에 대한 보상 등 위법한 고용의 결과이긴 하지만 되돌릴 수 없는 기왕의 근로 제공이라는 측면에서 취업자격 없는 외국인을 보호하는 것은 별론으로 하더라도, 취업자격 없는 외국인은 애당초 '정상적으로 취업하려는 근로자'에 해당할 수 없고 이미 취업한 사람조차도 근로계약의 존속을 보장받지 못할 뿐만 아니라, 노동조합법상의 근로자 개념에 포함된다 하여 취업자격을 자동으로 취득하거나 그의 국내 체류가 합법화되는 것도 아니다. 이런 마당에 장차 근로관계가 성립 혹은 계속될 것을 전제로 사용자와의 단체교섭이나 단체협약의 체결을 통하여 근로조건을 유지·개선하려 하는 것 자체가 가능한 일인지 의문이다. 결국 취업자격 없는 외국인에 대하여는 근로조건의 유지·개선과 지위 향상을 기대할 만한 법률상 이익을 인정하기 어렵고, 취업자격 없는 외국인은 노동조합법상 근로자의 개념에 포함되지 않는다.

다. 해　설

　대상판결은 불법체류 외국인의 집단적 노사관계법상 지위 또는 근로삼권의 주체성과 관련된 오래된 논란을 끝낸 판결이다. 불법체류 외국인근로자의 개별적 근로관계법상 지위는 이미 대법원 1995. 9. 15. 선고 94누12067 판결에서 인정된 바 있다. 즉 출입국관리법에서 금지하는 불법체류 금지 규정은 말 그대로 "취업자격 없는 외국인의 고용이라는 사실적 행위 자체를 금지하고자 하는 것"일 뿐이며, "취업자격 없는 외국인이 사실상 제공한 근로에 따른 권리나 이미 형성된 근로관계에 있어서의 근로자로서의 신분에 따른 노동관계법상의 제반 권리 등의 법률효과까지 금지하려는 규정"은 아니라고 보았다.

　　대상판결은 출입국관리법에 대한 위와 같은 법리를 기초로, ① 타인과의 사용종속관계하에서 근로를 제공하고 그 대가로 임금 등을 받아 생활하는 사람은 근로삼권의 주체인 근로자에 해당한다는 점, ② 이러한 근로자성이 인정되는 한, 그러한 근로자가 외국인인지 여부나 취업자격의 유무에 따라 근로삼권의 향유 주체성이 영향을 받는 것은 아니라는 점을 확인하였다. 한편, 대상판결은 취업자격 없는 외국인이 근로삼권의 주체가 된다고 하여 노동조합의 조합원 지위에 있는 외국인이 출입국관리 법령상 취업자격을 취득하게 된다든가 또는 그 체류가 합법화되는 효과가 발생하는 것은 아니라는 점도 밝히고 있다.

Q 1. 대상판결에 의하면 노조법상 근로자인가를 판단하는 원칙은?
Q 2. 대상판결에 의하면 불법체류 외국인 근로자들이 결성한 '단결체'의 법적 지위는?

≪심화학습≫

1. 불법체류 외국인 근로자의 개별적 근로관계법상 지위 (대법원 1995. 9. 15. 선고 94누12067 판결 참고)

제 17 강

노동조합의 요건

1. 개 요

(1) 노조법상 노동조합이 되려면 노조법 제2조 제4호에서 정한 요건을 갖춘 단체가 노조법 제10조 이하에서 정하고 있는 설립신고를 마쳐야 한다. 흔히 전자를 노동조합의 실질적(또는 실체적) 요건, 후자를 노동조합의 절차적 요건이라고 한다. 그리고 노조법 제2조 제4호는 본문과 단서로 이루어져 있다. 본문은 노동조합이 되기 위해 갖추어야 할 요건이라는 점에서 적극적 요건이라 하고, 단서는 노동조합의 자격이 부정되는 사유라는 점에서 결격 요건이라고 한다.

(2) 노조법 제2조 제4호의 본문은 "노동조합이라 함은 근로자가 주체가 되어 자주적으로 단결하여 근로조건의 유지·개선 기타 근로자의 경제적·사회적 지위의 향상을 도모함을 목적으로 조직하는 단체 또는 그 연합단체를 말한다"고 규정하고 있다. 즉 노동조합의 적극적 요건은 근로자의 주체성과 자주성, 근로조건의 유지·개선 등의 목적성 및 단체성 등이다.

첫째, 근로자의 주체성과 자주성이란 노동조합은 근로자가 주체가 되어 외부의 지배나 개입을 받지 않고 운영되어야 함을 말한다.

둘째, 목적성이란 노동조합은 '근로조건의 유지·개선 기타 근로자의 경제적·사회적 지위의 향상을 도모함을 목적'으로 해야 함을 말한다. 복리사업이나 정치활동도 노동조합의 활동으로 할 수는 있지만, 이러한 것들이 주된 목적인 단체는 노동조합이 아니다.

셋째, 단체성이라 함은 노동조합은 2인 이상의 근로자로 조직된 계속적인 결사체여야 함을 의미한다. 대법원 1998. 3. 13. 선고 97누19830

판결은 "노동조합은 그 요건으로 단체성이 요구되므로 복수인이 결합하여 규약을 가지고 그 운영을 위한 조직을 갖추어야 하는바, 법인 아닌 노동조합이 일단 설립되었다고 할지라도 중도에 그 조합원이 1인밖에 남지 아니하게 된 경우에는, 그 조합원이 증가될 일반적 가능성이 없는 한, 노동조합으로서의 단체성을 상실"한다고 밝힌 바 있다. 한편, 여기서 말하는 단체에는 개인 근로자를 구성원으로 하는 단체(단위노동조합)뿐만 아니라 그러한 단체(단위노동조합)를 구성원으로 하는 연합단체도 포함된다.

(3) 노조법 제2조 제4호의 단서는 다음 각목에 해당하는 경우에는 노동조합으로 보지 않는다고 규정하고 있다.

    가. 사용자 또는 항상 그의 이익을 대표하여 행동하는 자의 참가를 허용하는 경우
    나. 경비의 주된 부분을 사용자로부터 원조받는 경우
    다. 공제·수양 기타 복리사업만을 목적으로 하는 경우
    라. 근로자가 아닌 자의 가입을 허용하는 경우. 다만, 해고된 자가 노동위원회에 부당노동행위의 구제신청을 한 경우에는 중앙노동위원회의 재심판정이 있을 때까지는 근로자가 아닌 자로 해석하여서는 아니 된다.
    마. 주로 정치운동을 목적으로 하는 경우

노조법 제2조 제4호의 단서는 같은 호의 본문에서 정하고 있는 적극적 요건 중 특히 근로자의 주체성과 자주성에 부정적 영향을 줄 수 있는 경우 및 목적성에 위배되는 경우를 결격 요건으로 정한 것이다. 전자와 관련된 것이 '가'목, '나'목, '라'목이다. 그 중에서 '가'목과 '라'목은 인적 측면과 관련되고, '나'목은 물적 또는 재정적 측면과 관련된 것이다. 후자와 관련된 것이 '다'목과 '마'목인데, 이 두 가지는 본문에 나오는 노동조합의 본래적 목적인 근로조건의 유지·개선 등의 이면으로서 복리사업이나 정치운동을 유일한 또는 주된 목적으로 하는 단체는 노동조합이 아님을 확인한 것이다.

이러한 소극적 요건들 중 특히 가목(사용자 및 그 이익대표자의 가입) 및 라목(근로자가 아닌 자의 참가)과 관련된 분쟁이 자주 발생하고 있다.

(4) 노조법은 "근로자는 자유로이 노동조합을 조직하거나 이에 가입할 수 있다"(제5조)고 하여 노동조합의 자유설립주의를 원칙으로 하면서도, 다른 한편으로는 행정관청에 노동조합 설립신고서를 제출하여 (설립)신고증을 교부받아야만 '이 법에 의하여 설립된 노동조합'으로서 노조법이 정한 각종 법적 보호를 받을 수 있도록 하고 있다. 후자를 흔히 노동조합 설립신고제도라고 한다.

(5) 노동조합을 설립하고자 하는 자는 법정사항을 기재한 신고서에 규약을 첨부하여 행정관청에 제출하여야 한다(제10조 제1항 참고). 설립신고서를 접수한 행정관청은 원칙적으로 신고서를 접수한 때로부터 3일 이내에 신고증을 교부하여야 한다(제12조 제1항). 만약 설립신고서 또는 규약에 보완이 필요한 경우에는 20일 이내의 기간을 정하여 보완을 요구한 후, 보완을 완료한 설립신고를 접수하면 3일 이내에 신고증을 교부하여야 한다(제12조 제2항 참고). 그러나 행정관청은 설립하고자 하는 노동조합이 제2조 제4호 단서에 해당하거나 행정관청으로부터 보완요구를 받고도 정해진 기간 내에 보완을 하지 아니한 경우에는 설립신고서를 반려하여야 한다(제12조 제3항 참고). 한편 노동조합이 신고증을 교부받은 경우에는 설립신고서가 접수된 때에 설립된 것으로 본다(제12조 제4항).

(6) 설립신고를 하지 않은 '노동조합', 즉 법외 조합은 노조법 등에서 노동조합에 부여한 여러 가지 보호와 이익을 향유하지 못한다. 노조법 제7조는 이 점을 밝히고 있는 규정인데, 제1항은 "이 법에 의하여 설립된 노동조합이 아니면 노동위원회에 노동쟁의의 조정 및 부당노동행위의 구제를 신청할 수 없다"고, 제3항은 "이 법에 의하여 설립된 노동조합이 아니면 노동조합이라는 명칭을 사용할 수 없다"고 규정하고 있다. 그러나 법외 조합이라고 하여 아무런 권한을 가지지 못하거나 법적 보호를 향유하지 못하는 것은 아니다. 한편, 형식적으로 설립신고를 마치고 신고증을 교부받은 '노동조합'이더라도 노조법 제2조 제4호에 따른 실질적 요건을 갖추지 못한 경우에는 당연히 노조법상 노동조합이 아니다.

Q 1. 공제, 수양 기타 복리사업을 부수적으로 하는 경우 노동조합의 결격
　　요건에 해당되는가? 최소한의 규모의 조합사무소를 사용자로부터 제
　　공받는 경우는?
Q 2. 사용자나 그 이익대표자가 포함된 노동단체의 노조법상 지위는?
Q 3. 행정관청이 노동조합의 설립신고서를 접수한 때 언제까지 신고증을
　　교부하여야 하는가? 설립신고서의 보완이나 반려 사유는?
Q 4. 노동조합은 언제 설립된 것으로 보는가? 신고증을 교부받아야 설립
　　된 것으로 보는가? 법인설립등기와 노동조합 설립의 관계는?

2. 사용자 또는 사용자이익대표자의 참여 배제

대법원 2011. 9. 8. 선고 2008두13873 판결 [부당노동행위구제재심판
정취소]

가. 사실관계

1) 원고(전국대학노동조합)는 전국의 대학 교육기관에 근무하는 근로자
를 조직대상으로 하여 설립된 노동조합으로서 ○대학교지부(아래에서는
'노조지부'라고 한다)를 그 산하조직으로 두고 있고, 피고보조참가인(아래에
서는 '참가인'이라고 한다)은 상시 근로자 350여 명을 고용하여 ○대학교 등
을 설치·운영하는 법인이다. ○대학교는 참가인으로부터 원고와의 2006년
도 단체협약 및 임금협약 체결을 위한 교섭권을 위임받아 2006. 3. 3., 같
은 달 9. 및 같은 달 16. 등 총 3회에 걸쳐 원고와 단체교섭을 진행하였다.

2) 원고와 ○대학교 사이에 2006년도 단체교섭이 진행되던 중, 참가
인은 노조지부의 조합원들 중 그 직책상 사용자 지위에 있다고 자체 판
단한 48명의 직원들(아래에서는 이들을 통틀어 '이 사건 근로자들'이라고 한다)에
관련하여 2006. 3. 14. 노조지부에게 조합원의 가입범위에 대한 시정을
요구하는 내용의 문서를 발송하였다. 이에 따라 2006. 3. 16. 이후 단체교
섭이 조합원 가입범위에 관한 노사 간 입장차이로 인하여 중단되자, 참가

인은 다시 2006. 3. 17., 같은 달 21. 및 같은 달 23. 노조지부에게 조합원 가입범위에 대한 자율적 시정을 요구하면서 조합원 가입문제 해결시까지 단체교섭을 중단한다는 내용의 문서를 발송하였다.

3) 그 후, 참가인은 2006. 3. 27., 같은 달 29., 같은 달 31. 및 같은 해 4. 5. 이 사건 근로자들에게 '노동조합에서 탈퇴하지 아니할 경우 인사조치하겠다'는 내용의 문서를 발송하였고, 다시 2006. 4. 11. 및 같은 달 14. 그 중 아직 노조지부에서 탈퇴하지 아니한 자들에게 '탈퇴요청 불이행시 파업참여 행위에 대하여 무단결근 등의 사유로 징계가 불가피하다'는 내용의 문서를 발송하였다. 그 후, 이 사건 근로자들 중 27명이 2006. 3. 29.부터 같은 해 6. 20.까지 사이에 노조지부에서 탈퇴하였고, 참가인은 그 중 아직 탈퇴하지 아니한 자들에 대하여 2006. 6월경 '불법 쟁의행위 참가' 등을 징계사유로 하여 파면·해임(과장급 4명에 대하여) 또는 정직(주임급 3명에 대하여) 등의 징계처분을 하였다.

4) 한편, ○대학교의 사무직 직원들은 처장, 부처장, 과장, 주임, 담당 등(직위 순)으로 구분되었고, 과장급 이상 직원은 일반 사무, 소속 직원의 업무분장·근태관리 등에 관하여 전결권을 부여받았는데, 이 사건 행위 당시까지 노조지부의 조합원들 중에는 과장급 이상 33명이 포함되어 있었다. 이 사건 근로자들 중 주임급 이하의 직원들은 인사, 노무, 예산, 경리 또는 기획조정 업무를 담당하는 사무직 직원이거나 총장의 비서·전속 운전기사, 수위 등이다.

5) 원고는 참가인이 2006. 3월경부터 4월경까지 수차례에 걸쳐 이 사건 근로자들에게 노동조합에서 자율적으로 탈퇴하라고 요구하는 내용의 문서를 발송한 행위가 노동조합의 조직·운영에 대한 지배·개입으로서 부당노동행위라고 노동위원회에 구제신청을 하였다. 지노위는 이 사건 행위가 부당노동행위에 해당한다고 판정하였지만, 재심에서 중노위는 이 사건 근로자들은 '사용자 지위에 있거나 항상 사용자의 이익을 대표하여 행동하는 자'에 해당하므로, 이들에게 노동조합 탈퇴를 요구한 이 사건 행위는 부당노동행위에 해당하지 않는다고 판정했다. 1심과 원심도 참가인은 이 사건 근로자들이 노동조합의 조합원이 될 수 있는 자격 없이 노

조지부에 가입되어 있는 데서 비롯된 위법상태를 시정함으로써 자신의 교섭력 저하를 방지할 의사로 이 사건 행위를 한 것일 뿐, 노동조합의 조직·운영에 지배·개입할 의사로 이 사건 행위를 한 것으로는 보이지 아니한다고 판단했다.

나. 판결요지

1) 「노동조합 및 노동관계조정법」 제2조 제2호, 제4호 단서 가목에 의하면, 노조법상 사용자에 해당하는 사업주, 사업의 경영담당자 또는 그 사업의 근로자에 관한 사항에 대하여 사업주를 위하여 행동하는 자와 항상 사용자의 이익을 대표하여 행동하는 자는 노동조합에의 참가가 금지되는데, 그 취지는 노동조합의 자주성을 확보하려는 데 있다.

여기서 '그 사업의 근로자에 관한 사항에 대하여 사업주를 위하여 행동하는 자'라 함은 근로자의 인사, 급여, 후생, 노무관리 등 근로조건의 결정 또는 업무상의 명령이나 지휘감독을 하는 등의 사항에 대하여 사업주로부터 일정한 권한과 책임을 부여받은 자를 말하고(대법원 1989. 11. 14. 선고 88누6924 판결 등 참조), '항상 사용자의 이익을 대표하여 행동하는 자'라 함은 근로자에 대한 인사, 급여, 징계, 감사, 노무관리 등 근로관계 결정에 직접 참여하거나 사용자의 근로관계에 대한 계획과 방침에 관한 기밀사항 업무를 취급할 권한이 있는 등과 같이 그 직무상의 의무와 책임이 조합원으로서의 의무와 책임에 직접적으로 저촉되는 위치에 있는 자를 의미하므로, 이러한 자에 해당하는지 여부는 일정한 직급이나 직책 등에 의하여 일률적으로 결정되어서는 아니 되며, 그 업무의 내용이 단순히 보조적·조언적인 것에 불과하여 그 업무의 수행과 조합원으로서의 활동 사이에 실질적인 충돌이 발생할 여지가 없는 자도 이에 해당하지 않는다고 할 것이다.

2) 원심판결 이유에 의하면, 원심은 제1심판결을 인용하여 피고 보조참가인(이하 '참가인'이라고 한다)이 노동조합원 자격에 의문을 제기하여 원고 산하 ○대학교지부(이하 '이 사건 노조지부'라고 한다) 탈퇴를 요구한 이 사

건 직원들 중 과장급 이상의 직원들은 소속 직원의 업무분장·근태관리 등에 관하여 전결권을 부여받은 자들로서 '근로자에 관한 사항에 대하여 사업주를 위하여 행동하는 자'에 해당하고, 주임급 이하의 직원들은 인사, 노무, 예산, 경리 또는 기획조정 업무를 담당하는 사무직 직원이거나 총장의 비서 내지 전속 운전기사, 수위 등으로서 그 전부 또는 대부분이 직무상 '항상 사용자의 이익을 대표하여 행동하는 자'에 해당하여, 이 사건 직원들 대부분이 조합원의 자격을 가지지 아니한다고 판단한 다음, 참가인은 이 사건 직원들이 조합원 자격이 없음에도 이 사건 노조지부에 가입되어 있는 데서 비롯된 위법상태를 시정함으로써 자신의 교섭력 저하를 방지할 의사로 이 사건 직원들에게 노동조합 탈퇴를 요구하는 행위를 한 것일 뿐이고, 노동조합의 조직·운영에 지배·개입할 의사로 위 행위를 한 것이 아니라고 판단하였다.

앞서 본 법리와 기록에 비추어 살펴보면, 원심이 과장급 이상의 직원들에 대하여 소속 직원의 업무분장·근태관리 등에 관하여 전결권을 부여받은 자들로서 '근로자에 관한 사항에 대하여 사업주를 위하여 행동하는 자'에 해당한다고 본 것은 정당한 판단으로 수긍할 수 있다. 그러나 주임급 이하의 직원들의 경우 그들이 인사, 노무, 예산, 경리 등의 업무를 담당한다거나 총장의 비서 내지 전속 운전기사, 수위 등으로 근무한다는 사정만으로 그들이 곧바로 '항상 사용자의 이익을 대표하여 행동하는 자'에 해당한다고 할 수 없고, 실질적인 담당 업무의 내용 및 직무권한 등에 비추어 볼 때 그 직무상의 의무와 책임이 노동조합원으로서의 의무와 책임에 저촉되는 것으로 평가할 수 있을 때에만 '항상 사용자의 이익을 대표하여 행동하는 자'에 해당한다고 할 수 있다.

그렇다면 원심으로서는 이 사건 직원들 중 주임급 직원들이 실제 담당하는 업무의 내용 및 직무권한 등을 확인하여 이들이 '항상 사용자의 이익을 대표하여 행동하는 자'에 해당하는지 여부를 심리하여야 하고, 나아가 조합원 가입 자격 유무에 관한 사정만으로 부동노동행위의사의 유무를 단정할 것이 아니라 그 밖에 부당노동행의사의 존재를 추정할 수 있는 사정이 있는지에 관하여 더 심리한 후 부당노동행위 해당 여부를 판단하였어야 할 것이다.

원심판결에는 노조법 제2조 제4호 단서 가목의 '항상 사용자의 이익을 대표하여 행동하는 자'의 해석 및 적용에 관한 법리를 오해한 나머지 필요한 심리를 다하지 아니한 위법이 있다.

다. 해 설

사용자 또는 사용자의 이익대표자의 참가를 허용하는 경우 노동조합으로 인정되지 않는다는 노동조합의 소극적 요건에 따라 사업주를 위하여 행동하는 자 및 사용자의 이익대표자는 노동조합 가입이 금지된다. 그렇지만 이들 또한 노조법상 근로자의 지위를 동시에 가질 수 있어 노동조합 가입 금지가 노동3권에 대한 침해가 발생할 수 있다.

대상판결은 이들에 해당하는지 여부는 일정한 직급이나 직책 등에 의하여 일률적으로 결정되어서는 아니 되며, 그 업무의 내용이 단순히 보조적·조언적인 것에 불과하여 그 업무의 수행과 조합원으로서의 활동 사이에 실질적인 충돌이 발생할 여지가 없는 자는 이에 해당하지 않는다고 판단한다.

사업주를 위하여 행동하는 자와 사용자의 이익대표자 간에는 표현상 유사성이 있기 때문에, 양자의 의미를 구별하기가 쉽지 않다. 대상판결은 사용자의 이익대표자의 개념을 사업주를 위하여 행동하는 자와 구분하여 판단한 점에서도 의미 있는 판결이다.

Q 1. 대상판결이 사업주를 위하여 행동하는 자에 해당하는지를 판단하는 기준은 어떠한가?

Q 2. 대상판결에서 사용자의 이익대표자에 관해 원심법원과 대법원 사이에는 어떤 판단의 차이를 보이고 있는가?

3. 설립신고를 하지 않은 법외조합

헌재 2008. 7. 31. 2004헌바9

가. 사실관계

1) '○○항공 운항승무원 노동조합'(이하 '조종사 노동조합'이라 한다)은 주식회사 ○○항공(이하 '○○항공'이라 한다) 소속 조종사들로 구성된 노동조합이고, 청구인 이○재는 그 위원장, 하○열은 부위원장, 이○일은 사무국장이다.

2) 청구인 이○재는 1999. 5.경 ○○항공 조종사들 모임의 회장으로 당선된 후 1999. 8. 30. 설립총회를 개최하여 조종사 노동조합을 결성하고, 1999. 8. 31. 서울남부지방노동사무소에 노동조합 설립신고서를 제출하였으나, 조종사들이 '노동조합 및 노동관계조정법'(이하 '노동조합법'이라 한다)상 사용자의 지위에 있고 이들 가운데 대부분이 청원경찰로 임명되었다는 이유로 반려되었다.

3) 이에 청구인들은 ○○항공에 청원경찰의 신분을 해지하여 줄 것을 요청하였으나 거부되자, 2000. 2. 17. 보관하고 있던 조합원 1,068명의 청원경찰 관계 해지신청서를 ○○항공에 제출하고, 2000. 3. 21. 서울남부지방노동사무소에 다시 노동조합 설립신고서를 제출하였으나 이 또한 반려되었다. 그러자 청구인들은 2000. 5. 19.부터 2000. 5. 30.까지 ○○항공 본사 및 서소문영업소 앞에서 조종사 노동조합을 인정하여 줄 것을 촉구하는 집회를 개최하였으며, 그 결과 ○○항공 조종사들에 대한 청원경찰의 신분이 해지되고, 청구인들은 2000. 5. 31. 서울남부지방노동사무소로부터 조종사 노동조합의 설립신고증을 교부받았다.

4) 그런데 서울지방검찰청 남부지청 검사는 청구인들이 위와 같이 조종사 노동조합을 인정하여 줄 것을 촉구하는 집회를 개최하여 ○○항공의 업무를 방해하였고, 청구인 이○재가 조종사 노동조합이 설립되기 전인 2000. 5. 19. 대한항공 건물 앞에서 기자회견을 하면서 조종사 노동

조합 명의로 된 보도자료를 배포하고, 2000. 5. 26. 한겨레신문에 조종사 노동조합 명의로 광고를 게재하여 노동조합이라는 명칭을 사용하였으며, 청구인 하○열, 이○일이 청원경찰로서 벌칙의 적용에 있어 공무원으로 의제되어 집단적 행위를 할 수 없음에도 위와 같이 조종사 노동조합을 인정하여 줄 것을 촉구하는 집회를 개최하여 집단적 행위를 하였다는 것 등을 내용으로 하여, 청구인들을 업무방해 등으로 기소하였다.

5) 청구인들은 항소심에서 기소된 내용 중 이 사건에서 문제가 된 노조법 및 청원경찰법 위반 부분을 포함하여 대부분 유죄가 인정되어 징역 8월, 집행유예 2년 및 벌금 300만원의 형을 선고받았고, 청구인들 및 검사가 모두 상고하여 현재 사건이 대법원에 계속 중이다.

6) 청구인들은 항소심 계속 중 노조법 제7조 제3항, 제93조 제1호와 구 청원경찰법(1973. 12. 31. 법률 제2666호로 전부 개정되고, 2001. 4. 7. 법률 제6466호로 개정되기 전의 것) 제10조 제2항에 대하여 위헌제청신청을 하였으나, 법원은 2004. 1. 7. 판결을 선고하면서 위헌제청 신청을 기각하였고, 이에 청구인들은 같은 달 20. 헌법재판소법 제68조 제2항에 따라 위 조항들에 대하여 이 사건 헌법소원심판을 청구하였다.

7) 이 사건에서의 쟁점은 다음과 같다. 노조법 제12조 제4항이 "노동조합이 신고증을 교부받은 경우에는 설립신고서가 접수된 때에 설립된 것으로 본다"고 규정하고 있어, 행정관청이 근로자 단결체의 노동조합 설립신고서를 수리하지 않거나 반려하는 경우, 그 단결체가 노동조합으로서의 실질을 가지고 있는지 여부나 행정관청의 반려처분이 위법한지 여부와는 관계없이 당해 단결체는 노동조합이라는 명칭을 사용할 수 없고, 이에 위반할 경우 형사처벌을 받게 되므로, 이 사건 노동조합법 조항이 헌법 제37조 제2항의 과잉금지의 원칙을 위배하여 헌법상 단결체를 이룬 근로자들의 단결권을 침해하는지 여부 및 신고행위와 행정관청의 설립신고서 수리를 기준으로 설립신고를 마치지 못한 근로자의 단결체를 노동조합과 차별하여 헌법상 단결체를 이룬 근로자들의 평등권을 침해하는지 여부가 문제된다. 이하의 판결요지에서는 이 중에서 전자(단결권을 침해하는지 여부)에 대한 부분만 소개한다.

나. 결정요지

1) 목적의 정당성과 수단의 적정성

이 사건 노동조합법조항은 노동조합의 설립에 따른 효과 중의 하나를 규정한 것으로서, 이는 노동조합의 설립신고 또는 그에 대한 심사와 밀접한 관련이 있다. 노동조합의 설립신고제도가 노동조합의 자유로운 설립을 일정 부분 제한하고 있기는 하나, 노동조합법이 노동조합의 설립에 관하여 신고주의를 택하고 있는 것은 소관 행정당국으로 하여금 노동조합의 조직체계에 대한 효율적인 정비·관리를 통하여 노동조합이 자주성과 민주성을 갖춘 조직으로 존속할 수 있도록 보호·육성하고 그 지도·감독에 철저를 기하기 위한 노동정책적인 고려에 그 취지가 있고(대법원 1997. 10. 14. 선고 96누9829 판결; 대법원 1993. 2. 12. 선고 91누12028 판결 등 참조), 노동조합 설립신고에 대한 심사도 단순히 행정관청에 신고하는 것만으로 성립을 허용할 경우 민주성 및 자주성이라는 실질적인 요건조차 갖추지 못한 노동조합이 난립하는 것을 허용함으로써 노동조합이 어용조합이 되거나 조합 내부의 민주성을 침해할 우려가 있으므로 이를 방지하고 근로자들이 자주적이고 민주적인 단결권 등을 행사하도록 하는 데 그 취지가 있다.

이러한 신고와 심사제도를 기초로 하는 이 사건 노동조합법 조항은 노동조합법상의 실질적인 요건과 형식적인 요건을 모두 갖춘 노동조합에 한하여 노동조합이라는 명칭을 사용하게 함으로써 적법한 노동조합을 적극적으로 보호하고, 이에 반하여 형식적인 요건을 갖추지 못한 단결체에 대하여는 노동조합의 명칭을 사용하지 못하게 하는 등 보호의 대상에서 제외하여 기본적으로 노동조합법에 따른 적법한 노동조합의 설립을 유도하기 위한 것이므로, 그 목적의 정당성이 인정된다.

그리고 이는 형식적인 요건을 갖추지 못한 단결체에 대하여 노동조합이라는 명칭을 사용하지 못하게 하고 이를 위반하는 경우 형사상의 불이익을 가함으로써 합법적인 노동조합의 설립을 촉진하기 위한 것이므로, 그 수단의 적정성 또한 인정된다.

2) 피해의 최소성과 법익의 균형성

헌법상 근로자의 단결권과 관련하여 '노동조합'이라는 용어가 사용된 바가 없고, 단결권의 내용에 관하여 실질적인 요건을 갖춘 단결체이면 모두 노동조합이라는 명칭을 사용할 수 있다는 것도 아니며, 또한 노동조합의 명칭을 사용하는 것은 노동조합의 자유설립주의나 설립신고주의와도 반드시 연관된 문제라고 보기 어려울 뿐만 아니라, 기본적으로 근로자들의 단결체에 대하여 적법성 등을 고려하여 어느 단계에서부터 노동조합이라는 명칭을 사용하게 할 것인지의 문제는 입법자가 여러가지의 사정을 모두 고려하여 정책적으로 정할 수 있는 재량사항에 지나지 아니한다.

또한 행정관청이 설립신고서를 수리하지 않거나 반려하는 경우 이에 대하여는 행정처분으로 다툴 수 있고, 이후에 정식으로 신고증을 교부받은 경우 설립신고서가 접수된 때에 노동조합이 설립된 것으로 보게 되므로(노동조합법 제12조 제4항), 결국 노동조합이 실질적인 요건을 갖추고 있었다면 노동조합 설립신고서 접수시부터는 노동조합이라는 명칭을 사용할 수 있고, 이후에 설립신고증을 교부받음으로써 그 이전에 명칭을 사용한 것이 모두 면책되는 것이다.

만일 모든 근로자들의 단결체에 대하여 실질적인 요건을 갖추었음을 전제로 노동조합이라는 명칭을 사용할 수 있게 한다면 현재와 같이 복수노조가 전면적으로 허용되지 않는 현실에서는 기존에 적법하게 설립된 노동조합의 활동을 저해하게 될 것이고, 이 경우 하나의 기업 내에 노동조합의 명칭을 가진 다수의 단체가 존재하는 것을 허용함으로써 노동조합들과 사용자에 대한 관계는 물론 근로자들 사이에서도 혼란이 야기될 수 있으며, 또 노동조합 설립신고주의 자체를 형해화시킬 수도 있다.

즉, 여러 단결체가 서로 노동조합이라는 명칭을 사용하고 각자 정당성이 있다고 주장하게 된다면, 사용자는 단체교섭이나 사업장 관리에 있어서, 기존의 정당한 노동조합은 노동조합의 활동에 있어서, 또 행정당국은 노동행정을 함에 있어 모두 어려움을 겪게 될 것이 예상된다.

한편, 복수의 노동조합이 허용되는 단계에 이르더라도 설립신고를 하지 않은 단결체에 대하여 노동조합이라는 명칭을 사용하게 할 것인지는 여전히 별개의 문제로 남게 되므로, 복수의 노동조합을 허용한다고 하여 명칭을 사용하는 데 대하여 규제를 가하게 될 필요성이 없어진다고 단정할 수도 없다.

　　또한 실질적인 요건은 갖추었으나 형식적인 요건을 갖추지 못한 근로자들의 단결체는 노동조합이라는 명칭을 사용할 수 없음은 물론 그 외 법에서 인정하는 여러가지 보호를 받을 수 없는 것은 사실이나, 명칭의 사용을 금지하는 것은 이미 형성된 단결체에 대한 보호 정도의 문제에 지나지 아니하고 단결체의 형성에 직접적인 제약을 가하는 것도 아니며, 또한 위와 같은 단결체의 지위를 '법외의 노동조합'으로 보는 한 그 단결체가 전혀 아무런 활동을 할 수 없는 것은 아니고 어느 정도의 단체교섭이나 협약체결 능력을 보유한다 할 것이므로, 노동조합의 명칭을 사용할 수 없다고 하여 헌법상 근로자들의 단결권이나 단체교섭권의 본질적인 부분이 침해된다고 볼 수 없다.

　　헌법상 단결체인 정당에 있어서도 정당법에 따라 등록된 것이 아니면 그 명칭에 정당임을 표시하는 문자를 사용하지 못하고 이에 위반하는 경우에는 처벌하는 등(정당법 제41조 제1항, 제59조 제2항), 단결체의 명칭을 사용하는 것을 제한하는 것은 비단 노동조합에만 국한되는 것이 아니고, 사회적으로 의미가 크고 중요한 단결체를 보호·관리하는 방법으로서 제한적으로 사용되고 있다.

　　이와 같은 사정을 종합하여 볼 때, 이 사건 노동조합법 조항으로 인하여 근로자들이나 단결체가 입는 손해는 노동조합의 명칭을 사용하지 못하고 그 명칭을 사용하기 위하여는 실질적인 요건을 갖추어 노동조합 설립신고를 해야만 하는 불이익이나 불편함의 정도인 데 반하여, 이 사건 노동조합법 조항으로 인하여 실질적인 요건을 갖추지 못한 여러 단결체가 난립하는 것을 막을 수 있고, 노동조합의 명칭을 사용하는 단결체는 법이 정한 정당한 요건을 모두 갖춘 노동조합이라는 공신력을 줄 수 있어 근로자들의 단결권을 강화하는 효과도 있으며, 노동행정에 있어서도 관리, 감독, 지원에 편의를 기할 수 있는 등 그로 인한 공익이 매우 커서 법익의 균형성을 갖추었다고 할 것이다.

3) 형벌의 필요성과 적정성

노동조합이 설립되기 전에 단체의 명칭을 사용하는 것을 금지하기 위하여 과태료 또는 이행강제금 등 다른 행정상의 수단을 상정할 수도 있으나, 이러한 수단 외에 위의 목적을 위하여 형벌이라는 제재수단이 필요하다고 볼 것인지의 문제는 기본적으로 입법자의 판단에 맡겨야 한다.

위와 같이 명칭을 사용하는 것을 금지하고 위반행위에 대하여 형벌로 제재하는 것이 행정편의적이고 과잉규제적인 면이 있어 장기적으로는 바람직하지 못하다는 지적이 없는 것은 아니나, 우리의 노동현실 아래에서는 단순한 행정상의 제재수단만으로 위와 같이 명칭을 사용하는 것을 효과적으로 방지하기 어렵다는 점을 고려할 때 형사적인 제재수단의 필요성을 완전히 부인할 수는 없으므로, 이 사건 노동조합법 조항이 입법재량의 범위를 벗어난 자의적인 입법권의 행사에 해당한다고 보기도 어렵다.

그리고 이 사건 노동조합법 조항은 법정형으로 징역형이나 금고형과 같은 자유형을 정하지 아니하고 500만원 이하의 벌금형만을 정하고 있어 과잉형벌의 문제가 발생한다고 보기 어렵고, 행위의 개별성에 맞추어 책임에 알맞은 형벌을 선고할 수 없는 것도 아니므로, 형벌체계상 균형이 없다거나 책임과 형벌의 비례원칙에 반한다고 보기도 어렵다.

4) 소 결

따라서 이 사건 노동조합법조항은 헌법 제37조 제2항의 과잉금지원칙에 위반되어 청구인들의 단결권을 침해한다고 할 수 없다.

다. 해 설

노동조합으로서의 실질적 요건은 갖추었으나 설립신고를 하지 않은 노동조합, 즉 이른바 법외조합의 법적 지위는 오래전부터 문제되어 왔다. 법외조합도 제한된 범위에서는 노동법상 보호를 받을 수 있다는 지적은 이미 대법원 1997. 2. 11. 선고 96누2125 판결에서 있었다. 이 판결은 전국기관차협의회에 대해 "여러가지 점에서 노동조합으로서의 실질적 요건을 갖추지 못하였으므로 단체교섭권이나 쟁의행위의 정당한 주체로 될 수 있는 노동조합이라고 볼 수 없다는 것이지, 노동조합법상의 노동조합이 아닌 근로자의 단결체는 무조건 단체교섭권 등이 없다는 것은 아니므로, 이와 다른 전제에서 원심판결을 비난하는 주장 부분은 받아들일 수 없다"고 하였다. 대상판결은 법외조합이 노조법에 의해 노동조합의 명칭을 사용할 수 없다고 하더라도 근로삼권과 관련하여 권리가 보장될 수 있음을 밝히고 있다.

한편, 설립신고를 하지 않은 노동단체의 지위와 관련해서 실무에서는 단위노동조합의 지부나 분회의 법적 지위가 자주 문제되고 있다. 대법원 2001. 2. 23. 선고 2000도4299 판결에서는 "노동조합의 하부단체인 분회나 지부가 독자적인 규약 및 집행기관을 가지고 독립된 조직체로서 활동을 하는 경우 당해 조직이나 그 조합원에 고유한 사항에 대하여는 독자적으로 단체교섭하고 단체협약을 체결할 수 있고, 이는 그 분회나 지부가 노동조합및노동관계조정법시행령 제7조의 규정에 따라 그 설립신고를 하였는지 여부에 영향받지 아니한다"고 판시하였고, 이런 논리는 다른 판결에서도 원용되고 있다.

Q 1. 노동조합 설립신고제도의 취지는?
Q 2. 대상판결에 따르면 근로삼권과 관련하여 법외조합이 향유하는 권리는?
Q 3. 노조법상 법내조합만이 향유하는 법적 보호와 이익에는 어떤 것이 있는가?

≪심화학습≫

1. 설립신고를 하지 않은 지부·분회의 법적 지위 (대법원 2001. 2. 23. 선고 2000도4299 판결; 대법원 2004. 9. 24. 선고 2004도4641 판결 참고)
2. 설립신고증 교부기간 경과 후에 설립신고서의 반려 (대법원 1990. 10. 23. 선고 89누3243 판결 참고)
3. 사용자가 행정관청의 노동조합설립신고증교부처분에 대하여 다툴 수 있는지 여부 (대법원 1997. 10. 14. 선고 96누9829 판결 참고)

제 18 강

노동조합의 조직

1. 개 요

(1) 근로자는 자유로이 노동조합을 조직하거나 이에 가입할 수 있지만(노조법 제5조), 노동조합 역시 조합원이 될 수 있는 자의 자격을 규약에서 정할 수 있다(제11조 제4호 참고). 조합원자격은 조합원이 되려는 근로자와 노동조합 사이의 합의에 의해 취득되는데, 실무에서는 노동조합이 특정 근로자의 조합 가입신청을 거부할 수 있는가, 특히 단체협약에 유니온 숍 조항과 같은 조직강제 조항이 있을 때 그것이 가능한지에 대해 분쟁이 많다.

(2) 노동조합의 조직대상은 조합원의 자격에 관한 사항이므로 규약에 정하여야 한다(제11조 제4호 참고). 노동조합의 조직형태는 조직대상의 범위를 기준으로 산업별 노조, 직종별 노조, 기업별 노조, 일반노조(여러 산업이나 직종에 걸침) 등으로 나뉘는데, 산업별 노조, 직종별 노조, 일반 노조 등은 특정 기업으로 한정되지 않는다는 의미에서 초기업별 노조라고도 부른다. 특정 지역을 한정하는 지역별 노조도 있다. 노조법은 조직형태에 대한 제한을 두고 있지 않다.

한편, 개인근로자가 구성원이 되는 노동조합을 단위노조라 부르며, 노동조합을 구성단체로 하는 노동조합을 연합단체 노조라 부른다. 노동조합의 하부조직으로 지부·지회·분회 등 다양한 조직을 두는 경우도 있다.

우리나라의 노조 조직형태의 실태는 다양하게 나타나는데, 예를 들면 전국적인 산업별 단위노조를 결성하고 그 하부조직으로 지역별 지부,

기업별 지회 등을 두는 경우도 있고, 전국적인 산업별 연합단체 노조에 가입하는 기업별 단위노조를 결성하는 경우도 있다. 전자의 경우는 단위노조가 산업별 노조이고, 후자의 경우는 단위노조가 기업별 노조라는 점에서 다르다.

(3) 노동조합은 해산하는 경우도 있고, 합병·분할·조직형태변경 등 조직의 변동이 이루어지는 경우도 있다. 노조 조직의 변동은 조합원의 가입·탈퇴 절차 없이 새로운 노조 조직의 조합원이 된다는 점에서, 개인의 가입·탈퇴가 모인 집단적인 가입·탈퇴 현상과는 구분된다. 해산·합병·분할·조직형태변경은 총회에서 가중된 의결정족수를 충족한 의결을 거쳐야 한다(제16조 제1항 제7호·제8호 및 동조 제2항 참고). 실무적으로는 기업별 단위노조가 산업별 단위노조를 결성하고 그 하부조직인 기업별 지회로 변경하려거나, 반대로 산업별 단위노조의 하부조직인 기업별 지회가 산업별 단위노조로부터 벗어나 독자적인 기업별 단위노조로 변경하려는 경우 그러한 조직 변동이 가능한지, 가능하다면 어떠한 절차를 거쳐야 하는지가 문제된다.

Q 1. 노동조합을 기업별이 아니라 직종별로 조직할 수 있는가? 노동조합의 조직 범위에 지역별 제한을 둘 수 있는가? (대법원 1993. 2. 23. 선고 92누7122 판결 참고)

Q 2. 노동조합의 해산·합병·분할·조직형태변경의 경우 총회의 의결정족수에 특별한 제한이 있는가? 의결 방식에 특별한 제한이 있는가?

2. 조합원 자격의 취득과 상실

> 대법원 1996. 10. 29. 선고 96다28899 판결 [노동조합원확인]

가. 사실관계

1) 피고 조합과 소외 ○○여객 주식회사(이하 소외 회사라고 한다)는 1990. 체결된 단체협약에서 "회사의 종업원은 노조의 조합원이어야 한다. 회사의 종업원은 고용계약일로부터 3개월이 경과하면 조합원이 되며, 노조 가입을 거부할 경우 회사는 이를 해고하여야 한다. 본 조항은 노동조합이 당해 사업장 근로자의 3분의 2 이상을 대표하고 있을 경우에 한한다"는 규정을 두어 이른바 유니언 숍 협정을 하였다. 그 후 1993. 체결된 단체협약에서 위 유니언 숍 협정의 내용은 "회사의 종업원은 고용 계약일로부터 1개월이 경과하면 조합원이 되며, 노조 가입을 거부하거나 탈퇴할 경우 회사는 이를 즉시 해고하여야 한다"는 것으로 수정되었다.

2) 원고들을 비롯한 피고 조합의 조합원 34명은 1992. 11. 6. 실시된 분회 선거에서 자신들이 지지한 후보가 낙선된 것에 불만을 품고 1993. 2. 2. 또는 같은 달 8. 피고 조합에 조합탈퇴서를 제출하고, 이후 2명이 더 탈퇴서를 제출하였다.

3) 그 후 원고들을 포함한 탈퇴서 제출 조합원들은 1993. 3. 2.경 피고조합에 탈퇴의사를 번복한다는 내용의 통보를 내용증명우편으로 발송하였고, 피고 조합이 그 무렵 이를 수령하고도 원고들의 조합원 지위를 인정하지 아니하자, 같은 해 7. 23. 다시 피고 조합에 노조가입원을 제출하였다.

4) 피고 조합은 1993. 4.경부터 1995.경까지 사이에 위 36명의 탈퇴서 제출 조합원들 중 8명만을 조합원으로 재가입시키고 원고들을 포함한 나머지 조합원들에 대하여는 가입을 거부하고 있다.

나. 판결요지

원심은 근로자가 노동조합에 가입하는 행위는 그 성질상 근로자의 가입 청약과 조합의 승낙에 의하여 이루어지는 것이고, 조합 가입 절차를 규정한 피고 조합의 운영세칙 제5조와 지부운영규정 제7조의 규정에 의하면 소외 회사 소속 근로자가 피고 조합에 가입하려면 분회장의 승인을 받도록 되어 있지만, 조합이 조합원의 자격을 갖추고 있는 근로자의 조합 가입을 함부로 거부하는 것은 허용되지 아니하고, 특히 유니언 숍 협정에 의한 가입강제가 있는 경우에는 단체협약에 명문 규정이 없더라도 노동조합의 요구가 있으면 사용자는 노동조합에서 탈퇴한 근로자를 해고할 수 있기 때문에 조합측에서 근로자의 조합 가입을 거부하게 되면 이는 곧바로 해고로 직결될 수 있으므로 조합은 노조 가입 신청인에게 제명에 해당하는 사유가 있다는 등의 특단의 사정이 없는 한 그 가입에 대하여 승인을 거부할 수 없고, 따라서 조합 가입에 조합원의 사전 동의를 받아야 한다거나 탈퇴 조합원이 재가입하려면 대의원대회와 조합원총회에서 각 3분의 2 이상의 찬성을 얻어야만 된다는 피고 주장의 조합 가입에 관한 제약은 그 자체가 위법 부당하고, 또한 특별한 사정이 없는 경우에까지 위와 같은 제약을 가하는 것은 기존 조합원으로서의 권리남용 내지 신의칙 위반에 해당된다고 전제한 후, 위에서 인정한 사실을 바탕으로 하면서, 다시 채택한 증거에 의하면 원고들은 피고 조합을 무력화시키려고 하는 탈퇴 당시의 기도를 포기하고 피고 조합에 굴복하여 조합원 지위의 회복을 갈망하고 있다고 보이는 반면에, 피고측에서 원고들의 가입 승인을 거부할 특별한 사정이 있다고 인정할 만한 자료가 없으며, 더욱이 피고가 총 36명의 탈퇴자 가운데 8명만을 선별하여 조합원으로 받아들이고 원고들을 비롯한 나머지 탈퇴자들에 대하여는 가입 승인을 끝까지 거부하는 것은 형평에도 반하는 처사라 하여 원고들에 대한 피고의 가입 승인 거부행위는 권리남용 내지 신의칙 위반에 해당한다고 판단하였다.

원심의 이러한 판단은 정당하고(당원 1995. 2. 28. 선고 94다15363 판결 참조), 거기에 채증법칙에 위배하여 사실을 오인하거나 권리남용과 신의칙에 관한 법리를 오해한 위법이 있다고 할 수 없다.

다. 해 설

조합원의 지위는 노동조합과 조합원이 되려는 근로자간의 계약에 의
해 취득된다. 유니언 숍 협정 등 조직강제 조항이 있을 때에도 이 점은
변함이 없다. 그렇지만 대상판결 사건의 경우와 같이 유니언 숍 협정이
있는 상황에서는 제명사유의 존재 등과 같은 특별한 사정이 없는 한 조
합가입의 신청에 대한 노동조합의 승인거부나 가입제약은 신의칙 위반으
로 위법부당하다. 실무상 분쟁은 조합원 자격의 취득보다는 조합원 자격
의 상실과 관련하여 더 많이 발생한다. 유니언 숍 협정하에서 자격상실
사유가 제명이 아니라 탈퇴인 경우 노조법 제81조 제2호 단서 소정 사항
에 해당하지 않는 한 해고 등 신분상 불이익한 행위는 부당노동행위가
아니다.

Q 1. 대상판결에서 원고들에 대한 피고 노동조합의 재가입 승인거부가 권
리남용 내지 신의칙 위반이라고 판단한 이유는?

Q 2. 유효하게 체결된 유니언 숍 협정이 있는데 사용자가 노동조합에서
임의로 탈퇴한 근로자를 해고하지 않은 경우 사용자의 법적 책임은?
(☞ 제29강 부당노동행위(3) 1. 반조합계약: 대법원 1998. 3. 24. 선고 96
누16070 판결 참고)

≪심화학습≫

1. 유니언 숍을 인정하는 노조법 제81조 제2호 단서의 합헌성 (헌재
2005. 11. 24. 2002헌바95·96, 2003헌바9(병합) 참고)

3. 조직형태의 변경

> 대법원 2016. 2. 19. 선고 2012다96120 전원합의체 판결 [총회결의 무효등]

가. 사실관계

1) 전국금속노동조합(이하 "금속노조")은 금속산업에 종사하는 근로자들을 조직대상으로 하여 구성된 전국 규모의 산업별 노동조합이고, 발레오만도지회는 발레오전장시스템코리아 주식회사의 근로자들로 구성된 금속노조 경주지부의 지회이다. 기업별 노동조합인 발레오만도노동조합은 전국금속노동조합 경주지부 발레오만도지회로 조직형태를 변경하여 2001. 2.경 산업별 노동조합인 금속노조에 편입되었다. 그 후 발레오만도지회는 2010. 5. 19. 및 2010. 6. 7. 발레오만도지회의 총회를 개최하여 '기업별 노동조합인 발레오전장노동조합(이하 "발레오전장노조")으로 발레오만도지회의 조직형태를 재변경하고 규약을 제정하며 임원을 선출하는' 내용의 이 사건 각 결의를 하였다.

2) 발레오만도지회 규칙은 금속노조 규약 제50조에 따라 그 규약 범위 내에서 지회 내부의 운영을 위하여 제정된 것으로서 그 대부분의 조항들이 금속노조 지회 규칙(모범)의 조항들과 완전히 동일하거나 일부 표현상의 차이만 있을 뿐 내용적으로는 동일하다. 발레오만도지회 규칙에 의하면, 발레오만도지회는 금속노조와 지부의 사업과 목적을 위해 활동하며(제4조), 금속노조 규약에 따라 가입승인을 얻어 발레오전장 사업장의 근로자로 발레오만도지회를 구성하며(제5조), 발레오만도지회 조합원의 가입과 탈퇴 및 자격상실은 금속노조 규약 및 지부 규정에 의거한다(제6조). 발레오만도지회는 그 지회 규칙에 따라 총회, 대의원회, 상무집행위원회 등의 기구를 두고(제10조), 조합의 임원으로 지회장, 부지회장, 사무장, 감사위원을 두고(제24조) 활동해 왔다.

3) 금속노조 규약에 의하면, 단체교섭권은 금속노조에 있다(제66조).

발레오만도지회 규칙도 지회의 단체교섭은 금속노조 및 지부의 방침에 따른다고 규정한다(제36조). 발레오만도지회의 임금교섭은 금속노조의 경주지부가 발레오전장을 포함한 금속산업 사용자 단체 사이와의 집단교섭을 통해서만 진행하고, 위 지부단위 집단교섭에는 금속노조의 경주지부 지부장이 금속노조의 위원장으로부터 위임을 받아 교섭대표 및 교섭권자로서 교섭을 하고 금속노조의 위원장 명의로 단체협약을 체결하였다. 지회 단위 보충교섭의 경우에도 피고 금속노조의 위원장 위임을 받은 경주지부장의 주관하에 교섭이 이루어지고, 보충협약의 내용에 대해서도 금속노조의 경주지부에서 반영하여야 할 요구안을 내려주는 등 상당한 관여를 하고 있으며, 보충교섭에 지회장 등이 실무적인 교섭위원으로 참여하기는 하나 어디까지나 최종적인 보충협약의 체결권자는 금속노조의 위원장 또는 그의 위임을 받은 경주지부장이었다.

4) 발레오전장은 경비직 근로자의 고비용 구조를 개선하기 위하여 경비업무를 용역회사에 맡기는 조치를 단행하였다. 이에 발레오만도지회는 쟁의행위를 하였고, 발레오전장은 쟁의행위에 대항하여 직장폐쇄를 하였다. 직장폐쇄가 장기화되자 발레오만도지회의 조합원들은 '조합원을 위한 조합원들의 모임'을 조직하였다. 그 모임을 중심으로, 2010. 5. 19. 조합원 601명 중 544명이 참석한 발레오만도지회의 총회를 개최하여, ① 산업별 노동조합의 지회인 발레오만도지회를 기업별 노동조합인 발레오전장노조로 조직형태를 변경하고, ② 발레오전장노조의 규약을 제정하며, ③ 위원장과 사무국장을 선출하는 결의를 하였다(제1차 총회). 이 총회는 소집권한 없는 자에 의하여 소집되어 무효라는 등의 이유로 기업별 노동조합 설립신고서의 수리절차가 지연되었다. 그후 포항노동지청장으로부터 발레오만도지회의 총회 소집권자를 지명받아, 발레오만도지회는 2010. 6. 7. 조합원 601명 중 550명이 참석한 조합원 총회를 개최하여, ① 조직변경결의(97.5%인 536명 찬성), ② 규약제정결의(97.3%인 534명 찬성), ③ 임원선출결의(89.2%인 492명 찬성) 등 제1차 총회와 같은 결의를 하였다(제2차 총회). 이에 발레오전장노조는 2010. 6. 7. 경주시장에게 노동조합설립신고를 하였고 경주시장은 같은 날 이를 수리하였다.

5) 발레오만도지회의 지회장 등 원고들은 2010. 5. 19. 및 2010. 6. 7. 발레오만도지회 조합원총회에서 한 조직형태를 변경하는 결의, 규약 제정 결의, 임원 선출 결의는 자신들과 발레오전장노조의 사이에서 무효임을 확인해 달라는 소송을 제기하였다. 원심 법원은 발레오만도지회가 독자적인 규약 및 집행기관을 가지고 독립한 단체로서 활동을 하면서 그 조직이나 조합원에 고유한 사항에 대하여는 독자적인 단체교섭 및 단체협약체결 능력을 가지고 있는 독립된 노동조합이라고 할 수 없으므로, 발레오만도지회는 조직변경의 주체가 될 수 없고, 따라서 그 결의들은 무효라고 판결하였다. 반면 피고 발레오전장노조는 발레오만도지회의 연원이 기업별 노동조합이었고 조직형태 변경결의를 통하여 금속노조의 지회가 되었으므로, 형평의 원칙상 역으로 다시 조직형태 변경결의를 통하여 기업별 노동조합이 되는 것도 가능하다고 주장하였다.

나. 판결요지

1) 노조법 제16조 제1항 제8호 및 제2항(이하 '이 사건 규정'이라 한다)은 노동조합이 설립되어 존속하고 있는 도중에, 재적조합원 과반수의 출석과 출석조합원 2/3 이상의 찬성에 의한 총회의 의결을 거쳐 노동조합의 조직형태를 변경하는 것을 허용하고 있다. 이 사건 규정은 노동조합의 해산·청산 및 신설 절차를 거치지 아니하고 조직형태의 변경이 가능하도록 함으로써 노동조합을 둘러싼 종전의 재산상 권리·의무나 단체협약의 효력 등의 법률관계가 새로운 조직형태의 노동조합에 그대로 유지·승계될 수 있도록 한 것으로서, 근로자의 노동조합의 설립 내지 노동조합 조직형태 선택의 자유를 실질적으로 뒷받침하기 위한 것이다.

2) 노동조합의 설립 및 조직형태의 변경에 관한 노조법의 관련 규정들(제2조 제4호 본문, 제5조, 제10조, 제16조 제1항 제8호, 제2항)과 재산상 권리·의무나 단체협약의 효력 등의 법률관계를 유지하기 위한 조직형태의 변경 제도의 취지와 아울러 개별적 내지 집단적 단결권의 보장 필요성, 산업별 노동조합의 지부·분회·지회 등의 하부조직(이하 '지회 등'이라 한다)의

독립한 단체성 및 독자적인 노동조합으로서의 실질에 관한 사정 등을 종합하여 보면, 이 사건 규정은 노조법에 의하여 설립된 노동조합을 그 대상으로 삼고 있어 노동조합의 단순한 내부적인 조직이나 기구에 대하여는 적용되지 아니하지만, 산업별 노동조합의 지회 등이라 하더라도, 실질적으로 하나의 기업 소속 근로자를 조직대상으로 하여 구성되어 독자적인 규약과 집행기관을 가지고 독립한 단체로서 활동하면서 해당 조직이나 그 조합원에 고유한 사항에 관하여 독자적인 단체교섭 및 단체협약체결 능력이 있어 기업별 노동조합에 준하는 실질을 가지고 있는 경우에는, 산업별 연합단체에 속한 기업별 노동조합의 경우와 실질적인 차이가 없으므로, 이 사건 규정에서 정한 결의 요건을 갖춘 소속 조합원의 의사결정을 통하여 산업별 노동조합에 속한 지회 등의 지위에서 벗어나 독립한 기업별 노동조합으로 전환함으로써 그 조직형태를 변경할 수 있다고 보아야 한다.

또한 산업별 노동조합의 지회 등이 독자적으로 단체교섭을 진행하고 단체협약을 체결하지는 못하더라도, 법인 아닌 사단의 실질을 가지고 있어 기업별 노동조합과 유사한 근로자단체로서 독립성이 인정되는 경우에, 그 지회 등은 스스로 고유한 사항에 관하여 산업별 노동조합과 독립하여 의사를 결정할 수 있는 능력을 가지고 있다. 이러한 의사 결정 능력을 갖춘 이상, 그 지회 등은 소속 근로자로 구성된 총회에 의한 자주적·민주적인 결의를 거쳐 그 지회 등의 목적 및 조직을 선택하고 변경할 수 있으며, 나아가 단결권의 행사 차원에서 정관이나 규약 개정 등을 통하여 단체의 목적에 근로조건의 유지·개선 기타 근로자의 경제적·사회적 지위의 향상을 추가함으로써 노동조합의 실체를 갖추고 활동할 수 있다. 그리고 그 지회 등이 기업별 노동조합과 유사한 독립한 근로자단체로서의 실체를 유지하면서 산업별 노동조합에 소속된 지회 등의 지위에서 이탈하여 기업별 노동조합으로 전환할 필요성이 있다는 측면에서는, 단체교섭 및 단체협약체결 능력을 갖추고 있어 기업별 노동조합에 준하는 실질을 가지고 있는 산업별 노동조합의 지회 등의 경우와 차이가 없다. 이와 같은 법리와 사정들에 비추어 보면, 기업별 노동조합과 유사한 근로자단체로서 법인 아닌 사단의 실질을 가지고 있는 지회 등의 경우에도 위에서 본 기업별 노동조합에 준하는 실질을 가지고 있는 경우와 마찬가지로 이 사건 규정에서 정한 결의 요건을 갖춘 소속 근로자의 의사 결정을 통하여 종전의 산업별 노동조합의 지회 등이라는 외형에서 벗어나 독립한 기업별 노동조합으로 전환할 수 있다고 봄이 타당하다.

3) 결론적으로 산업별 노동조합의 지회 등이라 하더라도, 그 외형과 달리 독자적인 노동조합 또는 노동조합 유사의 독립한 근로자단체로서 법인 아닌 사단에 해당하는 경우에는, 자주적·민주적인 총회의 결의를 통하여 그 소속을 변경하고 독립한 기업별 노동조합으로 전환할 수 있다고 보아야 하고, 이와 같이 노동조합 또는 법인 아닌 사단으로서의 실질을 반영한 이 사건 규정에 관한 해석이 근로자들에게 결사의 자유 및 노동조합 설립의 자유를 보장한 헌법 및 노조법의 정신에 부합한다.

다만 이와 같은 견해가 산업별 노동조합의 지회 등에 대하여 그 실질을 명확히 가리지 아니하고 폭넓게 법인 아닌 사단으로서 처우하여 이 사건 규정에서 정한 조직형태 변경 결의를 허용하여야 한다는 취지는 아니다. 산업별 노동조합의 지회 등이 산업별 노동조합의 활동을 위한 내부적인 조직에 그친다면 그와 같은 결의를 허용할 수 없을 것이므로, 먼저 독자적인 노동조합 또는 노동조합 유사의 독립한 근로자단체로서의 실질을 갖추고 있는지에 관하여 신중하게 심리·판단하여야 한다.

4) 원심판결 이유 및 기록에 의하면, (1) 기업별 노동조합인 발레오만도노동조합은 전국금속노동조합 경주지부 발레오만도지회(이하 '발레오만도지회'라 한다)로 조직형태를 변경하여 2001. 2.경 산업별 노동조합인 전국금속노동조합에 편입된 사실, (2) 그 후 발레오만도지회는 2010. 5. 19. 및 2010. 6. 7. 발레오만도지회의 총회를 개최하여 '기업별 노동조합인 피고 노동조합으로 발레오만도지회의 조직형태를 재변경하고 규약을 제정하며 임원을 선출하는' 내용의 이 사건 각 결의를 한 사실, (3) 한편 발레오만도지회는 전국금속노동조합의 모범 지회 규칙을 바탕으로 제정된 규칙과 총회·지회장 등의 기관을 갖추고 활동해 온 사실 등을 알 수 있다.

앞에서 본 법리에 의하면, 발레오만도지회가 산업별 노동조합인 전국금속노동조합의 지회이지만 원래 기업별 노동조합이었다가 전국금속노동조합의 지회로 편입되었고 그 후에도 총회·지회장 등의 기관을 갖추고 활동해 왔으므로, 비록 단체교섭 및 단체협약체결 능력을 가지고 있지 않더라도 그 설치 경위, 정관·규약 내용, 관리·운영 실태 및 구체적인 활동 내용에 비추어 기업별 노동조합과 유사한 근로자단체로서 법인 아닌 사단으로서의 실질을 가지고 있어 독립성이 있었다고 인정되는 경우에는, 이 사건 규정에서 정한 조직형태의 변경 결의에 의하여 전국금속노동조합에 속한 지회 등의 지위에서 벗어나 독립한 기업별 노동조합의 조직을 갖출 수 있고, 따라서 그와 같은 조직형태의 변경 결의라는 이유만으로 이 사건 각 결의가 무효라고 할 수 없다.

그럼에도 이와 달리 원심은, 산업별 노동조합의 지회 등은 독자적인 단체교섭 및 단체협약체결 능력이 있어 독립된 노동조합이라고 할 수 있는 경우에만 이 사건 규정에 의한 조직형태의 변경 주체가 될 수 있다는 잘못된 전제에서, 발레오만도지회가 법인 아닌 사단의 실질을 갖추고 있어 독립성이 있었는지 등에 관한 사정을 제대로 살피지 아니한 채, 발레오만도지회가 독자적인 단체교섭 및 단체협약체결 능력이 있는 독립한 노동조합이라고 할 수 없어 조직변경의 주체가 될 수 없으므로 이 사건 각 결의가 무효라고 단정하고 말았다.

그렇다면 이러한 원심의 판단에는 산업별 노동조합 지회 등의 조직형태 변경에 관한 법리를 오해하여 필요한 심리를 다하지 아니함으로써 판결에 영향을 미친 위법이 있다.

[반대의견(요지)]

산업별 노동조합 내에서 산업별 노동조합의 지회 등이 차지하는 위치 내지 산업별 노동조합과의 관계, 근로자와의 조합원관계, 독자적인 단체교섭 및 단체협약체결 능력 등 노동조합으로서의 실질에 관한 여러 사정에 비추어 보면, 산업별 노동조합에서 조직형태의 변경을 결의할 수 있는 주체는 단위노동조합인 산업별 노동조합일 뿐이고, 하부조직에 불과한 산업별 노동조합의 지회 등이 산업별 노동조합의 통제를 무시한 채 독자적으로 조직형태의 변경을 결의하는 것은 원칙적으로 불가능하다. 그러한 결의는 개별 조합원들의 산업별 노동조합 탈퇴의 의사표시에 불과하거나 새로운 노동조합의 설립 결의일 뿐이어서, 여기에 노동조합의 조직형태의 변경이나 그에 준하는 법적 효과를 부여할 수는 없다.

다만 산업별 노동조합의 지회 등이 산업별 노동조합과는 별도로 근로자와 조합원관계를 형성하고 산업별 노동조합이나 다른 하부조직과 구별되는 독자적인 규약 및 의사결정기관과 집행기관을 갖춘 독립된 조직체로 활동하면서 지회 등이나 조합원의 고유한 사항에 관하여 독자적으로 단체교섭을 진행하고 단체협약을 체결할 능력을 보유하여 노동조합으로서의 실질이 있는 경우에는, 산업별 노동조합은 외형과 달리 개별 노동조합과 다름없는 지회 등의 연합단체로서의 성격이 혼합되어 있다고 할 수 있는 만큼, 산업별 노동조합의 지회 등은 자체 결의를 통하여 연합단체에서 탈퇴할 수 있고, 그것이 조직형태의 변경 결의 형식으로 이루어졌더라도 탈퇴의 효과가 발생한다고 해석할 여지는 있다.

그리고 산업별 노동조합의 지회 등이 예외적으로 노동조합으로서의 실질이 있는지를 판단할 때에는, 산업별 노동조합의 조직 구성, 산업별 노동조합과 지회 등의 규약 내용, 규약의 형식 및 운영 현실 사이의 괴리 유무, 단체교섭과 단체협약체결의 실태, 산업별 노동조합의 지회 등에 대한 통제의 정도 등의 제반 요소를 종합적으로 살펴보아야 한다. 물론, 그러한 예외적인 사정이 존재한다는 점은 이를 주장하는 측에서 증명하여야 한다.

요컨대 근로자와 조합원관계를 형성하고 지회 등이나 조합원의 고유한 사항에 관하여 독자적으로 단체교섭을 진행하여 단체협약을 체결할 능력이 있다는 점이 증명되지 아니하는 산업별 노동조합의 지회 등은 조직형태의 변경 주체가 될 수 없다.

다. 해 설

대상판결은 기업별 노동조합이 산업별 노동조합의 지부·지회로 조직형태를 변경하였다가 다시 지부·지회가 기업별 노동조합으로 조직형태를 변경하려는 경우를 다루고 있다. 노조법의 조직형태 변경 관련 조항들은 노동조합의 총회의 의결을 얻어야 조직형태 변경이 가능하도록 한다. 지부·지회는 노동조합이 아니라 그 하부조직이기 때문에 조직형태

변경을 결의할 수 있는지가 문제된다. 종래의 판례에 의하면 초기업적인 단위노동조합(산별노조, 직종별노조, 지역별노조 등)의 하부조직인 지부·지회도 일정한 요건하에서 단체교섭의 당사자로 인정되며(대법원 2001. 2. 23. 선고 2000도4299 판결), 쟁의행위의 적법한 주체로도 인정된다(대법원 2008. 1. 18. 선고 2007도1557 판결). 그 외형과 달리 독자적인 노동조합으로서의 실질이 인정된다고 보기 때문이다. 대상판결은 그러한 경우 지부·지회의 총회에서 조직형태 변경을 결의할 수 있다고 본다. 나아가 대상판결은 노동조합 유사의 독립한 근로자단체로서 법인 아닌 사단에 해당하는 경우에도 자주적·민주적인 총회의 결의를 통하여 그 소속을 변경하고 독립한 기업별 노동조합으로 전환할 수 있다고 본다. 대상판결은 근로자들에게 결사의 자유 및 노동조합 설립의 자유의 보장에 부합하는 면이 있으나, 한편으로는 초기업적인 단위노동조합의 연대를 약화시킨다는 비판도 있다.

Q 1. 집단적인 탈퇴·가입 대신에 조직형태 변경을 하는 효과 내지 실익은 무엇인가?

Q 2. 대상판결에서 지회 등이 어떠한 법적 지위에 있을 때 조직형태 변경 결의가 가능한가?

Q 3. 지회 등은 스스로 단체교섭하고 단체협약을 체결할 법적 지위가 인정되는가? (대법원 2001. 2. 23. 선고 2000도4299 판결 참고)

제 19 강
노동조합의 운영

1. 개 요

(1) 노동조합은 근로조건의 향상을 위하여 근로자들이 자주적으로 조직한 사단이므로 노동조합의 운영은 규약과 조합원의 의사에 따라 외부의 개입이나 간섭 없이 독립적으로 이루어져야 한다(자주성의 원칙). 또한 노동조합은 조합원이 균등하게 참여하여 민주적인 방식으로 운영되어야 한다(민주성의 원칙). 노조법은 특히 노동조합의 민주적 운영을 확보하기 위하여 다양한 규정을 두고 있다. 조합원은 "어떠한 경우에도 인종, 종교, 성별, 연령, 신체적 조건, 고용형태, 정당 또는 신분을 이유로 차별대우를 받지 않"고(노조법 제9조), "균등하게 그 노동조합의 모든 문제에 참여할 권리와 의무를 가진다"(노조법 제22조 본문).

(2) 노동조합은 매년 1회 이상 총회를 개최하여야 하고, 노동조합의 대표자는 총회의 의장이 된다(제15조). 노조법은 총회의 의결사항과 의결 또는 투표 방법(제16조), 총회에 갈음할 대의원회의 구성 등(제17조), 임시총회와 대의원회(제18조), 총회 등의 소집절차(제19조), 표결권의 특례(제20조), 임원의 선거 등(제23조), 회계감사(제25조), 운영사항의 공개(제26조) 등에 관해 상세하게 규율함으로써 노동조합 운영의 민주성을 확보하려고 하고 있다.

(3) 노조법 제4조(정당행위)에 의하면, 형법 제20조의 규정은 노동조합이 단체교섭·쟁의행위 기타의 행위로서 노조법 제1조의 목적을 달성하기 위하여 한 정당한 행위에 대하여 적용되며, 다만 어떠한 경우에도 폭

력이나 파괴행위는 정당한 행위로 해석되어서는 아니 된다. 판례는 노동조합의 활동이 그 주체, 목적, 시기 및 방법의 측면에서 정당한 것으로 인정되는 경우에 노조법 제4조에 따라 그 위법성이 부인된다고 본다(대법원 1994. 2. 22. 선고 93도613 판결).

(4) 우리나라에서 노동조합의 일상적인 운영은 전임자에 의해 이루어지는 경우가 많다. 노조법은 제24조에서 "근로자는 단체협약으로 정하거나 사용자의 동의가 있는 경우에는 근로계약 소정의 근로를 제공하지아니하고 노동조합의 업무에만 종사할 수 있"고(제1항), "사용자는 전임자의 정당한 노동조합 활동을 제한하여서는 아니 된다"(제3항)고 하여 전임자의 근거와 정당한 활동의 보장을 규정하고 있다.

전임자와 관련하여 그동안 논란이 컸던 '전임자에 대한 사용자의 급여지급 문제'는 다음과 같이 해결되었다. 첫째 종전까지 적용이 유보되었던 제24조 제2항(전임자가 전임기간동안 사용자로부터 급여를 지급받는 행위를 금지한 것)과 제81조 제4호(사용자가 전임자에게 급여를 지급하는 것을 부당노동행위로서금지한 것)를 2010. 7. 1.부터 시행하고 있다. 둘째 노조법 제24조 제4항과제24조의2를 신설하여 '근로시간 면제제도'를 도입하였다. 즉 "단체협약으로 정하거나 사용자가 동의하는 경우에는 사업 또는 사업장별로 조합원 수 등을 고려하여 제24조의2에 따라 결정된 근로시간 면제 한도를 초과하지 아니하는 범위에서 근로자는 임금의 손실 없이 사용자와의 협의·교섭, 고충처리, 산업안전 활동 등 이 법 또는 다른 법률에서 정하는 업무와 건전한 노사관계 발전을 위한 노동조합의 유지·관리업무를 할 수 있다"(제24조 제2항). 셋째 노동조합은 전임자의 "급여지급을 요구하고 이를관철할 목적으로 쟁의행위를 하여서는 아니 된다"(제24조 제5항)는 규정을신설하였다.

(5) 노조법은 노동조합의 운영에 행정관청이 제한적인 범위에서 관여할 수 있도록 허용하고 있다. 즉 노조법 제21조는 행정관청은 노동조합의 규약이 노동관계법령에 위반한 경우에는 노동위원회의 의결을 얻어그 시정을 명할 수 있고(제1항), 노동조합의 결의 또는 처분이 노동관계법

령 또는 규약에 위반된다고 인정할 경우에는 노동위원회의 의결을 얻어 그 시정을 명할 수 있도록 하고 있다(제2항. 다만, 규약위반시의 시정명령은 이해 관계인의 신청이 있는 경우에 한한다). 또한 행정관청은 노동조합에 대해 결산 결과와 운영사항을 보고하도록 요구할 수 있다(제27조).

(6) 노동조합은 "규약에서 정한 해산사유가 발생한 경우, 합병 또는 분할로 소멸한 경우, 총회 또는 대의원회의 해산결의가 있는 경우, 노동조합의 임원이 없고 노동조합으로서의 활동을 1년 이상 하지 아니한 것으로 인정되는 경우로서 행정관청이 노동위원회의 의결을 얻은 경우"에는 해산된다(제28조).

Q 1. 다음의 사항이 노동조합의 총회에서 재적조합원 과반수의 출석과 출석조합원 3분의 2 이상의 찬성이 있어야 의결 가능한 사항인지와 조합원의 직접·비밀·무기명투표에 의하여 의결해야 할 사항인지를 설명하시오.
[규약의 제정·변경, 임원의 선거, 임원의 해임, 합병·분할·해산, 조직형태의 변경, 단체협약에 관한 사항, 조합원의 제명, 조합원의 탈퇴승인, 기금의 처분]

Q 2. 노조법상 총회에 갈음하는 대의원회를 둘 수 있는 경우가 제한되는가? 규약에 근거함이 없이 대의원회를 구성할 수 있는가?

Q 3. 노조법상 임원의 임기가 제한되는가? 조합원이 아닌 자도 임원으로 선출될 수 있는가?

Q 4. 노동조합의 규약 또는 결의·처분에 대해 행정관청이 시정명령을 내릴 수 있는 요건은? 시정명령을 이행하지 않는 경우 제재 수단은?

Q 5. 다음의 사항이 노동조합의 해산사유에 해당하는지를 설명하시오.
[노동부장관의 해산명령, 노동조합의 파산, 소속 연합단체에 의한 제명, 노동조합 대표자의 해산결정, 사용자의 영업양도, 노동조합이 합병으로 소멸]

2. 조합활동의 정당성

가. 사실관계

1) 피고인 1은 공소외 노동조합의 사무국장, 피고인 2는 쟁의부장, 피고인 3은 부위원장이다. 공소외 노동조합은 1991. 5. 4. 쟁의발생신고를 한 후 회사측과 임금협상을 계속하여도 협상이 이루어지지 않자 쟁의행위 돌입 여부에 대한 조합원의 찬반투표를 실시하기 위하여 회사에 대하여 같은 달 18.(토요일) 08:00부터 12:00까지 위 찬반투표를 실시하기 위한 노동조합의 임시총회를 개최할 예정이니 협조를 구한다는 취지를 2회에 걸쳐 서면으로 통보하였으나 회사측에서 이를 거부하였다. 노동조합 측에서는 야간근무조합원들을 포함한 조합원 모두를 소집할 수 있는 것은 아침시간뿐이라는 이유로 예정대로 1991. 5. 18. 08:00부터 12:00까지 위 회사의 본관 앞 광장에서 조합원 390명 정도를 모아 놓고 찬반투표를 실시하였다. 같은 날 08:00부터 09:00까지는 준비작업과 함께 투표방법에 대한 설명 등을 하고, 09:00경부터 투표에 들어가 11:00까지 투표를 완료한 후, 12:00까지 민노래 경연대회 등 여흥시간을 가졌다.

2) 피고인들이 집단적으로 작업을 거부한 사실에 대해 업무방해죄로 기소되었다.

나. 판결요지

1) 노동조합의 활동은 그것이 정당하다고 인정되는 경우에는 노동조합법 제2조(현행 노조법 제4조), 형법 제20조에 의하여 그 위법성이 부인되는 것인바, 노동조합의 활동이 정당하다고 하기 위하여는 행위의 성질상 노동조합의 활동으로 볼 수 있거나 노동조합의 묵시적인 수권 또는 승인

을 받았다고 볼 수 있는 것으로서 근로조건의 유지 개선과 근로자의 경제적 지위의 향상을 도모하기 위하여 필요하고 근로자들의 단결강화에 도움이 되는 행위이어야 하며, 취업규칙이나 단체협약에 별도의 허용규정이 있거나 관행 또는 사용자의 승낙이 있는 경우 외에는 취업시간 외에 행하여져야 하고, 사업장내의 조합활동에 있어서는 사용자의 시설관리권에 바탕을 둔 합리적인 규율이나 제약에 따라야 하며, 폭력과 파괴행위 등의 방법에 의하지 않는 것이어야 할 것이다(당원 1992. 4. 10. 선고 91도3044 판결 참조).

2) 비록 위 노동조합 임시총회가 근무시간 중에 열렸고 4시간의 전체 총회시간 중 찬반투표를 실시하고 남은 1시간을 여흥에 사용하기는 하였으나, 위 임시총회가 노동쟁의조정법(현행 노조법)상 쟁의행위를 하기 위한 필수적요건인 조합원의 투표를 위한 것으로서 2회에 걸친 서면통보를 거쳐 개최되어 회사가 이에 대비할 여유가 충분히 있었고, 일부 조합원들이 야간근무를 하는 회사의 근무형태 때문에 전체 조합원이 총회에 참석할 수 있게 하려면 비록 근무시간 중이기는 하지만 야간근무가 끝나고 주간근무가 시작되는 교대시간에 총회를 소집하는 것이 필요하였으며, 쟁의행위에 들어갈 것인지 여부를 결정하기 위하여는 의견교환 등도 필요하였을 것이라는 사정 등과 위 조합원의 수 등에 비추어 보면, 위 총회가 근무시간 중에 열렸다는 사정만으로 위법하다고 할 수 없고, 4시간의 시간이 필요 이상의 시간이었다고 보기도 어려울 것이며, 위와 같은 여흥은 임시총회 중 찬반투표를 실시하고 남는 시간에 부수적으로 치루어진 행사로서 전체 예정시간 중의 일부 시간 안에 치루어진 데 불과하고 전체 행사가 예정된 시간 안에 끝마쳐진 점 등에 비추어 보면 위와 같은 여흥활동만을 따로 떼어 위법하다고 볼 것은 아니고, 이를 포함한 임시총회 개최행위는 전체적으로 노동조합의 정당한 행위에 해당한다고 보는 것이 상당할 것이다.

다. 해 설

대상판결에서 언급하고 있는 바와 같이 조합활동은 그 주체·목적·시기·수단·방법의 측면에서 정당한 것이어야 형사책임이 면책된다. 특히 취업시간 중의 조합활동은 원칙적으로 사용자의 승낙 등이 있어야 한다. 다만, 사용자의 승낙 등이 없더라도 취업시간 중의 조합활동이 정당한 것으로 판단될 수 있는 예외적인 경우를 대상판결은 잘 보여주고 있다. 취업시간 중의 총회 개최의 정당성을 인정한 다른 사례로 대법원 1995. 3. 14. 선고 94누5496 판결이 있다.

Q 1. 대상판결에서 취업시간 중의 임시총회를 정당한 행위로 판단한 이유는?
Q 2. 취업시간 중의 총회 개최와 관련하여 대상판결과 위 해설에서 언급한 대법원 1995. 3. 14. 선고 94누5496 판결의 공통점과 차이점은?

≪심화학습≫
1. 노동조합의 통제권 행사의 근거와 한계 (대법원 2005. 1. 28. 선고 2004도227 판결 참고)

3. 노동조합의 전임자

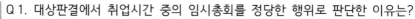

대법원 1997. 3. 11. 선고 95다46715 판결 [해고무효확인등]

가. 사실관계

1) 원고는 1980. 3. 15. 피고 회사의 생산직 사원으로 입사하여 근무하다가 1990. 8. 17 피고 회사 노동조합의의 위원장으로 선출되어 1993. 6. 1.부터 당해 연도의 정기임금 인상을 위하여 사용자측인 피고 회사와

단체교섭을 진행하고 있었다.

2) 그러던 중 같은 달 15. 23시경 술에 취한 상태에서 무면허로 승용차를 운전하던 중 소외 최○한이 원고의 차량진행을 방해한다는 이유로 말다툼을 하다가 화가 나서 자신의 승용차를 가속 운전하여 최○한을 그 차 앞부분으로 충격하여 넘어뜨려 약 4주일의 치료를 요하는 상해를 가하였다.

3) 원고는 위 범죄행위를 저지르고 수사기관의 조사를 받자 도피하였고 1993. 6. 25. 경찰에 체포될 때까지 약 10일 동안 피고 회사나 노동조합에 출근하지 않았다. 같은 해 7. 7. 원고는 구속되었고 8. 18. 징역 2년에 집행유예 4년을 선고받고 석방되었다. 원고는 이에 항소하였고 같은 해 12. 9. 징역 1년 6월에 집행유예 3년으로 형이 확정되었다.

4) 피고는 원고가 석방되자 금고이상의 유죄판결을 선고받은 것 등에 대한 징계를 위하여 인사위원회를 개최한다는 통지를 1993. 8. 26. 원고 및 피고의 노동조합에 보냈으나, 원고가 건강상의 이유로 연기를 신청하였다. 이에 피고는 1993. 9. 2.로 연기하여 개최하기로 하면서 인사위원회에 불참할 경우 서면 또는 대리인으로 하여금 소명기회를 가질 것을 원고에게 통보하였으나, 원고는 다시 연기신청을 하였다.

5) 피고는 최종적으로 1993. 9. 6. 10:00경 피고 회사의 본관 5층 회의실에서 인사위원회를 개최한다는 통지를 하고, 이에 따라 같은 날 원고의 참석 하에 인사위원회를 개최한 결과, 단체협약 제34조 제7호 및 취업규칙 제17조 제1호 소정의 "형사사건으로 금고 이상의 유죄판결을 받은 자"에 해당하는 해고사유 및 단체협약 제34조 제9호 및 취업규칙 제17조 제12호 소정의 "무단결근일수가 계속하여 7일 이상인 자"에 해당하는 해고사유를 각 적용하여, 원고를 징계해고하기로 결의한 다음 같은 달 9. 그 결과를 원고 및 노동조합에 통보하였고, 같은 달 13. 원고의 재심청구에 의하여 같은 달 16. 원고와 노동조합 부위원장의 참석 하에 개최된 재심인사위원회에서도 원고에 대한 위 징계해고가 정당하다는 결의를 한 다음 같은 달 18. 그 재심결과를 원고 및 노동조합에 통보하였다.

6) 원고는 해고의 무효를 주장하며 소를 제기하였다.

나. 판결요지

노조전임자라 할지라도 사용자와의 사이에 기본적 근로관계는 유지되는 것으로서 취업규칙이나 사규의 적용이 전면적으로 배제되는 것이 아니므로, 노조전임자에 관하여 단체협약상의 특별한 규정이나 특별한 관행이 없는 한 출·퇴근에 관한 취업규칙이나 사규의 적용을 받으며, 근로계약 소정의 본래 업무를 면하고 노동조합의 업무를 전임하는 노조전임자의 경우 출근은 통상적인 조합업무가 수행되는 노조사무실에서 조합업무에 착수할 수 있는 상태에 임하는 것이므로, 노조전임자가 사용자에 대하여 취업규칙 등 소정의 절차를 취하지 아니한 채 위와 같은 상태에 임하지 아니하는 것은 무단결근에 해당된다는 것이 당원의 견해이다(당원 1995. 4. 11. 선고 94다58087 판결 참조).

피고 회사의 경우 노조전임자에 대하여 출·퇴근에 관한 취업규칙이나 사규의 적용을 배제하는 특별한 규정이나 관행이 없고, 원고가 노동조합의 업무와 무관하게 개인적인 범죄를 저지른 후 도피하느라고 피고 회사에 사전통보나 승인 없이 약 10일 동안 결근하였다는 원심의 사실인정은 수긍이 가고, 원고의 이와 같은 행위를 징계사유의 하나인 무단결근으로 본 원심의 조치는 정당하고, 거기에 소론과 같은 채증법칙 위배나 무단결근에 관한 법리오해의 위법이 있다고 할 수 없으며, 노조전임자는 근로제공의무가 없으므로, 그에 대하여는 무단결근이라는 징계사유를 적용할 수 없다는 논지는 받아들일 수 없다.

다. 해 설

노동조합의 전임자에 대한 사용자의 급여 지급이 입법론적으로 뜨겁게 논쟁되었지만, 기실 실무상으로는 급여 지급 이외의 분야에서도 전임자나 전임관계를 둘러싸고 다양한 분쟁이 발생하고 있다. 대상판결에서 다루어진 출근의무를 비롯하여 급여청구권의 존부, 평균임금의 산정방식, 해고의 정당성 등이 주로 개별적 근로관계에서의 분쟁이다(대법원

1993. 8. 24. 선고 92다34926 판결; 대법원 1998. 4. 24. 선고 97다54727 판결; 대법원 1999. 11. 23. 선고 99다45246 판결 등 참고). 반면에 노조법과 관련된 분쟁으로는 전임자를 둘 것인가가 의무적 교섭사항이나 중재대상이 되는지(대법원 1996. 2. 23. 선고 94누9177 판결 참고), 전임자에 대한 전임발령의 취소나 해고가 부당노동행위가 되는지(대법원 1991. 5. 28. 선고 90누6392 판결; 대법원 1997. 6. 13. 선고 96누17738 판결 참고) 등이 대표적이다. 그 밖에 전임활동 중 입은 부상, 질병, 장해 또는 사망이 업무상 재해가 되는지도 종종 문제가 되고 있다(대법원 2007. 3. 29. 선고 2005두11418 판결 참고).

Q 1. 대상판결의 전임자에 대해 무단결근에 해당한다고 본 이유는 무엇인가?

Q 2. 노동조합 전임자의 근로계약상의 지위는? (대법원 1998. 4. 24. 선고 97다54727 판결 참고)

Q 3. 노동조합 전임자가 입은 재해가 업무상 재해에 해당하는지에 관한 판단기준은? (대법원 2007. 3. 29. 선고 2005두11418 판결 참고)

Q 4. 원직 복귀명령에 불응한 노조 전임자에 대한 해고는 부당해고 내지 부당노동행위에 해당하는가? (대법원 1997. 6. 13. 선고 96누17738 판결 참고)

제 20 강
단체교섭 (1)

1. 개 요

(1) 단체교섭은 노동조합과 사용자 또는 사용자단체간에 근로조건에 관한 사항 기타 노사관계의 제반사항에 대하여 교섭하는 것을 말한다. 헌법에서는 단체교섭권을 보장하고 있고, 노조법에서는 정당한 단체교섭에 대한 민·형사상 면책을 규정하면서(제3조 및 제4조), 나아가 사용자가 정당한 이유 없이 단체교섭을 거부하거나 해태하는 행위를 부당노동행위로서 금지하고 있다(제81조 제3호).

단체교섭 관련 분쟁은 단체교섭의 주체(당사자 및 담당자), 단체교섭의 방법과 절차(성실교섭의무), 단체교섭의 사항, 사용자의 교섭 거부·해태 등과 주로 관련되어 있지만, 실무상으로는 쟁의행위의 정당성 여부, 위법 쟁의행위에 따른 노동조합 간부의 형사책임(업무방해죄)과 민사책임(손해배상책임) 및 징계책임(징계해고)의 문제로 귀결되는 경우가 대다수이다. 단체교섭과 쟁의행위는 통상 밀접·불가분의 관계에 있기 때문에 단체교섭에서의 노사 충돌은 결국 쟁의행위에서 법적 분쟁으로 전화되는 경우가 많기 때문이다.

(2) 단체교섭의 당사자(노동조합과 사용자 또는 사용자단체)는 신의에 따라 성실히 교섭하고 단체협약을 체결하여야 하며 그 권한을 남용하여서는 아니 된다(노조법 제30조 제1항). 또한 정당한 이유 없이 교섭 또는 단체협약의 체결을 거부하거나 해태하여서는 아니 된다(같은 조 제2항). 이렇게 단체교섭의 방법·절차와 관련하여 노조법이 단체교섭 당사자에게 부과하고

있는 의무를 성실교섭의무라고 한다.

단체교섭의 주체와 관련된 중요 쟁점은 노동조합의 하부조직인 지부나 분회가 단체교섭의 당사자로서 교섭하고 단체협약을 체결할 수 있는지, 실제 단체교섭에 임하는 노동조합 대표자의 단체협약 체결권에 대한 노동조합 내부의 제한(예컨대, 조합원 총회의 의결을 거친 후 협약을 체결하도록 노동조합규약으로 제한)이 적법한지 등에 관한 것이다. 특히 전자의 문제(지부·분회의 교섭 당사자성)는 노동조합조직이 기업단위의 노조에서 초기업단위의 노조(예, 산별노조 등)로 변화·발전하면서 부각되는 문제이다. 후자의 문제와 관련하여 노조법 제29조 제1항에서는 "노동조합의 대표자는 그 노동조합 또는 조합원을 위하여 사용자나 사용자단체와 교섭하고 단체협약을 체결할 권한을 가진다"고 규정하고 있다.

(3) 단체교섭의 방식은 기업별교섭, 대각선교섭, 공동교섭, 산별교섭 등 다양하다. 노조법은 교섭방식에 대하여 별도의 규제를 하지 않다가 2010년 1월 1일 개정법에서 사업장 단위 복수 노동조합의 설립을 허용하면서 그 대신에 교섭창구단일화제도를 신설하였다(제29조의2 내지 제29조의5. 2011. 7. 1부터 시행).

하나의 사업 또는 사업장에 둘 이상의 노동조합(조직형태 무관)이 있는 경우 해당 노동조합들은 교섭대표노동조합을 정하여 사용자와 교섭하여야 하고, 다만 소정의 기간 내에 사용자가 교섭대표노동조합을 결정하는 절차(교섭창구단일화절차)를 거치지 아니하기로 동의한 경우에는 그렇지 않다(노조법 제29조의2 제1항).

교섭대표노동조합을 결정하여야 하는 단위를 교섭단위라고 한다. 교섭단위는 하나의 사업 또는 사업장을 원칙으로 하지만, 사용자 또는 노동조합의 신청이 있는 경우 노동위원회는 현격한 근로조건의 차이, 고용형태, 교섭 관행 등을 고려하여 교섭단위의 분리를 결정할 수 있다(제29조의3 제1항 및 제2항).

교섭창구단일화절차는 세 가지 단계로 구성된다. 첫째, 자율적 교섭창구단일화절차이다. 교섭창구단일화절차에 참여한 모든 노동조합은 소정의 기간 내에 자율적으로 교섭대표노동조합을 정한다(제29조의2 제2항). 둘째, 과반수 노동조합 결정절차이다. 자율적 교섭창구단일화절차에 따라 교섭대표노동조합을 정하지 못한 경우에는 교섭창구단일화절차에 참여한 노동조합의 전체 조합원 과반수로 조직된 노동조합(2개 이상의 노동조합이 위임 또는 연합 등의 방법으로 교섭창구 단일화 절차에 참여한 노동조합 전체 조합원의 과반수가 되는 경우를 포함한다)이 교섭대표노동조합이 된다(제29조의2 제3항). 마지막으로, 공동교섭대표단 구성 절차이다. 과반수 노동조합이 존재하지 않는 경우에는 교섭창구단일화절차에 참여한 모든 노동조합은 공동으로 교섭대표단(공동교섭대표단)을 구성하여 사용자와 교섭하여야 하고, 이때 공동교섭대표단에 참여할 수 있는 노동조합은 그 조합원 수가 교섭창구단일화절차에 참여한 노동조합의 전체 조합원의 10% 이상이어야 한다(제29조의2 제4항). 만일 관련 노동조합들이 공동교섭대표단의 구성에 합의하지 못할 경우 노동위원회는 해당 노동조합의 신청에 따라 조합원 비율을 고려하여 이를 결정할 수 있다(제29조의2 제5항).

교섭대표노동조합은 공정대표의무를 부담한다. 즉 교섭대표노동조합과 사용자는 교섭창구단일화절차에 참여한 노동조합 또는 그 조합원 간에 합리적 이유 없이 차별을 하여서는 아니 되고, 이에 위반하여 차별한 경우 노동조합은 그 행위가 있은 날(단체협약 내용의 일부 또는 전부가 위반인 경우에는 단체협약 체결일)부터 3개월 이내에 노동위원회에 그 시정을 요청할 수 있고, 노동위원회는 합리적 이유 없이 차별하였다고 인정한 때에는 그 시정에 필요한 명령을 하여야 한다(제29조의4).

(4) 단체교섭의 사항과 관련된 중요 쟁점은 사용자에게 교섭의무가 부과되는 사항(이른바 의무적 교섭사항)의 범위이다. 특히 경영결정사항(예, 기업구조조정 등)이 의무적 교섭사항에 해당하는지가 문제된다. 단체교섭사항이 될 수 없는 것을 관철하기 위한 노동조합의 쟁의행위는 그 목적의 측면에서 정당하지 않다는 것이 판례의 입장이기 때문에 교섭사항 해당 여부는 쟁의행위의 정당성 판단과 직결된다.

(5) 사용자가 단체교섭을 정당한 이유 없이 거부하거나 해태하면 부

당노동행위가 된다(노조법 제81조 제3호). 노동위원회를 통한 행정적 구제가 가능하며, 실무상으로는 사용자의 교섭 거부나 해태에 정당한 이유가 있는지가 핵심적인 쟁점이 된다. 사용자의 단체교섭 거부 등은 민사손해배상소송 등 법원을 통한 사법적 구제의 대상이 되기도 한다.

Q 1. 다음은 단체교섭의 당사자에 해당하는가?
[노동조합의 대표자, 사용자단체, 법인격 없는 노동조합, 조합원이 소수인 노동조합, 근로자 개인]

Q 2. 연합단체의 단체교섭 당사자 지위는?

Q 3. 사업주를 구성원으로 하는 단체는 노조법상 사용자단체에 해당하는가? (대법원 1992. 2. 25. 선고 90누9049 판결; 대법원 1999. 6. 22. 선고 98두137 판결 참고)

Q 4. 노조법은 단체교섭권한의 위임에 대해 어떠한 제한을 하고 있는가?

Q 5. 노동조합은 단체교섭의 대상으로 주로 어떠한 사항들을 요구하는가? 노조법은 단체교섭의 대상에 대해 제한하는 규정을 두고 있는가?

Q 6. 다음의 경우 사용자가 성실교섭의무를 위반하고 있다고 볼 수 있겠는가?
[단순한 의사전달 권한밖에 없는 자를 교섭담당자로 내세우는 행위, 단체교섭일자에 특별한 사정없이 일방적으로 휴업하는 행위, 노동조합의 주장에 대하여 설득하려고 노력할 뿐 자신의 입장을 양보하지 않는 행위, 합의에 도달했으나 조합원수가 적다는 이유로 협약체결을 거부하는 행위, 직접교섭을 고집하며 노동조합으로부터 위임을 받은 자와 단체교섭을 거부하는 행위, 교섭사항과 무관한 것을 교섭의 전제조건으로 요구하는 행위, 단체협약유효기간이 만료하였어도 갱신체결을 위한 협상을 타결하지 않는 행위]

2. 단체교섭의 담당자

> 대법원 1993. 4. 27. 선고 91누12257 전원합의체 판결 [단체협약변경
> 명령취소]

가. 사실관계

1) 원고 노동조합과 사용자인 소외 ○○중공업주식회사 사이에 1990.
11. 20. 체결된 단체협약 제66조(이하 이 사건 단체협약이라 한다)는, "단체교섭
에서 합의된 모든 사항은 문서로 작성하며 단체협약의 체결권한은 교섭
대표자에게 있고 조합원총회의 결과에 따라 교섭위원 전원이 연명으로
서명한다. 단 본 조항은 노동조합 규약이 정하는 바에 따른다"고 규정하
고 있다.

2) 피고는 경상남도지방노동위원회의 의결을 거쳐 1990. 12. 22. 노
동조합법(이하 '법'이라고만 한다) 제33조 제1항(현행 노조법 제29조 제1항과 유사)
을 근거조항으로 하여 원고에게 노동조합의 대표자는 단체교섭 및 단체
협약체결권을 가지고 있으므로, 노동조합의 대표자가 사용자와 단체교
섭을 거쳐 단체협약을 체결한 경우에는 조합원 총회의 의결에 불구하고
그 효력이 발생하는 것으로 이 사건 단체협약을 변경 보완하라고 지시하
였다.

3) 원심은 피고의 이 사건 변경, 보완 지시처분은 위법한 것이라고
판단하였다.

나. 판결요지

1) 원심은, 법 제33조 제1항(현행 노조법 제29조 제1항과 유사)은 노동조합
의 대표자 또는 노동조합으로부터 위임을 받은 자는 단체협약의 체결을
목표로 하는 단체교섭의 권한을 가진다는 것일 뿐 노동조합의 단체협약
체결권에 관한 규정으로 볼 수 없고, 더욱이 노동조합 대표자에게 조합원
총회의 결의에 의하여서도 제한을 할 수 없는 독립된 단체협약체결권을

인정함으로써 노동조합 대표자가 사용자와 단체협약을 체결한 경우에는 조합원 총회의 결의에 불구하고 당연히 효력이 발생한다는 의미를 가진 규정으로 해석되지 아니하며, 법 제34조 제1항(현행 노조법 제31조 제1항)도 단체협약의 체결에 있어서 그 체결방식을 서면으로 하고 당사자 쌍방이 서명날인하라는 것에 불과할 뿐 단체협약의 체결권자, 단체협약체결권의 범위 또는 그 효력 등에 관한 규정으로 볼 수 없으므로, 노동조합의 자주성에 비추어 볼 때 노사간에 체결된 이 사건 단체협약이 법 제33조 제1항, 제34조 제1항에 위반된다고 할 수 없고, 따라서 피고의 이 사건 변경, 보완 지시처분은 위법한 것이라고 판단하였다.

2) 법 제33조 제1항 본문은 "노동조합의 대표자 또는 노동조합으로부터 위임을 받은 자는 그 노동조합 또는 조합원을 위하여 사용자나 사용자 단체와 단체협약의 체결 기타의 사항에 관하여 교섭할 권한이 있다"고 규정하고 있는바, 여기에서 '교섭할 권한'이라고 함은 사실행위로서의 단체교섭의 권한 외에 교섭한 결과에 따라 단체협약을 체결할 권한도 포함하는 것으로 해석하여야 한다. 그 이유는 다음과 같다.

첫째, 노동조합도 하나의 사단이므로 조합의 대표자가 조합을 대표하여 단체협약을 체결할 권한을 가진다는 것은 단체대표의 법리에 비추어 당연한 것이다. 법 제33조 제1항 본문은 노동조합 대표자의 단체협약 체결권한에 관한 한 당연한 사리를 규정한 것이고, 그 주된 의미는 오히려 조합 대표자 외에 노동조합으로부터 위임을 받은 자도 대표자와 함께 또는 대표자에 갈음하여 단체교섭의 권한(단체협약체결권한을 포함)을 가질 수 있다는 점을 규정한 데에 있다고 할 것이다.

둘째, 헌법 제33조 제1항은 "근로자는 근로조건의 향상을 위하여 자주적인 단결권, 단체교섭권 및 단체행동권을 가진다"고 규정하고 있는바, 여기에서 단체교섭권이라 함은 사실행위로서의 단체교섭의 권리만이 아니라 단체교섭의 결과로 타결된 내용을 단체협약으로써 체결할 수 있는 권리도 포함하는 것으로 해석된다. 단체교섭 중에는 사실행위만으로 목적을 달성할 수 있는 단체교섭도 있고 단체협약의 체결을 목적으로 하는 단체교섭도 있는 것인데, 후자의 경우 단체교섭권이라고 할 때에는 조합원의 이익을 위하여 교섭하고 협상하는 권한뿐만 아니라 그 타협의 결과에 따라 노동조합의 이름으로 단체협약을 체결하는 권한도 포함하는 것으로 보아야 하는 것이다. 단체교섭의 권한은 있으나 단체협약을 체결할 권한은 없다고 한다면 마치 대리에 있어서 계약조건을 협상할 권한은 있으나 계약을 체결할 권한은 없다고 하는 것과 같아서 그와 같은 지위를 법률상 의미있는 권한 내지 권리라고 볼 수 있을는지조차 의문스럽다 하겠다.

셋째, 법 제33조 제5항은 "사용자 또는 사용자 단체는 노동조합의 대표자 또는 노동조합으로부터 위임을 받은 자와의 성실한 단체협약체결을 정당한 이유 없이 거부 또는 해태할 수 없다"고 규정하고, 법 제39조(현행 노조법 제81조) 제3호는 "노동조합의 대표자 또는 노동조합으로부터 위임을 받은 자와의 단체협약체결 기타의 단체교섭을 정당한 이유 없이 거부하거나 해태하는 행위"를 부당노동행위로 규정하는바, 이들 관계규정에 의하면 노동조합법은 노동조합의 대표자 또는 수임자에게 단체협약을 체결할 권한이 있음을 당연한 전제로 하고 있다고 할 것이다. 노동조합법이 제33조 제1항 본문에서 "단체협약의 체결 기타의 사항에 관하여 교섭할 권한"을 가진 자에 관하여 규정하는 외에 따로 "단체협약을 체결할 권한"이 누구에게 있는지를 규정한 바 없다는 사정도 위의 해석을 뒷받침한다 할 것이다.

넷째, 단체교섭의 권한이 있는 자에게 단체협약을 체결할 권한이 없다고 한다면, 사용자를 상대방으로 하는 단체교섭이 원활하게 진행될 수 없으며, 결과적으로 단체교섭의 권한이라는 것 자체가 무의미한 것으로 되고 말 가능성이 있다. 쌍방간의 타협과 양보의 결과로 임금이나 그 밖의 근로조건 등에 대하여 합의를 도출하더라도 다른 결정절차(노동조합의 총회의 결의)를 거쳐야만 그 합의가 효력을 발생할 수 있다는 상황에서라면, 사용자측으로서는 결정의 권한 없는 교섭대표와의 교섭 내지 협상을 회피하든가 설령 교섭에 임한다 하더라도 성실한 자세로 최후의 양보안을 제출하는 것은 꺼리게 될 것이고, 그와 같은 사용자측의 교섭회피 또는 해태를 정당한 이유 없는 것이라고 비난하기도 어렵다 할 것이다.

다섯째, 단체교섭권한을 가진 대표자 등에게 단체협약체결권을 인정할 수 없다고 하는 입장에서는 단체협약이 조합원의 관여하에 형성된 조합의사에 기하여 체결되는 것은 집단적 자치를 뒷받침하는 기본적 요청이며, 또 조합의 대표자 등에게 단체협약체결권까지 부여하게 되면 집행부의 어용화나 배임행위를 견제할 수 없고 그 결과 노동조합의 자주성과 민주성을 해하게 될 우려가 있다는 점을 그 근거로 내세운다. 그러나 노동조합이 규약이 정하는 바에 따라 대표자를 선출하였거나 교섭권한을 위임한 때에는 그것으로써 이미 조합의 자주적·민주적 운영은 실현된 것이며, 단체협약의 체결이 조합원의 권리의무에 지대한 영향을 미치는 것이라고 하여 반드시 조합원 총회의 결의를 거쳐 그 체결 여부를 최종적으로 결정하는 것만이 그와 같은 요청에 부합하는 것이라고 할 수는 없다. 조합원들이 대표자 등을 신뢰할 수 없다면 규약이 정하는 절차에 따라 대표자 등을 교체하든가 또는 대표자 등 집행부를 그대로 두고서 당해 단체협약체결을 위한 단체교섭의 권한만을 다른 교섭대표에게 위임할 수 있을 것이다.

끝으로, 이 사건 단체협약에도 "단체협약의 체결권한은 교섭대표자에게 있다"고 규정하고 있고, 원고 조합의 규약(갑 제4호증) 제58조에도 "단체협약의 체결은 위원장에게 있고 조합원총회의 결과에 따라 교섭위원이 연명으로 체결한다"고 규정하고 있어서, 원고 노동조합으로서도 단체협약체결 전에 조합원총회의 결의를 거쳐야 한다는 제한을 두고 있을 뿐 조합대표자의 단체협약체결권한 자체는 부정하는 것이 아님을 알 수 있다.

3) 노동조합이 하나의 사단이기는 하나, 근로자의 결집에 의한 실력투쟁단체로서의 노동조합은 개개의 조합원을 초월하는 독자적인 존재인 것은 아니고, 더구나 단체협약은 개개 조합원의 권리의무의 내용을 결정하는 규범적 효력을 가지는 것으로서 그 체결은 노동조합의 가장 중요한 의사결정이므로 일반적 재산거래 관계에서의 단체대표의 이론이 그대로 적용될 수는 없다는 점과 헌법 제33조와 노동조합법 제14조(현행 노조법 제11조)에서 규정하고 있는 노동조합의 자주성과 민주성에 비추어 볼 때, 노동조합의 대표자 또는 수임자가 가지는 단체협약체결권한은 노동조합

총회의 결의 등 조합원의 총의에 의하여 제한될 수 있는 것이라는 원심의 견해는 검토하여 볼 필요가 있다.

그러나 이 사건 단체협약에서와 같이 대표자 또는 수임자가 단체교섭의 결과에 따라 사용자와 단체협약의 내용을 합의한 후에 다시 그 협약안의 가부에 관하여 조합원 총회의 결의를 거쳐야만 한다는 것은 대표자 또는 수임자의 단체협약체결권한을 전면적·포괄적으로 제한함으로써 사실상 단체협약체결권한을 형해화하여 명목에 불과한 것으로 만드는 것이어서 조합 대표자 또는 수임자의 단체협약체결권한을 규정한 법 제33조 제1항의 취지에 위반되는 것이라고 아니할 수 없다.

4) 그렇다면 교섭대표자가 사용자와 합의하여 단체협약안을 마련한 후에 조합원총회의 결의를 거치도록 한 이 사건 단체협약은 법 제33조 제1항 본문의 규정에 위반되는 것이고, 따라서 그 단체협약의 변경, 보완을 지시한 피고의 이 사건 처분은 적법한 것이라고 할 것인바, 이 사건 단체협약에 위법사실이 없다고 하여 피고의 이 사건 처분을 위법한 것으로 판단한 원심판결에는 단체협약체결권한에 관한 법리를 오해하여 판결의 결과에 영향을 미친 위법이 있다 할 것이다.

[반대의견 1 (요지)]

근로자의 권익을 보장하려는 헌법규정과 노동조합법이 지향하는 노동조합의 자주성, 민주성 및 특수성을 고려하고 노동조합법 제33조 제1항이 대표자 등에게 사실행위로서의 단체교섭권만 주고 있는 점과 같은 법 제19조(현행 노조법 제16조) 제1항 제3호가 총회의 의결사항으로 단체협약에 관한 사항을 두고 있는 점, 같은 법 제22조(현행 노조법 제22조)가 노동조합의 조합원은 균등하게 노동조합의 모든 문제에 참여할 권리와 의무가 있다고 규정하고 있는 점, 그 밖에 노사간의 원만한 관계 유지를 통한 국민경제의 발전이라는 측면을 함께 보면 노동조합은 총회의 결의로 단체협약을 체결할 권한을 가진 자를 정하고 그들로 하여금 단체협약을 체결하기 전후에 노동조합총회의 결의에 따르도록 하는 것이 옳다.

[반대의견 2 (요지)]

1) 노동조합법 제33조 제1항이 단체협약의 교섭권한을 규정한 것은 노동조합

의 대표자 등에게 일반적 추상적으로 단체협약의 교섭·체결권한이 있음을 규정한 것뿐이고, 어떠한 절차와 방법으로 단체교섭을 하고 단체협약을 체결하며, 노동조합의 규약이나 총회의 결정에 의하여 노동조합 대표자 등의 권한을 제한할 수 있는 것인지, 어느 범위까지 제한이 가능한지, 이 제한으로써 사용자나 사용자단체에 대항할 수 있는 것인지, 제한에 위반하여 체결된 단체협약의 효력은 어떻게 되는 것인지, 단체협약으로 노동조합의 대표자 등의 권한을 제한하는 협약을 체결할 수 있는 것인지 여부는 별도로 따져 보아야 할 문제이지, 위 규정이 노동조합의 대표자 등에게 어떠한 형태의 단체협약체결권한을 제한하는 것도 금지하는 강행규정이라고 생각하지 아니한다.

2) 노동조합측이 노동조합의 대표자나 노동조합으로부터 위임을 받은 자의 단체협약 교섭 체결권한을 일방적으로 제한하거나 전면적이고 포괄적으로 제한하는 것은 원칙적으로 허용될 수 없다고 볼 것이나 그렇지 아니한 경우에는 노동조합 대표자 등의 단체협약체결 절차나 권한을 위 1)항의 규정취지에 어긋나지 않는 범위 안에서 제한할 수 있다.

다. 해 설

단체교섭의 담당자는 단체교섭을 현실적으로 담당하는 자이다. 조합의 교섭담당자와 관련하여 노조법 제29조 제1항에서는 "노동조합의 대표자는 그 노동조합 또는 조합원을 위하여 사용자나 사용자단체와 교섭하고 단체협약을 체결할 권한을 가진다"고 규정하고 있다(복수노조 교섭창구단일화에 따른 협약체결권한에 대해서는 노조법 제29조 제2항 참고). 한편, 사용자측 교섭담당자는 개인 사업주나 법인을 대표하는 자, 사용자단체의 대표자 또는 이러한 자로부터 교섭권한이나 협약체결권한을 위임받은 자이다(노조법 제2조 제2호 및 제29조 제3항 참조).

교섭담당자에 관한 판결례의 대다수는 조합 대표자의 협약체결권한에 대한 제한과 관련된 사례이다. 대상판결은 조합 대표자의 협약체결권한을 명문으로 규정하지 않았던 구법하에서 교섭권한에 협약체결권한이 포함되고 협약안의 가부에 대해 조합원 총회의 결의를 거치도록 하는 제한(즉, 협약안 조합원인준투표제)은 협약체결권한을 실질적으로 부정하는 전면적·포괄적 제한으로서 위법하다고 판단한 대표적인 사례다(유사 사례로 대법원 1993. 5. 11. 선고 91누10787 판결; 대법원 2000. 5. 12. 선고 98도3299 판결).

조합 대표자 외에도 노동조합으로부터 교섭권한 또는 협약체결권한을 위임받은 자 역시 교섭의 담당자가 된다(노조법 제29조 제3항 참조). 판례에 의하면 노동조합이 교섭권한을 제3자(상급단체 등)에게 위임한 후에도 수임자의 교섭권한과 중복하여 경합적으로 교섭권한을 갖는다(대법원 1998. 11. 13. 선고 98다20790 판결).

Q 1. 대상판결에서 조합 대표자의 협약체결권한에 대한 전면적·포괄적 제한이 위법하다고 본 논거는?

Q 2. 조합 대표자에게 협약체결권한을 부여한 노조법규정은 근로3권의 본질적인 내용을 침해하는 것인가? (헌재 1998. 2. 27. 94헌바13·26, 95헌바44 (병합) 참고)

≪심화학습≫

1. 조합 대표자에게 단체협약 체결 관련 최종적인 결정권한이 없음을 이유로 하는 사용자의 교섭거부의 정당성 (대법원 1998. 1. 20. 선고 97도588 판결 참고)

2. 규약 등을 통해 조합 대표자의 단체협약 체결권한의 행사를 절차적으로 제한하는 것의 허용 여부 (대법원 2014. 4. 24. 선고 2010다24534 판결 참고)

3. 성실교섭의무

> **대법원 2006. 2. 24. 선고 2005도8606 판결** [근로기준법위반·노동조합및노동관계조정법위반]

가. 사실관계

1) 피고인은 상시근로자 8명을 사용하여 경기단체후원업 등을 영위하는 협회의 회장으로 사용자이다. 협회 노동조합은 단체교섭의 결렬에 따라 2004. 2. 23.경부터 파업에 들어갔고, 협회는 2004. 2. 28.경부터 직장폐쇄에 들어갔다.

2) 위 협회 노동조합으로부터 단체교섭권을 위임받은 전국공공운수사회서비스노동조합연맹(이하 '연맹'이라 한다)은 협회에 대하여 2004. 3. 12.자로 같은 달 18.에 단체교섭을 하자고 요구하였다(1차 단체교섭 요구). 이에 피고인은 같은 달 17. 노동조합의 파업과 협회의 직장폐쇄를 중단한 이후에 단체교섭을 하자는 내용의 서면을 연맹에 보냈다. 이에 대하여 연맹이 특별한 의사표시를 하지는 않았지만 협회가 직장폐쇄를 중단하기 이전인 2004. 6. 2. 다시 피고인에게 같은 달 10.에 단체교섭을 하자고 요구하였다(2차 단체교섭 요구). 그러나 피고인은 이에 불응하였다. 피고인의 주장에 의하면, 2004. 3. 12.자 단체교섭 요구를 받고 노사 간의 평화상태가 회복된 이후에 단체교섭을 하는 것이 바람직하다는 판단 아래 협회의 직장폐쇄와 노동조합의 파업을 중단한 이후에 단체교섭을 하자고 연맹에 제안하고 연맹이 이에 대하여 다른 의사표시를 하지 아니함에 따라 단체교섭의 연기에 대하여 협회와 연맹 사이에 묵시적인 합의가 이루어졌다고 볼 것인바, 피고인이 2004. 3. 12.자 단체교섭 요구와 2004. 6. 2.자 단체교섭 요구에 응하지 아니한 것은 당시 파업 및 직장폐쇄가 진행되는 중이었으므로(노동조합은 2004. 5. 23. 파업을 중단하였고 협회는 2004. 6. 9. 직장폐쇄를 중단하였다) 위 합의에 따라 불응한 것이라고 한다.

3) 2004. 6. 13. 협회 노동조합 위원장 이○○은 피고인에게 단체교섭을 촉구하는 서면을 보냈고, 그 다음 날인 같은 달 14. 연맹은 피고인에

게 단체교섭을 요구하였지만(3차 단체교섭 요구), 피고인은 불응하였다. 이에 대해 피고인은 2004. 6. 14.자 단체교섭 요구에 불응한 것은 노동조합도 단체교섭을 요구하고 연맹도 단체교섭을 요구하는 상황에서 단체교섭의 주체가 누구인지 명확하지 아니하였기 때문이라고 주장한다.

4) 연맹이 다시 2004. 6. 19.에 같은 달 24.을 교섭일시로 정하여 단체교섭을 요구하였지만(4차 단체교섭 요구), 사용자는 단체교섭을 위한 준비가 필요하다는 이유로 응하지 않았다.

5) 원심은 피고인이 정당한 이유 없이 4차례에 걸쳐 단체교섭의 요구에 불응하였다고 판단하여 1심 법원과 마찬가지로 노조법 위반의 유죄를 인정하였다.

나. 판결요지

1) 2004. 3. 12.자 단체교섭 요구 거부에 대하여

「노동조합 및 노동관계조정법」 제81조 제3호는 사용자가 노동조합의 대표자 또는 노동조합으로부터 위임을 받은 자와의 단체협약 체결 기타의 단체교섭을 정당한 이유 없이 거부하거나 해태할 수 없다고 규정하고 있는바, 단체교섭에 대한 사용자의 거부나 해태에 정당한 이유가 있는지 여부는 노동조합측의 교섭권자, 노동조합측이 요구하는 교섭시간, 교섭장소, 교섭사항 및 그의 교섭태도 등을 종합하여 사회통념상 사용자에게 단체교섭의무의 이행을 기대하는 것이 어렵다고 인정되는지 여부에 따라 판단하여야 할 것이다(대법원 1998. 5. 22. 선고 97누8076 판결 참조).

쟁의행위는 단체교섭을 촉진하기 위한 수단으로서의 성질을 가지므로 쟁의기간 중이라는 사정이 사용자가 단체교섭을 거부할 만한 정당한 이유가 될 수 없고, 한편 당사자가 성의 있는 교섭을 계속하였음에도 단체교섭이 교착상태에 빠져 교섭의 진전이 더 이상 기대될 수 없는 상황이라면 사용자가 단체교섭을 거부하더라도 그 거부에 정당한 이유가 있다고 할 것이지만, 위와 같은 경우에도 노동조합측으로부터 새로운 타협안이 제시되는 등 교섭재개가 의미 있을 것으로 기대할 만한 사정

변경이 생긴 경우에는 사용자로서는 다시 단체교섭에 응하여야 하므로, 위와 같은 사정변경에도 불구하고 사용자가 단체교섭을 거부하는 경우에는 그 거부에 정당한 이유가 있다고 할 수 없다.

원심의 채택 증거에 의하면 협회 노동조합으로부터 단체교섭권을 위임받은 전국공공운수사회서비스 노동조합연맹(이하 '연맹'이라 한다)이 2004. 3. 12. 협회에 대하여 같은 달 18.에 단체교섭을 하자고 요구한 데 대하여 협회의 대표자인 피고인이 위 요구를 거부한 사실을 인정하기에 충분하다.

그리고 원심의 채택 증거에 의하면, 위 노동조합은 단체교섭의 결렬에 따라 2004. 2. 23.경부터 파업에 들어갔고, 협회는 2004. 2. 28.경부터 직장폐쇄에 들어간 사실을 인정할 수 있는바, 이러한 상태에서 위 노동조합으로부터 단체교섭권을 위임받은 연맹이 협회에 대하여 2004. 3. 12.자로 같은 달 18.에 단체교섭을 하자고 요구한 것은, 노사간에 쟁의를 거치면서 상호 양보의 가능성이 고려되고 있는 상황에서의 교섭요구라고 할 것이어서 교섭재개가 의미 있을 것으로 기대할 만한 사정변경이 생겼다고 볼 수 있으므로, 앞서 본 법리에 비추어 보면 단체교섭이 교착상태에 빠졌음을 전제로 피고인이 연맹의 2004. 3. 12.자 단체교섭 요구를 거부한 것은 정당한 이유가 있다고 할 수 없고, 또한 파업과 직장폐쇄가 진행되고 있다는 사정 역시 피고인이 위 단체교섭 요구를 거부할 만한 정당한 이유가 될 수 없다고 할 것이다.

2) 2004. 6. 2.자 단체교섭 요구 거부에 대하여

앞서 본 법리와 원심의 채택 증거를 기록에 비추어 살펴보면, 피고인이 정당한 이유 없이 연맹의 2004. 6. 2.자 단체교섭 요구에 불응한 사실을 충분히 인정할 수 있고, 상고이유에서 내세우는 사정만으로는 정당하게 연기협의를 요청한 것으로 보이지 아니하므로, 원심판결에 위법이 있다고 할 수 없다.

3) 2004. 6. 14.자 단체교섭 요구 거부에 대하여

기록에 의하면 연맹의 2004. 6. 14.자 단체교섭 요구에 앞서 위 노동조합 위원장 공소외인이 2004. 6. 13. 피고인에게 단체교섭을 촉구하는 서면을 보낸 사실을 인정할 수는 있으나, 그 내용은 피고인의 단체교섭

회피에 대한 항의로서 연맹과의 성실한 단체교섭을 촉구하는 것일 뿐 자기를 교섭주체로 인정하여 달라는 것이 아니며 연맹에 위임한 단체교섭 권한과 관련하여서는 아무런 언급이 없는 점, 연맹의 단체교섭 요구 문건에 공소외인이 교섭위원으로 포함되어 있는 점 등에 비추어 보면, 교섭주체가 연맹인지 위 노동조합인지 여부가 명확하지 아니한 것으로 볼 수 없으므로, 피고인이 연맹의 2004. 6. 14.자 단체교섭 요구에 대하여 교섭주체가 명확하지 아니하다는 이유를 들어 거부한 것은 정당한 이유가 있다고 할 수 없다.

4) 2004. 6. 19.자 단체교섭 요구 거부에 대하여

단체교섭의 일시를 정하는 데에 관하여 노사간에 합의된 절차나 관행이 있는 경우에는 그에 따라 단체교섭 일시를 정하여야 할 것이나, 그와 같은 절차나 관행이 없는 경우, 노동조합측이 어느 일시(이하 '노조제안 일시'라 한다)를 특정하여 사용자에게 단체교섭을 요구하더라도 사용자가 교섭사항 등의 검토와 준비를 위하여 필요하다는 등 합리적 이유가 있는 때에는 노동조합측에 교섭일시의 변경을 구할 수 있고, 이와 같은 경우에는 노동조합측이 사용자의 교섭일시 변경요구를 수용하였는지 여부에 관계없이 사용자가 노조제안 일시에 단체교섭에 응하지 아니하였다 하더라도 사용자의 단체교섭 거부에 정당한 이유가 있다고 할 것이나, 사용자가 합리적인 이유 없이 노조제안 일시의 변경을 구하다가 노동조합측이 이를 수용하지 아니하였음에도 노조제안 일시에 단체교섭에 응하지 아니하였거나 사용자가 위 일시에 이르기까지 노조제안 일시에 대하여 노동조합측에 아무런 의사표명도 하지 아니한 채 노조제안 일시에 단체교섭에 응하지 아니한 경우에는 사용자가 신의에 따라 성실하게 교섭에 응한 것으로 볼 수 없으므로, 사용자의 단체교섭 거부에 정당한 이유가 있다고 할 수 없다.

앞서 인정한 바와 같이 연맹이 협회에 2004. 3. 12.부터 2004. 6. 14.까지 3회에 걸쳐 단체교섭을 요구한 데 대하여 협회의 대표자인 피고인이 계속하여 단체교섭을 거부하여 왔던 사실에 비추어 보면, 연맹이 다시 2004. 6. 19.에 같은 달 24.을 교섭일시로 정하여 단체교섭을 요구한 시점에서는 피고인으로서는 이미 교섭사항 등의 검토와 준비를 위한 충

분한 시간을 가지고 있었다고 할 것이므로, 피고인이 연맹에 위 교섭일시의 변경을 구할 만한 합리적 이유가 있었다고 보이지 아니할 뿐 아니라, 원심의 채택 증거에 의하면 피고인은 위 교섭일시 전에 노동조합측에 교섭일시의 변경을 구하는 등 교섭일시에 관한 어떠한 의사도 표명한 적이 없는 사실을 인정할 수 있으므로, 피고인이 연맹이 정한 위 일시에 단체교섭에 응하지 아니한 데에는 정당한 이유가 있다고 할 수 없다.

다. 해 설

노동조합과 사용자 또는 사용자단체는 신의에 따라 성실히 교섭하고 단체협약을 체결하여야 하며 그 권한을 남용하여서는 아니 되고, 정당한 이유 없이 교섭 또는 단체협약의 체결을 거부하거나 해태하여서는 아니 된다(노조법 제30조). 사용자의 성실교섭의무 위반은 부당노동행위에 해당하고(노조법 제81조 제3호 참조), 부당노동행위에는 벌칙이 적용된다(노조법 제90조).

성실교섭의무는 진지하고 성실한 교섭을 통해 합의 달성의 가능성을 모색할 의무를 뜻한다. 그러나 성실교섭의무는 상대방의 요구를 수락할 의무 내지 양보하여 합의할 의무까지 포함하지는 않는다. 단체교섭의 일시·장소·기간 등 교섭절차에 대한 노사간의 합의나 관행이 있으면 그에 따라야 한다. 그러한 합의나 관행이 없는 경우에는 교섭절차를 정하기 위한 노사간의 합의가 필요하고, 이러한 합의를 도출하기 위한 협의과정도 단체교섭이기 때문에 성실교섭의무가 적용된다. 대상판결은 교섭권의 위임을 받은 연맹이 수차례에 걸쳐 단체교섭을 요구했음에도 불구하고 사용자가 교섭시기(쟁의기간), 교섭주체, 교섭준비 등을 이유로 단체교섭에 응하지 않는 것이 노조법 위반의 부당노동행위로서 그에 따른 벌칙이 적용된 사례이다.

Q 1. 대상판결에서 사용자의 교섭거부가 정당하지 않은 것으로 판단된 이유는?

Q 2. 대상판결에 의하면 노동조합이 제안하는 교섭일시에 따른 단체교섭에 응하지 않는 사용자의 행위가 정당화되는 경우와 그렇지 않은 경우는?

≪심화학습≫

1. 헌법상 단체교섭권과 교섭창구단일화 (헌재 2012. 4. 24. 2011헌마338 참고)

4. 공정대표의무

대법원 2018. 8. 30. 선고 2017다218642 판결 [노동조합사무실제공등]

가. 사실관계

1) 피고들(7개 회사)은 대전지역에서 시내버스 운수사업을 행하는 회사들이다. 원고인 전국공공운수사회서비스노동조합은 전국의 공공·운수·사회서비스 업무에 종사하는 근로자를 조직대상으로 하는 전국단위 산업별노동조합으로서 상급단체는 전국민주노동조합총연맹이다. 원고는 피고들 각 사업장에 분회를 설립하였다(이하 원고의 분회를 '원고 분회'라고 한다). 한편, 대전광역시지역버스노동조합은 대전지역 버스 근로자들을 조직대상으로 하여 설립된 노동조합으로서 상급단체는 한국노동조합총연맹이다. 대전광역시지역버스노동조합은 피고들 각 사업장에 지부를 설립하였다(이하 '이 사건 지부'라고 한다).

2) 피고들과 이 사건 지부가 체결한 2011년도 단체협약(유효기간 2011. 1. 1. ~ 2012. 12. 31.) 중 제8조의1(근로시간 면제자 및 근로시간 면제한도)은 "1. 회사는 노동조합 대표자(전임 지부장)를 노동조합 및 노동관계조정법 제24조 제2항에 의거 유급근로시간 면제자로 한다. 4. 근로시간 면제자의 임금은 기존에 지급받아 왔던 임금총액의 손실 없이 급여수준으로 면제의 해당 호봉의 28일분을 회사가 지급한다"고 규정하고 있고, 제

10조(회사시설의 이용)는 "회사는 노동조합 사무실 및 비품 그리고 필요한 통신시설을 대여한다"고 규정하고 있다.

3) 교섭창구 단일화 제도가 시행된 이후인 2012. 7.경 이 사건 지부가 교섭대표노동조합(이하 '교섭대표노조'라 한다)으로 결정되었다. 원고 분회는 교섭대표노조인 이 사건 지부에 근로시간 면제에 관한 내용이 포함된 '임금 및 단체협약 요구안'을 제출하였으나, 피고들과 이 사건 지부는 2013. 9. 12. 근로시간 면제한도(2011년도 단체협약 제8조의1)와 관련하여 '근로시간 면제자에 관한 사항은 추후 협의한다'는 내용의 합의를 하였다.

4) 피고들과 이 사건 지부는 2014. 5. 30. 원고 분회의 대표자들도 근로시간 면제 대상에 포함시키는 내용의 새로운 합의서를 작성하였다(이하 '2014. 5. 30.자 합의'라 한다). 이 합의서에 따르면, 그 유효기간은 2013. 1. 1.부터 2년이나 2014. 5. 31.까지는 현행 유지하고, 조합원 비례 각 노동조합에 대한 근로시간 면제시간의 배분·사용의 적용시점은 2014. 6. 1.부터이다. 소수노조에 속하는 원고 분회의 대표자들은 근로시간 면제제도가 시행된 2010. 7. 1. 이래 단체협약에 규정이 없다는 등의 이유로 근로시간 면제한도를 전혀 적용받지 못하였다. 반면에 교섭대표노조인 이 사건 지부는 2011년도 단체협약 제40조의 효력연장 규정에 근거하여 교섭창구단일화 이후에도 2014. 5. 30.자 합의 체결시까지 연 2,000시간씩 근로시간 면제한도를 적용받아 왔다. 그런데 피고들과 이 사건 지부가 원고 분회의 대표자들도 근로시간 면제대상에 포함시키는 새로운 내용의 합의서를 작성하면서도 그 적용시점을 2014. 6. 1.부터로 정하자, 원고는 적용시점을 소급하지 않은 합의서의 내용이 공정대표의무 위반이라고 주장하며 충남지방노동위원회(이하 '지노위'라 한다)에 시정신청하였다. 지노위는 공정대표위반이 아니라고 판정하고 기각결정하였으나, 중앙노동위원회는 2015. 2. 9. 공정대표의무를 위반하는 것이라고 판정하고, 지노위의 기각결정을 취소하였다.

5) 피고들과 이 사건 지부는 2013년도 단체협약 체결을 위한 교섭을 하면서 노조사무실 등의 제공(2011년도 단체협약 제10조)과 관련하여 2013. 12. 23. 교섭대표노조에만 노조 사무실 등을 제공하는 것으로 합의하였

다. 원고는 이러한 합의가 공정대표의무 위반이라고 주장하며 지노위에 시정신청하였고, 지노위는 2014. 5. 12. 위 합의가 공정대표의무 위반이라고 판정하였다. 피고들과 이 사건 지부는 위 지노위 결정 이후인 2014. 6. 24. "회사의 경영상태, 시설형편 등 제반여건을 종합적으로 고려하여 회사는 교섭대표노조에 사무실 및 비품 그리고 필요한 통신 시설을 대여하도록 한다"는 내용으로 수정하여 합의하였다. 원고는 이러한 합의 또한 공정대표의무 위반이라고 주장하며 지노위에 시정신청하였고, 지노위는 2014. 10. 27. 위 합의가 공정대표의무 위반이라고 판정하였다.

6) 피고들과 이 사건 지부는 지노위 결정 이후인 2014. 12. 24. 노조 사무실 제공 등과 관련하여 단체협약 제10조를 개정하는 내용의 합의를 하였다. 개정된 단체협약 제10조는 "회사는 경영상태, 시설형편 등 제반여건을 종합적으로 고려하여 회사는 노동조합에 사무실 및 비품 그리고 필요한 통신 시설을 대여하도록 한다"고 규정하고 있다. 지노위의 2014. 10. 27.자 결정 당시 피고 E, F, G는 원고 분회에 사무실을 제공한 상태였으므로 대상에서 제외되었고, 피고 A는 이 사건 소 제기 이후인 2016. 3. 1. 원고 분회에 노조 사무실 등을 제공하였다. 원고 분회에 노조 사무실 등을 제공하지 않고 있는 회사들은 피고 B, C. D이다(이하 '피고 B 등'이라 한다).

7) 원심은 개정된 단체협약 제10조에 회사가 노조에 제공할 사무실 등의 범위, 제공 방법 등에 관한 어떠한 구체적인 사항도 규정하고 있지 않으므로 피고 B 등이 원고에게 곧바로 특정한 노조 사무실 등을 제공할 구체적인 의무가 도출된다고 볼 수 없다고 판단하였다.

8) 그러나 원심은 피고들과 이 사건 지부 사이에 체결된 2013. 12. 23.자 합의와 2014. 6. 24.자 합의에 따르면, 교섭대표노조가 아닌 원고 분회에 대한 사무실 등의 제공 여비가 원천적으로 배제되고, 원고 분회가 교섭대표노조인 이 사건 지부에 노조 사무실 사용 등에 관한 협상요구안을 제시할 근거가 상실되었으므로, 피고 A, B, C, D(이하 '피고 A 등'이라 한다)가 이 사건 지부와 위 각 합의를 한 것은 합리적 이유 없이 교섭대표노조와 소수노조를 차별한 것으로 공정대표의무 위반에 해당하고, 피고 A

등의 공정대표의무 위반 행위로 인하여 원고는 개정된 단체협약 제10조가 체결될 때까지 피고 A 등이나 이 사건 지부에 대하여 노조 사무실 등의 제공을 요구할 근거를 얻지 못하였고, 이미 피고 A 등으로부터 노조 사무실 등을 제공받은 이 사건 지부에 비하여 교섭력이나 단결력이 약화되는 무형의 손실을 입게 되었으며, 이는 불법행위에 해당하므로 피고 A 등은 원고에게 이와 같은 불법행위로 인하여 원고가 입은 무형의 손해를 배상할 의무가 있다고 판단하였다(피고 A 등이 원고에게 지급할 위자료는 각 5,000,000원으로 정함이 타당하다).

9) 원심은 피고들이 2013. 1. 1.부터 2013. 5. 30.까지 교섭대표노조에만 근로시간 면제를 제공하고 원고 분회에 이를 제공하지 않았으며, 2014. 5. 30.자 합의를 체결하면서 이에 관한 아무런 대상조치를 취하지 않은 것에 합리적인 이유가 있다고 볼 수 없어서 피고들의 행위는 합리적인 이유 없이 교섭대표노조와 소수노조를 차별한 것으로 공정대표의무 위반에 해당하고, 피고들의 공정대표의무 위반 행위로 인하여 원고 분회의 대표자들은 노조활동을 위한 근로시간 면제를 받지 못하여 연차나 휴일 및 평일 대체근로나 휴가신청 등을 통하여 노조활동을 하게 되었고, 원고 분회는 이 사건 지부에 비하여 교섭력이나 단결력이 약화되는 무형의 손실을 입게 되었으므로 피고들은 위와 같은 불법행위로 인하여 원고가 입은 무형의 손해를 배상할 의무가 있다고 판단하였다(피고들이 원고에게 지급할 위자료는 각 5,000,000원으로 정함이 타당하다).

나. 판결요지

1) 「노동조합 및 노동관계조정법」(이하 '노동조합법'이라고 한다) 규정에 의하면, 근로자는 자유로이 노동조합을 조직하거나 이에 가입할 수 있고(제5조), 노동조합은 조합원을 위하여 사용자에게 단체교섭을 요구할 수 있으나(제29조 제1항), 하나의 사업 또는 사업장 단위에서 노동조합이 그 조직형태와 관계없이 2개 이상 병존하는 경우 각 노동조합은 원칙적으로 교섭창구 단일화 절차에 따라 교섭대표노동조합을 정하여 사용자에게 단

체교섭을 요구하여야 한다(제29조의2 제1항 본문). 노동조합법이 이처럼 복수 노동조합에 대한 교섭창구 단일화 제도를 도입하여 단체교섭 절차를 일원화하도록 한 것은, 복수 노동조합이 독자적인 단체교섭권을 행사할 경우 발생할 수도 있는 노동조합 간 혹은 노동조합과 사용자 간 반목·갈등, 단체교섭의 효율성 저하 및 비용 증가 등의 문제점을 효과적으로 해결함으로써, 효율적이고 안정적인 단체교섭 체계를 구축하는 데에 그 주된 취지 내지 목적이 있다(대법원 2017. 10. 31. 선고 2016두36956 판결).

2) 교섭창구 단일화 제도하에서 교섭대표노동조합이 되지 못한 노동조합은 독자적으로 단체교섭권을 행사할 수 없으므로, 노동조합법은 교섭대표노동조합이 되지 못한 노동조합을 보호하기 위해 사용자와 교섭대표노동조합에 교섭창구 단일화 절차에 참여한 노동조합 또는 그 조합원을 합리적 이유 없이 차별하지 못하도록 공정대표의무를 부과하고 있다(제29조의4 제1항). 공정대표의무는 헌법이 보장하는 단체교섭권의 본질적 내용이 침해되지 않도록 하기 위한 제도적 장치로 기능하고, 교섭대표노동조합과 사용자가 체결한 단체협약의 효력이 교섭창구 단일화 절차에 참여한 다른 노동조합에도 미치는 것을 정당화하는 근거가 된다.

이러한 공정대표의무의 취지와 기능 등에 비추어 보면, 공정대표의무는 단체교섭의 과정이나 그 결과물인 단체협약의 내용뿐만 아니라 단체협약의 이행과정에서도 준수되어야 한다고 봄이 타당하다. 또한 교섭대표노동조합이나 사용자가 교섭창구 단일화 절차에 참여한 다른 노동조합 또는 그 조합원을 차별한 것으로 인정되는 경우, 그와 같은 차별에 합리적인 이유가 있다는 점은 교섭대표노동조합이나 사용자에게 그 주장·증명책임이 있다.

한편 노동조합의 존립과 발전에 필요한 일상적인 업무가 이루어지는 공간으로서 노동조합 사무실이 가지는 중요성을 고려하면, 사용자가 단체협약 등에 따라 교섭대표노동조합에 상시적으로 사용할 수 있는 노동조합 사무실을 제공한 이상, 특별한 사정이 없는 한 교섭창구 단일화 절차에 참여한 다른 노동조합에도 반드시 일률적이거나 비례적이지는 않더라도 상시적으로 사용할 수 있는 일정한 공간을 노동조합 사무실로 제공하여야 한다고 봄이 타당하다. 이와 달리 교섭대표노동조합에는 노동조합 사무실을 제공하면서 교섭창구 단일화 절차에 참여한 다른 노동조합에는 물리적 한계나 비용 부담 등을 이유로 노동조합 사무실을 전혀 제공하지 않거나 일시적으로 회사 시설을 사용할 수 있는 기회를 부여하였다고 하여 차별에 합리적인 이유가 있다고 볼 수 없다.

　　3) 원심은, 교섭대표노동조합과 사용자인 피고들이 2013. 12. 23.자 합의와 2014. 6. 24.자 합의를 통해 교섭대표노동조합에만 노동조합 사무실을 제공하기로 합의한 것은 합리적 이유 없이 교섭대표노동조합과 다른 노동조합을 차별한 것으로서 공정대표의무 위반에 해당한다고 판단하였다.

　　원심판결 이유를 적법하게 채택된 증거들에 비추어 살펴보면, 원심의 이러한 판단은 앞에서 본 법리에 기초한 것으로서, 거기에 상고이유 주장과 같이 공정대표의무에 관한 법리를 오해한 잘못이 없다.

　　4) 원심은, 피고들이 교섭창구 단일화가 이루어진 이후에도 교섭대표노동조합에만 근로시간 면제를 인정하면서 원고에게는 이를 인정하지 않았고, 원고가 2014. 5. 30.자 합의 이전부터 근로시간 면제를 인정해 줄 것을 요구하였음에도 피고들이 2014. 5. 30.자 합의를 체결하면서 원고의 근로시간 면제에 관하여 아무런 조치를 취하지 않은 것은 합리적인 이유 없이 원고를 차별한 것이어서 공정대표의무 위반에 해당한다고 판단하였다.

　　앞에서 본 법리와 적법하게 채택된 증거들에 비추어 살펴보면, 원심의 이러한 판단에 상고이유 주장과 같이 공정대표의무에 관한 법리를 오해한 잘못이 없다.

　　5) 원심은, 피고들의 공정대표의무 위반 행위로 인해 원고가 무형의 손해를 입었으므로, 피고들은 원고에게 불법행위에 기한 손해배상으로서 판시 위자료를 지급할 의무가 있다고 판단하였다.

　　관련 법리와 적법하게 채택된 증거들에 비추어 살펴보면, 원심의 이러한 판단에 상고이유 주장과 같이 불법행위 및 위자료 산정 등에 관한 법리를 오해한 잘못이 없다.

다. 해 설

대상판결은 노동조합 사무실 및 근로시간 면제의 제공과 관련하여 사용자인 피고들이 교섭창구 단일화 절차에 참여한 소수노조를 합리적인 이유 없이 차별하여 공정대표의무를 위반하였고, 그로 인해 소수노조가 입은 무형의 손해에 대한 피고들의 불법행위 손해배상책임을 인정한 최초의 대법원 판결이다.

노조법은 공정대표의무의 주체를 교섭대표노조와 사용자로 규정하고 있지만(제29조의4 제1항), 공정대표의무가 적용되는 범위에 대하여는 아무런 규정을 두고 있지 않다. 대상판결은 공정대표의무가 교섭과정, 단체협약의 내용 및 그 이행과정 전반에 걸쳐 준수되어야 한다는 점을 분명히 한 점에서 의미가 있다. 단체교섭의 결과물인 단체협약의 내용 및 그 이행에서 소수노조에 대한 불합리한 차별이 있는지에 대한 판단은 비교적 용이하나, 교섭대표노조에 인정되는 상당한 정도의 교섭 재량권, 교섭 기간과 교섭절차의 다양성, 교섭의 역동성 등에 비추어 볼 때, 교섭과정에서 소수노조에 대한 불합리한 차별이 있었는지에 대한 판단은 쉽지 않아 보인다.

대상판결은 노조 사무실의 제공과 관련하여 사용자가 교섭대표노조와 소수노조를 달리 취급한 경우에 그러한 행위가 불합리한 차별로서 공정대표의무 위반에 해당하는 것으로 볼 수 있는 판단기준을 제시하고 있다. 일반적으로 사용자는 노동조합에 노조 사무실을 제공할 의무를 부담하지 않는다. 그러나 대상판결에 따르면, 사용자가 교섭대표노조에 상시적으로 사용할 수 있는 노조 사무실을 제공한 경우에는 교섭창구 단일화 절차에 참여한 소수노조에도 상시적으로 사용할 수 있는 일정한 공간을 노조 사무실로 제공할 의무가 공정대표의무로부터 도출되며, 물리적 한계나 비용 부담 등을 이유로 소수노조에 노조 사무실을 전혀 제공하지 않거나 일시적으로 회사 시설을 사용할 수 있는 기회를 부여하였다고 하더라도 공정대표의무 위반에 해당한다는 점을 확인할 수 있다.

Q 1. 대상판결이 제시하고 있는 공정대표의무 법리에 따르면, 예컨대 사용자가 교섭대표노조에만 별도의 노조 사무실을 제공하면서 소수노조에는 그 소속 조합원 수가 절대적으로 적다는 이유로 노조 사무실을 제공하지 아니하고 필요시 회사의 회의실을 이용하도록 한 행위는 합리적인 이유가 있는 차별인가?

Q 2. 대상판결에서 사용자인 피고들과 교섭대표노조가 원고 노동조합 분회의 대표자들도 근로시간 면제 대상에 포함시키는 2014. 5. 30.자 합의를 하였음에도 불구하고 공정대표의무 위반에 해당하는 것으로 판단된 이유는?

≪심화학습≫

1. 노조법 제29조의3 제2항에서 규정하고 있는 '교섭단위를 분리할 필요가 있다고 인정되는 경우'의 의미 (대법원 2018. 9. 13. 선고 2015두39361 판결 참고)

제 21 강
단체교섭 (2)

1. 단체교섭의 사항

대법원 1994. 3. 25. 선고 93다30242 판결 [해고무효확인등]

가. 사실관계

1) 피고 회사는 건설업, 기술용역업, 석유류판매업 등을 목적으로 하는 회사로서 그 산하에 '시설관리사업부'를 두어 각종의 시설물을 관리하여 주는 용역업을 영위하여 왔으며, 원고 백○선 외 3인은 각각 피고 회사 근로자들로 조직된 '피고 회사노동조합'(이하 '노동조합'이라고만 한다)의 위원장, 수석부위원장, 부위원장으로 일하여 오던 중 피고 회사로부터 1992. 3. 13. 각 불법파업 주도에 의한 사규 및 단체협약 위반을 이유로 징계해고되었다.

2) 피고 회사의 시설관리사업부는 1972년 정부종합청사의 시설관리용역계약을 시작으로 국회청사, 금융기관 본점 등의 시설관리용역사업을 하여 오다가, 1985년 이후 소외 A항공, B항공과 시설관리용역계약을 체결하여 시설물을 관리하는 것을 주요한 사업내용으로 하여 왔으나 1989년부터 1991년간의 3년간 시설관리사업의 순수 누적적자가 30억원에 이르고 1991년의 순수적자도 3억을 초과함에 따라 시설관리용역사업은 적자사업으로 수익성을 기대하기 어렵게 되었을 뿐만 아니라 앞으로 더 이상 위와 같은 손실이 누중되지 아니하게 하려면 소외 항공사들과 시설관리용역에 다른 용역비를 상향 조정하는 내용으로 시설관리용역계약을 체

결하여야만 하였는데, 위 소외 회사들은 용역비의 과다한 인상요구를 받아들이기 어렵다는 이유로 결국 재계약체결이 결렬됨에 따라 위 소외 회사들 각각은 피고 회사에 시설관리용역계약의 해지를 통지해 왔다.

3) 피고 회사는 1991. 12. 18. 노동조합에 위와 같은 사실을 통보하면서 같은 해 12. 31.자로 시설관리사업부 폐지 및 직원전용방안을 알리고 피고 회사 단체협약 제55조에서 "회사는 휴폐업(폐쇄), 분할, 합병, 양도, 이전, 업종전환 등으로 조합원의 신분변동(인원감축, 직종변경, 전환배치)이 불가피할 경우 사전에 노동조합과 협의하여 사후대책을 마련한다"고 규정하고 있는 바에 따라 피고 회사가 수립한 정리수용방안과 조합원 전환배치계획에 관하여 협의할 것을 제안하였는데, 노동조합은 같은 달 20. 시설관리사업부 소속 조합원 총회와 같은 달 23. 확대간부회의를 열어 시설관리사업부 폐지 백지화 및 직장을 사수하자는 결의를 하였고, 그 이후 피고 회사와 노동조합은 같은 달 27.부터 1992. 1. 10.까지 6차에 걸쳐 시설관리사업부 폐지와 관련한 협의를 하였으나, 노동조합은 시설관리사업부 폐지의 경영결단을 백지화할 것만을 주장할 뿐 조합원의 전환배치에 관하여는 협의할 필요가 없다는 입장을 굽히지 아니함에 따라 위 협의는 결렬되고, 피고 회사는 시설관리사업부 폐지에 따른 인사조치로서 1992. 1. 23. 임시 계약직 근로자와의 계약해지을 해지하고 같은 달 25. 같은 부서 소속 근로자 186명에 대해 같은 달 31.자로 그룹사 전출요원 및 타 사업장 전환배치요원으로 보직대기 발령을 하였고, 피고 회사는 같은 달 31. 전환배치 내역을 첨부하여 노동조합에 다시 협의를 제의하였으나, 같은 날 노동조합은 시설관리사업부 폐지 백지화의견을 고수하면서 전환배치계획에 대한 협의에 응하지 아니하겠다는 통지를 함으로써 피고 회사는 같은 해 2. 7. 보직대기 발령자에 대한 전환배치 인사명령을 하였다.

4) 한편, 노동조합은 위 같은 해 1. 24.부터 31.까지 사이에 쟁의행위에 대한 조합원 찬반투표를 실시하여 조합원 과반수의 찬성을 얻었고, 원고들은 쟁의대책위원회 회의를 개최하여 파업에 따른 역할을 각 분담하기로 하고 1992. 2. 12. 08:30경부터 시설관리사업부를 시작으로 파업에 돌입하기로 결의하였고, 이러한 파업 결의에 따라 각 사업장 또는 본사

건물의 일부를 점거하고, 철야농성, 다른 직원들의 출입 통제, 식당 벽면에 걸어놓은 동양화 1점(시가 금 4,000,000원 상당)의 파손, 각종 낙서 등의 행위를 하였다.

　5) 피고 회사는 1992. 3. 13. 인사위원회를 개최하고 원고들의 위와 같은 행위가 피고 회사 단체협약과 상벌규정 및 취업규칙에 정한 징계해고사유에 해당한다고 판단하여 원고들을 각 징계해고 의결을 하고 아울러 다음날 원고들에게 이러한 사실을 통보하였다.

　6) 원심은 피고 회사의 원고들에 대한 위 징계해고처분이 정당하다고 판단하여 원고들의 항소를 기각하였다.

나. 판결요지

　1) 원심이 확정한 사실관계에 의하면, 피고 회사가 그 산하 시설관리사업부를 폐지시키기로 결정한 것은 적자가 누적되고 시설관리계약이 감소할 뿐 아니라 계열사인 A항공, B항공과의 재계약조차 인건비 상승으로 인한 경쟁력 약화로 불가능해짐에 따라 불가피하게 취해진 조치로서 이는 경영주체의 경영의사 결정에 의한 경영조직의 변경에 해당하여 그 폐지 결정 자체는 단체교섭사항이 될 수 없다고 할 것인데 피고 회사 노동조합은 원고들의 주도하에 시설관리사업부 폐지 자체의 백지화만을 고집하면서 그 폐지에 따를 근로자의 배치전환 등 근로조건의 변경에 관하여 교섭하자는 피고 회사의 요청을 전적으로 거부하고 폐지 백지화 주장을 관철시킬 목적으로 쟁의행위에 나아갔다는 것이므로 이 사건 쟁의행위는 우선 그 목적에 있어 정당하다고 보이지 아니할 뿐만 아니라, 그 쟁의행위 과정에 있어서도 … (중략) … 그 방법과 태양이 폭력과 파괴행위를 수반한 것으로 사회적 상당성을 갖추었다고는 도저히 볼 수 없어 이 점에 있어서도 이 사건 쟁의행위는 부당하다고 할 것이고, 따라서 원고들의 위와 같은 행위는 고의 또는 과실로 피고 회사에 막대한 재산상의 손해를 끼치고 기타 피고 회사의 제규정과 실정법을 위반한 때에 해당하여 원고들과 피고 회사간의 기본적인 신뢰관계를 무너뜨리는 것으로서 그 근로

계약관계를 지속하게 하는 것이 현저히 부당하다고 인정될 정도의 비위행위에 해당한다 할 것이므로 피고 회사가 이를 들어 단체협약 등에 따라 원고들을 징계해고한 데에는 정당한 이유가 있다고 보아야 할 것이다. 이와 같은 취지의 원심의 판단은 정당하고, 거기에 소론과 같이 단체교섭의 대상사항, 쟁의행위의 목적의 정당성, 노동조합법 제2조(현행 노조법 제4조) 및 형법 제20조의 정당한 행위, 해고에 있어서의 정당한 이유, 부당노동행위 등에 관한 법리를 오해한 위법이 있다고 할 수 없다.

2) 피고 회사의 단체협약 제55조에 "회사는 휴폐업(폐쇄), 분할, 합병, 양도, 이전, 업종전환 등으로 조합원의 신분변동(인원감축, 직종변경, 전환배치)이 불가피할 경우 사전에 노동조합과 협의하여 사후대책을 마련한다"고 규정되어 있음은 소론이 지적하는 바와 같지만, 이는 불가피한 휴폐업 등의 경우 그 사후대책에 관하여 노동조합과 협의할 것을 정한 것에 불과한 것이고 휴폐업 등을 할 것인지 여부 자체에 관하여 노동조합과 협의할 것을 정한 것은 아니라고 보이므로 위 조항에 의하여 시설관리사업부의 폐지문제가 단체교섭의 대상이 된다고 할 수는 없고, 또 위 문제와 관련해서 피고 회사가 노동조합과 수차례 만나 상호간의 상반된 입장을 확인한 적이 있었다 하더라도(원고들 주장과 같이 직접 위 문제에 관하여 단체교섭을 벌인 적은 없었다) 그러한 사실만으로 당연히 위 문제가 단체교섭사항으로 되는 것도 아니라 할 것이다.

다. 해 설

사용자가 노동조합의 교섭 요구에 응할 의무가 있는 사항을 흔히 '의무적 교섭사항'이라고 한다. 사용자가 의무적 교섭사항에 대하여 정당한 이유 없이 교섭을 거부하는 행위는 부당노동행위이다(노조법 제81조 제3호 참조). 노조법에서는 의무적 교섭사항에 관하여 명문으로 규정하고 있지 않다. 따라서 의무적 교섭사항의 범위는 근로조건의 향상을 위한 근로자의 자주적인 단체교섭권을 보장하는 헌법의 취지와 단체교섭권의 보장을 통해 근로조건의 유지·개선과 근로자의 경제적·사회적 지위의 향상을 도모하고자 하는 노조법의 목적에 비추어 실질적으로 판단하여야 한다.

노사가 자치적으로 해결할 수 있는 사항(즉, 사용자가 처분할 수 있는 사항)으로서 임금·근로시간 등 근로조건에 관한 사항, 징계·해고 등 인사에 관한 사항, 조합활동·교섭절차 등 단체적 노사관계의 운영에 관한 사항은 일반적으로 의무적 교섭사항에 해당한다고 해석되고 있다(대법원 2003. 12. 26. 선고 2003두8906 판결 참고). 그러나 사업의 전부 내지 일부의 변경(확장, 축소, 전환) 또는 처분(폐지, 양도) 등 이른바 경영결정사항은 원칙적으로 의무적 교섭사항이 될 수 없다. 대상판결은 이러한 판례의 입장을 잘 보여주고 있는 대표적인 사례들 중의 하나이다.

Q 1. 대상판결에 의하면 단체교섭의 대상성과 쟁의행위의 정당성간의 관계는?

Q 2. 경영사항일지라도 의무적 교섭사항으로 판단할 수 있는 경우는? (대법원 1994. 8. 26. 선고 93누8993 판결 참고.)

≪**심화학습**≫

1. 정리해고 등 기업의 구조조정 실시 여부의 단체교섭 대상성 (대법원 2002. 2. 26. 선고 99도5380 판결 참고)

2. 권리분쟁사항의 의무적 교섭사항 해당 여부

2. 단체교섭 거부의 행정적 구제

대법원 1998. 5. 22. 선고 97누8076 판결 [부당노동행위구제재심판정취소]

가. 사실관계

1) 원고(○○기념사업회)는 관련법에 의하여 전쟁에 관한 자료수집, 보전을 하고 전쟁의 교훈을 통하여 전쟁의 예방과 평화적 통일을 이룩하는 데 이바지할 목적으로 설립된 비영리 법인으로서 국방부장관의 지도 감독을 받아 전쟁기념관을 운영하는 등의 활동을 하여 오고 있다.

2) ○○기념사업회 노동조합(이하 '조합'이라고 한다)은 1995. 9. 18. 원고의 3급 학예부 자료담당관으로 근무하던 소외 홍○표 등 그 소속 근로자 25명이 설립한 노동조합으로서, 그 설립 당시 위 홍○표를 조합장으로 선출한 다음, 같은 달 20. 관할 관청인 용산구청에 조합설립신고를 하여 같은 달 25. 그 신고가 수리되었다.

3) 원고는 조합설립신고후인 같은 달 21. 조합으로부터 기본단체협약 체결을 위한 단체교섭을 요청받았으나 노조설립신고사실을 관할관청으로부터 통보받지 못했다는 이유로 이에 응하지 아니하다가, 같은 달 25. 노조설립신고수리사실을 용산구청으로부터 서면 통보 받고서는 조합장인 홍○표가 자료관리담당관(3급 차장)으로 조합원 자격에 하자가 있다는 이유로 관할 지방노동사무소 및 용산구청에 질의하면서 단체교섭을 같은 해 10월 말이나 11월 초로 연기하자고 하면서 불응하였다.

4) 이에 조합은 같은 해 10. 2. 상급노동단체인 전국전문기술노동조합연맹(이하 '전기련'이라 한다)에 단체교섭을 위임하였고, 전기련은 같은 달 16. 원고측과 향후 4주(같은 해 11. 15.) 이내에 조합과 원고가 교섭을 통해 기본협약을 체결하기로 합의한 다음, 조합원들만으로 교섭위원을 선임하여 제1차 단체교섭일시를 같은 달 24.로 통보하고, 같은 달 19.에는 기본협약의 사용자 측안을 요청하였으며, 같은 달 23. 재차 교섭에 성실히 응하여 줄 것을 요청였으나, 원고는 위 홍○표의 조합원 자격여부에 대하여

관할지방노동사무소 등에 질의를 해 놓고 있는 상태인데 위 홍○표가 교섭위원으로 포함되어 있고, 국방부의 지도 감사기간과 중복된다는 등의 이유를 들어 연기를 요구하면서 이에 불응하였다.

5) 그 후 같은 해 11. 17. 전기련은 원고가 같은 달 15.까지의 교섭타결 약속을 지키지 아니하였음을 들어 직접 교섭에 임하겠다고 원고에게 통지하면서, 교섭위원에 전기련의 임원을 포함시키고 교섭일시를 같은 달 23.로 하여 단체교섭을 요청하였으나, 원고는 다시 위 홍○표가 교섭위원에서 제외되지 않았다는 이유로 교섭에 불응하였고, 전기련이 같은 달 23. 교섭일시를 같은 달 25.로 한 재통보에 대하여도 같은 사유로 교섭에 불응하였으며, 같은 해 12. 7.의 교섭 요청에 대하여는 위와 같은 사유 이외에 전기련의 교섭위원 중 전기련 소속 노동쟁의국장 이○원이 전기련이 채용한 직원으로서 교섭위원의 자격이 없다는 사유를 추가하여 계속 단체교섭에 불응하였다.

6) 그러던 중 원고의 대표자인 회장 이○전은 1995. 12. 29. 전 직원을 상대로 한 연말 훈시에서, 원고 사업회의 성질상 태어나지 말아야 할 노동조합이 생겼으며, 자신을 포함한 우리 모두가 (감독관청인 국방부에 대하여) 노동자인 것이고, 원고 사업회의 성격상 노조활동에는 한계가 있다고 보며, 계속하여 분쟁이 야기되어 전 직원으로부터 사표를 받고 공개채용으로 다시 충원해야 하는 일이 없기 바란다는 취지로 발언하였다.

7) 그 후 전기련은 1996. 1. 3. 다시 같은 달 8.자로 단체교섭을 요청하였으나 원고는 다시 이에 불응하였고, 같은 달 16. 용산구청으로부터 위 홍○표가 조합원 자격이 있다는 회시가 있자, 전기련은 다시 같은 달 19. 원고에게 같은 달 22. 단체교섭을 개최할 것을 제의하였고, 이에 원고는 같은 달 30. 단체교섭을 개최하기로 합의한 뒤, 위 홍○표에 대하여 같은 달 25. 제반 근무 규정위반, 직무태만, 품위손상 및 명예훼손을 이유로 징계해고를 한 다음, 같은 달 30. 단체교섭일에 이르러서는 해고된 위 홍○표가 교섭위원으로 참석하였다는 사유를 들어 단체교섭을 무산시켰다.

8) 그 후 전기련은 같은 해 1. 31. 다시 같은 해 2. 5. 단체교섭을 개최하자고 제의하였으나, 원고는 신임사무총장이 새로 부임하여 업무파악

이 안 되었으니, 같은 달 말로 연기하자고 통보를 하고서 그 후 계속된 전기련의 교섭 개최요청에 불응하면서, 한편으로는 부서장 등을 통하여 일부 조합원들의 조합탈퇴를 종용하고, 같은 달 말에 이르러서는, 조합이 같은 달 23. 자체 해산결의를 하였다는 이유로 교섭에 불응하였다.

9) 한편, 조합 부조합장이던 소외 조○곤은 1996. 2. 4. 조합을 탈퇴하였음에도 같은 달 17.자로 같은 달 22. 임시총회 소집 공고를 하였으나 그 날 정족수 미달로 임시총회가 무산되었고, 다음 날인 23. 오전 다시 임시총회를 개최하였으나 역시 정족수가 미달되자, 같은 날 오후 근무시간 중에 원고 사업회의 총무부장 등이 참석 독려를 하는 등의 도움을 받아 조합원들을 참석하게 한 다음 임시총회를 강행하여, 조합장 불신임, 조합 해산 및 전기련에 대한 교섭위임 철회 등을 의결한 뒤, 같은 달 27. 용산구청에 조합해산신고서를 제출하였으나, 용산구청은 같은 해 3. 5. 임시총회가 정당하게 소집되지 아니하였다는 사유를 들어 조합 해산 신고서를 반려하였다.

10) 또한 위 홍○표는 원고의 해고조치에 대하여 원고에게 재심을 신청한 다음, 같은 해 3. 4. 이미 제기한 바 있던 1996. 1. 15.자 부당노동행위 구제신청과 같은 해 2. 22.자 부당해고 구제 신청을 각 취하하고, 같은 해 3. 7. 재심인사위원회에 출석하여 선처를 요청하였으나 원고는 이를 받아들이지 아니하였다.

11) 그 후 전기련은 같은 해 4. 18. 및 4. 24. 계속하여 위 임시총회 결의는 무효이므로, 단체교섭을 하자고 요청하였으나, 원고는 이에 불응하였고, 그 이후에도 교섭이 한 번도 이루어지지 아니하였다.

12) 이에 조합은 1996. 4. 1.경 원고를 상대로 서울특별시 지방노동위원회에, 원고가 조합 및 전기련의 단체교섭 요구에 계속 불응하고, 노조활동에 대하여 지배, 개입하였으며, 위 홍○표에 대하여 조합활동을 이유로 부당해고를 하였다는 이유로 부당노동행위 및 부당해고 구제신청을 하였는바, 이에 대하여 위 지방노동위원회는 위 신청 중 부당해고 구제신청 부분은 기각하고, 부당노동행위 부분에 대하여는 "단체교섭 거부, 지연의 부당노동행위는 이를 중지하고 즉시 단체교섭에 임하여야 한다.

노동조합 지배, 개입의 부당노동행위는 이를 중지하여야 한다"는 취지의 구제명령을 발하는 판정을 하였다.

13) 원고는 위 판정 중 부당노동행위 구제명령부분에 대하여 중앙노동위원회에 재심을 신청하였으나, 중앙노동위원회는 원고의 재심신청을 기각하는 재심판정을 하였다.

14) 원심은 원고가 정당한 사유 없이 단체교섭을 거부 또는 해태하였고, 따라서 이 사건 재심판정은 적법하다고 판결하였다.

나. 판결요지

1) 단체교섭 거부의 점에 대하여

구 노동조합법(이하 '법'이라고 한다) 제39조(현행 노조법 제81조) 제3호가 정하는 부당노동행위는, 사용자가 아무런 이유 없이 단체교섭을 거부 또는 해태하는 경우는 물론이고, 사용자가 단체교섭을 거부할 정당한 이유가 있다거나 단체교섭에 성실히 응하였다고 믿었더라도 객관적으로 정당한 이유가 없고 불성실한 단체교섭으로 판정되는 경우에도 성립한다고 할 것이고, 한편 정당한 이유인지 여부는 노동조합측의 교섭권자, 노동조합측이 요구하는 교섭시간, 교섭장소, 교섭사항 및 그의 교섭태도 등을 종합하여 사회통념상 사용자에게 단체교섭의무의 이행을 기대하는 것이 어렵다고 인정되는지 여부에 따라 판단할 것이다.

법 제3조 단서 제1호의 규정은 노동조합의 자주성을 확보하기 위하여 사용자 또는 항상 사용자의 이익을 대표하여 행동하는 자의 노동조합에의 참가를 금지하고 있는바, 원심이 적법하게 인정한 바와 같이, ○○기념사업회노동조합(이하 '이 사건 조합'이라고 한다)의 조합장인 소외 홍○표는 학예부장의 차 하위자인 3급직 학예담당관으로 그 부하직원을 지휘하고 그 휘하의 6급 이하 직원에 대한 1차적 평가를 하지만, 부장이 2차 평정권자로서 그 평정의 권한 및 책임은 궁극적으로 부장에게 귀속되고, 부하직원의 지휘도 부장을 보조하는 데 지나지 아니하며, 인사, 급여, 후생, 노무관리 등 근로조건의 결정에 관한 권한과 책임을 원고로부터 위임받은 사실이 없다면, 위 홍○표는 법 제3조 단서 제1호에 정한 사용자 또는 항상 그의 이익을 대표하여 행동하는 자에 해당하지 아니하므로, 원고가 위 홍○표는 노동조합원이 될 수 있는 자격이 없다는 이유로 이 사건 조합의 단체교섭요구에 응하지 아니한 것은 정당하다고 볼 수 없다.

그리고 원심이 확정한 사실에 의하면, 원고는 이 사건 조합으로부터 교섭을 위임받은 상급노동단체인 소외 전국전문기술노동조합연맹이 1996. 1. 31. 일자를 같은 해 2. 5.로 지정하여 한 단체교섭요구에 대하여, 신임 사무총장이 업무파악을 다하지 못하였다는 이유로 같은 달 말로 연기하자고 통보한 뒤, 그 무렵에 이르러서는 이 사건 조합이 같은 달 23. 스스로 해산결의를 하였다는 이유로 다시 교섭에 불응하였는데, 위 해산결의는 이미 그 전인 같은 해 2. 4. 이 사건 조합을 탈퇴한 부조합장이던 소외 조○곤이 같은 달 17.자로 소집공고를 하여 개최한 같은 달 22.의 임시총회가 정족수 미달로 무산되고, 다음 날 오전으로 연기된 임시총회 역시 정족수가 미달되어, 같은 날 오후 원고의 총무부장 등의 조합원 참석독려 등 도움을 받아 근무시간 중에 개최된 임시총회에서 이루어졌고, 그 뒤 같은 달 27. 용산구청장에게 제출된 조합해산신고서는 같은 해 3. 5. 위 임시총회가 정당하게 소집되지 아니하였다는 사유로 반려되었는바, 원고 사무총장의 업무파악이 끝나지 않았다는 사유는 원고의 내부 사정에 불과한 것으로 사회통념상 단체교섭을 행하기 어려운 사유라고 할 수 없고, 조합해산결의는 정당한 소집권한이 없는 자에 의하여 소집된 임시총회에서의 결의로서 무효라고 할 것이므로 조합이 해산되었다는 이유로 원고가 단체교섭에 불응한 것도 역시 정당하다고 볼 수 없다.

따라서 모두 객관적으로 정당한 이유가 없는 위 사유들을 내세워, 이 사건 조합의 최초 단체교섭요구시부터 계속된 일련의 원고의 단체교섭거부 또는 지연행위는 법 제39조 제3호에 정한 부당노동행위에 해당한다고 할 것이니, 같은 취지의 원심의 판단은 옳고, 거기에 상고이유로 주장하는 부당노동행위에 대한 법리오해의 위법이 있다고 할 수 없으므로 이 점에 관한 상고이유의 주장은 받아들일 수 없다.

2) 지배개입의 점에 대하여

사용자가 연설, 사내방송, 게시문, 서한 등을 통하여 의견을 표명할 수 있는 언론의 자유를 가지고 있음은 당연하나, 그것이 행하여진 상황, 장소, 그 내용, 방법, 노동조합의 운영이나 활동에 미친 영향 등을 종합하여 노동조합의 조직이나 운영을 지배하거나 이에 개입하는 의사가 인정되는 경우에는 법 제39조 제4호에 정한 부당노동행위가 성립한다고 볼 것이다(대법원 1991. 12. 10. 선고 91누636 판결: 대법원 1994. 12. 23. 선고 94누3001 판결 등 참조).

기록에 의하면, 이 사건 조합의 조합원들이 연명으로 1995. 12. 5. 원고의 대표자인 회장 소외 이○전 등을 업무상횡령혐의로 수사기관에 고소함으로써 원고와 이 사건 조합간의 갈등이 형사문제로 비화된 사실을 알 수 있고, 이러한 상황 속에서, 원심이 적법하게 인정한 사실과 같이, 위 이○전이 1995. 12. 29. 종무식상에서 전직원을 상대로 원고 조직의 성질상 태어나지 말아야 할 노동조합이 생겼으며, 자신을 포함한 우리 모두가(감독관청인 국방부에 대하여) 노동자인 것이고, 원고 조직의 성격상 노조활동에는 한계가 있다고 보며, 계속하여 분쟁이 야기되어 전직원으로부터 사표를 받고 공개채용으로 다시 충원해야 하는 일이 없기 바란다는 취지로 발언한 것은, 이 사건 조합을 부인하는 태도를 명백히 함과 동시에 조합활동이 계속되는 경우 직원의 신분이 박탈될 수도 있다는 신분상의 불안감을 느끼게 하여 조합활동을 위축시킴으로써 조합의 조직과 활동에 영향을 미치고자 하는 의도임이 충분히 인정되므로, 원심이 위 연설행위를 법 제39조 제4호에 정한 부당노동행위로 판단한 것은 정당하고, 거기에 상고이유로 주장하는 부당노동행위에 대한 법리오해의 위법이 있다고 할 수 없다. 이 점에 대한 상고이유의 주장 역시 받아들일 수 없다.

다. 해 설

노동조합의 대표자 또는 노동조합으로부터 위임을 받은 자와의 단체협약 체결 기타의 단체교섭을 정당한 이유 없이 거부하거나 해태하는 사용자의 행위는 부당노동행위이다(노조법 제81조 제3호). 사용자의 교섭거부에 대한 구제는 노동위원회에 의한 구제(행정적 구제)와 법원에 의한 구제(사법적 구제) 두 가지가 있다. 행정적 구제는 교섭의 거부 내지 해태의 부당노동행위에 대하여 노동조합이 그 행위가 있은 날(계속하는 행위는 그 종료일)부터 3월 이내에 노동위원회에 그 구제를 신청하는 것이다(노조법 제82조 참조).

대상판결은 정당한 이유 없는 사용자의 교섭 거부·해태에 대한 행정적 구제와 관련된 대표적 사례이다. 대상판결에 의하면 교섭 거부 또는 해태의 정당한 이유 유무는 사용자의 주관적 의사나 믿음이 아니라 교섭을 둘러싼 객관적인 제반 사정(교섭권자, 교섭의 시간·장소·사항·태도 등)에 기초하여 사용자에게 교섭의무이행을 기대할 수 있는지 여부에 따라 판단하여야 한다.

한편, 사용자가 노동조합이나 노동조합의 활동에 관하여 일정한 견해를 표시하거나 발언하는 경우 그것이 지배개입의 부당노동행위에 해당하는지가 문제되는데, 대상판결은 지배개입의사가 인정되는지의 판단기준을 제시하고 있다.

Q 1. 대상판결에서 사용자가 교섭 거부 등의 이유로 제시한 것은 무엇이고, 그 이유는 왜 정당하지 않다고 판단되었나?

Q 2. 대상판결에서 조합해산결의가 무효라고 본 이유는?

Q 3. 교섭의 거부·해태에 대한 노동위원회의 구제명령을 사용자가 이행하지 않는 경우 노조법상 어떤 제재가 가해질 수 있나?

3. 단체교섭 거부와 손해배상

대법원 2006. 10. 26. 선고 2004다11070 판결 [손해배상(기)등]

가. 사실관계

1) 원고(전국운송하역노동조합)는 1999. 3. 2. 설립신고를 하여 다음날인 같은 달 3. 설립신고증을 교부받은 조합으로서 화물운송 및 항만하역산업에 종사하는 근로자들을 조직대상으로 하는 전국 규모의 직종별 단위노동조합이고, 피고 회사는 부산항 제3단계 개발사업으로 건설된 컨테이너 전용부두인 신선대 부두를 관리·운영하기 위하여 1990. 6. 26. 설립된 이래 컨테이너화물의 하역, 운송업 등을 영위하여 온 회사이다.

2) 한편, 부산항운노동조합(이하 '항운노조'라고 한다)은 부산지역의 항만, 철도, 육상, 농수산물의 하역, 운송, 보관 및 이와 관련되는 부대사업 또는 기타 사업에 종사하는 근로자를 조직대상으로 하여 1980. 12. 1. '전국항운노동조합 부산지부'라는 명칭으로 설립한 후 1997. 4. 23. 현재의 명칭으로 변경한 지역별·직종별 단위노동조합으로 피고 회사의 설립후부터 현재까지 피고 회사내에 신선대연락소를 설치·운영(위 신선대연락소는 독자적인 규약 및 집행기관을 가지고 있지는 아니하고, 연락소장의 임면도 항운노조위원장이 항운노조인사위원회의 결의를 얻어 하도록 되어 있으며, 피고 회사와의 단체교섭 및 노사협의회의 대표자는 항운노조위원장으로 되어 있다)해오고 있는데, 피고 회사는 설립당초부터 항운노조와 단체협약을 체결해 왔고, 현재 발효 중인 단체협약은 피고 회사 등 회원사를 대표하는 부산항만하역협회와 항운노조 등 단위노동조합이 소속된 산업별연합단체인 전국항운노동조합연맹 사이에 2002. 6. 28. 체결된 것으로서 그 유효기간은 2002. 6. 1.부터 2003년 5. 31.까지이다.

3) 그런데, 원고 조합은 소외 김○수 등 피고 회사 소속 근로자들이 항운노조에서 탈퇴하여 1999. 12. 9. 원고 조합에 가입하자 같은 달 10. 피고 회사에 위 김○수를 지부장으로, 소외 강○수를 부지부장으로 하는

원고 노동조합 신선대컨테이너터미날지부를 설치하였음을 통보한 후 같은 해 12. 13.부터 2000. 1. 7.경까지 수차례에 걸쳐 피고 회사에 원고 조합과의 단체교섭에 응할 것을 요구하였으나, 피고 회사는 피고 회사내에 유일교섭단체인 항운노조가 조직되어 있으므로 원고 조합은 구 노동조합 및노동관계조정법(2001. 3. 28. 법률 제6456호로 개정되기 전의 것) 부칙 제5조 제1항(하나의 사업 또는 사업장에 노동조합이 조직되어 있는 경우에는 제5조의 규정에도 불구하고 2001. 12. 31.까지는 그 노동조합과 조직대상을 같이하는 새로운 노동조합을 설립할 수 없다. 그후 위 조항이 2001. 3. 28. 법률 제6456호로 개정되어 2006. 12. 31.까지 복수노동조합의 설립이 금지되었다)에 의하여 그 설립이 금지되는 복수노동조합에 해당하여 원고 조합을 단체교섭대상으로 인정할 수 없다는 이유를 들어 원고의 단체교섭요구를 일응 거부하면서도 한편으로는 원고 조합이 단체교섭대상이 되는지 여부를 명확히 하기 위하여 같은 해 12. 14. 노동부에 질의를 한 후 원고 조합에게는 노동부의 회신에 따라 피고 회사의 최종적인 입장을 알려주겠다는 취지의 통지를 하였는데, 같은 해 12. 29. 노동부로부터 피고 회사에는 이미 항운노조가 조직되어 있으므로 원고 조합은 위 조항에 의하여 설립이 금지되는 복수노동조합에 해당하여 피고 회사 소속 근로자는 원고 조합에 가입·활동할 수 없다는 취지의 회시를 받자 이를 원고 조합에 제시하면서 원고 조합과의 단체교섭을 거부하였다.

4) 이에 원고는 2000. 1. 8. 피고 회사를 상대로 부산지방법원 2000카합53호로 단체교섭거부금지가처분을 신청하는 한편, 같은 해 1. 10. 부산지방노동위원회에 노동쟁의 조정신청을 하였는데, 같은 해 1. 20. 부산지방노동위원회가 피고 회사에 노동쟁의가 발생한 것으로 볼 수 없어 조정대상이 아니라는 취지의 결정을 하자, 같은 해 1. 20.부터 같은 달 25.까지 파업찬반투표를 실시하여 투표참가조합원 298명 중 257명의 찬성으로 파업을 결의하였으나, 위 신청사건의 결정시까지 파업을 유보하였다.

5) 그 후 부산지방법원은 같은 해 2. 11. 다음과 같은 이유 즉, i) 구 노동조합및노동관계조정법 부칙 제5조 제1항의 '하나의 사업 또는 사업장에 노동조합이 조직되어 있는 경우'는 기업별 단위노동조합이 설립되

어 있는 경우 또는 독립한 근로조건의 결정권이 있는 하나의 사업 또는 사업장 소속 근로자를 조직대상으로 한, 초기업적인 산업별·직종별·지역별 단위노동조합의 지부 또는 분회로서 독자적인 규약 및 집행기관을 가지고 독립한 단체로서 활동을 하면서 당해 조직이나 그 조합원에 고유한 사항에 대하여는 독자적으로 단체교섭 및 단체협약체결능력을 가지고 있어 기업별 단위노동조합에 준하여 볼 수 있는 경우라고 봄이 상당하다 할 것인데, 항운노조가 피고 회사내에 조직되어 있는 기업별 단위노동조합이 아님은 분명하고, 피고 회사내에 설치되어 있는 항운노조의 신선대 연락소는 독자적인 규약 및 집행기관을 가지고 독립한 단체로서 활동을 하면서 당해 조직이나 그 조합원에 고유한 사항에 대하여 독자적으로 단체교섭 및 단체협약체결능력을 가지고 있는 조직이라고 할 수 없어서 기업별 단위노동조합에 준하는 것이라고 볼 수 없으므로, 피고 회사는 원고 조합과의 단체교섭을 거부할 수 없고, ii) 같은법 부칙 제5조 제3항(노동부장관은 2001. 12. 31.까지 같은 조 제1항의 기한이 경과한 후에 적용될 교섭창구 단일화를 위한 단체교섭의 방법·절차 기타 필요한 사항을 강구하여야 한다. 위 조항도 2001. 3. 28. 법률 제6456호로 개정되어 2006. 12. 31.까지 그 시행이 연기되었다)은 그 수범자인 노동부장관에게 교섭창구 단일화 방안의 강구의무를 부과하는 의무설정규범일 뿐, 단체교섭권의 향유주체인 노동조합에 대하여 교섭창구 단일화 의무를 부과하는 권리제한규범이나 병존조합의 교섭창구가 단일화되지 않으면 사용자가 단체교섭을 거부할 수 있는 단체교섭거부에 관한 정당한 사유의 창설규범에 해당하지 아니하므로, 위 조항을 근거로 원고 조합과의 단체교섭을 거부할 수 없다(다만, 교섭창구 단일화에 관한 입법이 없는 상태에서 원고 조합으로서는 피고 회사의 사업장이 사회간접시설로서의 특수성을 가지고 있는 점 등을 감안하여 가급적 사전에 항운노조와 교섭창구를 단일화하도록 노력하는 등 단체교섭권행사에 신중을 기하는 것이 바람직하다)는 이유로, 원고 조합의 가처분신청을 인용하는 결정을 하였다.

6) 피고 회사는 위 가처분결정 당일 부산지방법원 2000카합468호로 위 가처분결정에 대한 이의를 신청하는 한편 위 가처분결정을 근거로 단체교섭을 요구하는 원고 조합에 대하여는 단체교섭에 앞서 항운노조와

교섭창구 단일화에 관한 협의·조정을 해 줄 것을 요청하였으나, 원고 조합은 피고 회사가 교섭창구 단일화를 핑계로 원고 조합과의 단체교섭을 거부한다는 이유로 2000. 2. 25. 19:00부터 파업에 돌입하였다가 같은 해 4. 30. 종료하였다.

7) 한편 피고 회사 소속 근로자로서 원고 조합에 가입한 근로자 수는 1999. 12. 20. 기준으로 325명이었으나 위 파업종료 후부터 줄어들기 시작하여 2000. 7.경 150명만 남게 되었고, 그 후로도 계속 줄어들어 늦어도 2002. 7.전에는 원고 조합의 조합원은 한명도 남지 않게 되었다(원고 조합이 이 사건 소송계속 중이던 2002. 12. 18. 제시한 조합원 명단에 기재된 피고 회사 근로자들은 2002. 7.전 이미 원고 조합을 탈퇴하여 항운노조에 가입하였거나 또는 노동조합 미가입 상태로 있는 자들이며, 2002. 7.이후에도 원고 조합에 가입한 피고 회사의 근로자가 있다는 점에 관하여는 이를 인정할 증거가 없다. 그리고, 지부장이었던 위 김○수, 부지부장이었던 위 강○수, 사무장이었던 소외 우○경은 위 파업이후 모두 해고되어 피고 회사를 상대로 해고무효확인의 소를 제기하였으나 2002. 6. 4. 이전에 모두 피고 회사와 합의하고 소를 취하한 바 있다).

8) 원고 조합은 위 김○수를 포함한 피고 회사 소속 근로자들이 항운노조를 탈퇴하고 원고 조합에 가입해 있던 중인 1999. 12. 10.부터 2000. 1. 7.까지 사이에 수차례에 걸쳐 피고 회사에 단체교섭에 응할 것을 요구하였으나 피고 회사가 계속하여 이를 거부하였고, 더욱이 원고 조합이 제기한 위 단체교섭거부금지가처분신청사건에 관하여 부산지방법원이 2000. 2. 11. 피고 회사는 원고 조합과의 단체교섭을 거부하여서는 아니된다는 취지의 가처분결정을 하였음에도 불구하고 교섭창구 단일화를 핑계로 원고 조합과의 단체교섭을 계속하여 거부함으로써 위 가처분결정을 위반하기까지 하였고, 이에 원고 조합은 2000. 2. 25.부터 같은 해 4. 30.까지 2개월여 동안 피고 회사의 부당한 단체교섭거부를 철회시키기 위한 파업을 벌이지 않을 수 없었는데, 그 과정에서 경제적, 정신적, 육체적 고통을 견디지 못한 조합원들이 원고 조합을 탈퇴하는 바람에 위 파업이후부터 현재까지 약 3년 동안 정상적인 조합활동을 하지 못하는 손해를 입었을 뿐만 아니라 원고 조합의 사회적 평가가 심히 훼손되는 손해도 입

었으며, 나아가 피고 회사의 부당한 단체교섭거부 등에 대응하기 위하여 이 사건 소를 포함한 수건의 소를 제기하고 피고 회사가 제기한 각종의 소에 응소하는데 소요되는 비용 및 조합원들에 대한 생계지원비로 금 5,000만원이 넘는 금원을 지출하는 손해도 입었으며, 위와 같은 손해들은 모두 피고 회사가 위 조항 소정의 복수노동조합에 해당하지 않는 원고 조합의 단체교섭요구를 정당한 사유없이 거부하고 더 나아가 원고 조합과의 단체교섭을 명하는 취지의 가처분결정이 있었음에도 불구하고 이를 위반하여 원고 조합과의 단체교섭을 거부하는 불법행위를 저지름으로 인하여 발생한 것이므로, 피고 회사로서는 위와 같은 불법행위로 인하여 원고 조합이 입게 된 비재산적 손해에 대한 위자료로 금 50,000,000원을 지급할 의무가 있다고 주장하였다(원고는 소송비용 및 생계지원비 지출로 인한 재산적 손해에 대한 배상을 따로 구하지 아니하고 다만 위자료산정의 참작사유로 주장).

9) 원심은 피고 회사가 원고 조합의 단체교섭요구에 응하지 아니한 것을 가리켜 민법 제750조 소정의 불법행위에 해당한다고 보기는 어렵고, 달리 피고의 위 행위가 불법행위에 해당한다고 볼 만한 아무런 증거가 없으므로 원고의 위 주장은 더 나아가 살필 필요 없이 이유 없다고 하여 원고의 청구를 기각하였다.

나. 판결요지

사용자가 노동조합과의 단체교섭을 정당한 이유 없이 거부하였다고 하여 그 단체교섭 거부행위가 바로 위법한 행위로 평가되어 불법행위의 요건을 충족하게 되는 것은 아니지만, 그 단체교섭 거부행위가 그 원인과 목적, 그 과정과 행위태양, 그로 인한 결과 등에 비추어 건전한 사회통념이나 사회상규상 용인될 수 없는 정도에 이른 것으로 인정되는 경우에는 그 단체교섭 거부행위는 부당노동행위로서 단체교섭권을 침해하는 위법한 행위로 평가되어 불법행위의 요건을 충족하게 되는바, 사용자가 노동조합과의 단체교섭을 정당한 이유 없이 거부하다가 법원으로부터 노동조합과의 단체교섭을 거부하여서는 아니 된다는 취지의 집행력 있는 판결이나 가처분결정을 받고서도 이를 위반하여 노동조합과의 단체교섭을 거부하였다면, 그 단체교섭 거부행위는 건전한 사회통념이나 사회상규상 용인될 수 없는 정도에 이른 행위로서 헌법이 보장하고 있는 노동조합의 단체교섭권을 침해하는 위법한 행위라고 할 것이므로, 그 단체교섭 거부행위는 노동조합에 대하여 불법행위를 구성한다.

그런데 원심이 인정한 사실관계에 의하면, 원고는 구 노동조합 및 노동관계조정법(2001. 3. 28. 법률 제6456호로 개정되기 전의 것) 부칙 제5조 제1항에 의하여 설립이 금지된 복수노동조합에 해당하지 않아서 피고에 대하여 단체교섭권을 가지고 있었던 것으로 보이고, 또 피고는 2000. 2. 11.부산지방법원으로부터 "원고가 설립이 금지된 복수노동조합에 해당하지 않으므로 피고는 단체교섭 창구의 단일화 등을 내세워 원고와의 단체교섭을 거부하여서는 아니 된다"는 취지의 가처분결정을 받고서도 위 가처분결정에 위반하여 원고와의 단체교섭을 거부하여 왔음을 알 수 있는바, 사정이 이와 같다면 피고가 위 가처분결정 이후에 위 가처분결정에 위반하여 원고와의 단체교섭을 거부한 행위는 정당한 이유 없이 단체교섭을 거부한 행위에 해당할 뿐 아니라, 건전한 사회통념이나 사회상규상 용인될 수 없는 정도에 이른 행위로서 원고의 단체교섭권을 침해한 위법한 행위에 해당한다고 보지 않을 수 없고, 이는 원심 판시와 같이 피고가 위 가처분결정 이전에 노동부로부터 원고가 설립이 금지된 복수노동조합에 해당한다는 취지의 회신을 받았고, 그 당시에 원고가 설립이 금지된 복수노동조합에 해당하는지 여부에 관하여 학설·판례 등에서 견해의 대립이 있었으며, 피고가 위 가처분결정에 대하여 바로 이의신청을 하였고, 위 가처분결정이 그 후의 사정변경에 따라서 종국적으로는 취소되었다고 하더라도, 위 가처분결정에서 원고가 설립이 금지된 복수노동조합에 해당하지 않으므로 피고가 이를 이유로 원고와의 단체교섭을 거부할 수 없다는 취지로 판단되어 있고, 또 피고가 위 가처분결정에 대하여 집행정지신청을 하여 법원으로부터 집행정지결정을 받지 않았던 이상, 달리 볼 것이 아니다(다만, 원심이 판시하고 있는 위와 같은 사정들에 비추어 보면, 피고가 위 가처분결정 이전에 원고와의 단체교섭을 거부한 행위는 비록 정당한 이유가 있는 행위로 볼 수는 없으나, 건전한 사회통념이나 사회상규상 용인될 수 없는 정도에 이른 위법한 행위로서 원고에 대하여 불법행위를 구성한다고 볼 수는 없다).

그렇다면 피고가 위 가처분결정 이후에 원고와의 단체교섭을 거부한 행위는 원고에 대한 불법행위를 구성한다고 할 것임에도 불구하고, 원심은 위에서 본 바와 같은 사정만을 들어 피고가 위 가처분결정 이전에 원고와의 단체교섭을 거부한 행위는 물론 위 가처분결정 이후에 원고와의 단체교섭을 거부한 행위까지도 건전한 사회통념이나 사회상규상 용인될 수 없는 정도에 이른 행위로 보기 어렵다는 취지에서 불법행위를 구성하지 않는다고 판단하고 말았으니, 이러한 원심판결에는 단체교섭 거부행위와 관련한 불법행위 성립요건에 관한 법리를 오해하여 판결에 영향을 미친 위법이 있다.

그러므로 원심판결을 파기하고, 사건을 다시 심리·판단하게 하기 위하여 원심법원으로 환송하기로 하여 관여 법관의 일치된 의견으로 주문과 같이 판결한다.

다. 해 설

사용자의 교섭거부행위에 대한 사법적 구제의 수단에는 단체교섭을 구하는 가처분이나 법적 지위의 확인청구, 교섭거부에 따른 손해배상청구 등이 있다. 대상판결 사건에서 원고 노동조합은 사용자의 교섭 거부에 대해 단체교섭거부금지가처분을 신청하였고, 법원의 가처분결정 후에도 사용자가 계속 교섭을 거부하자 손해배상(위자료)을 청구하는 소를 제기하였다. 대상판결은 교섭 거부의 부당노동행위에 대해 불법행위책임을 인정하였다는 점에서 의의가 있다. 그러나 대상판결에 의하면 노조법 위반의 부당노동행위인 정당한 이유 없는 단체교섭 거부행위 일체가 불법행위에 해당하는 것은 아니다. 즉, 일정한 경우에만 사용자에 대해 불법행위책임을 물을 수 있다.

Q 1. 대상판결에 의하면 어떤 요건 하에서 사용자의 단체교섭 거부행위가 부당노동행위의 성립 외에 별개의 불법행위를 구성하는가?

Q 2. 대상판결에서 가처분결정 이전의 교섭거부행위와 그 이후의 교섭거부 행위를 구분하여 후자에 대해서만 불법행위의 성립을 인정한 이유는?

제 22 강

단체협약 (1)

1. 개 요

(1) 단체협약은 노사관계 당사자인 노동조합과 사용자 또는 사용자단체가 단체교섭을 통하여 근로조건 기타 근로자의 대우에 관한 사항과 노사간의 제반 권리·의무에 관한 사항을 합의하여 서면화한 것을 말한다. 단체협약은 서면으로 작성하여 당사자 쌍방이 서명 또는 날인하여야 한다(노조법 제31조 제1항). 또한 단체협약의 체결일로부터 15일 이내에 행정관청에게 신고하여야 한다(동조 제2항). 행정관청은 단체협약 중 위법한 내용이 있는 경우에는 노동위원회의 의결을 얻어 그 시정을 명할 수 있다(제31조 제3항). 한편, 노조법은 단체협약의 내용 중 일정 사항(임금, 근로시간, 징계, 해고 등)의 위반에 대해 벌칙을 두고 있다(제92조 제2호).

(2) 단체협약은 규범적 부분과 채무적 부분으로 구성된다. 규범적 부분은 단체협약의 내용 중 근로조건 기타 근로자의 대우에 관한 기준을 정한 부분을 말하며, 규범적 부분에 대해 이른바 규범적 효력이 인정된다. 즉, 노조법 제33조에 의하면, 단체협약에 정한 근로조건 기타 근로자의 대우에 관한 기준에 위반하는 취업규칙 또는 근로계약의 부분은 무효이고(강행적 효력), 무효로 된 취업규칙이나 근로계약의 부분 또는 근로계약에 규정되지 아니한 사항에 대해서는 단체협약에 정한 기준에 의한다(보충적 효력).

단체협약의 규범적 효력은 원칙적으로 협약 당사자인 노동조합의 조합원들과 사용자(사용자단체의 경우 그 구성원)에게만 미친다. 다만, 노조법에서는 일정한 요건을 갖춘 경우 단체협약의 효력을 확장하는 제도로서 일반적 구속력(제35조)과 지역적 구속력(제36조)을 인정하고 있다. 규범적 효력 관련 쟁점은 단체협약으로 기존의 근로조건을 불이익하게 변경하는 경우에도 규범적 효력이 인정되는지의 문제이다.

(3) 단체협약의 채무적 부분은 단체협약의 내용 중 협약 당사자의 권리·의무에 관하여 정한 부분을 말한다. 예를 들어, 노동조합 전임자의 인정, 조합비일괄공제(check-off), 조합사무소의 제공과 같은 사용자의 편의제공, 교섭의 일시·절차에 관해 정한 사항 등이 채무적 부분에 해당한다.

단체협약의 당사자는 단체협약에서 정한 모든 사항을 성실하게 준수하고 이행하여야 할 의무를 지며, 이를 채무적 효력이라 한다. 특히 채무적 효력은 채무적 부분뿐만 아니라 규범적 부분에도 인정된다.

(4) 단체협약에는 2년을 초과하는 유효기간을 정할 수 없다(노조법 제32조 제1항). 단체협약에 그 유효기간을 정하지 아니한 경우 또는 2년을 초과하는 유효기간을 정한 경우에는 그 유효기간은 2년으로 한다(제32조 제2항).

단체협약은 그 유효기간의 만료에 의해 종료된다. 다만, 단체협약의 유효기간이 만료되는 때를 전후하여 그 갱신을 위해 단체교섭을 계속하였음에도 불구하고 새로운 단체협약이 체결되지 아니한 경우에는 종전의 단체협약은 그 효력만료일부터 3월까지 계속 효력을 갖는다(제32조 제3항 본문). 또한 단체협약에 그 유효기간이 경과한 후에도 새로운 단체협약이 체결되지 아니한 때에 새로운 단체협약이 체결될 때까지 종전 단체협약의 효력을 존속시킨다는 취지의 자동연장협정도 유효한데, 당사자 일방은 해지하고자 하는 날의 6월 전까지 상대방에게 통고함으로써 종전의 단체협약을 해지할 수 있다(제32조 제3항 단서). 한편, 단체협약 종료일 이전 일정 기간 내에 당사자간에 아무런 이의가 없는 때에는 종전의 단체협약이 갱신된다는 뜻을 정한 자동갱신협정도 유효하다(대법원 1993. 2. 9. 선고 92다27102 판결).

(5) 노조법은 단체협약에 대한 행정관청과 노동위원회의 관여를 일정한 범위에서 허용하고 있다. 우선 행정관청은 단체협약 중 위법한 내용

이 있는 경우에는 노동위원회의 의결을 얻어 그 시정을 명할 수 있다(제31조 제3항). 그리고 "단체협약의 해석 또는 이행방법에 관하여 관계 당사자간에 의견의 불일치가 있는 때에는 당사자 쌍방 또는 단체협약에 정하는 바에 의하여 어느 일방이 노동위원회에 그 해석 또는 이행방법에 관한 견해의 제시를 요청할 수 있다"(제34조 제1항). 이 경우 노동위원회는 요청을 받은 날부터 30일 이내에 명확한 견해를 제시하여야 하며(동조 제2항), 노동위원회가 제시한 해석 또는 이행방법에 관한 견해는 중재재정과 동일한 효력을 가진다(동조 제3항).

(6) 단체협약은 본래 단체협약이 예정하는 적용범위를 벗어나 적용되는 경우도 있다. 즉 협약 당사자인 노동조합과 사용자(또는 사용자단체) 및 그 노동조합의 조합원 이외의 근로자와 사용자에게도 적용될 수 있다. 이를 흔히 단체협약의 효력확장제도 또는 구속력제도라고 하는데, 노조법에서는 일반적 구속력제도와 지역적 구속력제도를 두고 있다. 전자는 '하나의 사업 또는 사업장에 상시 사용되는 동종의 근로자 반수 이상이 하나의 단체협약의 적용을 받게 된 때에는 당해 사업 또는 사업장에 사용되는 다른 동종의 근로자에 대하여도 당해 단체협약이 적용'되는 제도이고(제35조), 후자는 '하나의 지역에 있어서 종업하는 동종의 근로자 3분의 2 이상이 하나의 단체협약의 적용을 받게 된 때에는 행정관청은 당해 단체협약의 당사자의 쌍방 또는 일방의 신청에 의하거나 그 직권으로 노동위원회의 의결을 얻어 당해 지역에서 종업하는 다른 동종의 근로자와 그 사용자에 대하여도 당해 단체협약을 적용한다는 결정을 할 수 있다'는 제도이다(제36조 제1항). 일반적 구속력 관련 쟁점은 단체협약의 효력확장 적용 대상이 되는 비조합원 근로자의 범위이다. 지역적 구속력 관련 쟁점은 지역적 구속력 결정의 대상이 되는 단체협약의 교섭·체결에 참여하지 않은 노동조합 및 그 조합원에 대해서도 지역적 구속력 결정의 효력이 미치는가 하는 문제이다.

Q 1. 단체협약이 유효하게 성립하기 위한 요건은 무엇인가? 행정관청에의 신고는 효력요건인가? 단체협약이라는 명칭을 반드시 사용하여야 하는가?

Q 2. 단체협약의 유효기간은 제약이 있는가? 단체협약이 유효기간의 만료에도 불구하고 자동연장조항에 따라 계속 효력을 유지하는 경우 당사자 일방이 이를 해지할 수 있는 방법은 무엇인가?

Q 3. 조합원 개인은 단체협약상의 근로조건의 이행을 직접 사용자에게 청구할 수 있는가? 비조합원이 단체협약상의 근로조건을 적용할 것을 주장할 수 있는가?

Q 4. 취업규칙상의 임금 근로조건보다 근로자에게 유리한 내용을 단체협약에 정한 경우 사용자는 어느 근로조건을 이행하여야 하는가?

Q 5. 노조법상 단체협약의 해석, 이행방법에 대한 견해 제시 요청은 어느 기관에 하는가? 협약 당사자에게 의무적인 절차인가? 그 견해에 협약 당사자는 구속되는가?

Q 6. 단체협약의 일반적 구속력(제35조)과 지역적 구속력(제36조)의 각 요건을 설명하라.

2. 단체협약의 성립

대법원 2001. 1. 19. 선고 99다72422 판결 [손해배상(기)]

가. 사실관계

1) 원고는 1975. 9. 12.부터 피고 ○○자동차 주식회사(이하 '피고 회사'라 한다)에 고용되어 근무하다가 1998. 6. 22. 퇴직하였다.

2) 피고 회사는 1998. 4. 15. 서울지방법원의 회사정리절차개시결정으로 회사정리절차가 개시되어 정리회사의 관리인이 선임되었고 피고 회사와 관리인은 1997년도 하계휴가비 금 300,000원과 1997년 7월부터

1998. 6. 22.까지의 상여금 11,592,418원을 원고에게 각 지급하지 아니하였다.

3) 소외 ○○자동차 주식회사 노동조합(이하 '소외 노조'라 한다)은 피고 회사와 휴가비 및 상여금을 반납하기로 합의하고 1997. 7. 23. 그 내용을 기재한 결의문에 피고 회사 대표이사와 소외 노조 위원장이 서명하였다. 한편 같은 달 31일 작성된 자구계획에 대한 동의서에 피고 회사를 제3자가 인수하거나 당시의 피고 회사 최고경영진이 변경되는 경우에는 상여금반납 등 자구계획에 대한 동의를 무효로 한다고 기재되어 있으나, 위 문서에는 소외 노조 위원장의 기명날인만 있고 피고 회사 대표이사의 기명날인 등이 되어 있지 않다.

4) 소외 노조와 피고 회사는 1998. 6. 17.에, 1997년 7월부터 1998. 3. 31.까지의 상여금 중 50%는 근로자 개개인의 서명을 받아 회사재건기금으로 사용하고, 나머지 50%는 회사측이 정리계획안에 반영하여 지급하도록 노력하기로 약정하였다.

5) 원심은 위 회사정리절차개시로 인하여 위 상여금 등 약정 당시의 피고 회사 최고경영진이 변경되었으므로 위 휴가비 및 상여금채권의 포기 약정은 효력을 상실하였고 원고가 위 기간 동안의 상여금 중 50%를 회사재건기금으로 사용하는 것에 대하여 동의하지 않았으므로, 원고는 피고 회사에 대하여 위 기간 동안의 상여금 중 50%의 지급을 청구할 수 있으나, 나머지 50%는 회사정리절차에 따라서만 지급받을 수 있을 뿐 이 사건 소로써 그 지급을 구할 수는 없다고 판단하였다.

나. 판결요지

1) 노동조합과의 사이에 체결한 단체협약이 유효하게 성립하려면 단체협약을 체결할 능력이 있는 사용자가 그 상대방 당사자로서 체결하여야 하고 나아가 서면으로 작성하여 당사자 쌍방이 서명날인함으로써 노동조합및노동관계조정법 제31조 제1항 소정의 방식을 갖추어야 하고 이

러한 요건을 갖추지 못한 단체협약은 조합원 등에 대하여 그 규범적 효력이 미치지 아니한다.

2) 피고 회사와 소외 조합 사이에 상여금 등을 반납하는 내용의 합의가 이루어졌고 피고 회사 대표이사와 소외 조합 위원장이 1997. 7. 23.자 소외 노조의 통보내용을 확인하는 의미에서 같은 달 29일자 결의문에 서명함으로써 당사자 간의 위 합의를 문서화하였다 할 것이므로 상여금 등 반납에 관한 단체협약은 같은 달 29일에 최종적으로 이루어진 것으로 보아야 할 것이다. 한편 같은 달 31일 작성된 자구계획에 대한 동의서에 피고 회사를 제3자가 인수하거나 당시의 피고 회사 최고경영진이 변경되는 경우에는 상여금반납 등 자구계획에 대한 동의를 무효로 한다고 기재되어 있으나, 위 문서에는 소외 노조 위원장의 기명날인만 있고 피고 회사 대표이사의 기명날인 등이 되어 있지 아니한데다가, 기록상 피고 회사가 다른 문서로라도 위 무효화 조항을 확인하였다는 점에 관한 자료도 없고, 오히려 위 문서는 소외 노조가 피고 회사의 채권단에게 피고 회사의 자구계획에 동의한다는 의사를 표시하기 위하여 피고 회사를 통하여 제출한 것임을 알 수 있으므로 위 무효화 조항이 단체협약의 내용으로 포함되었다고 보기는 어렵다 할 것이다.

3) 회사정리개시결정이 있는 경우 회사정리법 제53조 제1항에 따라 회사사업의 경영과 재산의 관리 및 처분을 하는 권한이 관리인에게 전속되므로 정리회사의 대표이사가 아니라 관리인이 근로관계상 사용자의 지위에 있게 되고 따라서 단체협약의 사용자측 체결권자는 대표이사가 아니라 관리인이므로, 피고 회사에 대한 회사정리절차가 진행 중 소외 노조와 피고 회사 대표이사 사이에 이루어진 위 1998. 6. 17.자 약정은 단체협약에 해당하지 아니하며, 달리 관리인의 추인이나 정리법원의 허가가 있었다고 볼 자료도 기록상 찾아볼 수 없으므로, 위 약정의 효력이 원고에게 미칠 수 없다 할 것이다.

다. 해 설

단체협약은 노동조합과 사용자 또는 사용자단체 사이에 근로조건 및 기타 집단적 노동관계사항에 대하여 합의한 문서로서 일반계약과는 다른 특별한 효력을 갖는다(노조법 제33조). 단체협약이 유효하게 성립하려면 협약체결 능력이 있는 당사자 사이의 합의가 이루어져야 하고(실질적 요건), 법 소정의 요식을 갖추어 서면으로 작성하여야 한다(형식적 요건. 노조법 제31조 제1항). 형식적 요건과 관련하여 구법(2007년 이전 노조법)에서는 당사자 쌍방의 '서명날인'을 요구하였으나, 현행법에 따르면 '서명' 또는 '날인'이 있으면 된다.

대상판결은 노조법 소정의 요식성이 결여된 경우(일방 당사자의 기명날인 없음), 일방 당사자에게 협약체결 능력이 없는 경우(정리회사의 관리인이 아닌 대표이사)에는 단체협약으로서의 효력(노조법 제33조상의 규범적 효력)이 발생하지 않는다는 점을 분명히 하고 있다. 판례에 의하면, 단체협약의 형식적 요건을 정하고 있는 노조법 제31조 제1항은 강행규정으로 그 취지는 단체협약의 명확성과 진정성을 확보하기 위함이다(대법원 2001. 5. 29. 선고 2001다15422,15439 판결). '서명날인'을 요구하였던 구법상의 형식적 요건과 관련하여 판례는 '서명무인' 또는 '기명날인'한 경우에도 위와 같은 법 규정의 취지에 비추어 볼 때 위법하지 않다고 판단하였다(대법원 2002. 8. 27. 선고 2001다79457 판결). 현행법은 이러한 판례의 태도를 반영하여 '서명'이나 '날인' 어느 하나로 족한 것으로 규정하고 있다.

Q 1. 대상판결에서 원고의 청구가 받아들여지지 않은 이유는?

Q 2. 단체협약이 정식의 단체교섭절차가 아닌 노사협의회의 협의를 거쳐 성립되었다고 하더라도 단체협약으로서의 효력이 인정되는가? (대법원 2005. 3. 11. 선고 2003다27429 판결 참고)

3. 단체협약의 해석

대법원 2011. 10. 13. 선고 2009다102452 판결 [임금등]

가. 사실관계

1) 원고는 1980. 12. 1. 피고 회사에 입사하여 1987년부터 생산기술부 도크 펌프실에 근무하면서 피고 회사에 조직된 노동조합의 제1대 체육부 장, 노동조합 대의원, 민주노동자동지회 의장 등으로 활동해 왔다.

2) 원고는 1997. 2. 20. 자신이 근무하기로 예정되었던 휴일근무 가 다른 사람으로 대체되자 부하직원들 앞에서 담당 과장에게 거칠게 항 의하였고, 1997. 2. 25.에는 1996년도 성과금, 수당, 연·월차 휴가 등과 관련하여 피고가 삭감하지 않은 성과금을 삭감한 것으로 표현한 유인물 을 배포하기도 하였다.

3) 이에 피고는 1997. 4. 14. 상사의 명령 불복종, 하극상 및 피고의 명예훼손 등의 사유로 원고에게 징계해고처분을 내렸고, 원고의 재심신청 에 따라 인사위원회의 재심을 거쳐 1997. 4. 26. 원고를 징계해고하였다.

4) 원고는 울산지방법원 2000가합993호로 위 해고의 무효확인과 해 고기간 동안의 미지급 임금의 지급을 구하는 소를 제기하였고, 위 법원은 원고의 행위가 비록 징계사유에 해당한다고 하더라도 사회통념상 피고로 하여금 원고와의 근로계약관계를 단절시킬 만큼 무겁다고 할 수는 없다 는 이유로 피고의 원고에 대한 해고처분이 무효임을 확인함과 아울러, 피 고는 원고에게 미지급 임금으로 1일 평균임금 76,031원을 기준으로 한 78,235,899원 상당 및 2000. 2. 20.부터 원고의 복직시까지 월 2,312,609 원의 비율에 의한 금원을 지급하라고 판결하였다.

5) 피고는 이에 불복하여 상소하였으나 부산고등법원, 대법원을 거 쳐 위 판결이 2005. 7. 22. 확정되었고, 피고는 해고기간 8년 3월 12일 후 인 2005. 8. 9. 원고를 피고에 복직시키고, 2005. 8. 30. 전소 확정판결에 따라 원고에게 323,916,312원(그 중 미지급 임금 원금은 230,076,104원)을 지급

하였다.

6) 한편, 피고와 그 노동조합 사이의 단체협약에는 아래와 같은 규정이 있다.

제46조(부당징계) 징계처분을 받은 조합원이 노동위원회 또는 법원에 의해 부당징계로 판명되었을 시 회사는 즉시 다음의 조치를 취하여야 한다.
1. 판정서 혹은 결정서 접수 당일로 징계무효처분과 출근조치
2. 임금 미지급분에 대해서는 출근시 당연히 받아야 할 임금은 물론 평균임금의 100%를 가산 지급한다. 단, 부당징계로 판명될 때까지 본인이 부담한 관련 실제비용은 회사가 추가 지급한다.

7) 원고는 피고에게 위 단체협약 규정에 따라 해고기간 중 평균임금 100%에 해당하는 금원의 가산지급을 청구하였다. 원심은 단체협약 규정의 '평균임금의 100%'는 단지 1개월분의 평균임금만을 의미한다고 판단하였다.

나. 판결요지

1) 처분문서는 그 진정성립이 인정되면 특별한 사정이 없는 한 그 처분문서에 기재되어 있는 문언의 내용에 따라 당사자의 의사표시가 있었던 것으로 객관적으로 해석하여야 하나, 당사자 사이에 계약의 해석을 둘러싸고 이견이 있어 처분문서에 나타난 당사자의 의사해석이 문제되는 경우에는 문언의 내용, 그와 같은 약정이 이루어진 동기와 경위, 약정에 의하여 달성하려는 목적, 당사자의 진정한 의사 등을 종합적으로 고찰하여 논리와 경험칙에 따라 합리적으로 해석하여야 한다. 한편 단체협약과 같은 처분문서를 해석함에 있어서는, 단체협약이 근로자의 근로조건을 유지·개선하고 복지를 증진하여 그 경제적·사회적 지위를 향상시킬 목적으로 근로자의 자주적 단체인 노동조합과 사용자 사이에 단체교섭을 통하여 이루어지는 것이므로, 그 명문의 규정을 근로자에게 불리하게 변형 해석할 수 없다(대법원 2007. 5. 10. 선고 2005다72249 판결 참조).

2) 원심이 인정한 사실관계에 의하면, 피고와 그 노동조합 사이에 체결된 이 사건 단체협약 제46조 제2호 본문은 "임금 미지급분에 대해서는 출근 시 당연히 받아야 할 임금은 물론 평균임금의 100%를 가산 지급한다"고 규정하고 있는데, 위 가산보상금 규정의 내용과 형식, 그 도입 경위와 개정 과정, 위 규정에 의하여 피고의 노·사 양측이 달성하려는 목적, 특히 위 가산보상금 규정이 피고의 부당징계를 억제함과 아울러 징계가 부당하다고 판명되었을 때 근로자를 신속히 원직 복귀시키도록 간접적으로 강제하기 위한 것인 점 등에 비추어 보면, 미지급 임금 지급 시 가산 지급되는 위 '평균임금의 100%'는 근로자가 위와 같은 부당해고 등 부당징계로 인하여 해고 등 당시부터 원직복직에 이르기까지의 전 기간에 걸쳐 지급받지 못한 임금을 의미한다고 보아야 할 것이다(대법원 2007. 5. 10. 선고 2005다72249 판결 참조).

그럼에도 원심은 이와 다른 견해에서 이 사건 단체협약 제46조 제2호 본문의 '평균임금의 100%'를 단지 1개월분의 평균임금만을 의미한다고 판단하여 원고의 가산보상금 청구를 기각하였으니, 이러한 원심의 조치에는 이 사건 단체협약 규정의 해석에 관한 법리를 오해하여 판결에 영향을 미친 위법이 있다. 이를 지적하는 원고의 상고이유 주장에는 정당한 이유가 있다.

다. 해 설

법문서 해석의 출발점은 문리해석이다. 이 점은 근로계약이나 취업규칙 또는 단체협약의 해석에서도 다르지 않다. 다만 근로계약이나 취업규칙은 단체협약과 달리 사용자의 경제적, 사회적 우월성이 반영되어 작성된다는 점을 그 해석에서도 충분히 감안하여야 한다.

대상판결은 노동조합과 사용자 사이의 대등한 교섭력과 자주적 결정이 원칙적으로 전제되는 단체협약의 해석에 관한 원칙을 확인하고 있다. 특히 근로자에게 불리하게 단체협약의 문언에 반하는 해석이 허용될 수 없음을 재차 강조하면서, 그 이유로 단체협약이 근로자의 근로조건을 유지·개선하고 복지를 증진하여 그 경제적·사회적 지위를 향상시킬 목적으로 근로자의 자주적 단체인 노동조합과 사용자 사이에 단체교섭을 통하여 이루어지는 것이라는 점을 들고 있다.

> Q 1. 대상판결에서 '평균임금의 100%'의 해석에 대해 원심판결과 대법원 사이에는 어떤 판단의 차이를 보이는가?
>
> Q 2. 단체협약의 해석에서 교섭·합의과정 등을 고려할 필요가 있는가? (대법원 1996. 9. 20. 선고 95다20454 판결 참고)

4. 단체협약 종료 후의 근로관계

대법원 2009. 2. 12. 선고 2008다70336 판결 [해고무효확인등]

가. 사실관계

1) 피고는 상시근로자 300여 명을 고용하여 ○○대학교(이하 'O대'라고 한다) 등을 운영하는 학교법인이고, 원고들은 민주노총 산하 전국대학노동조합 소속으로 ○○소속 교직원을 조합원으로 하는 단위조합인 전국대학노동조합 ○○지부(이하 '○○지부'라 한다)의 간부들로서 아래와 같이 2006. 4. 6.부터 2007. 1. 22.까지 계속된 ○○지부의 파업(이하 '이 사건 파업'이라 한다) 기간 중 2006. 4. 6.부터 2006. 11. 6.까지의 전면파업기간 동안 이 사건 파업을 주도하였다.

2) ○○지부와 피고 사이에 2004. 5. 14. 체결된 기존 단체협약(이하 '2004년 단체협약'이라 한다)의 유효기간이 2006. 2. 28.자로 만료되고 2006. 3. 1. ○대 신임총장 박○이 취임하여 피고로부터 ○○지부와의 단체교섭권을 위임받음에 따라 ○○지부와 ○대측은 2006. 3. 3.부터 2006년 단체협약 체결을 위한 교섭을 시작하였고, 2006. 3. 9. 실시된 2차 교섭에서

○○지부는 기존단체협약에 24개 조항을 개정 또한 신설할 것을 요구하는 단체협약안을 제시하였다.

3) ○대측과 ○○지부는 본 교섭에 착수조차 못한 채 선결문제(일부 조합원 및 교섭위원의 조합원 자격 문제)를 둘러싼 공방만을 거듭하던 중, ○○지부는 2006. 3. 27.에 이르러 서울지방노동위원회에 노동쟁의 조정신청을 하였는데, 2006. 4. 4. 노·사 당사자간 현격한 주장 차이를 이유로 조정중지결정이 내려짐에 따라 같은 날 조합원 찬반투표를 거쳐 재적 315명 중 266명의 투표에 230명의 찬성으로 쟁의행위를 결의하고, 2006. 4. 6.부터 이 사건 파업에 돌입하였다.

4) 2006. 4. 6.부터 시작된 이 사건 파업은 2006. 11. 6.까지는 조합원 전체가 참여하는 전면파업의 형태로 진행되다가 2006. 11. 7.부터는 원고들을 비롯한 20명의 쟁의대책위원들만이 파업에 참여하고 나머지 조합원들은 현업에 복귀하는 부분파업으로 전환하여 2007. 1. 22.에 이르러 새로운 단체협약(이하 '2007년 단체협약'이라 한다)이 체결될 때까지 계속되었다.

5) 이 사건 파업이 장기화됨에 따라 ○대측은 이 사건 파업기간 중 불법행위를 주도하였다는 이유로 원고들을 비롯한 파업가담자들에 대한 징계절차에 착수하였던바, 원고1, 2, 3에 대하여는 2006. 9. 27.과 2006. 9. 29. 두 차례 징계위원회가 소집되었으나 아래에서 보는 바와 같이 2004년 단체협약 및 직원징계규정에 정한 바에 따라 징계위원회를 구성하여야 할 ○○지부측 징계위원 4인이 사전통보를 받고도 단체협약상 파업기간 중 조합원 징계는 불가함을 이유로 불참함에 따라 성원미달로 연기되었으며 이후 2006. 10. 10. 소집된 제3차 징계위원회에서 ○대측 징계위원 5인만이 참여한 가운데 만장일치로 파면이 결의되었고, 원고4에 대하여는 2006. 12. 1. 한 차례 징계위원회가 소집되었으나 ○○지부측 징계위원들이 사전통보를 받고도 위와 같은 이유로 불참함에 따라 연기되었으며 이후 2006. 12. 7. 소집된 제2차 징계위원회에서 역시 ○대측 징계위원 5인만이 참여한 가운데 만장일치로 파면이 결의되었다.

6) 이후 피고 이사장은 2007. 2. 1.에 이르러 원고들에게 위 각 징계처분결과를 해임으로 한 단계 경감한 징계처분통지를 하였고(이하 '이 사건

징계해고'라 한다), 원고들의 요구에 따라 2007. 2. 28. 징계재심위원회가 개최되었으나 여전히 ○○지부측 징계위원들은 불참하였으나 그대로 징계재심위원회가 진행되어 ○대측 징계위원 5인만이 참여한 가운데 원고들에 대한 이 사건 징계해고를 그대로 확정하는 재심결의가 이루어졌다.

7) 위 2004년 단체협약과 취업규칙(직원징계규정)에서 규정한 이 사건 징계해고 관련 내용은 다음과 같다.

[2004년 단체협약]

제22조(조합간부의 인사) 대학은 지부장, 수석부지부장, 부지부장, 전임자, 기획부장, 교육부장, 조직부장 및 대의원회 부의장에 대하여 임면, 전보, 징계 및 해고를 행할시 반드시 사전에 조합의 동의를 얻어야 한다. 제34조(징계) ① 징계는 견책, 근신, 감봉, 정직, 해임 및 파면으로 구분한다. 제35조(징계의 효력) ⑤ 해임은 그 직에서 퇴직하며 퇴직금을 지급한다. ⑥ 파면은 그 직에서 해임되며 퇴직금 등 임금은 지급하지 아니한다. 제36조(징계위원회) ① 직원의 징계를 처리하기 위하여 지부장과 지부장이 추천하는 3인이 참여하는 9인의 징계위원회를 둔다. ② 징계위원회 세부규정은 따로 정한다. 제41조(재심위원회) ③ 재심위원회는 9명으로 구성하며 총장이 임명하는 5명과 지부장이 임명하는 4명의 조합원으로 위원을 구성하며 위원장은 호선한다. ④ 재심위원회의 의결은 위원 2/3 출석과 출석위원 과반수 찬성으로 의결한다. 제111조(쟁의 중 신분보장) 대학은 조합의 정당한 노동쟁의나 그 행위에 대하여 방해 및 사후 불이익한 조치를 하지 못하며 쟁의기간 중에는 어떠한 사유에 의해서도 징계, 부서이동 등 제반 인사조치를 할 수 없다.

[직원징계규정]

제2조(징계위원회 구성) 위원회의 구성은 다음과 같다. ① 위원회는 9인으로 구성하며 지부장과 지부장이 추천하는 3인을 포함한다. 제4조(징계의결) ① 위원회는 총장이 필요하다고 인정할 때 소집한다. ③ 징계의결은 재적위원 2/3 이상의 출석과 재적위원 과반수 이상의 찬성으로 의결한다.

8) 한편, 피고와 ○○지부는 2007. 1. 22. 그 부속서 형식의 기타 합의사항 제4항으로 "학교는 파업사태와 관련하여 추가 징계하지 않는다"는 취지의 면책합의를 포함하여 2007년도 단체협약을 체결하였고, 이로써

이 사건 파업은 실질적으로 종료되었다. 2007년 단체협약에서 규정한 징계 관련 내용은 다음과 같다.

[2007년 단체협약]

제36조(징계위원회) ① 직원의 징계에 관한 사항을 심의하기 위하여 직원징계위원회를 두되, 총장이 임명하는 대학측 5인과 조합측 4인을 그 위원으로 한다. ② 직원징계위원회의 의결은 재적위원 과반수의 출석과 과반수의 찬성으로 한다. 제40조(재심위원회) ③ 재심위원회는 총장이 임명하는 대학측 5인과 조합측 4인으로 구성한다. ④ 직원징계위원회의 위원은 재심위원회의 위원을 겸할 수 없다. ⑤ 재심위원회의 의결은 과반수의 출석과 출석위원 과반수의 찬성으로 한다. 제110조(쟁의 중 신분보장) 대학은 조합의 합법적 노동쟁의나 그 행위에 대하여 방해 및 사후 불이익한 조치를 하지 못하며 쟁의기간 중에는 적법한 쟁의 행위에 대하여는 징계, 부서이동 등 제반 인사조치를 할 수 없다. 부칙 제1조(유효기간) 이 협약의 유효기간은 2007년 1월 1일부터 2008년 12월 31일까지로 한다.

9) 원심은 이 사건 징계가 그 징계절차에서 중대한 위법이 있기 때문에 징계사유가 인정되는지 여부 등에 대해 더 살펴볼 필요 없이 무효라고 판단하였다.

나. 판결요지

1) 원심은, 피고가 ○○지부와 사이에 체결한 2004년도 단체협약(이하 '구 단체협약'이라고 한다) 중 제111조의 "쟁의기간 중에는 조합원에 대하여 어떠한 사유에 의해서도 징계, 부서이동 등 제반 인사조치를 할 수 없다"는 규정은 쟁의기간 중에 쟁의행위에 참가한 조합원에 대한 징계 등 인사조치 등에 의하여 노동조합의 활동이 위축되는 것을 방지함으로써 노동조합의 단체행동권을 실질적으로 보장하기 위한 것이라 할 것이므로, 쟁의행위가 그 목적에 있어 정당하고, 절차적으로 노동조합 및 노동관계조정법의 제반 규정을 준수함으로써 정당하게 개시된 경우라면, 비록 그

쟁의 과정에서 징계 사유가 발생하였다고 하더라도 쟁의가 계속되고 있는 한 그러한 사유를 들어 쟁의기간 중에 징계위원회의 개최 등 조합원에 대한 징계절차의 진행을 포함한 일체의 징계 등 인사조치를 할 수 없음을 선언한 것이라고 본 다음, 피고가 정당하게 개시된 ○○지부의 전면파업 또는 부분파업 기간 중인 2006. 10. 10.과 2006. 12. 7. 각 징계위원회를 개최하여 위 파업에 참여한 원고들에 대하여 파업기간 중의 행위를 이유로 파면을 결의한 것은 구 단체협약 제111조에 위반한 것으로서 징계절차상 중대한 하자가 있으므로 이에 따른 징계해고는 무효이고, 이는 위 결의에 따른 징계처분의 효력발생시기를 쟁의기간 이후로 정하였다고 하여도 마찬가지라고 판단하고 있다.

　　원심이 적법하게 채택한 증거에 비추어 보면, 원심의 위와 같은 판단은 정당하다고 수긍이 되고, 거기에 채증법칙을 위배하거나 단체협약의 해석에 관한 법리를 오해한 위법이 있다고 할 수 없다.

　　2) 단체협약이 실효되었다고 하더라도 임금, 퇴직금이나 노동시간, 그 밖에 개별적인 노동조건에 관한 부분은 그 단체협약의 적용을 받고 있던 근로자의 근로계약의 내용이 되어 그것을 변경하는 새로운 단체협약, 취업규칙이 체결·작성되거나 또는 개별적인 근로자의 동의를 얻지 아니하는 한 개별적인 근로자의 근로계약의 내용으로서 여전히 남아 있어 사용자와 근로자를 규율하게 되고, 단체협약 중 해고사유 및 해고의 절차에 관한 부분에 대하여도 이와 같은 법리가 그대로 적용되는 것인바(대법원 2000. 6. 9. 선고 98다13747 판결; 대법원 2007. 12. 27. 선고 2007다51758 판결 등 참조), 위와 같은 법리에 비추어 볼 때, 구 단체협약 제111조는 개별적인 노동조건에 관한 부분이므로 구 단체협약이 ○○대학교 측의 단체협약 해지통보 및 소정 기간의 경과로 실효되었다고 하더라도 2007년도 단체협약(이하 '신 단체협약'이라고 한다)이 체결되기까지는 여전히 원고들과 피고 사이의 근로계약의 내용으로서 유효하게 존속하였다고 본 원심의 판단은 정당하고, 거기에 단체협약의 실효와 관련된 법리를 오해한 위법이 있다고 할 수 없다.

다. 해 설

단체협약은 유효기간의 만료, 해지(노조법 제32조 제3항 단서), 협약당사자의 소멸(해산 등) 등에 의해 종료되고 그 효력을 상실한다. 일반적인 계약관계의 경우 계약이 종료되면 계약에서 정하고 있었던 권리의무도 당연히 소멸한다. 이와 마찬가지로 단체협약의 채무적 부분(예, 노동조합에 대한 편의제공, 단체교섭의 절차 등)은 특별한 사정이 없는 한 해당 단체협약의 종료에 의해 실효된다. 그러나 단체협약의 규범적 부분(즉, 근로조건 기타 근로자의 대우에 관한 기준을 정하고 있는 내용, 노조법 제33조 제1항)의 경우에는 그렇지 않다. 즉, 판례에 의하면 단체협약이 실효되더라도 규범적 부분은 그 적용을 받고 있던 근로자의 근로계약의 내용으로 되어 존속하기 때문에 그것을 변경하는 새로운 단체협약이나 근로자의 동의 등이 없는 한 종전의 근로조건은 그대로 유지된다. 대상판결은 징계해고절차와 관련하여 이러한 법리를 재확인하고 있는 사례이다. 그러나 판례에서는 단체협약의 규범적 부분이 근로계약의 내용으로 존속하는 근거 내지 이유를 명시적으로 밝히고 있지는 않다.

Q 1. 대상판결의 법리에 의하면 징계해고와 관련하여 2004년 단체협약상의 어떤 내용이 언제까지 근로계약의 내용으로 존속하는가?

Q 2. 대상판결에서 원고들에 대한 2006년 10월과 12월, 2007년 2월의 징계해고는 어떤 점에서 징계절차를 위반한 것인가?

Q 3. 단체협약에서 정한 기간이 만료되더라도 어떤 경우에 해당 협약의 효력이 유효하게 계속될 수 있는가?

제 23 강

단체협약 (2)

1. 단체협약에 의한 근로조건의 불이익한 변경

대법원 2000. 9. 29. 선고 99다67536 판결 [상여금]

가. 사실관계

1) 피고 회사 노동조합과 피고 사이에 체결한 1996년도 단체협약 제44조에 의하면, 피고 회사는 근로자에게 상여금으로 연 7회에 걸쳐 650%를 지급하되 설날에 50%, 2월 25일, 4월 25일, 6월 25일, 8월 25일, 10월 25일 및 12월 25일에 100%씩을 지급하기로 되어 있었다.

2) 그런데 노동조합과 피고는 그 단체협약의 유효기간 중인 1997. 12. 30. '특별노사합의'라는 명칭으로 "피고 회사의 노사 양측은 최근의 경제위기로 인한 경영난 타개를 위하여 1997년 12월부터 1998년 6월까지 지급예정인 이 사건 상여금(450%)은 그 지급을 유보한다"는 내용의 약정을 체결하고, 1998. 8. 13. "피고 회사의 노사 양측은 IMF 관리체제 이후 지속적인 경기불황으로 인한 극심한 경영난 타개를 위하여 1998년도 임금협정은 현행으로 동결하고, 단체협약은 기존의 단체협약을 유지하며, 상여금에 관한 기존 단체협약 제44조의 이행에 대하여는 회사가 경영 성과와 향후 경영 전망에 따라 상여금의 지급 여부를 결정하고, 1997. 12. 30.자 특별노사합의의 내용 중 본 합의의 효력과 상충되는 부분은 본 합의의 효력을 따르되, 그렇지 아니한 부분의 효력은 지속된다"는 내용의 1998년도 임금단체협상 합의를 하였다.

나. 판결요지

이미 구체적으로 그 지급청구권이 발생한 임금(상여금 포함)이나 퇴직금은 근로자의 사적 재산영역으로 옮겨져 근로자의 처분에 맡겨진 것이기 때문에 노동조합이 근로자들로부터 개별적인 동의나 수권을 받지 않는 이상, 사용자와의 사이의 단체협약만으로 이에 대한 포기나 지급유예와 같은 처분행위를 할 수는 없다.

한편 협약자치의 원칙상 노동조합은 사용자와의 사이에 근로조건을 유리하게 변경하는 내용의 단체협약뿐만 아니라 근로조건을 불리하게 변경하는 내용의 단체협약을 체결할 수 있으므로, 근로조건을 불리하게 변경하는 내용의 단체협약이 현저히 합리성을 결하여 노동조합의 목적을 벗어난 것으로 볼 수 있는 경우와 같은 특별한 사정이 없는 한 그러한 노사간의 합의를 무효라고 볼 수는 없고, 노동조합으로서는 그러한 합의를 위하여 사전에 근로자들로부터 개별적인 동의나 수권을 받을 필요가 없으며, 단체협약이 현저히 합리성을 결하였는지 여부는 단체협약의 내용과 그 체결경위, 당시 사용자측의 경영상태 등 여러 사정에 비추어 판단해야 할 것이다(대법원 1999. 11. 23. 선고 99다7572 판결 참조).

이 사건 상여금 중 특별노사합의 당시 이미 구체적으로 그 지급청구권이 발생한 1997. 12. 25. 지급분 상여금에 관한 한 그 합의의 효력이 원고들에게 미치지 않고, 그 나머지 상여금에 관하여는 앞서 본 바와 같이 이를 지급하지 않기로 한 것으로 보더라도, 역시 위와 같은 법리에 비추어 그 합의 내용이 단체협약의 한계를 벗어났다고 볼 것은 아니어서 특별노사합의가 원고들에게 효력이 미친다고 한 원심의 판단은 결국 정당하고, 거기에 단체협약의 효력에 관한 법리를 오해한 위법이 없다.

다. 해 설

단체협약의 내용 중 근로조건 기타 근로자의 대우에 관한 기준은 개별 근로계약을 직접적으로 규율하고, 취업규칙이나 근로계약에 우선하는 효력을 갖는다(노조법 제33조 참조). 이를 단체협약의 규범적 효력이라고 부른다. 이와 관련하여 규범적 효력의 한계(협약자치의 한계)가 문제된다. 즉, i) 어떠한 근로조건(예, 근로자 개인의 처분권)도 단체협약으로 정하면 규범적 효력을 갖는가, ii) 종전의 근로조건을 불리하게 변경하는 단체협약도 규범적 효력을 갖는가 하는 점이다. ii)의 경우 구 협약상의 근로조건을 신협약으로 불리하게 변경하는 유형(Ⓐ)과 취업규칙이나 근로계약상의 근로조건을 단체협약으로 불리하게 변경하는 유형(Ⓑ)이 있다. 대상판결은 위의 i)과 Ⓐ에 관한 사례이다. Ⓐ와 Ⓑ가 결합된 사례로는 대법원 2002. 12. 27. 선고 2002두9063 판결이 있다.

대상판결은 노동조합이 사용자와의 사이의 단체협약만으로 이미 구체적으로 지급청구권이 발생한 근로자 개개인의 임금 등에 관하여 포기나 지급유예와 같은 처분행위를 할 수 있는지 여부에 관하여 판단한 최초의 판결임과 동시에, 노동조합과 사용자간에 근로조건을 불리하게 변경하는 내용의 단체협약을 체결한 경우 그 합의가 유효한지 여부에 관하여 종래의 입장을 재확인한 판결이다.

Q 1. 대상판결에 의하면 협약자치의 한계는 무엇인가?

Q 2. 무단결근 면직기준일수를 취업규칙상의 그것보다 단축하는 개정 단체협약의 효력은? (대법원 2002. 12. 27. 선고 2002두9063 판결 참고)

Q 3. 단체협약으로 정년을 단축하는 불리한 변경이 현저히 합리성을 결하여 무효가 되는 사정은 무엇인가? (대법원 2011. 7. 28. 선고 2009두7790 판결 참고)

≪심화학습≫

1. 단체협약의 규범적 효력 관련 유리한 조건 우선의 원칙(유리원칙)

2. 단체협약에 반하는 내용의 취업규칙이 조합원 및 비조합원과의 관계에서 갖는 효력 (대법원 1992. 12. 22. 선고 92누13189 판결 참고)

2. 경영해고를 제한하는 단체협약의 효력

대법원 2014. 3. 27. 선고 2011두20406 판결 [부당해고구제재심판정
취소]

가. 사실관계

1) 피고 보조참가인에게 흡수합병되기 이전의 법인인 ○○○○배기
시스템코리아 주식회사(이하 '이 사건 회사'라고 한다)는 2003. 2. 26. 설립 이
래 기아자동차 주식회사의 카니발, 모하비, 카렌스, 쏘울 및 르노삼성자
동차 주식회사의 SM5 등 자동차의 배기관(머플러)을 생산하여 납품하여
왔다. 한편, 원고들은 이 사건 회사에 입사하여 근무하던 중 2009. 5. 26.
경영상 이유에 의하여 해고(이하 '이 사건 정리해고'라 한다)된 사람들이다. 이
사건 회사에는 전국금속노동조합 경기지부 ○○○○배기시스템코리아
지회(이하 '이 사건 지회'라고 한다)가 있었는데, 이 사건 정리해고 당시 원고
1은 이 사건 지회의 지회장, 원고 2는 이 사건 지회의 사무장으로 활동하
였고, 나머지 원고들은 모두 이 사건 지회의 조합원이었다.

2) 이 사건 회사는 2008. 7. 5. 기존의 시흥시 시화공단에 위치한 사
업장을 화성시 장안산업단지로 이전하면서 이 사건 지회와 사이에 "현
시화공장 재직인원(2008. 7.말 현재)에 대하여 고용보장을 확약한다"는 내용
이 포함된 특별교섭 합의서(이하 '이 사건 합의서'라고 한다)를 작성하였다.

3) 이 사건 회사의 2006년부터 2008년까지 사이의 매출액, 영업이
익, 당기순이익을 보면 2008년에는 누적적자에 의한 자본잠식으로 재무
구조가 취약하였으며 2006년부터 2008년까지의 각종 재무비율이 모두
2008년의 산업평균에 비하여 낮았고 그 비율이 점차 악화되는 추세에 있
었다. 특히 2008. 9.경 미국에서 시작된 금융위기의 여파 등으로 인하여
그 무렵부터 매출실적이 급감하였다.

4) 이 사건 회사는 위와 같이 매출실적이 급감하자 2008. 9.경 사무
직 근로자들에 대하여 희망퇴직을 실시하여 그 때부터 같은 해 11.경까

지 합계 18명의 근로자들을 희망퇴직으로 처리하였고, 2008. 10.경에는 울산에 소재한 공장을 장안공장으로 통폐합하면서 근로자들을 모두 장안공장에서 고용되도록 보장하는 한편 이 과정에서 퇴직하는 근로자에 대하여는 위로금을 지급하기로 하였으며, 2008. 12.경부터 2009. 2.경까지는 이 사건 지회에 매출의 감소에 따른 70여 명의 잉여인력 문제 등의 경영상 어려움을 통지하고, 퇴직금 중간정산제도의 일시 중지, 미사용 연차수당의 지급 연기, 학자금의 지급 유보 등의 조치를 단행하였다.

5) 또한 이 사건 회사는 이 사건 지회와 협의하여 2008. 12. 23.부터 같은 달 31.까지의 기간 동안 근로자 66명을 대상으로 순환휴직을 실시하는 등 그 때부터 2009. 4.경까지 매달 60여 명 내지 70여 명 규모로 순환휴직을 실시하였고, 2009. 1. 6. 이 사건 지회에 대하여 "회사는 향후 인위적인 구조조정을 실시하지 않고 고용을 보장하기 위해 최선의 노력을 다할 것을 확약한다"는 내용의 고용보장확약서(이하 '이 사건 확약서'라고 한다)를 작성하여 주기도 하였다.

6) 이 사건 회사는 2009. 2. 25.부터 같은 해 4. 29.까지 수차례에 걸쳐 이 사건 지회에 공문을 발송하면서 '경영상 이유에 의한 인원 정리에 관한 사항, 인원정리를 회피하는 방법, 해고의 기준(규모와 절차), 희망퇴직의 시기와 규모 및 위로금 지급조건 및 절차 등'에 관하여 노사협의회를 통한 논의를 요청하였으나, 이에 대하여 이 사건 지회는 인원정리에 관한 사항은 단체협약 제82조 제5항에 따라 상급단체와 이 사건 회사 사이의 단체교섭을 통하여서만 논의할 수 있다는 입장을 밝히면서 노사협의회를 통한 논의를 거부하였다. 결국 이로 인하여 정리해고와 관련된 사항에 관하여 노사협의가 이루어지지 않았다.

7) 이 사건 회사는 2009. 4. 17., 같은 해 5. 8., 같은 해 5. 21. 3차례에 걸쳐 희망퇴직과 관련된 공고 및 가정통신문을 발송하였고 총 34명의 근로자를 평균 임금 7개월의 전직지원금을 지급하는 조건으로 희망퇴직시켰으며, 2009. 4. 24. 경인지방노동청 수원지청에 '경영상 이유에 의한 해고 계획 신고서'를 제출하였다.

8) 이 사건 회사는 2009. 5. 6. 해고대상자 선정에 관하여 노사합의가

이루어지지 않자 "단체협약 제30조에 따라 해고대상자를 선정하되 이번의 경우에는 근속기간이 짧은 인원부터 정리한다. 다만 입사일이 동일한 경우 근로자 개개인의 생활보호측면을 고려하여 부양가족이 적은 순으로 해고한다. 해고예상 대상자는 1997. 8. 15. 이후 입사자 전원으로 한다"는 내용으로 해고대상자 선정기준을 마련한 후 이러한 해고대상자 선정기준과 "희망자에 한하여 ○○포레시아 주식회사로 전적의 기회를 주겠다"는 내용이 포함된 공문을 이 사건 지회에 발송하였다.

　9) 이 사건 회사는 2009. 5. 11. 소외 1 등 12명과 사이에 "2009. 6. 30.자로 퇴직하되 ○○포레시아 주식회사로의 전적일자는 회사의 사정에 따라 쌍방합의에 따라 조정이 가능하다"라는 내용의 전적합의서를 작성하였다. 그러나 이 사건 정리해고 이후인 2009. 10. 28.경에도 소외 1 등 전적대상 근로자들은 여전히 이 사건 회사에 근무하고 있었고, 그 중 8명의 근로자는 2010. 2. 18.경 이 사건 회사로 재입사하였다.

　10) 이 사건 회사의 매출 급감현상은 2008. 9.경 미국에서 발생한 금융위기 및 이로 인한 경기침체에 기한 것으로 2009. 1. 내지 3.경 경기침체의 저점을 지나면서 자동차 생산량이 증가하기 시작하였고, 2009. 5.경 이후 자동차 내수시장은 세제감면 등으로 급속히 회복되는 추세를 보이기 시작하였으며, 또한 이 사건 회사의 주된 납품처인 기아자동차의 생산실적도 2009. 1. 1.～3. 31.까지에 비하여 2009. 4. 1.～6. 30.까지 급증하였고, 이에 따라 이 사건 회사의 월별 판매 목표, 실적, 달성비율도 2009. 1.경 36%로 최저점에 이르렀다가 이 사건 정리해고가 있었던 2009. 5.경 이미 79%에 도달하였으며, 2009. 9.경 168%에 이르는 등 급속한 실적 개선현상을 보였다.

　11) 이 사건 회사는 2009. 5. 19. 원고들을 포함한 26명에 대하여 같은 달 26.자로 정리해고한다는 내용의 통보서를 발송하였다. 이 사건 회사는 이 사건 정리해고 이후에도 계속하여 2009. 5. 26,636,000원, 2009. 6. 58,354,000원, 2009. 7. 58,725,000원 2009. 8. 41,845,000원, 2009. 9. 83,739,000원, 2009. 10. 71,333,000원의 초과근로수당을 지급하여 왔으며, 실제 이 사건 회사가 2009. 1.경 생산직 근로자 101명에게 지급한 급

여지급 총액이 158,947,857원인데 비하여 2009. 9.경 47명에 대한 급여지급 총액은 166,530,438원으로, 이 사건 회사의 생산직 인원이 절반 이상 감소한 것에 비하여 오히려 급여지급 총액이 증가하였다.

12) 원고들은 이 사건 정리해고가 부당하다고 주장하면서 2009. 5. 26. 경기지방노동위원회에 부당해고 구제신청을 하였으나 2009. 7. 20. 기각되었고, 이에 불복하여 2009. 8. 31. 중앙노동위원회에 재심을 신청하였으나, 중앙노동위원회는 2009. 10. 28. 재심신청을 기각하였다.

나. 판결요지

정리해고나 사업조직의 통폐합 등 기업의 구조조정의 실시 여부는 경영주체에 의한 고도의 경영상 결단에 속하는 사항으로서 이는 원칙적으로 단체교섭의 대상이 될 수 없으나(대법원 2002. 2. 26. 선고 99도5380 판결 등 참조), 사용자의 경영권에 속하는 사항이라 하더라도 그에 관하여 노사는 임의로 단체교섭을 진행하여 단체협약을 체결할 수 있고, 그 내용이 강행법규나 사회질서에 위배되지 아니하는 이상 단체협약으로서의 효력이 인정된다. 따라서 사용자가 노동조합과의 협상에 따라 정리해고를 제한하기로 하는 내용의 단체협약을 체결하였다면 특별한 사정이 없는 한 그 단체협약이 강행법규나 사회질서에 위배된다고 볼 수 없고, 나아가 이는 근로조건 기타 근로자에 대한 대우에 관하여 정한 것으로서 그에 반하여 이루어지는 정리해고는 원칙적으로 정당한 해고라고 볼 수 없다. 다만 이처럼 정리해고의 실시를 제한하는 단체협약을 두고 있더라도, 그 단체협약을 체결할 당시의 사정이 현저하게 변경되어 사용자에게 그와 같은 단체협약의 이행을 강요한다면 객관적으로 명백하게 부당한 결과에 이르는 경우에는 사용자가 단체협약에 의한 제한에서 벗어나 정리해고를 할 수 있을 것이다.

원심은 그 판시와 같은 사실을 인정한 다음, 이 사건 특별교섭 합의서에서 정한 고용보장에 관한 확약은 이 사건 회사가 공장 이전을 계기로 근로자의 고용불안과 근로조건의 변화에 대처하기 위하여 이루어진 것으로서 이 사건 회사 스스로 인위적인 구조조정으로 근로관계를 종료하지 아니하겠다는 내용의 고용보장을 확약한 것으로 보아야 하고, 그 내용상 단순히 공장 이전에만 국한하여 적용할 사항이 아니라 그 이후의 제반 근로조건에 관한 사항을 정한 것으로 보아야 하며, 이러한 고용보장에 관한 확약은 단체협약의 규범적 부분에 해당한다고 판단하였다. 그리고 원심은 그 판시와 같은 사정을 들어 이 사건 회사가 이 사건 특별교섭 합의서 체결 당시 예상하지 못하였던 심각한 재정적 위기에 처하여 고용보장에 관한 확약의 효력을 유지하는 것이 객관적으로 부당한 상황에 이르렀다고 보기는 어렵다고 보아, 고용보장에 관한 확약에 반하여 단행된 이 사건 정리해고는 부당하다고 판단하였다.

원심판결 이유를 앞서 본 법리와 기록에 비추어 살펴보면 원심의 위와 같은 판단은 정당하고, 거기에 정리해고를 제한하는 노사합의의 효력에 관한 법리오해, 특별교섭 합의서의 해석 및 적용에 관한 법리오해, 정리해고 요건의 판단 기준에 관한 법리오해 내지 그 판단 과정에서의 채증법칙 위반 등으로 판결에 영향을 미친 위법이 없다.

다. 해 설

판례에 따르면, 경영해고 등 기업 구조조정의 실시 여부는 원칙적으로 단체교섭의 대상이 될 수 없다. 사용자는 구조조정의 미실시를 주장하는 노동조합의 교섭요구를 거부할 수 있다. 이른바 '의무적 교섭사항'에 해당하지 않기 때문이다. 그런데 사용자가 구조조정에 관한 사항에 관하여 임의로 단체교섭을 수락하여 경영해고를 하지 않기로 하는 고용안정협약을 체결한 경우에 그 효력이 문제된다.

대상판결은 고용안정협약의 규범적 효력을 인정하여 그에 반하여 이루어진 경영해고가 원칙적으로 무효임을 밝히고 있는 점에서 의의가 있다. 그러나 다른 한편으로 대상판결은 사정변경의 원칙에 의해 고용안정협약의 효력이 부인될 수 있음을 인정한다. 고용안정협약 체결 당시 예상하지 못했던 경영사정의 현저한 변경으로 고용안정협약의 준수를 요구하는 것이 객관적으로 부당한 경우에는 경영해고가 가능하다는 것이다.

Q 1. 대상판결에 의하면 경영해고를 제한하는 단체협약의 효력이 예외적
　　　으로 부정될 수 있는 특별한 사정이란?
Q 2. 대상판결에서 이 사건 경영해고가 부당하다고 판단한 이유는?

≪심화학습≫

1. 경영해고 관련 노사 간 사전 '합의'를 규정한 단체협약의 해석과 효
   력 (대법원 2002. 2. 26. 선고 99도5380 판결; 대법원 2012. 6. 28. 선고
   2010다38007 판결 참고)

---

3. 단체협약의 일반적 구속력

대법원 1999. 12. 10. 선고 99두6927 판결 [부당해고구제재심판정취소]

가. 사실관계

1) 원고는 1997. 1. 1. 피고보조참가인 회사(이하, 참가인 회사라고만 한다)
에 입사하여 전력시설부문 사원으로 근무하여 오고 있었다. 원고는
1997. 11. 21.경 출장근무지에서 무단이탈하여 출근하지 아니하면서 출장
비를 자신의 신병 치료비로 전용하고, 회사에서 지급받은 휴대용 컴퓨터
를 반납하지 아니하자, 참가인 회사는 1998. 1. 23. 원고에게 전력사업부
징계위원회 개최사실을 통보하고 소명기회를 부여한 후, 같은 해 2. 2.
징계위원장인 전무 이○홍과 7명의 징계위원이 참석한 가운데 전력사업
부 징계위원회를 개최하고 무단결근, 공금유용 및 회사 물품 무단반출 등
을 징계사유로 하여 징계위원 7명 중 5명의 찬성으로 권고사직을 결정하

고, 같은 달 3. 원고에게 이를 통지하면서 같은 달 6.까지 같은 해 3. 4.자 사직서를 제출하도록 지시하였다.

2) 원고는 1998. 2. 6. 위 징계에 대한 이의신청서를 제출하였으나, 참가인 회사는 같은 달 9. 인사조직개발실 실장 조○식 명의로 원고의 이의신청을 기각한다고 통보한 후, 같은 달 13. 다시 원고에게 같은 달 16.까지 같은 해 3. 4.자 사직서를 제출하도록 지시하였다.

3) 원고가 위 제출기한이 경과하도록 사직서를 제출하지 않자, 참가인 회사는 같은 달 23일 원고에게 전력사업부 징계위원회의 개최사실을 통보하고 소명기회를 부여한 후, 같은 달 26일 징계위원장 이○홍과 8명의 징계위원이 참석한 가운데 징계위원회를 개최하고, 참가인 회사의 징계조치사항을 불이행하였다는 이유로 원고를 같은 해 3. 4.자로 징계해고하기에 이르렀다.

4) 참가인 회사의 취업규칙은, 제139조에서 징계의 종류로 견책·감급·정직·강직·권고사직·징계해고를 규정하고, 제145조에서 사원의 징계는 별도로 정하는 바에 따라 행한다고 규정하며, 그 위임을 받은 참가인 회사의 사원징계규정은, 제4조 제2호 및 제8조에서 사업부(문) 징계위원회는 사업부(문)장이 위원장이 되고, 사업부(문)내 M3급 이상 관리계열 사원 중 위원장이 위촉하는 10인 이내의 위원들로 구성되며, 재적위원 과반수 이상의 출석과 출석위원 과반수 이상의 찬성으로 의결하되 가부 동수일 경우에는 위원장이 결정한다고 규정하고, 제22조 및 제23조에서 통고받은 징계사항에 대하여 이의가 있는 사원은 통고받은 날로부터 3일 이내에 서면으로 이유를 명시하여 인사 담당부서에 이의신청을 할 수 있고, 이의신청의 사유가 정당하다고 인정할 수 없을 때에는 이를 기각하고, 이의신청을 승인한 때에는 재심을 하도록 규정하고 있다.

5) 한편 참가인 회사와 그 노동조합 사이에 체결된 단체협약은 제31조 단서 제2항에서 "징계사항에 대하여 이의가 있는 당해 조합원은 5일 이내에 재심을 청구할 수 있으며, 회사는 지체없이 재심에 응하여야 한다"고 규정하고 있다. 또한 위 단체협약은 제3조에서 조합원의 범위에 관하여 회사의 종업원은 노조법상의 사용자에 해당하지 않는 자로서 가입

원서를 제출한 날부터 조합원이 된다고 규정하고 있고, 이 사건 징계해고 당시 참가인 회사의 조합원수는 전체 근로자의 과반수에 해당한다.

6) 원고는, 이 사건 징계해고의 사유가 부당할 뿐만 아니라 단체협약의 일반적 구속력에 의하여 참가인 회사 단체협약이 비조합원인 원고에게 확장적용 되는데도 불구하고 원고에 대해 단체협약에 의한 재심절차를 이행하지 않았으므로 이 사건 징계해고는 절차상으로도 하자가 있다고 주장한다.

7) 원심은, 참가인 회사는 위 단체협약이 정하는 바에 따라 지체없이 원고의 재심청구에 응하여야 하였는데 위 인사조직개발실장의 이의신청 기각통보만으로는 적법한 재심절차가 있었던 것으로 보기 어렵고, 원고에 대한 위 권고사직처분은 그 절차상의 하자로 무효라 할 것이고 이를 전제로 한 이 사건 징계해고처분도 그 효력이 없는 것이라고 판단했다.

나. 판결요지

노동조합 및 노동관계조정법 제35조의 규정에 따라 단체협약의 적용을 받게 되는 '동종의 근로자'라 함은 당해 단체협약의 규정에 의하여 그 협약의 적용이 예상되는 자를 가리키는바, 사업장 단위로 체결되는 단체협약의 적용 범위가 특정되지 않았거나 협약 조항이 모든 직종에 걸쳐서 공통적으로 적용되는 경우에는 직종의 구분 없이 사업장 내의 모든 근로자가 동종의 근로자에 해당된다(대법원 1992. 12. 22. 선고 92누13189 판결; 대법원 1997. 4. 25. 선고 95다4056 판결 등 참조).

원심은, 이 사건 단체협약 규정상 사용자에 해당하지 않는 한, 기능직·일반직 등 직종의 구분 없이 사업장 내의 모든 근로자가 노동조합의 조합원으로 가입하여 단체협약의 적용을 받을 수 있도록 되어 있으므로, 원고와 같은 일반직 근로자도 기능직 근로자와 함께 위 법조항에서 말하는 동종의 근로자에 해당한다고 할 것이고, 조합원수가 상시 사용되는 근로자 과반수에 해당하였던 이상, 실제로 노동조합에 가입한 여부에 관계없이 원고에 대하여도 단체협약의 해고절차에 관한 조항이 적용된다고 판단하였다.

기록과 위의 법리에 비추어 보니, 원심의 위와 같은 사실인정과 판단은 정당하고, 거기에 피고와 피고보조참가인의 주장에 대한 판단을 유탈하였거나 법리를 오해하는 등의 위법은 없다.

다. 해 설

단체협약은 노동조합의 구성원인 조합원에게 그 효력이 미치고, 비조합원에게는 적용되지 않는 것이 원칙이다. 이 원칙의 예외로 노조법 제35조는 단체협약의 효력확장제도로서 사업장 단위의 일반적 구속력을 규정하고 있다. 즉 제35조 소정의 요건을 충족하는 경우 해당 단체협약은 조합원뿐만 아니라 비조합원에게도 적용된다.

사업장 단위 일반적 구속력 제도의 요건과 관련하여 판례상 주요 쟁점이 되었던 사항은 '동종의 근로자'의 의미 내지 범위이다. 판례에 의하면 당해 단체협약의 규정에 의하여 그 협약의 적용이 예상되는 자가 '동종의 근로자'이다. 대상판결은 직종이 다른 근로자도 '동종의 근로자'에 해당할 수 있음을 인정한 것이다(유사 사례로 대법원 1992. 12. 22. 선고 92누13189 판결).

Q 1. 대상판결에서 원고에 대한 해고가 부당해고로 판단된 이유는?

Q 2. 일반적 구속력제도의 취지는?

Q 3. 조합원의 자격이 없는 자는 '동종의 근로자'에 해당하는가? (대법원 2004. 1. 29. 선고 2001다5142 판결 참고).

≪심화학습≫

1. 작업 내용이나 형태가 다른 근로자의 '동종의 근로자' 해당 여부 (대법원 1995. 12. 22. 선고 95다39618 판결; 대법원 1997. 4. 25. 선고 95다4056 판결 참고)

4. 단체협약의 지역적 구속력

> 대법원 1993. 12. 21. 선고 92도2247 판결 [업무방해,노동조합법위반]

가. 사실관계

1) 피고인들이 소속한 공소외 주식회사(이하 '회사'라고 한다)는 1991. 3. 8. 부산에 있는 108개 택시업체와 함께 '91 단체협약 및 임금협정'에 관한 공동교섭권한을 부산시 택시사업조합(이하 '사업조합'이라고 한다)에 위임하여, 사업조합이 전국택시노동조합연맹 부산시지부(이하 '택시노련'이라고 한다)와 공동교섭을 벌여 같은 해 4. 5. '91 단체협약 및 임금협정'이 체결되었다.

2) 그 후 위 회사가 위 회사의 노동조합장, 조직부장, 총무부장으로 활동하는 피고인들에게 위 공동교섭안이 타결되었으니 노사협의회를 개최하자고 제의하였으나 위 노조측은 택시노련에 공동교섭권한을 위임하지 않았다는 이유로 위 공동타결안과는 별도로 단체협약의 개정 및 임금과 차량세차비 등에 관한 단체협약의 체결을 요구하다가 위 회사측이 응하지 않자, 같은 해 4. 24. 부산 북구청과 부산지방노동위원회에 쟁의발생신고를 하였고, 그 후 같은 해 5. 1. 부산시장이 위 공동타결안에 대한 지역적 구속력 결정공고를 함으로써 공동타결된 위 단체협약 및 임금협정은 위 회사와 노조측에도 효력을 미치게 되었다.

3) 그 후 관할 행정기관으로부터 위 쟁의발생신고에 따른 쟁의행위는 지역적 구속력 결정공고에 위반되는 불법행위라는 사실을 수차에 걸쳐 고지받았음에도 불구하고, 위 노조측은 개별교섭권이 있다는 이유로 위 지역적 구속력의 수용을 거부하고 또 위 회사측의 양보제의를 거부한 후, 같은 해 5. 10. 07:00경 피고인들의 주도로 임시총회를 개최하여 파업을 결의한 후 같은 날 09:00경부터 6. 4.까지 택시운행을 거부하였다.

4) 원심은 피고인들의 판시 행위가 형법 제314조, 노동조합법 제46조의3, 제38조(현행 노조법 제92조 제1호, 제36조. 다만 2001년 노조법 개정에서

제92조 제1호의 내용 중 제36조 위반 부분이 삭제됨: 필자 주)에 해당한다고 판단하였다.

나. 판결요지

1) 헌법 제33조 제1항은 근로자는 근로조건의 향상을 위하여 자주적인 단결권, 단체교섭권 및 단체행동권을 가진다고 규정하여 근로자의 자주적인 단결권뿐 아니라 단체교섭권과 단체행동권을 보장하고 있으므로, 노동조합법 제38조가 규정하는 지역적 구속력 제도의 목적을 어떠한 것으로 파악하건 적어도 교섭권한을 위임하거나 협약체결에 관여하지 아니한 협약 외의 노동조합이 독자적으로 단체교섭권을 행사하여 이미 별도의 단체협약을 체결한 경우에는 그 협약이 유효하게 존속하고 있는 한 지역적 구속력 결정의 효력은 그 노동조합이나 그 구성원인 근로자에게는 미치지 않는다고 해석하여야 할 것이고, 또 협약 외의 노동조합이 위와 같이 별도로 체결하여 적용받고 있는 단체협약의 갱신체결이나 보다 나은 근로조건을 얻기 위한 단체교섭이나 단체행동을 하는 것 그 자체를 금지하거나 제한할 수는 없다고 보아야 할 것이다.

원심은 위와 같은 지역적 구속력의 결정이 협약 외 노동조합의 단체교섭권이나 단체행동권을 합리적 범위 내에서 제한한 것으로 볼 것이지, 이를 헌법에 위반하여 부당하게 협약 외의 단위노동조합의 단체교섭권과 단체행동권을 박탈한 것이라고 할 수 없다고 본 것 같으나, 그렇게 되면 협약 외 노동조합의 자주적인 단체교섭권과 단체행동권을 부인하는 결과에 이를 수 있어 부당하다.

2) 피고인들의 판시행위 당시 위 회사에는 그 효력기간을 1989. 3. 31.부터 2년으로 하고 협약효력기간이 지난 후에도 협약이 갱신체결될 때까지 효력을 지속하되 3개월 이전에 새로운 협약을 체결하도록 한 단체협약과 효력기간을 1990. 9. 1.부터 1991. 6. 30.까지로 하여 체결한 임금협정이 존속하고 있었던 것으로 엿보이고, 피고인들은 위 회사의 노동조합의 조합장, 조직부장, 총무부장 등을 맡고 있으면서 사업조합과 택시

노련이 공동교섭을 할 때에 단체교섭을 위임하지 않고 공동교섭 결과 협약안이 마련된 후인 1991. 4. 8.부터 위 회사에 대하여 단체교섭을 요구하였으나 위 회사가 이에 불응하자 위 회사가 부당노동행위를 하였다며 진정을 하고, 같은 달 24. 쟁의발생 신고까지 하였던 사실을 인정할 수 있는 바, 사실관계가 위와 같다면 위 지역적 구속력 결정은 결정 당시 유효한 단체협약의 개정이나 새로운 단체협약체결을 위한 단체교섭을 요구하고 있었던 위 회사의 노동조합에는 미치지 않는다고 보아야 할 것이다.

그럼에도 원심이 이 점을 살펴보지 아니하고 위 지역적 구속력 결정이 당연히 위 노동조합과 그 구성원인 피고인들에게도 미침을 전제로 피고인들이 위법한 쟁의행위를 하여 위 회사의 업무를 방해하고 노동조합법 제38조의 결정을 위반하였다고 판단한 것은 지역적 구속력 결정의 효력에 관한 법리를 오해하여 심리를 미진하였다고 할 것이므로, 이 점을 지적하는 논지는 이유 있다.

3) 그리고 원심이 설시하고 있는 바와 같이 사업조합과 택시노련이 단체협약을 작성하면 교섭권한을 위임한 각 사업장에서는 그 형편에 따라 이를 그대로 단체협약으로 하거나 위 단체협약의 내용을 일부, 수정 보충하여 합의각서를 작성하여 이를 단체협약으로 하는 것이 관행이었다면, 지역적 구속력 결정의 대상이 될 '하나의 단체협약'이 구체적으로 어떠한 것을 가리키고 어떠한 형태로 존재하고 있었다는 것인지 분명하지 아니하므로, 원심으로서는 이 점도 살펴볼 필요가 있다.

다. 해 설

노조법 제36조는 단체협약의 효력확장제도로서 지역적 구속력 제도를 규정하고 있다. 즉, 일정한 지역에서 체결된 단체협약의 내용(규범적 부분)은 노조법 제36조 소정의 요건을 충족하는 경우 해당 단체협약 본래의 적용대상이 아닌 근로자와 그 사용자에게 확장 적용될 수 있다. 구법에서는 확장 적용되는 단체협약을 위반한 자에 대한 벌칙(구 노조법 제46조의3)이 있었으나 현행 노조법에는 없다.

대상판결은 지역적 구속력 제도의 목적을 명시적으로 밝히고 있지는 않지만, 지역적 구속력 결정의 효력에 일정한 한계가 있음을 인정함으로써 노동조합의 단체교섭권과 단체행동권을 보장하고 있다는 점에서 그 의의가 있다.

Q 1. 대상판결에 의하면 지역적 구속력의 한계는?

Q 2. 지역적 구속력 제도의 목적 내지 취지는?

Q 3. 노조법 제35조의 일반적 구속력과 같은 법 제36조의 지역적 구속력의 차이점은?

제 24 강

쟁의행위 (1)

1. 개 요

(1) 노조법상 "쟁의행위라 함은 파업·태업·직장폐쇄 기타 노동관계 당사자가 그 주장을 관철할 목적으로 행하는 행위와 이에 대항하는 행위로서 업무의 정상적인 운영을 저해하는 행위를 말한다"(제2조 제6호). 노동관계 당사자가 주장 관철을 목적으로 업무의 정상적인 운영을 저해하는 행위가 쟁의행위이다. 이러한 쟁의행위는 노동쟁의(제2조 제5호), 즉 노동관계당사자 간에 "임금·근로시간·복지·해고 기타 대우 등 근로조건의 결정에 관한 주장의 불일치로 인하여 발생한 분쟁상태"를 전제로 한다. 노조법은 쟁의행위의 규율을 위한 규정과 함께 노동쟁의의 조정을 위한 규정도 다수 두고 있다.

(2) 실무상 쟁의행위와 관련된 노동분쟁의 대다수는 쟁의행위의 정당성에 관한 것이다. 헌법 제33조 제1항은 단체행동권을 보장하고 있고, 노조법은 이를 구체화하여 정당한 쟁의행위에 대한 민사면책(제3조)과 형사면책(제4조)을 확인하고 있다. 판례와 학설은 이렇게 민·형사상 면책의 효과를 받을 수 있는 쟁의행위와 그렇지 않은 쟁의행위를 구분하는 기준으로 '쟁의행위의 정당성'을 든다. 즉 쟁의행위가 정당하면 비록 그로 인해 손해를 입더라도 사용자는 노동조합이나 근로자에게 불법행위로 인한 손해배상을 청구할 수 없고 또한 쟁의행위가 업무방해죄 등 형법상 범죄의 구성요건을 충족하더라도 위법성이 조각되어 형사상 범죄가 되지 않지만, 반대로 정당성이 없으면 민·형사상 책임을 질 수 있다는 것이다.

한편, 노조법은 정당한 쟁의행위에 참가한 것을 이유로 한 해고 등 불이익 취급을 부당노동행위로서 금지하고 있다(제81조 제5호 참조).

노조법 제37조 제1항에서는 "쟁의행위는 그 목적·방법 및 절차에 있어서 법령 기타 사회질서에 위반되어서는 아니 된다"고 규정하고 있지만, 쟁의행위의 정당성 판단기준은 판례 법리로 형성·발전되어 오고 있다. 판례는 근로자의 쟁의행위가 정당하기 위해서는 주체, 목적, 시기·절차, 수단과 방법 등이 모두 정당하여야 한다고 본다(대법원 2001. 10. 25. 선고 99도4837 전원합의체 판결). 다만 쟁의행위 자체의 정당성과 이를 구성하거나 부수되는 개별 행위의 정당성은 구별되어야 하므로 일부 근로자가 폭력행위 등 위법행위를 하였다고 해서 곧바로 쟁의행위 전체가 위법하게 되는 것은 아니다(대법원 2003. 12. 26. 선고 2003두8906 판결).

[쟁의행위가 형법상 정당행위가 되기 위한 요건]

"근로자의 쟁의행위가 형법상 정당행위가 되기 위하여는, 첫째 그 주체가 단체교섭의 주체로 될 수 있는 자이어야 하고, 둘째 그 목적이 근로조건의 향상을 위한 노사간의 자치적 교섭을 조성하는 데에 있어야 하며, 셋째 사용자가 근로자의 근로조건 개선에 관한 구체적인 요구에 대하여 단체교섭을 거부하였을 때 개시하되 특별한 사정이 없는 한 조합원의 찬성결정 등 법령이 규정한 절차를 거쳐야 하고, 넷째 그 수단과 방법이 사용자의 재산권과 조화를 이루어야 함은 물론 폭력의 행사에 해당되지 아니하여야 한다는 여러 조건을 모두 구비하여야 한다."(대법원 2001. 10. 25. 선고 99도4837 전원합의체 판결)

(3) 쟁의행위가 정당성이 없는 경우, 즉 위법한 쟁의행위에는 형사책임과 민사책임 및 징계책임 등이 발생한다. 형사책임으로는 형법상 업무방해죄, 직무유기죄(공무원의 경우), 재물손괴죄, 건조물침입죄, 주거침입죄, 퇴거불응죄 등이 성립될 수 있는데, 실무상 가장 논란이 되는 것은 업무방해죄의 적용 여부이다. 위법한 쟁의행위에 대한 형사책임은 궁극적으로 쟁의행위 참가자 개인의 책임으로 귀속되므로 일반 조합원도 형사책임이 인정된다. 한편, 노조법은 쟁의행위를 제한하는 여러 규정과 함께 그 위반에 대한 형사 벌칙을 정하고 있다.

쟁의행위가 정당성을 상실하게 되면 민사책임(불법행위로 인한 손해배상책임)과 징계책임도 발생할 수 있다. 민사책임은 형사책임과 달리 노동조합에도 귀속될 수 있다. 실무상으로는 노동조합과 조합간부에게 손해배상책임을 인정한 사례가 대부분이고, 쟁의행위에 단순 참가한 조합원에게 이를 인정한 사례는 드물다. 징계책임은 사용자가 자신과 근로관계가 있는 조합원에게 위법한 쟁의행위에서의 행동(기획·지도, 참가 등)을 이유로 해고 그 밖의 징계처분을 할 때 문제가 된다.

(4) 쟁의행위에 대하여는 노조법상 제한 규정이 많고 또한 현실적으로도 업무방해죄 등의 형사책임을 지는 경우가 많다. 이 때문에 노동조합 등에서는 쟁의행위의 외형을 가지지 않으면서도 사용자를 압박할 수 있는 수단을 종종 이용하는데, 이른바 준법투쟁이 그 대표적 사례이다. 준법투쟁이란 근로자들이 그 주장을 관철하기 위하여 집단적으로 법령이나 취업규칙 등의 규정을 평소보다 철저히 준수하는 것을 말한다. 안전·보건에 관한 법규를 철저히 준수하는 '안전투쟁' 이외에, 근로시간이나 휴가 등에 관한 근로자 개개인의 권리를 집단적으로 동시에 행사하게 하는 '권리행사투쟁'(예를 들면, 집단적인 정시출퇴근·연장근로거부·휴일근로거부·휴가사용 등)도 포함된다.

□ 일반적으로 준법투쟁의 문제는 쟁의행위의 개념 문제로서 쟁의행위와 관련된 강의의 첫머리에서 다루지만, 이 책에서는 수강생의 이해 및 실무 감각의 증진을 위해 말미인 ☞ 제26강 쟁의행위(3) 1. 준법투쟁 부분에서 다루기로 한다.

(5) 사용자는 쟁의행위에 대항하여 직장폐쇄를 할 수 있지만, 노동조합이 쟁의행위를 개시한 이후에만 직장폐쇄를 할 수 있다(제46조 제1항). 판례는 직장폐쇄가 대항적·방어적인 경우 정당성을 인정하며, 선제적·공격적인 경우 정당성을 부정한다. 사용자는 직장폐쇄가 정당한 경우에만 근로자에 대한 임금지급의무를 면한다.

한편, 사용자는 쟁의행위 중에도 조업을 계속할 수 있다. 이를 조업의 자유라고 하는데, 이에 대한 가장 큰 제한이 쟁의행위 기간 중 대체근로의 금지이다. 즉 사용자는 쟁의행위 기간 중 그 쟁의행위로 중단된 업무의 수행을 위하여 당해 사업과 관계없는 자를 채용 또는 대체할 수 없으며, 도급 또는 하도급도 줄 수 없다(제43조 참조). 다만 필수공익사업에서 공익 보호를 위해 사용자의 대체근로를 제한적으로 허용하고 있다.

(6) 쟁의행위는 근로관계에도 일정한 영향을 미친다. 파업참가자에게는 그 파업의 정당성 유무와 상관없이 임금청구권이 없다. 즉 사용자는 쟁의행위에 참가하여 근로를 제공하지 아니한 근로자에 대하여는 그 기간 중의 임금을 지급할 의무가 없다(제44조 제1항). 또한 노동조합은 쟁의행위기간에 대한 임금의 지급을 요구하여 이를 관철할 목적으로 쟁의행위를 하여서는 안 된다(동조 제2항). 그러나 사용자가 파업기간에 대해 임금지급의무가 없지만, 임의로 임금의 일부 또는 전부를 지급하는 것은 금지되지 않는다. 따라서 그 지급을 정한 단체협약, 취업규칙 또는 당사자 사이의 약정이나 관행이 있으면 사용자는 이에 따라 임금지급의무를 진다(대법원 1995. 12. 21. 선고 94다26721 전원합의체 판결 참조). 파업에 참가하지 않은 근로자의 임금청구권에 관해서는 상당한 논쟁이 있다. 한편 임금 이외의 근로조건, 예를 들면 평균임금의 산정이나 출근율 산정(연차유급휴가청구권 발생의 전제) 등에서는 쟁의행위의 정당성 유무에 따라 취급상 차이가 난다고 보는 것이 최근 판례의 태도이다.

(7) 노조법은 노동쟁의 조정제도로서 노동위원회에 의한 조정(調停) 또는 중재(仲裁)를 정하고 있다. 조정(調停)은 노동위원회가 조정안을 작성하여 당사자에게 수락하도록 권고하는 절차이며, 중재는 노동위원회가 당사자를 구속하는 중재재정을 내리는 절차이다. 실무에서는 조정(調整) 전치주의의 원칙(노조법 제45조 제2항에 따라 쟁의행위는 노조법상 조정(調整)을 거치지 않고는 행할 수 없다)에 따라 일반적으로 노동조합측이 노동위원회에 조정(調停)을 신청하고 있다.

노조법상 법정 조정(調停) 절차는 다음과 같다. 노동위원회는 관계 당사자의 일방이 노동쟁의의 조정을 신청한 때에는 지체없이 조정을 개시하여야 하며 관계 당사자 쌍방은 이에 성실히 임하여야 한다(제53조). 조정은 조정신청이 있은 날부터 일반사업은 10일, 공익사업은 15일 이내에 종료하여야 하며, 이 조정기간은 관계 당사자간의 합의로 일반사업은 10일, 공익사업은 15일 이내에서 연장할 수 있다(제54조). 조정은 일반사업에 대해서는 조정위원회(또는 단독조정인)가 담당하고, 공익사업에 대해서는 특별조정위원회가 담당한다(제55조, 제57조, 제72조). 조정위원회는 조정안을 작성하여 이를 관계 당사자에게 제시하고 그 수락을 권고하며, 관계 당사자가 수락을 거부하여 더 이상 조정이 이루어질 여지가 없다고 판단되는 경우에는 조정의 종료를 결정한다(제60조). 조정안이 관계 당사자에 의하여 수락된 때에는 조정서를 작성하며, 조정서의 내용은 단체협약과 동일한 효력을 가진다(제61조).

노조법상 법정 중재 절차는 다음과 같다. 노동위원회는 관계 당사자의 쌍방이 함께 중재를 신청한 때 또는 관계 당사자의 일방이 단체협약에 의하여 중재를 신청한 때에는 중재를 행한다(제62조). 노동쟁의가 중재에 회부된 때에는 그날부터 15일간은 쟁의행위를 할 수 없다(제63조). 중재는 중재위원회가 담당한다(제64조). 중재위원회가 내린 중재재정의 내용은 단체협약과 동일한 효력을 가진다(제70조). 지방노동위원회의 중재재정이 위법이거나 월권에 의한 것이라고 인정하는 경우에는 중앙노동위원회에 그 재심을 신청할 수 있으며, 중앙노동위원회의 중재재정이나 중재재심결정이 위법이거나 월권에 의한 것이라고 인정하는 경우에는 행정소송을 제기할 수 있다(제69조).

(8) 고용노동부장관은 쟁의행위가 공익사업에 관한 것이거나 그 규모가 크거나 그 성질이 특별한 것으로서 현저히 국민경제를 해하거나 국민의 일상생활을 위태롭게 할 위험이 현존하는 때에는 긴급조정의 결정을 할 수 있다(제76조). 관계 당사자는 긴급조정의 결정이 공표된 때에는 즉시 쟁의행위를 중지하여야 하며, 공표일부터 30일이 경과하지 아니하면 쟁의행위를 재개할 수 없다(제77조). 중앙노동위원회는 긴급조정의 통고를 받은 때에는 지체없이 조정을 개시한다(제78조). 당해 관계 당사자의 일방 또는 쌍방으로부터 중재신청이 있거나 중앙노동위원회의 위원장이

조정이 성립될 가망이 없다고 인정하여 그 사건을 중재에 회부한 때에는 중앙노동위원회는 중재를 행한다(제79조).

(9) 사적 조정·중재(이하 '사적 조정 등') 제도는 노동관계 당사자가 노조법상의 조정 또는 중재와 다른 방법으로 자주적으로 노동쟁의를 해결하는 것을 말한다. 사적 조정 등은 노동관계당사자의 쌍방의 합의 또는 단체협약에 정하는 바에 따라 행해진다(제52조 제1항). 노동관계 당사자는 노동쟁의를 사적 조정 등 절차에 의하여 해결하기로 한 때에는 이를 노동위원회에 신고하여야 한다(제52조 제2항). 사적 조정의 경우 조정기간(일반사업에 있어서는 10일, 공익사업에 있어서는 15일)은 조정을 개시한 날부터 기산하며, 조정기간 동안 쟁의행위를 할 수 없고, 사적 중재의 경우 쟁의행위금지기간(15일)은 중재를 개시한 날부터 기산한다(동조 제3항). 조정 또는 중재가 이루어진 경우에 그 내용은 단체협약과 동일한 효력을 가진다(동조 제4항). 사적조정 등을 수행하는 자는 지방노동위원회 공익위원의 자격을 가진 자로 하며, 노동관계 당사자로부터 수수료, 수당 및 여비 등을 받을 수 있다(동조 제5항).

(10) 필수공익사업의 노동쟁의와 관련해서는 2006년 말 노조법 개정을 통해 과거의 직권중재제도를 폐지하고 필수유지업무제도를 도입하였다. 이 제도는 필수공익사업 근로자의 단체행동권 보장과 공익 보호를 조화시키기 위한 것이며(제42조의2 내지 제42조의6), 노조법은 이 제도와 함께 필수공익사업에서는 일정한 범위에서 대체근로의 사용을 허용한다(제43조 제3항과 제4항).

≪참고≫ 필수유지업무

1) 필수유지업무 정지 등의 금지

노조법 제42조의2 제2항은 필수유지업무에 대해 정당한 유지·운영을 정지·폐지 또는 방해하는 행위는 쟁의행위로서 할 수 없다고 규정하고 있으며, 이를 위반할 경우에는 동법 제89조에서 형벌을 부과하고 있다. 2006년말 노조법 개정으로 필수공익사업에 대한 직권중재제도를 폐지하면서 필수공익사업에서도 쟁의행위를 할 수 있게 되었지만, 공중의 이익을 지키기 위해 필수유지업무의 수행에는 지장이 없도록 하려는 취지에서 신설되었다.

2) 필수유지업무의 개념 및 범위

'필수유지업무'란 필수공익사업의 업무 중 그 업무가 정지·폐지되는 경우 공중의 생명·보건 또는 신체의 안전이나 공중의 일상을 현저히 위태롭게 하는 업무로서 시행령으로 정하는 업무를 말한다(제42조의2 제1항). 필수공익사업의 종류별 필수유지업무의 범위는 노조법 시행령에서 상세히 규정하고 있다.

3) 필수유지업무협정

노동관계 당사자는 쟁의행위 기간 동안 필수유지업무의 정당한 유지·운영을 위해 필수유지업무의 유지·운영 수준(유지율), 대상 직무, 필요인원 등을 정한 협정을 서면으로 체결해야 하는데, 이를 필수유지업무협정이라 한다(제42조의3).

4) 노동위원회의 필수유지업무 결정

당사자 쌍방 또는 일방은 필수유지업무협정이 체결되지 않는 경우 노동위원회에 필수유지업무의 유지·운영 수준 등의 결정을 신청해야 하며, 신청을 받은 노동위원회는 해당 사업 또는 사업장의 필수유지업무의 특성 및 내용 등을 고려하여 그 유지·운영 수준, 대상 직무, 필요인원 등을 결정할 수 있다(제42조의4). 이와 같이 필수유지업무에 관한 노동위원회의 결정이 있는 경우, 그 결정에 따라 쟁의행위를 한 때에는 필수유지업무를 정당하게 유지·운영하면서 쟁의행위를 한 것으로 본다(제42조의5).

5) 필수유지업무협정 등의 이행

필수유지업무협정이 체결되거나 노동위원회의 필수유지업무 결정이 있는 때에 노동조합은 사용자에게 필수유지업무에 근무하는 조합원 중 쟁의행위 기간 동안 근무해야 할 조합원을 통보해야 하며, 사용자는 이에 따라 근로자를 지명하고 이를 노동조합과 해당 근로자에게 통보해야 한다(제42조의6 본문). 다만 노동조합이 쟁의행위 시작 전까지 이러한 통보를 하지 않는 경우에는 사용자가 필수유지업무에 근무해야 할 근로자를 지명하고, 이를 노동조합과 해당 근로자에게 통보해야 한다(제42조의6 단서). 이와 같이 특정·지명된 근로자가 쟁의행위에 참가하지 않고 해당 업무를 정상적으로 수행하면 이로써 협정 또는 결정이 이행된 것이다.

Q 1. 쟁의행위에 대해 정당성을 논하는 이유는 무엇인가? 파업이 정당한 경우에는 일부 근로자의 폭력·파괴행위의 위법성도 부인되는가?

Q 2. 기업의 경영상태 및 지불능력에 비추어 다소 지나친 요구를 관철하기 위한 쟁의행위는 정당성을 상실하는가?

Q 3. 근로자는 쟁의행위 기간 중에는 구속되지 아니하는가?

Q 4. 노동조합의 쟁의행위는 총회에서 재적조합원 과반수의 출석과 출석조합원 과반수의 찬성으로 결정하여야 하는가?

Q 5. 주요방위산업체에 종사하는 근로자는 모두 쟁의행위를 할 수 없는가? 때때로 방산물자를 생산하는 업무에 종사한다면 쟁의행위를 할 수 있는가? 전력업무에 종사한다면?

Q 6. 노조법상 쟁의행위 기간 중에도 정상적으로 수행되어야 하는 작업에는 어떠한 것들이 있는가? 노조법상 점거가 금지되는 시설은?

Q 7. 파업기간에 대해 사용자는 임금지급을 면할 수 있는가? 파업참가 전에 근로자가 이미 그 청구권을 취득한 임금은 파업기간 중이라도 이를 지급해야 하는가? 단체교섭의 안건이 타결되면서 노사간에 파업기간 중의 임금 상당액에 해당하는 급여를 지급하기로 별도의 약정을 한 경우 그 약정은 노조법 위반으로 무효인가?

Q 8. 파업기간 중에는 근로계약관계가 정지하므로 근로자의 성실의무, 사용자의 안전배려의무는 정지하는가? 쟁의관계가 종료하면 사용자는 근로자를 취업시켜야 하는가?

Q 9. 직장폐쇄는 헌법상 근로3권에 기초한 권리인가? 사용자가 직장폐쇄를 하는 경우 근로계약관계가 종료되는가? 파업의 위험이 현저한 경우에는 파업 전이라도 직장폐쇄를 할 수 있는가? 적법한 직장폐쇄를 하더라도 사용자는 근로제공을 희망한 근로자들에게 임금을 지급하여야 하는가?

Q 10.다음의 행위가 노조법상 규율되는 쟁의행위에 해당하지 않는다면 그 이유는?

[관철하려는 주장을 기재한 리본을 집단적으로 패용하는 행위, 퇴근시간 후 근로자가 근로조건개선에 관한 집회를 갖는 행위, 조합원의 근무태만행위, 휴게시간 중의 유인물의 배포 및 부착행위, 통상의 예와 다르게 휴일근로를 사용자가 일방적으로 지시하여 근로자들이 집단적으로 거부한 행위, 노동법개악을 반대하는 노동조합의 시위행진]

Q 11.쟁의행위는 노동위원회에 노동쟁의 조정을 신청하기 전에 해도 무방
　　한가? 조정을 신청한 후 일정기간 쟁의행위가 금지되는가? 쟁의행위
　　는 노동위원회로부터 사전에 적법 판정을 받은 후에야 가능한가?

Q 12.현행 노조법상 중재가 개시되는 경우는? 필수공익사업에서 직권중재
　　제도는 인정되는가? 긴급조정 절차에서 중재가 개시되는 경우는?

Q 13.노동쟁의조정의 대상은 무엇인가? 조합활동 등 단체적 노사관계의
　　운영에 관한 사항이 중재의 대상인가?

Q 14.중재재정에 대해 재심이나 행정소송을 재기할 수 있는 사유는?

Q 15.긴급조정의 결정권자는? 긴급조정을 결정하는 절차는? 공익사업이
　　아닌 경우에도 긴급조정을 할 수 있는가?

Q 16.노동관계 당사자는 사적조정에 의하여 노동쟁의를 해결하기로 한 때
　　에는 행정관청의 승인을 받아야 하는가? 사적 조정이 이루어진 경우
　　그 내용은 임의적 합의에 불과할 뿐 단체협약으로서의 효력은 부인
　　되는가? 노동위원회의 공적 조정절차가 개시된 후에도 사적 조정절
　　차를 채택할 수 있는가?

Q 17.노조법상 공익사업, 필수공익사업에는 각각 어떠한 사업이 있는가?

2. 쟁의행위의 주체 · 절차

대법원 2004. 9. 24. 선고 2004도4641 판결 [업무방해]

가. 사실관계

1) A자동차 군산지역 협력업체노동조합(이하 '협력업체노동조합'이라 한
다)은 군산지역에 있는 A자동차의 협력, 하청, 도급 업체에 근무하는 근로
자들을 조직대상으로 하여 2001. 2. 15. 군산시장에게 설립신고를 한 지
역별, 업종별 노동조합이며, 피고인 김○균은 B주식회사의 근로자로 위
협력업체노동조합의 B지부장이다.

2) 협력업체노동조합은 B주식회사에 대하여 단체교섭에 응해 줄 것을 요구하였는데, 위 회사는 단체교섭에 불응하였다. 다시 협력업체노동조합이 전북지방노동위원회에 조정신청을 하였지만, 같은 노동위원회는 조정이 부적절하다는 이유로 조정종료 결정을 하였다. 7. 16. 피고인 등 B지부 전체조합원 15명 중 14명이 참석하여 쟁의행위찬반투표를 함으로써 참석자 전원의 찬성으로 쟁의행위의 결의를 하였고, 같은 달 18. 군산지방노동사무소에 노동쟁의 발생신고를 하였다.

3) 피고인 등 조합원들은 7. 18. 오후 4시간, 같은 달 20. 오후 4시간, 같은 해 8. 20. 오후 4시간 각 조퇴서를 내고 협력업체노동조합 집회에 참석하고, 8. 9. 오전 2시간 20분간 및 9. 11. 오전 2시간 20분간 근로조건에 대한 다툼으로 B주식회사에 근로를 제공하지 아니하였다. 위 각 쟁의행위가 전체적으로 협력업체노동조합의 지침에 따라 이루어졌다.

4) 피고인 등의 각 쟁의행위는 단체교섭의 주체인 협력업체노동조합의 전 조합원 투표에 의한 과반수 찬성이 있어야 하는데 지부 조합원만이 투표에 참여하여 쟁의행위의 절차가 정당하지 않다는 점 등의 이유로 정당한 쟁의행위가 아니라 하여 업무방해죄로 기소되었다.

나. 판결요지

근로자의 쟁의행위가 형법상 정당행위가 되기 위한 절차적 요건으로서, 쟁의행위를 함에 있어 조합원의 직접·비밀·무기명투표에 의한 찬성결정이라는 절차를 거치도록 한 노동조합및노동관계조정법 제41조 제1항은 노동조합의 자주적이고 민주적인 운영을 도모함과 아울러 쟁의행위에 참가한 근로자들이 사후에 그 쟁의행위의 정당성 유무와 관련하여 어떠한 불이익을 당하지 않도록 그 개시에 관한 조합의사의 결정에 보다 신중을 기하기 위하여 마련된 규정이라고 할 것이다(대법원 2001. 10. 25. 선고 99도4837 전원합의체 판결 참조).

이와 같은 취지에 비추어 보면, 지역별·산업별·업종별 노동조합의 경우에는 총파업이 아닌 이상 쟁의행위를 예정하고 있는 당해 지부나 분회소속 조합원의 과반수의 찬성이 있으면 쟁의행위는 절차적으로 적법하다고 보아야 할 것이고, 쟁의행위와 무관한 지부나 분회의 조합원을 포함한 전체 조합원의 과반수 이상의 찬성을 요하는 것은 아니라고 할 것이다. 협력업체노동조합 B지부 조합원 과반수 이상이 쟁의행위를 결의한 이상, 협력업체노동조합의 전 조합원의 과반수 찬성이 없어도 이 사건 쟁의행위는 절차적으로 적법하다.

다. 해 설

노조법 제37조 제2항에 의하면 조합원은 노동조합에 의하여 주도되지 아니한 쟁의행위를 하여서는 아니 된다(그 위반에 대한 벌칙은 제89조 제1호). 이 규정은 1997년에 신설되었는데 판례의 입장을 반영한 것으로 볼 수 있다. 판례에 의하면 쟁의행위의 정당성이 인정되기 위해서는 그 주체가 단체교섭의 주체로 될 수 있는 자이어야 한다. 일부 조합원의 집단이 노동조합의 승인 없이 또는 지시에 반하여 쟁의행위를 한 경우 그 정당성이 인정되지 않으며(대법원 1995. 10. 12. 선고 95도1016 판결), 단지 조합원으로서의 자발적인 행동에 불과할 뿐이어서 정당한 노동조합 활동이라고 할 수 없다(대법원 1999. 9. 17. 선고 99두5740 판결).

단체교섭 당사자의 지위가 인정되는 노동조합의 지부나 분회는 단체교섭 및 단체협약의 체결이 가능하기 때문에 쟁의행위의 정당한 주체가 될 수 있다(대법원 2004. 9. 24. 선고 2004도4641 판결 참고). 일부 근로자들로 구성된 비상대책위원회가 노동조합 지부의 적법한 대표자를 배제하고 쟁의행위를 주도한 사례에서 그 정당성을 부정한 판결례가 있다(대법원 2008. 1. 18. 선고 2007도1557 판결).

한편, 판례에 의하면 쟁의행위의 절차에 있어서 특별한 사정이 없는 한 조합원의 찬성결정(노조법 제41조 제1항) 등 법령이 규정한 절차를 거쳐야 한다. "조합원 찬반투표 절차를 따를 수 없는 객관적인 사정"이 예외적인 특별한 사정이고, 그러한 사정이 인정되지 아니하는 한 찬반투표 절차를 위반한 쟁의행위는 그 정당성이 상실된다(대법원 2001. 10. 25. 선고 99도4837 전원합의체 판결). 조합원의 민주적 의사결정이 실질적으로 확보된 경우에는 찬반투표 절차를 거치지 아니하였다는 사정만으로 쟁의행위가 정당성을 상실한다고 볼 수 없다는 종전 판결(대법원 2000. 5. 26. 선고 99도4836 판결)의 견해는 위 전원합의체 판결로 부정되었다. 위 전원합의체 판결 이후 찬반투표 절차를 거쳤는지가 쟁의행위의 정당성 판단에서 중요한 논점이 되었다. 대상판결은 초기업단위의 노동조합이 그 지부나 분회 차원에서 쟁의행위를 하는 경우 찬반투표의 대상자 범위를 분명히한 것이다.

2010년 1월 1일에 개정된 노조법 제41조 제1항 제2문에 의하면 교섭대표노동조합이 결정된 경우 그 절차에 참여한 노동조합의 전체 조합원(해당 사업 또는 사업장 소속 조합원으로 한정한다)의 직접·비밀·무기명투표에 의한 과반수의 찬성으로 결정하지 아니하면 쟁의행위를 할 수 없다.

Q 1. 대상판결에서 지부조합원만의 파업결의만으로도 쟁의행위 절차가 정당하다고 판단한 이유는?

Q 2. 대상판결에 의하면 초기업단위의 노동조합이 조합 전체 차원에서 총파업을 하고자 하는 경우에는 어떤 찬반투표 절차를 거쳐야 하는가?

Q 3. 노조법 제41조 제1항의 규정 취지는 무엇이고, 특별한 사정이 없는 한 이 규정 위반의 쟁의행위는 정당하지 않은 것으로 해석되어야 할 이유는?

≪심화학습≫

1. 단체협약에 쟁의절차에 관한 특별한 규정을 두고 있는 경우 그 위반의 법적 효과

2. 노동조합의 지부·분회가 쟁의행위의 정당한 주체인지 여부 (대법원 2008. 1. 18. 선고 2007도1557 판결; 대법원 2004. 9. 24. 선고 2004도4641 판결 참고)

3. 노동조합의 요건을 갖추지 못한 근로자단체가 쟁의행위의 정당한 주

체인지 여부 (헌재 2008. 7. 31. 2004헌바9; 대법원 1997. 2. 11. 선고 96
누2125 판결 참고)
4. 노동위원회의 행정지도(교섭미진을 이유로 한 자주적 교섭 권고)에
반하는 쟁의행위의 정당성 (대법원 2001. 6. 26. 선고 2000도2871 판결
참고)

3. 쟁의행위의 목적 (1)

대법원 2006. 5. 12. 선고 2002도3450 판결   [집단에너지사업법위반·
업무방해·노동조합및노동관계조정법위반]

가. 사실관계

1) 피고인 1은 2001년 이 사건 쟁의행위 당시 한국산업단지공단 노
동조합(이하 '노조'라 약칭)의 위원장이었고, 피고인 2는 위 노조의 사무국장
이었다.

2) 1998. 8. 1. 재정경제부 산하 기획예산처는 정부출연·위탁기관 경
영혁신계획에 의거하여 2001.말까지 한국산업단지공단(이하 '공단'이라 약
칭)의 적자 운영 중인 열병합발전소를 매각하라는 방침을 정했고, 공단은
자산가치평가용역 결과를 토대로 2001. 4. 27. 산업자원부에 정부의 민영
화 방침 재검토를 건의하였으나, 2001. 6. 18. 산업자원부로부터 발전소
의 민영화를 추진하고 구체적인 매각방안과 향후매각추진일정 등을 제출
하라는 지시를 받았다. 이에 공단은 2001. 7. 11. 발전소 민영화 관련 검
토 의견서를 산업자원부에 제출하고, 7. 31. 발전소 민영화를 위한 자문
용역 주간사 입찰공고를 실시하여 9. 10. 한국산업은행을 민영화 주간사
로 우선협상하는 등 발전소 민영화를 급속히 추진하였다.

3) 노조는 2001. 5. 17. 임·단협 교섭권을 민주노총 공공연맹에 위임하였다. 같은 해 5. 25. 11:10~13:20 정부 과천청사 앞 잔디구장에서 개최된 위 공공연맹 주최의 '민영화 저지, 정부지침 분쇄, 공공연맹결의대회'에 피고인 1(위원장)은 위 노조의 조합원 138명과 함께 조합원 총회를 빙자하여 참석하고 "우리 노조원들이 민영화 저지를 하였지만 정부에서 계속 매각추진을 하여 정부의 일방적인 추진으로 우리 경제를 망치고 있으며 노동자를 다 죽이고 있다"고 투쟁사를 하여 민영화 반대의 입장을 천명하였다.

노조측은 공단측과 수회에 걸쳐 교섭을 진행하면서 정부의 민영화 방침의 철회를 주장하고, 6. 13. 교섭에서는 "조합의 최대 목적은 발전소 매각건을 재고하는 것이고, 민영화 철회시 모든 것을 철회할 수 있다"는 안을 제시하였음에도 공단측에서 계속 민영화를 추진하자, 노조는 7월 24일 안산노동사무소와 안산시청에 같은 날부터 무기한 쟁의행위를 하겠다는 내용의 쟁위행위 신고를 하였다.

4) 노조는 9. 21. 투쟁대책위원회를 결성 후 9. 24.~9. 28. 민영화 반대 내용의 총 파업투쟁지침 1~7호 및 투쟁속보 1~3호 등의 유인물을 사내 게시판에 게시하거나 조합원들에게 배포하고, 조합원은 투쟁복을 착용하고 근무하며, 노조 총파업 행동강령을 숙지하고 철저히 준수하라고 지시하였다. 9. 29. 14:00~16:00 (명칭 생략)발전소 주차장에서 '일방적 민영화주진 반대, 피땀 흘려 만든 일터 깡통 채워 내보내냐, 파업투쟁 승리, 쟁취, 단계매각 웬일이냐, 고용안정 보장하자'는 내용의 플래카드를 설치하고, 민영화 반대 깃발을 들고 파업 출정식을 개최하고, 19:00~22:00 위 주차장에서 파업투쟁승리 문화제를 개최하고, 조합원들에게 별도 지시가 있을 때까지 퇴근하지 말고 모든 업무를 거부하고 대기하라고 지시하였다. 9. 30. 08:00경 전면 파업돌입을 선언하고 추석연휴기간을 이용, 집단농성의 방법으로 노조측 안을 관철시키기 위하여 10:15경 미리 예약한 관광버스들을 이용하여 노조원들과 함께 춘천시 소재 기화 유스호스텔에 집단 투숙하여, 10. 4. 10:20까지 노동가수 초청공연, 민영화반대 토의, '단결투쟁하여 민영화를 저지하자' 등의 구호제창, 체육행사, 노동자쟁취활동,

상급단체 공공연맹 조직실장 공소외 1의 '비정규직의 정규직화' 등을 내용으로 하는 강의 등으로 파업결의를 확고히하면서 집단농성을 벌이고, 같은 해 10. 7.까지 전 노조원이 집단적으로 업무에 복귀하지 않았다.

　　5) 노조측 핵심적 요구사항으로 (1) 민영화시 위로금 60개월치 지급, (2) 고용안정 협약서 체결, (3) 명예퇴직금 100% 인상, (4) 임금 12% 인상 등을 요구하다가 9. 26. 교섭시에는 (1) 일방적인 발전소 민영화를 잠정보류하고 노사동수의 비상대책반을 구성하여 충분한 협의하에 민영화를 추진하기로 한다, (2) 발전소 별도 법인 설립시 조합원에 한하여 희망 퇴직을 실시하고, 희망퇴직자에게는 명예퇴직금에 조기퇴직금(평균임금 6개월분)을 지급하며 희망퇴직자 전원을 신설법인에 재입사시킨다, (3) 명예퇴직금은 현행보다 50% 상향조정하여 발전소 신설법인에 적용한다, (4) 공단은 별도법인의 최초 지분매각시 매각에 대한 보상과 사후 대책을 노·사간의 합의, 고용보장, 근로조건 승계, 노동조합과 단체협약 승계 등 보장한다, (5) 발전소 법인 설립시 사내근로복지기금 분할한다 등의 요구사항을 주장하였다.

　　6) 안산지방노동사무소에서 위 노조 위원장 앞으로 공단의 대형 보일러 터빈발전기, 수처리시설 등은 노조법 제42조 제2항의 안전보호시설이어서 안전보호시설에 대한 쟁의행위를 할 수 없고, 민영화 반대 주장과 사용자가 수용하기 곤란한 매각시 위로금 요구 등은 목적상 정당성을 부여받기 어려운 것이므로 파업을 자제해 달라는 협조공문을 4회에 걸쳐 발송하였음에도 이를 무시하였다.

　　7) 공단 중부지역본부의 발전소 발전처장은 본부장 명의로 추석연휴 기간(9.30~10.3)에 발전설비인 보일러 4기중 1기는 정상가동, 10. 3.부터는 증기공급을 개시, 10. 4. 09:00에는 전 조합원 정상출근 등을 고지하였으나, 조합원 공소외 8 등은 9. 30. 08:30경 정상가동 중이던 보일러 4호기의 가동을 공단의 승낙을 받지 않고 완전 중단시키고, 지부 조합원 전원이 위 기화유스호텔에 투숙 후 10. 4. 10:20까지 집단농성을 하였다.

　　또한, 공단 서부지역본부장의 지시에 의하여 발전소 보일러 등 수리를 위하여 9. 29.부터 같은 해 10. 3.까지 추석연휴 기간 동안 조합원 전원으로 구성된 근무조가 편성, 보수감독 및 안전관리업무를 하도록 되어 있었고, 10. 4.에는 추석연휴가 끝남으로써 정상적으로 출근하여 업무에 종사하여야 함에도 불구하고, 지부 조합원들은 9. 29. 20:00부터 10. 4. 10:20까지 파업 출정식, 문화제 개최 및 위 기화 유스호스텔에서 집단농성을 하였다.

8) 원심은 피고인들이 발전소의 안전보호시설인 발전기 등 전기시설, 보일러 등 스팀시설, 소방수 공급시설 등 용수시설, 플랜트 에어압축기, 계기용 공기 공급시설 등에 대한 정상적인 유지·운영을 방해함과 동시에 위력으로써 위 회사의 정상적인 업무를 방해하였다고 판단하고, 업무방해죄, 노조법위반죄(안전보호시설 유지운영방해) 등에 유죄를 인정하였다.

9) 피고인들은 이 사건 파업을 한 주된 목적은 정부의 민영화계획 철회가 아니라 근로조건의 유지와 개선 및 조합원의 고용보장 등이므로 이 사건 파업은 그 목적에 있어서 정당성이 인정되고, 이 사건 파업은 사업장 밖에서 집회를 가지며 소극적으로 노무제공을 거부한 것에 불과하므로 이는 단순한 근로계약의 불이행일 뿐 업무방해죄의 '위력'에 해당한다고 볼 수 없으며, 열병합발전소의 발전기 등 전기시설, 보일러 등 스팀시설, 소방수 공급시설 등 용수시설, 플랜트 에어 압축기, 계기용 공기 공급시설 등은 노조법 제42조 제2항의 안전보호시설에 해당된다고 할 수 없다고 반론을 제기하였다.

나. 판결요지

1) 정리해고나 사업조직의 통폐합, 공기업의 민영화 등 기업의 구조조정의 실시 여부는 경영주체에 의한 고도의 경영상 결단에 속하는 사항으로서 이는 원칙적으로 단체교섭의 대상이 될 수 없고, 그것이 긴박한 경영상의 필요나 합리적인 이유 없이 불순한 의도로 추진되는 등의 특별한 사정이 없는 한, 노동조합이 실질적으로 그 실시를 반대하기 위하여 쟁의행위에 나아간다면, 비록 그 실시로 인하여 근로자들의 지위나 근로조건의 변경이 필연적으로 수반된다 하더라도 그 쟁의행위는 목적의 정

당성을 인정할 수 없는 것이고(대법원 2002. 2. 26. 선고 99도5380 판결 참조), 여기서 노동조합이 '실질적으로' 그 실시를 반대한다고 함은 비록 형식적으로는 민영화 등 구조조정을 수용한다고 하면서도 결과적으로 구조조정의 목적을 달성할 수 없게 하는 요구조건을 내세움으로써 실질적으로 구조조정의 반대와 같이 볼 수 있는 경우도 포함한다고 보아야 한다.

원심은 그 채택 증거들에 의하여 인정되는 제반 사정에 비추어 피고인들은 정부의 이 사건 민영화 방침이 확고하게 추진되자 한국산업단지공단(이하 '공단'이라 한다)측에서 수용하기 힘든 요구사항을 주장하며 실질적으로는 민영화 추진 반대를 목적으로 이 사건 파업에 임하였음을 인정할 수 있다고 판단하였는바, 기록과 위 법리에 비추어 보면 원심의 위와 같은 판단은 정당하고, 거기에 쟁의행위의 정당성에 관한 법리를 오해하였다거나 사실을 오인한 위법 등이 있다 할 수 없다.

2) 노조법 제42조 제2항의 입법 목적이 '사람의 생명·신체의 안전보호'라는 점과 노조법 제42조 제2항이 범죄의 구성요건이라는 점 등을 종합적으로 고려하면, 성질상 안전보호시설에 해당하고 그 안전보호시설의 유지·운영을 정지·폐지 또는 방해하는 행위가 있었다 하더라도 사전에 필요한 안전조치를 취하는 등으로 인하여 사람의 생명이나 신체에 대한 위험이 전혀 발생하지 않는 경우에는 노조법 제91조 제1호, 제42조 제2항 위반죄가 성립하지 않는다 할 것이다.

그런데 원심은 이 사건 각 시설을 모두 '안전보호시설'에 해당한다고 판단하면서도 그 각 시설의 정상적인 유지·운영을 정지·폐지 또는 방해하면 어떠한 이유로 사람의 생명·신체에 대하여 위험을 초래하게 되는지에 관하여는 아무런 설명을 하지 않고 있다. 또한, 이 사건 각 시설이 노조법 제42조 제2항 소정의 안전보호시설이라는 점에 부합하는 증거로는 공단이 노동부에 보낸 질의자료와 공단 본사 인사노무팀 과장 김○수의 진술이 있으나, 위 증거들만으로는 이 사건 각 시설이 어떤 이유에서 사람의 생명이나 신체에 대한 위험을 예방하기 위한 시설인지, 그 각 시설의 정상적인 유지·운영을 정지·폐지 또는 방해하면 구체적으로 어떠한 위험이 있는지 확인하기 어렵다.

그러므로 원심으로서는 이 부분 공소사실에서 들고 있는 이 사건 각 시설이 어떤 근거에서 사람의 생명이나 신체에 대한 위험을 예방하기 위한 시설이고 구체적으로 어떠한 위험성이 있는 시설인지, 위 각 시설의 가동을 중단함에 있어 사전에 필요한 안전조치를 취하였는지, 위 각 시설의 가동중단에 의하여 사람의 생명이나 신체에 대한 어떠한 위험이 발생하였는지, 이 사건 열병합발전소로부터 증기를 공급받는 수용업체가 예정된 시간에 증기를 공급받지 못하여 사람의 생명이나 신체에 대한 피해를 입은 사실이 있는지 등에 대하여 더 자세히 심리한 다음 이 부분 공소사실에 대하여 노조법 제91조 제1호, 제42조 제2항 위반죄의 성립을 인정할 수 있는지를 가려보았어야 할 것임에도, 원심은 앞서 본 바와 같이 이 사건 각 시설이 어떠한 이유로 안전보호시설에 해당되는지에 관하여 언급함이 없이 피고인들의 주장을 배척하고 이 부분 범죄사실을 유죄로 인정하였으니, 원심판결에는 심리미진 또는 채증법칙 위배로 인한 사실오인이나 노조법 제42조 제2항에서 규정하고 있는 '안전보호시설'의 개념에 관한 법리오해 등의 위법이 있다.

다. 해 설

구조조정의 실시 여부는 원칙적으로 교섭사항이 될 수 없고, 노동조합이 그 실시를 반대하기 위한 쟁의행위는 특별한 사정이 없는 한 그 목적의 정당성을 인정할 수 없다는 것이 판례의 일관된 입장이다. 여기에 덧붙여 대상판결에서는 노동조합이 '실질적으로' 구조조정의 실시를 반대한다는 것의 의미를 구체적으로 밝히고 있고, 이 사건 파업의 경우 실질적으로 민영화 추진 반대를 목적으로 한 것이라고 판단하고 있다.

한편, 쟁의행위의 목적이 여러가지이고 그 일부가 부당한 경우에는 주된 목적 내지 진정한 목적의 당부에 따라 쟁의행위 목적의 정당성 여부를 판단하는 것이 판례의 입장이다(대법원 1992. 1. 21. 선고 91누5204 판결). 이에 관한 판결례로 임금 등 근로조건 개선을 내세워 쟁의행위에 돌입하였으나 그 주된 목적은 정부의 공기업 구조조정 및 그 일환으로 추진되는 조폐창 통폐합을 반대하기 위한 대정부 투쟁에 있다고 보아 쟁의행위의 정당성을 부정한 사례(대법원 2002. 2. 26. 선고 99도5380 판결), 쟁의행위의 주된 목적이 시설부문 민영화계획 저지에 있었다고 보아 그 정당성을 부정한 사례(대법원 2003. 12. 26. 선고 2001도3380 판결)가 있다. 반면에 병원개혁, 의료민주화 등도 쟁의행위의 목적 가운데 하나이지만 주된 목적은 임금인상과 고용안정쟁취라고 보아 쟁의행위 목적의 정당성을 인정한 사례(대법원 2003. 12. 26. 선고 2001도1863 판결)가 있다.

다른 한편, 대상판결은 노조법 제42조 제2항('사업장의 안전보호시설에 대하여 정상적인 유지·운영을 정지·폐지 또는 방해하는 행위는 쟁의행위로서 이를 행할 수 없다') 및 그 위반에 대한 벌칙(노조법 제91조 제1호)의 적용과 관련하여 일정한 제한을 가하고 있다는 점에서 의의가 있다(헌재 2005. 6. 30. 2002헌바83 사건에서 언급된 해석기준을 대법원이 수용한 것으로 볼 수 있음).

Q 1. 대상판결에서는 어떤 사실에 입각하여 이 사건 파업이 실질적으로 민영화 추진의 반대를 목적으로 한 것이라고 판단하고 있는가?

Q 2. 노조법 제42조 제2항 위반에 대한 동법 제91조 제1호의 벌칙 적용에 있어서 대상판결과 같이 제한적으로 해석하여야 할 필요성 내지 이유는? (헌재 2005. 6. 30. 2002헌바83 참고.)

≪심화학습≫

1. 노동조합의 요구가 과다하거나 무리한 경우 쟁의행위의 목적의 정당성 (대법원 1992. 1. 21. 선고 91누5204 판결; 대법원 2000. 5. 26. 선고 98다34331 판결 참고)

2. 공정보도를 관철하기 위한 쟁의행위의 정당성

3. 권리분쟁사항을 관철하기 위한 쟁의행위의 정당성

4. 쟁의행위의 목적 (2)

대법원 1994. 9. 30. 선고 94다4042 판결 [해고무효확인]

가. 사실관계

1) 원고1은 1987. 9. 21.에 피고가 경영하는 경북 포항시 소재의 ○○중공업 공장에 기능직사원으로 입사하여 근무하다 1989. 3. 17. 피고 회사 노조의 위원장으로 선출되었다. 원고2는 1983. 12. 30.에 위의 공장에 기능직사원으로 입사하여 근무하다 1989. 7. 28. 위 노동조합의 부위원장으로 선출되었다.

2) 원고1은 노조의 위원장으로 1989년도 임금교섭에 임하였고, 교섭결렬에 따른 파업을 거쳐 같은 해 6. 19. 1989년 임금인상 및 상여금 등에 관하여 협약을 체결하였다.

3) 1989. 9.에 들어서면서 노조측은 피고에게 경영성과에 따른 특별상여금인 '인센티브'를 지급하여 줄 것을 요구하면서 노동쟁의가 발생하여 같은 해 9. 25. 노동쟁의조정법에 따라 경북지방노동위원회에 노동쟁의발생신고를 하였으나 같은 해 10. 4. 경북지방노동위원회는 위 노동쟁의는 조정대상이 되는 노동쟁의가 아니라는 취지로 위 신고를 반려하였다.

4) ○○중공업 공장은 노사합의에 따라 근로자들을 3개 조로 편성하여 각 8시간씩 3교대제로 근무케 하여 왔고, 위 공장의 기능직사원에 대해서는 임금협약에 따라 각 부서의 일부 근무자를 제외하고는 유해작업에 준하여 1일 8시간 근무 중 2시간을 연장근로로 인정하여 유해연장근로수당을 지급하였다. 그런데 위와 같이 노조의 쟁의신고가 반려되어 사실상 쟁의행위를 할 수 없게 되자 원고 등 노조집행부는 같은 해 10. 5. 대의원대회를 개최하여 이른바 준법투쟁의 일환으로 유해연장근로수당을 지급받는 조합원들은 1일 6시간씩만 근무하기로 결의하고 이튿날 임시총회를 열어 위 조합원들로부터 동의를 받은 후 위 결의대로 같은 달 7.부터 같은 달 21.까지 주간 근무자들은 출근시간을 2시간씩 늦추게 하

고 23:00에 출근하는 근무자들은 23:00에 회사에 도착하면 다음 날 01:00까지 조합교육 등 조합활동을 하고 근무를 하지 아니하게 하였다.

5) 피고는 4)의 행위 그 밖의 불법행위 등 취업규칙 위반을 이유로 하여 원고 1과 원고 2를 징계해고하였고, 원심은 이들에 대한 해고가 정당하다고 판단하였다.

나. 판결요지

단체협약에서 이미 정한 근로조건이나 기타 사항의 변경·개폐를 요구하는 쟁의행위를 단체협약의 유효기간 중에 하여서는 아니 된다는 이른바 평화의무를 위반하여 이루어진 쟁의행위도 노사관계를 평화적·자주적으로 규율하기 위한 단체협약의 본질적 기능을 해치는 것일 뿐 아니라 노사관계에서 요구되는 신의성실의 원칙에도 반하는 것이라 할 것이므로 정당성이 없다고 하여야 할 것이다.

그런데 이 사건의 경우, 원고들이 소속된 노동조합이 경영성과에 따른 단체협약 제53조 3항 소정의 인센티브 지급을 둘러싸고 그 교섭을 요구하다가 피고 회사가 이를 거부하자 이른바 준법투쟁이라는 형태의 쟁의행위를 통하여 인센티브의 지급액을 노조 주장대로 관철시킬 목적으로 1989. 10. 7.부터 인센티브쟁의행위를 하였다는 것이고 한편, 그 당시 유효하게 성립된 단체협약 제53조 제3항에서는 인센티브의 지급을 노사협의로 결정한다고 규정하고 있고, 제88조에서는 "본 협약에 규정된 사항에 대해서는 협약해석을 둘러싼 분쟁을 제외하고는 본 협약 유효기간 중 평화의무를 진다"고 규정하고 있는바, 그렇다면 피고 회사의 경우 위 단체협약의 유효기간 중에는 인센티브의 지급 여부나 지급방법 등에 관한 근로조건은 노사협의사항으로 규정하여 이를 단체교섭대상에서 제외하는 노사간의 협약이 이루어졌다 할 것이고, 따라서 단체협약에서 이미 노사협의사항으로 합의하여 단체교섭대상이 되지 아니하는 인센티브의 지급에 관하여 노동조합이 그 교섭을 요구하다가 그 요구가 받아들여지지 아니하자 그 요구를 관철하기 위하여 이루어진 위 쟁의행위는 그 요구사항이 단체교섭사항이 될 수 없는 것을 목적으로 한 것일 뿐 아니라, 위에서 본 평화의무에 반하는 것으로 정당성이 없다고 할 것이다.

다. 해 설

대상판결은 평화의무의 의의와 평화의무 위반의 쟁의행위가 정당하지 않음을 밝히고 있는 사례이다. 평화의무는 단체협약의 당사자가 단체협약의 유효기간 중에 단체협약에서 이미 정한 근로조건이나 기타 사항의 변경·개폐를 요구하는 쟁의행위를 행하지 않을 의무이다. 사용자는 평화의무에 위반하는 노동조합의 교섭요구를 거부할 수 있다. 그러나 단체협약에 규정되지 아니한 사항이나 차기 협약 체결을 위한 단체교섭의 경우 평화의무가 적용되지 않는다.

한편, 노동조합이 조합원들에게 통제력을 행사하여 평화의무 위반의 쟁의행위를 행하지 못하게 방지하여야 할 의무(이를 흔히 '영향의무'라고 함) 역시 평화의무에 해당한다고 본 판결례가 있다(대법원 1992. 9. 1. 선고 92누7733 판결).

평화의무는 협약의 유효기간 중에 협약 소정 사항의 개폐를 위한 쟁의행위를 하지 않을 의무로서 협약 당사자 사이에 명시적인 약정이 없어도 당연히 인정되는 의무이지만(절대적 평화의무와 구분하기 위해 '상대적 평화의무'라고 칭하기도 함), 절대적 평화의무는 협약의 유효기간 중에 '일체의 쟁의행위'를 하지 않는다는 취지의 특약이 있는 경우에 인정되는 의무라는 점에서 차이가 있다(다만, 절대적 평화의무 특약의 유효성 여부에 관해서는 단체행동권의 침해 내지 형해화로서 무효인지에 논란이 있다).

Q 1. 대상판결에서 평화의무의 근거는 무엇인가?
Q 2. 대상판결에서 평화의무 위반으로 판단한 이유는?

5. 쟁의행위의 수단·방법

> 대법원 2007. 12. 28. 선고 2007도5204 판결 [업무방해·폭력행위등
> 처벌에관한법률위반(공동주거침입)]

가. 사실관계

1) ○○시건축사협회(이하 '건축사협회'라고만 일컫는다) 소속 근로자인 피고인 박○권은 2005. 7. 11. 위 협회 소속 근로자 10여 명과 함께 산별노조인 전국건설엔지니어링노동조합(이하 '노동조합'라고만 일컫는다)에 가입하여 전국건설엔지니어링노동조합 건축사협회지부(이하 '노동조합지부'라고만 일컫는다)를 설립하고, 건축사협회측에 임금협약 및 단체협약의 체결을 요구하였다. 피고인 김○영은 산별노조인 위 노동조합의 위원장이고, 피고인 박○권은 위 노동조합지부의 지부장이다.

2) 건축사협회는 2005. 8. 22. 경영이 악화되어 신문발간사업을 유지하기 어렵다는 사유로 신문사업국을 패쇄조치하였고, 2005. 9. 7. 신문사업국 소속 근로자로서 위 노동조합지부의 조합원들인 이○정, 경○옥에 대하여 각 직위해제 및 대기발령 조치를 한 다음, 위 노동조합지부와 고용조정에 관한 내용을 포함한 단체교섭을 계속 진행하였는데, 피고인 김○영은 산별노조인 위 노동조합의 위원장으로서 단체교섭의 당사자 자격으로 위 단체교섭에 참가해 왔다.

3) 위와 같은 단체교섭이 노사간의 입장 차이로 서로 합의에 이르지 못하자, 노동조합지부는 2005. 9. 13. 서울지방노동위원회에 노동쟁의 조정신청을 하였으나 그 조정이 결렬되었고, 이에 2005. 9. 24. 그 조합원들에 대하여 쟁의행위 찬반투표를 실시하여 전원 일치의 찬성을 얻은 다음, 2005. 10. 5.부터 같은 달 7일까지는 부분파업을 진행하였으며, 그 후 2005. 10. 26.부터는 전면파업에 돌입하여 노무제공을 거부하였다.

4) 건축사협회는 노동조합지부가 전면파업에 돌입한 날인 2005. 10. 26. 파업개시 후 4시간 가량이 경과한 시점에서 직장폐쇄 조치를 취하였다.

5) 위와 같은 파업 등에도 불구하고 건축사협회와 노동조합 및 노동

조합지부는 단체교섭을 계속하여 진행하고 있었는바, 2005. 11. 29. 건축사협회 회의실에서 제6차 단체교섭을 진행하게 되었는데, 건축사협회의 협회장 최○집은 단체교섭 도중에 별다른 합의 없이 그 교섭 장소를 이탈하여 위 단체교섭이 결렬되었다.

6) 이에 피고인들을 중심으로 한 노동조합 및 노동조합지부의 조합원들 20여명은 그 무렵부터 2005. 12. 22.경까지, 단체교섭 장소인 건축사협회의 회의실 안에 있던 협회장의 책상과 회의탁자 등을 한 곳으로 민 다음, 바닥에 매트를 깔아두고 상주하는 방법으로 위 회의실을 점거하였고, 사무실 앞 복도 벽면에 벽보를 붙여 놓기도 하였다. 그런데 위 회의실은, 전체 약 40평의 위 협회 사무실 내부에 칸막이로 구분되어 있는 약 15평의 공간으로서, 건축사협회의 협회장이 자신이 업무를 처리하고, 건축사협회의 임원들이 개인 사물함을 보관해 두었으며, 위 협회장과 임원들이 임원회의를 하는 공간으로 활용되던 장소였다.

7) 위와 같이 노동조합 및 노동조합지부가 건축사협회 회의실을 점거함에 따라, 비조합원들 및 협회가 고용한 대체근로자들이 사무실에서 통상의 업무를 처리하는 데에는 별다른 지장이 없었으나, 위 협회장과 임원들은 위 회의실을 사용할 수 없게 되었고, 이에 음식점 등에서 임원회의를 진행하기도 하였다.

8) 한편, 노동조합지부가 설립된 이후 건축사협회측과 위 노동조합지부의 조합원들은 서로 마찰이 발생할 것을 우려하여 개인적으로 대화하는 것을 꺼려하였는바, 건축사협회측은 2005. 11. 30., 같은 해 12. 3., 같은 달 13. 및 같은 달 19. 위 노동조합과 노동조합지부가 사용하는 팩스를 통해서, "위 협회 회의실을 무단 점거하여 협회의 업무를 방해하고 있으니, 즉시 회의실에서 퇴거하라"는 취지의 공문을 발송하였고, 이에 위 노동조합은 2005. 12. 5. 위원장인 피고인 김○영 명의로 "귀 회는 2005. 12. 3.자 공문에서 2005. 11. 29. 단체교섭이 종료되었음을 전제로, 현재 교섭 장소에서 대기하고 있는 조합원들을 무단 점거라는 표현을 빌어 노동조합을 마치 불법적인 집단으로 몰아가고 있는 것에 대해 우리 노동조합은 분노하지 않을 수 없습니다", "계속적으로 사무실 철수요구

와 노동조합에 대한 탄압으로 일관한다면 향후 벌어지는 상황에 대한 모든 책임은 전적으로 협회에 있음을 다시 한번 분명히 밝힙니다"는 등의 표현이 기재된 공문을 건축사협회측에 보내기도 하였다.

9) 피고인 김○영(노조 위원장), 피고인 박○권(지부장)은 2005. 11. 29. 서울시건축사 사무실에서 노사단체교섭이 결렬되어 피고인들의 주장이 관철되지 않자 서울시건축사협회장 최○집과의 면담을 요구하며 노조원 20여 명과 함께 회의실과 사무실 2층을 점거하여 같은 달 30. 위 서울시건축사협회로부터 퇴거요청을 받았음에도 이에 응하지 아니하고 같은 해 12. 22.까지 점거를 계속함으로써 퇴거요구에 불응하고 위력으로써 위 서울시건축사협회의 업무를 방해하였다고 업무방해죄, 폭력행위 등 처벌에 관한 법률 위반(공동주거침입)으로 기소되었다.

나. 판결요지

1) 직장 또는 사업장시설의 점거는 적극적인 쟁의행위의 한 형태로서 그 점거의 범위가 직장 또는 사업장시설의 일부분이고 사용자측의 출입이나 관리지배를 배제하지 않는 병존적인 점거에 지나지 않을 때에는 정당한 쟁의행위로 볼 수 있으나, 이와 달리 직장 또는 사업장시설을 전면적·배타적으로 점거하여 조합원 이외의 자의 출입을 저지하거나 사용자측의 관리지배를 배제하여 업무의 중단 또는 혼란을 야기케 하는 것과 같은 행위는 이미 정당성의 한계를 벗어난 것이라고 볼 수밖에 없다(대법원 1991. 6. 11. 선고 91도383 판결 등 참조).

2) 원심이 인정한 그 판시와 같은 사실관계에 의하더라도 다음과 같은 사정을 알 수 있다. 이 사건 회의실 점거행위는 쟁의행위에 해당하는데, 피고인들은 단체협약을 체결할 수 있는 노동조합의 대표자 지위에 있었고, 위 쟁의행위의 목적 또한 임금협약 및 단체협약의 체결이 그 주된 목적이었다고 보이며, 피고인들이 위와 같은 쟁의행위에 앞서 서울지방노동위원회에 노동쟁의 조정신청을 하였고(서울지방노동위원회에서 조정을 시도하였으나 결국 조정이 불성립되었다), 조합원들에 대한 쟁의행위 찬반투표를

거치는 등의 절차를 밟았다. 그리고 피고인들이 점거하였던 이 사건 회의실은 전체 약 40평의 협회 사무실 내부에 칸막이로 구분되어 있는 약 15평의 공간으로서, 협회 직원들이나 임원들이 통상적인 업무를 수행하는 공간이 아니라, 협회장(기록에 의하면 협회장은 비상근으로서 가끔씩 출근을 하여 업무를 처리하고 있음을 알 수 있다)이 자신의 업무를 처리하고, 협회의 임원들이 개인 사물함을 보관해 두며, 협회장과 임원들이 임원회의를 하는 공간으로 활용되던 장소인데, 피고인들을 비롯한 노동조합 조합원들이 위 회의실을 점거하고 있는 동안 비조합원들 및 협회가 고용한 대체근로자들이 사무실에서 통상의 업무를 처리하는 데에는 별다른 지장이 없었고, 다만 협회장과 임원들은 위 회의실을 사용할 수 없게 되어 음식점 등에서 임원회의를 진행하기도 하였다(그러나 기록에 의하면 임원회의는 1달에 1, 2회 정도 개최되고, 이 사건 회의실 점거 개시 이전이나 종료 이후에도 이 사건 회의실이 아닌 음식점 등에서 개최된 적이 있음을 알 수 있다).

앞서 본 바와 같은 법리 및 위와 같은 사정들에 비추어 보면, 피고인들의 이 사건 회의실 점거행위는, 협회의 사업장시설을 전면적, 배타적으로 점거한 것이라고 보기 어렵고, 오히려 그 점거의 범위가 협회의 사업장시설의 일부분이고 사용자측의 출입이나 관리지배를 배제하지 않는 부분적·병존적인 점거에 지나지 않으며, 그 수단과 방법이 사용자의 재산권과 조화를 이루면서 폭력의 행사에 해당되지 아니하는 것으로 봄이 상당하다. 그리고 쟁의행위의 본질상 사용자의 정상업무가 일부 저해되는 경우가 있음은 부득이한 것으로서 이 사건의 경우 이 사건 회의실 점거행위로 인하여 위와 같이 1달에 1, 2회 정도 개최되는 임원회의를 이 사건 회의실이 아닌 음식점 등에서 개최하게 된 사정 정도는 사용자가 이를 수인하여야 할 범위 내라고 봄이 상당하고, 그 외에는 실질적으로 협회의 업무의 중단 또는 혼란을 초래한 바도 없어, 협회의 업무가 실제로 방해되었거나 또는 적어도 그 업무방해의 결과를 초래할 위험성이 발생하였다고 보이지도 아니한다. 또한, 노동조합 및 노동관계조정법 시행령 제17조에서 규정하고 있는 쟁의행위의 일시·장소·참가인원 및 그 방법에 관한 서면신고의무는 쟁의행위를 함에 있어 그 세부적·형식적 절차를 규정한 것으로서, 쟁의행위에 적법성을 부여하기 위하여 필요한 본질적인 요소라고 할 것은 아니므로, 노동쟁의 조정신청이나 조합원들에 대한 쟁의행위 찬반투표 등의 절차를 거친 후 이루어진 이 사건 쟁의행위에 대하여 위와 같은 신고절차의 미준수만을 이유로 그 정당성을 부정할 수는 없다고 할 것이다.

그렇다면 피고인들의 이 사건 회의실 점거행위는 노동관계 법령에 따른 정당한 쟁의행위로서 위법성이 조각된다고 할 것이고, 그 쟁의행위 과정에서 별도의 업무방해행위가 있었던 것으로 보이지도 아니하므로, 피고인들에 대하여 그로 인한 업무방해죄의 책임을 물을 수 없다고 할 것인데, 이와 달리 판단한 원심판결에는 쟁의행위의 정당성과 업무방해죄에 관한 법리오해로 인하여 판결 결과에 영향을 미친 위법이 있다고 할 것이다. 이 점을 지적하는 피고인들의 상고이유의 주장은 이유 있다.

3) 사용자의 직장폐쇄는 노사간의 교섭태도, 경과, 근로자측 쟁의행위의 태양, 그로 인하여 사용자측이 받는 타격의 정도 등에 관한 구체적 사정에 비추어 형평의 견지에서 근로자측의 쟁의행위에 대한 대항·방위 수단으로서 상당성이 인정되는 경우에 한하여 정당한 쟁의행위로 평가받을 수 있는 것이고, 사용자의 직장폐쇄가 정당한 쟁의행위로 인정되지 아니하는 때에는 적법한 쟁의행위로서 사업장을 점거 중인 근로자들이 직장폐쇄를 단행한 사용자로부터 퇴거 요구를 받고 이에 불응한 채 직장점거를 계속하더라도 퇴거불응죄가 성립하지 아니 한다(대법원 2002. 9. 24. 선고 2002도2243 판결; 대법원 2007. 3. 29. 선고 2006도9307 판결 등 참조).

4) 앞서 본 바와 같은 법리와 원심이 인정한 그 판시와 같은 사실들에 의하여 알 수 있는 다음과 같은 사정들, 즉 협회측은 노사간 교섭에 있어서 소극적이었던 점, 협회 직원들인 노동조합 조합원들이 파업을 하더라도 즉각적으로 노사간 교섭력의 균형이 깨진다거나 협회의 업무수행에 현저한 지장을 초래하거나 회복할 수 없는 손해가 발생할 염려가 있다는 등의 사정을 찾아볼 수 없는 점 및 기타 제반 사정에 비추어 볼 때, 이 사건 노동조합지부가 파업에 돌입한 지 불과 4시간 만에 협회가 바로 직장폐쇄 조치를 취한 것은 근로자측의 쟁의행위에 대한 대항·방위 수단

으로서의 상당성이 인정될 수 없어 위 직장폐쇄는 정당한 쟁의행위로 인정되지 아니하고, 따라서 협회가 위와 같은 직장폐쇄를 이유로 근로자들인 피고인들에게 퇴거요구를 한 것이라면, 피고인들이 협회로부터 그와 같은 퇴거요구를 받고 이에 불응하였다고 하더라도 퇴거불응죄가 성립하지 아니한다.

한편, 원심은 가사 협회측의 직장폐쇄 조치가 위법하다고 하더라도 그와 같은 사정이 피고인들의 이 사건 퇴거불응죄 성립에 영향을 미치는 것은 아니라고 판단하였으나, 위와 같은 원심의 판단은 피고인들의 이 사건 회의실 점거행위가 협회측의 출입이나 관리지배를 배제한 채 협회의 업무공간을 전면적·배타적으로 점거함으로써 쟁의행위로서의 정당성의 한계를 벗어났음을 전제로 한 것으로 보이는데(이러한 경우에는 협회측의 직장폐쇄 여부와 상관없이 주거침입이나 퇴거불응의 책임을 질 여지가 있다), 앞서 본 바와 같이 피고인들의 이 사건 회의실 점거행위는 협회의 업무공간 일부에 대하여 사용자측의 출입이나 관리지배를 배제하지 않는 부분적·병존적인 점거에 지나지 않으며 노동관계 법령에 따른 정당한 쟁의행위에 해당하므로, 이와 다른 전제에 선 원심의 위 판단은 수긍할 수 없다.

그렇다면 정당한 쟁의행위로서 이 사건 회의실을 부분적·병존적으로 점거하고 있던 피고인들로서는 협회측의 퇴거요구(위 직장폐쇄를 이유로 하는 것인지 여부와 상관없다)에 응하여야 할 의무가 인정되지 아니한다고 할 것인데, 이와 달리 판단한 원심판결에는 쟁의행위의 정당성과 퇴거불응죄에 관한 법리오해로 인하여 판결 결과에 영향을 미친 위법이 있다고 할 것이다. 이 점을 지적하는 피고인들의 상고이유의 주장은 이유 있다.

다. 해 설

판례에 의하면 부분적·병존적 직장점거는 정당하지만, 전면적·배타적 직장점거는 그 정당성이 부정된다. 대상판결에서는 조합원들이 회의실을 점거한 것에 대해 점거한 곳의 범위와 평소의 사용형태, 사용자측에서 이를 사용하지 못하게 됨으로써 입은 피해의 내용과 정도 등에 비추어 사업장 시설의 부분적·병존적인 점거라고 보았다.

직장점거에 대해 사용자가 직장폐쇄로 대응하는 경우가 있다. 직장폐쇄가 정당하지 않은 경우, 평소 출입이 허용되는 사업장 시설(주차장, 식당 또는 조합사무소 등)에 출입한 행위가 주거침입죄에 해당하지 않으며(대법원 2002. 9. 24. 선고 2002도2243 판결), 퇴거요구에 불응한 채 적법한 직장점거를 계속하더라도 퇴거불응죄가 성립하지 않는다(대법원 2007. 3. 29. 선고 2006도9307 판결). 대상판결 또한 이 사건 사용자의 직장폐쇄가 정당하지 않기 때문에 피고인들의 적법한 직장점거에 대해 퇴거불응죄를 적용할 수 없다고 보았고, 이와 달리 판단한 원심판결을 파기하였다. 그러나 적법하게 직장폐쇄를 단행한 사용자로부터 퇴거요구를 받고도 불응한 채 직장점거를 계속한 행위는 퇴거불응죄를 구성한다는 것이 판례의 입장이다(대법원 1991. 8. 13. 선고 91도1324 판결; 대법원 2005. 6. 9. 선고 2004도7218 판결 등).

□ 직장폐쇄의 정당성 판단에 관하여는 ☞ 제26강 쟁의행위(3) 2. 직장폐쇄 참고.

Q 1. 대상판결에서 원심과 달리 직장점거가 정당하다고 판단한 이유는?

Q 2. 대상판결에서 퇴거불응죄의 성립 여부와 관련하여 원심과 대법원간에 어떤 판단의 차이를 보이고 있는가?

≪심화학습≫

1. 대상판결과 대법원 1991. 8. 13. 선고 91도1324 판결(퇴거불응죄 인정)의 비교
2. 피케팅의 정당성 판단기준 (대법원 1990. 10. 12. 선고 90도1431 판결; 대법원 1992. 7. 14. 선고 91다43800 판결 참고)

제 25 강
쟁의행위 (2)

1. 쟁의행위와 형사책임

> 대법원 2011. 3. 17. 선고 2007도482 전원합의체 판결 [업무방해]

가. 사실관계

1) 한국○○공사(이하 '공사'라 한다)는 철도운송서비스업을 영위하는 법인으로서 노동조합 및 노동관계조정법 제71조 제2항에 정한 필수공익사업장이고, 전국○○노동조합(이하 '노동조합'이라 한다)은 공사의 근로자들을 가입대상으로 조직된 노동조합이다.

2) 노동조합과 공사는 2005. 8. 31.부터 2005. 11. 4.까지 본교섭 6회 및 실무교섭 37회 등 총 43회에 걸쳐 단체교섭을 진행하였으나 합의에 이르지 못하였다. 이에 노동조합이 2005. 11. 10. 노조법 제53조에 기하여 중앙노동위원회에 노동쟁의조정신청을 하자, 중앙노동위원회가 노조법 제72조에 따라 구성한 특별조정위원회는 사전조정회의 2회를 거쳐 2005. 11. 25. 본 조정회의를 개최하여 209건에 달하는 노사간의 쟁점사항을 조정하고자 노력하였으나 노사간의 현격한 주장차이로 인하여 조정안 제시가 어려워 조정성립 가능성이 없다고 판단하여 조정안을 제시하지 아니하고 조정을 종료하였다.

3) 그런데 노동조합이 2005. 11. 25. 개최된 특별조정위원회에서 '자율교섭으로 타결하기 위하여 2005. 12. 16.까지 파업 없이 성실히 교섭할 것을 서면으로 확약한다'는 내용의 확약서를 제출하자, 특별조정위원회

는 중앙노동위원회에 전국철도노동조합의 자율교섭의지를 존중하여 '우선 중재회부를 보류하고 향후 노동조합이 약속을 지키지 아니하고 쟁의행위에 돌입할 가능성이 현저한 경우에는 당해 사업장을 중재에 회부할 것을 권고한다'는 내용의 조건부 중재회부를 권고하였다.

4) 중앙노동위원회위원장은 노조법 제75조에 따라 공익위원에게 의견을 요청하여 공익위원으로부터 조건부 중재회부가 타당하다는 의견제시를 받은 후 2005. 11. 25. 노동조합과 공사에게 공익위원의 조건부 중재회부 권고를 밝히면서 '2005. 12. 16.까지 중재회부를 보류하되, 향후 전국○○노동조합이 약속을 지키지 아니하고 쟁의행위에 돌입할 가능성이 현저한 경우 즉시 중재에 회부하겠다'는 내용의 중재회부 보류결정을 통지하였다.

5) 그 후 노동조합이 2005. 12. 16.경 '2006. 1. 31.까지 파업 없이 성실히 교섭한다'는 취지의 확약서를 다시 제출하자, 중앙노동위원회위원장은 2005. 12. 16. 다시 '2006. 1. 31.까지 중재회부를 보류하겠다'는 내용의 통지를 하였다. 그 후 2006. 1. 31.에 이르러 노동조합이 더는 파업을 자제하겠다는 약속을 할 수 없다는 견해를 표명하였으나, 중앙노동위원회위원장은 당시 노사 교섭이 계속 진행되고 있고 구체적인 파업 일정이 확정되지 않은 점을 고려하여 노사 자치에 의한 교섭과 노동기본권을 최대한 보장하고자, 2006. 1. 31. 노동조합과 공사에게 '노사 자율교섭이 진행되고 있으므로 2005. 11. 25.자 특별조정위원회의 중재회부 보류권고와 공익위원의 의견을 존중하여 중재회부 보류를 연장하겠다'는 내용의 중재회부 보류결정을 통지하였다.

6) 노동조합은 2006. 2. 7. 쟁의대책위원회에서 총파업일정을 2006. 3. 1. 01:00경으로 결의한 가운데 공사와 단체교섭을 계속하였으나, 2006. 2. 28. 최종적으로 노사간의 교섭이 결렬되었다.

7) 이에 따라 중앙노동위원회위원장은 2006. 2. 28. 20:00경 '노사가 자율교섭을 계속하였으나 쟁점사항에 대하여 최종 합의점을 찾지 못하였고 전국○○노동조합이 총파업을 예고하고 있는데, 파업시 공중의 일상생활을 현저히 위태롭게 하고 국민경제를 현저히 저해할 것이 예상되어

2006. 2. 28. 21:00부로 중재회부를 결정한다'는 내용의 중재회부결정('이 사건 중재회부결정')을 하고, 같은 날 노동조합과 공사에게 중재회부결정을 송달하였다.

8) 피고인을 비롯한 노동조합 집행부는 위 중재회부결정에도 불구하고, 2006. 3. 1. 01:00경 조합원들에게 중앙쟁의대책위원회 투쟁명령 제3호를 통하여, '전 조합원은 3. 1. 01:00경을 기해 총파업에 돌입하고, 각종 유언비어 및 확인되지 않은 소문 등에 현혹되지 말고 총파업 대오를 유지하라'는 취지의 방침을 전파하고, 이어 정부의 강경 대응방침 천명과 그에 따른 후속 조치로 주동자 체포영장 발부 등 사법처리절차에 직면하자, 2006. 3. 2. 조합원들에게 중앙쟁의대책위원회 투쟁명령 제4호를 통하여, '전 조합원은 산개 투쟁을 지속하고 지역본부는 제2거점을 확보하여 파업을 지속하라'는 취지로 지시하였다.

9) 이에 노동조합의 조합원들은 2006. 3. 1. 01:00경부터 같은 달 4. 14:00경까지 서울철도차량정비창 등 전국 641개 사업장에 출근하지 아니한 채 업무를 거부하여 공사의 KTX 열차 329회, 새마을호 열차 283회 운행이 중단되도록 하였고('이 사건 파업'), 그로 인해 공사는 영업수익 손실과 대체인력 보상금 등 총 135억 원 상당의 손해를 입게 되었다.

10) 피고인은 노동조합의 위원장으로 이 사건 파업을 지시함에 따라 공사의 영업수익 손실과 재산적 피해를 발생시켜 위력으로써 공사의 여객·화물 수송업무 등을 방해하였다고 업무방해죄로 기소되었다. 이 사건 파업이 업무방해죄 소정의 '위력'에 해당하는지 여부가 문제되었다.

나. 판결요지

1) 근로자가 그 주장을 관철할 목적으로 근로의 제공을 거부하여 업무의 정상적인 운영을 저해하는 쟁의행위로서의 파업(노동조합 및 노동관계조정법 제2조 제6호)도, 단순히 근로계약에 따른 노무의 제공을 거부하는 부작위에 그치지 아니하고 이를 넘어서 사용자에게 압력을 가하여 근로자의 주장을 관철하고자 집단적으로 노무제공을 중단하는 실력행사이므로,

업무방해죄에서 말하는 위력에 해당하는 요소를 포함하고 있다. 그런데 근로자는, 헌법 제37조 제2항에 의하여 국가안전보장·질서유지 또는 공공복리 등의 공익상의 이유로 제한될 수 있고 그 권리의 행사가 정당한 것이어야 한다는 내재적 한계가 있어 절대적인 권리는 아니지만, 원칙적으로는 헌법상 보장된 기본권으로서 근로조건 향상을 위한 자주적인 단결권·단체교섭권 및 단체행동권을 가진다(헌법 제33조 제1항).

그러므로 쟁의행위로서의 파업이 언제나 업무방해죄에 해당하는 것으로 볼 것은 아니고, 전후 사정과 경위 등에 비추어 사용자가 예측할 수 없는 시기에 전격적으로 이루어져 사용자의 사업운영에 심대한 혼란 내지 막대한 손해를 초래하는 등으로 사용자의 사업계속에 관한 자유의사가 제압·혼란될 수 있다고 평가할 수 있는 경우에 비로소 그 집단적 노무제공의 거부가 위력에 해당하여 업무방해죄가 성립한다고 봄이 상당하다.

이와 달리, 근로자들이 집단적으로 근로의 제공을 거부하여 사용자의 정상적인 업무운영을 저해하고 손해를 발생하게 한 행위가 당연히 위력에 해당함을 전제로 하여 노동관계 법령에 따른 정당한 쟁의행위로서 위법성이 조각되는 경우가 아닌 한 업무방해죄를 구성한다는 취지로 판시한 대법원 1991. 4. 23. 선고 90도2771 판결, 대법원 1991. 11. 8. 선고 91도326 판결, 대법원 2004. 5. 27. 선고 2004도689 판결, 대법원 2006. 5. 12. 선고 2002도3450 판결, 대법원 2006. 5. 25. 선고 2002도5577 판결 등은 이 판결의 견해에 배치되는 범위 내에서 이를 변경한다.

2) 원심판결의 이유에 의하면, 전국○○노동조합이 '파업 없이 성실히 교섭할 것을 서면으로 확약한다'는 확약서를 제출하자, 특별조정위원회는 '향후 노동조합이 약속을 지키지 아니하고 쟁의행위에 돌입할 가능성이 현저한 경우에는 당해 사업장을 중재에 회부할 것을 권고한다'는 내용의 2005. 11. 25.자 조건부 중재회부 권고를 하였고, 중앙노동위원회 위원장은 그 취지를 존중하여 2005. 11. 25.과 2005. 12. 16. 두 차례에 걸쳐 위와 같은 취지의 중재회부보류결정을 하였다가 전국○○노동조합과 한국○○공사 간의 단체교섭이 2006. 2. 28. 최종적으로 결렬되자 같은 날

21:00부로 직권중재회부결정을 하였음에도 불구하고, 피고인을 비롯한 전국○○노동조합 집행부는 2006. 2. 7.자 결의에 따라 예정대로 파업에 돌입하여 이를 지속할 것을 지시하였으며, 이에 전국○○노동조합 조합원들은 2006. 3. 1. 01:00경부터 같은 달 4일 14:00경까지 서울철도차량정비창 등 전국 641개 사업장에 출근하지 아니한 채 업무를 거부하여 한국○○공사의 케이티엑스(KTX) 열차 329회, 새마을호 열차 283회 운행이 중단되도록 함으로써, 한국○○공사로 하여금 영업수익 손실과 대체인력 보상금 등 총 135억 원 상당의 손해를 입게 하였다는 사실을 알 수 있다.

위 사실관계에 의하면, 중앙노동위원회 위원장이 특별조정위원회의 조건부 중재회부권고의 취지에 따라 두 차례에 걸쳐 중재회부보류결정을 한 것은, 전국○○노동조합과 한국○○공사 간의 노사 자치에 의한 교섭을 존중하되 양자 사이의 노동쟁의가 더 이상 단체교섭을 통해 자율적으로 해결될 수 없다고 판단되는 경우 사회적 혼란을 야기할 가능성이 큰 필수공익사업장인 한국○○공사에서의 쟁의행위를 허용하지 아니하고 직권중재를 통하여 해결하겠다는 의사를 명확히 한 것이고, 그에 따라 단체교섭의 최종적 결렬 직후 직권중재회부결정을 한 것이다. 그럼에도 전국○○노동조합의 위원장인 피고인은 전국 규모의 철도사업장에서 이 사건 파업을 그대로 강행하였다. 비록 전국○○노동조합이 2006. 2. 7. 총파업 일정을 2006. 3. 1. 01:00경으로 미리 결의한 상태였다 하더라도, 앞서 본 바와 같은 중재회부보류결정이 내려진 경위 및 그 내용과 함께 위 총파업 결의 이후에도 한국○○공사와 전국○○노동조합 간에 단체교섭이 계속 진행되었고 실제로 단체교섭이 최종적으로 결렬된 직후 직권중재회부결정이 내려진 점까지 감안한다면, 한국○○공사로서는, 전국○○노동조합이 필수공익사업장으로 파업이 허용되지 아니하는 이 사건 사업장에서 구 노동조합 및 노동관계조정법(2006. 12. 30. 법률 제8158호로 개정되기 이전의 것)상 직권중재회부 시 쟁의행위 금지규정 등을 위반하면서까지 이 사건 파업을 강행하리라고는 예측할 수 없었다 할 것이다. 나아가 피고인이 주도하여 전국적으로 이루어진 이 사건 파업의 결과 수백 회에 이르는 열차 운행이 중단되어 총 135억 원 상당의 손해를 야기하는 등 한국

○○공사의 사업운영에 예기치 않은 중대한 손해를 끼치는 상황을 초래한 것임을 알 수 있다.

이러한 사정들을 앞서 살펴본 법리에 비추어 보면, 피고인이 주도한 이 사건 파업은 사용자인 한국○○공사의 자유의사를 제압·혼란케 할 만한 세력으로서 형법 제314조 제1항 소정의 "위력"에 해당한다고 보기에 충분하다.

원심이 같은 취지에서 이 사건 업무방해의 공소사실에 대하여 유죄를 선고한 것은 정당하고, 거기에 상고이유로 주장하는 바와 같은 업무방해죄의 위력에 관한 법리오해의 위법이 없다.

[반대의견 (요지)]

1) 다수의견은 폭력적인 수단이 동원되지 않은 채 단순히 근로자가 사업장에 출근하지 않음으로써 근로제공을 하지 않는 '소극적인 근로제공 중단', 즉 '단순 파업'이라고 하더라도 파업은 그 자체로 부작위가 아니라 작위적 행위라고 보아야 한다는 것이나, 이러한 견해부터 찬성할 수 없다. 근로자가 사업장에 결근하면서 근로제공을 하지 않는 것은 근로계약상의 의무를 이행하지 않는 부작위임이 명백하고, 근로자들이 쟁의행위의 목적에서 집단적으로 근로제공을 거부한 것이라는 사정이 존재한다고 하여 개별적으로 부작위인 근로제공의 거부가 작위로 전환된다고 할 수는 없다.

2) '단순 파업'을 다수의견의 견해와 달리 부작위라고 보더라도, 부작위에 의하여 위력을 행사한 것과 동일한 결과를 실현할 수 있고 근로자들이 그러한 결과 발생을 방지하여야 할 보증인적 지위에 있다고 볼 수 있다면, 비록 다수의견과 논거를 달리하지만 위력에 의한 업무방해죄의 성립을 인정할 수 있다. 그러나 일반적으로 사용자에게 근로자들의 단순 파업으로부터 기업활동의 자유라는 법익을 스스로 보호할 능력이 없다거나, 근로자들이 사용자에 대한 보호자의 지위에서 사태를 지배하고 있다고는 말할 수 없다. 무엇보다 근로자 측에게 위법한 쟁의행위로서 파업을 해서는 안 된다는 작위의무를 인정하는 것은 서로 대립되는 개별적·집단적 법률관계의 당사자 사이에서 상대방 당사자인 사용자 또는 사용자단체에 대하여 당사자 일방인 근로자 측의 채무의 이행을 담보하는 보증인적 지위를 인정하자는 것이어서 받아들일 수 없고, 근로자들의 단순한 근로제공 거부는 그것이 비록 집단적으로 이루어졌다 하더라도 업무방해죄의 실행행위로서 사용자의 업무수행에 대한 적극적인 방해 행위로

인한 법익침해와 동등한 형법가치를 가진다고 할 수도 없다.

3) 다수의견의 견해와 같이 '단순 파업'도 예외적인 상황에서는 작위로서 위력에 해당한다고 보는 입장에 서더라도, 위력의 해당 여부에 관하여 다수의견이 제시하는 판단 기준에는 찬성할 수 없다. 단순 파업이 쟁의행위로서 정당성의 요건을 갖추지 못하고 있더라도 개별적 근로관계의 측면이나 집단적 근로관계의 측면에서 모두 근본적으로 근로자 측의 채무불이행과 다를 바 없으므로, 이를 위력의 개념에 포함시키는 것은 무엇보다 죄형법정주의의 관점에서 부당하다. 또한 파업 등 쟁의행위가 정당성을 결여한 경우 쟁의행위를 위법하게 하는 각각의 행위에 대하여는 노동조합 및 노동관계조정법에 별도의 처벌규정을 두고 있어 같은 법 위반죄로 처벌할 수 있으므로, 위법한 단순 파업이 위력에 의한 업무방해죄를 구성하지 않는다 하더라도 위법의 원인행위 자체에 대한 처벌의 공백이 생기는 것이 아니다. 따라서 근로자들이 단결하여 소극적으로 근로제공을 거부하는 파업 등 쟁의행위를 하였으나 폭행·협박·강요 등의 수단이 수반되지 않는 한, 같은 법의 규정을 위반하여 쟁의행위로서 정당성을 갖추지 못하였다고 하더라도 당해 쟁의행위를 이유로 근로자를 형법상 업무방해죄로 처벌할 수는 없고, 근로자에게 민사상 채무불이행 책임을 부담시킴과 함께 근로자를 노동조합 및 노동관계조정법 위반죄로 처벌할 수 있을 뿐이며, 그것으로 충분하다.

4) 다수의견이 '단순 파업'이 쟁의행위로서 정당성이 없는 경우라 하여 언제나 위력에 해당한다고 볼 수 없다고 보아 위력의 개념을 어느 정도 제한하여 해석한 것은 종래 판례의 태도에 비추어 진일보한 입장이다. 그러나 다수의견이 제시하는 위력의 해당 여부에 관한 판단 기준에 의하더라도 과연 어떠한 경우를 전격적으로 이루어졌다고 볼 수 있을 것인지, 어느 범위까지를 심대한 혼란 또는 막대한 손해로 구분할 수 있을 것인지 반드시 명백한 것은 아니다. 따라서 다수의견의 해석론에 따른다 할지라도 형법 제314조 제1항에 규정한 '위력' 개념의 일반조항적 성격이 충분히 해소된 것은 아니고, 위력에 의한 업무방해죄의 성립 여부가 문제되는 구체적 사례에서 자의적인 법적용의 우려가 남을 수밖에 없다.

5) 위 사안에서, 전국○○노동조합의 조합원들이 단순히 근로제공을 거부하는 형태로 이루어진 위 파업은, 앞서 본 법리에 비추어 볼 때 형법 제314조 제1항에서 정한 '위력'에 해당한다고 볼 수 없고, 또한 다수의견의 법리에 비추어 보더라도 제반 사정을 종합할 때 위 파업이 예측할 수 없는 시기에 전격적으로 이루어졌다고 볼 수 없으며, 파업의 수단 역시 폭력적 행동이나 달리 위법

이라고 할 만한 언동 없이 집단적인 소극적 근로제공 거부에 그친 이상 그 손해가 파업의 전격성에 기한 것이었다고 단정할 수 없는데도, 이와 반대의 전제에서 피고인에게 업무방해죄의 죄책을 인정한 원심판결에 법리오해의 위법이 있다.

다. 해 설

쟁의행위의 형사책임과 관련하여, 국내외에서 가장 크게 논란이 되고 있는 것은 파업에 대한 업무방해죄의 적용이다. 왜냐하면 종래 판례는 근로자들이 소극적으로 노무제공을 거부하는 형태의 파업, 즉 '단순 파업'에 대해서도 그것이 당연히 위력에 해당함을 전제로 하여 노동관계법령에 따른 정당한 쟁의행위로서 위법성이 조각되는 경우가 아닌 한 업무방해죄를 구성한다고 보았기 때문이다. 대상판결의 다수의견은 단순 파업이 쟁의행위로서 정당성이 없는 경우라 해도 언제나 위력에 해당한다고 볼 수 없다고 하여 위력의 개념을 제한함으로써 쟁의행위에 대한 업무방해죄의 적용을 한정하였다.

대상판결의 반대의견(대법관 박시환, 대법관 김지형, 대법관 이홍훈, 대법관 전수안, 대법관 이인복)은 단순 파업은 본질적으로 부작위라는 점을 전제로, 그것이 비록 집단적으로 이루어졌다 하더라도 업무방해죄의 실행행위로서 사용자의 업무수행에 대한 적극적인 방해 행위로 인한 법익침해와 동등한 형법가치를 가지지 않음을 강조한다. 반대의견의 주장을 요약하면, 단순 파업은 폭행·협박·강요 등의 수단이 수반되지 않는 한, 노동관계법을 위반하여 쟁의행위로서 정당성을 갖추지 못하였다고 하더라도 당해 쟁의행위를 이유로 근로자를 형법상 업무방해죄로 처벌할 수는 없고, 근로자에게 민사상 채무불이행 책임을 부담시킴과 함께 근로자를 노동조합법위반죄로 처벌할 수 있을 뿐이며, 그것으로 충분하다는 입장이다.

한편, 대상판결 이후 실무상 핵심적 쟁점은 '위력'의 해당 여부에 관한 해석, 즉 어떠한 경우를 쟁의행위가 전격적으로 이루어졌다고 볼 수 있을 것인지, 그리고 어느 범위까지를 심대한 혼란 또는 막대한 손해로 볼 수 있을 것인지에 대한 해석이다(대법원 2011. 10. 27. 선고 2010도7733 판결 등 참고).

Q 1. 대상판결에 의하면 위력 업무방해죄가 성립하려면 파업이 어떤 경우이어야 하는가?

Q 2. 대상판결은 어떤 사실에 근거하여 파업이 위력 업무방해죄의 '위력'에 해당한다고 판단하였는가?

≪심화학습≫

1. 쟁의행위의 주된 목적이 정당하지 않은 경우 업무방해죄의 성립 여부 (대법원 2014. 8. 20. 선고 2011도468 판결; 대법원 2014. 11. 13. 선고 2011도393 판결 참고)

---

2. 쟁의행위와 민사책임

대법원 1994. 3. 25. 선고 93다32828,32835 판결 [손해배상(기)]

가. 사실관계

1) 원고는 고등교육을 실시함을 목적으로 설립된 학교법인으로서 그 산하에 의료기관인 대구 소재 A의료원을 두고 있고, 1987. 9. 1. 설립된 피고 ○○대학교 A의료원 노동조합(이하 '피고 노동조합'이라고 한다)은 A의료원의 종업원 1,400여 명 중 799명으로 조직된 노동조합이며, 피고 이○춘은 피고 노동조합의 위원장 겸 1991. 4. 초순경 조직된 1991년 임금인상 투쟁을 위한 노조 비상대책위원회의 의장, 피고 홍○대는 피고 노동조합의 부위원장 겸 위 노조 비상대책위원회의 부의장, 피고 추○회, 방○미

는 피고 노동조합의 부위원장 겸 위 노조 비상대책위원회의 위원, 피고 정○수는 피고 노동조합의 사무국장 겸 위 노조 비상대책위원회의 위원, 피고 김○룡은 피고 노동조합의 감사 겸 위 노조 비상대책위원회의 위원, 피고 조○호는 피고 노동조합의 대의원 겸 위 노조 비상대책위원회의 임시 행정직 지부장이며, 피고 강○묵은 피고 노동조합의 감사 겸 위 노조 비상대책위원회의 위원으로서 1991. 6. 25.부터는 위원장직무대행으로 선임되었고, 피고 손○익은 피고 노동조합에 아무런 직책이 없는 평조합원이다.

2) 피고 노동조합은 A의료원과 1990. 12. 20.부터 19회에 걸쳐 1991년도 단체협약갱신교섭을, 1991. 3. 17.부터 9회에 걸쳐 1991년도 임금인상교섭을 하였으나, 피고 노동조합은 기본급 28% 인상 등을 요구한 반면 A의료원은 기본급 9% 인상안을 고수하여 합의가 이루어지지 아니하였다. 그리하여 피고 노동조합은 1991. 5. 4. 대구시 중구청장과 대구시지방노동위원회(이하 지방노동위원회라고만 한다)에 노동쟁의발생신고를 하여 지방노동위원회의 알선과 조정을 받았지만, 알선으로 분쟁이 해결되지 아니하고 조정안이 관계당사자 쌍방에 의하여 거부되었다. 이에 대구시 중구청장이 1991. 5. 18. 지방노동위원회에 중재요청을 하고, 같은 날 지방노동위원회가 중재에 회부한다는 결정을 하여, 지방노동위원회는 1991. 5. 29. "기본급(근속급+직무급)은 정률 9.5%와 정액 8,000원을 각각 인상한다", "위험수당은 10,000원을 인상한다", "본 중재재정서의 효력발생일은 1991. 5. 30.로 한다"는 등의 12개항으로 된 중재재정 결정을 하고 그 다음날 중재재정서를 노사 쌍방에 송달하였다.

3) 원고는 위 중재재정서를 수용하여 조합원에 대하여는 중재재정 내용대로 임금인상률을 적용하되 한편 의사인 교수들에 대하여는 연구수당에 대하여도 9.5% 인상을 하겠다고 하였다. 이에 피고 노동조합들은 원고법인의 교수들에 대한 연구수당의 인상은 임금의 차별인상이라고 하여 반발하던 차에, 피고 노동조합이 중재재정서를 송달받은 날에 중재재정서 수용여부를 조합원들의 찬반투표에 회부하였던 바, 그 날 조합원 584명이 참가한 찬반투표에서 과반수가 넘는 317명의 반대로 위 중재재

정서 수용이 거부되자, 피고 노동조합의 간부들은 1991. 5. 31. 18:30경부터 20:30경까지 사이에 피고 노동조합사무실에서 비상대책위원회를 소집하여 1991. 6. 3. 08:00을 기하여 파업하기로 결의하였다. 그러나, 피고 노동조합은 위 중재재정서를 송달받고 10일이 지나도록 중앙노동위원회에 재심을 신청하지는 아니하였다.

　4) 그리하여 피고 노동조합은 위원장인 피고 이○춘 및 간부들인 피고 홍○대, 추○회, 방○미, 정○수, 김○룡, 조○호(이하에서 이상 7명을 일괄하여 지칭할 때에는 '피고(항소인)들'이라고 한다)의 주도하에 조합원 400여명 내지 650여명이 참여한 가운데, 1991. 6. 3.부터 1991. 6. 30.까지 사이에 토요일 오후와 일요일을 제외한 나머지 기간 동안, "무능과 부패를 척결하고 자주A의 그 날까지" "분노의 횃불 들고 떨쳐 일어서라. 너! A여!!" 플랭카드와 "자본가들이 몇 푼 돈으로 노예생활 강요하면 노동자는 총파업투쟁으로 당당하게 나선다" 등의 대자보를 A의료원 3층 강당 4면의 벽에 부착하고, 외래환자 진료소 건물 앞면에도 "차별인상반대" "가라! 자본가 세상, 오라 우리들 세상" 등의 플랭카드와 대자보를 부착하였으며 피고 노동조합 집행부에서 결의한 파업일정에 따라 매일 08:00경부터 17:30경까지 사이에, 출근과 동시에 A의료원의 외래환자진료실입구에서 조합원들이 집결하고, 조합원들이 집결할 때까지 꽹과리, 북, 징 등을 사용하여 풍물놀이를 하고, 조합원이 집결하면 인원점검을 한 후 '내사랑 민주노조' 등을 비롯한 속칭 노동가요를 부르고 '차별인상철폐' '의료민주화 실현하자'는 등의 구호를 외치고, 휴식을 취한 뒤, 장소를 A의료원 내의 3층 강당 또는 잔디밭으로 옮겨 지방자치제, 노동쟁의조정법등에 관한 교육, 부서별 토의, 조합원 장기자랑 등을 하고, 점심식사를 먹고 나서 다시 조합원들이 모일 때를 시점으로 풍물놀이를 하고, 인원점검을 한 후, 노동가요를 부르고 구호를 외치고 나서, A의료원 구내를 대열을 지어 행진하고, 퇴근 무렵 인원점검을 한 후, 피고 이○춘이 그 날의 파업내용에 대한 평가와 광고를 한 후 해산하는 등의 방식으로 파업을 계속하였다.

　5) 뿐만 아니라, 피고 노동동합 조합원 200여명은 피고 추○회, 방○미의 주도하에 1991. 6. 18. 09:45경부터 같은 날 15:40경까지 및 1991.

6. 19. 10:40경부터 15:30경까지 사이에 A의료원 의무기록실, 원무과 사무실을 점거 농성하였고, 피고 노동조합 조합원 30여명은 피고 조○호, 정○수, 방○미의 주도하에 1991. 6. 22 09:40경부터 같은 달 24. 19:00경까지 사이에 A의료원 원장실을 점거 농성하였다.

　　6) 위와 같은 피고 노동조합의 파업으로 인하여 입원환자는 상당수 퇴원하여야 하고, 외래환자는 진료가 중단되는 등 A의료원의 진료업무 수행에 막대한 차질이 생겨, A의료원의 1991. 6. 3.부터 같은 달 11.까지의 9일간의 진료환자수는 10,429명으로서, 1990. 6. 3.부터 같은 달 11.까지의 진료환자수 18,023명에 비하여 7,594명이, 1991. 5. 3.부터 5. 11.까지의 19,405명에 비하여 8,976명이 각 감소되었고, 그에 따라 1991. 6. 3.부터 같은 달 11.까지의 진료수입이 금 479,297,243원으로서 1990. 6. 3.부터 같은 달 11.까지의 진료수입 금 950,119,889원에 비하여 금 470,822,646원이, 1991. 5. 3.부터 같은 달 11.까지의 금 1,028,361,225원에 비하여 금 549,063,982원이 각 감소되었다. 그런데 위와 같은 진료수입을 얻기 위하여는 진료수입의 41%가량인 재료비가 들고 5%가량인 일반관리비의 지출이 필요하다.

　　7) 원고는 피고 노동조합의 파업으로 인하여 최소한 금 50,000,000원 이상의 수입손실을 보게 되었다는 이유로, 피고들은 연대하여 원고에게 금 50,000,000원 및 이에 대한 이 사건 소장송달 다음 날부터 완제일까지 연2할5푼의 비율에 의한 금원을 지급하라는 취지의 소송을 제기하였다.

나. 판결요지

　　1) 노동쟁의조정법 제8조(현행 노조법 제3조)는 "사용자는 이 법에 의한 쟁의행위로 인하여 손해를 받은 경우에 노동조합 또는 근로자에 대하여 그 배상을 청구할 수 없다"고 규정하여 사용자의 손해배상청구에 대하여 제한을 가하고 있는바 여기서 민사상 그 배상책임이 면제되는 손해는 정당한 쟁의행위로 인한 손해에 국한된다고 풀이하여야 할 것이고, 정당성

이 없는 쟁의행위는 불법행위를 구성하고 이로 말미암아 손해를 입은 사용자는 노동조합이나 근로자에 대하여 그 손해배상을 청구할 수 있다 할 것이다.

그리고 노동조합의 간부들이 불법쟁의행위를 기획, 지시, 지도하는 등으로 주도한 경우에 이와 같은 간부들의 행위는 조합의 집행기관으로서의 행위라 할 것이므로 이러한 경우 민법 제35조 제1항의 유추적용에 의하여 노동조합은 그 불법쟁의행위로 인하여 사용자가 입은 손해를 배상할 책임이 있다 할 것이고, 한편 조합간부들의 행위는 일면에 있어서는 노동조합 단체로서의 행위라고 할 수 있는 외에 개인의 행위라는 측면도 아울러 지니고 있고, 일반적으로 쟁의행위가 개개근로자의 노무정지를 조직하고 집단화하여 이루어지는 집단적 투쟁행위라는 그 본질적 특징을 고려하여 볼 때 노동조합의 책임 외에 불법쟁의행위를 기획, 지시, 지도하는 등으로 주도한 조합의 간부들 개인에 대하여도 책임을 지우는 것이 상당하다 할 것이다.

2) 불법쟁의행위로 인하여 노동조합이나 근로자가 그 배상책임을 지는 배상액의 범위는 불법쟁의행위와 상당인과관계에 있는 모든 손해라 할 것이고, 노동조합이나 근로자의 불법쟁의행위로 인하여 의료업무를 수행하는 사용자가 그 영업상의 손실에 해당하는 진료수입의 감소로 입은 손해는 일실이익으로서 불법쟁의행위와 상당인과관계가 있는 손해라 할 것이다.

한편, 이러한 일실이익의 산정방법은 구체적 사정에 따라 다를 것이나 일응 불법쟁의행위가 없었던 전년도의 같은 기간에 대응하는 진료수입과 대비한 감소분이나 불법쟁의행위가 없었던 전월의 같은 기간에 대응하는 진료수입과 대비한 감소분을 산출한 다음 그 수입을 얻기 위하여 소요되는 제 비용을 공제하는 방법으로도 산정할 수 있다 할 것이다.

다. 해 설

대상판결은 정당하지 않은 쟁의행위에 대해 불법행위 손해배상책임을 처음 인정한 대법원 판결이다. 대상판결에 의하면 정당성이 없는 쟁의행위는 불법행위를 구성하고, 이로 말미암아 손해를 입은 사용자는 노동조합뿐만 아니라 불법쟁의행위를 주도한 조합간부들 개인에 대하여도 손해배상을 청구할 수 있으며, 배상책임을 지는 배상액의 범위는 불법쟁의행위와 상당인과관계에 있는 모든 손해이다. 손해배상책임이 문제되었던 또 다른 사례에서 대법원은 조합간부 개인의 손해배상책임과 노동조합 자체의 손해배상책임은 부진정 연대채무관계에 있고, 노동조합 등의 지시에 따라 단순히 노무를 정지한 일반 조합원은 원칙적으로 노동조합 등과 함께 공동불법행위책임을 부담하지 않지만, 예외적으로 일정한 경우에는 노무정지에 따른 손해배상책임이 인정된다고 보았다(대법원 2006. 9. 22. 선고 2005다30610 판결).

Q 1. 대상판결에서 노동조합과 조합간부들에게 손해배상책임을 인정하는 논거는?

Q 2. 조합간부 개인의 손해배상책임과 노동조합 자체의 손해배상책임 사이에 부진정 연대채무관계가 성립한다는 것의 의미는?

≪심화학습≫

1. 불법쟁의행위의 손해배상책임에서 불법쟁의행위에 원인을 제공하였다고 볼 수 있는 사용자의 행위(예, 불성실한 교섭 등)의 고려 방식 (대법원 2006. 9. 22. 선고 2005다30610 판결 참고)

2. 일반 조합원의 손해배상책임 (대법원 2006. 9. 22. 선고 2005다30610 판결 참고)

3. 쟁의행위 기간 동안 근로자의 임금청구권 (대법원 2013. 11. 28. 선고 2011다39946 판결 참고)

제 26 강
쟁의행위 (3)

1. 준법투쟁

> 대법원 1994. 2. 22. 선고 92누11176 판결 [부당노동행위구제재심판정취소]

가. 사실관계

1) 1989. 10.경 당시 국내외의 대다수 레미콘업체들이 보유하고 있던 차량을 그 소속 운전기사에게 불하하고서는 그 운전기사와 도급계약을 체결하여 운송에 종사하게 하는 이른바 개인불하도급제를 도입하여 시행하므로, 참가인회사도 1990. 1. 1.부터 희망근로자들을 상대로 레미콘차량의 불하를 시작하여 같은 해 9.경에는 전체 운전자 368명 중 과반수가 넘는 192명에게 레미콘차량을 불하하였다.

2) 원고는 1990. 9. 22. 개인불하도급제철폐를 선거공약으로 내세워 참가인회사 노동조합(이하 참가인조합이라 함)의 노동조합위원장으로 당선된 다음, 1990. 12. 19. 20:30경부터 21:00경까지 조합원간담회를 개최한 자리에서 개인불하도급제가 근로자들을 형식적 도급계약자로 전락하는 불합리한 제도이므로 이를 저지하기 위하여 전조합원은 정휴제(휴일 비근무) 등의 실시를 선동하는 내용의 유인물을 배포하고, 1991. 1. 19. 15:00경 26명의 대의원이 참석한 참가인조합 운영위원회 겸 간담회를 개최하여 같은 해 1. 27.부터 전사업장 전부서는 휴일근무를 하지 아니한다는 정휴제를 실시하기로 결의하고, 위 회의결과가 기재된 내용의 공고문을 무단 게시하고, 위 결의사항의 시행을 위하여 노동위원회에의 신고 등 쟁의절

차를 거치지도 아니한 채 토요일인 같은 달 26. 11:00경 참가인회사 광주
공장에 가서 조합원 8명을 모아놓고 정휴제를 지킬 것을 선동한데 이어,
일요일인 다음날 08:00경 출입제한구역인 참가인회사 교문리공장 생산
조작실로 가서 그곳에 근무하고 있던 근로자들을 데리고 나가 근무를 방
해함으로써 결과적으로 정휴제가 지켜지도록 하고, 일요일인 같은 해 2.
10.에도 참가인회사 공장을 돌아다니며 같은 방법으로 정휴제실시를 선
동하거나 강요하였고, 이에 따라 다수의 근로자들이 휴일근무를 거부함
으로 인하여 참가인회사는 위 2회의 일요일 동안 정상적인 조업이 어려
워 상당한 생산차질이 초래되었다. 원고는 그 후 위 정휴제 실시로 인한
수입 감소와 소수의 집행부에 의하여 정휴제실시가 결정되었다는 의사결
정과정에 불만을 품은 조합원들로부터 강력한 항의를 받기에 이르자, 같
은 해 2. 22. 조합원들 대하여 정휴제 실시로 인한 시행착오를 사과하며
정휴제실시를 철회하는 내용의 담화문을 발표하였다.

　3) 참가인회사에서는 1987. 11. 25. 임시노사협의회에서 레미콘차량
및 덤프트럭 운전기사에 대하여 정휴제를 원칙으로 하되 매월 1, 3주째
일요일은 정기휴일로 하고 매월 2, 4, 5주째 일요일은 회사가 필요한 인
원을 지정하여 근무토록 한다는 내용으로 합의가 이루어진 이래 위와 같
은 내용의 격휴제가 관행적으로 시행되어 왔다.

　4) 참가인회사는 원고의 위 정휴제실시에 관련된 행위 등이 단체협
약상의 해고사유(쟁의조항을 위반하거나 조합의 결의에 의하지 아니하고 쟁의행위를
한 경우), 참가인회사의 징계규정상의 징계사유(직무상 중대한 과실로 인하여 회
사에 중대한 손해를 끼쳤을 때, 허가 없이 사내에서 사원을 선동하여 집단행동을 하거나
유인물을 첨부 또는 배포한 때, 회사의 출입통제구역을 침범한 경우)에 보아 1991. 2.
26. 원고를 징계해고하였다. 이에 원고는 참가인회사가 노동조합장인 원
고의 조합활동을 혐오한 나머지 원고의 정상적인 조합활동을 이유로 징
계해고한 것이므로 위 징계해고는 부당노동행위에 해당한다고 지방노동
위원회에 구제를 신청하였다.

나. 판결요지

1) 참가인 회사에서는 1987. 11. 25. 임시노사협의회에서 레미콘차량 및 덤프트럭운전기사에 대하여 정휴제를 원칙으로 하되, 매월 1, 3주째 일요일은 정기휴일로 하고 매월 2, 4, 5주째 일요일은 회사가 필요한 인원을 지정하여 근무하도록 한다는 합의가 이루어진 이래 이와 같은 내용의 격휴제가 관행적으로 실시되어 왔음에도 불구하고, 원고를 비롯한 참가인 회사소속 근로자들이 레미콘차량 개인불하도급제 철폐 등 주장을 관철시킬 목적으로 판시의 경위로 종래 통상적으로 실시해 오던 휴일근무를 집단적으로 거부하였다면, 이는 회사업무의 정상적인 운영을 저해하는 것으로서 노동쟁의조정법 제3조 소정의 쟁의행위에 해당한다 할 것이다(당원 1991. 7. 9. 선고 91도1051 판결 참조).

2) 또한 원심이 확정한 사실과 기록에 비추어 알 수 있는 바와 같이, 이와 같은 쟁의행위가 참가인노동조합원의 직접·비밀·무기명투표에 의한 과반수의 찬성으로 행하여진 것이 아니라, 레미콘차량 개인불하 도급제 철폐를 선거공약으로 내세워 노동조합위원장으로 당선된 원고의 판시와 같은 유인물 배포, 공고문 게시, 선동, 권유 내지 근무방해활동과 조합운영위원회의 결의만으로, 노동쟁의 신고나 냉각기간의 경과 등의 절차도 거치지 아니한 채 행하여진 것이고, 원고가 사용한 쟁의수단이 단체협약에 위반되며, 이와 같은 집단적 휴일근무 거부행위로 인하여 참가인 회사의 사업 운영에 혼란과 상당한 생산차질이 초래되었을 뿐만 아니라 나중에는 위 쟁의가 소수 집행부의 독단적 결정에 의하여 이루어진 점과 수입 감소에 불만을 품은 조합원들의 항의에 부딪쳐 원고 스스로 정휴제 실시 주장을 철회하기에 이르기까지 하였다면 위의 쟁의행위를 하게 된 목적과 경위, 시기와 절차, 태양, 그로 인하여 회사가 입게 된 손해의 정도, 조합원들에게 미친 영향 등 제반 사정을 종합하여 볼 때 이와 관련된 원고의 판시와 같은 행위는 노동조합의 업무를 위한 정당한 행위라 볼 수 없고 참가인 회사 징계규정상의 해고사유에 해당하므로 참가인 회사가 이를 이유로 징계해고한 것은 정당하며, 달리 이 사건 징계해고가 원

고의 조합활동을 혐오한 나머지 이에 보복하기 위하여 위와 같은 사유를 내세워 행하여진 것이라고 볼 아무런 자료도 없으므로 원고에 대한 이 사건 징계해고를 부당노동행위라고 할 수는 없다.

다. 해 설

준법투쟁은 노동조합 또는 근로자들이 그 주장을 관철하기 위하여 법령이나 취업규칙 등의 규정을 평소보다 철저히 준수하거나 근로시간이나 휴가 등에 관한 근로자 개개인의 권리를 집단적으로 동시에 행사(예, 집단적인 정시출퇴근·연장근로거부·휴일근로거부·휴가사용 등)함으로써 사용자의 정상적인 업무를 저해하는 행위이다. 준법투쟁은 파업이나 태업과는 명백히 구분되는 개념이지만 그와 유사한 효과를 낳는다.

대상판결은 종래 통상적으로 실시해 오던 휴일근로를 집단적으로 거부한 행위가 쟁의행위에 해당하고, 그 쟁의행위가 정당하지 않다고 판단한 것이다(유사한 판결례로 대법원 1991. 7. 9. 선고 91도1051 판결). 준법투쟁의 쟁의행위 해당 여부에 관한 다른 판결례를 보면, 택시기사들이 정시에 출퇴근을 하며 과속이나 신호위반과 같은 교통법규 위반행위를 하지 않고 합승이나 부당요금 징수와 같은 불법운행을 하지 않는 행위(대법원 2000. 5. 26. 선고 98다34331 판결), 통상적으로 해 오던 연장근로를 집단적으로 거부한 행위(대법원 1991. 10. 22. 선고 91도600 판결; 대법원 1996. 2. 27. 선고 95도2970 판결), 집단적으로 휴가를 사용한 행위(대법원 1991. 12. 24. 선고 91도2323 판결; 대법원 1993. 4. 23. 선고 92다34940 판결) 등은 쟁의행위로 인정되었다. 노조법에 의하면 쟁의행위는 '업무의 정상적인 운영을 저해하는 행위'이다(노조법 제2조 제6호). 준법투쟁에 의해 저해된 업무 자체가 보호가치가 없는 업무인 경우 준법투쟁을 쟁의행위로 볼 수 있는지에 대한 의문이 제기될 수 있지만, 판례는 사실상 또는 관행적으로 행해지는 통상적인 업무운영에 대한 저해는 업무의 '정상적인' 운영에 대한 저해로서 쟁의행위에 해당한다고 본다. 한편 근로조건의 유지 또는 향상을 주된 목적으로 하지 않는 쟁의행위는 노조법의 규제대상인 쟁의행위에 해당하지 않기 때문에 준법투쟁(집단적 조퇴 및 집단적 휴가신청에 의한 결근)의 주된 목적이 근로조건의 유지나 향상이 아닌 다른 목적(구속근로자에 대한 구형량에 대한 항의와 석방촉구)인 경우 그 준법투쟁은 쟁의행위가 아니지만 그로 인해 회사업무의 정상적인 운영이 저해되었다면 업무방해죄가 성립한다고 본 판결례가 있다(대법원 1991. 1. 29. 선고 90도2852 판결).

> Q 1. 대상판결에서 준법투쟁을 통해 관철하고자 한 목적은 무엇인가?
> Q 2. 대상판결에서 준법투쟁이 쟁의행위에 해당하고 정당하지 않다고 판단한 논거는 무엇인가?

2. 직장폐쇄

대법원 2000. 5. 26. 선고 98다34331 판결 [임금]

가. 사실관계

1) 피고 회사는 택시여객 자동차 운송사업을 목적으로 설립된 운수회사이고, 원고들은 피고 회사의 택시운전사로 근무하고 있는 근로자들로서 피고 회사 노동조합(이하 '노조'라고 한다)의 조합원들이다.

2) 1994년 임금협정시 제주도내 35개 택시회사 중 다른 11개 회사와 함께 가장 높은 14%의 임금인상에 합의한 피고 회사의 노조가 1995년 임금협상에서 다시 10%의 임금인상을 요구하고 피고는 피고 회사 운전기사들의 임금이 다른 회사에 비하여 높다는 이유로 임금동결을 주장하여, 노조와 피고가 1995. 6. 12.부터 같은 해 7. 12.까지 8차례에 걸쳐 임금협상을 시도하였으나 임금인상률과 사납금(운전기사들이 회사에 입금하는 운송수입금)액에 관한 입장 차이로 합의가 이루어지지 않아 교섭이 결렬되었다. 이에 위 노조는 1995. 7. 29. 노조임시총회에서 노동쟁의를 결의하고, 같은

달 31일 제주지방노동위원회, 제주시청에 노동쟁의발생신고를 하였다.

3) 그 후 피고 회사와 노조는 계속 협상을 시도하였으나 임금협상이 타결되지 아니하였고, 이에 위 노조는 1995. 8. 17. 오전 위 노조임시총회에서 조합원 100명 중 78명이 참석하여 75명이 찬성한 가운데 태업할 것을 결의하고 제주지방노동위원회와 제주시청에 쟁의행위신고를 하고, 그 때부터 위 노조와 피고 회사 사이에 체결된 단체협약 제22조의 근무시간 규정에 따라 08:00에 정시 출근하여 차량운행에 들어가 휴게시간 2시간을 포함해 18시간을 근무하고 다음날 02:00에 정시 퇴근을 하며, 과속, 신호위반 등 교통법규를 위반하지 않고, 합승, 부당요금징수 등 불법운행을 아니하는 소위 준법운행에 돌입하였는데, 이로 인해 종전 정상 영업시 1일 회사 사납금액이 금 98,000원 내지 금 120,000원이었던 것이 준법운행기간 중에는 1일 금 35,000원 내지 금 75,000원으로 절반수준으로 줄어들었다.

4) 그러자 피고 회사는 1995. 8. 20. 04:00경 위 노동위원회와 제주시청에 직장폐쇄신고를 하고, 그 때부터 비조합원이 운행하는 차량 5대를 제외한 나머지 피고 회사 소속 차량 46대의 운행을 중지하여 전 노조 조합원에 대한 직장폐쇄를 단행하였다. 그 후 피고 회사는 위 노조가 먼저 준법운행을 철회하는 등 쟁의행위를 하지 않고 정상운행을 하겠다는 확실한 약속을 하지 않는 한 직장폐쇄를 철회할 수 없다고 주장하면서 노조와 별다른 대화를 하지 않은 채 직장폐쇄를 지속해오다가 1995. 9. 22. 당시 위 노조의 조합장이던 원고 이○은이 피고 회사와 임금인상률 4.5%, 사납금 4,000원 인상을 조건으로 하여 임금협상을 체결하였고, 이에 피고 회사는 34일간에 걸친 직장폐쇄를 같은 달 22일자로 해제하여 다음날부터 정상영업을 하였다.

5) 한편 피고 회사는 1995. 9. 5. 원고들을 포함한 피고 회사 근로자들에게 1995. 8. 1.부터 같은 달 19.까지의 임금으로 합계 금 42,046,083원을 지급하였으나, 직장폐쇄기간인 1995. 8. 20.부터 다음달 22일까지 34일간에 대하여는 임금을 지급하지 아니하였다. 이에 원고들은 미지급 임금의 지급을 청구하는 소송을 제기하였다.

6) 원고들을 비롯한 노조원들이 태업에 돌입할 당시인 1995. 8. 17. 현재 피고 회사 소속 운전자들의 평균임금은 월 금 651,004원(근속 1년 기준)으로서 제주도내 35개의 택시회사들 가운데 다른 12개 회사와 더불어 가장 높은 임금을 받고 있었고, 당시 제주도내 택시회사 35개 중 25개 회사가 1995년도 임금에 대한 협상을 마친 상태였는데, 임금협상이 타결된 25개 회사 중 12개 회사는 1995년도 임금을 전년 대비 2% 내지 10% 인상하기로 하였고, 13개 회사는 임금을 동결하기로 하였으며, 특히 피고 회사와 같은 수준의 임금을 지급하였던 다른 12개 회사들 중에는 3개 회사만이 전년 대비 3% 내지 10%를 인상하기로 하였고, 나머지 9개 회사는 임금을 동결하기로 합의가 되어 정상적으로 영업을 하고 있었다.

나. 판결요지

1) 노동조합의 쟁의행위는 노동조합이 근로조건에 관한 주장의 불일치로 인하여 발생된 분쟁상태를 자기측에게 유리하게 전개하여 자기의 주장을 관철할 목적으로 행하는 투쟁행위로서 업무의 정상운영을 저해하는 것을 의미하므로(구 노동쟁의조정법 제3조(현행 노조법 제2조 제6호) 참조), 단순히 노동조합이 사용자에게 다소 무리한 임금인상을 요구함으로써 분쟁이 발생하였으며 또한 노동조합의 쟁의행위 결과 사용자의 정상적인 업무수행이 저해되었다 하더라도, 그것만으로 노동조합의 쟁의행위가 정당성을 결하는 것은 아니라 할 것이다.

2) 한편, 우리 헌법과 노동관계법은 근로자의 쟁의권에 관하여는 이를 적극적으로 보장하는 명문의 규정을 두고 있는 반면 사용자의 쟁의권에 관하여는 이에 관한 명문의 규정을 두고 있지 않은바, 이것은 일반 시민법에 의하여 압력행사 수단을 크게 제약받고 있어 사용자에 대한 관계에서 현저히 불리할 수밖에 없는 입장에 있는 근로자를 그러한 제약으로부터 해방시켜 노사대등을 촉진하고 확보하기 위함이므로, 일반적으로는 힘에서 우위에 있는 사용자에게 쟁의권을 인정할 필요는 없다 할 것이

나, 개개의 구체적인 노동쟁의의 장에서 근로자측의 쟁의행위로 노사간에 힘의 균형이 깨지고 오히려 사용자측이 현저히 불리한 압력을 받는 경우에는, 사용자측에 그 압력을 저지하고 힘의 균형을 회복하기 위한 대항·방위 수단으로 쟁의권을 인정하는 것이 형평의 원칙에 맞는다 할 것이고, 우리 법도 바로 이 같은 경우를 상정하여 사용자의 직장폐쇄를 노동조합의 동맹파업이나 태업 등과 나란히 쟁의행위의 한 유형으로서 규정하고 있는(구 노동쟁의조정법 제3조(현행 노조법 제2조 제6호)) 것으로 보인다.

다만, 구체적인 노동쟁의의 장에서 단행된 사용자의 직장폐쇄가 정당한 쟁의행위로 평가받기 위하여는, 노사간의 교섭태도, 경과, 근로자측 쟁의행위의 태양, 그로 인하여 사용자측이 받는 타격의 정도 등에 관한 구체적 사정에 비추어 형평의 견지에서 근로자측의 쟁의행위에 대한 대항·방위 수단으로서 상당성이 인정되는 경우에 한한다 할 것이고, 그 직장폐쇄가 정당한 쟁의행위로 평가받을 때 비로소 사용자는 직장폐쇄 기간 동안의 대상 근로자에 대한 임금지불의무를 면한다 할 것이다.

3) 원심은, 피고가 좀더 시간을 가지고 대화를 통하여 노조와 임금협상을 시도하지 아니한 채 준법투쟁 3일 만에 전격적으로 단행한 직장폐쇄는, 근로자측의 쟁의행위에 의해 노사간에 힘의 균형이 깨지고 오히려 사용자측에 현저히 불리한 압력이 가해지는 상황에서 회사를 보호하기 위하여 수동적, 방어적인 수단으로서 부득이하게 개시된 것이라고 보기 어려우므로, 결국 피고의 직장폐쇄는 정당성을 결여하였다 할 것이고, 따라서 피고로서는 원고들에 대한 직장폐쇄 기간 동안의 임금지급 의무를 면할 수 없다고 판단하였다. 원심의 위와 같은 판단은 앞서 본 법리에 따른 것으로서 정당하고, 거기에 상고이유에서 지적하는 바와 같은 준법투쟁의 정당성 및 직장폐쇄의 정당성에 관한 법리오해의 위법은 없다.

다. 해 설

직장폐쇄는 사용자가 근로자측의 위에 대항하여 노무의 수령을 거부하는 행위이고, 정당한 직장폐쇄의 경우 사용자는 그 대상 근로자에 대한 임금지불의무를 면한다. 노조법 제46조 제1항에 의하면 "사용자는 노동조합이 쟁의행위를 개시한 이후에만 직장폐쇄를 할 수 있다."

대상판결은 직장폐쇄의 정당성 요건과 판단기준을 최초로 밝힌 판결이다. 즉, 직장폐쇄는 근로자측의 쟁의행위에 대한 대항·방위 수단으로서 상당성이 인정되는 경우에 한하여 그 정당성이 인정된다. 파업에 돌입한 지 불과 4시간 만에 사용자가 바로 직장폐쇄 조치를 취한 사례에서 대법원은 대상판결에서 제시된 정당성 판단 법리에 입각하여 그 정당성을 인정하지 않았다(대법원 2007. 12. 28. 선고 2007도5204 판결). 그리고 노동조합이 쟁의행위를 개시하기 전에 사용자가 행하는 선제적 직장폐쇄, 쟁의행위에 대한 방어적인 목적을 벗어나 적극적으로 노동조합의 조직력을 약화시키기 위한 목적 등을 갖는 공격적 직장폐쇄는 그 정당성이 인정되지 않는다(대법원 2003. 6. 13. 선고 2003두1097 판결).

Q 1. 대상판결에 의하면 직장폐쇄 정당성 여부를 판단할 때 고려하여야 하는 구체적인 제반 사정은 무엇인가?

Q 2. 대상판결은 어떤 사실에 근거하여 직장폐쇄가 정당하지 않다고 판단하였는가?

≪심화학습≫

1. 방어적 목적에서 벗어난 공격적 직장폐쇄로의 성격 변질 (대법원 2016. 5. 24. 선고 2012다85335 판결; 대법원 2017. 4. 7. 선고 2013다101425 판결 참고)

2. 위법한 파업에 대항하기 위한 수단으로서의 직장폐쇄의 허용 여부

3. 대체근로금지

> 대법원 2000. 11. 28. 선고 99도317 판결 [근로기준법위반, 노동쟁의조
> 정법위반]

가. 사실관계

1) 피고인은 1979. 4. 1.경 택시회사인 ○○특송 주식회사(이하 '회사'라
한다)를 설립하여 그 때부터 대표이사로 재직하다가 1994. 12.말경 회사
를 영업양도하였다. 1994년경 회사의 상시 근로자수는 80여명이었다.

2) 회사 노동조합의 명칭은 전국택시노동조합연맹 ○○특송 노동조
합(이하 '노조'라 한다)이며, 1994년경 조합원은 70여명이었다.

3) 노조는 1994. 3. 28. 노동쟁의가 발생하였음을 회사, 서울 강남구
청, 서울지방노동위원회에 신고하고, 같은 해 4. 15.부터 쟁의행위에 돌
입하였다.

4) 피고인은 1994. 3. 30.경부터 1994. 4. 14.경까지 사이에 공소외 이
○석 등 총 10명의 운전기사를 채용하여, 4. 15.경부터 같은 해 6.경까지
사이에 쟁의행위로 중단된 업무에 대체근로를 시켰다. 이에 대해 노동쟁
의조정법(현행 노조법) 위반죄로 기소되었다.

나. 판결요지

1) 구 노동쟁의조정법 제15조(현행 노조법 제43조)는 노동조합의 쟁의행
위권을 보장하기 위한 규정으로서 사용자가 노동조합의 쟁의행위기간 중
당해 사업 내의 비노동조합원이나 쟁의행위에 참가하지 아니한 노동조합
원 등 기존의 근로자를 제외한 자를 새로 채용 또는 대체할 수 없다는
것으로 풀이되는바, 사용자가 노동조합이 쟁의행위에 들어가기 전에 근
로자를 새로 채용하였다 하더라도 쟁의행위기간 중 쟁의행위에 참가한
근로자들의 업무를 수행케 하기 위하여 그 채용이 이루어졌고 그 채용한
근로자들로 하여금 쟁의행위기간 중 쟁의행위에 참가한 근로자들의 업무

를 수행케 하였다면 위 조항 위반죄를 구성하게 된다.

2) 우선 원심이, 회사 노동조합에서 1994. 3. 28. 노동쟁의가 발생하였음을 회사, 서울 강남구청, 서울지방노동위원회에 신고하고, 같은 해 4월 15일부터 쟁의행위에 돌입하였다고 인정한 것은 정당하고, 거기에 상고이유의 주장과 같은 채증법칙 위배의 위법이 없다. 따라서 이 부분 상고이유도 받아들이지 아니한다.

나아가 원심이, 피고인이 쟁의행위로 인하여 근로를 제공하지 않는 근로자를 대체하기 위하여 회사에서 10명의 운전기사를 고용한 사실을 인정한 다음, 이와 같이 새로이 창출된 업무의 필요에 따라 고용한 것이 아니고 쟁의행위에 가담한 기존의 근로자를 대체하기 위하여 고용하였다면 운전기사를 채용한 시점이 쟁의행위발생신고 후 쟁의행위신고 이전이라 하더라도 쟁의기간 중 채용제한에 관한 구 노동쟁의조정법 제15조를 위반한 것이라고 판단한 것도 정당하고, 거기에 상고이유의 주장과 같은 법리오해나 채증법칙 위배 등의 위법이 없다. 따라서 이 부분 상고이유 역시 모두 받아들이지 아니한다.

다. 해 설

노조법 제43조 제1항 및 제2항에 의하면 사용자는 쟁의행위 기간 중 그 쟁의행위로 중단된 업무의 수행을 위하여 당해 사업과 관계없는 자를 채용 또는 대체할 수 없고, 그 쟁의행위로 중단된 업무를 도급 또는 하도급 줄 수 없다(단, 동조 제3항에 의하면 필수공익사업의 경우에는 이러한 제한이 적용되지 않는다). 그 위반의 경우 벌칙이 적용된다(노조법 제91조). 당해 사업의 근로자인 비조합원이나 파업 불참 조합원으로 하여금 쟁의행위로 중단된 업무를 수행케 하는 것은 노조법 위반이 아니다.

대상판결은 대체근로금지 규정의 취지(즉, 노동조합의 쟁의행위권 보장)에 입각하여 쟁의행위 개시 이전의 채용일지라도 그 채용의 목적이 대체근로를 위한 것이고 실제 대체근로가 이루어졌다면 노조법 위반이라고 본 것이다. 한편, 대체근로금지 규정은 쟁의행위권의 침해를 목적으로 하지 않는 사용자의 정당한 인사권 행사까지 제한하는 것은 아니므로 자연감소에 따른 인원충원 등 쟁의행위와 무관하게 이루어지는 신규채용은 쟁의행위 기간 중이라 하더라도 가능하다는 판결이 있다(대법원 2008. 11. 13. 선고 2008도4831 판결).

Q 1. 대상판결 등 판례에 의하면 대체근로금지 위반 여부의 판단에서 중요한 기준은?

Q 2. 쟁의행위가 정당하지 않는 경우에도 대체근로가 금지되는가?

≪심화학습≫

1. 결원충원을 위한 신규채용이 대체근로금지 규정 위반인지 여부를 판단할 때 고려하여야 할 제 요소 (대법원 2008. 11. 13. 선고 2008도4831 판결 참고)

제 27 강
부당노동행위 (1)

1. 개 요

(1) 노조법상 부당노동행위의 금지(제81조)는 헌법이 규정하는 근로삼권을 구체적으로 확보하기 위한 것이다(대법원 1993. 12. 21. 선고 93다11463 판결 참고). 노조법은 이에 위반하는 행위 등에 대해서는 벌칙 규정(제90조, 제89조 제2호, 제94조)을 두는 한편, 부당노동행위에 대한 신속한 권리구제를 위해 노동위원회에 의한 구제절차를 규정하고 있다(제82조 내지 제86조). 부당노동행위와 관련된 이상의 것들, 즉 부당노동행위금지 규정, 부당노동행위 등에 대한 벌칙, 노동위원회에 의한 부당노동행위 구제절차 등을 통칭하여 부당노동행위제도라고 한다.

(2) 부당노동행위의 주체(금지의무의 수규자)는 사용자이다. 여기서 사용자란 노조법 제2조 제2호에서 규정하는 사용자에는 사업주, 경영담당자 및 '근로자에 관한 사항에 대하여 사업주를 위하여 행동하는 자'가 포함된다. 최근 간접고용이 확대되면서 부당노동행위의 주체로서 사용자, 즉 사업주에 대한 분쟁이 증가하고 있다. 판례는 부당노동행위제도의 목적과 노사관계의 실태 등을 고려하여 근로계약의 당사자인 사업주 이외의 자도 부당노동행위의 주체로 인정하고 있다.

한편, 노조법상 사용자는 근기법상 그것과 다를 수 있고, 심지어 부당노동행위의 각 유형에 따라서도 다를 수 있다. 예를 들어, 단체교섭 거부(같은 조 제3호)나 지배개입(같은 조 제4호)의 주체로서의 사용자는 불이익취급(노조법 제81조 제1호와 제5호)의 주체로서의 사용자와 다를 수 있다.

(3) 부당노동행위의 성립에는 사용자의 부당노동행위 의사가 필요하다. 부당노동행위 의사의 존부는 그 존재를 추정할 수 있는 제반 사정들을 종합적으로 고려하여 판단한다. 단순히 징계절차에 하자가 있다거나 징계양정이 부당하다는 사정만으로 곧바로 부당노동행위를 인정하지는 않는다. 한편, 부당노동행위에 대한 입증책임은 이를 주장하는 근로자 또는 노동조합에 있다(대법원 2007. 11. 15. 선고 2005두4120 판결).

(4) 노조법은 부당노동행위로서 다섯 가지 행위를 규정하고 있다. i) "근로자가 노동조합에 가입 또는 가입하려고 하였거나 노동조합을 조직하려고 하였거나 기타 노동조합의 업무를 위한 정당한 행위를 한 것을 이유로 그 근로자를 해고하거나 그 근로자에게 불이익을 주는 행위"(제1호), ii) "근로자가 어느 노동조합에 가입하지 아니할 것 또는 탈퇴할 것을 고용조건으로 하거나 특정한 노동조합의 조합원이 될 것을 고용조건으로 하는 행위. 다만, 노동조합이 당해 사업장에 종사하는 근로자의 3분의 2 이상을 대표하고 있을 때에는 근로자가 그 노동조합의 조합원이 될 것을 고용조건으로 하는 단체협약의 체결은 예외로 하며, 이 경우 사용자는 근로자가 그 노동조합에서 제명된 것 또는 그 노동조합을 탈퇴하여 새로 노동조합을 조직하거나 다른 노동조합에 가입한 것을 이유로 근로자에게 신분상 불이익한 행위를 할 수 없다"(제2호), iii) "노동조합의 대표자 또는 노동조합으로부터 위임을 받은 자와의 단체협약체결 기타의 단체교섭을 정당한 이유 없이 거부하거나 해태하는 행위"(제3호), iv) "근로자가 노동조합을 조직 또는 운영하는 것을 지배하거나 이에 개입하는 행위와 노동조합의 전임자에게 급여를 지원하는 행위. 다만, 근로자가 근로시간 중에 제24조 제4항에 따른 활동을 하는 것을 사용자가 허용함은 무방하며, 또한 근로자의 후생자금 또는 경제상의 불행 기타 재액의 방지와 구제 등을 위한 기금의 기부와 최소한의 규모의 노동조합사무소의 제공은 예외로 한다"(제4호), v) "근로자가 정당한 단체행위에 참가한 것을 이유로 하거나 또는 노동위원회에 대하여 사용자가 이 조의 규정에 위반한 것을 신고하거나 그에 관한 증언을 하거나 기타 행정관청에 증거를 제출한 것

을 이유로 그 근로자를 해고하거나 그 근로자에게 불이익을 주는 행위"
(제5호).

이러한 부당노동행위 중에서 제1호와 제5호를 불이익취급, 제2호
(본문)를 반조합계약, 제3호를 단체교섭 거부, 제4호를 지배개입이라고
부른다.

(5) 부당노동행위로 피해를 입은 근로자 또는 노동조합은 노동위원
회에 구제를 신청할 수 있다. 노동위원회를 통한 구제의 절차에 관하여
노조법은 기본적인 사항만 규정하고 구체적인 것은 노동위원회법 및 노
동위원회규칙에서 규정하고 있다. 부당노동행위에 대해서는 행정적 구제
외에 일반 민사소송에 의한 사법적(司法的) 구제도 가능하다. 부당노동행
위 관련 규정은 강행법규이므로, 이에 위반한 법률행위는 사법상 효력이
없고 근로자 또는 노동조합에 대해 불법행위가 성립할 수 있다. 예컨대,
불이익취급에 의하여 해고된 근로자의 경우 해고무효확인의 소를 제기할
수 있고, 단체교섭 거부에 대해선 단체교섭의무 확인의 소나 손해배상청
구의 소 등을 제기할 수 있다.

Q 1. 부당노동행위제도는 비교법적으로 널리 채택하고 있는 제도인가? 우
리나라의 규범체계에서 미국과 같이 노동조합측의 부당노동행위를
인정하는 제도를 채택할 수 있는가?

Q 2. 조합활동을 혐오하여 근로자를 이례적으로 승진시켜 조합원 자격을
상실하게 하는 행위는 부당노동행위인가?

Q 3. 노동조합을 조직하려고 한다는 이유로 근로자에 대하여 한 불이익취
급의 부당노동행위에 대하여 후에 설립된 노동조합도 구제신청권이
있는가? (대법원 1991. 1. 25. 선고 90누4952 판결 참고)
법외노조(노조법에 의하여 설립된 노동조합이 아닌 노동단체)는 노동위
원회에 부당노동행위구제 신청을 할 수 있는가?
노동위원회는 부당노동행위 구제절차를 직권으로 개시할 수 있는가?

Q 4. 부당노동행위 구제의 신청기간은 제한이 있는가? 무기정직처분인 경
우 구제신청기간이 제한되는가? (대법원 1993. 3. 23. 선고 92누15406
판결 참고)

Q 5. 부당노동행위에 구제절차에 있어서 재심판정에 불복하는 당사자가
제기하는 소송의 유형은? 피고는 누구인가?
Q 6. 긴급이행명령 또는 구제명령 위반에 대한 처벌이 적용될 수 있는 경
우는?

2. 부당노동행위 주체

대법원 2010. 3. 25. 선고 2007두8881 판결 [부당노동행위재심판정취소]

가. 사실관계

1) 이 사건 참가인들은 H중공업과 도급계약을 체결한 사내하도급업
체들에 근무하던 근로자들과 그들이 조직한 H중공업사내하청노동조합
이다.

2) 2003. 8. 20. 사내하도급 업체들의 근로자들이 H중공업사내하청노
동조합을 설립하자, 사실상 H중공업의 주도로 같은 노동조합의 간부들이
소속되어 있던 사내하도급업체들이 차례로 폐업하였고 그 과정에서 참가
인 근로자들은 해고되었다.

3) 참가인들은 부산지노위에 부당해고와 불이익취급으로서 부당노
동행위의 구제 및 지배개입으로서 부당노동행위의 구제를 신청하였으나,
부산지노위는 2004. 3. 23. H중공업이 참가인들의 사용자가 아니라는 이
유로 신청을 각하하였다.

4) 재심을 맡은 중노위는 2005. 3. 3. 부당해고와 불이익취급으로서
부당노동행위의 구제에 대해서는 초심을 유지하였지만, 지배개입으로서
부당노동행위의 구제 신청에 대해서는 초심을 취소하고 H중공업의 사용
자성을 인정하여 "사내협력업체들에 대한 실질적인 영향력과 지배력을
행사하여 사업폐지를 유도하는 행위와 이로 인하여 조합활동을 위축 또는 침

해시키는 행위를 하여서는 아니 된다"는 취지의 구제명령을 내렸다.

5) H중공업(원고)은 중노위의 재심판정에 불복하여 행정소송을 제기하였으나, 제1심(서울행정법원 2006. 5. 16. 선고 2005구합11968 판결)과 원심(서울고등법원 2007. 4. 11. 선고 2006누13970 판결)은 H중공업의 청구를 기각하였다.

나. 판결요지

1) 부당노동행위의 주체와 관련하여

법(노동조합 및 노동관계조정법을 말한다. 이하 같다) 제81조 내지 제86조는 헌법이 규정하는 근로3권을 구체적으로 확보하고 집단적 노사관계의 질서를 파괴하는 사용자의 행위를 예방·제거함으로써 근로자의 단결권·단체교섭권 및 단체행동권을 확보하여 노사관계의 질서를 신속하게 정상화하기 위하여 부당노동행위에 대한 구제제도에 관하여 규정하고 있다(대법원 1993. 12. 21. 선고 93다11463 판결; 대법원 1998. 5. 8. 선고 97누7448 판결 등 참조). 이에 의하면 부당노동행위의 예방·제거는 노동위원회의 구제명령을 통해서 이루어지는 것이므로, 구제명령을 이행할 수 있는 법률적 또는 사실적인 권한이나 능력을 가지는 지위에 있는 한 그 한도 내에서는 부당노동행위의 주체로서 구제명령의 대상자인 사용자에 해당한다고 볼 수 있을 것이다.

나아가 법 제81조 제4호는 '근로자가 노동조합을 조직 또는 운영하는 것을 지배하거나 이에 개입하는 행위' 등을 부당노동행위로 규정하고 있고, 이는 단결권을 침해하는 행위를 부당노동행위로서 배제·시정하여 정상적인 노사관계를 회복하는 것을 목적으로 하고 있으므로, 그 지배·개입 주체로서의 사용자인지 여부도 당해 구제신청의 내용, 그 사용자가 근로관계에 관여하고 있는 구체적 형태, 근로관계에 미치는 실질적인 영향력 내지 지배력의 유무 및 행사의 정도 등을 종합하여 결정하여야 할 것이다. 따라서 근로자의 기본적인 노동조건 등에 관하여 그 근로자를 고용한 사업주로서의 권한과 책임을 일정 부분 담당하고 있다고 볼 정도로 실질적이고 구체적으로 지배·결정할 수 있는 지위에 있는 자가,

노동조합을 조직 또는 운영하는 것을 지배하거나 이에 개입하는 등으로 법 제81조 제4호 소정의 행위를 하였다면, 그 시정을 명하는 구제명령을 이행하여야 할 사용자에 해당한다.

원심은, (1) 원고 회사가 공정의 원활한 수행 및 품질관리 등을 위해서 사내 하청업체 소속 보조참가인 1 내지 4(이하, '참가인들'이라 한다)를 포함한 근로자들이 해야 할 작업내용 전반에 관하여 직접 관리하고 있었고, 또 개별도급계약을 통하여 작업 일시, 작업 시간, 작업 장소, 작업 내용 등에 관하여 실질적·구체적으로 결정하는 등 원고 회사가 작업시간과 작업 일정을 관리·통제하고 있기 때문에 근로자들이 노동조합의 총회나 대의원대회 등 회의를 개최하기 위하여 필요한 노조활동 시간 보장, 노조 간부의 유급 노조활동시간 보장 등에 대하여 실질적인 결정권을 행사하게 되는 지위에 있는 점, (2) 사내 하청업체는 위와 같은 작업 일시, 장소, 내용 등이 개별도급계약에 의해 확정되기 때문에 사실상 이미 확정되어 있는 업무에 어느 근로자를 종사시킬지 여부에 관해서만 결정하고 있던 것에 지나지 않았던 점, (3) 사내 하청업체 소속 근로자는 원고 회사가 제공한 도구 및 자재를 사용하여 원고 회사의 사업장 내에서 작업함으로써 원고 회사가 계획한 작업 질서에 편입되고 원고 회사 직영근로자와 함께 선박 건조업무에 종사하고 있었던 점, (4) 작업의 진행방법, 작업시간 및 연장, 휴식, 야간근로 등에 관하여서도 위 근로자들이 실질적으로 원고 회사 공정관리자(직영반장이나 팀장)의 지휘·감독하에 놓여 있었던 점 등을 종합하여, 원고 회사가 참가인들을 포함한 사내 하청업체 소속 근로자들의 기본적인 노동조건 등에 관하여 고용사업주인 사내 하청업체의 권한과 책임을 일정 부분 담당하고 있다고 볼 정도로 실질적이면서 구체적으로 지배·결정할 수 있는 지위에 있다고 보고, 사내 하청업체의 사업폐지를 유도하는 행위 및 그로 인하여 노동조합의 활동을 위축시키거나 침해하는 지배·개입 행위를 한 원고 회사를 법 제81조 제4호 소정의 부동노동행위의 시정을 명하는 구제명령을 이행할 주체로서의 사용자에 해당한다고 판단하였다.

원심의 이러한 판단은 위 법리에 비추어 정당하고, 거기에 상고이유로 지적하는 바와 같은 법 제81조 제4호가 정하는 사용자 개념 등에 관한 법리오해의 위법은 없으며, 상고이유에서 내세우는 대법원 판결들은 사안을 달리하는 것이어서 이 사건에 원용될 것은 아니다.

2) 부당노동행위 구제명령의 다양성

현실적으로 발생하는 부당노동행위의 유형은 다양하고, 노사관계의 변화에 따라 그 영향도 다각적이어서 그에 대응하는 부당노동행위 구제의 방법과 내용도 유연하고 탄력적일 필요가 있는바, 사용자의 지배·개입 행위가 사실행위로 이루어진 경우 그 행위 자체를 제거 내지 취소하여 원상회복하는 것이 곤란하며 또한 사용자의 행위가 장래에 걸쳐 계속 반복하여 행하여질 가능성이 많기 때문에 사용자의 지배·개입에 해당하는 행위를 금지하는 부작위명령은 적절한 구제방법이 될 수 있다. 법 제84조의 규정 또한 노동위원회가 전문적·합목적적 판단에 따라 개개 사건에 적절한 구제조치를 할 수 있도록 하기 위해서 사용자의 부당노동행위가 성립한다고 판정한 때에 사용자에게 구제명령을 발하여야 한다고 규정하고 있을 뿐, 구제명령의 유형 및 내용에 관하여는 특별히 정하고 있지 아니하다.

위와 같은 취지에서 보면, 중앙노동위원회가 이 사건 지배·개입을 부당노동행위로 인정한 후 원고 회사에 대하여 발한, "실질적인 영향력과 지배력을 행사하여 사업폐지를 유도하는 행위와 이로 인하여 노동조합의 활동을 위축시키거나 침해하는 행위를 하여서는 아니 된다"는 구제명령이 위법하다고 볼 것은 아니므로, 이를 다투는 상고이유의 주장은 이유 없다.

다. 해 설

대상판결은 부당노동행위의 주체와 관련하여 다음과 같은 세 가지 점을 밝혔다. 첫째, 근기법상 사용자와 노조법상 사용자는 물론이고, 노조법상 부당노동행위제도에서도 불이익취급의 주체로서의 사용자와 지배개입의 주체로서의 사용자는 서로 다를 수 있다. 둘째, 노조법상(특히 지배개입에서) 사용자성의 여부는 기본적인 노동조건에 대한 실질적인 영향력의 존재에 따라 판단되어야 한다. 셋째, 근로계약의 당사자가 아닌 자도 부분적으로 사용자가 될 수 있고, 한 근로자에 대해 둘 이상의 사용자가 존재할 수 있다.

다음으로 대상판결은 부당노동행위 구제 명령의 다양성을 긍정하면서, 그 근거로 "노동위원회가 전문적·합목적적 판단에 따라 개개 사건에 적절한 구제조치를 할 수 있도록 하기 위해서 사용자의 부당노동행위가 성립한다고 판정한 때에 사용자에게 구제명령을 발하여야 한다고 규정하고 있을 뿐, 구제명령의 유형 및 내용에 관하여는 특별히 정하고 있지 아니하다"고 하였다.

Q 1. 대상판결이 원고를 부당노동행위의 주체인 사용자로 인정한 이유는?
Q 2. 대상판결에 따르면 부당노동행위 구제 명령의 한계는?
Q 3. 불이익취급, 단체교섭 거부, 지배개입에서 사용자의 범위는?

3. 불이익취급과 부당노동행위의사

대법원 1999. 11. 9. 선고 99두4273 판결 [부당노동행위구제재심판정취소]

가. 사실관계

1) 원고(홍○형)는 1995. 1. 8. 택시운송업을 영위하는 피고보조참가인(이하 '참가인'이라 한다) 회사(금○택시 주식회사)에 운전기사로 입사하여 근무하던 중 해고사유를 규정한 단체협약 제35조의 제10호(회사 대표, 임직원, 관리자 등에게 폭행·폭언을 한 자), 제14호(유언비어 유포 및 선동·고무한 자), 제16호(회사기강을 문란케 하거나 명예를 실추시킨 자)에 각 위반되는 행위를 하였다는 이유로 1997. 12. 5.자로 징계해고되었다.

원고는 경기지방노동위원회에 1997. 12. 9. 부당해고 구제신청을, 1998. 1. 5. 부당노동행위 구제신청을 하였으나 같은 위원회는 1998. 1. 22. 원고의 신청을 모두 기각하는 결정을 하였고, 이에 원고는 같은 해 2. 17. 중앙노동위원회에 재심신청을 하였으나 같은 위원회도 같은 해 4. 14. 원고에 대한 해고는 정당하다는 이유로 원고의 재심신청을 모두 기각하는 이 사건 재심판정을 하였다.

2) 참가인은, 원고가 i) 1997. 7. 13. 주취상태에서 동료인 소외 1 박○래과 함께 무선호출 실에 무단 침입하여 무선호출 마이크를 탈취하여 운행 중인 기사와 승객을 상대로 참가인 회사 기사들과 소외 2 상무 이○수가 도박을 한다고 약 50분에 걸쳐 방송을 하여 회사의 명예를 훼손하였고 이어 소외 2의 아파트로 찾아가 소외 2에게 욕설을 하였고, ii) 같은 해 8. 14. 소외 2와 엄○웅 이사가 사무실에서 세무사와 함께 참가인 회사에 부과될 세금에 대한 대책을 협의하고 있을 때 원고가 주취상태로 속옷만을 입은 채 무단으로 들어와 소외 2와 엄○웅에게 욕설을 하였고, iii) 같은 해 9.경 노동자신문에 경영진에 대한 허위사실을 제보하여 회사 명예를 훼손하였고, iv) 그 무렵 휴게실 흑판과 게시판을 이용하여 노동조합장과 참가인 회사에 대한 유언비어를 유포하였고, v) 같은 해 10. 28.경 또다시 무선호출실에 무단 침입하여 소외 2와 기사들이 도박을 한다고 방송하여 회사 명예를 훼손하였고, vi) 1997. 7.경부터 같은 해 12.경까지 수차례에 걸쳐 무단결근하고 기준 수입금에 훨씬 미달하는 운송수입금을 입금하는 등 근무태도가 불성실하였고, vii) 1998. 2.경 김○수 대표이사가 세금을 포탈하였고, 현 경영진은 조만간 추방될 것이라는 등 참가인 회사와 경영진에 대한 악의적인 유언비어가 담긴 서면을 노조 사무실에 배포하여 단체협약 제35조 제10호, 제14호, 제16호를 위반하였으므로 이 사건 징계해고는 정당한 것이어서 원고의 재심신청을 기각한 이 사건 재심판정은 적법하다고 주장하였다.

이에 대하여, 원고는 참가인 주장과 같은 비위행위를 범한 바 없으며, 가사 약간의 비위행위가 있다고 해도 이 사건 해고처분은 그 비위행위의 정도에 비하여 지나치게 가혹할 뿐만 아니라 다른 기사들의 비위행위에 대한 징계양정과 비교할 때 형평을 잃은 것이어서 징계재량권의 범위를 일탈한 부당한 해고이며, 원고가 전 조합장을 불신임하기 위한 노동조합활동을 주도적으로 하여 신임조합장에 선출될 가능성이 커지자 이를 저지하기 위해 위와 같은 징계사유를 표면적인 구실로 삼아 해고한 것이므로 이는 부당노동행위에 해당함에도 원고의 재심신청을 기각한 이 사건 재심판정은 위법하다고 주장하였다.

원심이 인정한 사실관계는 다음과 같다.

3) 소외 2(이○수)는 관리담당상무의 직위를 이용하여 회사 소속 기사들이 교통사고 피해를 당한 경우 합의과정에 개입하여 수령한 합의금의 일부(1997년 1월경 이○천의 교통사고 합의금 3,000,000원 중 금 1,000,000원과 같은 해 3.경 원고의 교통사고 합의금 2,200,000원 중 금 1,200,000원)를 횡령하였고, 이에 항의하는 기사에게는 해고 위협을 하거나 차량배차를 함에 있어 불이익을 주었고, 평소 고령의 기사에게도 반말과 고압적인 태도를 취하였으며, 종종 회사 기사들과 자신의 아파트에서 함께 도박을 하였다.

원고는 1997. 4.경 급여 가불금을 받기 위하여 소외 2의 아파트를 방문하였을 때 회사 기사들이 일명 고스톱을 하는 것을 보았을 뿐 아니라 그 이후에도 새벽까지 위 아파트에 불이 켜져 있는 것을 목격한 동료 기사들의 진술을 토대로 소외 2와 기사들이 도박을 하는 것으로 판단하고 김○수 대표이사에게 그 사실을 설명하고 시정을 건의하였고, 또 소외 2에게도 기사들의 도박을 금지시켜 줄 것을 요구하였으나 모두 받아들여지지 않자, 같은 해 7. 13. 10:00경 약간의 술을 마신 상태에서 직장 동료인 소외 1과 함께 노동조합사무실 내에 칸막이로 된 무선호출실에 들어가 당시 근무하고 있던 이○자에게 양해를 구한 후 마이크를 빌려 운행 중인 회사 기사들을 상대로 "기사 여러분, 왜 그렇게도 정신을 못차리십니까. 이런 식으로 계속 노름만을 한다면 여러분들 가정은 어떻게 되겠습니까", "이○수(소외 2) 상무님, 직원들이 노름을 하면 말려야 할 상무님이 직원들 데리고 노름을 하는 것이 옳은 일입니까"라고 도박 중지를 촉구하는 내용의 방송을 약 3, 4분 정도에 걸쳐 방송하였고, 방송 직후 소외

2의 아파트를 방문하여 차량의 공정한 배차와 기사들의 도박근절을 재차 부탁하였다.

4) 이에 참가인 회사는 같은 해 8. 12. 원고가 무선호출실을 무단점 거하여 회사 업무를 방해하고 회사 간부에 대한 폭언을 하였다는 이유로 원고를 같은 달 20. 개최되는 상벌위원회에 회부하기로 결정하고 그 사 실을 원고에게 통지하기 위하여 경리직원으로 하여금 원고의 주소를 알 아내도록 하였다.

원고는 같은 달 14. 야간 근무를 마치고 휴식을 취하고 있던 중 경리 직원과 전화통화 결과 참가인 회사가 자신을 징계하려고 한다는 사실을 알고 박○래를 만나 함께 참가인 회사 사무실로 갔는데, 그 당시 사무실 에는 엄○웅 이사와 소외 2 그리고 세무사와 사무장이 모여 참가인 회사 에 부과될 약 3억원의 세금에 대한 대책을 협의 중이었으나 원고는 그 사실을 모른 채 자신에 대한 징계철회를 요구하였으나 거절당하자 평소 소외 2에 대해 가지고 있던 불만이 순간적으로 폭발하여 소외 2에 대하 여 "이 도둑놈들아, 기사들의 등골을 빼먹고 나를 징계한다고 해"라고 말 하고, 이어 엄○웅 이사에게는 "너도 마찬가지야"라고 말하는 등 폭언을 하였는데 원고는 그 당시 술을 마셨거나 속옷만을 걸친 상태는 아니었다.

참가인 회사는 같은 달 20. 원고를 출석시킨 가운데 상벌위원회를 개최하려고 하였으나 그 당시 전무이사였던 이○부가 사건의 발단은 소 외 2에게 있으며 많은 기사들이 소외 2에 대한 반감을 가지고 있으므로 원고에 대한 해고를 강행할 경우 노사관계상 문제점이 야기될 수 있다는 취지로 이의를 제기하면서 김○수 대표이사와의 면담을 요청하여 상벌위 원회는 안건조차 상정하지 못한 채 무산되었다.

5) 원고와 최○식은 같은 해 9. 10. 소외 2를 교통사고 합의금을 횡령 한 혐의로 수원지방검찰청에 고소하였고 그 결과 소외 2는 같은 해 12. 30. 수원지방법원 평택지원에 횡령죄로 불구속 기소되어 같은 법원으로 부터 유죄판결을 받았다.

원고는 같은 해 9. 중순경 고소인 대표로서 주간 노동자신문에 소외 2가 교통사고 합의과정에 관여하여 가해자로부터 수령한 합의금의 일부를 횡령하였고 이에 항의하는 기사들에게 해고위협을 하거나 헌차를 배정하는 불이익을 주었다는 취지의 제보를 하여 같은 달 23. 주간 노동자 신문에 그와 같은 내용이 보도되었다.

6) 이○섭이 노동조합장에 당선된 후 약 3,000만원의 조합예산을 들여 택시에 무선호출기를 설치하는 사업을 추진하였는데 그 설치단가가 타 회사의 예에 비추어 너무 높아 많은 조합원들로부터 의혹이 제기되었음에도 이○섭이 그 지출내역을 공개하지 아니하였고, 참가인 회사도 대기기사를 19명이나 채용하자 원고는 같은 해 9월경 휴게실 흑판에 무선호출기 설치사업과 관련된 자금지출내역의 공개를 요구하는 글을 쓰고, 그곳 게시판에 대기기사의 수(19명)와 차량대수(32대) 및 차량의 월 운행일수(26일)를 산술적으로 비교할 경우 대기기사의 월 근무일수는 13일에 불과하여 개인택시면허발급요건에 미달되며 월 수입금액도 금 670,000원에 불과하여 생계유지에 지장이 있으므로 이를 시정하여 달라는 내용의 서면을 부착하였다.

무선호출기 설치사업과 관련된 의혹 외에도 이○섭에 대한 다른 비리의혹(매 회계연도 조합결산내역을 공개하여야 함에도 이를 거부한 것, 입사대가로 기사로부터 금품을 수수하였다는 것 등)이 확산되자, 원고는 노동조합 정상화를 바라는 노동조합원 임시대표의 자격으로 전체 조합원 63명 중 43명의 서명을 받아 같은 해 10. 16. 이○섭에게 조합장 불신임 등을 안건으로 한 임시총회소집을 요구하였으나 이○섭은 이에 응하지 않은 채 오히려 원고를 명예훼손혐의로 검찰에 고소(수사결과 원고는 무혐의 처리됨)하였고, 이에 원고는 노동조합 및 노동관계조정법 제18조 제3항에 따라 조합원 36명의 서명을 받아 같은 해 11. 7. 수원지방노동사무소장에게 노동조합 임시총회 소집권자 지명을 요구하였다.

7) 이○섭은 노동사무소에 출석할 당시에는 임시총회를 같은 달 29. 경에 소집하겠다고 약속하였으나 이를 어긴 채 소집을 지체하다가 원고가 전격적으로 해고(참가인 회사는 1997. 12. 1. 원고를 같은 달 3. 개최되는 상벌위원회에 회부하기로 결정하고 이를 통지한 후 같은 달 3. 상벌위원회를 개최하여 같은 달 5.자로 해고하기로 결정함)된 후인 같은 해 12. 12. 임시총회를 소집하였는데,

당초 예상과는 달리 이○섭에 대한 불신임안이 통과되었고 이어 긴급동의에 의해 실시된 신임조합장선거에서 원고가 약 60%의 지지로 신임조합장에 당선되었다.

8) 원고는 사태의 원만한 해결을 위하여 나이가 많은 기사인 김○호를 통하여 같은 달 13.경 참가인 회사와 접촉하여 소외 2에 대한 고소취소를 조건으로 원직복직을 제안하였으나 참가인 회사로부터 원고가 조합장직을 사퇴하기 전에는 복직시켜 줄 수 없다는 입장을 통보받았다.

9) 참가인 회사의 단체협약은 해고사유로 앞에 든 제35조 제10호, 제14호, 제16호 외에 같은 조 제12호로 회사의 재산을 횡령 및 기물을 파괴한 자를 규정하고 있으며, 그 외 징계종류로는 제34조에 경고, 견책, 승무정지를 규정하고 있는데, 1997. 9.경 손○식이 동료 이○호와 말다툼 끝에 이○호의 택시 전면유리창을 알루미늄 야구방망이로 손괴하였고, 1998. 5.경 심○선이 동료 이○우, 최○식과 시비 끝에 이○재의 택시 전면유리창을 삽으로 손괴하였음에도 참가인 회사는 동인들이 평소 회사에 협조적이라는 점을 감안하여 징계해고 대신에 승무정지 1개월에 처하였고, 원고와 함께 해고된 소외 1에 대하여는 1998. 3. 18. 승무정지(같은 해 4. 5.까지)로 징계의 종류를 변경하여 준 데 이어 같은 해 4. 6. 원직 복직시켰다.

나. 판결요지

1) 원심판결 이유에 의하면, 원심은 그 판결에서 채용하고 있는 증거들을 종합하여, 원고가 1997. 7. 13. 동료 운전기사인 소외 1과 함께 참가인 회사 노동조합의 무선호출실에 들어가 운행 중인 차량을 상대로 방송을 하고 그 직후에 참가인 회사의 상무이사인 소외 2의 숙소에 찾아간 것은 사실이나, 이는 그동안 일부 운전기사들과 함께 자신의 숙소에서 종종 도박을 하고 자신의 마음에 들지 않는 운전기사들에게는 배차상의 불이익을 주어 온 소외 2의 태도를 지적하고자 함이었고, 방송한 시간이 3, 4분에 불과하였으며, 방송한 내용이나 소외 2 숙소에 가서 말한 내용도

도박의 중지나 공정한 배차를 촉구하는 것이었고, 그 후 참가인이 위 사건을 이유로 원고와 소외 1을 징계에 회부하려 하자, 이 사실을 알게 된 원고가 같은 해 8. 14. 소외 1과 함께 회사 임원 및 세무사 등이 모여 세금문제를 협의하고 있는 회사 사무실에 쳐들어가, 징계철회를 요구한 후 거절당하자 소외 2와 이사 소외 3에게 폭언을 한 것은 사실이나, 당시 원고가 술을 마신 상태이거나 속옷만을 입은 상태는 아니었으며, 원고가 같은 해 9. 10. '교통사고를 당한 운전기사들을 위하여 합의과정에 관여한 후 가해자들로부터 받아낸 합의금의 일부를 횡령하였다'는 혐의로 소외 2를 고소한 데 이어 노동자신문에 이 사실을 제보하여 그 신문에 보도되게 한 것은 사실이나, 그 후 소외 2가 횡령죄에 관한 유죄판결을 받음으로써 위 고소 및 제보 내용이 진실로 밝혀졌고, 원고가 같은 해 9.경 노동조합 휴게실의 흑판에 조합장인 소외 4에게 무선호출기 설치사업과 관련된 자금지출내역의 공개를 요구하는 글을 쓰고, 게시판에 '대기 기사 수와 차량 대수 및 차량당 월 운행일수를 산술적으로 비교할 경우 대기기사의 월 근무일수는 개인택시면허 발급요건에 미달되며 월 수입금액도 지나치게 적어 생계에 지장이 있으므로 회사가 이를 시정하여 달라'는 취지의 서면을 부착한 것은 사실이나, 이는 소외 4가 3천만원 가량의 조합 예산을 들여 시행한 무선호출기 설치 사업과 관련하여 다수의 조합원들로부터 의혹이 제기되었고, 참가인이 대기기사를 과다하게 채용하였기 때문인 사실을 인정하는 한편, 참가인이 해고사유로 내세운 사유 중 원고가 같은 해 10. 28. 재차 무선호출 마이크로 방송을 하였고 1998. 2.경 유언비어를 유포하였다는 점에 관하여는 이를 인정할 증거가 없다고 배척한 다음, 원고가 휴게실에 위와 같은 내용의 글을 쓰고 서면을 부착한 것은 근로자의 정당한 활동범위에 속하고, 한편 원고가 방송 및 제보를 한 경위와 그 내용, 임원들에게 폭언을 한 경위와 정도, 그 후의 정황 등 제반 사정에 비추어 볼 때, 원고의 이 같은 비위행위가 근로관계를 계속할 수 없을 정도의 중대한 사유가 된다고 보기 어려울 뿐만 아니라, 원고에게 징계전력이 없는 점과 해고사유에 해당되는 비위행위를 한 다른 운전기사들이 가벼운 징계처분을 받은 점 등을 감안할 때, 참가인의 원고에 대한 1997. 12. 5.자 해고처분은 징계재량권을 일탈한 것으로서 위법하다고 판단하였다.

기록에 비추어 살펴보면 원심의 이 같은 사실인정은 옳고, 거기에 상고이유에서 지적하는 바와 같은 채증법칙 위배로 인한 사실오인의 위법이 없다.

2) 사용자가 근로자를 해고함에 있어서 표면적으로 내세우는 해고사유와는 달리 실질적으로는 근로자의 정당한 노동조합 활동을 이유로 해고한 것으로 인정되는 경우에 있어서는 그 해고는 부당노동행위라고 보아야 할 것이고, 근로자의 노동조합 업무를 위한 정당한 행위를 실질적인 해고사유로 한 것인지 여부는 사용자측이 내세우는 해고사유와 근로자가 한 노동조합 업무를 위한 정당한 행위의 내용, 해고를 한 시기, 사용자와 노동조합과의 관계, 동종의 사례에 있어서 조합원과 비조합원에 대한 제재의 불균형 여부, 종래의 관행에 부합 여부, 사용자의 조합원에 대한 언동이나 태도, 기타 부당노동행위 의사의 존재를 추정할 수 있는 제반 사정 등을 비교 검토하여 판단하여야 할 것이고(대법원 1997. 3. 28. 선고 96누4220 판결; 대법원 1997. 7. 8. 선고 96누6431 판결 등 참조), 한편 노동조합 및 노동관계조정법 제81조 제1호 소정의 '노동조합의 업무를 위한 정당한 행위'란 일반적으로는 노동조합의 정당한 활동을 가리키나, 조합원이 조합의 결의나 구체적인 지시에 따라서 한 노동조합의 조직적인 활동 그 자체가 아닐지라도 그 행위의 성질상 노동조합의 활동으로 볼 수 있거나 노동조합의 묵시적인 수권 혹은 승인을 받았다고 볼 수 있을 때에는 그 조합원의 행위를 노동조합의 업무를 위한 행위로 보아야 할 것이다(대법원 1991. 11. 12. 선고 91누4164 판결; 대법원 1996. 2. 23. 선고 95다13708 판결 등 참조).

원심판결 이유에 의하면, 원심은, 참가인이 해고사유로 내세우는 원고의 비위행위는 사실과 다르거나 해고를 정당화할 만한 사유가 되지 못하는 점, 원고는 조합장에 대한 비리의혹이 확산되자 조합의 정상화를 바라는 조합원들의 임시대표 자격에서 1997. 10. 16. 2/3 이상 조합원의 연명으로 조합장 소외 4에게 조합장 불신임 등을 주요 안건으로 한 임시총회 소집을 요구하고 같은 해 11. 7. 과반수 조합원의 연명으로 수원지방노동사무소장에게 임시총회 소집권자 지명을 요구하는 등 조합활동에 주도적으로 참여한 결과 이 사건 해고처분 당시 원고가 차기 조합장에 당선될 가능성이 누구보다 높았고, 실제로 같은 해 12. 12. 개최된 임시총회에서 조합장 불신임안이 통과되고 원고가 새 조합장에 선출된 점, 위와 같은 임시총회 소집 지명권자 요구로 더 이상 임시총회 소집을 미룰 수 없는 상황에서 같은 해 8. 20. 징계위원회 의결이 무산된 지 4개월 가까이 지난 다음 전격적으로 원고를 다시 징계에 회부하여 해고한 점, 이 사건 해고처분 후 "소외 2에 대한 고소를 취소하겠으니 원고를 복직시켜 달라"는 원고측 제안에 대하여 참가인측이 "원고가 조합장직을 사퇴하기 전에는 복직시켜 줄 수 없다"며 거절한 점, 원고에 대한 징계양정이 회사에 우호적인 조합원에 대한 징계양정과 비교하여 현격한 불균형이 있는 점 등에 비추어, 참가인이 원고를 해고한 것은 실제에 있어 원고의 위와 같은 정당한 조합활동을 혐오하고 이를 저지할 의도에서 행한 것으로 추인된다 할 것이어서 부당노동행위에 해당한다고 판단하였다.

앞서 본 법리와 기록에 비추어 살펴보면 원심의 이 같은 판단은 옳고, 거기에 상고이유에서 지적하는 바와 같은 부당노동행위에 관한 법리오해의 위법이 없다.

다. 해 설

해고가 부당하다는 점만으로 불이익취급의 부당노동행위가 성립하지는 않는다. 해고가 불이익취급의 부당노동행위로 인정되기 위해서는 부당노동행위의 의사가 있어야 한다. 다만, 부당노동행위 의사의 존부는 그 존재를 추정할 수 있는 제반 사정들을 비교 검토하여 판단한다. 대상판결은 사용자가 표면적으로 내세우는 해고사유에도 불구하고 실질적으로는 부당노동행위인지를 판단하는 판례의 기본 법리를 재확인하면서, 이 사건 해고는 부당노동행위라고 인정한 사례이다.

그러나 단순히 징계절차에 하자가 있다거나 징계양정이 부당하다는 사정은 그것이 부당노동행위의사 여부를 판단하는 하나의 자료가 되기는

하여도 그러한 사정만으로 곧바로 부당노동행위를 인정할 수는 없는 것
이며, 특히 근로자에 대한 해고 등의 징계처분을 포함한 불이익처분에 정
당한 이유가 있는 것으로 인정되는 경우에는 비록 사용자가 근로자의 조
합활동을 못마땅하게 여긴 흔적이 있다거나 사용자에게 반노동조합의사
가 추정된다고 하더라도 당해 징계사유 등이 단순히 표면상의 구실에 불
과하다고 할 수는 없어 그와 같은 불이익처분이 부당노동행위에 해당한
다고 할 수 없다(대법원 1997. 3. 28. 선고 96누4220 판결). 한편, 부당노동행위
에 대한 입증책임은 이를 주장하는 근로자 또는 노동조합에 있는데, 사용
자에게 부당노동행위 의사가 존재하였는지 여부가 분명하지 아니하여 그
존재 여부를 확정할 수 없는 경우 그로 인한 위험이나 불이익은 그것을
주장한 근로자 또는 노동조합이 부담할 수밖에 없고, 이와 관련하여 사용
자가 근로자에게 징계나 해고 등 기타 불이익한 처분을 하였지만 그에
관하여 심리한 결과 그 처분을 할 만한 정당한 사유가 있는 것으로 밝혀
졌다면 사용자의 그와 같은 불이익한 처분이 부당노동행위 의사에 기인
하여 이루어진 것이라고 섣불리 단정할 수 없다(대법원 2007. 11. 15. 선고
2005두4120 판결).

Q 1. 대상판결에서 해고를 부당노동행위로 판단함에 있어 구체적으로 어
떠한 사정들을 검토하고 있는가?

≪심화학습≫
1. 부당노동행위의 입증책임 (대법원 2007. 11. 15. 선고 2005두4120
판결 참고)
2. 징계해고의 정당한 사유와 부당노동행위 의사가 경합하는 경우 부
당노동행위 성립 여부

제 28 강
부당노동행위 (2)

1. 인사고과와 불이익취급

> 대법원 2009. 3. 26. 선고 2007두25695 판결 [부당노동행위구제재심
> 판정취소]

가. 사실관계

1) 피고 보조참가인(이하 '참가인'이라 한다)은 근로자 230여 명을 고용하여 스포츠신문발행업을 영위하는 회사이고, 원고는 조합원수 16,000여 명으로 조직된 산별노조이다.

2) 참가인은 원고 지부인 전국언론노동조합 ○○○지부 소속 조합원들인 근로자 소외인 외 13명에 대하여 경영악화를 이유로 2004. 12. 1. 정리해고(이하 '이 사건 해고'라 한다)를 하였다.

3) 위 소외인 외 13명의 근로자들(이하 '이 사건 해고 근로자들'이라 한다)이 이 사건 해고는 부당해고 및 부당노동행위라고, 원고가 이 사건 해고는 노조에 대한 부당노동행위라고 각 주장하면서 2004. 12. 27. 부당해고 및 부당노동행위 구제신청을 하자, 서울지방노동위원회는 2005. 4. 25. 이 사건 해고가 부당해고임을 인정하여 구제명령을 하는 한편 부당노동행위 구제신청은 이를 기각하는 결정을 하였다. 이에 원고와 이 사건 해고 근로자들은 2005. 6. 3. 위 결정 중 부당노동행위 구제신청 기각부분에 대하여 불복하여, 참가인은 2005. 5. 31. 위 결정 중 부당해고 구제신청 인용부분에 대하여 불복하여 각 재심신청을 하였고, 그에 따라 중앙노동위원회는 부당노동행위 및 부당해고구제 재심신청사건에서 2005. 12. 20.

위 초심결정 중 부당해고 부분을 취소한 다음 이 사건 해고 근로자들의 부당해고 구제신청과 원고의 부당노동행위구제 재심신청을 모두 기각하였다(이하 위 부당노동행위구제 재심신청 기각부분만을 '이 사건 재심판정'이라 한다).

4) 원고는 참가인의 경영상태가 어느 정도 악화된 것이 사실이라 하더라도 참가인이 2004년 7월, 11월, 12월에 흑자를 낸 점에 비추어 그것이 다수의 근로자들에 대한 정리해고를 할 만큼 긴박한 경영상의 필요가 있는 정도였다고 보기 어렵고, 참가인이 이 사건 해고 직전에 신규채용을 한 점 등에 비추어 성실한 해고회피노력을 하였다고 볼 수도 없으며, 참가인은 단 한 명의 일반사원도 포함되지 않은 친사용자적 성향을 가진 근로자위원 등으로만 구성됨으로써 어용조직에 불과한 노사협의회에서 직접 업무지휘를 하지 않은 소속 국장이나 경영지원국장이 행한 자의적인 인사고과 등과 평소 노동조합 활동을 적극적으로 행하였던 조합원들에 대한 불리한 징계 배점 등을 정리해고의 기준으로 삼는 등 대상자를 선정함에 있어 합리적이고 공정한 기준에 의하였다고 볼 수도 없으므로 결국 이 사건 해고는 부당노동행위에 해당하고, 따라서 이와 달리 이 사건 해고가 부당노동행위가 아니라고 본 이 사건 재심판정은 취소되어야 한다고 주장하였다.

5) 이 사건 해고 근로자들은 모두 원고 지부 소속 조합원들이고, 한편 제1심법원에서 참가인에 대하여 이 사건 해고 대상자 선정시 기준자료로 삼았던 개인별 종합평가표, 개인별 최종합계표 등 평정결과가 기재된 문서를 제출하도록 문서제출명령을 하였으나 참가인이 이를 거부하고 즉시항고를 제기하여 그것이 항고심에서 인용되어 확정됨으로써 결국 위와 같은 문서가 제출되지 않아 원심법원으로서는 참가인이 이 사건 해고 대상자 선정을 함에 있어서 조합원들에게 비조합원들에 비하여 불리하게 차별적으로 평정한 것인지 여부에 관한 실질적인 심리를 할 수 없었다.

6) 이 사건 재심판정의 적법 여부에 관하여 원심법원은, 원고 및 이 사건 해고 근로자들의 입장에서는 참가인이 이 사건 해고 대상자 선정을 함에 있어서 노동조합업무를 위한 정당한 행위를 한 것을 이유로 조합원들에게 비조합원들에 비하여 불리하게 차별적으로 평정을 함으로써 조합

원들만이 해고 대상자로 선정된 것이 아닌가 하는 의심을 가질 수는 있다 할 것이나, 위와 같이 해고 대상자를 포함하여 전 직원의 평정결과에 대한 자료가 제출되지 않고 있다는 사정이 있다는 사실만을 가지고는 참가인이 이 사건 해고를 행함에 있어서 참가인에게 위 소외인 외 13명의 근로자들의 노동조합 활동을 특히 핍박하거나 혐오하여 그러한 활동을 실질적 이유로 동인들에게 불이익을 주기 위한 의사, 즉 부당노동행위의 의사가 있었다고 추정까지 하기에는 부족하고, 그 밖에 이 사건 해고가 표면적으로 정리해고를 내세우고 있으나 실질적으로는 이 사건 해고 근로자들의 노동조합업무를 위한 정당한 행위를 해고사유로 삼았거나 해고 대상자 선정을 함에 있어서 이 사건 해고 근로자들의 노동조합업무를 위한 정당한 행위를 이유로 그들에게 불리하게 차별적으로 평정함으로써 그들을 해고 대상자로 선정한 것으로서 이 사건 해고가 이 사건 재심판정 당시 시행 중이던 구 노동조합 및 노동관계조정법(2006. 12. 30. 법률 제8158호로 개정되기 전의 것) 제81조 제1호에 정한 부당노동행위에 해당한다고 인정하기에 부족하고, 달리 이를 인정할 만한 증거가 없으므로 원고의 주장은 받아들일 수 없다고 판단했다.

나. 판결요지

노동조합 및 노동관계조정법 제81조 제1호는 '근로자가 노동조합에 가입 또는 가입하려고 하였거나 노동조합을 조직하려고 하였거나 기타 노동조합의 업무를 위한 정당한 행위를 한 것을 이유로 그 근로자를 해고하거나 그 근로자에게 불이익을 주는 행위'를 사용자의 부당노동행위의 한 유형으로 규정하고 있으므로 같은 법조의 부당노동행위가 성립하기 위해서는 근로자가 '노동조합의 업무를 위한 정당한 행위'를 하고 사용자가 이를 이유로 근로자에 대하여 해고 등의 불이익을 주는 차별적 취급행위를 한 경우라야 하며 그 사실의 주장 및 증명책임은 부당노동행위임을 주장하는 측에 있다(대법원 1991. 7. 26. 선고 91누2557 판결, 대법원 1996. 9. 10. 선고 95누16738 판결 등 참조).

이와 관련하여, 사용자가 어느 근로자에 대하여 노동조합의 조합원이라는 이유로 비조합원보다 불리하게 인사고과를 하고 그 인사고과가 경영상 이유에 의한 해고 대상자 선정기준이 됨에 따라 그 조합원인 근로자가 해고되기에 이르렀다고 하여 그러한 사용자의 행위를 부당노동행위라고 주장하는 경우, 그것이 부당노동행위에 해당하는지 여부는, 조합원 집단과 비조합원 집단을 전체적으로 비교하여 양 집단이 서로 동질의 균등한 근로자 집단임에도 불구하고, 인사고과에 있어서 양 집단 사이에 통계적으로 유의미한 격차가 있었는지, 인사고과에 있어서의 그러한 격차가 노동조합의 조합원임을 이유로 하여 비조합원에 비하여 불이익취급을 하려는 사용자의 반조합적 의사에 기인하는 것, 즉 사용자의 부당노동행위 의사의 존재를 추정할 수 있는 객관적인 사정이 있었는지, 인사고과에 있어서의 그러한 차별이 없었더라면 해고 대상자 선정기준에 의할 때 해고대상자로 선정되지 않았을 것인지 등을 심리하여 판단하여야 한다.

원심은, 피고 보조참가인으로부터 경영상 이유로 해고된 근로자들은 모두 원고의 지부 소속 조합원들이기는 하나, 피고 보조참가인이 해고 대상자 선정기준으로 사용한 인사고과자료인 근로자들의 개인별 종합평가표, 개인별 최종합계표 등 평정결과가 기재된 모든 문서가 제출되지 않은 상태에서, 피고 보조참가인이 조합원들에 대하여 비조합원들에 비하여 불리하게 차별적으로 평정하여 인사고과를 한 것으로 단정할 수 없고, 달리 원고의 주장사실을 인정할 증거가 없다는 취지에서 피고보조참가인의 원고의 지부 조합원들에 대한 이 사건 해고가 위 제81조 제1호에 정한 부당노동행위에 해당한다는 원고의 주장을 받아들이지 않았다. 위에서 본 법리와 기록상 나타나는 증거관계에 비추어 살펴보면, 원심의 이러한 사실인정과 판단은 정당하다.

다. 해 설

대상판결이 판시하고 있듯이 부당노동행위 입증책임은 이를 주장하는 측에게 있다는 것이 판례의 일관된 입장이다. 어떤 근로자가 단일노조의 조합원이라는 이유로 또는 복수노조에서 특정 노동조합의 조합원이라는 이유로 사용자가 해당 근로자의 인사고과를 차별적으로 평가하여 임금, 승진, 해고 등에서 불이익을 준 경우에 부당노동행위의 성립을 어떻게 인정할 것인지가 문제된다. 대상판결은 근로자 집단(조합원 집단과 비조합원 집단) 간 유의미한 격차와 사용자의 반조합적 언동의 존재를 근로자 측이 입증하면, 그 격차가 합리적 이유에 의한 것이라는 사용자의 반증이 없는 한 부당노동행위의 성립을 인정할 수 있는 기준(이른바 '대량관찰방법')을 제시한 사례로서 의미가 있다. 대량관찰방법은 조합원과 비조합원 집단 사이뿐만 아니라 다수노조 조합원과 소수노조 조합원 집단 간에도 적용할 수 있는 실무상 유용한 방법이다. 그러나 대상판결 사안에서 보는 바와 같이 조합원 집단과 비조합원 집단 간 인사고과 평정결과를 비교할 수 있는 자료가 제출되지 않은 경우에는 대량관찰방법을 사용한 부당노동행위 의사의 추정이 불가하므로 이러한 한계를 극복할 수 있는 조치 (예, 노동위원회의 직권조사 강화 등)가 강구되어야 한다.

Q 1. 인사고과에서 조합원에 대한 불이익취급이 부당노동행위에 해당하는 지를 판단하는 기준은?

Q 2. 대상판결에서 이 사건 해고가 부당노동행위에 해당하지 않는다고 판 단한 이유는?

2. 조합원의 자발적 활동

대법원 1991. 11. 12. 선고 91누4164 판결 [부당노동행위구제재심판정취소]

가. 사실관계

1) 참가인은 1987. 8. 10. 원고회사에 입사하여 근무하면서 1988. 1.

경 원고회사 노동조합의 대의원 및 운영위원으로 선임되었다. 원고회사의 노동조합(이하 '조합'이라고 한다)은 조합의 위원장선거를 1989. 12. 29.에 실시하기로 공고하였는데 조합규약에는 위원장에 입후보하는 사람은 조합원 150명 이상의 추천을 받아야 하고 중복추천은 무효로 처리토록 규정되어 있었다. 참가인을 비롯한 소외 문○수, 김○복, 지○혁 등이 1989. 12. 14. 등록마감시간에 임박하여 조합원추천서 등 위원장 입후보 등록서류를 조합의 선거관리위원회에 접수하였으나 당시 조합의 조합원은 574명이어서 중복추천의 문제가 제기되자 당시 조합의 위원장이던 위 문○수가 후보등록을 마친 4인의 등록이 모두 무효가 되어 재선거를 실시하게 되면 조합의 명예도 실추되고 번거로움도 따르는 점을 고려하여 후보등록을 철회하고 등록서류를 반환받아 파기하여 사퇴하였고, 이어 위 김○복, 참가인도 자진하여 같은 방식으로 사퇴하게 되어 위 지○혁만이 후보로 남게 되었다. 위 지○혁은 1989. 12. 19. 07:35경 원고에게 유인물을 배포하겠다고 신고한 뒤 같은 날 오전에 원고회사 근로자들에게 자신의 지지를 부탁하는 내용의 유인물을 배포하였다.

2) 이에 참가인은 위 유인물 내용 중에는 자신 등의 사퇴이유가 위 지○혁을 지지하기 위함에 있는 것처럼 표현된 부분이 있다고 오해하고 위 문○수에게 함께 이를 해명하자고 요구했으나 위 문○수는 위 유인물에 참가인 주장과 같은 내용이 없다는 이유 등을 들어 이를 거부하였다. 그러자 참가인은 1989. 12. 21. 원고회사 점심식사 시간에 원고의 승인을 받지 아니하고 본사에서는 참가인이 직접, 제2공장에서는 소외 이○길을 시켜 참가인이 작성한 300여 매의 유인물을 원고회사 근로자들에게 배포하였다. 위 유인물은 참가인의 사퇴경위 설명 및 그에 대한 사과가 주된 내용이나 참가인을 처절하게 쓰러져 피흘린 사람으로 표현하고, 참가인의 목숨을 빼앗아 갈 수는 있어도 의지나 신념 용기까지는 빼앗아 갈 수 없다, 스스로 입후보자를 포기하지 않았다는 등의 표현을 사용하여 참가인의 사퇴가 타인의 간섭이나 방해에 의한 것임을 나타내는 내용도 포함되었다. 이에 원고가 참가인에게 경위서 제출을 요구하자 참가인은 배포경위 및 단체협약위반에 대하여 사죄하는 내용의 경위서를 제출하였다.

3) 원고는 참가인의 유인물 배포행위가 "노조는 회사구내에 있어서 게시 혹은 인쇄물의 첨부 및 배부토록 하고자 할 때는 1일 전에 회사의 승인을 얻어야 한다"는 원고회사의 단체협약 제14조에 위반되고, 징계해 고사유를 규정한 취업규칙 제94조 제1항 제4호 "회사 내에서 무단으로 문서, 도서 등의 배포나 부착 또는 시위, 집회의 선동, 유언비어 살포 등 의 행위"에 해당하는 것으로 보고, 참가인이 반성하고 있음에도 1989. 12. 26. 참가인을 징계해고 하고, 참가인이 위 징계해고에 대한 소청심사 청구를 하였으나 원고는 이를 기각하였다. 참가인은 위 징계해고가 부당 노동행위라고 주장하면서 관할 지방노동위원회에 구제신청을 하였다.

4) 한편 원고는 위 지○혁의 유인물 배포행위에 대하여는 이를 노동 조합 활동의 일환으로 보고, 노동조합에 재발방지를 촉구하고, 위 지○혁 이 노동조합을 통하여 사과문을 제출하자 그에 대하여는 아무런 징계조 치를 하지 아니하였다. 원고회사 취업규칙 제94조 제1항 단서에는 징계 해고사유가 있더라도 범칙행위의 동기, 상황 기타 정상에 따라 해고 아닌 권고퇴직, 강급, 휴직처분 등의 징계를 할 수 있도록 규정되어 있다.

나. 판결요지

1) 노동조합법 제39조(현행 노조법 제81조) 제1호 소정의 '노동조합의 업무를 위한 정당한 행위'란 일반적으로는 정당한 노동조합의 활동을 가 리킨다고 할 것이나, 조합원이 조합의 결의나 조합의 구체적인 지시에 따 라서 한 노동조합의 조직적인 활동 그 자체가 아닐지라도 그 행위의 성 질상 노동조합의 활동으로 볼 수 있거나, 노동조합의 묵시적인 수권 혹은 승인을 받았다고 볼 수 있을 때에는 노동조합의 업무를 위한 행위로 보 아야 할 것이다(당원 1989. 4. 25. 선고 88누1950 판결; 1990. 8. 10. 선고 89누8217 판결 각 참조).

그러므로 근로자가 노동조합의 위원장으로 출마한 행위는 노동조합 의 업무를 위한 정당한 행위에 해당함이 분명하다 할 것이고(당원 1990. 8. 10. 선고 89누8217 판결 참조), 다수의 노동조합위원장 입후보자 중 일부만 사퇴하고 복수 이상의 후보자가 남았는데 그 중 한 사람이 사퇴자의 사퇴이유를 왜곡하여 그의 선거운동에 이용하는 경우 당해 사퇴자가 그의 사퇴이유를 조합원에게 알리는 행위를 하는 것도 조합의 업무를 위한 행위에 포함되는 것으로 해석하는 것이 상당하고, 후보자가 한 사람만 남아 가·부의 투표를 하게 되는 경우라고 하여 달리 볼 것은 아니며, 기록을 살펴보면 조합의 규약 제14조, 제15조에는 조합위원장의 당선은 재적인원의 과반수출석과 출석인원의 과반수찬성으로 확정되고 단일 입후보시는 가·부 신임투표로 확정한다고 규정되어 있다.

이렇게 본다면 참가인이 자신이 사퇴한 것이 단독후보자로 남은 위 지○혁을 지지하기 위한 것이 아니라는 사실을 조합원에게 알리고자 위와 같은 방법으로 유인물을 만들어 배포한 것은 조합의 운영위원 및 대의원으로서 그리고 위원장에 입후보하였던 사람으로서 노동조합의 위원장 선거와 관련된 문제에 대한 의견을 말하고, 위원장후보 사퇴에 따른 조합원의 오해를 해명하여 위원장 선거라는 조합 내부의 의사결정이 제대로 이루어지게 하고자 한 행위로서 노동조합의 업무를 위한 행위라고 볼 수 있을지언정, 노동조합의 활동을 벗어난 순수한 개인적 활동이라고만 하기는 어려울 것이다.

2) 그리고 유인물의 배포에 허가제를 채택하고 있다고 할지라도 노동조합의 업무를 위한 정당한 행위까지 금지시킬 수는 없는 것이므로 그 배포행위가 정당한가 아닌가는 허가가 있었는지 여부만 가지고 판단할 것은 아니고 그 유인물의 내용이나 배포방법 등 제반사정을 고려하여 판단되어져야 할 것이고, 취업시간 아닌 주간의 휴게시간 중의 배포는 다른 근로자의 취업에 나쁜 영향을 미치거나 휴게시간의 자유로운 이용을 방해하거나 구체적으로 직장질서를 문란하게 하는 것이 아닌 한 허가를 얻지 아니 하였다는 이유만으로 정당성을 잃는다고 할 수 없다(당원 1988. 10. 11. 선고 87누147 판결 참조).

그러므로 이 사건에서 참가인이 휴게시간인 점심시간에 원고 회사의 시설물을 이용하지 않고 다른 조합원에게 유인물을 단순히 전달만 한 것을 가리켜, 이것이 원고의 허가를 얻어야 한다는 조항에 위배된다고 하여 이것만 가지고 정당한 행위가 아니라고 할 수 없고, 이 사건에서 참가인이 배포한 유인물의 내용에 과장된 표현이 있고, 개인적인 자기변명을 한 부분이 있으며, 부분적으로 사실과 다른 내용이 포함되어 있다고 하여도 전체적인 내용이 위와 같은 것이라면, 이를 가리켜 노동조합의 업무를 위한 정당한 행위가 아니라고 하여서는 안 될 것이다.

다. 해 설

불이익취급의 부당노동행위가 성립하려면 i) 근로자의 정당한 조합활동 등의 행위가 있어야 하고, ii) 사용자의 불이익처분이 있어야 하며, iii) 사용자의 불이익처분이 근로자의 정당한 조합활동 등을 이유로 해야 한다(노조법 제81조 제1호 및 제5호 참조). 여기서 불이익이라 함은 해고 기타 근로관계의 지위 또는 인사상의 불이익, 경제적 불이익, 정신적 불이익, 생활상의 불이익 등 그 태양은 다양하다. 조합활동상의 불이익(예, 조합활동에 적극적인 근로자를 조합원 자격이 없는 관리직으로 승진시키거나 조합활동이 어려운 원격지로 배치전환하는 경우 등)도 포함된다.

불이익취급과 관련하여 주로 문제되는 것은 근로자가 정당한 조합활동을 주장하는 경우에 그 행위가 조합활동에 해당하는지, 나아가 정당한 행위인지 여부이다. 대상판결은 근로자가 노조위원장 출마사퇴와 관련하여 사용자의 허가를 얻지 않고 점심시간에 자발적으로 행한 유인물 배포 행위가 노동조합의 업무를 위한 정당한 행위에 해당한다고 보았고, 이와 달리 판단한 원심판결을 파기한 사례이다. 대상판결에서는 노조법 제81조 제1호에 규정된 '노동조합의 업무를 위한 정당한 행위'의 의미, 허가제하에서 허가 없는 유인물의 배포 및 휴게시간 중의 유인물 배포 관련 정당성 판단기준 등을 밝히고 있다.

Q 1. 대상판결에서 원심법원과 대법원 사이에는 어떤 판단의 차이를 보이고 있는가?

Q 2. 대상판결에서 휴게시간의 이용과 관련한 쟁점은 무엇인가?

≪심화학습≫

1. 유인물 배포가 정당한 조합활동인지의 판단기준 (대법원 1997. 12. 23. 선고 96누11778 판결; 대법원 1992. 6. 23. 선고 92누4253 판결 참고)

제 29 강
부당노동행위 (3)

1. 반조합계약

대법원 1998. 3. 24. 선고 96누16070 판결 [부당노동행위구제재심판정취소]

가. 사실관계

1) 원고 조합은 피고 보조참가인 한국○○기술 주식회사(이하 '참가인 회사'라 한다) 소속 근로자들이 조직한 노동조합인데, 원고 조합과 참가인 회사는 1994. 3. 31. 단체협약을 체결하였는데, 그 제5조는 "주임급(55호봉) 이하 전 직원을 노조원으로 하는 유니언 숍으로 한다", 제6조는 "제5조에 해당되는 직원은 입사와 동시에 자동적으로 노조원이 된다", 제7조는 "회사는 노조원의 제명·탈퇴 여부를 일방적으로 해석할 수 없으며 노조의 확인에 따라야 한다"고 각 규정하고 있다.

2) 원고 조합은 1994. 12. 13.부터 참가인 회사와 단체교섭을 하다가 1995. 6. 19. 노동쟁의 신고를 하고 같은 달 23.부터 같은 해 8. 8.까지 파업을 하였다. 같은 해 8. 30. 원고 조합과 참가인 회사 사이에 단체협약이 타결되었다.

3) 원고 조합이 참가인과의 1995년도 임금협상 및 단체협약 갱신을 위해 같은 해 6. 23.부터 시작한 파업이 장기화되자 노조 집행부에 불만을 갖고 파업에 불참 중인 일부 조합원들이 유니언 숍 제도 하에서 조합원이 제명되거나 탈퇴할 경우 회사측의 처리 방침에 대하여 의문을 제기하였고, 이에 따라 사업개발처장이 같은 해 7. 27. 질의서를 통해 회사의

명확한 방침을 정리해 달라고 요구하였으며, 같은 해 8. 3. 및 4.경에는 소외 황○양 등 4명의 조합원이 노조탈퇴서를 제출하기에 이르러 참가인 은 더 이상 위 질의에 대한 회신을 유보할 수 없어 노동문제 전문가의 자문을 받아 파업이 끝난 후인 같은 달 14. 노무처장의 이름으로 참가인 회사의 처·실장, 사업책임자, 현장사무소장에게 '노조 탈퇴자에 대한 해고의무에 관한 사항 알림'이라는 제목하에 위 단체협약과 같은 유니 온 숍에 있어서 노조원이 임의로 노동조합에서 탈퇴하였을 경우 참가 인 회사는 해고할 의무가 없고 해고할 의사도 없다는 내용의 문서를 발 송하였다.

　　4) 원고 조합은 같은 해 8. 7. 위 소외인들의 탈퇴를 승인하고, 같은 달 16. 참가인에게 원고 조합을 탈퇴한 위 4명의 근로자를 해고하여 줄 것을 요구하자 참가인은 같은 달 21. 위와 같은 자문결과에 따라 원고 조 합에 대하여 회사는 관계 법령이나 단체협약상 해고의무가 없으므로 해 고할 수 없다는 통보를 하였다.

　　5) 원고 조합은 참가인 회사가 위와 같이 원고 조합에서 탈퇴한 4인 을 해고하지 아니하고 탈퇴 노조원의 해고의무가 없다는 내용의 문서를 발송한 것은 부당노동행위라고 주장하면서 서울특별시 지방노동위원회 에 구제를 신청하였고, 이에 대하여 위 지방노동위원회는 참가인 회사가 위와 같은 문서를 발송한 것은 부당노동행위라고 판정하면서 참가인 회 사는 향후 원고 조합에 대한 일체의 지배·개입 행위를 하여서는 아니 된 다고 명령하였으나, 참가인 회사가 원고 조합에서 탈퇴한 4인을 해고하 지 아니한 것에 관한 구제신청은 각하한다고 결정하였다.

　　참가인 회사는 위와 같은 판정과 구제명령에 대하여 중앙노동위원회 에 재심을 신청하였고, 원고 조합은 위와 같은 각하 결정에 대하여 중앙 노동위원회에 재심을 신청하였다. 중앙노동위원회는 위 각 재심신청 사 건에 관하여 참가인 회사의 위와 같은 문서발송과 참가인 회사가 원고 조합에서 탈퇴한 근로자들을 해고하지 아니한 것 모두 부당노동행위가 아니라는 이유로 서울특별시 지방노동위원회의 위와 같은 판정과 구제명 령 및 각하결정을 모두 취소하고 이에 관한 원고 조합의 구제신청을 기각한다는 판정(이하 이 사건 재심판정이라고 한다)을 하였다.

나. 판결요지

1) 구 노동조합법 제39조(현행 노조법 제81조) 제2호 단서에 의하면 '노동조합이 당해 사업장에 종사하는 근로자의 3분의 2 이상을 대표하고 있을 때에는 근로자가 그 노동조합의 조합원이 될 것을 고용조건으로 하는 단체협약의 체결'이 허용되고 있고, 이러한 단체협약의 조항, 이른바 유니언 숍(Union Shop) 협정은 노동조합의 단결력을 강화하기 위한 강제의 한 수단으로서 근로자가 대표성을 갖춘 노동조합의 조합원이 될 것을 '고용조건'으로 하고 있는 것이므로 단체협약에 유니언 숍 협정에 따라 근로자는 노동조합의 조합원이어야만 된다는 규정이 있는 경우에는 다른 명문의 규정이 없더라도 사용자는 노동조합에서 탈퇴한 근로자를 해고할 의무가 있다(대법원 1996. 10. 29. 선고 96다28899 판결 참조).

원심이 인정한 사실관계에 의하면 원고 조합과 피고보조참가인(이하 '참가인'이라 한다) 사이에 체결된 단체협약 제5조는 "주임급(55호봉) 이하 전 직원을 노조원으로 하는 유니언 숍으로 한다," 제6조는 "제5조에 해당되는 직원은 입사와 동시에 자동적으로 노조원이 된다," 제7조는 "회사는 노조원의 제명·탈퇴 여부를 일방적으로 해석할 수 없으며 노조의 확인에 따라야 한다"'고 각 규정하고 있다는 것인바, 그렇다면 이는 근로자가 노동조합의 조합원이 될 것을 고용조건으로 하는 통상적인 유니언 숍 협정이 체결된 것으로 보아야 할 것이므로 참가인으로서는 그에 따라 원고 조합을 탈퇴한 근로자를 해고할 의무가 있다.

2) 단체협약상의 유니언 숍 협정에 의하여 사용자가 노동조합을 탈퇴한 근로자를 해고할 의무는 단체협약상의 채무일 뿐이고, 이러한 채무의 불이행 자체가 바로 같은 법 제39조 제4호 소정 노동조합에 대한 지배·개입의 부당노동행위에 해당한다고 단정할 수는 없다. 이 부당노동행위가 성립하려면 사용자에게 근로자가 노동조합을 조직 또는 운영하는 것을 지배하거나 개입할 의사가 있어야 하는 것인바, 뒤에서 보는 바와

같은 이 사건 경위에 비추어 볼 때 그 해고조치를 취하지 아니함에 있어 사용자인 참가인에게 그러한 의사가 있었던 것으로 볼 수가 없다.

　　나아가 원고는 참가인이 참가인의 전 사업장에 대하여 원고 조합을 탈퇴한 근로자들을 해고할 의무도 없고 해고할 의사도 없다는 내용의 문서를 발송한 것이 위 부당노동행위에 해당한다는 것이나, 이 사건 변론에 나온 자료들에 의하면 원고 조합이 참가인과의 1995년도 임금협상 및 단체협약 갱신을 위해 같은 해 6. 23.부터 시작한 파업이 장기화되자 노조집행부에 불만을 갖고 파업에 불참 중인 일부 조합원들이 유니언 숍 제도하에서 조합원이 제명되거나 탈퇴할 경우 회사측의 처리 방침에 대하여 의문을 제기하였고, 이에 따라 사업개발처장이 같은 해 7. 27. 질의서를 통해 회사의 명확한 방침을 정리해 달라고 요구하였으며, 같은 해 8. 3. 및 4.경에는 소외 황○양 등 4명의 조합원이 노조탈퇴서를 제출하기에 이르러 참가인은 더 이상 위 질의에 대한 회신을 유보할 수 없어 노동문제 전문가의 자문을 받아 파업이 끝난 후인 같은 달 14. 노무처장의 이름으로 전 사업장의 처장, 사업책임자 및 현장사무소장들에게 위 문서를 발송하게 된 사실 및 원고 조합이 같은 달 16. 참가인에게 원고 조합을 탈퇴한 위 4명의 근로자를 해고하여 줄 것을 요구하자 참가인은 같은 달 21. 위와 같은 자문결과에 따라 원고 조합에 대하여 회사는 관계 법령이나 단체협약상 해고의무가 없으므로 해고할 수 없다는 통보를 한 사실 등이 인정되는바, 사정이 이와 같다면 참가인이 전 사업장에 대하여 위 문서를 발송한 행위는 단체협약의 해석에 관한 부서장들의 질의에 대하여 회신하기 위한 것일 뿐이고, 원고 조합에 대하여 위 통보를 한 것 또한 원고 조합의 해고 요구에 대하여 답변하기 위한 것일 뿐이며 설사 그 내용에 잘못된 점이 있다 하더라도 참가인이 전문가의 자문을 받아 그와 같이 믿고 회신이나 통보를 한 이상 그것이 원고 조합의 단결활동의 자주성을 저해하거나 거기에 영향을 미치려 한 것이라고는 볼 수 없으므로 위와 같은 회신이나 통보가 원고 조합에 대한 지배·개입의 부당노동행위에 해당한다는 원고의 주장은 받아들일 수 없다.

다. 해 설

노조법 제81조 제2호에서는 특정한 노동조합의 조합원이 될 것을 고용 조건으로 하는 행위를 부당노동행위로 금지하고 있지만, 단서에서는 그 예외로서 단체협약상의 유니온 숍을 규정하고 있다. 유니온 숍 조항에서 사용자의 해고의무를 명시적으로 정한 경우가 많지만, 그렇지 않더라도 대상판결에 의하면 사용자는 탈퇴한 근로자를 해고할 의무가 있다. 대상판결은 이러한 해고의무의 불이행(협약상의 채무불이행) 자체만으로 지배개입의 부당노동행위가 성립하는 것은 아니라는 점을 밝히고 있다. 반대로 해석하면 경우에 따라서는 사용자의 해고의무 불이행이 부당노동행위에 해당할 수 있다.

Q 1. 대상판결에서 사용자의 해고의무 불이행이 부당노동행위에 해당하지 않는 것으로 판단된 이유는?

Q 2. 유니온 숍 협정을 위반한 근로자를 사용자가 해고하지 않는 경우 노동조합은 어떻게 대응할 수 있나?

2. 단체교섭 거부

☐ ☞ 제20강 단체교섭(1) 및 제21강 단체교섭(2) 부분 참고.

3. 지배개입

대법원 1997. 5. 7. 선고 96누2057 판결 [부당노동행위구제재심판정취소]

가. 사실관계

1) 소외 1(김○근)은 1992. 1. 27. 피고보조참가인회사(신○택시합자회사.

이하 '참가인'이라 한다)의 운전기사로 입사하여 근무하다가 1993. 4. 29. 원고 조합(신○택시합자회사 노동조합)의 조합장으로 선출되어 노동조합 전임자로 활동하여 왔는데, 1994. 5.경 참가인을 포함한 대전시내 32개 택시운송사 업체들로부터 단체교섭권한을 위임받은 사용자측 교섭위원들과 원고 조합 을 비롯한 대전지역 택시회사 노동조합들로부터 단체교섭을 위임받은 전국 택시노동조합연맹의 대전시 지부 교섭위원들 사이에 1994년도 임금협정체 결을 위한 단체교섭이 진행되었고, 소외 1은 노동조합측 교섭위원으로 위 단체교섭에 참여하였는바, 그 단체교섭 결과 같은 달 14. 임금협정에 관한 중간합의가 이루어지고, 다시 같은 해 6. 2. 사용자측 교섭위원들과 소외 1을 제외한 노동조합측 교섭위원들간에 임금인상에 관한 최종 협정이 이루 어졌으나, 소외 1은 위 협정의 체결절차 및 내용에 문제가 있다고 주장하면 서 위 협정에 서명, 날인하는 것을 거부하여 참가인은 다시 원고 조합으로 부터 위임을 받은 교섭위원들과 임금협정을 다시 시작하였으나 그 과정에 서 위 중간합의의 효력을 놓고 노사간에 의견이 대립하여 원고 조합은 그 조합원들에게 기존의 사납금을 고수하도록 지시하고, 참가인은 노조원들의 급료에서 위 중간합의에 따른 회사측 선수납분을 공제하는 동 쌍방간의 대 립이 격화되었다.

2) 이에 소외 1은 1994. 8. 10. 14:00경 원고 조합의 임시총회를 개최 하여 파업을 결의한 후 택시운행을 거부하는 한편 파업에 불응하는 원고 조합 조합원들의 택시운행을 방해하며 파업에 동참할 것을 종용함으로써 같은 해 9. 8.까지 정상적인 택시운행이 이루어지지 못하였는데, 이에 참 가인은 1994. 8. 19. 상벌위원회를 개최하여 소외 1이 불법 쟁의행위를 선동하였고, 고의 또는 중대한 과실로 피고보조참가인회사의 사업에 막 대한 지장을 초래하였다는 이유로 징계해고하였다.

3) 소외 1은 1994. 8. 26. 대전지방법원에 참가인을 상대로 해고무효 확인 및 임금청구 소송을 제기하였으나, 1995. 5. 4. 그 청구를 기각하는 판결이 선고되고, 동인이 이에 불복, 항소를 제기하여 그 항소심 재판이 진행 중인 바, 동인은 1994. 9. 9. 부조합장인 소외 류○현을 조합장 직무 대리로 선임하고 조합장직에서 일시 물러났다가 같은 해 12. 1. 다시 조

합장으로 복위한 후 같은 날과 그 다음 날 2차례에 걸쳐 조합장 등이 새로 선임되면 회사측에 통보하도록 한 단체협약의 규정에 따라 원고 조합의 조합장인 소외 1 명의로 참가인에게 그와 같은 사실을 문서로 통보하였으나 참가인은 소외 1이 이미 해고된 자로서 회사와의 대외관계에서는 조합원의 신분을 상실하였으므로 조합장의 직무를 수행할 수 없다는 이유로 그 통지문을 원고 조합에 반려하였다.

4) 원고 조합은 참가인의 사이에 1994년도 단체협약을 체결하면서 원고 조합의 요구가 있으면 참가인은 조합원들의 매월 급료에서 노동조합 조합비 및 전별금 등 원고 조합에서 공제를 요구하는 금액을 일괄 공제한 후 이를 원고 조합에 인계하도록 하는 내용의 협정을 체결하였고(1994년도 단체협약 제11조), 참가인은 이와 같은 단체협약에 따라 원고 조합의 요구가 있으면 해당 조합원들의 급료에서 조합비 등을 일괄공제하여 이를 원고 조합에 인계하여 왔는데, 소외 1은 위와 같이 조합장으로 복귀한 후 조합장의 지위에서 그의 명의로 1994. 12. 5. 원고 조합의 조합원 9인에 대한 같은 해 11월분의 노동조합 조합비 및 전별금을 참가인이 일괄공제하여 원고에게 인계하여 줄 것을 요청하였으나, 참가인은 소외 1이 이미 해고되어 회사와의 관계에서는 조합원 자격이 없으므로 소외 1이 조합장의 지위에서 한 위와 같은 요구를 받아들일 수 없다는 이유로 이를 거부하면서 같은 날자로 "노동조합비 갹출 요청은 노동조합원 중(해고조합원 제외) 노동조합을 대표하여 갹출 요청해 달라"는 취지의 공문을 원고 조합에 송부하였으며, 회사 게시판에 "노동조합원이 각자 급여에서 공제할 것을 위임한 노조비를 1994. 11월분은 급여에서 공제하지 아니하였으므로 각자 급여에서 상응한 노조비를 직접 납부하여 달라"는 취지의 권고문을 게시하였다.

5) 소외 1은 다시 같은 해 12. 31. 다시 참가인에게 원고 조합의 조합원 9인에 대한 같은 해 12월분 조합비 및 전별금을 일괄 공제하여 원고에게 인계하여 줄 것을 요청하였으나, 참가인은 위와 같은 이유를 들어 이를 거부하였는바, 원고 조합은 참가인의 위와 같은 조합비 등의 일괄공제 및 인계 거부로 인하여 조합의 운영에 상당한 차질을 빚게 되었다.

6) 그 후 소외 1은 1995. 4. 27. 원고 조합의 정기 총회에서 다시 조합

장으로 선출되었고, 원고 조합에서는 수차에 걸쳐 조합장인 소외 1 명의로 된 교섭요청서를 참가인에게 발송하여 다시 단체교섭을 요구하였으나 참가인은 위 문서들이 해고된 소외 1 명의로 되어 있다는 이유로 그 접수조차 거부하고 이를 원고 조합에 반려하면서 단체교섭을 거부하고 있다.

7) 원고 조합은 참가인의 위와 같은 통지문 반려행위와 조합비 등의 일괄공제 및 인계요구에 대한 거부행위 등이 원고 조합의 운영에 대한 지배, 개입행위로서 부당노동행위에 해당한다고 하여 1995. 1. 4. 충청남도지방노동위원회에 구제신청을 하였다. 지노위는 참가인의 위와 같은 행위를 부당노동행위로 인정하였지만, 중앙노동위원회는 부당노동행위가 아님을 인정한다는 재심판정을 하였다.

나. 판결요지

구 노동조합법 제3조 제4호 단서(현행 노조법 제2조 제4호 라목 단서)의 규정은 노동조합의 설립 및 존속을 보호하고 사용자의 부당한 인사권의 행사에 의하여 노동조합의 활동이 방해되지 않도록 하기 위한 규정이므로(대법원 1993. 6. 8. 선고 92다42354 판결 참조) 위 규정이 오직 노동조합의 설립 및 존속만을 보호하기 위한 규정이라고 할 수 없고, 구 노동조합법 제39조(현행 노조법 제81조) 제4호의 지배·개입으로서의 부당노동행위의 성립에 반드시 근로자의 단결권의 침해라는 결과의 발생을 요하는 것은 아니라고 할 것이다.

사실관계가 원심이 인정한 바와 같다면, 참가인이 소외 1을 해고하였다고 하더라도 소외 1이 상당한 기간 내에 해고무효확인의 소를 제기하여 그 해고의 효력을 다툰 이상 소외 1은 노동조합의 설립이나 존속뿐만 아니라 노동조합원으로서의 활동의 점에 있어서도 조합원의 지위를 유지한다고 할 것임에도 불구하고, 원심판시와 같이 참가인이 소외 1의 조합장 복귀 통지문을 반려하고, 소외 1이 아닌 다른 조합원의 명의로 조합비 등의 일괄공제 요구를 할 것을 요청한 것은 조합장인 소외 1의 노동조합활동을 방해하려는 의도에서 이루어진 것으로서 비록 이로 인하여 근로자의 단결권 침해라는 결과가 발생하지 아니하였다고 하더라도 지배·개입으로서의 부당노동행위에 해당한다고 할 것이다.

다. 해 설

노조법 제81조 제4호에 의하면, 근로자가 노동조합을 조직 또는 운영하는 것을 지배하거나 이에 개입하는 사용자의 행위와 노동조합의 전임자에게 급여를 지원하는 사용자의 행위는 부당노동행위이고, 다만 같은 호 단서에서 그 예외를 규정하고 있다.

대상판결은 지배개입의 부당노동행위 성립에 반드시 근로자의 단결권 침해라는 결과의 발생을 요하는 것은 아니라는 점을 명확히한 판결이다. 지배개입의 부당노동행위는 조합활동에 대한 사용자의 개입 내지 간섭행위가 존재하면 인정되는 것이고, 그러한 사용자의 행위로 인하여 가령 일정한 조합활동의 좌절이나 실패 또는 노조의 약화 등의 현실적인 결과 내지 손해가 발생하여야 부당노동행위로 인정되는 것이 아니다. 그러한 우려가 있는 행위도 부당노동행위에 해당한다.

Q 1. 대상판결에서 사용자의 어떤 행위가 지배개입의 부당노동행위로 판단되고 있나?

Q 2. 지배개입의 부당노동행위 성립에서 대상판결이 제시한 법리와 같이 단결권 침해의 결과 발생을 요건으로 삼지 않는 이유는?

≪심화학습≫

1. 지배개입의 부당노동행위가 인정된 판결례(대법원 1991. 5. 28. 선고 90누6392 판결; 대법원 1991. 12. 10. 선고 91누636 판결)와 부정된 판결례(대법원 1994. 12. 23. 선고 94누3001 판결)의 비교

2. 사용자의 언론과 부당노동행위의 관계 (대법원 1998. 5. 22. 선고 97누

8076 판결; 대법원 2006. 9. 8. 선고 2006도388 판결; 대법원 2013. 1. 10. 선고 2011도15497 판결 참고)

3. 노조전임자 내지 근로시간 면제자에 대한 급여 지급과 부당노동행위 (대법원 2016. 4. 28. 선고 2014두11137 판결; 대법원 2018. 5. 15. 선고 2018두33050 판결 참고)

4. 노동조합 운영비원조금지조항의 단체교섭권 침해 여부 (헌재 2018. 5. 31. 2012헌바90 참고)

제30강
집단적 노사관계법의 과제

1. 전통적 규제 방식과 새로운 모색

집단적으로 근로조건을 설정하기 위해 전통적 시스템에서는 노동조합을 법적으로 승인하여 교섭력의 대등성을 확보하고 단체행동권에 민·형사 면책을 부여하여 노동력의 집단적 공급거부를 통해 경제적 압력을 행사할 수 있는 방식을 채택하고 있다. 아울러 단체교섭의 결과 체결된 단체협약에 대해 특수한 법적 효력(이른바 규범적 효력과 일반적 구속력 제도)을 부여한다. 요컨대 교섭력의 불균형을 노동삼권을 통해 해소하고 근로조건의 유지·개선을 도모하려는 것이다.

이러한 전통적 시스템은 구조조정과 저성장경제의 시대에 들어와 기능적 한계성을 드러내고 있다. 무엇보다도 경제성장이 지속된 시대에는 근로조건의 유지·개선이 주관심사였지만 현재에는 구조조정의 와중에서 고용안정이 우선적 과제로 등장하고 있기 때문이다. 이 경우 집단적 결정을 통해 근로조건을 조정하거나 불이익 변경하는 사례가 증가하는바 두 종류의 문제상황을 상정해 볼 수 있다. 우선 집단적 결정이 법정기준에 저촉하는 경우에 언제나 이를 무효로 할 것인가에 관한 문제의식이다. 법정 근로조건의 수준이 향상되면서(대표적으로 근로시간제) 단체협약 등을 통해 근로조건을 하향화하는 것이 근로자의 진정한 의사로 볼 수 있는 현실적 상황이 존재할 수도 있기 때문이다. 이는 규범체계와 관련된 보다 근원적인 문제로서 입법론상의 신중한 접근이 필요한 대목이다.

또 다른 하나는 법정기준과의 저촉문제는 발생하지 않으나 집단적 결정을 통해 기존 근로조건을 불이익하게 변경할 때 발생하는 문제이다. 종래의 단체협약의 기준보다 하회하는 새로운 단체협약을 체결하는 것이(이른바 양보교섭, concession bargaining) 가능한지가 법리상 다투어질 수 있다. 우리의 실무관행이나 판례 또는 제외국의 예에 비추어, 이는 해석론상 가능할 것이다. 문제는 집단규범간의 충돌문제가 발생할 때이다. 우선 산별협약과 기업별 차원의 협약과의 규범충돌의 문제이다. 우리나라와 같이 산별조직화의 진전속도와 교섭권한의 분배방식이 각기 상이하고 이에 관한 확립된 법리나 관행이 형성되어 있지 않는 상황에서 노동조합간의 내부 권한문제로 환원시키기에는 법적 안정성의 견지에서 바람직하지 않는 상황이 발생할 수 있다. 우리나라 판례가 노동조합의 지부에 독자적 교섭권을 인정하고 있는 관계로 단위노조와 지부의 교섭권 충돌은 논리필연적으로 예정되어 있다. 향후 창구단일화 제도가 도입된다면 산별협약과 사업장별 교섭대표가 체결한 협약간의 관계에 대해 해석론상으로 풀기 어려운 복잡한 문제상황이 발생하게 된다. 마지막으로 단체협약과 사업장 과반수 대표가 체결하는 협정·취업규칙·개별협약간의 충돌문제를 상정해 볼 수 있는데 이는 유리조건우선의 원칙을 인정할 것인가의 문제와 연결되어 있는바, 이에 관해서는 입장의 대립이 심각하고 아직 판례도 확립되어 있지 않는 상황이다. (이철수, "근로계약법제와 관련한 방법론적 검토,"「노동법의 존재와 당위」(김유성교수 정년기념논문집, 2006), 27~28면.)

Q 1. 근로조건을 결정하는 전통적인 규제방식의 특징과 문제점은 무엇인가?

Q 2. 노동관계를 둘러싼 환경의 변화는 노조법에 어떤 것들을 요구하고 있는가?

2. 노동위원회제도의 개선

현행의 조정제도는 집단적 이익분쟁만을 대상으로 하는 사후적이고 강제적으로 제공되는 방식임은 앞에서도 말한 바 있다. 이러한 현행의 조정제도의 문제점에 기초하여, 집단적 이익분쟁 이외에도 노사간의 갈등을 줄이고 사회적 비용을 극소화하기 위해서는 조정의 영역을 확대하여야 할 것이다. 이익분쟁의 영역뿐 아니라 권리분쟁의 영역에 대해서도 조정에 의한 분쟁해결의 방법이 적합할 수 있음은 앞에서도 말한바와 같다. 따라서 조정서비스는 소위 '분쟁 있는 곳에 조정 있다'는 발상법에 따라서 조정에 의하여 분쟁이 해결될 수 있는 영역에서는 언제나 조정에 의한 분쟁의 해결이 가능할 수 있도록 하는 제도의 개선이 요구된다. … (중략) …

현재는 부당노동행위와 근로기준법 제30조(현행 근기법 제23조: 필자 주) 제1항의 해고사건을 노동위원회가 관장하고 있고, 앞에서 살펴본 바와 같이 노동위원회가 저렴하고 신속한 구제를 행하는 데 긍정적 역할을 담당하고 있는 것은 사실이나 여전히 문제점을 안고 있다.

무엇보다도 해고사건의 해결에 치중한 나머지 부당노동행위에 대한 심리가 형식에 치우치게 됨에 따라 노동위원회의 본래적 기능에 충실하지 못한 점을 지적할 수 있다. 노동법의 특수성을 감안한다면 해고 이외의 사건에 대해서도 특별한 해결절차가 강구되어야 할 것이다. 이는 노동법원 도입문제와 궤를 같이 한다. … (중략) …

고용형태가 다양화되고 노동자의 분해현상이 가속화되어 가는 경향 등에 의하여 개별적 이익분쟁의 발생 가능성이 보다 증가하고 있고, 향후 분쟁의 가능성은 집단적 분쟁보다는 개별적 분쟁에 더 크게 열려있다. … (중략) ….

이 외에도 2007년이 되면 기업단위의 복수노조가 허용되게 되는 바, 이때에는 단체교섭권을 둘러싼 노동조합간의 분쟁이 빈발할 것을 예상할 수 있고, 또한 사용자의 부당노동행위로 인하여 복수의 노동조합이 동시에 권리침해를 받게 될 가능성 등이 존재하는바, 이와 같은 노노간 분쟁에 대한 해결시스템, 그리고 동시에 권리를 침해당하게 되는 노동조합의 연합으로 이루어지는 공동분쟁해결시스템 등이 다양하게 강구되어야 할 것이다. (이철수·박은정, "노동분쟁해결시스템의 현황과 과제," 「노동법연구」 제18호(서울대학교노동법연구회, 2005), 109~111면.)

Q 1. 노동위원회법상 노동위원회가 관할하는 주요 노동분쟁에는 어떤 것이 있는가?

Q 2. 노동위원회제도를 개선하기 위하여 요청되는 사항은 어떤 것인가?

Q 3. 노동법원을 도입하자는 주장이 있다. 이 주장의 주요 내용은 무엇이고, 그에 대한 비판으로는 어떤 것이 있는가?

3. 해석론과 입법론의 교차

노동계는 사용자단체에 대한 해석론이 극히 제한적이므로 아예 사용자단체로 의제해야 한다는 입법적 요구를 내고 있다. 그리고 이에 대해서는 단체의 결성 여부는 결사의 자유에 속하는 문제로 사용자의 자유에 맡겨져야 한다는 반론이 제기되고 있다.

생각건대 현행법의 사용자단체의 정의규정을 전제로 하는 한 입법으로 단체교섭·단체협약을 목적사업으로 하지 않는 사업자단체를 사용자단체로 의제하는 것은 법리적으로는 한계가 있을 것이다. 하지만 이러한 법리적 한계는 단체의 결성의 자유인데 이를 의무화하는 결과가 되어 위헌의 문제가 있다는 차원에서 이 문제에 논의되는 것은 타당하지 않다. 사업자단체를 사용자단체로 의제하는 규정과 사용자단체의 정의규정이 동시에 존재하고 사용자단체 정의규정을 집단적 노사관계의 법리로서의 정합성을 고려하지 않는 기존의 판례법리가 유지되는 한, 해석상 모순이 발생할 수밖에 없다는 점을 분명히할 필요성이 있음을 강조하고자 할 뿐이다.

요컨대 현행 규정을 개정해야 할 필요성에 공감한다고 하더라도 현재 노동계의 요구안처럼 일정한 단체를 사용자단체로 의제하는 입법방식은 사용자단체의 정의규정과 기존의 판례법리가 유지되는 한 아무런 실질적 효율성을 거둘 수 없을 뿐만 아니라, 불필요한 위헌론에 휘말리게 될 우려가 있다. 사용자가 사용자단체를 결성할 것인지 그렇게 하지 않을 것인지 여부가 결사의 자유 영역에 속한다는 점은 부정할 수 없다. 하지만 이는 분명히 형식논리이다. … (중략) …

현재의 문제 상황은 사용자단체의 개념을 판례가 엄격하게 해석하고 있는 데에서 비롯되는 것이며 그것은 노사관계의 현실에 대한 소극적인 판단이라는 원인도 있지만 보다 근본적으로는 기업별 단체교섭·단체협약을 암묵적으로 상정하고 있는 현행 노조법의 사용자단체의 정의규정에 있다고 본다. 그리고 이것이 현실 노사관계의 발전에 억제적 요소가 되고 있다는 문제 제기가 있으므로 이를 개선해야 한다는 데 사회적 동의가 달성된다면 사용자단체의 정의규정의 개정이 필요할 것이며, 만일 그렇지 못해 현행 사용자단체의 정의규정을 전제로 하더라도 지금이라도 당장 노사관계의 동적인 성격을 반영할 수 있도록 판례법리를 재검토해야 할 것이다. (정인섭, "사용자단체 법리의 해석론과 정책론," 「노동법의 존재와 당위」(김유성교수 정년기념논문집, 2006), 67~68면.)

Q 1. 노조법에서 해석론상 개선이 요구되는 것들은?
Q 2. 노조법에서 입법론상 개선이 요구되는 것들은?
Q 3. 해석론과 입법론의 올바른 관계는?

※ 참고: 경영참가제도

(1) 근로자의 경영참가제도는 노동조합이나 단체교섭제도와 달리 법률에 의해 창설된 제도로서, 국가에 따라 경영참가의 방식, 수준과 정도, 근로자측 주체 등이 매우 다르다. 우리나라의 경영참가제도는 「근로자참여 및 협력증진에 관한 법률」(이하, '근참법'이라 한다)을 근거로 하는데, 중심적 기구는 노사협의회이다. 근참법상 노사협의회는 '근로자와 사용자가 참여와 협력을 통하여 근로자의 복지증진과 기업의 건전한 발전을 도모하기 위하여 구성하는 협의기구'로 정의되어 있다(제3조 제1호). 광의의 경영참가에는 자본참가, 이윤참가, 의사결정참가 등이 있지만, 일반적으로는 협의의 그것은 의사결정참가만을 의미한다.

(2) 경영참가 기구는 구성의 강제성 여부에 따라 권리 방식(trigger system)과 의무 방식(automatic system)으로 나눈다. 전자는 독일과 같이 근로자측에 그러한 기구를 만들 수 있는 권리를 부여하는 방식인 반면에, 후자는 우리나라와 같이 사용자에게 그러한 기구를 구성할 의무를 지우는 방식이다. 근참법상 노사협의회는 근로조건의 결정권이 있는 사업 또는 사업장 단위로 설치하되(제4조 제1항), 하나의 사업에 지역을 달리하는 사업장이 있을 경우에는 그 사업장에 대하여도 설치할 수 있다(제4조 제2항). 사업 또는 사업장에 노동조합이 있더라도 노사협의회 설치의무는 면제되지 않는다.

(3) 또한 경영참가 기구는 참여 주체에 따라 근로자(종업원)의 대표만으로 구성하는 방식과 노사의 대표가 함께 구성하는 방식이 있다. 독일의 종업원대표위원회(Betriebsrat)는 전자의 대표적인 예이지만, 우리나라의 노사협의회는 후자에 속한다. 근참법상 노사협의회는 근로자와 사용자를 대표하는 같은 수의 위원으로 구성하되 각 3명 이상 10명 이하로 한다(제6조 제1항). 근로자를 대표하는 위원(근로자위원)은 근로자가 선출하되, 근로자의 과반수로 조직된 노동조합이 있는 경우에는 노동조합의 대표자와 그 노동조합이 위촉하는 자로 한다(제6조 제2항).

(4) 경영참가제도는 참가의 방법과 수준에 따라 정보공유제, 협의제, 공동결정제도 및 경영기구(이사회, 감사회) 참가제 등으로 구분하는데, 우리나라의 노사협의회는 협의제를 기본으로 하면서 정보공유 및 공동결정을 병행하고 있다. 근참법이 규정하고 있는 노사협의회의 임무(또는 기능)를 구체적으로 보면 다음 세 가지이다. 첫째 노사협의회는 근참법 제20조 제1항에서 정하고 있는 사항에 대하여 협의하여야 한다. 둘째 사용자는 정기회의에 경영계획 전반 및 실적, 분기별 생산계획과 실적, 인력계획 및 기업의 경제적 재정적 상황 등에 관한 사항을 보고하거나 설명해야 한다(제22조 제1항). 셋째 사용자는 근로자의 교육훈련 및 능력개발 기본계획의 수립, 복지시설의 설치와 관리, 사내 근로복지기금의 설치, 고충처리위원회에서 의결되지 않은 사항, 각종 노사공동위원회의 설치에 관한 사항 등에 대하여는 노사협의회의 의결을 거쳐야 한다(제21조).

(5) 근참법상 노사협의회는 근로자의 이익을 집단적으로 대표하는 제도, 즉 근로자 대표제도의 하나이다. 다른 노동관계법에서 규정하고 있는 근로자 대표제도로는 '근로자대표'(근기법, 근로자퇴직급여보장법)와 노동조합(노조법 등) 등이 있다. 그런데 이 세 가지 대표(또는 그 권한과 임무) 사이의 관계에 대해서는 근참법에서 "노동조합의 단체교섭이나 그 밖의 모든 활동은 이 법에 의하여 영향을 받지 아니한다"(제5조)는 규정만을 두고 있을 뿐이다. 실제 노사협의회와 관련된 분쟁의 대부분은 이러한 세 가지 대표간의 관계를 둘러싸고 제기되고 있다.

저자약력

이철수
서울대학교 법과대학 졸업/ 서울대학교 법학박사/ 서울대학교 법학전문대학원 교수/
한국노동법학회 회장 역임/ 중앙노동위원회 공익위원

김인재
서울대학교 법과대학 졸업/ 서울대학교 법학박사/ 인하대학교 법학전문대학원 교수/
한국노동법학회 회장 역임/ 인천지방노동위원회 공익위원

강성태
서울대학교 법과대학 졸업/ 서울대학교 법학박사/ 한양대학교 법학전문대학원 교수/
서울지방노동위원회 공익위원 역임

김홍영
서울대학교 법과대학 졸업/ 서울대학교 법학박사/ 성균관대학교 법학전문대학원 교수/
충남지방노동위원회 공익위원 역임/ 서울지방노동위원회 공익위원

조용만
서울대학교 법과대학 졸업/ 서울대학교 법학박사/ 건국대학교 법학전문대학원 교수/
중앙노동위원회 공익위원 역임/ 서울지방노동위원회 공익위원

<제4판>
로스쿨 노동법

초판발행   2011. 3. 15
제2판발행   2013. 3. 5
제3판발행   2016. 2. 28
제4판발행   2019. 2. 28

저   자   이철수·김인재·강성태·김홍영·조용만
발행인   황인욱
발행처   도서출판 **오래**
            서울특별시마포구 토정로 222 406호
            전화: 02-797-8786,8787; 070-4109-9966
            Fax: 02-797-9911
            신고: 제2016-000355호

ISBN 979-11-5829-050-4 93360

http://www.orebook.com
email orebook@naver.com

정가 28,000원